Roland Kaltenegger

General der Gebirgstruppe Ludwig Kübler

Roland Kaltenegger

General der Gebirgstruppe Ludwig Kübler

Der Bauherr der deutschen Gebirgstruppe und seine Zeit

FLECHSIG

Umwelthinweis:
Dieses Buch und der Umschlag wurden auf chlorfrei gebleichtem Papier gedruckt.
Die Einschrumpffolie – zum Schutz vor Verschmutzung – ist aus umweltverträglichem und recyclingfähigem PE-Material.

Für das vorliegende Werk wurde Bildmaterial aus unzähligen Nachlässen zusammengetragen. Dabei war es oft schwierig festzustellen, wer der Inhaber des Urheberrechts ist. Sollte bei der einen oder anderen Reproduktion unwissentlich das Coypright verletzt worden sein, so bitten Autor und Verlag, dieses Versäumnis zu entschuldigen.
Eine Haftung des Autors oder des Verlages und seiner Beauftragten für Personen-, Sach- und Vermögensschäden ist ausgeschlossen.

Flechsig Verlag
Internet: www.verlagshaus.com
Einbandgestaltung: Silberwald Agentur für visuelle Kommunikation, Würzburg
Gesamtherstellung: Himmer AG, Augsburg
ISBN 978-3-8035-0006-9

Inhalt

VORWORT

Der Ausgangspunkt und die Entstehungsgeschichte dieses Buches entspringen einer Art Nacht- und Nebelaktion, wie sie nicht aufregender hätte verlaufen können.

Es war im Winter 1986/87, als ich auf Weisung des Bundesministers der Verteidigung von einem Tag auf den anderen von Oberammergau nach München versetzt wurde[1], wo ich zuletzt die größte militärsoziologische Fachbibliothek Europas leitete – und zwar nicht in einem x-beliebigen Gebäude, sondern ausgerechnet in der repräsentativen Generals-Doppelhaushälfte in der Winzerer Straße 52/54, die den schlanken Obelisken des davorliegenden alten Vimy-Platzes unübersehbar überragt. Mehr noch: Von meinem neuen Schreibtisch aus brauchte ich nur schräg nach oben zu schauen, und schon konnte ich – mit etwas Phantasie – dort einen einsamen und verbittert wirkenden General sitzen sehen, der nach seinem Waterloo vor Moskau im bitterkalten Winter 1941/42 hierher verbannt worden war. Sein Name: Ludwig Kübler, dessen Geist mich seitdem in vielerlei Hinsicht inspiriert und schließlich zur Niederschrift dieses Buches beflügelt hat.

Mit meinen Gedanken und Reflexionen über den Bauherrn der deutschen Gebirgstruppe blieb ich jedoch nicht allzu lang allein. Nachdem sich mein neuer Wirkungskreis in der Schwabinger Generalsvilla sehr schnell herumgesprochen hatte, besuchte mich neben vielen Generalen und Offizieren auch der erste Vizepräsident der Wehrbereichsverwaltung VI, Dr. jur. Wolfgang Bernklau, dessen Mitteilungsbedürfnis ganz besonders groß war wenn es sich um Interna aus der oberen Führungsebene handelte.

„Dem Kommandostab der ersten deutschen Gebirgstruppe nach 1918 (Gebirgsbrigade, 1. Gebirgsdivision, XXXXIX. Gebirgsarmeekorps) unter General Kübler als Kommandeur gehörte ich von 1936 bis zu seiner Versetzung im Dezember 1941 und dann noch unter General Konrad bis Frühjahr 1942 an", erinnerte sich Küblers langjähriger Intendant in der altvertrauten Umgebung. „Vor meiner Verwendung bei der Gebirgsbrigade/Gebirgsdivision war ich beim Generalkommando VII. Armeekorps/Abteilung IVa unter Generalintendant Lenz diesem zugeteilt. Zur neuen Dienststelle bei der Gebirgstruppe wurde ich von ihm mit Glück- und Segenswünschen verabschiedet, denn Oberst Kübler galt als schwieriger Vorgesetzter mit wenig Humor, der seine Mitarbeiter im Stab wie auch die Truppe unversehens verschreckte, im Übrigen aber verschlossen und grüblerisch war. Gelassener Gleichmut sei ihm fremd. Auf diese Einschätzung meines Kommandeurs hatte ich mich einzustellen und hatte sie im Lauf der nächsten sechs Jahre dienstlich und im Felde (1939/42) auch im engen persönlichen Zusammenleben bestätigt gesehen. General Karmann, für die Intendanz zuständiger Abteilungschef im Oberkommando des Heeres fragte mich einmal unvermittelt, wie ich es nur so lange Zeit bei Kübler aushalten könne. Immerhin konnte ich ihn nach dem siegreichen Feldzug in Frankreich, als bei der Division nach Jägerbrauch der Bruch an der Bergmütze getragen wurde, mit dem Ia (Oberstleutnant im Generalstab Degen) einmal in guter Laune sehen und dies sogar im Bild festhalten.

Außer den genannten Merkmalen und Eigenheiten bleibt zu vermerken, dass Kübler im Feld ziemlich anspruchslos war, was Kost und Unterbringung angeht, auch dass ihn außer seinem Beruf als Soldat und die Truppenführung ohne den Nachschub, nichts anderes beanspruchen konnte. Fraglos überschätzte er seine fachliche Kompetenz, wenn er das Völkerrecht (Haager Landkriegsordnung, Genfer Konvention) nach eigener Auslegung angewendet wissen wollte (Kontributionen, Gefangenenbehandlung). Mit Anerkennung oder gar Lob für Nachgeordnete (Untergebene) gab er sich selbst bei Verleihung von Auszeichnungen wie auch sonst recht sparsam. Von seiner wohl angeborenen Strenge machte Kübler umso häufiger Gebrauch, allerdings ohne in gleichen Fällen auch mit gleichem Maß zu messen. Dass Kübler über intuitive oder erworbene Menschenkenntnis in ausreichendem Maß verfügt hätte, lässt sich nicht sagen. Manche persönlich getroffene Personalentscheidung hatte er später als Fehlgriff zu bedauern. Soweit ihm hohe Achtung und auch ehrende Anerkennung zuteil wurde, galten sie stets dem bis 1941 erfolgreichen Führer der Gebirgstruppe, die er aufgebaut hatte. Aufrichtige Beliebtheit über die gebotene Höflichkeit hinaus konnte man schon im Frieden nicht wahrnehmen, dagegen allerorten eine deutliche Scheu in seine Nähe zu kommen,“[2] so der ehemalige Oberstintendant abschließend über das „Lebensbild des meist griesgrämigen und übelgelaunten“ Kübler.[3]

Die Fügungen des Lebens meinten es im außerdienstlichen Bereich in der Tat wirklich gut mit mir. Denn unweit meiner neuen Dienststelle und ihres alten Elternhauses lief mir am Münchner Nordbad oder in der anliegenden Schleißheimer Straße, in der sie bis zu ihrem Tod am 26. Oktober 1988 im Haus Nr. 126 wohnte, wiederholt Küblers Tochter Marianne über den Weg. In ihrer burschikosen und lautstarken Art begrüßte sie mich schon von weitem und verlor sich dann sehr schnell in Erinnerungen an ihren Vater und an die geselligen und nostalgisch befrachteten Kameradschaftstreffen der Münchner Gebirgsjägervereinigung.

Dort, in der Münchner Innenstadt, in Sichtweite der Frauenkirche und des Alten Peter, traf ich bereits zu Beginn der siebziger Jahre im Georg-von-Vollmar-Haus mit zahlreichen Generalen der deutschen Gebirgstruppe zusammen – und zwar insbesondere mit Friedrich Breith, Hellmuth Grashey, Karl Herzog, Wilhelm Heß, Hubert Lanz, Max-Joseph Pemsel, Otto Schaefer, Friedrich-Jobst Volckamer von Kirchensittenbach und August Wittmann sowie mit den Obristen Josef Brandl, Ludwig Hörl, MdL Sepp Prentl, Präsident i. R. Josef Remold, Emil Schiller und Hermann Weyrauther.

Ganz besonders fruchtbar entwickelten sich die Gespräche mit dem General der Gebirgstruppe a. D. Hubert Lanz, der während des Jugoslawien- und des Russlandfeldzugs mit seiner 1. Gebirgsdivision dem XXXXIX. Gebirgsarmeekorps des Generals Kübler unterstellt war. Noch Jahre später schrieb er nach Herausgabe meiner Truppengeschichte mit dem Titel „Die Geschichte der deutschen Gebirgstruppe 1915 bis heute“ voller Begeisterung: „Sie haben sich mit diesem literarischen Werk von hohem Rang [...] um diese Elitetruppe besonders verdient gemacht und sich weiterhin einen bedeutenden Namen geschaffen. Ich glaube einigermaßen ermessen zu können, welche Sachkenntnisse und talentierte Arbeit in dieser Historie stecken, die noch späteren Generationen als Fachliteratur dienen wird. [...]“[4]

Ein Jahr später schrieb Lanz über meine Divisionsgeschichte „Die Stammdivision der deutschen Gebirgstruppe“ nicht weniger anerkennend: „Sie haben mit ihrem historischen Werk unserer bewährten 1. Gebirgsdivision ein überzeugendes Denkmal gesetzt und sich damit um die deutsche Gebirgstruppe sehr verdient gemacht!“[5] Derartige Aussagen waren mir nun Ansporn und Verpflichtung zugleich, auf dem eingeschlagenen Wege konsequent fortzufahren. Daher suchte ich im Laufe der Jahre und Jahrzehnte alle noch erreichbaren Zeit- und Augenzeugen auf, um den Schicksalsweg des Generals der Gebirgstruppe Ludwig Kübler und den seiner Gebirgsjäger an Hand von zeitgenössischen Aussagen und Dokumenten in Wort und Bild möglichst hautnah und objektiv auf breitester Quellenbasis nachvollziehen und aufzeichnen zu können.

Mit Küblers Burschen aus dem Ersten Weltkrieg wurde ich bereits während meiner Oberammergauer Jahre bekannt. Es war der spätere Kreisarchivar Alfred O. Zwink, mit dem ich wiederholt im Ettaler Bräustüberl oder in seinem stattlichen Haus im Ammertal zusammensaß, um über Kübler, den er als „kühl bis ins Herz" charakterisierte, zu plaudern. Dabei erwähnte Zwink auch den nur ganz wenigen bekannten Vorgang um Küblers Gesichtsverletzung, die er sich nicht durch eine direkte Schusseinwirkung, sondern durch herumfliegende Mauerreste eines Querschlägers zugezogen hatte. Das war ein Umstand, der dem Bauherrn überhaupt nicht passte, so dass er in späteren Jahren nur ungern über den wahren Hergang sprach.

Ein besonders wichtiger Informant war mir Küblers Bursche aus dem Zweiten Weltkrieg, den ich nach langem Suchen endlich in seiner eremitenähnlichen Behausung im Chiemgau ausfindig machen konnte. Er, Hans Daurer, berichtete mir überaus bereitwillig über die Jahre von 1939 bis 1945, als er seinen General auf Schritt und Tritt innerhalb und außerhalb des Dienstes auf seinen Stationen begleitete: im Frankreichfeldzug, als Kübler Kommandeur der 1. Gebirgsdivision war, im Jugoslawien- und im Russlandfeldzug als Kommandierenden General des XXXXIX. Gebirgsarmeekorps, und dann als Oberbefehlshaber der 4. Armee vor Moskau. Nach dessen unehrenhafter Verabschiedung durch Hitler in die Schwabinger Generalsvilla diente er ihm erneut – Kübler war jetzt General der Sicherungstruppen und Befehlshaber im Heeresgebiet Mitte. Er folgte ihm auch als Kommandierendem General des LXXXXVII. Armeekorps und Befehlshaber der Operationszone „Adriatisches Küstenland" bis hin zu den menschenverachtenden „Sühnemärschen" in die jugoslawische Kriegsgefangenschaft.

Nicht weniger informativ waren die Gespräche und Aufzeichnungen von Franz Moll, dem Fahrer des Generals Lanz, der den Kommandeur der 1. Gebirgsdivision nicht nur während des Unternehmens „Felix", sondern auch während des Jugoslawien- und des Russlandfeldzugs unzählige Male zum Kommandierenden General Kübler fahren musste und aus diesem Grunde wiederholt Augen- und Ohrenzeuge dieser und jener wichtigen, mitunter mehr als lautstarken Besprechung und Aussprache dieser beiden so grundverschiedenen Generale gewesen war.[6]

Wertvoll war mir aber auch die Meinung des amerikanischen Professors Charles B. Burdick, der über Lanz eine Biographie geschrieben und sich darin sehr kritisch über Kübler wie auch über dessen Nachfolger Konrad geäußert hat. Letzteren bezeichnete der US-Historiker als einen Egozentriker, der „nicht gerade für gute Manieren bekannt war".[7]

Zu weiteren bedeutenden Informanten zählten unter anderem die folgenden Herren: Hauptfeldwebel a. D. Georg Audenrieth, Major a. D. Heinrich Binner, Oberstleutnant im Generalstab a. D., Generaldirektor i. R. und Kommerzialrat Ingenieur Hans Brandner, Generalmajor a. D. Hans Buchner, Oberstleutnant a. D. Ludwig Denizot, Major a. D. Direktor Fritz Dittmann, Professor Charles Ecuvillon, General der Infanterie i. R. Dr. Rudolf Forenbacher, Brigadegeneral a. D. Dr. Herbert Fritz, Sparkassendirektor i. R. Karl

Füger, Robert Gerald, Oberwachtmeister a. D. Heinrich Haag, Geschäftsmann Josef Heigl, Dr. med. Alfred Helmholz, Senator h. c. Werner Hold, Major a. D. Toni Huber, Generalleutnant a. D. Carl-Gero von Ilsemann, Kommerzialrat Ernst Juen, Hauptmann a. D. Ludwig Kainz, Professor Dr. med. Ernst Kern, Oberstleutnant a. D. Dr. vet. Reinhold Klebe, Volksschuldirektor i. R. Kurt Kolar, Major a. D. Jupp Kuhn, Oberstleutnant a. D. Dr. phil. Wolfgang Menzel, Generalmajor a. D. Ernst Metz, Landrat a. D. Bernhard Müller-Hahl, Oberst a. D. Franz Pfeiffer, Siegfried Pirker, Professor Karl Piringer, Oberstleutnant a. D. Michael Pössinger, Oberst im Generalstab a. D. Hans Roschmann, Professor Dr. Roman Schur, Dr. rer. nat. Dietrich Schuster, Generalmajor a. D. Hans Steets, Brigadegeneral a. D. Alois Steffel sowie der langjährige VdK-Präsident Staatssekretär a. D. Karl Weishäupl[8], der jüngste Bruder des Bauherrn der deutschen Gebirgstruppe, der am 5. Mai 1984 76jährig verstorbene Hauptmann a. D. Karl Kübler, und nicht zuletzt der Sohn des nationalchinesischen Marschalls Tschiang Kai-schek, der spätere Generaloberst Wego W. K. Chiang, der in Küblers 1. Gebirgsdivision nicht nur eine fundierte Gebirgsausbildung erhalten, sondern in deutscher Uniform auch am „Blumenkrieg" gegen Österreich teilgenommen hat.[9]

All diese Herrschaften stellten meist überaus wichtige Dokumente in Wort und/oder Bild selbstlos zur Verfügung. Sie verhinderten damit, dass wertvolle Erinnerungsstücke und Nachlässe verloren gingen oder in die ungeeigneten Hände von nicht ausgebildeten Kameradschafts-Archivaren gelangten. So übereignete mir Hauptmann a. D. Diplom-Finanzwirt Walter Gödde, ehemaliger Bataillonsführer in der 188. Gebirgsdivision im Bereich der Operationszone „Adriatisches Küstenland" unter dem Befehlshaber General der Gebirgstruppe Ludwig Kübler gar seine gesamte, überaus wertvolle Militärbibliothek mit Hunderten von Büchern und einzigartigen Archivalien, denen ich viele aufschlussreiche Hintergrundinformationen über den Bauherrn der deutschen Gebirgstruppe und seine Zeit entnehmen konnte.

Generalfeldmarschall Erhard Milch war der Architekt der deutschen Luftwaffe, Generaloberst Kurt Student Schöpfer der deutschen Fallschirmtruppe. So wie Generaloberst Heinz Guderian Schöpfer der deutschen Panzertruppe war, so ist General der Gebirgstruppe Ludwig Kübler als Bauherr der deutschen Gebirgstruppe anzusehen. Da bisher eine umfassende und kritische Biographie dieses Generals noch immer nicht erschienen ist, sind Verlag und Autor fest davon überzeugt, dass mit dem vorliegenden, wissenschaftlich untermauerten Buch eine große Lücke in der Militärgeschichtsschreibung geschlossen wird. Es will dabei neben den Zeitgeschichtsforschern und Historikern nicht nur die immer kleiner werdende Schar der sogenannten Ehemaligen ansprechen, sondern insbesondere auch die jüngeren Leser der Nachkriegsgeneration, die mit Recht selbstbewusst nachfragen, wie es denn nun wirklich gewesen ist. Also halten wir uns ausschließlich an die historischen Daten und Fakten und nicht an irgendwelche ideologisch oder nostalgisch befrachteten Betrachtungsweisen. Denn dieses Buch versteht sich nicht nur als eine Biographie des Bauherrn der deutschen Gebirgstruppe, sondern auch als ein geschichtlicher Abriss des Dritten Reiches und des Zweiten Weltkrieges, in den der ehemalige Mittenwalder Kasernenpatron unentrinnbar und schicksalhaft verstrickt gewesen war.

Roland Kaltenegger
Kustein/Tirol im Frühjahr 1998

PROLOG

„Dem Historiker ist gegönnt,
was selbst den Göttern
verweigert ist:
Das einmal Geschehene
zu ändern."

Friedrich Nietzsche

Kindheit und Jugendzeit

Sedantag 1889: Der alljährliche Jubel in Erinnerung an die kriegsentscheidende Schlacht wollte kein Ende nehmen.[1] Durch die Straßen der Garnisonen des Deutschen Kaiserreiches zogen die Soldaten und sangen aus Leibeskräften:

„Fern bei Sedan – auf der Höhen –
Steht ein Infanterist auf Wacht."

An jenem 2. September 1889, ein Jahr nach der Inthronisierung des Kaisers Wilhelm II., erblickte im bayerischen Unterdill bei München ein angehender Infanterist das Licht der Welt: Ludwig Kübler.

Er wurde als Sohn des angesehenen praktischen Arztes Wilhelm Kübler und dessen Ehefrau Rosa Braun geboren und wuchs mit sechs Brüdern und zwei Schwestern unbeschwert heran. 1895 wurde er in die Volksschule Forstenried eingeschult, die er nach der dritten Klasse verließ, um die vierte Klasse in einer Münchner Volksschule abzuschließen. Ab 1898 wurde der heranreifende Jugendliche im Progymnasium des Klosters Schäftlarn erzogen. Dieses verließ er 1902 und wechselte zunächst auf das Rosenheimer Gymnasium, bevor er ein Jahr später das Münchner humanistische Ludwigsgymnasium besuchte.[2]

Aufgrund seines regen Geistes fiel Kübler das Lernen dermaßen leicht, dass er 1908 die Reifeprüfung in allen Fächern mit der Note 1 abschloss und damit die Aufnahme in das angesehene Münchner Maximilianeum erlangte, in dem nach dem Willen des bayerischen Königs Max II. die begabtesten Jugendlichen seines Landes auf Kosten des Staates eine sorgenfreie Heimstätte, eine gedeihliche Erziehung und eine anspruchsvolle Ausbildung für den Berufsweg erhalten sollten.

Dennoch gab er all diese in Aussicht gestellten Privilegien und die Chance auf eine außergewöhnliche Zivilkarriere auf und entschloss sich, Offizier zu werden. Denn auch hierfür brachte er alle Voraussetzungen mit, da er – ein schlanker, kräftiger Jüngling von mittlerer Statur aus einem bajuwarisch-alemannischen Stamm – ein vortrefflicher Bergsteiger, Kletterer und Skifahrer war.

Militärdienstzeit

Es war am 20. Juli 1908, als Ludwig Kübler in Neuburg an der Donau als Zweijährig-Freiwilliger mit dem Dienstgrad eines Fahnenjunkers in das 15. Königlich-Bayerische Infanterieregiment „König Friedrich August von Sachsen“ eintrat, in dem sieben Jahre später auch sein jüngerer Bruder Josef seine Offizierslaufbahn begann.

Dieses Regiment war mit seinen Bataillonen I bis III und der Maschinengewehrkompanie Bestandteil der 4. Bayerischen Infanteriebrigade mit Sitz in Neu-Ulm, die wiederum der 2. Bayerischen Infanteriedivision, die ihren Divisionsstab in Augsburg hatte, unterstand. Das Generalkommando des übergeordneten I. Königlich-Bayerischen Armeekorps lag in München. Ihm unterstand auch die 1. Bayerische Infanteriedivision mit dem Königlich-Bayerischen Infanterieleibregiment in München, in dem der spätere Generalfeldmarschall Ferdinand Schörner diente. Während seiner ersten Ausbildungsmonate wurde Kübler mit den praktischen Grundlagen des Infanteriedienstes und den schwerpunktmäßigen Aufgaben eines Unterführers vertraut gemacht. Schon am 10. Oktober 1908 wurde er zum Unteroffizier befördert. Vor seiner Beförderung zum Fähnrich am 20. Februar 1909 wurde er Mitte Dezember 1908 durch seinen Kompaniechef beurteilt. Darin steht zu lesen, dass „Kübler [...] körperlich kräftig, gewandt, sehr ausdauernd und leistungsfähig, geistig gut veranlagt, ruhig, [jedoch] schüchtern“ sei.[3]

Ganz besonders hob der Kompaniechef Küblers Lust und Liebe zum Offiziersberuf hervor. Ihm ordnete er auch in späteren Jahren alle anderen Bereiche des menschlichen Zusammenlebens unter. Nicht umsonst stellte sein langjähriger Intendant fest: „Kübler war sicher kein Offizier so recht nach dem Herzen seiner Jäger. Persönliche und private Sorgen und Nöte fanden kaum Gehör. Allem voran stand der Dienst bei ihm.“

Umso erstaunlicher ist, dass Küblers Kompaniechef in seiner dienstlichen Beurteilung einerseits seine mangelhafte Haltung und sein Auftreten vor der Front und andererseits seine Energie kritisierte.[4] Dennoch fiel die Beurteilung – insgesamt gesehen – dermaßen positiv aus, dass er am 1. Oktober 1909 zum Offizierslehrgang an die Münchner Kriegsschule kommandiert wurde. Dort gehörte er zu den Besten seines Fähnrichsjahrgangs, so dass er als fünftbester von 166 Lehrgangsteilnehmern eine Belobigung durch den bayerischen Prinzregenten Luitpold erhielt.[5]

Nach dem erfolgreichen Abschluss der Offiziersausbildung an der Kriegsschule München kehrte Kübler zu seinem Stammregiment nach Neuburg an der Donau zurück. Am 23. Oktober 1910 wurde er am Geburtstag des Prinzregenten zum Leutnant befördert. In seinem Regimentskommandeur, dem späteren Generalmajor und Führer des Deutschen Alpenkorps Alois Ritter von Tutschek, fand der junge Leutnant einen Vorgesetzten, der seine militärischen Fähigkeiten sofort erkannte und dementsprechend förderte. So wurde er bis zum Kriegsausbruch insbesondere als Zugführer in der Rekrutenausbildung eingesetzt, wo er alsbald strengste Maßstäbe an sich und andere in Bezug auf Disziplin und Manneszucht legte.

Doch damit nicht genug. Bald wurde Kübler durch Oberst von Tutschek an den alljährlichen Mobilmachungsvorbereitungen beteiligt. Ab 1913/14 übernahm er sogar die Gesamtleitung der Mobilmachungsarbeiten im 15. Königlich-Bayerischen Infanterieregiment, das ab 2. August 1914 mobil machte und sechs Tage später an die Westfront verlegte.[6]

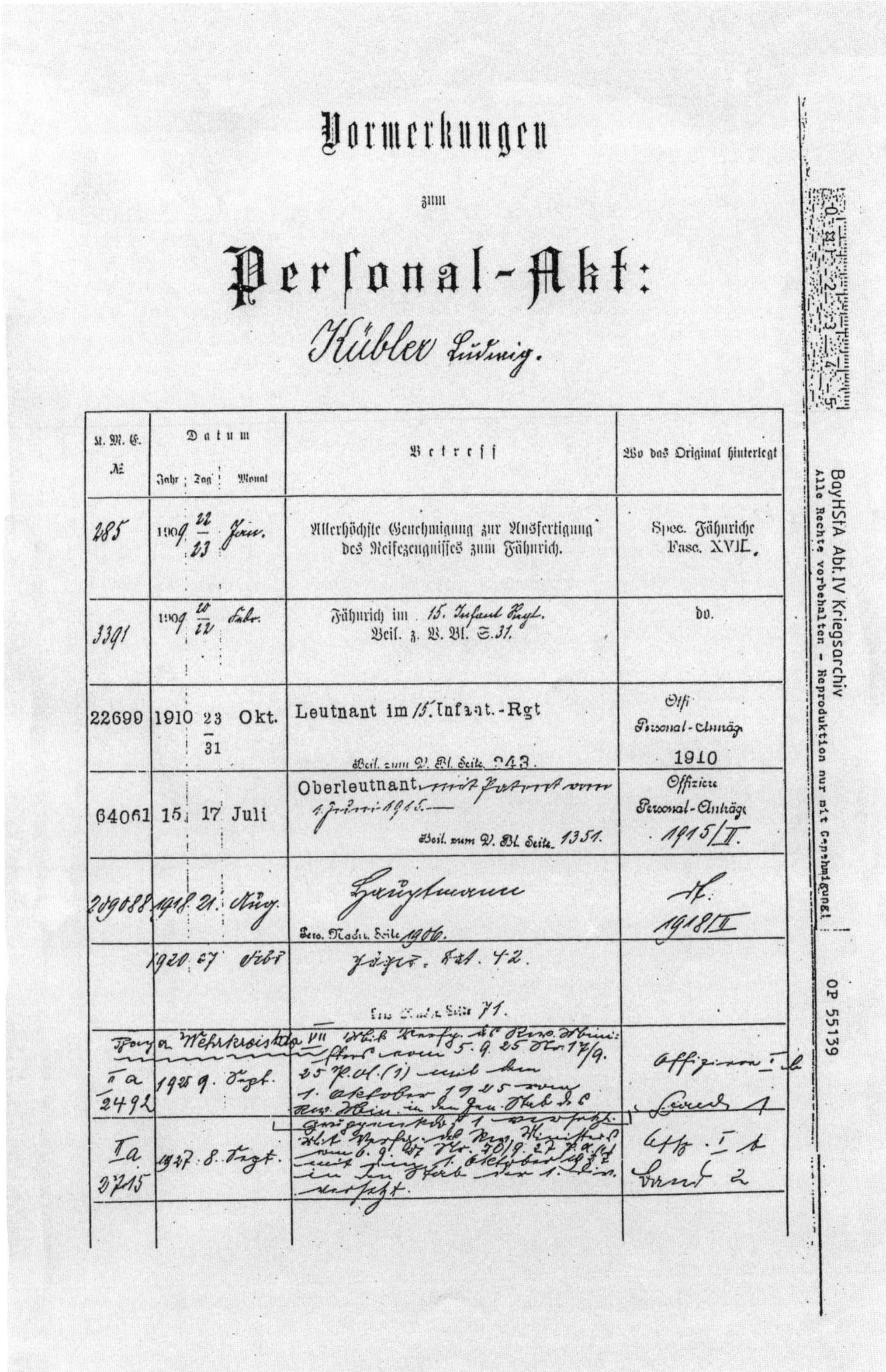

Vormerkungen

zum

Personal-Akt:

Kübler Ludwig.

K. M. E. №	Datum Jahr	Tag	Monat	Betreff	Wo das Original hinterlegt
285	1909	22/23	Jan.	Allerhöchste Genehmigung zur Ausfertigung des Reifezeugnisses zum Fähnrich.	Spec. Fähnriche Fasc. XVII.
3391	1909	10/22	Febr.	Fähnrich im 15. Infant. Regt. Beil. z. V. Bl. S. 31.	do.
22699	1910	23/31	Okt.	Leutnant im 15. Infant.-Rgt. Beil. zum V. Bl. Seite 243.	Offi Personal-Anträg 1910
64061	15	17	Juli	Oberleutnant ~~mit Patent vom 1. Januar 1915.~~ Beil. zum V. Bl. Seite 1351.	Offiziere Personal-Anträge 1915/II.
209088	1918	21.	Aug.	Hauptmann Pers. Nachr. Seite 1906.	d. 1918/II
	1920	27	Febr	Jäger Btl. 42. [illegible] Seite 71.	
Wehrkreiskdo VII IIa 2492	1925	9.	Sept.	[illegible] 5. 9. 25 Nr. 17/9. 25 P. A. (1) mit dem 1. Oktober 1925 [illegible]	Offiziere I. Band 1
Ia 2715	1927	8.	Sept.	[illegible] vom 6. 9. 27 Nr. 7019. 27 [illegible] mit dem 1. Oktober 1927 in den Stab der 1. Div. versetzt.	Off. I b Band 2

Vorbemerkungen zur Personalakte von Ludwig Kübler – Seite 1.

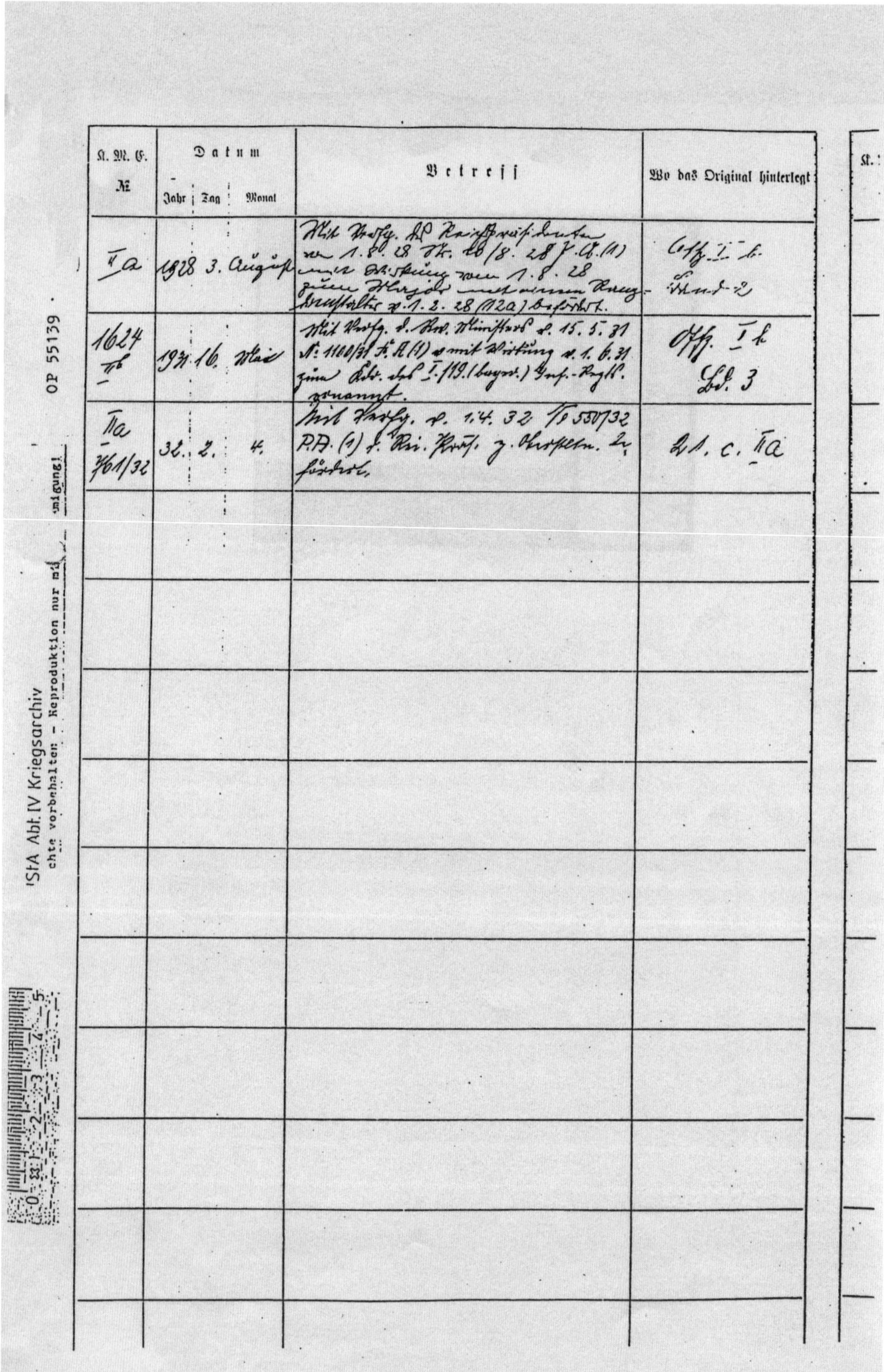

K. M. E. Nr	Datum Jahr	Tag	Monat	Betreff	Wo das Original hinterlegt
II a	1928	3.	August	Mit Verfg. d. Reichspräsidenten v. 1.8.28 Nr. 20/8.28 P.A.(1) mit Wirkung vom 1.8.28 zum Major mit einem Rangdienstalter v. 1.2.28 (112a) befördert.	Offz. I. [illegible] Band 2
1624 IIb	1931	16.	Mai	Mit Verfg. d. Reichswehrministers v. 15.5.31 Nr. 1100/31 P.A.(1) mit Wirkung v. 1.6.31 zum Kdr. des I./19. (bayer.) Inf.-Regts. ernannt.	Offz. I b Bd. 3
IIa 761/32	32.	2.	4.	Mit Verfg. v. 1.4.32 P 550/32 P.A.(1) d. Reichspräs. z. Oberstleutn. befördert.	21. c. IIa

Vorbemerkungen zur Personalakte
von Ludwig Kübler – Seite 2.

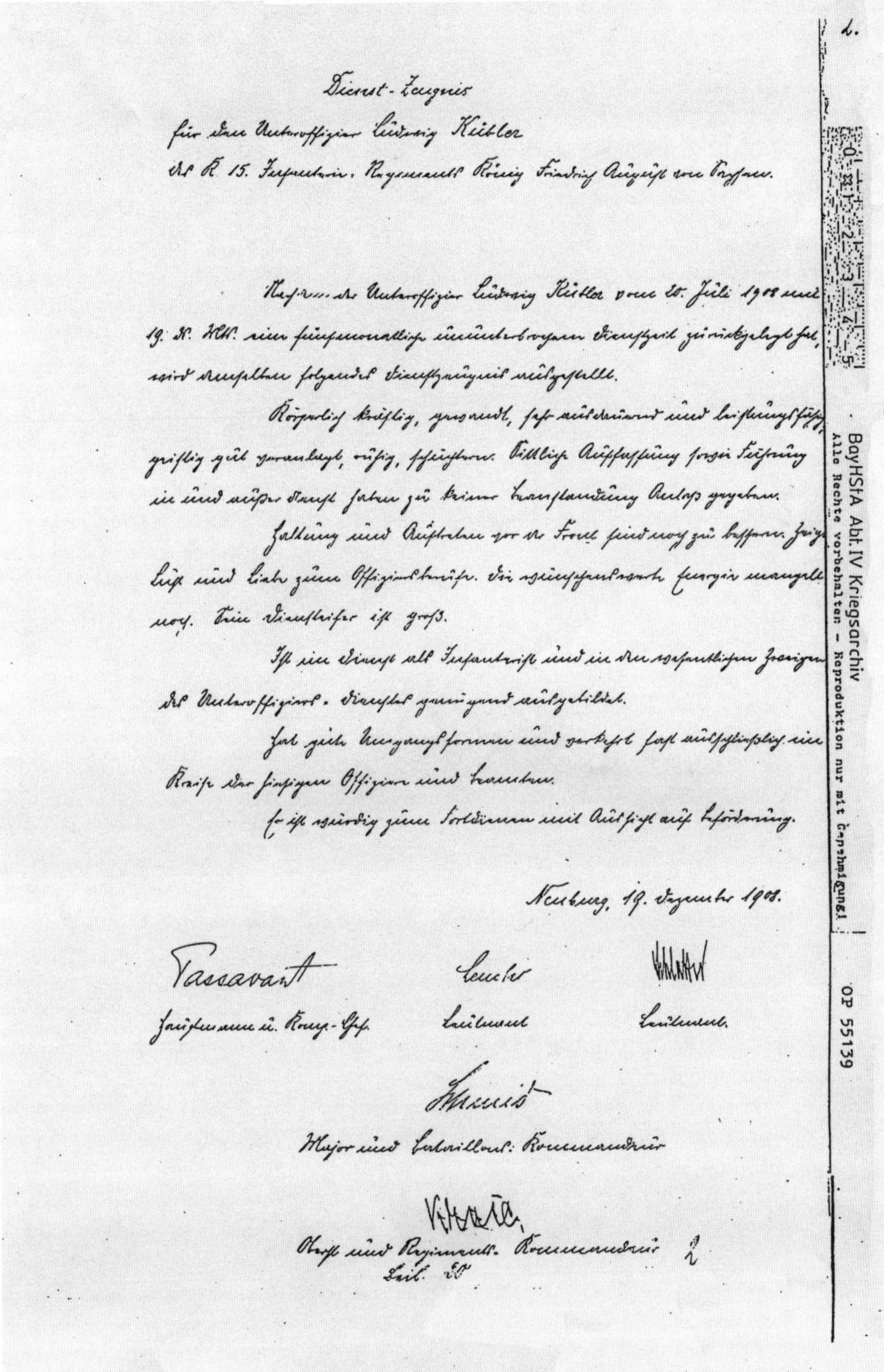

Dienst-Zeugnis

für den Unteroffizier Ludwig Kübler

des K. 15. Infanterie-Regiments König Friedrich August von Sachsen.

Nachdem der Unteroffizier Ludwig Kübler vom 20. Juli 1908 mit 19. d. Mts. eine fünfmonatliche ununterbrochene Dienstzeit zurückgelegt hat, wird demselben folgendes Dienstzeugnis ausgestellt.

Körperlich kräftig, gewandt, sehr ausdauernd und leistungsfähig, geistig gut veranlagt, ruhig, schüchtern. Sittliche Auffassung sowie Führung in und außer Dienst haben zu keiner Beanstandung Anlass gegeben.

Haltung und Auftreten vor der Front sind noch zu bessern. Zeigt Lust und Liebe zum Offiziersberufe. Die erforderliche Energie mangelt noch. Sein Diensteifer ist groß.

Ist im Dienst als Infanterist und in den wesentlichen Zweigen des Unteroffiziers-Dienstes genügend ausgebildet.

Hat gute Umgangsformen und verkehrt fast ausschließlich im Kreise der hiesigen Offiziere und Beamten.

Er ist würdig zum Vordienen mit Aussicht auf Beförderung.

Neuburg, 19. Dezember 1908.

Passavant
Hauptmann u. Komp.-Chef.

Leutnant

Leutnant.

Major und Bataillons-Kommandeur

Oberst und Regiments-Kommandeur

Dienstzeugnis für den Unteroffizier Ludwig Kübler vom 19. Dezember 1908.

Im Ersten Weltkrieg

In den Ersten Weltkrieg marschierte Kübler als Zugführer in der Maschinengewehrkompanie seines Regiments zunächst an die Westfront, an der er während des gesamten Krieges ununterbrochen eingesetzt wurde – und zwar zunächst zwischen dem 5. und 19. August 1914 bei den Grenzschutz- und Aufklärungsgefechten in Lothringen. Dann folgte die Schlacht in Lothringen vom 20. bis 22. August 1914 und die vor Nancy – Epinal vom 23. August bis zum 14. September 1914. Im Verlauf dieser Kampfhandlungen wurde Kübler Führer der Maschinengewehrkompanie.

Nun wurde das 15. Infanterieregiment mit der übergeordneten 4. Infanteriebrigade aus der 2. Infanteriedivision herausgelöst und auf Befehl der Obersten Heeresleitung am 16. September 1914 in Nordfrankreich über St. Quentin nach Royon an den rechten Flügel der 1. Armee befördert. Dort nahm die bayerische Brigade ab 18. September an den schweren Kämpfen bei Lassigny teil. „Den Gedanken, der drohenden Umklammerung auszuweichen, hatte Oberst Tutschek mit den Worten: ‚Ich gebe keinen Rückzugsbefehl!' von sich gewiesen.“[7] Obgleich der Gegner am 22. September 1914 noch weiter nördlich zur Umfassung ausholte, konnten sich die bayerischen Infanteristen schließlich aus der Umklammerung befreien und alle örtlichen Vorstöße des Feindes abwehren. So wurde der 21. September zum „Ehrentag der Brigade“. Denn „am äußersten rechten Heeresflügel hat sie den überlegenen Umfassungsangriffen des Feindes getrotzt, in einer Lage, die auf des Messers Schneide stand.“[8]

Im Herbst 1914 wurde Kübler so schwer verwundet, dass er erst wieder im darauffolgenden Kriegsjahr mit einer schlecht verheilten Wunde an der Westfront eingesetzt werden konnte. Als 24-jähriger wurde er nun Regimentsadjutant. In dieser Funktion nahm er mit seinem altvertrauten 15. Königlich-Bayerischen Infanterieregiment „König Friedrich August von Sachsen“ nicht nur vom 25. September bis zum 13. Oktober 1915 an der Herbstschlacht von La Bassée – Arras teil, sondern er verblieb in dieser Dienststellung gar bis zum 25. Januar 1918. Bleibt noch nachzutragen, dass Kübler zu Beginn des Kriegsjahres 1915 einen Antrag zur Aufnahme in den elitären Militär-Max-Joseph-Orden, den das Ordenskapitel jedoch mit Beschluss vom 10. April ablehnte, gestellt hatte.[9] Doch es sollte für den ehrgeizigen Offizier zunächst noch schlimmer kommen. Denn noch im selben Jahr war er am 1. Juni bei der turnusmäßigen Beförderung des Offizierjahrganges 1910 zum Oberleutnant nicht berücksichtigt worden.

Erst durch die wohlwollende Fürsprache sowohl von Seiten seines Infanterieregiments als auch der 2. Bayerischen Infanteriedivision erfolgte seine Beförderung am 7. Juli 1915 mit Patent vom 1. Juni.[10]

Das Kriegsjahr 1916 sah für Kübler folgendermaßen aus: Zunächst nahm er an der Schlacht bei Verdun – vom 21. Februar bis zum 9. September 1916 – teil. In die schweren Kämpfe griffen unter anderem auch „die beiden Regimenter der 4. Bayerischen Infanteriebrigade, deren Führer, Generalmajor Prinz Franz von Bayern, sich in den folgenden schweren Wochen durch unermüdliche Tatkraft und Tapferkeit besonders auszeichnete, ein.“[11]

Aber unter welchen Opfern! „Da die Gefechtskraft der 2. Bayerischen Infanteriedivision durch Verluste schon bedenklich geschwächt war, so wurden ihr am 2. Juni die III. Bataillon/

Fda.R. 204, am 4. und 5. Juni das Jägerregiment 2, das 1. Bayerische Jägerbataillon und die Gebirgsmaschinengewehrgruppe Lorche von dem seit einiger Zeit hinter der Front liegenden Alpenkorps zugeführt und unterstellt."[12]

Schließlich wurde die 2. Infanteriedivision mit Kübler ganz abgelöst und durch das Deutsche Alpenkorps mit Schörner ersetzt, „das am 15. Juni den Befehl übernahm."[13] Nun folgte Küblers Kampfeinsatz in der Schlacht an der Somme, die vom 24. Juni bis zum 26. November 1916 hin- und herwogte.

Im Kriegsjahr 1917 wurde Ludwig Kübler mit dem 15. Infanterieregiment in den großen Abwehrschlachten im Westen eingesetzt, und zwar zunächst während der Doppelschlacht an der Aisne und in der Champagne, die vom 6. April bis zum 27. Mai tobte. „Die großen Angriffe am 22. Mai und die sich unmittelbar anschließenden Kämpfe hatten den letzten Ausklang der großen Schlacht an der Aisne gebildet. Immerhin hatten auch sie den bayerischen Divisionen, die an ihnen Teil hatten, noch schwere Opfer abgefordert." So hatte die 2. Infanteriedivision „etwa 40 Offiziere und 2 100 Mann auf den blutgetränkten Höhen des Chemin-de-Dames liegen lassen."[14] Dennoch erfolgte ein abermaliger Einsatz während der Abwehrschlacht bei Verdun, die zwischen dem 12. August und dem 9. Oktober 1917 ausgetragen wurde.

Da Kübler als Adjutant überwiegend im Stabsdienst eingesetzt war, nahm er vom 1. Oktober bis zum 2. November 1917 an der Generalstabsausbildung der 2. Bayerischen Infanteriedivision teil. Noch im Dezember beurteilte ihn der Kommandeur des 15. Bayerischen Infanterieregiments als einen „erheblich über dem Durchschnitt begabten, für sein Alter besonders gereiften, charaktervollen Offizier". Aufgrund seiner raschen Auffassungsgabe und seiner schnellen Entschlusskraft wurde er für eine künftige Verwendung im Generalstabsdienst oder als Adjutant in einer höheren Kommandobehörde vorgeschlagen. Dieser Beurteilung schlossen sich sowohl der Brigadekommandeur als auch der Kommandeur der 2. Bayerischen Infanteriedivision an. Der Letztere vertrat jedoch die Ansicht, dass Kübler sich zuvor als Kompanieführer zu bewähren habe.[15]

Und so geschah es dann auch. Daher übernahm der Oberleutnant Ende Januar 1918 die Führung der 1. Maschinengewehrkompanie im 15. Bayerischen Infanterieregiment. Zunächst wurde er in der großen Schlacht in Frankreich eingesetzt. „Voll Schwung und Begeisterung hatten sich am Morgen des 21. März die deutschen Truppen auf den Feind geworfen, um ihm den letzten Schlag zu versetzen und ihn zum Frieden zu zwingen. [...] Die Stimmung, die schon der Verzweiflung und dem Missmut nahegerückt war, schnellte empor. Willig wurden die Opfer und die Anstrengungen ertragen, die der Angriff forderte, obwohl sie kaum geringer waren als in den großen Abwehrschlachten. Das zeigten schon die blutigen Verluste der einzelnen Divisionen."[16]

Ab 31. März 1918 wurde Kübler als stellvertretender Führer der Maschinengewehrscharfschützenabteilung 2 eingesetzt, bevor er am 11. April zum II. Bataillon des 12. Bayerischen Infanterieregiments abkommandiert wurde. Nach erfolgreicher Ausbildung zum Kompanieführer übernahm er am 26. Juni 1918 als Kompaniechef die 1. Maschinengewehrkompanie des 15. Bayerischen Infanterieregiments. Doch schon zwei Wochen später wurde er zum II. Bataillon seines Regiments versetzt, wo er als stellvertretender Bataillonsführer eingesetzt wurde. Einen Monat später brach die Wunde seiner schweren Gesichtsverletzung von

1914 wieder auf, so dass er die Front verlassen musste. Da war es für ihn nur ein schwacher Trost, dass er kurz nach seiner Einlieferung ins Lazarett am 18. August 1918 zum Hauptmann befördert wurde.

Sechs Küblersöhne waren 1914 ins Feld gezogen. Drei von ihnen fielen im Ersten Weltkrieg – und zwar: der am 17. Januar 1887 geborene Dr. Wilhelm Kübler am 14. Dezember 1915 in Frankreich, der am 2. November 1899 geborene Fritz Kübler am 2. September 1917 in Frankreich sowie der am 16. September 1897 geborene Leutnant Franz Kübler am 25. April 1918 in der flandrischen Tiefebene am Kemmel. Über seinen Soldatentod berichtet die auf den nächsten beiden Seiten abgebildete Nachricht seines Kameraden Michael Geiger an Küblers Mutter.

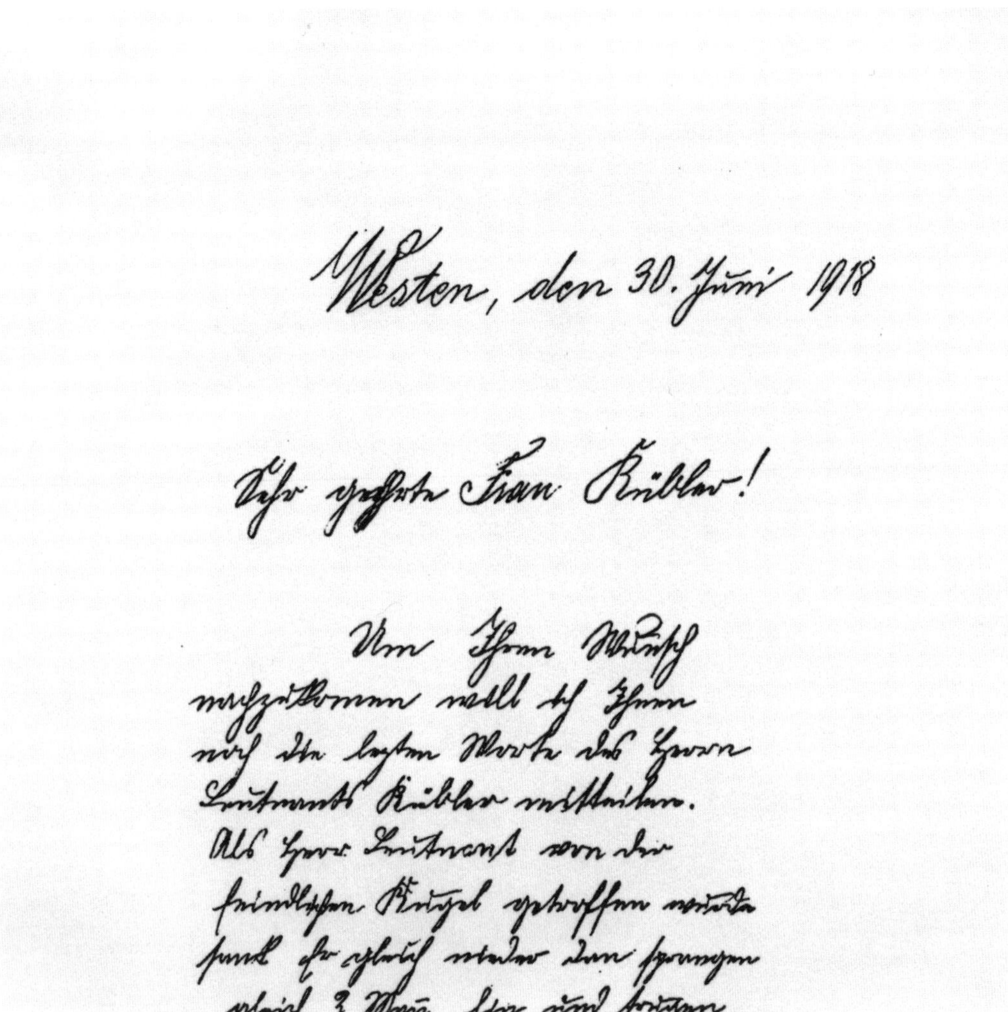

Westen, den 30. Juni 1918

Sehr geehrte Frau Kübler!

Um Ihrem Wunsch nachzukommen will ich Ihnen noch die letzten Worte des Herrn Leutnants Kübler mitteilen. Als Herr Leutnant von der feindlichen Kugel getroffen wurde sank er gleich nieder dan sprangen gleich 2 Mann hin und trugen ihn zurück in Deckung. Als Herr Leutnant in Deckung war sprach er: "Bitte Verbinden" und kam dann gleich außer Bewußtsein. Der Sanitäter hat ihn gleich verbunden und dan trugen ihn 4 Mann zurück; mit Namen Gefr. Glöckl Gefr. Mißhilger: Gefr. Berg und Gefr. Rußler.

Schreiben eines Kameraden an Frau Kübler zum Tod ihres Sohnes
Leutnant Franz Kübler – Seite 1.

Schwer wurden unten zurückgetragen
verwundet und die beiden Gefallenen.
sind schon tot. Als sie jetzt 300 m
gegangen waren wollte Herr Leutnant
von der Sanitätstrage herunter dann
hielten sie Ihr dann sprach er
noch: „Laßt mir meine Ruh",
das waren seine letzten Worte
und 30 Min. später starb er
dann wurden zurückgetragen.

Sei recht vielmals

gegrüßt

von dem

Freund

Michael Geiger.

Schreiben eines Kameraden an Frau Kübler zum Tod ihres Sohnes
Leutnant Franz Kübler – Seite 2.

Zusammenbruch und Räterepublik Bayern

Den Zusammenbruch des Deutschen Kaiserreiches und der alten Ordnung erlebte Ludwig Kübler im Reservelazarett Erlangen. Neben dem Verwundetenabzeichen war er aufgrund seiner Tapferkeit vor dem Feind während des ersten weltweiten Völkerringens mit den Eisernen Kreuzen 2. und 1. Klasse, dem bayerischen Militärverdienstorden 4. Klasse mit Schwertern in zwei Stufen und dem Ritterkreuz 2. Klasse mit Schwertern des sächsischen Albrechtordens ausgezeichnet worden.[17]

Sollte am Ende doch Oswald Spengler Recht haben, der in seinem Hauptwerk „Der Untergang des Abendlandes" eine Lehre der Kulturzyklen vertrat? Dieser bedeutende Geschichtsphilosoph deutete die Kulturen in den Umrissen seiner großangelegten Morphologie der Weltgeschichte als Großorganismen und sah ihren Verlauf durch den Dreiklang „Blüte – Reife – Verfall" bestimmt. Durch einen Vergleich mit der ägyptischen und babylonischen, der indischen und chinesischen, der antiken und arabischen sowie der altmexikanischen Kultur erschien ihm die abendländische nach dem Zusammenbruch der alten Ordnung in einem Stadium des Verfalls, der durch das Erlöschen der kulturellen Schöpferkraft gekennzeichnet ist. Dass Spengler als neue aufsteigende Kultur, die die abendländische ablösen werde, gerade Russland ausmachte, erfüllte die antibolschewistischen Offiziere vom Schlage eines Kübler, Dietl und Schörner mit Angst und Schrecken.

Nichts, aber auch rein gar nichts war Spengler von seiner Euphorie zu Beginn des großen Weltbrandes geblieben, als er angesichts der berauschenden deutschen Anfangserfolge am 25. Oktober 1915 an Hans Klöres geschrieben hatte: „[...] im Hinblick auf den Krieg [...] bin ich durchaus Optimist. Wir werden siegen, und zwar so, dass die großen Opfer reichlich wiedergutgemacht werden. Allein der Besitz von Belgien, das sicherlich deutsch bleibt, ist ein ungeheurer Gewinn: 8 Millionen Einwohner, ein Seehafen am Kanal, Riesenindustrie und älteste Kultur. Auch was wir noch brauchen, ein afrikanisches Kolonialreich, werden wir bekommen. Die Landung in England ist technisch möglich und liegt im Plane unsres Generalstabs. [...] Dass uns der Sieg schwer gemacht wird, ist sozusagen eine ethische Notwendigkeit unserer historischen Entwicklung. Frankreich weiß, dass dies sein letzter Krieg ist [...]"[18]

Doch stattdessen hatte Deutschland den Weltkrieg verloren, und zwar durch „revolutionäre Drahtzieher", wie die Reaktionäre behaupteten, durch einen „Dolchstoß" in den Rücken des unbesiegten Heeres, der zum militärischen und politischen Zusammenbruch führte.[19]

Aber trotz aller vergeblichen Opfer, die das deutsche Volk und die Familie Kübler auf sich genommen hatte, entschied sich der Zeit seines Lebens zunächst nationalkonservativ und später nationalsozialistisch eingestellte Ludwig Kübler in der ungeliebten Weimarer Republik dennoch für den Soldatenberuf. Er war mittlerweile 29 Jahre alt geworden und hatte im Grunde genommen auch gar keine andere Wahl, da er keinen Zivilberuf erlernt oder gar ein Studium abgeschlossen hatte. Das war für ihn jedoch kein Nachteil, denn schließlich fühlte er sich ohnehin zu nichts Anderem als zum Waffenrock hingezogen.

Mehr noch: Sein Charakter war geprägt von einer eisernen Härte und einer äußerst asketischen Lebensweise. Die hohen Ansprüche, die er diesbezüglich an sich stellte, forderte er auch rücksichtslos von seinen Kameraden und Untergebenen. Sein brennender Ehrgeiz, stets an der Spitze zu stehen, trieb ihn und die ihm unterstellten Truppen erbarmungslos vorwärts, so dass er in späteren Jahren manchen Sieg während der Feldzüge gegen Polen, Frankreich und Russland mit überaus hohen Verlusten zu bezahlen hatte.

Als Kübler am 15. Februar 1919 aus dem Erlanger Reservelazarett entlassen wurde und zu seinem 15. Bayerischen Infanterieregiment nach Neuburg an der Donau zurückkehrte, wurde er mit der Führung der Heimatschutzkompanie betraut. Das hatte seinen guten Grund: Die Heimatschutzverbände waren von national-konservativ gesinnten Offizieren aufgestellt worden – und zwar gegen den ausdrücklichen Willen der Soldatenräte. Was war geschehen?

Nach dem Sturz des bayerischen Königs Ludwig III. bestimmte der „Arbeiter- und Soldatenrat" den USPD-Politiker Kurt Eisner zum Ministerpräsidenten. Nachdem der Sonderling mit den struppigen Haaren am 21. Februar 1919 von dem rechtsradikalen Studenten Anton Graf Arco-Valley hinterrücks niedergeschossen worden war, traten die Räte die Herrschaft an, während der am 17. März 1919 gewählte sozialdemokratische Ministerpräsident Johannes Hoffmann mit dem von ihm gebildeten Gesamtministerium nach Bamberg auswich.

Hoffmanns Versuch, mit bayerischen Wehrtruppen München von der Räteherrschaft zu befreien, war fehlgeschlagen. Nun ereilte ein bayerischer Hilferuf den Reichswehrminister Gustav Noske, der daraufhin 20.000 Mann in Richtung München in Marsch setzte. Neben preußischen und württembergischen Verbänden beteiligte sich unter anderem auch das Freikorps Epp sowie Küblers Heimatschutzkompanie an der blutigen Niederschlagung der Räterepublik. Voraussetzung hierfür war die Eroberung Münchens und Augsburgs, das von Gegnern der Konservativen beherrscht wurde.

Geplant und durchgeführt wurde die Okkupation der altehrwürdigen Fuggerstadt durch das Ulmer Oberkommando unter Führung des Majors von Seißer. Ihm unterstand auch die Freiwilligenabteilung des 15. Bayerischen Infanterieregiments. Sie setzte sich aus drei Kompanien zusammen. Eine von ihnen wurde von Hauptmann Ludwig Kübler geführt. Mit ihr nahm er zunächst vom 20. bis 23. April 1919 an den Kämpfen in Augsburg und anschließend an der Niederschlagung der Räteherrschaft im Allgäu teil.[20]

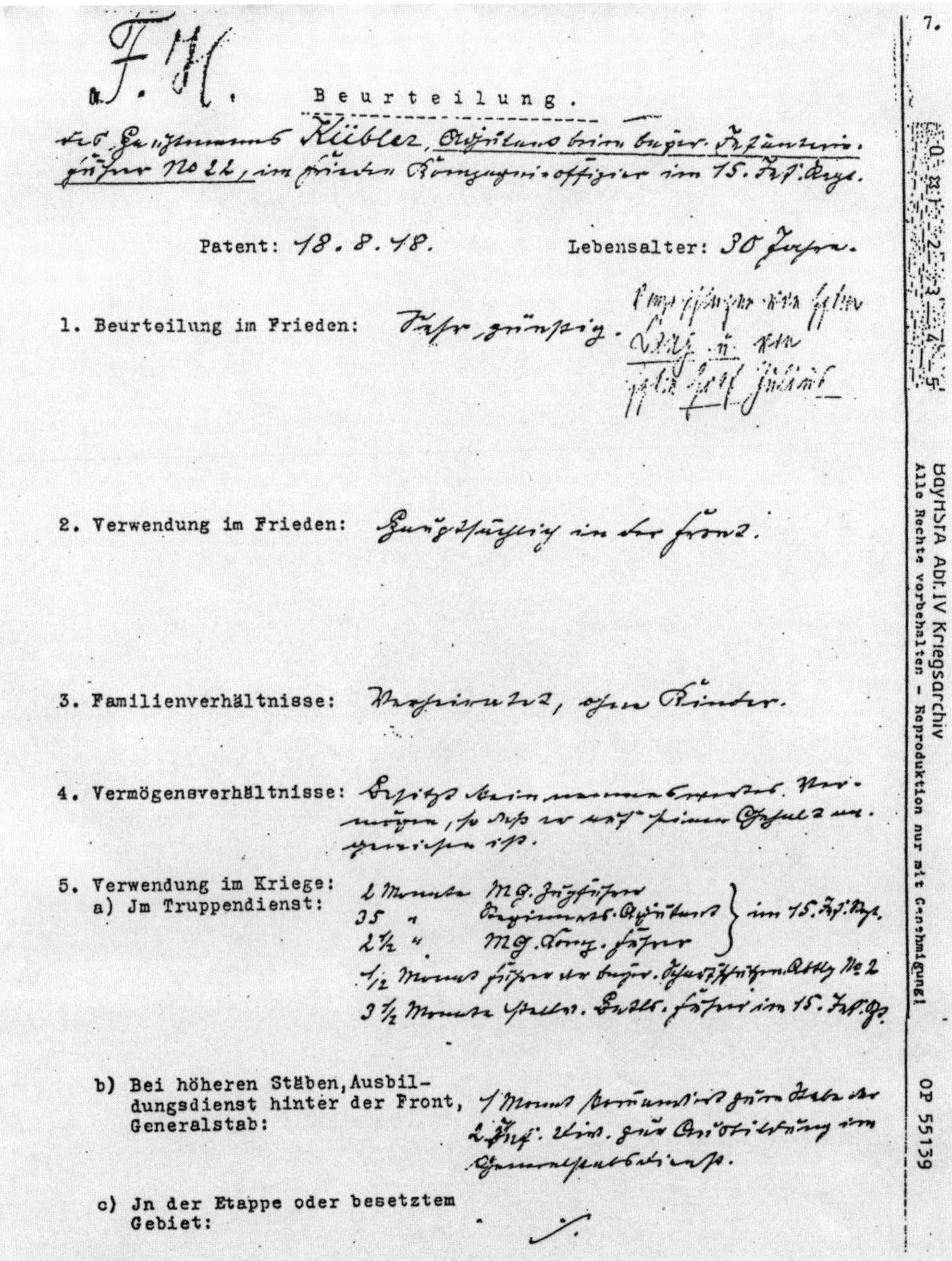

7.

F. H.

Beurteilung.

des Hauptmanns Kübler, Adjutant beim bayer. Infanterieführer No 22, im Frieden Kompagnieoffizier im 15. Inf. Rgt.

Patent: 18. 8. 18. Lebensalter: 30 Jahre.

1. Beurteilung im Frieden: sehr günstig. [illegible]

2. Verwendung im Frieden: Hauptsächlich in der Front.

3. Familienverhältnisse: Verheiratet, ohne Kinder.

4. Vermögensverhältnisse: Besitzt kein nennenswertes Vermögen, so daß er auf seinen Gehalt angewiesen ist.

5. Verwendung im Kriege:
a) Jm Truppendienst:
2 Monate MG. Zugführer } im 15. Inf. Rgt.
35 " Regiments-Adjutant } im 15. Inf. Rgt.
2½ " MG. Komp. Führer } im 15. Inf. Rgt.
½ Monat Führer der bayer. Scharfschützen-Abtlg. No 2
3½ Monate stellv. Batl. Führer im 15. Inf. Rgt.

b) Bei höheren Stäben, Ausbildungsdienst hinter der Front, Generalstab: 1 Monat kommandiert zum Stabe der 2. Inf. Div. zur Ausbildung im Generalstabsdienst.

c) Jn der Etappe oder besetztem Gebiet: ./.

d) Jn der Heimat: 6½ Monate.

Beurteilung von Ludwig Kübler vom 24. August 1919 – Seite 1.

1. Jnfolge Verwundung: 6 1/2 Monate.

2. Jnfolge Krankheit: ./.

3. Jn besonderen Stellen: ./.

4. Jn Schonungsstellen: ./.

e) Jn Gefangenschaft: ./.

6. Auszeichnungen: M.V.O. 4a.
E.K. 2.
E.K. 1.
S.A. 4a.

7. Geistige Frische: Geistig gewandt, von rascher Auffassungsgabe u. gutem sicheren Urteil.

8. Körperliche Rüstigkeit: Körperlich sehr gewandt u. ausdauernd.

9. Persönliches Auftreten: Sehr ruhig, kaltblütig u. unerschrocken; sicher u. bestimmt vor der Front; klar in seinen Befehlen.

10. Charaktereigenschaften: Gerecht, offen, solide, mit festen Grundsätzen.

11. Versteht bei Aufrechterhaltung der Manneszucht bei seinen Untergebenen (Offz., Unteroffz., Mannschaften) Dienstfreudigkeit zu erwecken und zu erhalten: Ja; im vollsten Maße.

12. Besonders hervortretende Eigenschaften: Ausdauernder Reiter, Fußgänger u. Bergsteiger.

Beurteilung von Ludwig Kübler vom 24. August 1919 – Seite 2.

13. Dienstliche Tüchtigkeit: Ausgezeichnet; ein sehr befähigter, tüchtiger, strebsamer u. äußerst verlässiger Offizier voll Hingabe für den militärischen Dienst; als Adjutant infolge seiner Gewandtheit u. unermüdlichen Arbeitskraft eine wertvolle Stütze seines Kommandeurs. Im M.G. Dienste besonders verwendbar.

14. Wird zu besonderer Verwendung empfohlen: Zur höheren Adjutantur.

15. Jst Verwendung in z.D.Stellung und welcher erwünscht: Nein.

16. Wird Abschied freiwillig erbitten: Nein; bittet um Verwendung in der Reichswehr.

17. Wird bei Verringerung der Armee zur Verabschiedung vorgeschlagen: Nein.

18. Für seine Stelle oder für die nächsthöhere geeignet oder nicht geeignet: Geeignet für seine gegenwärtige Stelle.

19. Verbleiben in der Armee aus dienstlichen Gründen sehr erwünscht: Sehr erwünscht infolge seiner vorzüglichen dienstlichen u. Charaktereigenschaften.

20. Bezieht voraussichtlich eine höhere Pension als seinem Dienstgrad nach: Nein.

21. Sonstige Berichterstattung: Nach Brustschußverletzung bis 15.2.19 Lazarettbehandl. (: [illegible] an Nase u. Lippe :) Hat vom 15.2.19 ab während der Umsturzbewegungen ununterbrochen Dienst geleistet, eine Heimatschutzkompagnie organisiert u. geführt u. 6 Wochen als Kompagnieführer an der Bekämpfung der Unruhen in Augsburg u. im Allgäu (: Gruppe Hierl :) teilgenommen.
Seit 1.6.19 bei der Reichswehr als Adjutant des Inf. Führers 22. Ist vom 15. Inf. Regt. zur [illegible] u. Verwendung im Generalstabsdienst vorgeschlagen.

Augsburg, den 24. August 1919.

[Unterschrift]
Oberstleutnant u. bayer. Infanterieführer Nr 22.

Beurteilung von Ludwig Kübler vom 24. August 1919 – Seite 3.

ERSTER TEIL: DER BRIGADE- UND DIVISIONSKOMMANDEUR

„Würdig der großen Überlieferung unseres Alpenkorps hat die bayerische Gebirgsdivision im Polenfeldzug bei ihrem, in der Kriegsgeschichte einzigartigen Vorstoß auf Lemberg ruhmreiche Taten vollbracht, die uns mit dankbarer Bewunderung für das Können, die Tapferkeit und den bedingungslosen Einsatz dieser ruhmreichen Truppe erfüllen. Unsere Gebirgsjäger hatten unter der kühnen Führung ihres Divisionskommandeurs Generalmajor Kübler, entscheidenden Anteil an der schnellen Beendigung des Feldzuges der 18 Tage."

Münchner Zeitung[1]

Kempten – Keimzelle der deutschen Gebirgstruppe

Schon aus der Ferne grüßte Ludwig Kübler die wuchtige Kette der Allgäuer Alpen, die in südlicher Richtung das Tal der Iller majestätisch abschließen. Der Teufel, so berichtete eine Legende dem neugierigen Hauptmann, habe ausgerechnet hier, im Allgäu, Christus auf einen Berg begleitet und ihm bei schönstem Wetter das Land vom Bodensee im Westen bis zum Lech im Osten gezeigt, um ihn zu verführen. Aber trotz der bizarren Felsgrate und der idyllischen Täler von Iller, Trettach, Stillach und Oy, trotz der malerischen Weiler und der schmucken Städte und Dörfer, trotz all dieser Naturschönheiten und des kulturellen Reichtums des Allgäus waren die Verführungskünste des Satans umsonst.

Nun hatte es den Hauptmann Kübler hierher verschlagen: Ausgerechnet nach Kempten, in die Metropole des Allgäus, hatte ihn Oberstleutnant Ritter von Pitrof gerufen. Das hatte einen guten Grund, denn hier stand eine Wiege der deutschen Gebirgstruppe, wenn auch nicht übersehen werden darf, dass die allerersten Jäger-, Schneeschuh- und Gebirgstruppen Deutschlands nicht in der altehrwürdigen Freien Reichsstadt, sondern im Mittelgebirge und in Württemberg, ja sogar in der Landeshauptstadt München und auf dem Lager Lechfeld bei Augsburg aufgestellt wurden.[2]

Mit seiner Versetzung als Chef der 10. Gebirgsjägerkompanie des III. Gebirgsjägerbataillons des 19. Bayerischen Infanterieregiments wurde Kübler, der Nur-Infanterist des Ersten Weltkrieges, endlich in die Gebirgsjägerelite, die er als passionierter Bergsteiger und Skiläufer in jeder Beziehung bereicherte, eingereiht. Seine reiche Kriegserfahrung, Gebirgstauglichkeit und körperliche Fitness prädestinierten ihn für diese neue Aufgabe. Schon bald errichtete er mit einer jungen Mannschaft auf dem Hochvogel ein mächtiges Bergkreuz zur Erinnerung an die Gefallenen des Weltkrieges und zum Gedächtnis an seine drei toten Brüder.

In der Zeit, als das III. Gebirgsjägerbataillon in der Schlosskaserne im Nordteil der Residenz untergebracht war, zählte Kempten rund 21.000 Einwohner. Diese Schlosskaserne, die früher ein Teil des Stiftsklosters der Stadt war, hatte eine große militärische Vergangenheit aufzuweisen. Sie diente von 1802 bis 1914 verschiedenen Truppenteilen als Unterkunft, und nach dem Ersten Weltkrieg war hier ab Mai 1919 das Freikorps Schwaben, aus dem später das

III. Bataillon des Schützenregiments 42 hervorging, untergebracht. Aus diesem Truppenteil erfolgte dann die Aufstellung des III. Gebirgsjägerbataillons mit den Standorten Kempten im Allgäu und Lindau am Bodensee.[3]

Heute ist es nur mehr schwer vorstellbar, mit welchem Elan und missionarischem Eifer Kommandeure und Kompaniechefs, Führer und Unterführer zunächst den Aufbau und die Bewaffnung der Gebirgstruppe der Reichswehr (und später der Wehrmacht) forcierten. Das geschah teilweise unter gezielter Umgehung der strengen Bestimmungen des Versailler Vertrages, nach dem eine Gebirgstruppe im eigentlichen Sinne im Deutschen Reich nicht vorgesehen war. Man konnte dieses Wagnis dennoch eingehen, da die verantwortlichen Männer jener Tage – Kübler, Schörner und Dietl, List, Ritter von Schobert und Raithel, Utz, Konrad und Weisenberger, Kreß, Bader und von Xylander – trotz zwischenmenschlicher Spannungen und Reibungsverluste im Großen und Ganzen wussten, was sie voneinander zu halten hatten. Dieses Insiderwissen (und auch das soll nicht totgeschwiegen werden) führte jedoch hier und da in späteren Jahren zu unüberbrückbaren „Feindschaften" einerseits und zu „Kungel-Klubs" andererseits, indem Stäbe über Andersdenkende gebrochen oder Karrieren gezimmert wurden.

Allesamt begeisterte Soldaten und leidenschaftliche Bergsteiger und Skiläufer, nutzten sie trotz mancherlei Intrigenspiele jede sich ihnen nur bietende Möglichkeit, um den Aufbau der Gebirgs- und Hochgebirgstruppe voranzutreiben und sie entsprechend auszurüsten und auszubilden. Das galt sowohl für das Infanterieregiment 19 in München und das III. Gebirgsjägerbataillon in Kempten und Lindau als auch für die II. Gebirgsartillerieabteilung des Artillerieregiments in Landsberg am Lech, dem Geburtsort der deutschen Gebirgsartillerie.

Alle Gebirgssoldaten – ganz gleich, ob sie den Jägern oder der Artillerie angehören – müssen den hohen körperlichen Anforderungen des Gebirges gewachsen, mit seinen Besonderheiten vertraut, aber auch besser als die Flachlandverbände ausgerüstet sein, um ihre schwierigen Aufgaben im Frieden und ihren Kampfauftrag in Kriegszeiten erfüllen zu können.

Der „Latschen-Nurmi", wie Kübler aufgrund seiner Ausdauer in Erinnerung an den berühmten finnischen Langstrecken- und Weltrekordläufer sowie Olympiasieger von 1928, Paovo Nurmi, respektvoll genannt wurde, war bei der Ausbildung allgegenwärtig. So überwachte er die Durchführung von Bergmärschen als eine wichtige Vorübung der militärischen Ausbildung. Er war stets vornweg, wenn seine Jäger mit Rucksack und Gewehr auf dem Rücken ins Gebirge zogen, denn er wusste zu genau, dass der Marsch im gebirgigen Gelände an die Soldaten stets hohe physische und psychische Belastungen stellt – insbesondere dann, wenn die Marschbewegung in den Hochgebirgsregionen durch Schlechtwetterperioden erschwert wird.

Alljährlich fanden, im Mai und Juni die Hochgebirgsübungen des III. Gebirgsjägerbataillons statt, die abwechselnd in den Allgäuer Alpen, in den Bergen des Ammergaues, im Hochgebirge des Wetterstein- und Karwendelgebirges sowie in den Berchtesgadener Alpen durchgeführt wurden. An ihnen nahmen auch die 2. Batterie der II. Gebirgsartillerieabteilung aus Landsberg am Lech, die 1. Gebirgskompanie des Pionierbataillons 7 aus München und die 1. Gebirgskompanie der Münchner Nachrichtenabteilung 7 teil. In den Herbstmonaten versammelte sich dann das gesamte Infanterieregiment 19 auf den Truppenübungsplätzen von Münsingen, Grafenwöhr, Heuberg und Munsterlager. Die anschließend durchgeführten

Manöver führten dabei nicht selten über den bayerischen Raum hinaus bis in das Weserbergland.

Im Herbst 1921 war Küblers Tätigkeit als Chef der 10. Gebirgsjägerkompanie beendet. In dieser Zeit war er maßgeblich am Aufbau der Gebirgstruppe der Reichswehr beteiligt. Aufgrund ausgezeichneter taktischer und kriegsgeschichtlicher Arbeiten wurde er nun in die Operationsabteilung des Reichswehrministeriums nach Berlin versetzt, wo seinerzeit auch die gleichrangigen Kameraden Georg von Küchler, der spätere Generalfeldmarschall, sowie die späteren Generalobersten Erich Hoepner, Hermann Hoth, Rudolf Schmidt, Hans-Jürgen Stumpff und Heinrich Gottfried von Vietinghoff, genannt von Scheel, ihren Dienst versahen. Damit folgte für ihn – lediglich unterbrochen durch die Führung des I. Bataillons des Infanterieregiments 19 vom Juni 1931 bis zum September 1932 – bis zum Herbst 1935 eine vielseitige Tätigkeit im Generalstab von 1921 bis 1923, in der Heeresabteilung (T 1) des Truppenamtes von 1923 bis 1925, im Truppengeneralstab der 3. Infanteriedivision in Berlin von 1925 bis 1927, als Lehrer in der Generalstabsausbildung der 1. Infanteriedivision in Königsberg von 1927 bis 1931 sowie als Chef des Generalstabes im Generalkommando VII in München von 1932 bis 1935.

Als Chef des Generalstabes – zugleich Chef des Stabes der 7. Division – pflegte Kübler einen sehr engen Kontakt sowohl zur NSDAP als auch zur SA und zur SS. Das hatte einen handfesten Grund: Die Planungen der Reichswehr sahen vor, dass für einen weiteren Aufbau der Streitkräfte insbesondere Männer von SA und SS heranzuziehen seien. Mehr noch: Nach einer Weisung des Chefs der Heeresleitung hatten die Wehrkreiskommandos bei Neueinstellungen bevorzugt Freiwillige von SA und SS einzustellen.[4]

Diese Zeit, insgesamt 13 Jahre Generalstabsdienst, führten Kübler in die Bereiche der operativen Führung und der taktischen Truppenführung. Sie formten ihn zum Mitgestalter in der Ausbildung des Generalstabsnachwuchses, zum maßgeblichen Gehilfen in der Führung eines Armeekorps und zum Mitwirkenden beim Aufbau des Heeres. Es versteht sich von selbst, dass diese arbeitsreichen Jahre von größter Bedeutung für die persönliche und militärische Weiterentwicklung Küblers waren. In jenen Jahren gewann er die entscheidenden Grundlagen und die innere Unabhängigkeit, um in fast jeder Situation, die später an ihn herantrat, nach eigenem Urteil, Ermessen und Gewissen sicher handeln zu können.

Entstehung und Aufbau der Gebirgsbrigade

Voller Stolz betrat Ludwig Kübler am 1. Juni 1935 das ehemalige Bayerische Kriegsministerium an der Ecke Ludwigstraße 14 und Schönfelderstraße 7. Es war der geniale Baumeister Leo von Klenze, der diesen repräsentativen Bau in verkleinerter Gestalt des italienischen Palazzo Pitti zwischen 1824 und 1830 ausgeführt hatte. Hier war seit 1919 das Wehrkreiskommando VII untergebracht.[5]

Rasch hatten Küblers durchtrainierte Beine das obere Stockwerk erreicht, wo er ans Fenster trat und auf die prachtvolle Ludwigstraße sah. Zur Rechten glitt sein Blick an den wuchtigen Fassaden der Bayerischen Staatsbibliothek, der Pfarrkirche St. Ludwig und der Universität entlang zum Siegestor, das Friedrich von Gärtner 1844 nach dem Vorbild des römischen

General der Gebirgstruppe Ludwig Kübler,
Ritterkreuz am 27. Oktober 1939.

Ludwig Küblers Kompanie
vor dem Ausmarsch nach Frankreich im Jahr 1914.

Siegesfeier in der Stammkaserne am 22. August 1914
nach den ersten Gefechten.

Bayerische Freikorpskämpfer 1919 in München, ausgerüstet mit Mausergewehren 98 und Maschinengewehr 08 auf der charakteristischen Schlittenlafette.

Ludwig Kübler war nicht nur ein gewandter Bergsteiger und zäher Skiläufer, sondern auch ein guter Reiter.

Oberst Ludwig Kübler (hier noch als Major) wurde Kommandeur der Gebirgsbrigade, die im März 1938 zur 1.Gebirgsdivision erweitert wurde.

Feierliche Vereidigung von Gebirgsartilleristen in der Kaserne von Garmisch-Partenkirchen. Im Vordergrund ein Gebirgsgeschütz.

In Reihe und Glied sind die Rekruten zur Vereidigung in Garmisch angetreten.

Offiziere des Musterungsausschusses auf dem Balkon eines Kasernengebäudes in Oberammergau.

Gebirgsjäger auf dem Marsch durch den Standort Mittenwald. Im Hintergrund das Karwendelgebirge.

Die Ausbilder erwarten die Ankunft der jungen Rekruten.

Fahnenabordnung bei der Vereidigung von Rekruten der jungen Gebirgstruppe 1937. Der Fahnenträger mit Ringkragen war traditionell ein Feldwebeldienstgrad. Er wird von zwei Offizieren flankiert.

Das Maultier trägt geduldig das schwere Kanonenrohr eines Gebirgsgeschützes auf seinem Rücken.

Auf Haflingern berittene Offiziere der Gebirgstruppe während der Gefechtsübung der Gebirgsbrigade vom 22. Juni bis 1. Juli 1937 im Werdenfelser Land. Im Vordergrund rechts der Oberstabsveterinär Dr. Rasberger.

Eingang zu den Gebirgsjägerkasernen in Garmisch-Partenkirchen.
Im Hintergrund die Gipfel des Kleinen und des Großen Waxensteins.

Das herrliche Watzmann Panorama in Berchtesgaden.
Dies war der östlichste Gebirgsjägerstandort.

In malerischer Landschaft gelegen, das oberhalb von Mittenwald erbaute Lager Luttersee, mit seinen für diese Region typischen Satteldächern.

Die Karpathen-Kaserne in Sonthofen, war der am weitesten im Westen gelegene Gebirgsjägerstandort.

Friedlicher Einmarsch der Gebirgsjäger in Landeck. Die Fahnenträger reiten voran.

Einzug der deutschen Gebirgsjäger in der Tiroler Festungsstadt Kufstein im März 1938.

Deutsche Truppen überschreiten die deutsch-österreichische Grenze bei Kiefersfelden in Richtung Kufstein. Im Hintergrund die neugotische Otto-Kapelle.

Adolf Hitler als Oberster Befehlshaber vor dem Einmarsch in Österreich nach seinem Besuch beim Generalstab in Mühldorf am Inn. Im Hintergrund links Generaloberst Fedor von Bock als Oberbefehlshaber der 8. Armee.

Begeisterter Empfang der deutschen Gebirgsjäger bei ihrem Einzug in Salzburg. Im Hintergrund die Festung Hohensalzburg.

In Erwartung der Einzugsparade deutscher und österreichischer Truppen haben sich die Offiziere vom Stab der 1. Gebirgsdivision (mit Stahlhelm) und der österreichischen 5. Division (mit Mütze) am 22. März 1938 vor der Grazer Oper versammelt.

Graz 22. März 1938: In der Bildmitte mit Stahlhelm Generalmajor Ludwig Kübler mit Generaloberst Fedor von Bock (mit Schirmmütze) und weitere Offiziere des Stabes.

Unter dem Jubel der Innsbrucker Bevölkerung ziehen die deutschen Gebirgsverbände in die Tiroler Hauptstadt ein.

Generalmajor Ludwig Kübler (links im Bild) im Gespräch mit Oberstleutnant Rohmeder. Im Hintergrund Oberstleutnant i. G. Pemsel, Küblers 1. Generalstabsoffizier.

März 1938: Küblers Gebirgssoldaten nach ihrem Einmarsch in Tirol. Rechts eine Gruppe österreichischer Offiziere, die sich zum Zeichen der Verbrüderung z. T. sogenannte Kampfbinden angelegt haben.

Nach dem Anschluss Österreichs unternehmen die reichsdeutschen Gebirgsjäger zahlreiche Gebirgsübungen und Märsche in den verschneiten Tiroler Bergen.

Hochgebirgsübung in den Bayerischen Alpen. Die Gebirgsjäger tragen das von Ludwig Kübler eingeführte Schneetarnhemd. (Aufnahme: Max Seidl)

Der Oberbefehlshaber der 8. Armee. Wien, den 23. März 1938.

Armeetagesbefehl.

Die 8. Armee hat ihre Aufgabe erfüllt; sie marschiert – nach besonderem Befehl – in die Friedensstandorte zurück. Teile bleiben zunächst noch in der Ostmark.

Harte Anforderungen wurden beim Einmarsch gestellt; die Truppe hat sie freudig bewältigt und übertroffen! Die Marschleistungen aller Verbände, der motorisierten, berittenen und bespannten Einheiten und ganz besonders die der Infanterie waren vortrefflich. Ihr habt bewiesen, daß in Euch Geist und Manneszucht, Einsatzbereitschaft und Opferfreudigkeit lebendig sind, wie es von deutschen Soldaten erwartet und verlangt werden muß.

25 deutsche Soldaten fanden beim Einsatz in Österreich durch Unglücksfall den Tod; sie starben für ihr Vaterland!

Nun geht wieder an Euren Dienst! Den Dank für Eure Leistungen sollt Ihr darin sehen, daß Ihr mit berufen wart, ein neues, großes, einiges Deutschland zu schaffen, wie es der Führer befahl!

Es lebe der Führer!
Es lebe Deutschland!

Generaloberst und Oberbefehlshaber
der 8. Armee

Der Befehl ist vor Abmarsch der Truppe bis einschließlich Kompanie usw. bekanntzugeben.

Österreichische Staatsdruckerei.

Der Armeetagesbefehl der 8. Armee vom 23. März 1938.

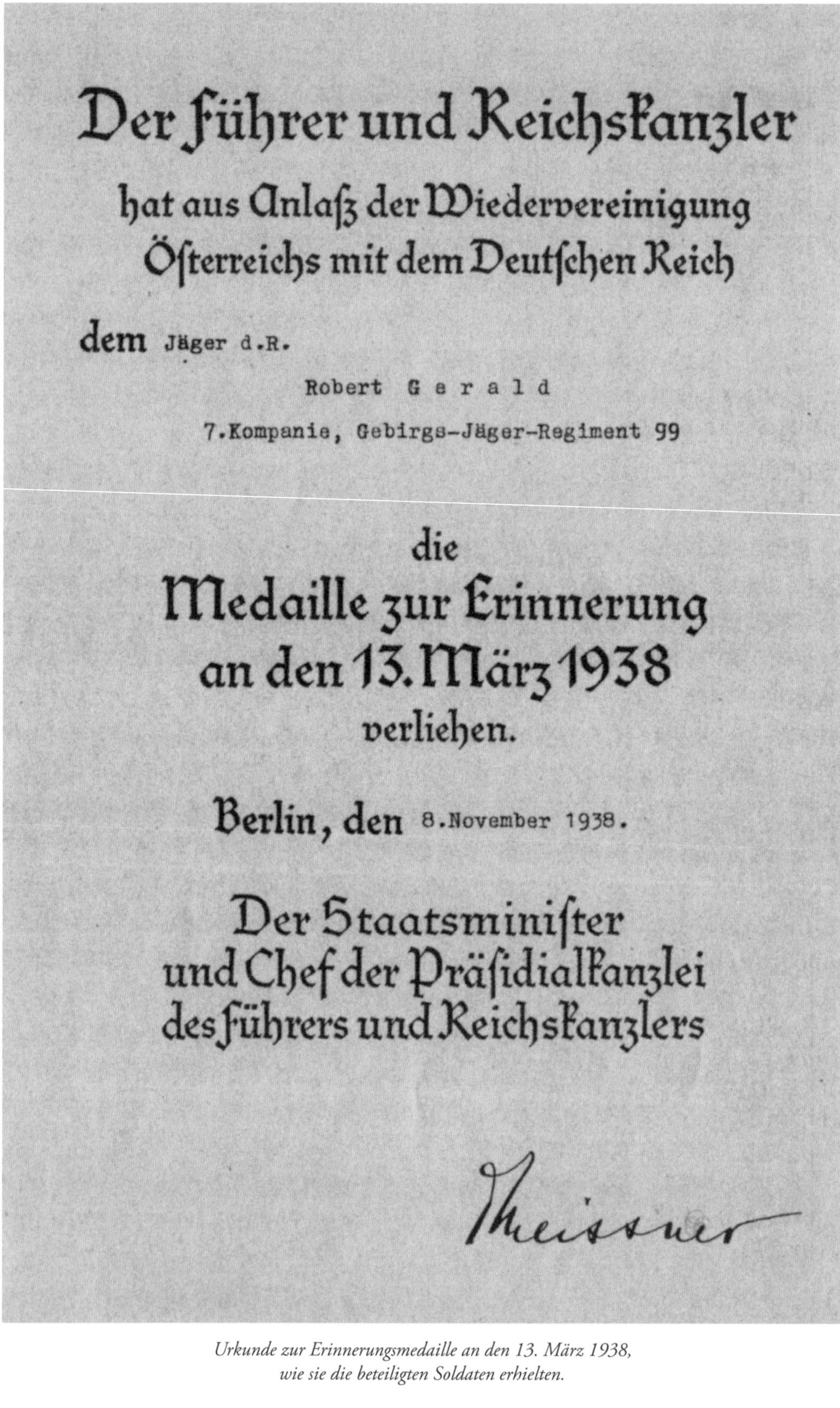

Der Führer und Reichskanzler

hat aus Anlaß der Wiedervereinigung
Österreichs mit dem Deutschen Reich

dem Jäger d.R.

Robert G e r a l d

7.Kompanie, Gebirgs-Jäger-Regiment 99

die
Medaille zur Erinnerung
an den 13. März 1938
verliehen.

Berlin, den 8.November 1938.

Der Staatsminister
und Chef der Präsidialkanzlei
des Führers und Reichskanzlers

Meissner

Urkunde zur Erinnerungsmedaille an den 13. März 1938,
wie sie die beteiligten Soldaten erhielten.

Konstantinbogens als dreitorige Triumphpforte begonnen hatte. Es war König Ludwig I. von Bayern, der dieses monumentale Bauwerk zur Erinnerung an die militärischen Leistungen der bayerischen Armee in den Befreiungskriegen von 1814/15 errichten ließ.

Nun richtete Kübler seinen Blick linker Hand über den weitläufigen Odeonsplatz zur Theatinerkirche und der Feldherrnhalle, die Friedrich von Gärtner 1814 bis 1844 im Auftrage Ludwig I. als zwanzig Meter hohe Ruhmeshalle in Anlehnung an die Florentiner Loggia del Lanzi erbauen ließ. Dieser Prachtbau entsprach voll und ganz Küblers Denken und Fühlen, seiner patriotischen Gesinnung und seinem Offiziersethos. Zum mittleren der drei wuchtigen Bögen führt eine eindrucksvolle Treppe, die von zwei stattlichen steinernen Löwen flankiert wird. In den beiden äußeren Torbögen stehen die Statuen von zwei bayerischen Feldherren: links die des Grafen Tilly, einer der dominierenden Persönlichkeiten des Dreißigjährigen Krieges, und rechts die des Fürsten Wrede, der 1814 gegen die Franzosen kämpfte. An der Rückwand erinnert ein Denkmal an den Sieg des bayerischen Heeres während des deutsch-französischen Krieges von 1870/71, dessen Ausgang entscheidend durch den Verlauf der Schlacht bei Sedan zugunsten der Deutschen beeinflusst wurde.

Ludwig Kübler stand an diesem Tage noch sehr lange am Fenster und sah mit seinem ernsten, durch die Kriegsverwundung unverwechselbar gezeichneten Gesicht in den föhnigen Münchner Himmel. Er öffnete das Fenster und ließ sich den warmen Bergwind um die vernarbte Nase wehen. Wenn er die Berge, die ihm so viel bedeuteten, von seinem Standort aus schon nicht sehen konnte, so wollte er doch wenigstens die lauen Winde, die aus ihnen herüberwehten, spüren. Kübler, der am 1. April 1932 zum Oberstleutnant und am 1. Juli 1934 zum Oberst befördert worden war, war zum ersten Kommandeur der Gebirgsbrigade, aus der sich später die 1. Gebirgsdivision bildete, ernannt worden, nachdem im Frühjahr 1935 vom Reichskriegsministerium der Auf- und Ausbau der wenigen Gebirgstruppenteile zum Großverband beschlossen und verfügt worden war. Für ihn war damit sein größter Wunsch in seinem abwechslungsreichen Soldatenleben in Erfüllung gegangen. Und schon frühzeitig bekannte er:

„Das Edelweiß ist der Schrecken des Feindes!“

Außer ihm bestand der anfänglich kleine Aufstellungsstab im Juni 1935 aus dem Major im Generalstab Max-Joseph Pemsel (Ia), dem Adjutanten (IIa) Hauptmann Walter von Stettner, zwei weiteren kriegserfahrenen Offizieren der alten bayerischen Armee, den Majoren Gabler und Hübner, die noch in Zivil ihren Dienst taten, deren Reaktivierung als E-Offiziere aber bevorstand, sowie dem nötigen militärischen Hilfspersonal. Die beiden Referate Ib und Ic (Generalstabsposten) blieben bis 1939 unbesetzt. Die Planungsaufgaben auf diesem Gebiet – und die der späteren Versorgungsreferate IVa Intendanz, IVb Sanitäts- und Gesundheitswesen, IVc Veterinärwesen – wurden kommissarisch und interimistisch von den zuständigen Fachreferaten des Generalkommandos des VII. Armeekorps in München mit wahrgenommen.[6]

Dem Aufstellungsstab der Gebirgsbrigade wurden als vorläufige Unterkunft[7] Diensträume im ehemaligen bayerischen Kriegsministerium zugewiesen. Erst ein Jahr später – im Mai/Juni 1936 – konnte der Brigadestab ein eigenes Dienstgebäude im Nordflügel des bayerischen Armeemuseums, dem ehemaligen Königlich-Bayerischen Feldzeugamt in der Galeriestraße 12, beziehen. Für absehbare Zeit war das geräumige, aber sonnenarme und nur dürftig ausgestattete Gebäude als Stabsunterkunft geeignet. Mit dem Umzug in die neuen Räume gab das Generalkommando die auf den Versorgungsgebieten IVa, IVb und IVc für die Gebirgsbrigade bisher kommissarisch geführten Dienstgeschäfte an die nun voll besetzten Fachreferate des Brigadestabes ab, und zwar:

IVa – Brigadeintendant: Verpflegungs- und Bekleidungswirtschaft der Truppenverbände, Haushalts-, Finanz-, Kassen-, Besoldungs- und Abrechnungswesen der Wirtschaftstruppenteile. Der Dienstposten wurde mit Stabsintendant Dr. jur. Wolfgang Bernklau besetzt.

IVb – Brigadearzt: Sanitäts- und Gesundheitswesen. Diesen Dienstposten betreute Oberstarzt Dr. K. Bingler.

IVc – Brigadeveterinär: Tierärztliche Überwachung und Versorgung des Tierbestandes wie Pferde, Muli und Hunde. Den Dienstposten übernahm Oberstabsveterinär Dr. Rasberger.

Mit dem fortschreitenden Aufbau, der Vermehrung der Truppenstärke bis zu einer Division und der territorialen Ausweitung auf insgesamt zehn Gebirgsstandorte über einen Abschnitt von mehr als zweihundert Kilometern entlang der Bayerischen Alpen wuchsen auch die Aufgaben des Brigadestabes als Organisations- und Kommandobehörde und somit auch der Personalbestand. Trotz der günstigen Verkehrslage zu den jeweiligen Gebirgsstandorten im Süden erwies sich aber auf Dauer München als Standort des Brigadestabes ebenso unzweckmäßig wie das nicht mehr ausreichende Stabsgebäude.

Nach vielen vergeblichen Erkundungen im Alpenvorland fand sich 1937 in Partenkirchen ein geeigneter Bauplatz, der allen Bedürfnissen und den sachlich bedingten Ansprüchen für die Unterkunft eines künftigen Divisionsstabes entsprach. Es war die Pschorrwiese in der Bahnhofstraße, die nach kurzen und beiderseits einsichtig geführten Verhandlungen der bekannten Münchner Brauerei zum Preis von 100.000 Reichsmark (plus Absprachen) abgekauft werden konnte. Nach kurzer Planungszeit der Heeresbauverwaltung bei der Wehrkreisverwaltung VII in München, dem Baurat Castell vom Heeresbauamt Garmisch und dem Münchner Architekten Sagebiel wurde der Neubau begonnen, so dass der Rohbau bereits stand, als die Gebirgsbrigade im Frühjahr 1938 zur 1. Gebirgsdivision erhoben wurden. Auch der nachfolgende Innenausbau machte derart rasche Fortschritte, dass sich die Bezugsfertigkeit des Gebäudes samt Wohntrakt für den Divisionskommandeur im Frühsommer 1939 absehen ließ. Zunächst wurde jedoch in Mittenwald ab Mitte 1935 mit dem Bau der Kaserne „Am Hirtenbichl", der späteren „General-Kübler-Kaserne", vormals „Ludendorff-Kaserne", für das künftige Gebirgspionierbataillon 54 und im Mai 1937 mit dem Bau der Kaserne „In der Kofel", der heutigen „Edelweiß-Kaserne", für das Gebirgsjägerregiment 98 begonnen. Am 4. Mai 1937 wurde der Ausbau des Standortübungsplatzes Füssen und am 27. April 1938 die Kasernenneubauten und die Erweiterung des Standortübungsplatzes in Kempten angeordnet.[8]
Kübler stand an jenem 1. Juni 1935 entgegen seiner sonstigen Gewohnheit noch lange am geöffneten Fenster und atmete den über München wehenden Bergwind tief ein. Seine Gedanken blendeten zurück – in die Zeit nach dem verlorenen Ersten Weltkrieg, als die deutsche Wehrkraft aufgrund der überaus harten Bestimmungen des Versailler Friedensdiktats auf weniger als ein Zehntel der Truppenstärke des neugegründeten polnischen Nachbarstaates beschränkt wurde. Denn, so der Brite Lloyd George, „die deutsche Armee war der Schlussstein der preußischen Politik. Man muss sie auseinandertreiben, sie auflösen, sie entwaffnen, ihr

die Möglichkeit nehmen, sich von neuem zu versammeln und die Ausrüstung einer ähnlichen Armee unmöglich machen."[9] Das würde nach Meinung der Alliierten genügen, und Deutschland werde dann nicht mehr Deutschland sein.[10] Daher lauteten die zusammenfassenden Bestimmungen des Versailler Vertrages über das Landheer in Teil V, Artikel 160 bis 180 wie folgt:[11]

„Beschränkung auf 100.000 Mann (7 Infanteriedivisionen, 3 Kavalleriedivisionen) ab 31. März 1920 („das Heer ist nur für die Erhaltung der Ordnung innerhalb des deutschen Gebietes und zur Grenzpolizei bestimmt"). Abschaffung der allgemeinen Wehrpflicht; 12-jährige Dienstzeit der Unteroffiziere und Mannschaften, 25jährige der Offiziere.[12] Auflösung des Generalstabes, der Kriegsakademie, der Militärschulen usw.; Unterrichtsanstalten, Universitäten, Kriegervereine, Schützengilden, Sportvereine usw. dürfen sich nicht mit militärischen Dingen befassen. Verbot der Verwendung von schwerer Artillerie[13], Flugzeugen, Luftschiffen, Kampfwagen, Panzerzügen. Anfertigung von Waffen, Munition und Kriegsgerät nur unter Aufsicht der Entente. Auslieferung des deutschen Kriegsmaterials, Verbot aller Vorkehrungen zur Mobilmachung oder zur Vorbereitung einer Mobilmachung."

Bei Abfassung der Friedensdiktate von Versailles und Saint-Germain wurden nahezu alle Prinzipien – wie beispielsweise das proklamierte Selbstbestimmungsrecht der Völker, das nach den Vorstellungen des amerikanischen Präsidenten Wilson eine bessere Welt verwirklichen sollte, von den europäischen Siegermächten übergangen oder verfälscht. Dennoch war es den verantwortlichen Offizieren des Reichsheeres gelungen, die Tradition des während des Ersten Weltkrieges aufgestellten Deutschen Alpenkorps[14] im Rahmen des 100.000-Mann-Heeres der Weimarer Republik, das ein personell und ausbildungsmäßig hochqualifiziertes Eliteheer Seecktscher Schöpfung war, mit folgenden Truppenteilen zu bewahren:

Regimentsstab und Minenwerferkompanie Infanterieregiment 19 sowie je eine Kompanie der Nachrichtenabteilung 7 und des Pionierbataillons 7 in München; III. Gebirgsjägerbataillon des Infanterieregiments 19 mit Stab und zwei Kompanien in Kempten und zwei Kompanien in Lindau am Bodensee; II. Gebirgsartillerieregiment 7 und eine Schwadron der Fahrabteilung 7 in Landsberg am Lech.

Nachdem im Jahre 1934 in Genf die Verhandlungen über eine allgemeine Rüstungsbeschränkung für Deutschland endgültig gescheitert waren, verkündete Hitler am Sonnabend, dem 16. März 1935, also einen Tag nachdem in Frankreich die zweijährige Dienstzeit wieder eingeführt wurde, aber einen Tag vor dem Heldengedenktag[15], das „Gesetz für den Aufbau der Wehrmacht":[16]

„Die Reichsregierung hat folgendes Gesetz beschlossen, das hiermit verkündet wird:

1. *Der Dienst in der Wehrmacht erfolgt auf der Grundlage der allgemeinen Wehrpflicht.*
2. *Das deutsche Friedensheer einschließlich der überführten Truppenpolizeien gliedert sich in 12 Korpskommandos und 36 Divisionen.*
3. *Die ergänzenden Gesetze über die Regelung der allgemeinen Wehrpflicht sind durch den Reichswehrminister dem Reichsministerium alsbald vorzulegen [...]."*

Hitler hatte dieses Gesetz verkündet, obwohl er sich seiner Sache anfangs gar nicht so sicher gewesen war. Wird es, so fragte er sich, eine ungünstige Reaktion der deutschen Bevölkerung auf diese Maßnahme geben? Wie werden Frankreich, Großbritannien, Italien und Polen auf die deutsche Aufrüstung reagieren? Denn der Führer hatte mit seinem kühnen Schritt zweifellos die Fesseln des Versailler Vertrages in militärischer Hinsicht gesprengt. Der Aufbau der Wehrmacht, insbesondere der der Flieger-, Panzer- und Gebirgstruppe, konnte jetzt aber forciert werden, weil die deutsche Aufrüstung bereits seit 1933 getarnt vorangetrieben worden war. Kübler und seine Offizierskameraden nahmen es voller Stolz zur Kenntnis: Mit dem Aufbau der Armee wurde der Name „Reichswehr" fallengelassen und dafür die Bezeichnung „Wehrmacht" eingeführt. Den Oberbefehl übte im Auftrage Hitlers – seit Hindenburgs Tod am 2. August 1934 als „Führer und Reichskanzler" Oberhaupt des Deutschen Reiches und Oberbefehlshaber der Reichswehr/Wehrmacht – der 1936 zum Generalfeldmarschall beförderte Reichswehrminister (1933) beziehungsweise Reichskriegsminister (1935) Werner von Blomberg aus. Mit dem „Aufbau der Wehrmacht" wurde 1935 auch die Kriegsakademie, in der in den folgenden Jahren auch zahlreiche Offiziere der deutschen Gebirgstruppe ihre Generalstabsausbildung absolvierten, eröffnet.

Dass im Rahmen der deutschen Aufrüstung, die nach Hitlers Machtübernahme ständig forciert wurde, auch Küblers Gebirgsbrigade aufgestockt wurde, wirkte sich selbstverständlich positiv auf die nun sprunghaft erfolgenden Beförderungen im Offizierskorps aus: Nun wurden all jene Offiziere ge- und befördert, die einerseits aufgrund des beschränkten Stellenkegels im 100.000-Mann-Heer der Reichswehr nicht zum Zuge gekommen waren, und die andererseits durch eine erkennbare nationalsozialistische Ausrichtung für den richtigen Schwung in den neuen Streitkräften sorgten. Es begann die Zeit der militärischen Karrieren.[17]

Hiervon profitierte auch Ludwig Kübler, der am 1. Januar 1938 zum Generalmajor (!), am 1. Dezember 1939 schon zum Generalleutnant (!) und am 1. August 1940 gar zum General der Infanterie (!) befördert wurde. Warum es dann jedoch mit ihm nicht weiter so im Eiltempo der Beförderungswelle aufwärts ging, das erfahren wir später.

Der neue Geist kam auch in den Pflichten des deutschen Soldaten zum Ausdruck. Sie waren von Reichspräsident Paul von Hindenburg wie folgt definiert worden:

„Der Dienst in der Reichswehr ist Ehrendienst am deutschen Volk und Vaterland. Die Ehre des Soldaten liegt im bedingungslosen Einsatz seiner Person bis zur Aufopferung seines Lebens! Selbstbewusst und doch bescheiden, aufrecht und treu, gottesfürchtig und wahrhaft, verschwiegen und unbestechlich, ist der deutsche Soldat dem ganzen Volke ein Vorbild männlicher Kraft und Stärke!"

Als Adolf Hitler mit dem Aufbau der Wehrmacht begann, wurde nicht nur der Name „Reichswehr" fallengelassen, sondern auch die „Pflichten des deutschen Soldaten" im Sinne des Nationalsozialismus neu formuliert. Sie lauteten nun:

„1. Die Wehrmacht ist der Waffenträger des deutschen Volkes. Sie schützt das Deutsche Reich und Vaterland, das im Nationalsozialismus geeinte Volk und seinen Lebensraum. Die Wurzeln ihrer Kraft liegen in einer ruhmreichen Vergangenheit, in deutschem Volkstum, deutscher Erde und deutscher Arbeit. Der Dienst in der Wehrmacht ist Ehrendienst am deutschen Volk.

2. Die Ehre des Soldaten liegt im bedingungslosen Einsatz seiner Person für Volk und Vaterland bis zur Opferung seines Lebens.
3. Höchste Soldatentugend ist der kämpferische Mut. Er fordert Härte und Entschlossenheit. Feigheit ist schimpflich, Zaudern unsoldatisch. [...]"

Hitlers „Pflichten des deutschen Soldaten" wurden zur uneingeschränkten Maxime im Denken und Handeln Küblers und seiner Gebirgsjägerkameraden, die großteils nationalsozialistisch ausgerichtet waren. Zu ihnen zählte neben dem DAP/NSDAP-Mitglied Eduard Dietl auch Ferdinand Schörner, der ehemalige SS-Obersturmbannführer Georg Ritter von Hengl, der Putschist Carl von Le Suire sowie andere stramme Nationalsozialisten der deutschen Gebirgstruppe, die als bodenständige Elitetruppe für dieses Gedankengut besonders empfänglich war. Geradezu zwingend erforderlich erwies sich die Aufstellung von deutschen Gebirgsformationen, als sich die Beziehungen zwischen Deutschland und Italien 1934/35 aufgrund der noch offenen „Österreichfrage" auf den Nullpunkt abgekühlt hatten. Kübler hatte soviel in Erfahrung gebracht: Bereits im Juni/Juli 1934 waren die deutsch-italienischen Gegensätze nach dem gescheiterten nationalsozialistischen Putsch in Wien, als der österreichische Bundeskanzler Dollfuß ermordet wurde, zutage getreten. Sie waren derart unüberbrückbar, dass sie auch durch das erste Treffen Hitlers mit Mussolini am 14./15. Juni in Venedig nicht beigelegt werden konnten. Nun waren gar Alpini, die Elitetruppe des faschistischen Italien, an der Brennergrenze aufmarschiert und bedrohten die nur unzureichend mit deutschen Truppen abgeschirmte Alpengrenze des Deutschen Reiches. Was lag da näher, als die wenigen, aber bereits vorhandenen deutschen Gebirgseinheiten zu einem schlagkräftigen Verband zusammenzufassen und aufzustocken sowie 16 neue Kasernenanlagen in zehn Gebirgsstandorten an den Nordausgängen der Alpen in Oberbayern und im Allgäu anzulegen?

Nachdem Kübler hierfür den Auftrag erhalten hatte, packte er mit seinen Führern und Unterführern beherzt zu. Er war von dem Gedanken beseelt, sein ganzes militärisches Wissen und seine soldatischen Tugenden in die neue Gebirgstruppe einfließen zu lassen, sie nach seinem Willen zu formen und aufzubauen. Wenn der „Latschen-Nurmi" auch als der Bauherr der Gebirgstruppe der Deutschen Wehrmacht bezeichnet wird, so darf jedoch nicht übersehen werden, dass er nur deshalb so erfolgreich war, weil er unter anderem in Schörner, Dietl und Kreß, in Konrad, Lanz und Kleinschroth Kommandeure besaß, die an einem Strang zogen, straff führten und optimal ausbildeten, so dass sich der Erfolg zwangsläufig einstellte.

Es kann nicht oft genug wiederholt werden: Es ist heute, im Zeitalter modernster Waffensysteme und „intelligenter Munition" fast unmöglich, sich vorzustellen, unter welch einer Konzentration der Kräfte die neue Gebirgstruppe aus den wenigen gebirgstauglichen Verbänden der Reichswehr aufgebaut und durch wiederholtes „Kalben" aufgestockt werden musste. Ihre nachhaltigste Prägung erfuhr die Truppe dabei durch Kübler, Schörner und Dietl. Über sie schrieb später der erste Kommandeur der 1. Gebirgsdivision der Bundeswehr anerkennend:

„Ihnen verdanke ich viel, wenn nicht alles!"[18]

Und zwar sowohl in Fragen der Führung der jungen Gebirgssoldaten, als auch der Gefechtserziehung; der Schulung der Oberjäger und Offiziere – in Friedenszeiten als Erzieher und im

Gefecht als verantwortlicher Führer, als leistungsfähige Männer in Fels und Eis sowie (mit Einschränkungen) in Fragen von Bekleidung, Ausrüstung und Verpflegung. Aber zunächst war noch vieles ein Torso, wenn sich auch bereits die Konturen der künftigen Gebirgstruppe in den ersten verfassten Studien und den eilig herausgegebenen Befehlen dahingehend abzuzeichnen begannen, dass mit der gezielten Ausbildung begonnen werden konnte.

Bis zur Unterstellung der Truppe am 1. Oktober 1935 war der Stab noch reichlich mit Aufgaben des Grenzschutzes, mit Vorarbeiten für die personelle Aufstellung der Stäbe und Einheiten, mit der Erkundung der Standorte, dem Bau der Kasernen, der Übungs- und Schießplätze, der Stützpunkte im Hochgebirge, mit Fragen der Bewaffnung und Ausrüstung, der Organisation des Sanitätswesens, der Beschaffung von Tragtieren aus Südamerika und vielem anderen mehr beschäftigt.

Im Oktober/November 1935 wurde unter anderem die Aufstellung der beiden Gebirgsjägerregimenter 99 und 100 befohlen.

Das hierfür benötigte Personal entstammte dem altvertrauten Kemptner III. Gebirgsjägerbataillon, das zuvor durch vermehrte Einberufungen von Rekruten beträchtlich verstärkt worden war, so dass es am 1. Oktober 1935 in zwei Gebirgsjägerbataillone aufgeteilt werden konnte: Ein Bataillon wurde im Standort Kempten als Stamm für Dietls Gebirgsjägerregiment 99 belassen, ein anderes in den Garnisonen Bad Reichenhall und Traunstein für Konrads Gebirgsjägerregiment 100 stationiert.

Ferner entstanden bis zum 15. November 1935 der Regimentsstab und der Nachrichtenzug/Gebirgsjägerregiment 100 aus dem II. Bataillon/Infanterieregiment München; das I. Bataillon/Gebirgsjägerregiment 100 aus dem II. Bataillon/Infanterieregiment München; das II. Bataillon/Gebirgsjägerregiment 100 aus dem III. Bataillon/Polizeiregiment München sowie das III. Bataillon/Gebirgsjägerregiment 100 aus dem II. Bataillon/Infanterieregiment. Da die neuen Kasernen noch im Bau waren, musste die Truppe vorerst Notunterkünfte beziehen. Als das Gebirgsjägerregiment 100 am 15. Oktober 1935 aufgestellt wurde, sandte Oberst Kübler der begeisterten Truppe das folgende Grußwort:

„Das Regiment 100 wird sein – dessen bin ich gewiss – ein Kernstück des Deutschen Heeres, ein Vorbild im Frieden, unüberwindlich im Feld!“

Wie sollten sich die fast prophetisch gesprochenen Grußworte Küblers knapp vier Jahre später doch bewahrheiten, als die Truppe in den Zweiten Weltkrieg zog! Und Konrad, der erste Kommandeur der „Hunderter“, betonte in seinem Tagesbefehl vom 15. Oktober 1935:

„Das Regiment ist mit dem heutigen Tage erstanden. Es wird die berechtigten Erwartungen erfüllen mit ganzer Kraft.“

Zu Friedensstandorten des Gebirgsjägerregiments 100 wurden nach dem Bau der neuen Kasernenanlagen folgende Orte: Bad Reichenhall, die alte Salzstadt und der renommierte Kurort, für den Regimentsstab, die Regimentstruppen und das III. Gebirgsjägerbataillon (Utz); Brannenburg-Degerndorf am nicht immer grünen Inn für das I. Gebirgsjägerbataillon (Rohmeder), das zuvor in Bad Reichenhall und Traunstein stationiert war; Berchtesgaden, das von der Bergkulisse des Watzmannmassivs eindrucksvoll überragt wird, für das II. Gebirgsjägerbataillon (Maier) nach Abgabe der Erstaufstellung nach Lenggries als II. Bataillon/Gebirgsjägerregiment 98 sowie Laufen an der Salzach, die alte Schifferstadt an der Grenze gegen das österreichische Bundesland Salzburg, für das Ersatzbataillon (Seitz-Hutterer).

Das war jedoch alles leichter befohlen als getan, denn viele Stadt- und Gemeinderäte sahen in diesen Maßnahmen in erster Linie eine Beeinträchtigung des Fremdenverkehrs, der ihrer Meinung nach nicht mit der Kaufkraft der Soldaten kompensiert werden konnte. Aber Kübler und seine Kommandeure fanden hier sehr schnell zu einem Konsens zum Wohle der jeweiligen Einheiten und Bevölkerung, was vielleicht am besten daran zu ersehen ist, dass trotz aller Kriegs- und Nachkriegswirren bis zur Auflösung der 1. Gebirgsdivision der Bundeswehr eine herzliche Verbundenheit der alten Gebirgsjägergarnisonen mit den Gebirgssoldaten der Bundeswehr, die vielerorts in die ehemaligen Standorte der Wehrmacht eingezogen waren, bestand.

Eine weitere Schwierigkeit, die Kübler und seine Offiziere erst überwinden mussten, lag darin, dass seiner Truppe auch genügend Standortübungsplätze und Schießanlagen zur Verfügung gestellt wurden. Denn nicht selten fürchteten Forstmeistereien und private Jagdbesitzer um ihren Wildbestand in den artenreichen Bayerischen und Allgäuer Alpen. Ja, gar manch einer witterte im Auftreten der Gebirgsjäger ein Aufleben der Wildschützenromantik à la Girgl Jennerwein, der es so arg trieb, dass er schließlich von einem Königlich-Bayerischen Jagdgehilfen auf dem Peißenberg hinterrücks erschossen wurde. Aber durch den engen Kontakt Küblers, Schörners, Dietls und anderer mit den örtlichen Behörden entwickelte sich zwischen ihrer Truppe und der Bevölkerung rasch ein besonders herzliches Verhältnis. Darüber hinaus wurden durch gegenseitige Rücksichtnahme die anfänglichen Bedenken rascher zerstreut, als man allgemein erwartet hatte.

Die ersten gebirgstauglichen Truppen bildeten dann nach Aufstockung durch gebirgstaugliche Offiziere, Unteroffiziere und Mannschaften der in die Deutsche Wehrmacht überführten Bayerischen Landespolizei[19], durch die Reaktivierung von Teilnehmern des Ersten Weltkrieges und durch bergbegeisterte Freiwillige aus dem gesamten Reichsgebiet – insbesondere aus Bayern, Württemberg und Rheinland/Westfalen – beim Auf- und Ausbau der Gebirgsbrigade 1935 und 1936 mit ihrem Stammpersonal und den Neueinberufungen die Gebirgsjägerregimenter 99 und 100. In ihnen bildete je ein Bataillon der Bayerischen Landespolizei den Grundstock. Die beiden neu aufgestellten Gebirgsjägerregimenter wurden aus strategischen Gesichtspunkten sowohl auf den Flügeln der Alpenfront des Deutschen Reiches – also in den Allgäuer Alpen das Gebirgsjägerregiment 99 und in den Bayerischen und Berchtesgadener Alpen zwischen Inn und Salzach das Gebirgsjägerregiment 100 – als auch am Ausgang der breiten Täler oder in diesen, wie im oberbayerischen Inntal, stationiert. Für den Mittelabschnitt, also für das Gebiet zwischen dem Werdenfelser Land und der oberen Isar mit den Walchenseebergen und den Ammergauer Alpen, dem Karwendel- und dem Wettersteingebirge, war die dritte Säule der Gebirgsbrigade vorgesehen, und zwar das später aufzustellende Gebirgsjägerregiment 98 unter Oberst Ferdinand Schörner.

In der frühen Aufstellungsplanung war bereits vorgesehen, jedem dieser Gebirgsjägerregimenter eine Gebirgsartillerieabteilung zuzuordnen, um somit von Anfang an den einzelnen Truppenteilen und Waffengattungen Gelegenheit zu geben, sich optimal aufeinander einzuspielen. Den Kern des Gebirgsartillerieregiments 79 bildete die Landsberger Artillerie- und Fahrabteilung VII, die, vor den Siegermächten getarnt, in weiser Voraussicht auch Gebirgsartillerieausbildung betrieben hatte.

Die drei Gebirgsartillerieabteilungen, zu denen später noch eine vierte – schwere – trat, wurden unter dem Kommando des ebenfalls noch aufzustellenden Stabes des Gebirgsartillerieregiments 79 zusammengefasst, das als Stammregiment der Gebirgsartillerie der Deutschen Wehrmacht anzusehen ist.

Ihm wurde zum Teil das Stammpersonal an Offizieren und Unteroffizieren für die erst später aufgestellten Gebirgsartillerieregimenter der durch „Kalben" entstandenen anderen Gebirgsdivisionen entnommen.

In alle Gebirgsartillerieabteilungen der deutschen Gebirgstruppe, die 1938 durch die hervorragend geschulten Gebirgsartilleristen des ehemaligen österreichischen Bundesheeres ergänzt wurden, gelangten auf diese Weise Angehörige des Gebirgsartillerieregiments 79. So trat zum Beispiel die ganze Reichenhaller Abteilung des Gebirgsartillerieregiments 79 nach dem Frankreichfeldzug zum Gebirgsartillerieregiment der 5. Gebirgsdivision des charismatischen Gebirgsjägergenerals Julius Ringel über.

Dass sich diese Verschmelzung außerordentlich gut bewährte, braucht nicht besonders hervorgehoben zu werden. Aus den Erfahrungen der reichsdeutschen Gebirgsartillerie einerseits und der bewährten Tradition der altösterreichischen Gebirgsartillerie andererseits entwickelte sich nach dem Anschluss Österreichs an das Reich eine fruchtbare Gemeinschaftsarbeit. Bleibt noch nachzutragen:

Das Gebirgsartillerieregiment 79 wurde mit dem Regimentsstab, einer leichten und einer schweren Abteilung in die Mitte und mit je einer Abteilung an den Ost- beziehungsweise Westflügel der deutschen Gebirgsfront verlegt.

Das Gebirgspionierbataillon 54, 1936 endgültig von Ingolstadt nach Mittenwald, und die Gebirgsnachrichtenabteilung 54, 1936 von München nach Oberammergau verlegt, wurden in der Mitte der langgestreckten Alpenfront in Mittenwald und Oberammergau stationiert. Ins Zentrum der deutschen Gebirgsfront sollten auch die Gebirgspanzerjägerabteilung 44, die Gebirgsaufklärungsabteilung 54 und der Divisionsstab kommen.

Der Kriegsausbruch verhinderte jedoch die Stationierung des Stabes der 1. Gebirgsdivision in Garmisch-Partenkirchen.

Bis zum 15. November 1935 wurden folgende Truppenteile des Gebirgsjägerregiments 99 aus der Taufe gehoben: der Regimentsstab mit dem Nachrichtenzug und der 14. Panzerabwehrkompanie aus dem Polizeiregiment Nürnberg und der 14. Kompanie des Infanterieregiments Augsburg, das I. Gebirgsjägerbataillon aus dem I. Ausbildungsbataillon des Infanterieregiments München; das II. Gebirgsjägerbataillon aus dem I. Bataillon des Infanterieregiments Augsburg sowie das III. Gebirgsjägerbataillon aus dem III. Bataillon des Infanterieregiments Augsburg.

Aus Gründen der Geheimhaltung trugen die aufgestellten Truppenteile während der Übergangszeit die Namen ihrer jeweiligen Standorte.

Nach Abschluss dieser Aufstellungsphase war Kübler ein gutes Stück vorangekommen. Wen wundert es, dass er bei diesem Stand der Dinge zum Jahreswechsel voller Stolz Hitlers „Erlass an die Wehrmacht" im Völkischen Beobachter las?

„Soldaten!

Ein entscheidendes Jahr der deutschen Wehrgeschichte liegt hinter uns.
Das Reich ist wieder frei und stark.
Ich spreche allen Soldaten und den sonst am Aufbau der Wehrmacht Beteiligten meinen Dank und meine Anerkennung für die Leistungen im vergangenen Jahre aus.
Die Losung für 1936 heißt: Immer wieder vorwärts für den Frieden, die Ehre und die Kraft der Nation.

Berlin, den 31. Dezember 1935
Der Führer und Oberste Befehlshaber der Wehrmacht
Adolf Hitler"[20]

Noch wurde die deutsche Gebirgstruppe nicht in den Sog der großen Politik hineingerissen. Stattdessen konnte sie sich im Winter 1935/36 ganz auf die Organisation und die Durchführung des 25 Kilometer langen Militär-Skipatrouillenlaufs, der im Rahmen der Winterolympiade stattfinden sollte, konzentrieren. Die harte Gebirgsausbildung war nun für Monate vergessen und wurde durch den militärischen Skilauf ersetzt, denn man wollte sich gegen die seit Jahren eingespielten ausländischen Mannschaften achtbar aus dem Rennen ziehen. Um sich hierfür optimal vorzubereiten, wurde am 7. Januar 1936 das I. Bataillon von Dietls Gebirgsjägerregiment 99 zum Winterschießen aus Kempten in das Lager Luttensee bei Mittenwald verlegt.[21]

Aber auch das sollte in diesem Zusammenhang noch erwähnt werden, weil es für den Aufbau der Gebirgstruppe der Deutschen Wehrmacht einen bedeutenden Meilenstein darstellt: Obwohl das I. Bataillon/Gebirgsjägerregiment 99 am 18. Januar 1936 wieder in seine Garnison Kempten zurückkehrte, blieb die Anlage in Luttensee von nun an, wenn auch einem vielfältigen Wechsel unterworfen, nicht mehr verwaist. So wurde am 15. Juli 1936 die Kommandantur des Hochgebirgsübungsplatzes Luttensee aufgestellt und am 22. Januar 1937 in „Truppenübungsplatz Mittenwald" umbenannt.[22]

In vielen harten Trainingsstunden bereitete die deutsche Mannschaft sich auf die schweren Olympischen Winterspiele vor. Zunächst schien es aussichtslos, aus dem noch kleinen Kader der Heeressportler ein schlagkräftiges Team, das der Elite der skandinavischen Länder gewachsen wäre, aufzustellen. Aber nicht die favorisierten Nordländer, sondern die italienische Mannschaft wurde überraschend Olympiasieger im Wettbewerb. Die deutsche Patrouillenmannschaft unter dem Ski-As Herbert Leupold konnte mit ihrem beachtlichen fünften Platz unter den neun Teilnehmernationen mehr als zufrieden sein.

Aber wie schnell aus dem militärischen Sport und seinen Annehmlichkeiten blutiger Ernst hätte werden können, das erfuhr Kübler am 7. März 1936, also nur einen Monat nach den friedlich verlaufenden Olympischen Winterspielen von Garmisch-Partenkirchen, beim Einmarsch deutscher Truppen in das Rheinland, das seit 1919 entmilitarisiert war. Als Begründung diente Hitler die Ratifizierung des französisch-sowjetischen Bündnisses, das im Widerspruch zum Locarno Vertrag stand, der durch den Überraschungsschlag Hitlers gleichfalls verletzt wurde. Der „Latschen-Nurmi" hielt den Atem an.

„Wie werden die Siegermächte, zu deren Sicherheit ja seinerzeit das Rheinland von den deutschen Truppen entmilitarisiert werden musste, speziell jedoch Frankreich, das sich unmittelbar bedroht fühlte, auf Hitlers Vertragsbruch und den Beginn seiner gewaltsamen Politik reagieren?"

Doch der Führer und Reichskanzler behielt wieder recht. Auch dieses Mal kam kaum Widerstand von den Mächten der Entente. Damit waren an jenem 7. März 1936 die entscheidenden Würfel gefallen: Ein energisches Auftreten der Westmächte gegenüber Hitlers Vertragsbruch hätte sicherlich dessen Zurückweichen und damit unter Umständen vielleicht sogar seinen Sturz zur Folge gehabt – so aber erhöhte der Erfolg der Rheinlandbesetzung Hitlers Prestige in einem ungeheuren Ausmaß – insbesondere im Offizierskorps.

Genauso freudig wie der friedliche Einmarsch ins Rheinland wurde von Kübler und seinen Kommandeuren die Öffnung der deutsch-österreichischen Grenze am 28. August 1936 begrüßt. Mussten die Gebirgsjäger bisher bei der als „privat" getarnten Sommer- und Winterausbildung vorwiegend in die Hochregionen der Schweiz, zuweilen aber auch nach Frankreich ausweichen, um sich zum Beispiel am Monte Rosa, am Matterhorn oder am Mont Blanc die nötige Routine zu holen, so konnten sie jetzt in verstärktem Maße in den viel näher gelegenen Hochregionen der Zillertaler, Stubaier und Ötztaler Alpen, der Großglockner- und Großvenedigergruppe sowie im Kaiser- und Karwendelgebirge das Gehen und Klettern in Eis und Fels üben.

Am 1. Oktober 1936 wurden wieder einmal Truppenteile der Gebirgsbrigade verlegt, und zwar der Stab des Gebirgsjägerregiments 99 von Kempten nach Füssen, das I. Bataillon des Gebirgsjägerregiments 99 von Kempten nach Garmisch-Partenkirchen, das II. Bataillon/Gebirgsjägerregiment 99 von Augsburg nach Füssen, das III. Bataillon/Gebirgsjägerregiment 99 von Lindau nach Sonthofen, die 14. Panzerabwehrkompanie des Gebirgsjägerregiments 99 von Augsburg nach Füssen, der Stab des Gebirgsjägerregiments 100 nach Bad Reichenhall, das I. Bataillon/Gebirgsjägerregiment 100 von Traunstein nach Brannenburg-Degerndorf, das II. Bataillon/Gebirgsjägerregiment 100 mit seiner 5. und 6. Kompanie von Traunstein nach Lenggries, die 7. und 8. Kompanie des Gebirgsjägerregiments 100 von Bad Reichenhall nach Lenggries, das III. Bataillon/Gebirgsjägerregiment 100 nach Bad Reichenhall, die 13. Minenwerfer- und die 14. Panzerabwehrkompanie des Gebirgsjägerregiments 100 nach Bad Reichenhall, die I. Bataillon/Gebirgsartillerieregiment 79 von Landsberg am Lech nach Bad Reichenhall, die 3. Kompanie der Gebirgsnachrichtenabteilung 7 von München nach Oberammergau, die 1. Kompanie des Gebirgspionierbataillons 7 vom Lager Luttensee nach Mittenwald sowie die 1. Kompanie des Pionierbataillons 47 von Ingolstadt nach Mittenwald.

Je eine Ergänzungskompanie kam nach Sonthofen, Füssen, Lenggries und Brannenburg-Degerndorf am Inn und wurde den dortigen Gebirgsjägerbataillonen unterstellt. Neu aufgestellt wurden zum 1. Oktober 1936 noch der Stab und der Nachrichtenzug des Gebirgspionierbataillons 54, die 13. Minenwerferkompanie des Gebirgsjägerregiments 99 und die 4. Batterie des Gebirgsartillerieregiments 79.

Hitlers Auftrag an die Deutsche Wehrmacht, in vier Jahren einsatzbereit zu sein, bedeutete ab 1936, dass zwar das Wachstum in die Breite weitergehen konnte, dass jedoch ein Wachstum in die Tiefe infolge des enormen Zeitdrucks ausbleiben musste. Das sollte sich bei einigen

Verbänden während des Zweiten Weltkriegs bitter rächen. Dennoch ist es erstaunlich, in welch kurzer Zeit sich aus einigen wenigen Kompanien bald Bataillone und aus diesen dann Regimenter formierten. Bei der Aufstellung der Gebirgsbrigade wurde im wahrsten Sinne des Wortes mit deutscher Gründlichkeit und dem entsprechenden Organisationstalent der Deutschen vorgegangen.

Das Jahr 1937 verlief außenpolitisch ruhig, so dass die planmäßige Aufstellung und Ausbildung der Gebirgsbrigade ungestört weitergehen konnte. Niemand sah die Ruhe vor dem großen Sturm. Der nie ermüdenden Tatkraft Küblers, der von einem begeisterten Offiziers- und Unteroffizierskorps unterstützt wurde, war es bis zum Spätsommer gelungen, nicht nur die bisherigen Einheiten zu einem schlagkräftigen Verband auszubauen, sondern auch noch die Aufstellung von Schörners Gebirgsjägerregiment 98 als dritte Säule der Gebirgsbrigade und weitere Truppenkörper so weit voranzubringen, dass der Erhebung der Gebirgsbrigade zur Gebirgsdivision nichts mehr im Wege stand.

Bis zum 1. Oktober 1937 wurden noch folgende Truppenteile aufgestellt: Der Stab des Gebirgsjägerregiments 98 mit der 13. Minenwerfer- und der 14. Panzerabwehrkompanie in Mittenwald, der Stab des Gebirgsartillerieregiments 79 und die II. Bataillon/Gebirgsartillerieregiment 79 mit zwei Batterien in Garmisch-Partenkirchen, die Gebirgsnachrichtenabteilung 54 mit zwei Fernsprechkompanien und einer Funkkompanie in Oberammergau, die 2. Kompanie des Gebirgspionierbataillons 54 in Mittenwald und die Gebirgssanitätsabteilung 41 in Garmisch-Partenkirchen.

1937 war ein Jahr der trügerischen Ruhe. Hitler war es gelungen, gegen die Bedenken der militärischen Führung den Aufbau der Wehrmacht zu forcieren. Wohin dieser Weg sie führen sollte, das zeigten die Gedanken in seiner „Denkschrift über die wirtschaftliche Mobilmachung". Dort hieß es unter anderem:

„Die militärische Ausweitung soll durch die neue Armee erfolgen. Das Ausmaß und das Tempo der militärischen Ausweitung unserer Kräfte können nicht groß und nicht schnell genug gewählt werden. [...] Wenn es uns nicht gelingt, in kürzester Frist die Deutsche Wehrmacht in der Ausbildung, in der Aufstellung der Formationen, in der Ausrüstung und vor allem auch in der geistigen Erziehung zur ersten Armee der Welt zu entwickeln, wird Deutschland verloren sein. Es gilt hier der Grundsatz, dass das, was in Monaten des Friedens versäumt wurde, in Jahrhunderten nicht mehr eingeholt werden kann."[23]

Gliederung der 1. Gebirgsdivision 1938/39

Der 1. Oktober 1937 kann zwar als Geburtsstunde der 1. Gebirgsdivision betrachtet werden, als nämlich die Gebirgsbrigade mit der Aufstellung des dritten Gebirgsjägerregiments zur Division wurde – offiziell geschah dies allerdings erst am 1. April 1938, als der Kommandierende General des VII. Armeekorps am 30. März 1938 folgenden Funkspruch sandte:

„Am 1. April 1938 wird die Gebirgsbrigade zur Division erhoben. Zu diesem denkwürdigen Tag rufe ich dem Kommandeur und allen Angehörigen der 1. Gebirgsdivision ein freudiges ‚Horrido' zu.

von Schobert"[24]

Aber noch bestanden die drei Gebirgsjägerregimenter erst aus je zwei Gebirgsjägerbataillonen, denn das I. Bataillon/Gebirgsjägerregiment 99 war zum Gebirgsjägerregiment 100 als dessen I. Bataillon nach Brannenburg-Degerndorf an den Inn gekommen, und das II. Bataillon/Gebirgsjägerregiment 100 als künftiges II. Bataillon/Gebirgsjägerregiment 98 nach Lenggries. Darüber hinaus fehlten aber auch noch weitere Einheiten zu einer etatmäßigen Gebirgsdivision. Erst mit der Aufstellung des dritten Gebirgsjägerregiments wurde die Gebirgsbrigade de facto zu einer Gebirgsdivision erweitert. Das I. Bataillon/Gebirgsjägerbataillon 99 trat als I., und das II. Bataillon/Gebirgsjägerregiment 100 als II. Gebirgsjägerbataillon zum Gebirgsjägerregiment 98. Zur Aufstellung des Stabes des Gebirgsjägerregiments 98, der 13. und 14. Kompanie gaben die Gebirgsjägerregimenter 99 und 100 Personal ab. Da die „Jägerkaserne" in Mittenwald noch nicht bezugsfertig war, bezogen Stab wie 13. und 14. Kompanie des Gebirgsjägerregiments 98 eine Zwischenunterkunft im benachbarten Lager Luttensee.[25]

Bis zum Herbst 1938 waren folgende Truppenteile neu aufzustellen: das III. Bataillon/Gebirgsjägerregiment 98 in Mittenwald, das II. Bataillon/Gebirgsjägerregiment 100 in Berchtesgaden, die III. Bataillon/Gebirgsartillerieregiment 79 in Sonthofen, die IV. Abteilung/Gebirgsartillerieregiment 79 in Murnau und die Gebirgspanzerjägerabteilung 44 in München, später in Murnau. Das II. Bataillon/Gebirgsjägerregiment 99 sollte erst im Mobilmachungsfall aufgestellt werden.

„Der Antrag der Division zur Aufstellung einer besonderen Gebirgsaufklärungsabteilung und einer Gebirgsbeobachtungsabteilung sowie die Ausstattung mit erprobten, geländegängigen Schmalspurkraftfahrzeugen wurde", so Küblers 1. Generalstabsoffizier Max-Joseph Pemsel, „bedauerlicherweise abgelehnt. Lediglich leichte Lastkraftwagen wurden für Sommer 1939 zugesagt. Eine Aufklärungsabteilung sollte erst im Mobilmachungsfall vom Reiterregiment 17 aus Bamberg zur Division treten. Die Verstärkung jeder Gebirgsjägerkompanie durch drei leichte Granatwerfer (5 cm), jeder Maschinengewehrkompanie durch sechs schwere Granatwerfer (8 cm) bedeutete eine wesentliche Erhöhung der Feuerkraft der Bataillone."[26]

Der ungeheuer rasche Aufbau des Heeres und auch der deutschen Gebirgstruppe im relativ kurzen Zeitraum von 1934 bis 1938 war nur auf Grundlage der hervorragend geschulten und ausgebildeten Reichswehr möglich. Förmlich Überschlagen hat sich die deutsche Heereserweiterung im letzten Friedensjahr, und zwar vom „Münchner Abkommen" (29. September 1938) bis zum Ausbruch des Zweiten Weltkrieges (1. September 1939).

„Bestand das mobilgemachte deutsche Heer im Abschnitt 1937/1938 noch aus ca. 77 großen Verbänden, so wuchs diese Zahl in einem Jahr bis zum Herbst 1939 auf 103 an. Diese starke Vermehrung um über 30 Prozent ist zum Teil auf die mobilmachungsmäßige Durchdringung von Österreich und dem Sudetenland zurückzuführen. Zum größten Teil rührt sie jedoch daher, dass durch die tschechische Rüstungsindustrie ein fühlbarer Zuwachs an Rüstungspotential erfolgte."[27]

Die 103 aufzustellenden Großverbände des Jahres 1939 setzten sich wie folgt zusammen: 86 Infanteriedivisionen, 4 Infanteriedivisionen (motorisiert), 4 leichte Divisionen, 5 Panzerdivisionen, 1 Kavalleriebrigade sowie die 1. bis 3. Gebirgsdivision mit insgesamt 7 Gebirgsjägerregimentern.

In der Gebirgstruppe der Deutschen Wehrmacht waren alle Waffengattungen des Heeres vertreten. Damit konnte die 1. Gebirgsdivision die gleichen Aufgaben wie Infanterie- oder Jägerdivisionen erfüllen. In ihr gab es somit die drei tragenden Waffengattungen Gebirgsjäger, Gebirgsartillerie und Gebirgspioniere. Hinzu kamen unter anderem noch die Nachrichtentruppe, die Panzerjägertruppe, die Aufklärungstruppe und der Nachschub. Die Gebirgssoldaten all dieser Waffengattungen mussten selbstverständlich den hohen körperlichen Anforderungen des Gebirgsdienstes gewachsen, mit den Besonderheiten des Gebirges vertraut, aber auch besser ausgerüstet sein, um ihre nicht selten besonders schwierigen Aufgaben erfüllen zu können.[28]

Personell verfügte die 1. Gebirgsdivision gemäß Mobilmachungsplan von 1939/40 über eine Gesamtsollstärke von 24.956 Mann – davon 640 Offiziere, 91 Beamte, 3 032 Unteroffiziere und 21.193 Mannschaften. Die Waffensollstärke betrug 5 708 Pistolen, 17.568 Gewehre, 396 leichte Maschinengewehre, 96 schwere Maschinengewehre, 12 Flak (2 cm), 72 Panzerabwehrkanonen (3,7 cm), 81 leichte Granatwerfer (5 cm), 54 mittlere Granatwerfer (8 cm), 18 leichte Gebirgsinfanteriegeschütze (7,5 cm), 36 Gebirgsgeschütze (7,5 oder 10,5 cm) und 12 schwere Feldhaubitzen 18 (15 cm). Das ergibt eine Sollstärke von 24.053 Waffen. An Kraftfahrzeugen waren der Division zugeteilt: 391 Solo-Kräder, 345 Kräder mit Beiwagen, 374 Pkw, 793 Lkw, 84 einachsige und 6 mehrachsige Anhänger.

Das Gesamtsoll der Kraftfahrzeuge betrug demnach 1 993. Hinzu kamen noch 1 007 bespannte und 37 unbespannte Fahrzeuge. Das Gesamtsoll an Tieren bezifferte sich auf 7 405. Diese setzten sich wie folgt zusammen: 1 333 Reitpferde, 4 224 Tragtiere sowie 1 836 leichte und 12 schwere Zugpferde.

Trotz mancherlei Widrigkeiten, wie sie in Aufstellungsphasen unvermeidlich sind, war die Gebirgsbrigade schließlich zur 1. Gebirgsdivision herangewachsen und zwar mit dem I. bis III. Bataillon des Gebirgsjägerregiments 98, dem I. bis III. Bataillon des Gebirgsjägerregiments 99, dem I. bis III. Bataillon des Gebirgsjägerregiments 100, der I. bis IV. Abteilung des Gebirgsartillerieregiments 79, das Gebirgsjägerbataillon 54 (Feldersatzbataillon), die Gebirgspanzerjägerabteilung 44, die Gebirgsaufklärungsabteilung 54, das Gebirgspionierbataillon 54, die Gebirgsnachrichtenabteilung 54 und die Gebirgssanitätsabteilung 41. Dazu kamen noch die Divisions- und Versorgungseinheiten mit der Nummer 54. Es waren dies: Nachschubbataillon 54, Divisionsnachschubführer 54, Fahrkolonnen 54, Kraftwagenkolonnen 54, Kraftfahrkompanie 54, Kraftwagenwerkstattkompanie 54, Feldzeugkompanie 54, Verpflegungsamt 54, Bäckereikompanie 54, Schlächterei 54, Feldpostamt 54, Sanitätskompanie 54, Kr.-Kw.-Zug 54 und Feldlazarett 54.

Während der ersten Aufstellungs- und Aufbauphase interessierten Kübler und seine Kommandeure insbesondere Gliederung, Stellenbesetzung und Standorte der 1. Gebirgsdivision, damit sie bei ihren zahlreichen Truppenbesuchen und Übungen auf Anhieb wussten, mit wem sie es wo zu tun hatten. Nach dem Stand vom 3. Januar 1939 sah diese wie folgt aus:[29]
Nachdem Kübler, der am 1. Januar 1938 zum Generalmajor befördert worden war, einen Blick auf die Stellenbesetzung seiner 1. Gebirgsdivision geworfen hatte, lag es nahe, dass er auch Näheres über die Gliederung und Bewaffnung seines Großverbandes, seiner Regimenter und Abteilungen, der Bataillone, Kompanien und Batterien erfahren wollte. Dazu eine grundlegende Bemerkung vorweg: Die Gebirgsdivisionen der Deutschen Wehrmacht waren bekanntlich ähnlich wie die leichten Infanterie- und Jägerdivisionen gegliedert. Da sie jedoch für den Gebirgskrieg im Mittel- und Hochgebirge bestimmt waren, besaßen sie zugunsten größerer Beweglichkeit eine geringere personelle Stärke und eine leichtere Ausstattung und Ausrüstung an Waffen und Gerät. Im Detail war eine Gebirgsdivision wie folgt gegliedert:

Divisionsstab mit Kartenstelle (motorisiert) (2 schwere Maschinengewehre).
Der Divisionsstab gliederte sich in drei Hauptgruppen:
1. Die Führungsabteilung (Ia, Alp., 0 1, Ic, 03, 1. Dolmetscher, 2. Dolmetscher, Divisionsnachrichtenführer).
2. Die Quartiermeisterabteilung (Ib, 0 2, WuG, IVa und Mitarbeiter, IVb und Adjutant, IVc und Adjutant, IVd, Feldpost, Führer der Divisionsversorgungstruppe, Führer der Div.-Gep.-Tr., Führer Feldgendamerietruppe).
3. Die Gruppe Adjutantur und Kriegsgericht (IIa, IIb, St.Qu., IVz,Va,Vb, Reg., III, Urk.-Beamter III).

Hinzu kamen der Führer der Kartenstelle und der Führer des Kradmeldezuges.

Der Ia war der 1. Generalstabsoffizier. Er, Major im Generalstab Pemsel, bearbeitete alles, was mit den einzelnen Truppenteilen der Division in führungsmäßiger und taktischer Hinsicht zusammenhing.

Daraus ergab sich, dass er auf das engste mit den Sachkennern der einzelnen selbstständigen Waffen innerhalb des Stabes zusammenarbeitete. Sein Motto lautete wie das aller Generalstabsoffiziere und verantwortlichen Truppenführer:

„Schone deine Truppe, wo immer es möglich ist!“

Der Ib war der 2. Generalstabsoffizier. Er, Hauptmann im Generalstab Kimbacher, war für die gesamte Versorgung der Division verantwortlich – und zwar sowohl für den Nachschub aus den rückwärtigen Versorgungsstellen an die Front als auch für den Abschub von Versorgungsgütern, Gefangenen und Verwundeten von der Front in die Etappe.

1. Gebirgsdivision

Garmisch-Partenkirchen

(vorläufig München)

Divisionskommandeur: Gen. Maj. **Kübler** 1. 1.38 (3)

Generalstab

Maj. **Pemsel** 1. 8.36 (38)	Hptm. **Kimbacher** 1. 8.34 (54b)

Stab

Maj. (WE) **Kneidl** 1. 8.36 (5)	Hptm. (E) **Berger** 1. 1.34 (334)
" **Schrank** (A. Geb. Jäg. R. 99) 1. 1.37 (79) Adj	" (E) **Friederich** 1. 4.34 (541)

Divisionsarzt: Oberst-A. Dr. **Bingler**, zugl. Kdr. d. Geb. S. 41 1. 8.36 (3)

Ob. A. **Lührmann**, zugl. Geb. S. 41 1. 1.38 (4) Adj

Divisionsveterinär: Ob. St. Vet. Dr. **Rasberger** 1.11.34 (1)

Ob. Vet. Dr. **Goehr** (Walter) 1. 7.38 (8) Adj

Gebirgsjägerregimenter 98, 99 und 100
Gebirgsartillerieregiment 79
Panzerabwehrabteilung 44
Gebirgspionierbataillon 54
Gebirgsnachrichtenabteilung 54
Gebirgssanitätsabteilung 41

Gliederung und Stellenbesetzungen der 1. Gebirgsdivision.

Gebirgsjägerregiment 98

H. Gru. 3
VII. A. K.
1. Geb. Div.

R. St., III. Btl. u. 16. (PzAbw)Kp.: Mittenwald, I. Btl.: Garmisch-Partenkirchen,
II. Btl.: Lenggries, E. Btl.: Memmingen

Kommandeur: Obstlt. **Schörner**	1. 3.37	(5)	
Obstlt. **Picker**	1. 1.38	(12)	II
Maj. **Kaiser** (J. R. 134)	1. 6.35	(39)	III
· (E) **Freiherr von Gise** [Psych. Prüfst. VII]	1. 9.35	(13)	E
· **Aldrian** (Geb. Jäg. R. 100)	1.10.36	(142)	I

Hptm. **Telebo** (J. R. 135)	1. 6.34	(245)	St II
· **Zorn** (Gen.St.d.H.)	1. 7.34	(2)	1
· **Juen**	1. 8.34	(58)	2 (E)
· **Kostanjec**	1.11.34	(51)	4 (schw)
· **Velhorn**	1.12.34	(17)	St I
· **Fleischmann**	1. 5.35	(241)	4 (E MG)
· **Dauner**	1. 5.35	(30)	2
· **Wölfinger**	1. 1.36	(10)	RAdj
· **Baumgartner** (Geb. Jäg. R. 99)	1. 8.36	(21)	8
· **Salminger**	1.10.36	(110)	12
· **Scanzoni von Lichtenfels**	1. 1.38	(72)	11
· **Merxmüller**	1. 3.38	(10)	6
· **Hohe**	1. 3.38	(140)	14(schw)
· **Übelhack**	1. 4.38	(55)	3
· **Neumayr**	1.10.38	(96)	15 (St)
Oblt. **Bader**	1.10.35	(129)	5 (St)
· **Schirmer** (Geb. Jäg. R. 99)	1.10.35	(170)	7
· **Kozubowski** (Geb. Jäg. R. 136)	1.10.35	(305)	9 (schw)
· **Artmann**	1. 6.38	(65)	13
· **Leeb**	1.10.38	(147)	RSt
· **Jacob**	1.10.38	(259)	1 (E)
Lt. **Mayr**	1. 4.36	(229)	Adj III
· **Süßmann**	1. 4.36	(257)	10 (St)
· **Thumser**	1. 4.36	(547)	16 (PzAbw)
· **Herterich** [Geb. Jäg. Rgt. 99]	1. 4.36	(1023)	Adj E

Lt. **Daumiller**	1. 9.36	(5)	Adj I
· **Edler von Braun**	1.10.36	(3)	14 (schw)
· **Nordhoff**	1. 4.37	(1079)	5 (St)
· **Niessner**	1. 4.37	(1672)	2
· **Wildzeisz**	1. 4.37	(1708)	10 (St)
· **Praxmarer**	1. 4.37	(1721)	1 (E)
· **Kofler**	1. 4.37	(1756)	8
· **Jäger** [Geb. Jäg. Rgt. 99]	1. 4.37	(1757)	4 (E MG)
· **Honigmann**	1. 9.37	(4)	16 (PzAbw)
· **Küspert**	1. 1.38	(6)	11
· **Laßkorn**	1. 1.38	(164)	9 (schw)
· **Dietzel**	1. 1.38	(439)	1
· **Lucas**	1. 1.38	(486)	14 (schw)
· **Seidel**	1. 1.38	(995)	4 (schw)
· **Koch**	1. 1.38	(1144)	10 (St)
· **von Hirschfeld**	1. 1.38	(1794)	Adj II
· **Spindler**	1.10.38	(66)	13
· **Schlicht**	1.10.38	(154)	12
· **Beyer**	Ern. 1. 9.38	(362)	3
· **Feser**	Ern. 1. 9.38	(478)	2
· **Geyer**	Ern. 1. 9.38	(507)	12
· **Freiherr von Hertling**	Ern. 1. 9.38	(676)	6
· **Braun**	Ern. 1. 9.38	(792)	15 (St)
· **Neuner**	Ern. 1. 9.38	(822)	7
· **Willer**	Ern. 1. 9.38	(933)	9 (schw)
· **Nusser**	Ern. 1. 9.38	(1053)	11
· **Esterer**	Ern. 1. 9.38	(1124)	1
· **Baumann**	Ern. 1. 9.38	(1573)	2 (E)

Rgt. Vet.: St. Vet. Dr. **Schmidt** (Hermann)	1. 4.34	(2)	RSt
Ob. Vet. **Selinger** (J. R. 63)	1. 7.38	(9)	II
Unt. Vet. Dr. **Haydn** (Geb. A. R. 79)			

Die Uniform des Regiments mit den Abzeichen eines Generals trägt:

Gen. Oberst z. V. **Adam** Char. 1. 1.39

Gliederung und Stellenbesetzungen des Gebirgsjägerregiments 98.

Gebirgsjägerregiment 99

H. Gru. 3
VII. A. K.
1. Geb. Div.

R. St., II. Btl. u. 16. (PzAbw) Kp.: Füssen, III. Btl.: Sonthofen

Kommandeur: Obstlt. **Kreß**	1. 3.37	(1)	
Obstlt. **Buchwiser** (Gen. St. 2. Geb. Div.)	Ern. 30. 6.37		RSt
Maj. **Ritter von Hengl**	1. 3.36	(7)	III
· **Seitz**	1. 4.37	(42)	II

Hptm. **Willam**	1. 8.34	(62)	St II	Lt. **Bullinger**	1. 4.36	(866)	14 (schw)
· **Fleischmann**	1.11.34	(18g)	St III	· **Heber**	1. 4.36	(974)	15 (St)
· **Kreutzer**	1. 5.35	(24k)	RSt	· **Simma**	1. 4.36	(1251)	7
· **Bresoski**	1. 5.35	(76a)	16 (PzAbw)	· **Dümler**	1. 8.36	(15)	Adj III
				· **Schwarz**	1. 4.37	(591)	Adj II
· **Raithel**	1. 3.37	(31)	6	· **Hellwig**	1. 4.37	(1701)	8
· **Eisgruber**	1. 4.37	(18)	8	· **Kraft**	1. 4.37	(1717)	13
· **Reisinger**	1. 4.37	(89)	12	· **Stößler**	1. 4.37	(1731)	8
· **Wilfert**	1.10.38	(9)	11	· **Schuhmann**	1. 1.38	(52)	15 (St)
Oblt. **Bram**	1.12.34	(197 e)	15 (St)	· **Leeb**	1. 1.38	(221)	10 (St)
· **Fredlmeier**	1.10.35	(239)	7	· **Ströhl**	1. 1.38	(319)	7
· **Kopp**	1.10.36	(56)	13	· **Siebeck**	1. 1.38	(597)	16 (PzAbw)
· Dr. **Kreuzer**	1. 8.37	(7)	RAdj				
· **Grasbey**	1. 6.38	(61)	10 (St)	· **Kobus**	Ern. 1. 9.38	(71)	6
· **Höhne**	1. 8.38	(216)	14 (schw)	· **Dodel**	Ern. 1. 9.38	(181)	12
· **Bürgis**	1.10.38	(91)	RSt	· **Feiner**	Ern. 1. 9.38	(514)	11
· **Barth**	1.10.38	(99)	9 (schw)	· **Ortner**	Ern. 1. 9.38	(644)	9 (schw)

Kommandiert zur Dienstleistung:

Lt. **Schmidt** d. Res. d. R. 13

Rgt. Vet.: St. Vet. Dr. **Neff** (St. Gen. Kdo. VII. A. K.) 1. 1.37 (1) RSt

Vet. **Fischer** (Siegfried) 1.11.38 (2) III

Gliederung und Stellenbesetzungen des Gebirgsjägerregiments 99.

H. Gru. 3
VII. A. K.
1. Geb. Div.

Gebirgsjägerregiment 100

R.St., III. Btl. u. 16. (PzAbw) Kp.: Bad Reichenhall, I. Btl.: Brannenburg, II. Btl.: Berchtesgaden, E. Btl.: Laufen (Oberbay)

Kommandeur: Obstlt. **Lanz** (Gen. St. IX. A. K.)	1. 3.37	(3)	
Obstlt. **Utz**	1. 3.37	(30)	III
· **Maier** (Gen. St. VII. A. K.)	1. 8.37	(22)	II
· **Rohmeder**	1. 1.38	(20)	I
Maj. **Ehall** (Geb. Jäg. R. 137)	1. 4.36	(89)	RSt
· **Hutterer** [J. R. 63]	1. 8.37	(2)	E

Hptm. **Schwehr**	1. 1.34	(69)	St I
· **Friedmann** (Geb. Jäg. R. 99)	1. 4.34	(111)	St II
· **Remold**	1. 8.34	(23 o)	RAdj
· **Gollé**	1. 8.34	(73)	5 (St)
· **Hörl**	1. 3.35	(32)	10 (St)
· **Forster**	1. 5.35	(24 g)	11
· **Schury**	1. 1.36	(30)	2
· **Reicheneder**	1.10.36	(29)	6
· **Ernst**	1. 1.37	(27)	3
· **Lepperdinger** (Kr. Akad.)	1. 3.37	(66)	9 (schw)
· **Ziegler** (Geb. Jäg. R. 136)	1. 4.37	(105)	7
· **Pfeiffer**	1. 1.38	(44)	14 (schw)
· **Schnetz**	1. 3.38	(141)	4 (schw)
· **Malter**	1.10.38	(56)	15 (St)
Oblt. **von Studnitz**	1.12.34	(197)	13
· **Schlecht**	1.12.34	(216)	1 (E)
· **Jaser** [Geb. Jäg. R. 99]	1.12.34	(221)	4 (E MG)
· **Wecker**	1.10.35	(168)	16 (PzAbw)
· **Abbt**	1.10.37	(233)	1
· **Gaum**	1. 6.38	(114)	RSt
· **Becker**	1. 8.38	(200)	14 (schw)
· **Dießl**	1.10.38	(106)	8
· **Korinek**	1.10.38	(192)	2 (E)
Lt. **Leikam**	1. 4.36	(24)	Adj II
· **Horbach**	1. 4.36	(333)	Adj III
· **Lingg**	1. 4.36	(686)	Adj I
· **Rott**	1. 4.36	(837)	10 (St)
· **Kühlwein** [Geb. Jäg. R. 99]	1. 4.36	(949)	Adj E
Lt. **Schmid** (Johann I) (Geb. Jäg. R. 136)	1. 4.36	(1266)	3
· **Hörmann**	1. 4.37	(45)	12
· **Hack**	1. 4.37	(346)	5 (St)
· **Schmidt** (Johann II)	1. 4.37	(955)	4 (schw)
· **Schramm**	1. 4.37	(1659)	13
· **Narbeshuber**	1. 4.37	(1678)	6
· **Hodurek**	1. 4.37	(1745)	11
· **Makuc**	1. 4.37	(1759)	2
· **Lobenhoffer**	1. 1.38	(4)	7
· **Armbruster**	1. 1.38	(156)	4 (schw)
· **Dittmann**	1. 1.38	(392)	1
· **Peters**	1. 1.38	(798)	15 (St)
· **Prosinger**	1.10.38	(84)	14 (schw)
· **Zwickenpflug**	1.10.38	(88)	8
· **Wengenroth**	1.10.38	(153)	16 (PzAbw)
· **Häuslmaier**	1.10.38	(155)	9 (schw)
· **Steinbach**	1.10.38	(246)	5 (St)
· **Rosenhauer** Ern.	1. 9.38	(17)	13
· **Feser** Ern.	1. 9.38	(262)	8
· **Pöschl** Ern.	1. 9.38	(582)	2 (E)
· **Holzmann** Ern.	1. 9.38	(584)	1 (E)
· **Pitrof** Ern.	1. 9.38	(680)	12
· **Schätz** Ern.	1. 9.38	(861)	3
· **Walter** Ern.	1. 9.38	(988)	12
· **Hofmann** Ern.	1. 9.38	(1148)	7
· **Graf von Bullion** Ern.	1. 9.38	(1326)	6
· **Laudon** Ern.	1. 9.38	(1334)	11
· **Lüttich** Ern.	1. 9.38	(1340)	1
· **Dazwanger** Ern.	1. 9.38	(1430)	4 (E MG)

Rgt. Vet.: St. Vet. Dr. **Grimm** (Rgt. Vet. Geb. A. R. 79)	1. 3.37	(9)	RSt
Ob. Vet. **Gollbeck**	1. 6.37	(1)	I
Vet. Dr. **Hornbogen**	1.12.38	(1)	II

Gliederung und Stellenbesetzungen des Gebirgsjägerregiments 100.

Gebirgsartillerieregiment 79

H. Gru. 3
VII. A. K.
1. Geb. Div.

R. St. u. II. Abt.: Garmisch-Partenkirchen, I. Abt.: Bad Reichenhall, III. Abt.: Sonthofen, IV. Abt. m. 14. (E) Battr.: Murnau, 13. (E) Battr.: Garmisch-Partenkirchen (vorläufig Traunstein)

Kommandeur: Oberst **Wintergerst**	1. 6.38	(11)	
Obstlt. **Rothwangl**	1. 5.35	(11)	II
· **Winkler**	1. 4.37	(7)	I
Maj. **Schindler** (Geb. A. R. 112)	1. 6.35	(51)	RSt
· **Bialoncig**	1. 6.35	(79)	III
· **Salb** (Kr. Schule München)	1.10.36	(105)	IV
· **Sommer** (II./A. R. 93)	1.10.38	(42)	10

Hptm. **Niedermeier**	1. 4.34	(238)	13 (E)
· Dipl. Ing. **de Bouché** (A. R. 27)	1.10.34	(14)	12
· **Blümel**	1. 3.35	(47)	5
· **Langrock**	1. 5.35	(48)	6
· **Hagl**	1. 8.36	(54)	3
· **Lepperdinger** (A. R. 33)	1. 4.38	(49)	7
Oblt. **Schneider**	1.10.35	(136)	4
· **Sternbach**	1. 3.36	(44)	2
· **Leeb**	1. 8.37	(49)	RAdj
· **Grodhaus** (II./A. R. 63)	1.10.37	(24)	14 (E)
· **Heller**	1. 8.38	(17)	Adj II
Lt. **von Raven**	1. 4.36	(7)	8
· **Gombart**	1. 4.36	(403)	Adj I
· **von Angerer**	1. 4.36	(454)	RSt
· **Fuchs** (A. R. 27)	1. 4.36	(653)	St IV
· **Backofen**	1. 4.36	(994)	St III
· **Zimmermann**	1. 4.37	(305)	5
· **Reiß**	1. 4.37	(526)	St II
· **von Kaufmann**	1. 4.37	(1029)	2
· **Franke**	1. 4.37	(1137)	Adj IV
· **Knecht**	1. 4.37	(1190)	St I
Lt. **Schäuffel** (Kdtr. Schießpl. Kummersdorf)	1. 4.37	(1244)	11
· **Gebhardt**	1. 4.37	(1355)	Adj III
· **Fabiankowitsch**	1. 4.37	(1764)	3
· **Perger**	1. 4.37	(1777)	8
· Dr. **Exner**	1. 5.37	(7)	9
· **Müller**	1. 1.38	(49)	4
· **Rigele**	1. 1.38	(57)	6
· **Eberhardt**	1. 1.38	(111)	12
· **Schmitt**	1. 1.38	(335)	10
· **Beutner**	1. 1.38	(635)	9
· **Lueg**	1. 1.38	(725)	1
· **Schnetzer**	1. 1.38	(1547)	9
· **Feineis**	1. 1.38	(1569)	11
· **Ziegler**	1.10.38	(61a)	6
· **Schricker**	1.10.38	(148b)	7
· **Boch**	1.10.38	(177)	13 (E)
· **Weigmann** Ern.	1. 9.38	(183)	7
· **Steffel** Ern.	1. 9.38	(488)	5
· **Costa** Ern.	1. 9.38	(1185)	2
· **Kimmerle** Ern.	1. 9.38	(1649)	1
· **Stinglwagner** Ern.	1. 9.38	(1673)	8

Kommandiert zur Dienstleistung:

Hptm. **Cociancig** d. Res. d. R.	1

Rgt. Vet.: Ob. St. Vet. Dr. **Schwarz** (V Jn)	1.10.38	(2)	RSt
St. Vet. Dr. **Schulz** (I./A. R. 45)	1. 6.38	(6)	III
Vet. **Falk**	1.11.38	(14)	I
Unt. Vet. Dr. **Hoffmann** (Robert) (Geb. Jäg. R. 99)			II

Gliederung und Stellenbesetzungen des Gebirgsartillerieregiments 79.

H. Gru. 3
VII. A. K.
1. Geb. Div.

Panzerabwehrabteilung 44

Murnau (vorläufig München)

Kommandeur: Maj. **Lang** (Geb. Jäg. R. 99) 1. 1.37 (61)

Hptm. **von Kirschbaum**	(Pz. Abw. Abt. 27)	1. 4.34	(131)	2
Oblt. **Kaiser**	(Pz. Abw. Abt. 17)	1. 6.38	(107)	1
Lt. **Zimmermann**	(Pz. Abw. Abt. 27)	1. 4.36	(453)	St
" **Freiherr von Maercken**	(Pz. Abw. Abt. 7)	1. 4.37	(701)	Adj
Lt. **Rathgeber**	(Pz. Abw. Abt. 10)	1. 1.38	(723)	1
" **Schinner**	(Pz. Abw. Abt. 37)	Ern. 1. 9.38	(272)	2
" **Länger**	(Pz. Abw. Abt. 17)	Ern. 1. 9.38	(1448)	2

H. Gru. 3
VII. A. K.
1. Geb. Div.

Gebirgspionierbataillon 54

Mittenwald

Kommandeur: Obstlt. **Zimmer** (Kdr. Pi. 35) 1. 6.38 (14)

Hptm. **Arbinger** (Pi. 82)		1.11.34	(47)	2
" **von Ahlfen**		1. 1.37	(5)	3
Oblt. **Müller-Elblein** (Pi. 56)		1.10.35	(299)	1
" **Gramm** (Pi. 85)		1. 3.37	(2)	3
" **List** (Pi. 83)		1. 3.37	(5)	1
Lt. **Dietz**		1. 4.36	(349)	Adj
" **Mugler**		1. 4.36	(597)	St
" **Meyer**		1. 1.38	(103)	1
" **Wolff**		1. 1.38	(769)	2
" **Steiner**	Ern.	1. 9.38	(960)	2
" **Bock**	Ern.	1. 9.38	(1051)	3

Unt. Vet. **Schaal** St

Gebirgsnachrichtenabteilung 54

H. Gru. 3
VII. A. K.
1. Geb. Div.

Oberammergau

Kommandeur: Obstlt. Dipl. Ing. **Kleinschroth** 1. 1.38 (11)

Hptm. **Peter**		1. 8.36	(16)	2(GebFe)
" **Binder**		1. 6.38	(57)	1(GebFe)
Oblt. (E) **Schnell**		1. 5.30	(9b)	St
" **Klopsch** (R. 47)		1. 8.37	(73)	3(GebFu)
Lt. **Hübsch**		1. 4.36	(47)	Adj
" **Schleif**		1. 4.36	(123)	2(GebFe)
Lt. **Salinger**		1. 4.37	(1713)	1(Geb,Fe)
" **Zobl**		1. 4.37	(1763)	3(Geb,Fu)
" **Schöfer**		1. 1.38	(1126)	3(Geb,Fu)
" **Schneider**		1.10.38	(131)	1(Geb,Fe)
" **Erzberger**	Ern.	1. 9.38	(455)	1(Geb,Fe)
" **Berberich**	Ern.	1. 9.38	(1149)	2(Geb,Fe)

Gliederung und Stellenbesetzungen der Panzerabwehrabteilung 44, des Gebirgspionierbataillons 54 und der Gebirgsnachrichtenabteilung 54.

H. Gru. 3
VII. A. K.
1. Geb. Div.

Gebirgssanitätsabteilung 41

Garmisch-Partenkirchen (vorläufig München)

Kommandeur: Oberst-A. Dr. **Bingler**, Div. Arzt d. 1. Geb. Div. 1. 8.36 (3)

Ob. A. **Lührmann**,
d. St. d. 1. Geb. Div. 1. 1.38 (4) Adj

Geb. San. Staff. Bad Reichenhall

St. A. Dr. **Burghardt** (Georg) 1. 9.35 (2)
Ob. A. Dr. **von Forster** 1. 7.38 (1)
A. A. **Hürner** 1.12.38 (10)

Geb. San. Staff. Berchtesgaden

Ob. A. **Hümmert**
(Geb. San. Staff. Bad Reichenhall) 1. 7.37 (24)

Geb. San. Staff. Brannenburg

St. A. Dr. **Buhl** 1. 4.37 (1)
Unt. A. Dr. **Flener**

Geb. San. Staff. Füssen

St. A. Dr. **Sill** 1.10.37 (5)
Ob. A. Dr. **Sattelmayer** 1.10.38 (1)

Geb. San. Staff. Garmisch-Partenkirchen

Ob. St. A. Dr. **Steinhuber** 1. 3.37 (7)
A. A. Dr. **Kammerer** (S. 44) 1. 5.38 (2a)

Geb. San. Staff. Lenggries

Ob. A. Dr. **Römer** 1. 3.38 (12)

Geb. San. Staff. Mittenwald

Ob. A. Dr. **von Riedner** 1. 6.37 (6)
A. A. **von Angerer** 1.11.38 (41)

Geb. San. Staff. Murnau

Ob. A. **Schreck** (Hans-Werner)
(Geb. San. Staff. Sonthofen) 1. 7.38 (53)
A. A. **Hafner** (August) 1.11.38 (29)

Geb. San. Staff. Oberammergau

Ob. A. Dr. **Werner** (Egon) 1. 4.37 (21)

Geb. San. Staff. Sonthofen

Ob. A. Dr. **Brunner** (Hermann)
(Geb. San. Staff. Garmisch-Partenkirchen) 1. 4.37 (1)
A. A. Dr. **Hohenthal** (S. 5) 1.11.38 (65)

Gliederung und Stellenbesetzungen der Gebirgssanitätsabteilung 41.

Der Ic war der 3. Generalstabsoffizier. Als Feindbearbeiter und Abwehroffizier in Personalunion bearbeitete der mit der Wahrnehmung dieser Aufgabe beauftragte Hauptmann Friedrich alles, was den Gegner anbetraf. Vor ihm lagen stets die neuesten Lagekarten mit sämtlichen Meldungen über die Bewegungen der feindlichen Kräfte, über Stützpunkte, Nachschublinien und andere wichtige Daten und Fakten des Gegners. Ia und Ic arbeiteten ständig zusammen, denn genaue Kenntnisse über den Feind bildeten die Grundlagen für die eigenen taktischen und operativen Entschlüsse.

Adjutant Major Schrank trug die Nummer IIa. Er bearbeitete mit seinen Mitarbeitern die Personalangelegenheiten der Division und die Offizierssachen in eigener Regie.

Der IIb Major Hübner war für die Personalangelegenheiten der Unteroffiziere und Mannschaften zuständig.

Der Kriegsrichter, mit dem die Gebirgssoldaten aller Dienstgrade nach Möglichkeit am wenigsten zu tun haben wollten, trug die Nummer III. Das Kriegsgericht, das mit dem Volljuristen Stabsrichter Dr. Schmidt besetzt war, war u. a. für Fahnenflucht, Landesverrat und Plünderung zuständig.

Die Intendanz, von der man sich so oft wie nur irgend möglich eine Sonderration erhoffte, trug die Nummer IVa. Der Divisionsintendant Stabsintendant Dr. Bernklau, ein Volljurist, war für Nachschub und Versorgung der Division mit Verpflegung für Mann und Ross, für Bekleidung, Unterkunftsbedarf (Kerzen, Erdöl und dergleichen), Marketenderei, Gebührnis- und Besoldungswesen sowie für die Frontzulage und die Divisionsfeldkasse zuständig. Ferner beriet er den Divisionskommandeur in Fragen des Kriegsvölkerrechts – nach Haager Landkriegsordnung, Genfer Konvention, Rotkreuzabkommen und Kriegsgefangenenbehandlung.

Der Divisionsarzt Oberfeldarzt Dr. Wallner trug die Nummer IVb. Sein Aufgabengebiet betraf Sanitätswesen, Einsatz von Feldlazarett und Sanitätskompanie, Nachschub an Sanitätsbedarf, hygienische Überwachung sowie Seuchenvorsorge.

Der Divisionsveterinär Oberstabsveterinär Dr. Rasberger hatte die Nummer IVc. Er betreute die Tiere wie Pferde, Hunde und Brieftauben und stellte den Einsatz der Veterinärkompanie (Pferdelazarett) und die Fleischbeschau bei der Schlächtereikompanie sicher.

Der katholische und der evangelische Militärpfarrer trugen die Nummer IVd. Sie, der katholische Divisionspfarrer Lipp und der evangelische Divisionspfarrer Schwarz, wurden zuweilen als „KaSak“ (= „Katholische Sünden-Abwehr-Kanone“) und „ESak“ (= „Evangelische Sünden-Abwehr-Kanone“) bezeichnet. Das war jedoch keineswegs respektlos gemeint, sondern entsprach der rauen, aber herzlichen Landsersprache.

Die Ordonnanzoffiziere wurden als O 1, O 2, und O 3 bezeichnet.

„Mit ihnen konnte man schimpfen oder freundlich reden oder man schüttete vor ihnen das Herz aus. Sie waren die Müllablagerungsstätten für oben und unten. Außerdem verlangten die oberen und unteren Dienstgrade von ihnen Allwissen.“[30]

„Blumenkrieg" gegen Österreich

Küblers Gebirgstruppe befand sich im Februar 1938 noch mitten in der Winterausbildung, als sich die Aktivitäten an den Ausläufern des Hohen Göll auf dem nahegelegenen, fast tausend Meter hohen Obersalzberg, wo unter anderem eine SS-Kaserne, das „Führerhaus", der „Berghof", das „Parteigästehaus", das „Haus Bormann", das „Landhaus Göring" sowie Hitlers „Teehaus" auf dem Kehlstein standen, zusehends steigerten. „Der Aufenthalt auf dem ‚Berg' brachte Hitler, wie er oft betonte, die innere Ruhe und Sicherheit für seine überraschenden Entscheidungen."[31]

Des Öfteren sahen Gebirgsjäger, wenn sie durch Berchtesgaden zogen, Wagenkolonnen aus Berlin und dem benachbarten Österreich an der bekannten Auffahrt zum Obersalzberg einbiegen. Es war nicht mehr zu übersehen: Irgendetwas lag in jenen Wintertagen nicht nur in der schneehaltigen Luft des Berchtesgadener Landes, sondern auch in der politischen Atmosphäre der deutsch-österreichischen Beziehungen. Um was es sich jedoch handelte, vermochte Kübler vorerst noch nicht exakt zu sagen. Konkretere Formen nahmen seine Vermutungen erst an, als eine Gruppe von Gebirgsjägern während eines Übungsmarsches am 12. Februar 1938 den österreichischen Bundeskanzler Dr. Kurt (von) Schuschnigg in einer Wagenkolonne in Richtung Obersalzberg fahren sah.

Am liebsten wären sie an jenem feuchtkalten Wintertag hinaufmarschiert, um zu erkunden, was sich dort oben ereignete. Aber an den drei SS-Sperren war kein Vorbeikommen. Die erste befand sich bereits an der vereisten Auffahrt zum Obersalzberg, die zweite kurz vor dem Gutshof „Obersalzberg" und die dritte SS-Sperre war unweit des „Führerhauses" errichtet worden. „Ein innerer Zaun von 3 Kilometer Länge und ein äußerer von etwa 14 Kilometer Länge umschlossen ‚Hoheitsgebiet' und äußere Schutzzone. Innen lagen – neben anderen – die Häuser Hitlers und Bormanns, und SS- wie RSD-Wachen waren für den Schutz und die Sicherheit des Sperrkreises verantwortlich."[32]

So viel war nun klar: Es ging um das unbefriedigende Verhältnis zwischen dem Deutschen Reich und seinem alpenländischen Nachbarn. Um das sogenannte „Anschluss-Problem" zu verstehen, sei daran erinnert, dass die Bevölkerung von Deutschösterreich[33], also das Restgebilde der nach dem verlorenen Ersten Weltkrieg zerschlagenen österreichisch-ungarischen Doppelmonarchie, den Anschluss an Deutschland befürwortet hatte, und zwar sowohl von Seiten der Alt- als auch der Deutschösterreicher. Dafür gab es nicht nur nationalistische, das heißt „großdeutsche" oder „alldeutsche" Gründe, die bereits die Männer von 1848 bei ihrem Wunsche nach einer Vereinigung Österreichs mit dem Reich geltend gemacht hatten, sondern auch handfeste wirtschaftliche, denn der aus dem Vielvölkerstaat übriggebliebene Rumpfstaat des Habsburger Kaiserreiches schien seinerzeit kaum lebensfähig zu sein. Er war durch Zollmauern von den neuen ost- und südosteuropäischen Staaten – der ehemaligen Reichshälfte Ungarn und den Staatsgebilden Jugoslawien und Tschechoslowakei – getrennt. Die frühere, nunmehr auf Österreich reduzierte Habsburger Großmacht verfügte darüber hinaus über wenig eigene Rohstoffe, und der Fremdenverkehr war seinerzeit noch nicht entwickelt und fiel daher als Wirtschaftsfaktor nicht ins Gewicht. Dieses Österreich war zudem durch enorm hohe Reparationszahlungen an die Siegermächte, die in keinem Verhältnis zu seiner Finanz- und Wirtschaftskraft standen, hoffnungslos überbelastet worden. Der einzig richtige Ausweg – so sahen es die Deutschösterreicher damals – war ein Anschluss ihres Landes an das Deutsche Reich.

Aber dieser wurde entgegen dem vom amerikanischen Präsidenten Wilson propagierten Selbstbestimmungsrecht der Völker – vor allem auf Betreiben des französischen Ministerpräsidenten Clémenceau – durch den Friedens- beziehungsweise Staatsvertrag von Saint Germain en Laye verboten[34], um das besiegte Deutschland nicht zu stärken. Ja sogar der 1931 gefasste Plan einer deutsch-österreichischen Zollunion, die der verarmten Alpenrepublik eine spärliche wirtschaftliche Entlastung gebracht hätte, wurde von den Alliierten nicht genehmigt.[35]

Kübler und seine Gebirgsjäger hatten es während ihrer zahlreichen Bergfahrten in die benachbarten Alpenregionen wiederholt selbst erlebt: Dieser alles andere als lebensfähige österreichische Rumpfstaat – im wahrsten Sinne des Wortes eines der zahlreichen Retortenkinder der Siegermächte – war nach dem verlorenen Weltkrieg in eine permanente Dauerkrise geraten. Ein Grund dafür war der Umstand, dass die beiden großen Parteien, die streng marxistisch ausgerichteten Sozialisten und die nationalkonservativen Christlich-Sozialen, sich nicht nur zu keiner Zusammenarbeit bereit finden konnten, sondern dass sie sich vielmehr gegenseitig immer heftiger befehdeten. Nur in einem waren sie sich einig: Österreich müsse den Anschluss an das Reich finden. Diesen Gedanken hielten alle Regierungen und Parteien für den einzig richtigen.

Unter dieser leidenschaftlichen Forderung stand auch die Abstimmung der Tiroler Bevölkerung vom 24. April 1921. Das Parlament Deutschösterreichs hatte sich bereits am 12. November 1918 – also gleich nach dem Zerfall der kaiserlich-königlichen Monarchie – einstimmig für den Anschluss ausgesprochen; er wurde dann jedoch von den Alliierten verboten. Sogar das Führen des Namens „Deutschösterreich" gestatten die Siegermächte der jungen Alpenrepublik nicht. Als Südtirol dann an Italien abgetreten werden musste, versuchte Nordtirol – allerdings auch vergeblich – den Zusammenschluss mit Deutschland zu erwirken. Am 29. Mai 1921 fand in Salzburg eine Abstimmung mit dem Ziel des Anschlusses an das Reich statt. Sowohl das Bundesland Salzburg als auch Tirol stimmten mit rund 90 Prozent für den Anschluss. Diese Anschlussbewegung hatte jedoch selbstverständlich nichts mit dem Nationalsozialismus oder gar mit der DAP/NSDAP zu tun! Durch diese eindeutigen politischen Willensbekundungen der deutschnationalen Bevölkerung aufgeschreckt, verboten die Signatarmächte der Pariser Vorortverträge weitere Abstimmungen in Österreich. Trotz anhaltender politischer Repressalien ließen die Anschlussbestrebungen im Nachbarland fortan jedoch nicht mehr nach.

1932 hielt Kübler sich während eines Bergurlaubs auch im Nachbarland auf. Es war nicht nur ein Jahr, in dem der christlich-soziale Politiker Engelbert Dollfuß österreichischer Bundeskanzler wurde, sondern in dem auch die Nationalsozialisten Österreichs mächtig geworden waren. Wie die anderen politischen Kräfte des Landes, so erstrebten auch sie den Anschluss an Deutschland: Ein Ziel, das Hitler jenseits der rot-weiß-roten Grenzpfähle ebenso hartnäckig verfolgte. Die sich immer krisenhafter zuspitzende innenpolitische Lage Österreichs führte schließlich dazu, dass Dollfuß ein autoritäres Regime, den sogenannten Austrofaschismus, errichtete, indem er das Parlament ausschaltete und versuchte, einen „christlichen Ständestaat" aufzubauen. Unterstützt wurde er in seinem Vorhaben durch Mussolini, den italienischen

Duce, der sich seinerzeit noch nicht mit dem Gedanken anfreunden konnte, dass das Deutsche Reich sich eines Tages bis zu den österreichisch-italienischen Alpenübergängen ausdehnen könnte.

Um einem Anwachsen der nationalsozialistischen Bewegung zu begegnen, verbot Dollfuß im Jahre 1933 die österreichische NSDAP und ein Jahr später die sozialdemokratischen Organisationen. So konnten die Christlich-Sozialen und die Sozialisten, die nach 1933 beide plötzlich gegen den Anschluss waren, wegen ihres heftigen innenpolitischen Zerwürfnisses keine Einheitsfront gegen die immer unverhohlener werdenden Forderungen des deutschen Reichskanzlers Hitler, der sich mehr und mehr in die innenpolitische Szenerie Österreichs einmischte, errichten. 1934 unternahmen die von Deutschland aus gesteuerten österreichischen Nationalsozialisten einen Putsch, bei dem der österreichische Bundeskanzler Dollfuß ermordet wurde. Daraufhin warf Mussolini sofort Truppen an die Brennergrenze, so dass Hitler von den Putschisten abrückte. Der österreichischen Regierung blieb somit eine Atempause.

Aufgrund dieser Erfahrungen – nämlich Alpini am Brenner – wurde im deutschen Heer der Gedanke an eine schlagkräftige Gebirgstruppe, die notfalls die Alpenpässe handstreichartig einnehmen konnte, nicht nur lebendig, sondern umgehend in die Tat umgesetzt. Der Aufstellung der Gebirgsbrigade unter Kübler stand seit Mussolinis Truppendemonstration nichts mehr im Wege.

Nachfolger des ermordeten Engelbert Dollfuß wurde Dr. Kurt (von) Schuschnigg. Doch für ihn wurde die politische Lage zusehends schwieriger, denn Hitler errang im Rahmen seiner Revisionspolitik[36] Erfolge, die Deutschlands Position immer mehr festigte. Darüber hinaus näherte sich der nach dem Abessinienkrieg isolierte italienische Diktator immer mehr dem deutschen Führer an.[37] Da die Westmächte überdies Hitlers vielfältige Einbrüche in das „Versailler Vertragssystem" ohne nennenswerten Widerstand hinnahmen, verlor der österreichische Bundeskanzler zwangsläufig seinen außenpolitischen Rückhalt. Schlimmer noch: Habsburger Restaurationsbestrebungen, denen der Monarchist und Legitimist Schuschnigg, der mit Otto von Habsburg und dessen Beratern in Tuchfühlung stand[38], geneigt schien, führten zu neuen Spannungen mit dem Reich.

Diese für Schuschnigg alles andere als rosige politische Lage ausnutzend, mischte Hitler sich nun wieder vermehrt und massiv in die inneren Verhältnisse Österreichs ein, zumal die Alpenrepublik, wie sich herauskristallisierte, im Notfall nicht mit tatkräftiger militärischer Unterstützung der Westmächte rechnen konnte. Der österreichische Bundeskanzler wurde jetzt stattdessen einem verstärkten propagandistischen Druck unterworfen. Staatsstreiche und Bürgerkriegsdrohungen nahmen ein beängstigendes Ausmaß an. In dieser prekären Situation musste Schuschnigg, der politischen Realität gehorchend, eine Einladung Hitlers – der während der Unterredung unverhohlen mit einem Einmarsch deutscher Truppen nach Österreich drohte – auf den Obersalzberg annehmen.

Die Verhandlungen waren am 12. Februar 1938 äußerst dramatisch verlaufen.[39] Um 23.00 Uhr unterzeichnete der österreichische Bundeskanzler nach stürmischen Auseinandersetzungen das „Abkommen", zumal er sich darüber im Klaren war, dass Italien hinter Hitler stand und Großbritannien nun das Selbstbestimmungsrecht respektierte – und nur mehr das innenpolitisch geschwächte Frankreich bereit schien, vielleicht für Österreich zu kämpfen. Schuschnigg hatte nach seinem Canossa-Gang auf den Obersalzberg unter anderem Dr. Seyß-

Inquart als Innenminister und den großdeutsch gesinnten ehemaligen K.K.-Weltkriegsoffizier General Glaise-Horstenau als Wehrminister in die Regierung aufzunehmen. Ferner wurde ihm die Zusage abgerungen, alle straffälligen österreichischen Nationalsozialisten zu amnestieren.

Nach dieser Demütigung unternahm Schuschnigg einen letzten Versuch, sich aus der Umklammerung Hitlers und der österreichischen Nationalsozialisten – auf welche die Unterredung von Berchtesgaden überaus stimulierend gewirkt hatte – zu lösen, um die Unabhängigkeit seines Landes zu erhalten. Am 9. März 1938 rief er mit undurchsichtigen Methoden zu einer Volksabstimmung für den 13. März 1938 – es war ein Sonntag – auf, in der das österreichische Volk entscheiden sollte, ob es seine Unabhängigkeit als „ein freies, deutsches, christliches Österreich" bewahren wolle oder aber den Anschluss an das Reich befürworte. Damit hatte er den Rubikon überschritten, denn dieser Schritt brachte eine Lawine ins Rollen.[40] Hitler reagierte auf diesen unglückseligen Coup auf seine Weise: Schuschnigg wurde zum Rücktritt gezwungen, während Seyß-Inquart die Regierung zu übernehmen hatte.

Kübler war ein sehr misstrauischer Vorgesetzter, der nach dem Motto „Vertrauen ist gut, Kontrolle ist besser" handelte. Ja, er misstraute sogar seinen Regimentskommandeuren Dietl und Schörner so sehr, dass diese nun ihrerseits den „Latschen-Nurmi" hier und da ganz bewusst umgingen oder ihm Informationen vorenthielten, um sich entsprechend zu revanchieren. So war insbesondere Dietl über manche militärpolitischen Vorgänge zuweilen besser informiert als Kübler.[41]

Beim Unternehmen „Otto", wie der Einmarsch in Österreich in bewusster Anspielung an Erzherzog Otto von Habsburg – einen der konsequentesten und kompromisslosesten Gegner des Anschlusses, der selbst gerne Kanzler werden wollte[42] – genannt wurde, war es nicht viel anders. Der Aufmarschbefehl hatte Küblers Gebirgsverband noch vor dem Abschluss der Winterausbildung erreicht. Vorausgegangen war bei der Truppe eine Teilmobilisierung des VII. Armeekorps des Generals der Infanterie Ritter von Schobert, des XIII. Armeekorps des Generals der Kavallerie von Weichs und des Kommandos der Panzertruppen unter Generalleutnant Guderian mit insgesamt 105.000 Mann, die in der 8. Armee unter dem Oberbefehl des Generalobersten Fedor von Bock zusammengefasst waren. Im Morgengrauen des 11. März 1938 rückte Kübler mit seinen Gebirgsjägern an die bayerisch-österreichische Grenze vor und nahm dort weitere Befehle für den Einmarsch in das Bruderland entgegen. Dem Armeebefehl vom 11. März 1938 konnte er folgendes entnehmen:

„Es wird befohlen:
VII., XIII. und Panzerkorps haben zwischen Hallein und Passau die Reichsgrenze zu überschreiten.
Heeresdienststelle 10 hat in Tirol einzurücken. Grenzüberschreitung erst auf besonderen Befehl.
Die Korps halten sich ab Mitternacht bereit, die Grenzbrücken und Grenzübergänge zu besetzen und für den weiteren Vormarsch offenzuhalten; die Masse der Korps steht mit den eingetroffenen Teilen ab 06.00 Uhr vormarschbereit."

Und so sah der Aufmarsch für die „Fahrt in den Frühling" für Küblers Gebirgsbrigade im einzelnen aus: Dietls verstärktes Gebirgsjägerregiment 99, die „Gruppe Hallein" ohne das I. Bataillon/Gebirgsjägerbataillon 98, jedoch mit der 2. Kompanie des Gebirgspionierbataillons 54,

V o r o r i e n t i e r u n g

über

"E i n s a t z Ö s t e r r e i c h"

1.) VII.A.K. bereitet für Sonnabend, den 12.3. Y-Uhr den Einmarsch in Österreich im Abschnitt Hallein-Braunau einschl. zum Vorstoss auf Wien vor. Grenzübertritt erst auf Befehl des Führers.

Es stellen sich nach Entladung bereit:

2.) Geb.Division (ohne G.J.R. 98, II./G.A.R.79, 2./Pi. 54)
Jm Raume südostw. Schellenberg-Reichenhall-Freilassing zur Wegnahme von Salzburg. Später Vorstoss am Nordrand des Gebirges Richtung Steyr. Der Geb.Div. unterstellt: III./J.R. 61, M.G.Batl. 6 und II.s.A.R. 40 (mot).

3.) 7. Division (ohne J.R. 61, Standort Passau, I./A.R. 7)
Mit I./Pz.Rgt. 25, III./s.A.R. 46, Pi.Batl. 47 ohne 1. Kp., südwestl. und nordostw. Simbach zum Vorstoss auf Ried. . . . .

4.) Grenzschutzabschnitts-Kdr. 10: (mit unterstellter Gruppe G.J.R.98, II./G.A.R. 79, 2./G.Pi. 54)
im Raume Mittenwald, Lager Mittenwald zur Wegnahme von Jnnsbruck.
Gruppe J.R. 61 (ohne III.Batl.) mit I./A.R. 7 und 1 Kp. Pi. 47 im Jnntal nördl. der Grenze zum Vorstoss auf Wörgl.
Stab Grenzschutzabschnittskdo. 10 zunächst München.
1 gem. Zug G.Na. 54 bleibt zunächst in Mittenwald unter Führung d. Gr.Abschn.Kdo. 10.
Voraussichtl. Nachmobilmachung 97. Landw. Div.

5.) Erkundung für den Flussübergang und Feuerschutz im Osten, wie für den Grenzübertritt im Süden sind zunächst nur auf deutschem Gebiet durchzuführen. Sie müssen im Osten sicherstellen, dass auch bei Sprengung der Brücken durch den Gegner der Flussübergang nach

- 2 -

Vororientierung über den „Einsatz Österreich" (Fall „Otto") des VII. Armeekorps – Seite 1.

Freigabe des Grenzübertritts sofort beginnen kann.

Die Überraschung ist zu wahren. Erkundungen auf feindl. Gebiet auch in Zivil sind bis zur Freigabe des Grenzübertritts verboten.

6.) Geb.Div. setzt von vorneherein Teile gegen den Pass Lueg an, um hier ein Festsetzen der Garnison Salzburg zu verhindern und den Pass gegen Verstärkungen von Süden zu sperren.

Brücke Laufen ist nach Freigabe des Grenzübertritts durch eine besondere Abteilung der Geb.Div. zu nehmen.

7.) Es werden nachgeführt und unterstellt:
SS-Standarte "Deutschland" der Gruppe J.R. 61
SS-Standarte "Germania" der Gruppe Geb.Div.

Sie sind in erster Linie zum Freihalten des Rückens, bei Bedarf jedoch auch in vorderer Linie zu verwenden.

8.) Flakschutz wird besonders befohlen.

9.) Korps-Kdo. ab 11.3. 16.00 Uhr Traunstein.

Verbindungen durch Na. 47 zu Geb.Div., 7. Div., A.O.K. 8 (Mühldorf) und Gr.Abschn.Kdo. 10.

Vororientierung über den „Einsatz Österreich" (Fall „Otto")
des VII. Armeekorps – Seite 2.

hatte die Grenze bei Scheffau zu überschreiten, Hallein zu nehmen und dann auf dem Ostufer der Salzach nach Salzburg vorzustoßen. Im Divisionsbefehl hieß es dazu:[43]

„Ihre Aufgabe ist, ein Entweichen der Garnison Salzburg nach Süden zu verhindern, oder ein verteidigtes Salzburg durch Angriff in den Rücken zu Fall bringen." Und weiter: Eine verstärkte Kompanie hat „den Pass Lueg gegen etwa von Süden anrückende Feindverstärkungen zu verteidigen."

Schlemmers verstärktes Gebirgsjägerregiment 100, die „Gruppe Reichenhall" – ohne das II. Gebirgsjägerbataillon, jedoch mit dem Stab der I. Abteilung/Gebirgsartillerieregiment 79 sowie der schweren Artillerieabteilung II./40 und der Gebirgsnachrichtenabteilung 54 – sollte direkt auf Salzburg vorstoßen und eine verstärkte Gebirgsjägerkompanie durch die Röth über das Blühnbachtal auf Werfen vorgehen.

Schörners Gebirgsjägerregiment 98 mit der II. Abteilung/Gebirgsartillerieregiment 79 und der 1. Kompanie des Gebirgspionierbataillons 54 hatte im Verband der Heeresdienststelle 10 über den deutsch-österreichischen Grenzübergang Scharnitz zum Brenner vorzurücken. Dort sollte der Regimentskommandeur, der die italienische Sprache beherrschte, dem italienischen Kommandanten die Grüße des Deutschen Reiches überbringen![44]

Welch ein fundamentaler Wandel hatte sich doch in den Beziehungen zwischen dem nationalsozialistischen Deutschland und dem faschistischen Italien vollzogen. Niemand dachte mehr an die bedrohliche Truppenkonzentration der Italiener während der Krise des Jahres 1934. Mussolini dankte stattdessen Hitler durch sein Wohlverhalten in der Anschlussfrage für die seinerzeitige deutsche Neutralität im Abessinienkonflikt. Und Hitler dankte dem italienischen Diktator mit den Worten:

„Duce, das werde ich ihnen nie vergessen, nie, nie, nie."

Aber eilen wir den historischen Ereignissen nicht allzu weit voraus. Zunächst richtete sich der Armeetagesbefehl Nr. 1 mit folgendem Aufruf an die Truppe:

„A.O.K 8 *Mühldorf, den 11. März 1938*

Ich habe den Befehl über die Armee übernommen. Die Herstellung der Ordnung in Österreich soll nach dem Willen des Führers ohne Blutvergießen erfolgen, soweit es die Sicherheit der deutschen Truppen erlaubt.
Allgemein ist zu versuchen, durch frühzeitige Fühlungnahme mit den gegenüberstehenden österreichischen Truppen deren Übertritt zu erreichen. Treten sie zu uns über, so ist mit ihnen gemäß Aufmarschanweisung zu verfahren.

General von Bock."

Voller Zuversicht und Vertrauen in ihre Gebirgsjäger sahen Kübler und seine Kommandeure ihrer ersten großen Bewährungsprobe entgegen, als sie den Befehl zum Einmarsch nach Österreich erhielten. Dabei wünschten sie sich, dass sie nicht zu den Waffen greifen mussten, denn bis zuletzt vermochte niemand mit hundertprozentiger Sicherheit zu sagen, ob man auf österreichischer Seite auf Widerstand stoßen würde oder nicht. In den Akten der 8. Armee kann man über diesen denkwürdigen Tag nachlesen:

„Der Aufmarsch zur Versammlung der ersten Welle der Armee dauert an.
01.00 Uhr teilt der Chef der 1. Abteilung Generalstab des Heeres, Generalmajor Hansen, mit, dass eine starke Massierung um Wien das Endziel der Operation sein müsse. Weiter bittet er im Auftrag des Oberkommandos des Heeres, dem Führer und Obersten Befehlshaber der Wehrmacht bei seinem heutigen Besuche Vorschläge zu machen über die beabsichtigte Einteilung des ‚Operationsgebietes' sowie über die Regelung der ‚vollziehenden Gewalt'.
05.30 Uhr werden die Grenzübergänge bei Lindau, Mittenwald, Kiefersfelden, die Grenzbrücken von Freilassing, Burghausen und Schärding ohne Widerstand besetzt und unversehrt vorgefunden; Brückenköpfe werden gebildet. Die deutsche Truppe wird von der österreichischen Bevölkerung jubelnd empfangen."

So war es in der Tat in jenen unvergesslichen Märztagen des Jahres 1938. Nachdem Generalmajor Kübler den Befehl zum Einmarsch erhalten und an seine Regimentskommandeure weitergegeben hatte, rückte Oberst Dietl mit seinem kriegsmäßig ausgerüsteten, verstärkten Gebirgsjägerregiment 99 aus dem grenznahen Bereitstellungsraum gegen Mittag über die Grenze bei Hallein in Richtung Salzburg vor. Mit klingendem Spiel, von der überwiegenden Mehrheit der Bevölkerung ehrlichen Herzens umjubelt, marschierte er am 12. März 1938 in die altehrwürdige Mozartstadt ein.[45]

Nicht anders erging es Oberstleutnant Schörner mit seinem verstärkten Gebirgsjägerregiment 98 bei seinem Marsch nach Innsbruck.[46] Damit war ein Traumziel deutscher Politik und vaterländischer Patrioten Wirklichkeit geworden. Es war für Kübler und seine Gebirgsjäger gewiss ein erhebendes Gefühl, als sie – von einer aufgewühlten Menschenmenge mit Gaben überhäuft – fast ausbildungsmäßig auf Wien vormarschierten und dann über die noch tief verschneiten Alpenpässe des Salzkammergutes und der Steiermark auf deren Landeshauptstadt Graz einschwenkten. Völcklabruck, Gmunden am Traunsee und der Pötschenpass[47], Liezen an der Enns, Rottenmann und der Schoberpass, Leoben und Bruck an der Mur: Das waren die bedeutendsten Stationen ihrer fünftägigen „Fahrt in den Frühling", bevor der Brigadestab im „Steirer Hof" sein Quartier bezog. Bei Verbindungsaufnahme mit dem Stab der österreichischen 5. Division unter General Zeiser und seinem Stabschef Oberstleutnant Ringel, dem späteren Kommandeur der 5. Gebirgsdivision, kam es im Standort Graz zu einer beiderseits herzlichen, fast familiären Begrüßung, die keinerlei politische Färbung hatte.[48]

Man kann und soll es gerade heute, in einer Zeit bequemer Anpassung, nicht verschweigen, dass der begeisterte, von Herzen kommende Empfang der deutschen Gebirgstruppe durch die österreichische Bevölkerung auf dem langen Marsch durch das Salzkammergut nach Graz, und dann ganz besonders in der Stadt an der Mur ein unauslöschliches Erlebnis für Kübler und seine Gebirgsjäger waren. Bewegte die deutsche und die österreichische Bevölkerung doch nur die Freude über das einigende Deutschtum beiderseits einer Grenze, die von den Versailler Siegermächten errichtet und nun ohne Blutvergießen beiseite geschoben wurde, während Churchill die Mär von der „Vergewaltigung Österreichs" in die Welt setzte,[49] „so dass es General Guderian ein leichtes war, diese recht unbekümmert wirkende Schilderung in seinen ‚Erinnerungen eines Soldaten' fast Satz für Satz zu widerlegen."[50]

Das war in der Tat nicht allzu schwer, nachdem sogar der spätere deutsche Bundespräsident Theodor Heuss, der zuvor dem Ermächtigungsgesetz zugestimmt hatte, am 10. April 1938 in der Wiener „Neuen Freien Presse" unter anderem in euphorischer Stimmung bekannte:

„Der Spuk ist vorbei. Großdeutschland entsteht."[51]

Nun schien der Weg zu einer glücklichen gesamtstaatlichen Zukunft frei zu sein. In diesem Sinne richtete auch der Oberbefehlshaber der 8. Armee in seinem Tagesbefehl vom 14. März 1938 ehrende Worte an die österreichischen Soldaten. Anlässlich der Vereidigung des Bundesheeres betonte Generaloberst von Bock:[52]

„Der Führer und Oberste Befehlshaber hat mich mit der Befehlsführung über die gesamte Deutsche Wehrmacht innerhalb der österreichischen Landesgrenzen beauftragt.
Die Waffenbrüderschaft in schweren Kriegsjahren hat damit endlich ihre Erfüllung gefunden; die Vereinigung des österreichischen Bundesheeres mit dem deutschen ist vollzogen.
Als Ehre und Auszeichnung betrachte ich es, die Führung einer Truppe zu übernehmen, die aufgebaut ist auf den ruhmreichen Überlieferungen der alten österreichischen Armee. Dieses stolze Erbe der Vergangenheit wollen wir mit freudigem Herzen in eine neue deutsche Zukunft tragen, in eiserner Manneszucht, in treuester Erfüllung unserer Soldatenpflicht, in opferfreudiger Hingabe an unseren Führer, für das ganze deutsche Vaterland."

Doch damit nicht genug: Als bei den Neuwahlen zum „Großdeutschen Reichstag" Österreicher und Deutsche am 10. April 1938 mit über 99 Prozent – in Österreich waren es 99,73 Prozent[53], im sogenannten Altreich 99,02 Prozent[54] für den Anschluss stimmten, ließ Kardinal Innitzer ein vielbeachtetes Plakat mit den Worten „Ich stimme mit Ja!" anschlagen.[55]

Wie sich der Gang der deutsch-österreichischen Geschichte nach dem verlorenen Zweiten Weltkrieg entwickeln sollte, das vermochte in jenen bewegten Tagen des März 1938 noch niemand vorauszusehen.

Aber noch war es nicht soweit. Zunächst waren – bei prächtigem Frühlingswetter – deutsche und österreichische Verbände am 22. März 1938 vor dem Opernhaus in Graz als nunmehr gesamtdeutsche Truppe aufmarschiert und von der Grazer Bevölkerung begeistert begrüßt worden. Kein Geringerer als der Oberbefehlshaber der 8. Armee weilte an diesem Tage in der „Stadt der Volkserhebung" und nahm dort in den Mittagsstunden den Vorbeimarsch ab. Noch am selben Tage wurde Oberst Eduard Dietl damit beauftragt, zur jugoslawischen Grenze zu fahren. Bei Radkersburg hatte er im Namen der Wehrmacht den bereits festgelegten Vertreter der jugoslawischen Armee formell willkommen zu heißen.[56]

Am Abend des 22. März 1938 folgte ein festliches Begrüßungsbankett, zu dem Kübler seine Kommandeure und die der österreichischen 5. Division eingeladen hatte. Diese sorgten mit einer Streichergruppe unter dem Militärkapellmeister Jarosch für die musikalische Umrahmung. Der Bauherr der deutschen Gebirgstruppe, der von Haus aus ein kritischer und wortkarg veranlagter Mensch war und nur sehr selten heiter und gelöst wirkte, war trotz des festlichen Abends in einer sichtlich gedrückten Stimmung. Ganz anders sein rechter Tischnachbar, der österreichische General Zeiser. Aber weder dieser noch die aufmunternden Melodien der Musikanten vermochten den „Latschen-Nurmi“ aufzuheitern. Als er sich dann als Gastgeber auch noch früher als allgemein üblich verabschiedete, befürchtete der österreichische General, er könne der Anlass dieser Verstimmung gewesen sein. Es war der älteste Regimentskommandeur Dietl, der die Situation rettete, indem er für einen kameradschaftlichen Fortgang und fröhlichen Ausklang der Feierlichkeit sorgte.[57]

Am 23. März 1938, also nur ein paar Tage später, nachdem die letzten Truppenteile der Gebirgsbrigade am 20./21. März ihre steirischen Unterkunftsräume erreicht hatten, traf der Befehl für den Rücktransport von Küblers Gebirgsbrigade ein, nachdem die Ergänzungsmannschaften und die rückwärtigen Dienste bereits seit dem 17. März in ihre oberbayerischen Standorte zurückgeführt beziehungsweise demobilisiert worden waren. Für das Gros der Gebirgstruppe erfolgte der Rücktransport in den letzten Märztagen, und zwar auf dem kürzesten Wege. Der Stab der Gebirgsbrigade, die bekanntlich offiziell am 1. April 1938 in 1. Gebirgsdivision umbenannt wurde, traf am 31. März bei schönem Wetter die Vorbereitungen für den Abmarsch, nachdem Küblers Frau Anna Maria mit ihrer älteren Tochter Lilli (Elisabeth) überraschend bei ihrem Mann in Graz eingetroffen war.[58]

Nach einer stockdunklen Nacht erwachte ein sonniger Frühlingstag. Um 09.00 Uhr traten die Gebirgsjäger mit der Familie Kübler in zwei Marschgruppen den Rückmarsch in ihre Friedensstandorte an. Eine Pkw-Kolonne fuhr über den Packsattel, Wolfberg, Klagenfurt und Villach nach Mallnitz zum Tauerntunnel. Nachdem man dort vom 1. auf den 2. April übernachtet hatte, wurden die Fahrzeuge um 10.00 Uhr auf die Eisenbahn verladen und durch den Tunnel nach Böckstein gebracht. Von dort ging die Fahrt über Bad Gastein und Bruck nach Mittersill, dann den Pass Thurn hinauf über Kitzbühel, St. Johann in Tirol und Kufstein nach München und von dort in die jeweiligen Garnisonen. Eine zweite Kolonne fuhr mit ihren Kraftfahrzeugen und Omnibussen über Schladming nach Bad Reichenhall, wo sie vom 1. auf den 2. April Unterkunft fand. Am anderen Tage verließ die Lkw-Kolonne um 10.00 Uhr die alte Salinenstadt an der Saalach und fuhr über die Reichsautobahn am Chiemsee entlang nach München. Es war ein sonniger, warmer Tag gewesen, als die beiden Marschkolonnen um 17.00 Uhr in der bayerischen Landeshauptstadt eintrafen.

Der Einsatz von Dietls verstärktem Gebirgsjägerregiment 99 hatte damit allerdings noch nicht seinen offiziellen Abschluss gefunden, denn das I. und II. Bataillon blieben wie die I. Abteilung des Gebirgsartillerieregiments 79 vorläufig in Graz und das III. Bataillon/Gebirgsjägerregiment 99 in Klagenfurt. Bis zur Rückkehr ins Altreich konnte die Truppe die Zeit noch zu Ausbildung und Erholung nutzen. So waren es insgesamt gesehen nicht nur denkwürdige, sondern auch ganz besonders schöne Tage in der herrlichen Bergwelt Kärntens und der Steiermark. Küblers Gebirgsartillerist Max Winkler beschrieb sie so:

„Ein herrlich warmer Frühling hatte die Berge nördlich von Graz bis auf 2 000 Meter hinauf ausgeapert; dort hatte die Abteilung ein Übungsschießen vorbereitet. Die Durchführung erfolgte Anfangs Mai in tief winterlichen Verhältnissen, denn es hatte wieder fi Meter Schnee hergeworfen und der Sturm peitschte durch die Berge. Kurz darauf ließ ein neuer Wärmeeinbruch die Schneemassen plötzlich schmelzen und die Mur trat mit verheerenden Überschwemmungen überall über die

Ufer. Statt des schon angesetzten Bahntransportes nach Hause trat die Gebirgsartillerieabteilung zu Wasserschutz- und Rettungsarbeiten an.
Der 1. Batterie gelang es bei Frohnleiten 52 Menschen zu retten, die hoffnungslos von den reißenden Fluten in zusammenbrechenden Häusern eingeschlossen waren. Mehrere Retter wagten gefährlichsten Einsatz; Leutnant Günther opferte sein Leben."[59]

Nachdem alle Regimenter und Bataillone der 1. Gebirgsdivision in ihre oberbayerischen Heimatstandorte zurückgekehrt waren, galt es, den Ausbildungsstand weiter zu heben und das Zusammenspiel zwischen den verschiedenen Waffengattungen und Truppenteilen zu vervollständigen. Ferner wurden im Austausch Offiziere und Unteroffiziere von der Stammdivision der deutschen Gebirgstruppe zu den in Innsbruck und Graz in Aufstellung begriffenen beiden neuen Gebirgsdivisionen abkommandiert oder versetzt. Das verstärkte I. Bataillon des Gebirgsjägerregiments 98 hatte eine besonders ehrenvolle Aufgabe erhalten: Es war dazu ausersehen worden, das Stammpersonal der neu aufzustellenden Gebirgstruppenteile in Salzburg, Innsbruck und Hall in Tirol auszubilden.[60]

Zerschlagung der Tschechoslowakei

Frühjahr und Sommer des historischen Jahres 1938 verliefen für Generalmajor Ludwig Kübler und seine Gebirgsjäger wie im Fluge. Das war auch kein Wunder, denn die Ausbildung wurde sowohl in den Kasernen als auch im Gebirge mit äußerster Intensität betrieben. Der Schwerpunkt lag beim Kampf um befestigte Stellungen. So waren es vor allem die Gebirgsjäger und Gebirgspioniere, denen das Äußerste abverlangt wurde. Das hatte einen ganz realen politischen Hintergrund, denn die allgemeine Lage hatte sich in Mitteleuropa im Laufe des Jahres 1938 von Monat zu Monat immer mehr verschärft, als Hitler 1938 begann, deutsche Volksgruppen außerhalb der deutschen Grenzen „heim ins Reich" führen zu wollen. Der unblutige Anschluss Österreichs, den auch Kübler mit seinen Gebirgsjägern im Rahmen des Unternehmens „Otto" begeistert vollzogen hatte, ließ die Großmächte weitgehend unberührt, denn – so ihre Meinung – Deutschösterreich war ja 1919 gegen seinen Willen zu einem selbstständigen Staat gemacht worden und hatte eine, alles in allem gesehen, unglückliche Entwicklung durchgemacht. Daher nahmen die Großmächte diesen weiteren revisionistischen Akt Hitlers mehr oder weniger resigniert hin. Wer jedoch geglaubt hatte, dass die Forderungen des Führers mit dem Anschluss erfüllt seien, der sah sich bald bitter enttäuscht und musste sich rasch eines Besseren belehren lassen.

„Kurz nach dem Anschluss Österreichs ließ Hitler eine Karte Mitteleuropas kommen und zeigte seinem andächtig lauschenden Privatkreis, wie nun die Tschechoslowakei in eine ‚Zange' geraten sei", schrieb sein Rüstungsminister und Architekt Albert Speer in seinen „Erinnerungen".[61]

In der Tat genügte ein kurzer Blick auf die mitteleuropäische Landkarte, um zu erkennen, dass die Tschechoslowakei nach dem Anschluss Österreichs auf drei Seiten vom Großdeutschen

Reich umklammert wurde. Das wäre für diesen typischen Retortenstaat der Siegermächte des Ersten Weltkrieges weiter nicht allzu schlimm gewesen, wenn die sudetendeutsche Bevölkerung in den tschechischen Randgebieten nicht von Anfang an permanent von den Tschechen unterdrückt worden wäre. Noch war die Ausbildungsphase der 1. Gebirgsdivision nicht abgeschlossen, da breitete sich die Sudetenkrise wie ein unheilvoller Schatten auf dem von politischen Eruptionen immer heftiger erschütterten Alten Kontinent aus.

Nach dem Anschluss überschlugen sich die politischen und militärischen Ereignisse im deutsch-tschechischen Kräftespiel. Am 20./21. Mai 1938 beging die Prager Regierung in ihrer Nervosität einen fatalen Fehler. Aufgrund falscher Informationen über angeblich deutsche Truppenbewegungen ließ sie mobil machen. Daraufhin spitzte die Krise sich noch weiter zu. Denn nun erließ Hitler am 30. Mai 1938 seine Weisung „Fall Grün" für den Angriff auf die Tschechoslowakei; sie war bereits 1937 in ihren wesentlichen Punkten für den Kriegsfall mit dem Nachbarstaat beschlossen und am 21. April 1938 festgelegt worden. Angesichts der bedrohlichen Lage rückte die 1. Gebirgsdivision am 18. September kriegsmäßig und mit scharfer Munition in den Bayerischen Wald. Der Aufmarsch der „Ersten" nördlich von Passau zwischen Donauniederung und tschechischem Grenzgebiet wurde mit Herbstmanövern getarnt – Generalmajor Kübler jedoch war klar, dass der Friede am seidenen Faden hing. Genährt wurde seine Meinung noch durch zahlreiche Übungen im Bataillons- und Regimentsrahmen, durch welche seine Truppe – je nach augenblicklicher politischer Entwicklung – mal mehr und mal weniger nahe an das Grenzgebiet herangeführt wurde, wo die Bevölkerung sie mit Blumen und Wein empfing. Da die Tschechoslowakei im Sommer eine Teilmobilmachung durchgeführt hatte, war anzunehmen, dass die Besetzung der sudetendeutschen Gebiete auf entsprechenden Widerstand stoßen würde.

Ein dumpfes Grollen lag über den dunklen Wäldern des Bayerischen und des Böhmerwaldes, als Kübler sich die bangen Fragen stellte:

„Wird es wirklich wegen des sudetendeutschen Problems zu einem Krieg kommen? Sind meine Männer im Kampf um befestigte Stellungen genügend geschult? Haben sie die notwendigen Waffen?"

Es waren Fragen über Fragen, die ihn tagtäglich beschäftigten. Manch endlos lange Nacht dachte er mit großer Sorge an die starke tschechische Bunkerlinie, die, nach dem Vorbild der französischen Maginot-Linie konzipiert, zu einem schwer überwindlichen Bollwerk ausgebaut worden sein sollte. Dieses Befestigungssystem verlief in einem großen Bogen vom Böhmerwald durch Nord- und Ostböhmen zur Schlesischen Senke und dann zu den Beskiden. Generaloberst Dr. Rendulic beschrieb die hochexplosive Lage im September 1938 und die der deutschen Gebirgstruppe zugedachte Aufgabe wie folgt:

„Wir stellten alles auf die Möglichkeit eines Kampfes ab, bei dem es zunächst die tschechische Bunkerlinie zu überwinden galt. Diese Befestigungsanlage bestand aus einer an der Grenze linear angeordneten Reihe ziemlich weit voneinander liegender kleiner Betonwerke mit zwei meist nur nach den Zwischenräumen zeigenden Schießscharten für Maschinengewehre, so dass sich die Werke gegenseitig flankieren konnten, wobei auch die Zwischenräume durch Feuer beherrscht wurden. Die

Besatzung betrug drei, höchstens vier Mann. Wir hatten schon aus früherer Zeit ziemlich genaue Anhaltspunkte für die Anlagen. Nun gingen der Kommandierende General und ich sowie andere Generalstabsoffiziere in Zivilkleidung in verschiedene Grenzabschnitte, um die Räume, in denen die Schwerpunkte des späteren Einsatzes beabsichtigt waren, zu erkunden.
Die Werke lagen sehr nahe der Grenze. Nicht nur die starre lineare Ausrichtung ohne jede Tiefenbildung, auch die bauliche Gestaltung machte die Anlage zu der denkbar ungünstigsten Art einer Befestigung. Die Bunker waren durch einige Schüsse aus schweren Feldhaubitzen zu erledigen. Da sich in der Tiefe der Zwischenräume keine frontal wirkenden Anlagen befanden, konnten die Werke auch leicht dadurch ausgeschaltet werden, dass sich Panzer vor die Schießscharten stellten und den Truppen das Durchschreiten der Zwischenräume ohne Gefahr ermöglichten. So konnten die Grenzbefestigungen für uns kein großes Hindernis sein. Sie mussten etwas mehr, aber immerhin noch keinerlei entscheidende Bedeutung gewinnen, wenn sich mobile Feldtruppen auf sie im Kampf stürzen würden."[62]

Während der Aufmarsch für „Fall Grün" auf Hochtouren lief und Küblers Gebirgsjäger gefechtsbereit in ihren Bereitstellungsräumen lagen, verschärfte Hitler die politische Gangart. Jetzt sollte alles auf einmal geschehen: Die Abtretung der Sudetengebiete ohne Abstimmung – vielleicht auch in der heimlichen Hoffnung, die Prager Regierung könne sich noch zu unbedachten Gewaltakten hinreißen lassen. In einer zweiten Unterredung im Godesberger Hotel „Dreesen", die zwischen dem 22. und 24. September 1938 erfolgte, versuchte Neville Chamberlain, Hitler wiederum von seinen Forderungen abzubringen. Es war jedoch vergebens, so dass am 28. September wieder alles auf des Messers Schneide stand. Der Führer und Reichskanzler war entschlossen, den Angriffsbefehl auf die Tschechoslowakei zu geben. Da ergriff der italienische Duce in letzter Sekunde die Initiative zur Vier-Mächte-Konferenz von München – und zwar zwischen Hitler, Mussolini, dem französischen Ministerpräsidenten Daladier und dem Engländer Chamberlain.

Während Hitler öffentlich erklärte, dass mit dem „Münchner Abkommen" alle territorialen Ansprüche des Reiches erfüllt seien, verhehlte er im engsten Kreise nicht, dass München für ihn nur einen ärgerlichen Aufschub bedeute und er in Kürze die Tschechoslowakei ganz beseitigen werde. Davon hatte der britische Premier Chamberlain nach seiner Rückkehr in London allerdings nichts erfahren, so dass er tief erleichtert die Parole ausgab:

„Peace in our time – Friede in unserer Zeit."

Die Gebirgssoldaten atmeten in ihren Bereitstellungsräumen erleichtert auf, dass der Kelch eines gewaltsamen Einmarsches in die befestigten Grenzgebiete an ihnen vorübergegangen war. Ein ganz schwerer Stein fiel ihnen vom Herzen, als der Einmarsch ins Sudetenland aufgrund der Ergebnisse der Konferenz von München nun ohne Kampfhandlungen erfolgte. Goldfarben hingen die Blätter an den Bäumen, als Kübler mit seinen Männern in jenen wunderschönen Herbsttagen des Jahres 1938 noch einmal dem Krieg entronnen war. Nun zogen sie erleichtert über die unendlich weiten und dunklen Kammhöhen des Böhmerwaldes in die sudetendeutschen Randgebiete Böhmens. Auch in diesem „Blumenkrieg" – nach dem es nach dem kriegsmäßigen Aufmarsch zunächst ganz und gar nicht ausgesehen hatte – wurden die Gebirgsjäger von der deutschstämmigen Bevölkerung überall auf das Allerherzlichste begrüßt. Weiter zogen sie über die dunkle Moldau und durch die von den Tschechen eilig verlassene Bunkerlinie in das altdeutsche Siedlungsgebiet Prachanitz. Wer ahnte angesichts der friedlichen Landschaft und der von der tschechischen Unterdrückung befreiten und nun um so mehr jubelnden sudetendeutschen Bevölkerung, dass schon wenige Jahre später das Pendel des Schicksals grausam zurückschlagen und eine Welle des Hasses gegen die Sudetendeutschen schleudern sollte? Gemäß dem „Münchner Abkommen" wurde die Grenzziehung zwischen dem 1. und 10. Oktober 1938 durchgeführt.

„Der mit I bezeichnete Gebietsabschnitt am 1. und 2. Oktober, der mit II bezeichnete Gebietsabschnitt am 2. und 3. Oktober, der mit III bezeichnete Gebietsabschnitt am 3., 4. und 5. Oktober, der mit IV bezeichnete Gebietsabschnitt am 6. und 7. Oktober. Das restliche Gebiet vorwiegend deutschen Charakters wird unverzüglich von dem [...] internationalen Ausschuss festgestellt und bis zum 10. Oktober durch deutsche Truppen besetzt werden."[63]

Im Bereich der 1. Gebirgsdivision wurde die Grenzziehung von einem britischen Oberst überwacht und in beiderseitigem Einvernehmen vollzogen. Mit Abschluss der Grenzziehung wurden die von den Sudetendeutschen bewohnten Randgebiete der Tschechoslowakei Bestandteile des Großdeutschen Reiches. Mit Österreich und dem Sudetenland hatte Hitler innerhalb eines halben Jahres zehn Millionen Deutsche „heim ins Reich" geholt. Er stand nun auf dem Gipfel seiner Macht.

„Wenn sich vier europäische Staatsmänner zusammensetzen, um Europa neu aufzuteilen, dann ist das fraglos ein historischer Augenblick", konnte man zu Beginn der Titelgeschichte „Hitler – Man auf the Year" des amerikanischen Nachrichtenmagazins „Time" am 4. Januar 1939 lesen.[64] „Und weil genau das am 29. September im Führerhaus in München geschah, muss jene Konferenz als das wichtigste Ereignis des Jahres 1938 angesehen werden."

Da stand es also schwarz auf weiß im angesehenen US-amerikanischen Nachrichtenmagazin: Hitler, der Apostel des Friedens, war der Mann des Jahres. Seine Wahl wurde damit begründet, dass er Deutschland nach dem verlorenen Ersten Weltkrieg mit neuem nationalen Pathos erfüllt und das Deutsche Reich in den ersten fünf Jahren seiner Regierungszeit zur kontinentalen Vormacht Europas ausgebaut hatte.

Zum dritten Male war es Hitler – nach Rückkehr des Saargebietes, dem Anschluss Österreichs und des Sudetengebietes – gelungen, das Reich ohne Blutvergießen zu vergrößern. Wen wundert es, dass Kübler und seine Gebirgsjäger in euphorischer Stimmung in ihre Standorte zurückkehrten? Nach einem kurzen Heimaturlaub, in dem es viel über den Einmarsch ins Sudetenland und seine arbeitsame Bevölkerung zu berichten gab, wurde die Ausbildung in den Bayerischen Alpen sowie in der Bergwelt der benachbarten Ostmark energisch weitergeführt. Insbesondere wurde der alpine Teil der Winterausbildung forciert. Und der Erfolg ließ nicht lange auf sich warten: Bereits im Frühjahr 1939 konnte die Mannschaft des III. Bataillons des Reichenhaller Gebirgsjägerregiments 100 bei den Winterkampfspielen in der polnischen Tatraortschaft Zakopane den Weltmeistertitel im Internationalen Militär- Skipatrouillenlauf gewinnen. Stolz gratulierte Kübler seinen Gebirgsjägern zu diesem in sportlicher wie in militärischer Hinsicht überaus bedeutsamen Erfolg. Doch nicht allzu lange konnte man sich der relativen Friedenszeit erfreuen, denn im Restgebilde der Tschechoslowakei rumorte und gärte es in allen Landesteilen. Nach der Amputation der sudetendeutschen Gebiete mit ihren Grenzbefestigungen war dieser Staat dem Reich auf Gedeih und Verderb ausgeliefert. Von deutscher Seite war nicht nur die slowakische Unabhängigkeitsbewegung unterstützt worden, sondern noch im Oktober 1938 erging ein Geheimbefehl zur „Erledigung der Rest-Tschechei". Am 15. März 1939 wurde Kübler in aller Frühe aus dem Schlaf gerissen: Der deutsche Einmarsch in die Rest-Tschechei hatte begonnen. Die Verbände des Heeres und der Luftwaffe, die bereits am 13. März in Alarmbereitschaft versetzt und in Marsch gesetzt worden waren, rückten von allen Seiten in das Land an der Moldau ein. Eine Teilnahme an diesem Gerade-noch-Blumenkrieg blieb der 1. Gebirgsdivision allerdings erspart, doch wurde das III. Bataillon/Gebirgsjägerregiment 100 (Utz) als Besatzungstruppe in den slowakischen Raum Kremsier – Sillein verlegt. An jenem 15. März erschien in Berlin der erste Wehrmachtsbericht, dem während des Zweiten Weltkrieges noch über 2 000 weitere folgen sollten. Er hatte folgenden Wortlaut:

„Das Oberkommando der Wehrmacht gibt bekannt:
Truppen des deutschen Heeres unter Führung des Generals der Infanterie Blaskowitz und des Generals der Infanterie List haben Mittwoch früh die deutsch-tschechische Grenze überschritten und befinden sich im Vormarsch auf ihre Tagesziele in Böhmen und Mähren. Bereits Dienstagabend (14. März) haben Verbände des Heeres und Teile der Leibstandarte SS Adolf Hitler Mährisch-Ostrau und Witkowitz besetzt. Geschwader der deutschen Luftwaffe unter Führung der Generale der Flieger Kesselring und Sperrle und des Generalleutnants Löhr haben heute zu gleicher Zeit die deutsch-tschechische Grenze überflogen."[65]

Den deutschen Einmarsch in die Rest-Tschechei verfolgten Kübler und seine Kommandeure sehr aufmerksam. So erfuhren sie, dass die ersten Truppen die „Goldene Stadt" an der Moldau bereits um 09.00 Uhr des ersten Einmarschtages erreichten. Aber für die Deutschen gab es dieses Mal keine Blumen, wie sie es bisher gewohnt waren. Stattdessen schlug ihnen eine Welle des Hasses, des Zornes und der Verzweiflung entgegen. Die Straßen Prags waren menschenleer, als die deutschen Soldaten an ihrem Führer vorbeimarschierten. Nichts, aber auch rein gar nichts erinnerte an den triumphalen Einmarsch in Österreich und in das Sudetenland. Böhmen und Mähren wurden als „Reichsprotektorat" – so verkündete es Hitler vom Hradschin, der Prager Burg – mit beschränkter Souveränität und einem eigenen Staatsoberhaupt dem Großdeutschen Reich unterstellt. Die Slowakei blieb unabhängig, während die Karpato-Ukraine von Ungarn und kleine Grenzgebiete von Polen annektiert wurden.[66]

Die Zeichen standen nun mehr denn je auf Sturm! Jetzt wehte den Deutschen ein eiskalter politischer Wind aus dem Westen entgegen: Zu unverblümt war Hitlers Annektion. Sie ließ sich bei Zerschlagen der Rest-Tschechei beim besten Willen nicht mehr mit dem Begriff des Selbstbestimmungsrechts der Völker rechtfertigen. Denn mit der Besetzung von Prag hatte der Führer und Reichskanzler sein Versprechen – „Wir wollen keine Tschechen annektieren" – das er am 26. September 1938 im Berliner Sportpalast der Weltöffentlichkeit gegeben hatte, und seine feierliche Zusage auf der Konferenz von München, die Rest-Tschechei zu respektieren, in eklatanter Weise gebrochen. „An Stelle des Nationalitätenprinzips war eine rein imperialistische Machtpolitik getreten ohne Abgrenzung und Maß."[67]

Feldzug gegen Polen

Es war eine Ironie des launischen Soldatenschicksals: Als geeigneter Zeitpunkt für die Übergabe der neuen Kasernenanlage im olympischen Gebirgsstandort Garmisch-Partenkirchen an Generalmajor Kübler und seinen Divisionsstab war Sonnabend, der 2. September 1939, vorgesehen und vereinbart worden. Dieser Tag war deshalb gewählt worden, weil er zum einen auf den historischen nationalen Gedenktag der Schlacht von Sedan Anno 1870 fiel, an den sich das Offizierskorps alljährlich gerne erinnerte, und weil zum anderen an jenem 2. September 1939 der Divisionskommandeur seinen 50. Geburtstag feiern konnte.

Zu diesem mehrfachen Feiertag der 1. Gebirgsdivision, auf den sich die Marktgemeinde schon intensiv vorbereitet hatte, kam es allerdings nicht mehr. Die militärpolitische Lage hatte sich im Juli/August so zugespitzt, dass der Mobilmachungsbefehl am 25. August 1939 nicht mehr überraschend kam. Er erreichte den Divisionskommandeur an jenem Freitag auf einem Herrenabend im Offiziersheim von Mittenwald, zu dem der damalige Kommandeur des Gebirgsjägerregiments 98 den Divisionsstab eingeladen hatte. Denn die Stammdivision der deutschen Gebirgstruppe gehörte zu jenen aktiven Heeresverbänden, die im Mobilmachungsfall nur mehr der Auffrischung auf volle Kriegsstärke bedurften. General Kübler, der die fernmündliche Durchsage des Generalkommandos des VII. Armeekorps entgegengenommen hatte, verließ darauf mit seiner Begleitung unauffällig die Veranstaltung, die im Einverständnis mit Oberstleutnant Ferdinand Schörner nicht abgebrochen wurde. Nach München zurückgekehrt, liefen die Vorbereitungen für den bevorstehenden Einsatz nach Mobplan und Mobkalender genau, pünktlich und zügig ab. Der Divisionsstab rückte in Mobbesetzung am Sonntag, dem 27. August 1939, um 06.00 Uhr morgens, im Bahntransport samt Tross in den befohlenen Bereitstellungs- bzw. Aufmarschraum in der Ostslowakei ab; er lag ostwärts der Hohen Tatra in den südlichen Beskiden mit den Hauptorten Presov (Preschau) und Bardejov (Bartfeld).[68]

Mit der entsprechenden Munitionsausstattung und den zugewiesenen Ersatzabteilungen zog die Masse der 1. Gebirgsdivision nach einer vierjährigen pausenlosen Aufstockung am 1. September 1939 in den Zweiten Weltkrieg. Der Oberste Befehlshaber der Wehrmacht hatte damit sein Wort, das Generaloberst Franz Halder überliefert hat, wahr gemacht:

„Die Wehrmacht ist ein Instrument der Politik. Ich werde der Armee ihre Aufgabe zuweisen, wenn der Augenblick gekommen ist. Die Armee hat diese Aufgabe zu lösen und nicht zu diskutieren, ob die Aufgabe richtig oder falsch gestellt ist.“[69]

Schon lagen Küblers Gebirgsjäger spannungsgeladen in ihren Bereitstellungsräumen und warteten auf die Angriffsbefehle. Am Morgen des 1. September 1939 überschritten die deutschen Truppen die polnische Grenze. Adolf Hitler erließ seinen ersten Aufruf „An die Wehrmacht“! Wer konnte und wollte damals schon erraten, dass noch Hunderte, ja Tausende derartiger Appelle im Verlauf des Zweiten Weltkrieges folgen sollten?[70]

„Der polnische Staat hat die von mir erstrebte friedliche Regelung nachbarlicher Beziehungen verweigert, er hat stattdessen an die Waffen appelliert. Die Deutschen in Polen werden mit blutigem

Terror verfolgt, von Haus und Hof vertrieben. Eine Reihe von für eine Großmacht unerträglichen Grenzverletzungen beweist, dass die Polen nicht mehr gewillt sind, die deutsche Reichsgrenze zu achten. Um diesem wahnwitzigen Treiben ein Ende zu bereiten, bleibt mir kein anderes Mittel, als von jetzt ab Gewalt gegen Gewalt zu setzen.
Die deutsche Wehrmacht wird den Kampf um die Ehre und die Lebensrechte des wiederauferstandenen deutschen Volkes mit harter Entschlossenheit führen. Ich erwarte, dass jeder Soldat, eingedenk der großen Tradition des ewigen deutschen Soldatentums, seine Pflicht bis zum letzten erfüllen wird.
Bleibt Euch stets und in allen Lagen bewusst, dass ihr die Repräsentanten des nationalsozialistischen Großdeutschlands seid!

Es lebe unser Volk und unser Reich!
Berlin, den 1. September 1939
Adolf Hitler.“

Der Krieg gegen Polen traf die Wehrmacht – und somit auch die deutsche Gebirgstruppe – noch im Aufbau. Organisatorische Verzögerungen waren unter anderem dadurch entstanden, dass die Wehrkraft der dem Großdeutschen Reich einverleibten Gebiete Österreichs, des Sudetenlandes und der Tschechei erst noch erfasst werden musste, so dass die Mobilmachungspläne für das Jahr 1939 die zusätzliche Aufstellung von drei Infanterie- und zwei Gebirgsdivisionen, einer Panzer- und einer leichten Division erforderlich machten. Auf der anderen Seite besaß Deutschland bereits ein – auf der Seecktschen Reichswehr aufgebautes – schlagkräftiges und hervorragend ausgebildetes Heer. Dieses bestand im Herbst 1939 aus 52 Großverbänden, und zwar: 39 Infanteriedivisionen, 3 Gebirgsdivisionen, 1 Kavalleriedivision, 4 leichte Divisionen und 5 Panzerdivisionen.[71] 51 Infanteriedivisionen mussten in vier Wellen bei der Mobilmachung neu aufgestellt werden. Zur Sicherung im Westen verblieben – in Grenzstellungen – 9 aktive und 38 nach und nach eintreffende Divisionen.

Für den Angriff auf Polen wurden 39 Infanteriedivisionen, die drei Gebirgsdivisionen und sämtliche 13 Panzer- und motorisierte Divisionen sowie die Kavalleriebrigade bereitgestellt. Was die 1. Gebirgsdivision anbetraf, so war es General Kübler mit seinen Regimentskommandeuren in den letzten Monaten vor Kriegsausbruch noch gelungen, eine stärkere Motorisierung seiner Verbände durchzusetzen. Am 26. August 1939 war sie daher mit folgenden Truppenteilen mobil: Gebirgsjägerregiment 98 in Mittenwald, Gebirgsjägerregiment 99 in Füssen, Gebirgsjägerregiment 100 in Bad Reichenhall, Gebirgsartillerieregiment 79 in Garmisch-Partenkirchen, Gebirgspanzerjägerabteilung 44 sowie Divisions- und Versorgungseinheiten 54.[72]

Das polnische Friedensheer betrug 270.000 Mann, die Grenzschutztruppen umfassten 32.000 Mann. Das aktive Heer gliederte sich in 38 Infanteriedivisionen, 2 Gebirgsdivisionen (6 Gebirgsschützenregimenter mit 18 Bataillonen), 11 Kavalleriebrigaden, 1 motorisierte Brigade sowie Heeresarmeetruppen und die Luftwaffe.[73] Bei Kriegsbeginn hatten die Polen bei einer vorgesehenen Kriegsstärke von 3.600.000 Mann folgende Verbände aufmarschieren lassen: 30 aktive Infanteriedivisionen, 9 Reserveinfanteriedivisionen, 1 Gebirgsdivision, 3 Gebirgsbrigaden, 11 Kavalleriebrigaden und 1 motorisierte Panzerbrigade. Gegliedert waren diese Verbände in 8 Armeen und eine Heeresreserve von 2 Armeen.[74] Ende August 1939 waren die ersten Einheiten der 1. Gebirgsdivision durch die Slowakei in den Aufmarschraum gerollt. Das Gros der „Ersten" folgte etwas später. Die Nerven der Soldaten waren bis zum Äußersten angespannt, als sie erfuhren, dass sie in Galizien zum Einsatz kommen würden – auf jenem Kriegsschauplatz, den sie aus den Erzählungen ihrer Väter und Großväter vom Ersten Weltkrieg her kannten, als diese in den Jahren 1914 bis 1918 unter anderem verbissen um die Brücken und Furten an den Flüssen Dunajec und San kämpften. Und manchem klang noch das volkstümliche Soldatenlied der Kaiserlich Königlichen Kaiserjäger von der „Festung Przemysl" im Ohr.[75]

War das wirklich schon so lange her, dass der Vater, der Onkel oder gar der ältere Bruder auf die Schlachtfelder Galiziens marschiert waren? Damals begleitete lauter Jubel die Soldaten ins Feld. Wer dachte seinerzeit schon an ein vierjähriges Ringen, an dessen Ende der Zusammenbruch des alten europäischen Staatensystems gestanden hat? Ganz anders war die Stimmung der Truppe nach Ausbruch des Polenfeldzuges: Weder Blumen noch lauter Jubel auf den Straßen Berlins oder in den kleinen Gebirgsdörfern und auf den einsamen Bauernhöfen des Alpenlandes. Es war so, als erahnte die Bevölkerung, dass der Marschbefehl gegen Polen das Signal zum Zweiten Weltkrieg war.

Die Gebirgsjäger wussten als ehemalige Angehörige des Deutschen Alpenkorps oder der österreichischen Kaiserjäger und Kaiserschützen sehr wohl, wie hart und lang ein Materialkrieg gegen den Rest der Welt sein konnte. Was sie am meisten fürchteten, das war ein langer Zermürbungskrieg – auch wenn sich einige Verbündete noch als Freunde zu erkennen gaben. Italien, die „Pseudo-Großmacht", blieb vorerst neutral, während Großbritannien und Frankreich dem Großdeutschen Reich am 3. September 1939 den Krieg erklärten.

Schon nach der polnischen Teilmobilmachung im März 1939 waren mehrere starke Armeegruppen an der polnischen Westgrenze aufmarschiert, während die Masse des polnischen Heeres – mit drei Armeen rings um Ostpreußen stehend – eindeutig Offensivabsichten gegen dieses vom Reich abgetrennte Gebiet erkennen ließen. Der Angriffsgedanke der Polen kam auch in chauvinistischen Aufmärschen oder in dem vielgesungenen polnischen Kriegslied zum Ausdruck:

„Gekleidet in Stahl und Panzer
werden wir unter Rydz-Smiglys Führung
bis an den Rhein
und über den Rhein marschieren!"

Während der großen Truppenparade zum Nationalfeiertag am 3. Mai 1939 in Warschau begrüßten fanatisierte Massen jeden neuen Truppenteil mit Sprechchören wie: „Auf nach Danzig!" – „Vorwärts nach Berlin!"

Nach dem Urteil des Generalfeldmarschalls von Manstein übte Marschall Rydz-Smigly als polnischer Oberbefehlshaber einen „ausschlaggebenden Einfluss [...] auf die Entscheidungen der Regierung aus [...]".[76] Konzentrische Angriffe der Polen sollten in Oberschlesien und im Raum Posen – Gnesen den Stoß auf Berlin vorbereiten und schließlich zur Einnahme der deutschen Reichshauptstadt führen.

Andererseits war den Deutschen nicht verborgen geblieben, dass die Grenzen Polens, die in einem weiten Halbkreis das Land umgaben – die ursprünglich 2 000 Kilometer lange deutsch-polnische Grenze wurde durch die Besetzung der Tschechei auf 3 000 Kilometer verlängert – für eine „klassische Verteidigung“ des Landes denkbar ungeeignet waren. Die militärgeographische Bedeutung der Tschechoslowakei, die Polen südlich wie ein Zangenarm umfasste – der zweite bestand im Norden aus dem ostpreußischen Brückenkopf – war als Aufmarschgebiet unübersehbar.

Ziel des deutschen Angriffs, der unter dem Oberbefehl des Generalobersten von Brauchitsch mit den beiden Heeresgruppen Süd (Generaloberst von Rundstedt) und Nord (Generaloberst von Bock) mit zusammen 52 Divisionen und einer Kavalleriebrigade sowie zwei Luftflotten und Seestreitkräften durchgeführt werden sollte, war es daher, das polnische Heer durch einen konzentrischen Stoß auf Warschau einzuschließen. „Die bedeutsamere Rolle fiel der Heeresgruppe Rundstedt im Süden zu. Sie war an Infanterie fast doppelt und an Panzern mehr als doppelt so stark wie die Heeresgruppe Bock.“[77] Von der deutschen Gebirgstruppe nahmen die 1. Gebirgsdivision unter General Kübler, die 2. Gebirgsdivision unter General Feurstein und die 3. Gebirgsdivision unter General Dietl im Rahmen des XVIII. Gebirgsarmeekorps auf dem rechten Flügel der 14. Armee der Heeresgruppe Süd teil.

Bereits am 19. August 1939 hatte der Stab des XVIII. Gebirgsarmeekorps unter dem österreichischen General der Infanterie Eugen Beyer Salzburg verlassen, um seine Bereitstellungsräume in der Slowakei zu beziehen. Um diese Zeit befanden sich die drei Gebirgsdivisionen erst im Zustand der Verladung. Die „Erste“ und die „Zweite“ kamen an der slowakischen Grenze zum Einsatz, während die „Dritte“ als der im Alpenraum am weitesten ostwärts untergebrachte Großverband in einer Parallelverschiebung als erste nach Osten transportiert wurde, um dort zwischen den beiden anderen Gebirgsdivisionen eingesetzt zu werden. Kübler und seine Gebirgsjäger hatten über die slowakische Grenze nach Polen einzubrechen, „um in den Rücken der um Krakau versammelten polnischen Kräfte zu gelangen und diesen den Rückzug nach Osten abzuschneiden.“[78] Die Polen erkannten die drohende Gefahr jedoch rechtzeitig und räumten daher Westgalizien. So kam es im Verlauf der Kampfhandlungen nicht mehr zur vorgesehenen Einschließung. Das XVIII. Gebirgsarmeekorps stieß in der Folge in Richtung Gorlice und Sanok vor. Dietls „Dritte“ wurde aus dem Raum westlich von Lemberg nach dem westlichen Kriegsschauplatz verlegt. Dadurch entstand zwischen der 1. und 2. Gebirgsdivision eine bedrohliche Lage. Aber eilen wir dem Kriegsverlauf nicht allzu weit voraus.

Am 1. September 1939 verkündete Adolf Hitler voller innerer Erregung dem deutschen Volke: „Seit 05.45 Uhr wird jetzt zurückgeschossen. Und von jetzt ab wird Bombe mit Bombe vergolten!“

„Alea iacta est“ pflegten die Römer in derartigen Situationen zu sagen.

Der Polenfeldzug war entbrannt; der Zweite Weltkrieg war in Wahrheit eine Stunde zuvor, um 04.45 Uhr, durch das schwere Feuer der Geschütze des deutschen Linienschiffes „Schleswig-Holstein“ auf die polnische Westerplatte entfesselt worden.

Für Küblers 1. Gebirgsdivision lautete der Auftrag: Vorstoß über die polnische Grenze, zunächst in nördlicher Richtung durch die Karpaten mit vorläufigem Ziel bis zum San, um später von hier aus zur Umfassung des polnischen Südflügels auf Lemberg vorzustoßen und ein Ausweichen polnischer Kräfte über den Raum Lemberg hinaus nach Ungarn zu verhindern. Für die Gebirgsjägerregimenter 99 und 100 und für die Gebirgsaufklärungsabteilung 54 ergab sich am ersten Angriffstag – es war der 5. September 1939 – folgende Stoßrichtung: Mit dem verstärkten Gebirgsjägerregiment 100 (Utz) über Piwniczna, mit dem verstärkten

Gebirgsjägerregiment 99 (Kreß) über Muszyna und mit der Gebirgsaufklärungsabteilung 54 (von Aufseß, später Sellier) ostwärts davon. Das Gebirgsjägerregiment 98 (Schörner) sollte am 5. und 6. September in der Slowakei nach Osten marschieren und im Überholungsgedanken Bardejov erreichen. Aufgrund der sich rasch zugunsten der Deutschen entwickelnden Lage bei der 2. Gebirgsdivision konnte sich auch das Gebirgsjägerregiment 100 vom Feinde lösen und ungestört in der Slowakei in Richtung Osten marschieren. Knapp formuliert lautete der Auftrag für die 1. Gebirgsdivision: „Auf dem kürzesten Wege Lemberg erreichen!" Dabei führte der Kommandeur seine Elitedivision vorwiegend von der Angriffsspitze aus, um von dort aus den Vormarsch in härtester, bis an den Rand der totalen Erschöpfung gehenden Gangart zu forcieren.

Während im Großdeutschen Reich weitere Reserven einberufen wurden und Militärtransporte an die Front rollten, überschritten Küblers Gebirgssoldaten am 5. September 1939 vom slowakischen Presow aus ostwärts der Hohen Tatra ohne Feindeinwirkung die polnische Grenze. Das erste, was sie im Krieg lernten: marschieren, marschieren, marschieren – und zwar zwischen 30, 40 und 50, ja sogar bis zu 60 Kilometer am Tag. Über Kübler, der im offenen Wagen durch die polnischen Linien raste, wurde erzählt, dass er beim Vormarsch einen seiner Kommandeure anfauchte: „Wie kommen sie dazu, zu marschieren, wenn die ganze Division bereits läuft?" Für jene Soldaten, die schon am Ersten Weltkrieg teilgenommen hatten, war es ein beklemmendes Gefühl, zum zweiten Male über die staubigen Straßen Galiziens zu ziehen: vorbei an einsamen Soldatengräbern oder Kriegerfriedhöfen, auf deren verwitterten Steinkreuzen nicht selten noch die Namen ihrer gefallenen Kameraden standen. Die jungen Gebirgsjäger kannten die galizischen Schlachtfelder aus den Erzählungen ihrer älteren Kameraden. Begierig nahmen sie die eigentümliche Landschaft in sich auf.

Im Großen und Ganzen verliefen die ersten Tage des Polenfeldzuges für Kübler und seine Gebirgsjäger im Gegensatz zu vielen anderen Divisionen der Wehrmacht relativ ruhig, wenn man von kleineren, unbedeutenden und daher nicht besonders nennenswerten Plänkeleien einmal absieht. Graue Staubwolken, die von den Bergstiefeln der Gebirgssoldaten, den Hufen der Tragtiere und den Radfahrzeugen aufgewirbelt wurden, umhüllten die Marschkolonnen. Bald waren die Kehlen der Jäger ausgetrocknet. Hart drückten Rucksack und Waffen vor allem auf den schmalen Schultern der jungen Marschierer, die, kaum dass sie die Stubenkameraden richtig kennengelernt hatten, schon ins Feld ziehen mussten. Neugierig vernahmen sie den Wehrmachtsbericht vom 5. September 1939:

„Das deutsche Ostheer brach am 4. September auf allen Fronten den feindlichen Widerstand und stieß unaufhaltsam weiter vor. Der Gegner geht stellenweise in Unordnung und schwer erschüttert zurück. Gefangenen- und Beutezahlen mehren sich und lassen sich zurzeit noch nicht übersehen. Die 7. polnische Division wurde südostwärts Tschenstochau aufgerieben, der Divisionsstab gefangen. Im Süden wurde im scharfen Nachdrängen die Verfolgung auf Krakau fortgesetzt, der Skawa-Abschnitt bei Wadowice überschritten, weiter nördlich Iaworzno genommen. Überstürzt räumt der Feind das ostoberschlesische Industriegebiet."

Ohne besondere Vorkommnisse endete für Küblers Gebirgsjäger der 5. September 1939, an dem die während des Tages so sengende Herbstsonne wie ein feuerroter Ball im Westen versank. Für das Gebirgsjägerregiment 100 war der erste Einsatz über Piwnicza und Bradejow auf Krempna friedlich verlaufen, da sich der Feind abgesetzt hatte. Auch vor dem Gebirgsjägerregiment 99 war der Gegner gewichen, nachdem sich das Regiment in der Nacht zum 6. September bei Powroznik zum Angriff bereitgestellt hatte. Gespannt verfolgten die Kommandeure in ihren Unterziehräumen den Wehrmachtsbericht vom 6. September 1939. In knappen, aber inhaltschweren Sätzen erfuhren sie, was sich Tag für Tag auf dem polnischen Kriegsschauplatz ereignete. So wurde die große Linie des Operationsverlaufes auch für den Führer und Unterführer sichtbar, der normalerweise nur im Rahmen seines Bataillons oder seiner Kompanie, seiner Abteilung oder Batterie dachte und handelte:

„Die Operationen des Heeres in Polen nahmen am 5. September ihren planmäßigen Fortgang. Gebirgstruppen und bewegliche Truppen erkämpften sich in breiter Front die Nordausgänge der Beskiden und befinden sich in flüssigem Angriff gegen Neu-Sandez. Die von Süden und Westen gegen Krakau vorstoßenden Kräfte haben den Feind auf die Stadt zurückgeworfen. Das ostoberschlesische Industriegebiet ist in unserer Hand. Weiter nördlich wurde am frühen Nachmittag die Linie Checiny – Lopußno – Piotrkow genommen. Beiderseits Sieradz wurde eine stark ausgebaute Bunkerlinie durchbrochen und der Angriff auf dem Ostufer der Warthe in Richtung Lodz fortgesetzt. [...]“

Zum ersten Gefecht kam es beim Gebirgsjägerregiment 100 erst, nachdem Küblers Gebirgsjäger am 7. September die polnische Grenze beim Zollhaus Ozenna überschritten hatten. Aber auch hier wich der Pole geschickt aus und entzog sich so der drohenden Umfassung. Daraufhin befahl der General, der seine Division von vorderster Linie aus führte, die Bildung einer motorisierten Vorausabteilung, während das Gros der „100-er“ zusammen mit den „98-ern“ im Fußmarsch dem San bei Sanok entgegeneilte.

Von kurzen Gefechten unterbrochen, marschierten Küblers Gebirgssoldaten durch Hitze und Staub, der immer wieder Hände und Gesichter verkrustete, weiter in Richtung Lemberg. Am 7. September 1939 stieß das Füssener Gebirgsjägerregiment 99 auf Gorlice vor, das den älteren Gebirgsjägern bereits aus dem Ersten Weltkrieg wohlvertraut war, um die Südflanke der benachbarten 2. Gebirgsdivision, die nördlich von Gorlice ausscherte, zu übernehmen. Währenddessen war das I. Bataillon/Gebirgsjägerregiment 100, dem später die Gebirgsaufklärungsabteilung 54 unterstellt wurde, über Zdynia ebenfalls auf Gorlice vormarschiert. Doch als die Brannenburger Gebirgsjäger die Stadt erreichten, hatte sich der Feind schon wieder abgesetzt.

Über den Rückzug des polnischen Heeres und seiner Einheiten heißt es im Wehrmachtsbericht vom 7. September 1939:

„Der Rückzug des polnischen Heeres hielt am 6. September auf der ganzen Front an. Durch den entschlossenen Einsatz der Luftwaffe tatkräftig unterstützt, blieben die Truppen des Ostheeres dem weichenden Feind in scharfer Verfolgung auf den Fersen und stellten ihn an verschiedenen Stellen zum Kampf. In Südpolen wurde Neu-Sandez genommen und dort sowie nördlich davon der Dunajec überschritten. Kampflos besetzten unsere Truppen die Stadt Krakau. Am Grabe des Marschalls Pilsudski wurden militärische Ehren erwiesen. Nach der Einnahme von Kielce sind

unsere Truppen in raschem Vordringen durch den Westteil der Lysa Gora und nähern sich weiter nördlich den Städten Tomaszow und Lodz." [...]

Vor der 1. Gebirgsdivision hatte sich der Feind also dem ersten Zugriff der „Blumenteufel" entzogen. „Verfolgung des Gegners!" lautete daher die Parole in den nächsten Tagen.

„Die Division bildet deshalb am 8. September vormittags motorisierte Verfolgungsgruppen unter dem Befehl des Kommandeurs des Gebirgsartillerieregiments 79 (Wintergerst). Von Zmigrod werden zur Gewinnung des wichtigsten Sanübergangs bei Sanok angesetzt: eine südliche motorisierte Verfolgungsgruppe (Geiger) über Rymanow, eine nördliche motorisierte Verfolgungsgruppe (Lang) über Krosno. Diese Gruppen setzen sich aus Gebirgsjägern, Panzerjägern, Kradschützen, schwerer Artillerie, Pionieren, Nachrichten-(Fu) und Flakeinheiten zusammen. Sie alle haben gleichermaßen Anteil an dem einmaligen Erfolg dieser Sturmfahrt."[79]

In der Tat: Die Bildung der Vorausabteilung war in jeder Beziehung ein Glücksgriff. Bereits am 8. September kam es bei Dukla zu einem Gefecht, das die Masse der 98er für sich entscheiden konnte. Einen Tag später erstürmte die südliche Verfolgungsgruppe, unterstützt durch das II. Bataillon/Gebirgsjägerregiment 99 (Seitz), die von den Polen erbittert verteidigten Höhen von Rymanow. Kübler forderte, dass seine „Blumenteufel" dem Gegner in „einem rücksichtslosen Vorwärtsdrang" auf den Fersen zu bleiben hätten. Daher befahl er ihnen, „dort wo der Feind den Versuch mache, sich zu stellen, unter Ausnutzung des Motors seine Reihen ohne Rücksicht auf die Vorgänge links und rechts geradeaus kühn zu durchbrechen, wo er sich hartnäckig wehrt, mit wohlgezielten Schüssen der weit vorne eingeteilten schweren motorisierten Artillerie zu zermürben, [um ihn dann] im Angriff der Jäger zu zerschlagen."[80]

So erreichten schon am 9. und 10. September die beiden Verfolgungsgruppen den strategisch überaus bedeutenden San-Abschnitt, hinter den sich die polnischen Infanteriedivisionen zurückgezogen hatten. Diese Feindkräfte einzuschließen und auszuschalten, das war das Ziel der Führung des XVIII. Gebirgsarmeekorps. Die frühzeitige Inbesitznahme des großen Verkehrsknotenpunktes Lemberg war hierzu die Voraussetzung. Demgemäß erging an die 1. Gebirgsdivision am 10. September 1939 folgender Befehl:

„Nach dem nächsten erfolgreichen Gefecht mit bereitgehaltenen motorisierten Reserven und motorisierten Verbänden sofort ohne weitere Rücksichten auf Lemberg" durchzustoßen und die Fußteile in großen Märschen nachzuführen. Der kühne Durchstoß in 100 Kilometer Tiefe, von Kübler und seinen Generalstabsoffizieren organisiert und von der Truppe schwungvoll durchgeführt, sollte, wie wir noch erfahren werden, gelingen. Noch am 10. September erließ der Divisionskommandeur den bekannten Befehl zur „Sturmfahrt auf Lemberg", um dem Feind den Rückzug nach Osten abzuschneiden und ihn dadurch zur Übergabe zu zwingen. Damit war der Impuls zu den schlachtentscheidenden Kampfhandlungen gegeben.

Nun gab es für Küblers Gebirgsjäger kein Halten mehr. Wie Teile einer Panzerdivision nach allen Seiten feuernd, so fegten die motorisierten Verbände der „Ersten" die Straße nach Lemberg frei. Weil das aber immer noch nicht schnell genug ging, verlud man die „Blumenteufel" auf Lastkraftwagen. In aufgewirbelten Staubwolken ging es nun in rascher Fahrt ostwärts. Nur für die Tragtierstaffeln war kein Laderaum mehr übrig, so dass sie, hart am Rande der Erschöpfung, zu Fuß und per Muli über die staubigen Straßen Polens hinterherhetzten. An der Spitze der Verfolgungskolonnen der 1. Gebirgsdivision gab General Kübler die entscheidenden Befehle: Angriff auf Lemberg unter gleichzeitiger Rückendeckung in der Seeenge von Grodek. Schon am Abend des 11. September wurde nach mehreren Gefechten der strategisch bedeutende Straßenknotenpunkt Sambor eingenommen. Einen Tag später erstürmte die motorisierte Vorausgruppe unter dem tatkräftigen Schörner, der den schlappen Oberst Wintergerst abgelöst hatte, die Höhe 374 und kurz darauf die Höhen von Holosko.

Damit stand die „Edelweißdivision" mit ihren vordersten Kampfverbänden bereits weit im Rücken der Feindkräfte um Przemysl. Die Zange hatte sich geschlossen! Kübler, sich der entscheidenden Stunde, die über Kriegsglück oder Schmach entscheiden sollte, bewusst, fasste für den Kampf um Lemberg unverzüglich die notwendigen Entschlüsse:

„Baldige Gewinnung der beherrschenden Höhen bei Zboiska im Norden Lembergs (Hauptkräfte), Abschließung der Stadt nach Süden und Südosten (schwächere Kräfte), Sperrung der Seeenge von Grodek im Westen Lembergs gegen die Feindkräfte bei Przemysl durch die nachfolgenden Teile der Division."[81]

Diese Entscheidung war dem Gebirgsjägergeneral nicht leicht gefallen, denn er wusste zu genau, dass die Aufgabe nur dann lösbar war, wenn es gelang, die Division vor Lemberg zu vereinen.

„Würde die Zange halten? Würde der Angriff in der geplanten Form zu realisieren sein?" – das waren die bangen Fragen, die ihn vor der galizischen Hauptstadt nicht nur einmal beschäftigten. Dennoch wagte er ohne Rücksicht auf Verluste in einem wahren Hasardeurspiel den Einsatz – und zwar nach dem Motto: „Klotzen, nicht kleckern!" Das war nicht nur der Leitspruch von Rommel und Guderian, sondern auch von Dietl und Schörner, den beiden anderen Exponenten der deutschen Gebirgstruppe.[82] „Der Feind wurde gejagt, wo immer er angetroffen wurde." So beschrieb die „Münchener Zeitung" das „Husarenstück des Divisionskommandeurs".[83]

Doch zuvor musste noch jene Krise beim XVIII. Gebirgsarmeekorps überwunden werden, die dadurch entstanden war, dass die Oberste Führung, die nach der britischen und französischen Kriegserklärung an das Reich einen französischen Angriff gegen den Westwall befürchtete, am 13. September Dietls 3. Gebirgsdivision überraschend ostwärts von Sanok aus der Front herauslöste und nach dem Westen verlegte. Dem Wehrmachtsbericht vom 13. September konnte Kübler entnehmen, dass der Schwerpunkt der deutschen Operationen in dieser Phase des Polenfeldzuges bei seinen Gebirgsjägern, das hieß am Südflügel des Ostheeres, lag:

„Am 12. September setzte das deutsche Ostheer mit seinem Süd- bzw. seinem Nordflügel die stürmische Verfolgung des Feindes fort. Beiderseits Przemysl vorstoßend, wurden Sambor und Jaworow genommen und mit vorgeworfenen Abteilungen Lemberg erreicht. Die südlich Radom eingeschlossene polnische Gruppe hat aufgehört zu existieren. Die gewaltige Beute an Gefangenen, Geschützen und Kampfgerät aller Art wird noch gesichtet und gezählt. Alle Versuche der um Kutno umstellten fünf polnischen Divisionen und zwei Kavalleriebrigaden, nach Süden durchzubrechen, sind gescheitert. Der konzentrische Gegenangriff unserer Divisionen ist im Gange. [...]"

Am 13. September trat die Gruppe Schörner um 10.00 Uhr, unterstützt von leichten und schweren Waffen sowie von anderen Einheiten der 1. Gebirgsdivision, zum Angriff auf die Höhen von Zboiska an, die sich entlang des West- und Nordrandes von Lemberg erstrecken. Dabei stürmte der tollkühne Schörner mit seinen Männern so schwungvoll vorwärts, dass das Angriffsziel, die Straße Kulikow – Lemberg bei Zboiska, ohne große Verluste erreicht wurde.

Der 14. September stand ganz im Zeichen der Verfolgung des sich zäh verteidigenden Feindes. Der Schwerpunkt der deutschen Operation lag jetzt eindeutig auf dem Südflügel des deutschen Ostheeres.

„Die Operationen in Südpolen fanden nur mehr geringen Widerstand und gewannen rasch nach Osten Raum", heißt es im Wehrmachtsbericht. „Die Straße Lublin – Lemberg wurde mit starken Kräften bei Rawa Ruska und Tomaszow erreicht, die Weichsel nördlich Sandomir an mehreren Stellen überschritten. Als vorläufiges Ergebnis der Vernichtungsschlacht bei Radom sind 60.000 Gefangene, darunter zahlreiche Generale, 143 Geschütze und 38 Panzerwagen eingebracht. Der umfassende Angriff gegen die um Kutno umstellten polnischen Divisionen schreitet vorwärts. [...]"

Trotz ihrer Erschöpfung hetzten die Gebirgsjäger vorwärts, galt es doch, drei gegnerische Divisionen westlich der Seeenge von Grodek einzukesseln, sofern die 57. Infanteriedivision, die 2. Gebirgsdivision und die 7. Infanteriedivision den Ring um die Polen schließen konnten. Und sie konnten! So zerschellte der Ausbruchsversuch der polnischen 11., der 24. und der 38. Infanteriedivision am 15. September an der Abwehr der Gebirgssoldaten und im massierten Feuer der Gebirgsgeschütze. Der schwer angeschlagene Feind versuchte noch, die Stellungen im Norden zu umgehen, wurde aber verfolgt und bei Lesniovice umzingelt. In ihrer Verzweiflung berannten die Polen nun pausenlos die Stellungen der „Blumenteufel", die den Ring immer enger schlossen. Von diesem gewaltigen Ringen berichtet der Wehrmachtsbericht wie folgt:

„Die Südgruppe des deutschen Ostheeres trieb auch am 15. September die versprengten Teile der polnischen Südarmee vor sich her. Mit ihnen wird vor den Toren Lembergs und am Tanew bei Billgoraj noch gekämpft. Przemysl wurde genommen. Weiter ostwärts davon haben motorisierte Truppen Wlodzimierz erreicht. Unter Einsatz neuer deutscher Kräfte wurde der Ring um die bei Kutno eingeschlossene polnische Armee verstärkt und im Angriff verengt. [...]"

Den Polen gelangen zwar vereinzelt Einbrüche, aber der große Durchbruch wurde von Küblers Gebirgsjägern vereitelt. Als der Feind nach Norden auswich, um über Janow nach Lemberg zu kommen, wurde das Reichenhaller Bataillon als letzte Reserve durch Panzerjäger, Kradschützen und Gebirgsartillerie verstärkt und als „Kampfgruppe Pemsel" nördlich von Dobrostany zum Angriff bereitgestellt. So konnte auch hier der mit letzter Verzweiflung kämpfende Gegner schließlich bezwungen und das wichtige Straßenkreuz Jaryna am 18. September in Besitz genommen werden. Damit war die Gefahr im Rücken der 1. Gebirgsdivision gebannt. Die Einschließung Lembergs konnte im Norden und im Westen durch die Gebirgsjägerregimenter 98 und 99 und im Osten durch das Gebirgsjägerregiment 137 der 2. Gebirgsdivision vollzogen werden, nachdem nicht weniger als fünfzehn feindliche Gegenangriffe in der Nacht vom 17. zum 18. und am 18. September abgewiesen werden konnten. Und was hatte der Wehrmachtsbericht vom 17. September 1939 zu berichten?

„Die Säuberung Ostgaliziens schritt am 16. September weiter fort. Lemberg ist von drei Seiten umstellt; polnischen Kräften zwischen Lemberg und Przemysl der Rückzug nach Südosten verlegt. Nördlich der Sanmündung dringen unsere Truppen in Richtung Lublin weiter vor. Deblin wurde genommen. Hunderte unzerstörte Flugzeuge fielen dort in unsere Hände. Bei Wlodawa, südlich Brest, haben sich die vordersten Aufklärungstrupps der aus Ostpreußen und der aus Oberschlesien und der Slowakei angesetzten Armeen die Hände gereicht. Die Schlacht von Kutno nimmt ihren planmäßigen Verlauf. Von Westen her wurde Kutno genommen, die Bzura nach Norden überschritten. Warschau ist eng umschlossen. [...] Die Zitadelle von Brest-Litowsk wurde genommen. Damit ist die ganze Festung Brest-Litowsk in deutscher Hand. Bei Einnahme der Zitadelle wurden 600 Gefangene gemacht."

Am Nachmittag des 19. September wurde der Befehl für den konzentrierten Angriff auf Lemberg, der am 21. September erfolgen sollte, herausgegeben. Doch es kam nicht mehr zu diesem letzten Schlag auf die ehemalige ostgalizische Kaiserlich Königliche Metropole. Aber noch konnte Kübler nicht erahnen, dass sich die Diktatoren Deutschlands und der UdSSR etwas sehr Eigenartiges hatten einfallen lassen, um seine Gebirgsjäger um ihren verdienten Lorbeer zu bringen. Noch lagen sie sturmbereit in ihren Stellungen und lauschten erwartungsvoll dem Wehrmachtsbericht:

„Der Feldzug in Polen geht seinem Ende entgegen", hieß es dort zunächst am 18. September 1939. „Nach der völligen Umschließung Lembergs und der Einnahme von Lublin steht ein Teil des deutschen Ostheeres in der allgemeinen Linie Lemberg-Wlodzimiers – Brest – Bialystok und hat damit den größten Teil Polens besetzt. Dahinter vollzieht sich noch an mehreren Stellen die Vernichtung und Gefangennahme einzelner versprengter Reste der ehemaligen polnischen Armee. Die stärkste dieser umschlossenen polnischen Kampfgruppen – etwa ein Viertel des polnischen Heeres – ist südwestlich Wyszogrod zwischen Bzura und Weichsel auf engstem Raum zusammengepresst und geht seit gestern der Auflösung entgegen. [...]"

Und am 19. September 1939 erfahren wir:
„Die Auflösung und Kapitulation der versprengten oder eingeschlossenen Reste des polnischen Heeres schreiten rasch vorwärts. Die Schlacht an der Bzura ist zu Ende. Bisher wurden 50.000 Gefangene und eine unübersehbare Beute eingebracht. Das endgültige Ergebnis lässt sich noch nicht annähernd bestimmen. Eine kleinere feindliche Kampfgruppe wurde nordwestlich Lemberg vernichtet und dabei 10.000 Gefangene gemacht. Lemberg wurde zur Übergabe aufgefordert. [...] Die Luftwaffe hat gestern nur noch einzelne Angriffsflüge durchgeführt. Im Übrigen war ihr Einsatz an der Ostfront nicht mehr nötig."

Endlich war es soweit! Für den 21. September 1939 war der konzentrische Angriff der 1. Gebirgsdivision im Rahmen der Operationen der deutschen Südfront auf Lemberg vorgesehen. Doch siehe da: Für die ahnungslos kämpfende Truppe völlig unerwartet erschienen am 20. September sowjetische Panzer bei Zboiska und Winniki. Kübler konnte seine Augen noch so reiben, aber er sah in der Tat nur noch Panzer, die den roten Sowjetstern trugen. Noch bevor der erste Kontakt hergestellt werden konnte und Hitlers Befehl – der besagte, dass Lemberg den „Verbündeten“ zu überlassen sei – eintraf, kam es zu Schießereien und Verlusten.

Bei den Sowjets handelte es sich um jene Truppen unter General Ivanoff, die aufgrund des „Geheimen Zusatzprotokolls“ des deutsch-sowjetischen Paktes vom 23. August 1939 in die von beiden Seiten vereinbarte Interessenzone einrückten.

Denn kurz vor Beendigung des „Blitzfeldzuges“ der Deutschen gegen die Polen, deren militärischen Zusammenbruch Stalin von Tag zu Tag aufmerksam verfolgt hatte, wollte sich die Sowjetunion ihren Anteil an der Beute holen, nachdem nichts mehr schiefgehen konnte. Um noch zu retten, was im Grunde genommen gar nicht mehr zu retten war, übergab der Festungskommandant von Lemberg am 21. September 1939 in den Mittagsstunden die Stadt an die Stammdivision der deutschen Gebirgsgruppe, nachdem die Rote Armee die polnische Ostgrenze im Morgengrauen des 17. September überschritten hatte. Es war Major Max Schrank, ein guter Bekannter der Familie Kübler, der die polnische Kapitulation entgegennahm.

„Die Bevölkerung, die eine harte Belagerung über sich hat ergehen lassen müssen, strömt in Massen vor dem drohenden roten Terror nach Westen zu uns, den Feinden von gestern“, erinnerte sich Küblers Ia Max-Joseph Pemsel. „Zweimal ist der 1. Generalstabsoffizier der Division in höherem Auftrag zur Begrüßung und Orientierung über die Lage in Lemberg beim russischen Oberkommandierenden, General Ivanoff, der von sowjetischen Kommissaren umgeben ist. Der Empfang vollzieht sich beim Obersten Kommissar ablehnend, beim Oberbefehlshaber in guter Form. Man sieht bestes russisches Panzermaterial, eine unterernährte, aber disziplinierte Truppe, roten bewaffneten Mob, der aus Kellern quillt. Widerwillig kehrt die 1. Gebirgsdivision Lemberg den Rücken, viele Gräber gefallener Kameraden in nun russisch besetzter Erde zurücklassend. Kaum zwei Jahre später sollte die Division diesen heißumkämpften Boden wieder betreten, im Angriff gegen die Rote Armee.“[84]

Mochte Hitler gegen Ende des Polenfeldzuges im einverleibten Danzig auch verkünden: „Mit Mann und Ross und Wagen hat sie der Herr geschlagen“ – wie die Geschlagenen verließen auch Kübler und seine Gebirgsjäger Lemberg, um dessen Besetzung man sie aufgrund fragwürdiger politischer Entscheidungen in der Berliner Reichskanzlei und im Moskauer Kreml gebracht hatte. Die galizische Hauptstadt musste den Russen überlassen werden. Das war eine herbe Enttäuschung für die Truppe und ihre Kommandeure. Und es gab nicht wenige, die sich die berechtigte Frage stellten, ob die vielen toten Gebirgssoldaten des Kampfes um Lemberg letztendlich nicht für Hitler, sondern für Stalins expansive Politik gefallen waren?

Der Kampf um Lemberg war am 22. September 1939 zu Ende. 64.000 Gefangene, 110 Geschütze, 340 Granatwerfer, 2 600 Maschinengewehre (300 davon hatte die 1. Gebirgsdivision erbeutet), 20 Panzer, 1 000 Tonnen Munition und Zehntausende von Gewehren waren die Beute des XVIII. Gebirgsarmeekorps.

Kurz darauf – am 1. Dezember 1939 – wurde Kübler zum Generalleutnant befördert. Nach den Worten des Kommandierenden Generals Eugen Beyer hatte er mit seinen Gebirgs-

Offiziere der 1. Gebirgsdivision auf dem Divisionsgefechtsstand bei Kaltwasser.

Generalleutnant Ludwig Kübler (rechts im Bild) mit Generalmajor Rudolf Konrad (mit Schirmmütze) und anderen Offizieren im Gespräch am Duklapass während des Polenfeldzuges im September1939.

Bespannte Nachschubkolonnen der 1. Gebirgsdivision begegnen polnischen Flüchtlingen auf dem Wege nach Lemberg.

An strohgedeckten Hütten entlang geht es tief nach Polen hinein.

Kurze Verschnaufpause der Gebirgsjäger beim rasanten Vormarsch auf Lemberg, die als „Sturmfahrt nach Lemberg" in die Geschichte einging.

Gebirgsjäger ziehen an einem stehengebliebenen polnischen Panzer vorbei. Neugierig wird der altertümliche Panzer, eine polnische Abwandlung des russischen T 26A, besichtigt.

Staunend werden die durchziehenden Gebirgsjäger betrachtet.
Das Dach hat wahrlich eine Renovierung nötig.

Kolonnen der „Blumenteufel" mit Maultieren ziehen an einem völlig
zerstörten deutschen Lkw vorbei in Richtung Lemberg.

Ein ausgebrannter Waggon im Bahnhof Sambor.

Die Brücke über den San in Przemysl ist von den Polen gesprengt worden und muss umgangen werden.

Die 3,7 cm-Pak war auch bei der Gebirgstruppe die einzige Panzerabwehrwaffe, die in den Kriegsjahren 1939 und 1940 zur Verfügung stand. Hier das Foto eines solchen Geschützes in Aktion während eines Manövers.

Gebirgsjäger haben sich in einem Hohlweg zum nächsten Angriff bereitgestellt.

Auch auf deutscher Seite wurde im Polenfeldzug noch Kavallerie eingesetzt.

Jedoch den Ausschlag für den schnellen Erfolg über Polen gab die Panzerwaffe, im Zusammenwirken mit der Luftwaffe. Im Bild ein leichter Panzer I im Polenfeldzug.

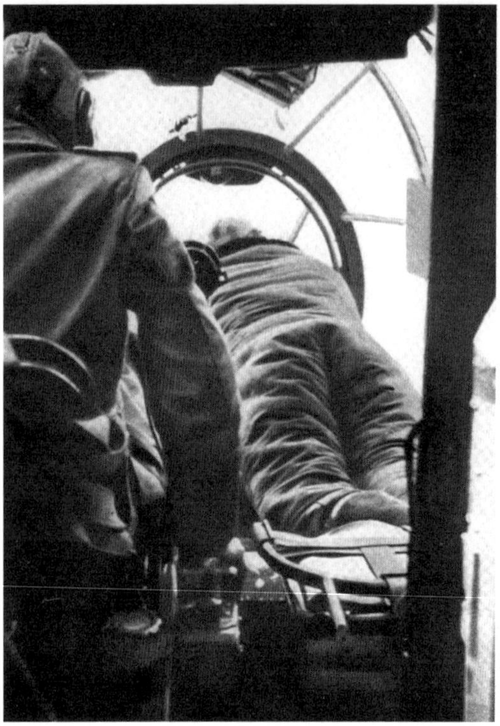

Die Luftwaffe errang sehr früh die Luftherrschaft über Polen. Hier ein Heinkel „He-111"-Bomber im Anflug.

Ständige Nah- und Fernaufklärung gaben der deutschen Führung den nötigen Überblick über die Lage.

Nur durch gelegentliche Flak behindert stürzten sich die Ju-87 Stukas auf polnische Bereitstellungen und Bunker und halfen so, den Bodentruppen beim zügigen Vormarsch, so auch den Gebirgsjägern.

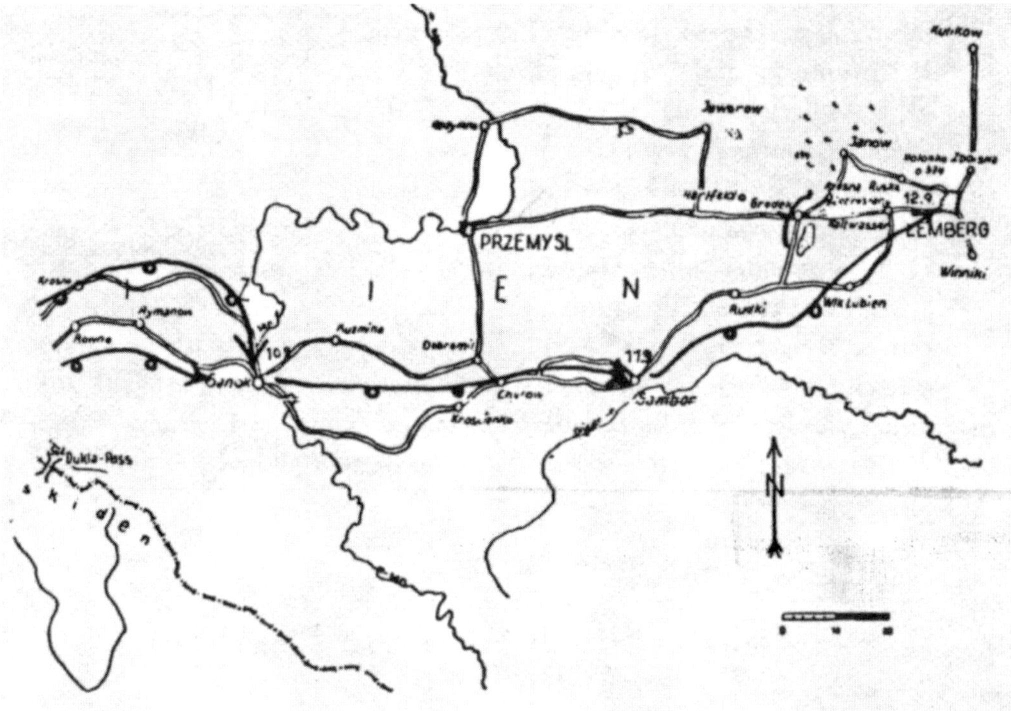

*Die Karte zeigt die „Sturmfahrt nach Lemberg“
der 1. Gebirgsdivision.*

*Ausgebrannte polnische Flugzeugwracks bleiben
auf dem Flugplatz von Lemberg zurück.*

Im Polenfeldzug hat sich Adolf Hitler noch oft bei seinen Truppen gezeigt.
Dies geschah im Fortgang des Krieges immer seltener.

Eine Vorausabteilung auf Krädern ist in einem polnischen Ort
auf letzten Widerstand gestoßen.

Hauptmann Salminger (links im Bild) und Hauptmann Fleischmann (rechts im Bild) legen nach Abschluss der Kämpfe mit einem Offizier der Roten Armee die örtliche Demarkationslinie fest.

Dieser auf der Nase gelandete polnische PZL Jäger ist ein beliebtes Fotomotiv für vorbeikommende Soldaten aller Waffengattungen.

Generaloberst von Blaskowitz (2. von links) bei Kapitulationsverhandlungen in einem Eisenbahnwagen bei Warschau.

Übergabeverhandlungen zwischen Offizieren der Gebirgsjäger und sowjetrussischen Offizieren in Lemberg im September 1939.

Das blutig eroberte Lemberg musste aufgrund politischer Abmachungen an die Russen abgetreten werden. Hier bestaunen die Gebirgsjäger einen russischen Panzerspähwagen BA-20.

Nach Beendigung des Polenfeldzuges wird die 1. Gebirgsdivision ins westliche Reichsgebiet verlegt. Die Gebirgsjäger haben ihre Eisenbahnwagen mit Kreidesprüchen und Edelweiß geschmückt.

General Kübler (mit gesenktem Haupt) erhält durch den Chef des Generalstabes des übergeordneten XVIII. Armeekorps, General Konrad, am 20. September 1939 die Nachricht, dass ihm für die herausragenden Leistungen seiner 1. Gebirgsdivision im Polenfeldzug das Ritterkreuz des Eisernen Kreuzes verliehen worden ist.

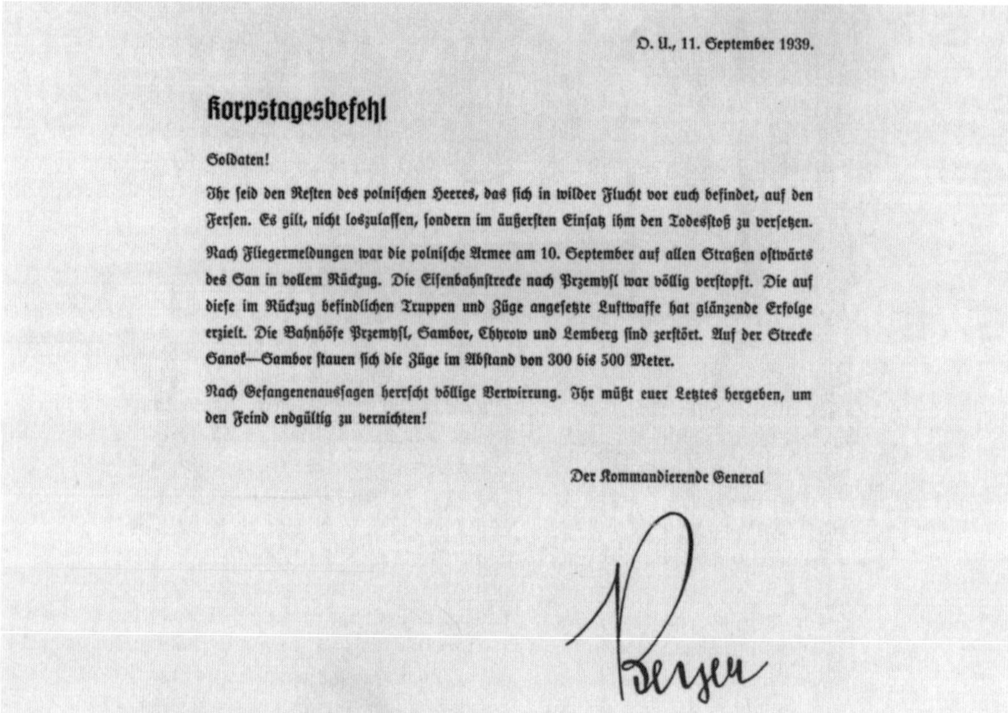

O. U., 11. September 1939.

Korpstagesbefehl

Soldaten!

Ihr seid den Resten des polnischen Heeres, das sich in wilder Flucht vor euch befindet, auf den Fersen. Es gilt, nicht loszulassen, sondern im äußersten Einsatz ihm den Todesstoß zu versetzen.

Nach Fliegermeldungen war die polnische Armee am 10. September auf allen Straßen ostwärts des San in vollem Rückzug. Die Eisenbahnstrecke nach Przemysl war völlig verstopft. Die auf diese im Rückzug befindlichen Truppen und Züge angesetzte Luftwaffe hat glänzende Erfolge erzielt. Die Bahnhöfe Przemysl, Sambor, Chyrow und Lemberg sind zerstört. Auf der Strecke Sanok—Sambor stauen sich die Züge im Abstand von 300 bis 500 Meter.

Nach Gefangenenaussagen herrscht völlige Verwirrung. Ihr müßt euer Letztes hergeben, um den Feind endgültig zu vernichten!

Der Kommandierende General

Beyer

Ein Korpstagesbefehl des Kommandierenden Generals Beyer vom 11. September 1939 zum Zeitpunkt des stürmischen Vormarsches in Polen.

Ludwig Kübler bei einer Ansprache während der Weihnachtsfeier der Gebirgstruppe im Jahr 1939.

1. GEBIRGS-DIVISION
– Kommandeur –

Vor Lemberg, den 21. IX. 1939.

Soldaten

meiner ruhmreichen 1. Gebirgs-Division!

Mit ewigem Ruhm bedeckt beendet die 1. Gebirgs-Division den Feldzug in Galizien.

In unwiderstehlichen Angriffen und brausender Sturmfahrt habt Ihr Galizien erobert und eine Woche Vorsprung vor allen Anderen gewonnen.

Vor Lemberg habt Ihr 9 Tage lang alle Angriffe von aussen und innen abgeschlagen, keinen Fussbreit Boden aufgegeben und die Stadt mit eisernem Griff umschlossen gehalten.

Die Verteidigung der Seen-Enge bei Grodek im Rücken des Gegners und der Todesstoss von Dobrostany haben dem Feinde den letzten Rest gegeben.

10 000 Gefangene habt Ihr eingebracht, viele Tausende den Nachbarn in die Arme getrieben.

Das Edelweiss ist der Schrecken des Feindes geworden.

Soldaten!

Ihr habt Eure Pflicht getan.
Ich danke Euch.
Ich bin stolz auf Euch.
Heil unseren Toten und Verwundeten!
Heil dem Führer!
Es lebe Deutschland!

Kübler

General Kübler dankt in seinem Tagesbefehl vom 21. September 1939 seinen Soldaten der 1. Gebirgsdivision für ihre Leistungen im Polenfeldzug 1939.

Generalleutnant Ludwig Kübler als frischgebackener Ritterkreuzträger. Er erhielt diese hohe Auszeichnung als einer der wenigen Divisionskommandeure des Polenfeldzuges am 27. Oktober 1939 in der Berliner Reichskanzlei überreicht.

jägern der Schlacht um Lemberg die Gestalt gegeben und den großen Erfolg sichergestellt. In Anbetracht seiner Verdienste in der Friedenserziehung und aufgrund seiner Erfolge im Polenfeldzug erhielt der Bauherr der deutschen Gebirgstruppe am 27. Oktober 1939 auf einem Empfang in der Berliner Reichskanzlei neben zehn weiteren Generalen und drei Offizieren des Heeres von Hitler das Ritterkreuz des Eisernen Kreuzes.[85]

Lemberg den sowjetischen Truppen und ihren erbarmungslosen Kommissaren überlassend, beendeten die Gebirgsjäger den Feldzug gegen Polen. Schweren Herzens traten sie den Rückzug zum San an. Am 25. September wurde die deutsch-sowjetische Demarkationslinie am San bei Przemysl überschritten. Bei günstigem Wetter vollzog sich der weitere Rückmarsch der 1. Gebirgsdivision durch Galizien über den Duklapass in Richtung Slowakei. An seine zurückmarschierenden Gebirgssoldaten ließ Kübler seinen ersten, wohl stolzesten Tagesbefehl verteilen. Er dankte darin seinen Soldaten und manifestierte jenen Ausdruck, der zum geflügelten Wort werden sollte: „Das Edelweiß ist zum Schrecken des Feindes geworden" (siehe hierzu den Tagesbefehl der 1. Gebirgsdivision auf Seite 111).

Wie Hitler in seiner Rede vor dem Großdeutschen Reichstag am 6. Oktober 1939 bekanntgab, hatte die Deutsche Wehrmacht im „Feldzug der 18 Tage" 10.572 Tote, 30.322 Verwundete und 3 409 Vermisste zu beklagen. Allein die Verluste der 1. Gebirgsdivision betrugen während des Polenfeldzuges sage und schreibe 1 402 Mann – davon waren nicht weniger als 42 Offiziere, 69 Unteroffiziere und 313 Mannschaften gefallen! Um des Vergleiches willen können wir es vorweg nehmen: Während des Westfeldzuges, der rund 40 Tage dauerte, waren die Verluste der „Ersten" auch nicht wesentlich höher gewesen, nämlich insgesamt 1 826 Mann – davon waren 47 Offiziere, 76 Unteroffiziere und 353 Mannschaften gefallen.

Nicht ohne Betroffenheit stellten zahlreiche verantwortungsbewusste Führer und Unterführer fest, dass die aufgrund der deutsch-sowjetischen Geheimabsprachen völlig sinnlose „Sturmfahrt auf Lemberg", die für reine Propagandazwecke auch noch verfälscht wurde[86], zum einen aufgrund mangelnder Kriegserfahrung, zum anderen aber auch durch Küblers rücksichtslose Vorwärtstaktik, die ihm nach Aussage des VdK-Präsidenten Karl Weishäupl den Beinamen „Bluthund von Lemberg" eingetragen hatte, darüber hinaus wegen falschen Elitedenkens[87] zum Langemarck[88] der „Edelweißdivision" geworden ist.

Nach diesem Aderlass war die Stammdivision der deutschen Gebirgstruppe eine Zeitlang nicht mehr frontverwendungsfähig, so dass sie zur Auffrischung in Ruhequartiere verlegt werden musste!

Kübler erhoffte sich nach dem Aderlass für seine arg angeschlagenen Gebirgsjäger eine Zeit des Friedens. Sie wünschten sich, dass die Kriegsdrohungen der Westmächte sich in Verträgen auflösen würden. Denn allzu sinnlos erschien ihnen ein Waffengang gegen Frankreich – um ein Objekt wie den deutsch-polnischen Korridor, der nach Beendigung des siegreichen Polenfeldzuges ohnehin kein Thema mehr war. Diese Hoffnung wurde noch verstärkt durch ein ehrliches Friedensangebot, das Hitler den Westmächten am 6. Oktober 1939 unterbreitete.

Aber schon drei Tage später, am 9. Oktober 1939, befahl er den Oberbefehlshabern der Wehrmacht, den Angriff an der Westfront am 12. November zu beginnen, nachdem der britische Premierminister Chamberlain und der französische Ministerpräsident Daladier sein Angebot abgelehnt hatten. Statt in die Friedensstandorte wurde das deutsche Ostheer samt dem XVIII. Gebirgsarmeekorps mit der 1. und 2. Gebirgs- sowie der 7. Infanteriedivision in das Rheinland verlegt. Ab 3. Oktober zog die Stammdivision der deutschen Gebirgstruppe in das Ahrtal und in die Eifel. „Was soll das bedeuten", fragten sich viele Kommandeure, „Krieg mit Frankreich und Großbritannien?" Doch noch begann für Küblers Gebirgsjäger die wohlverdiente Ruhezeit während des Heimaturlaubs und in den Quartieren, die mit reger Ausbildungstätigkeit ergänzt wurde – und zwar nach dem Motto: „Wer rastet, der rostet."

Personeller Ersatz zur Auffrischung der Division traf ein, desgleichen wurden neue Waffen und Gerät zugeführt, während alle Fahrzeuge auf Gängigkeit im Gebirge überprüft wurden, denn die Straßen der Eifel sind steil. Die Motoren mussten für den Fall des Falles – was Angriff im Westen, der auch im Winter erfolgen konnte, bedeutete – gut gewartet sein. Sicherstellung der höchsten Marschbereitschaft und Befreiung von allem unnötigen Ballast lautete daher die Devise.

Vom Feind relativ ungestört lag die 1. Gebirgsdivision als Teil der 12. Armee des Generalobersten Wilhelm List zum Jahreswechsel 1939/40 in ihren Quartieren in der rauen Eifel und im Ahrtal und harrte während des strengen Winters der Dinge, die da kommen sollten. „Im Westen nichts Neues", lautete – in Anlehnung an Remarques berühmten Romantitel – die Parole der Deutschen. Unterdessen sprachen die Franzosen vom „Drôle du guerre", „dem seltsamen, dem komischen, ja dem drolligen Krieg".

Feldzug gegen Frankreich

Während des Polenfeldzuges befanden sich unter dem Oberbefehlshaber der Heeresgruppe West (Generaloberst Ritter von Leeb) nur 8 aktive und 26 Reserve- und Landwehrdivisionen an der Westfront. Diesen wenigen deutschen Verbänden standen nicht weniger als 110 französische Divisionen unter dem Oberbefehl des Generals Gamelin gegenüber – und zwar 765.000 Mann Friedensheer, 4.600.000 Mann Kriegsheer und 1.500.000 Mann farbige Truppen.[89]

Obwohl der deutsche Westwall, die Siegfried-Linie, bei weitem nicht so stark ausgebaut war wie die französische Maginot-Linie, konnten die Franzosen sich zu keiner entschlossen vorgetragenen Offensive entscheiden. Vielmehr sank die französische Kampfmoral angesichts der überwältigenden deutschen Erfolge auf dem polnischen Kriegsschauplatz zusehends. Kommunisten, Pazifisten und Agenten taten ein Übriges, um die französische Wehrkraft zu zersetzen. Andererseits wuchsen während des halbjährigen Schwebezustandes bis zu Beginn des Westfeldzuges die britischen Kriegsvorbereitungen, so dass schließlich gewaltige Mengen an Kriegsmaterial den Kanal in Richtung Frankreich überquerten.

Dennoch war die Deutsche Wehrmacht zu Beginn des Westfeldzuges der französischen und britischen Armee sowohl personell als auch technisch überlegen. Das Verhältnis der auf beiden Seiten eingesetzten Divisionen lautete zwar 137 zu 137, jedoch hatten die Alliierten den zehn deutschen Panzerdivisionen keine gleichwertigen Verbände entgegenzustellen. Deutschland besaß 2 580 Panzerkampfwagen sowie 3 854 Flugzeuge, die in der Luftflotte 2 des Generals Kesselring und in der Luftflotte 3 des Generals Sperrle zusammengefasst waren.

Der deutsche Angriffsplan sah folgendermaßen aus: Das Schwergewicht des Angriffs sollte bei den starken gepanzerten und motorisierten Verbänden der mittleren Heeresgruppe A (von Rundstedt) liegen. Sie hatte mit der Masse der deutschen Panzerkräfte die Ardennen in Südbelgien und Luxemburg zu durchstoßen, dann bei Sedan, wo die Maginot-Linie von den Panzerdivisionen durchbrochen werden soll, über die Maas zu gehen und anschließend nach Nordwesten in den Rücken der französischen Hauptkräfte einzudrehen, um sie von der übrigen Front abzuschneiden und zu vernichten. Die nördliche Heeresgruppe B (von Bock) greift durch Holland und Belgien an und bindet dadurch sowohl die holländischen und belgischen als auch die französischen und britischen Kräfte, die dort in Erwartung des deutschen Hauptstoßes bereitstehen. Die südliche Heeresgruppe C (von Leeb) hält zunächst ihre bisherige Front gegenüber der Maginot-Linie von Sedan bis zum Rhein und von dort bis zur Schweizer Grenze. Sie bleibt vorerst passiv, bindet die Kräfte des Gegners, um sich später dem allgemeinen deutschen Angriff anzuschließen.

Der Termin des Feldzugbeginns gegen die Westmächte, der „Fall Gelb", wurde aus Wetter- und Rüstungsgründen mehrmals verschoben – und zwar zwischen Spätherbst 1939 und Frühjahr 1940 insgesamt 29mal, bis er am 9. Mai 1940 endgültig für den darauffolgenden Tag festgelegt wurde. So begann am 10. Mai 1940, um 05.35 Uhr, die lang erwartete Offensive zwischen Luxemburg und Nimwegen unter Bedingungen, die für die Deutsche Wehrmacht günstig waren. Hitler glaubte fest daran, den Krieg in kürzester Zeit siegreich beendigen zu können; und der deutsche Soldat hoffte es insgeheim.

Doch einer war nicht gewillt, auf die deutsche Karte zu setzen: Winston Churchill. „Seine Energie, Spannkraft und physische Ausdauer waren erstaunlich", konstatierte W. Chamberlain. Auf dem Höhepunkt der britischen Regierungskrise, am Abend des 10. Mai 1940, als die deutschen Truppen ihren Angriff bereits entfalteten, hatte er das Amt des Premierministers einer Kriegskoalition übernommen, nachdem Chamberlain unter dem Eindruck des Misserfolges im Skandinavienfeldzug und der deutschen Westoffensive zurückgetreten war.

Am 9. Mai 1940 lag die 1. Gebirgsdivision noch im Raum Ahrweiler – Hillesheim – Steinborn – Boos – Dümpelfeld, als Kübler mit Divisionsbefehl Nr. 18 seinem Großverband den Vormarsch in Richtung Belgien und Frankreich befahl. Um in der Gunst Hitlers noch höher zu steigen, wählte er das Losungswort „Der Führer". Rasch wurde alles Überflüssige, das sich im Laufe der Monate angesammelt hatte, in die Heimat abgesandt. Als Gegenleistung erhielt jeder Gebirgssoldat sechzig Schuss scharfe Munition. Nun hieß es wieder: marschieren, marschieren, marschieren. Mehr noch: Auch während des Frankreichfeldzuges versuchte Kübler seine Ziele durch Härte gegenüber seinen unterstellten Regimentern und Bataillonen zu erreichen.

„Aber Marschieren haben die Soldaten der Gebirgsdivision gelernt, ja studiert. 300 Kilometer waren es in Österreich. Das Sudetenland ist nicht zu vergessen und nicht die vergangenen Manövermärsche durch ganz Ober- und Niederbayern. 600 Kilometer waren es in Polen. Wie viele werden es in Frankreich erst werden! Und die Jäger sind stolz. Sie ziehen mit einem begeisterten Gesang, mit dem schweren Marschtritt, den nur eine Jägerkompanie haben kann, durch Städte, Dörfer, Wiesen und Wälder."[90]

Im Rahmen der 12. Armee des Generalobersten List, die der Heeresgruppe A unterstand, marschierte Küblers 1. Gebirgsdivision aus ihrem Bereitstellungsraum in der Eifel Richtung Ardennen. Der Sturm gegen Holland, Belgien, Luxemburg und Frankreich brach los. Er wehte mit seinen Ausläufern bis zu den Britischen Inseln hinüber. In mehreren Gruppen erreichte die „Erste“ bei einer durchschnittlichen Marschleistung von 40 Kilometern ihren befohlenen Rastraum, der durch die Orte Prüm, Romersheim, Leudersdorf und Nohn begrenzt war. Hier wurde den Gebirgssoldaten ihr neues Ziel bekanntgegeben:

„Die Gebirgsdivision hat die Reichsgrenze zu erreichen.“

Nun begann für Kübler und seine Gebirgssoldaten der Marsch über drei Grenzen – und zwar zunächst über die deutsch-luxemburgische, dann über die luxemburgisch-belgische und zuletzt über die belgisch-französische. In Dasburg, dem letzten Dorf vor der deutsch-luxemburgischen Grenze, streckten sich hilfreiche Hände der Dorfbewohner den „Blumenteufeln“ entgegen. Tiefe Quertäler und Bäche durchschritten sie in Luxemburg. Es war ein ideales Gelände für den Gegner, um die deutschen Truppen aufzuhalten. Aber die feindlichen Stellungen waren aufgrund der blitzschnellen, überraschenden Vorstöße der deutschen Panzerverbände eilig geräumt worden. Der Gegner hatte sich nach Westen abgesetzt, so dass am 11./12. Mai 1940 über die luxemburgisch-belgische Grenze nach Südbelgien einmarschiert werden konnte. Aber immer noch war kein Feind in Sicht, waren die Stellungen des Gegners verlassen.

„Warum stellt sich der Gegner nicht und lässt die deutschen Divisionen so weit in sein Land eindringen?“ lautete die Frage der Offiziere. General Kübler fand darauf eine passende Antwort: „An der Maas findet die Schlacht statt.“

Der „Latschen-Nurmi“ entschied, dass seine Division bis zum Vormittag des 12. Mai die Gegend von Bastogne zu erreichen hat. Unter Schörner wurde eine motorisierte Vorhut gebildet und nach St. Hubert geworfen, um dort den weichenden Gegner zu stellen. Eile war geboten, damit sich die Franzosen nicht festsetzen konnten, und so erging am Morgen des Pfingstmontag der Befehl: „Aufbruch! Hin zur Maas.“

Bis zum Morgen des 13. Mai war das Etappenziel erreicht, war die Masse der Division in die Gegend von St. Hubert vorgedrungen. An diesem Tage meldete der Wehrmachtsbericht lakonisch: „Der Angriff der Deutschen Wehrmacht im Westen machte am 12. Mai gute Fortschritte.“

Aber noch immer hatte sich der Gegner nicht zum Kampf gestellt. Daher marschierten die Jäger, dem weichenden Gegner folgend, in jenen Tagen zügig den Schlachtfeldern des Ersten Weltkrieges entgegen. Doch welch ein Gegensatz zum Jahre 1914, als sich die Truppen der Entente den deutschen Divisionen entgegenwarfen, um mit ihnen die Klingen zu kreuzen.

Am 14. Mai entschloss sich Kübler, die 1. Gebirgsdivision an die Maas heranzuziehen. An jenem Tage wurde bekannt, dass die 6. Panzerdivision den Maasübergang bei Monthermé erzwungen hatte. Nicht weniger als sieben Panzerdivisionen hatten im Verlauf des Tages die Maas bei Dinant, Monthermé und Sedan überschritten. Kein Wunder also, dass der Feind alle Stellungen aufgegeben hatte. Der Wehrmachtsbericht meldete am 14. Mai 1940:

„Im Raume südlich der Linie Lüttich – Namur haben unsere Truppen die Ardennen hinter sich gelassen und mit Anfängen die Maas zwischen Namur und Givel erreicht. [...] Unter dem Schutz von ununterbrochen angreifenden deutschen Kampf-, Stuka- und Zerstörerverbänden und deren niederschmetternder Wirkung gelang es, die Maas auch auf französischem Gebiet zu überschreiten.“

Nachdem die 1. Gebirgsdivision wieder zum Weitermarsch angetreten war, erließ Generalleutnant Kübler am 15. Mai 1940 den Befehl, sofort bei Fumay und Revin über die Maas zu setzen, um vom anderen Ufer aus in Richtung Rocroi weiter nach Frankreich vorzustoßen. Da der Feind alle seine Stellungen am jenseitigen Ufer aufgegeben hatte, verlief das Übersetzen über die Maas fast übungsmäßig. Während Spähtruppunternehmen versuchten, das zwanzig Kilometer entfernte Rocroi zu erreichen, brachten Schlauchboote die ersten Gebirgsjägerkompanien an das andere Ufer. Kurz darauf bauten die Gebirgspioniere eine Pontonbrücke, über die Tragtiere, Geschütze und Fahrzeuge der Division ans jenseitige Maasufer übersetzten, um die Verfolgung des Gegners zügig fortzusetzen. Denn die Parole der Regimentskommandeure lautete: „Vorwärts, vorwärts!" Unbarmherzig brannte die Sonne vom Himmel. In geöffneter Ordnung marschierten die Gebirgssoldaten in Richtung Rocroi, der alten Vaubanschen Festung, welche die Franzosen in das Verteidigungssystem der Maginot-Linie einbezogen hatten. Am 15. Mai 1940 schrieb Udo von Alvensleben in sein „Tagebuch im Kriege":

„Fast die ganze Bevölkerung ist vor uns geflohen, was bei der furchtbaren Wirkung unserer Bomben nicht zu verwundern ist. Wie eine Lawine vergrößert sich der Flüchtlingsstrom, der sich auf allen Straßen und Nebenwegen vor unserer Truppe her nach Frankreich hinein ergießt. Im Rücken haben diese Unglücklichen unsere vordringende Armee, vor sich die heranrückenden feindlichen Heeresmassen, so, von zwei Seiten zermalmt, werden sie obendrein Opfer der Luftangriffe unserer Stukas, die sich unter lärmendem Sirenengeheul, Bomben werfend und mit Maschinengewehren feuernd, in Geschwadern herabstürzen und aller lebenden Kreatur den Untergang bereiten. Wenn es je Höllen auf Erden gegeben hat, so jetzt für die fliehende Bevölkerung. Sicher leiden auch Angriffsgeist und Verteidigungswille der feindlichen Truppen darunter, nachdem es ihnen nicht einmal gelungen ist, die von uns vorher so ernst genommene Maaslinie zu verteidigen. Mit Macht drängen wir überall gegen den weichenden Feind vor, der sich in Ortschaften und Wäldern immer wieder zu heftigstem Widerstand ermannt, aber der Wirkung unserer Panzer- und Luftwaffe ist nicht zu widerstehen."[91]

Vom Gegner war weiterhin nichts zu sehen. Die Stellungen der Franzosen waren verlassen und zerbombt. Die Stukas hatten ganze Arbeit geleistet. Schon glaubten einige Offiziere an eine Falle der Franzosen, zumal sie aus dem Wehrmachtsbericht vom 16. Mai 1940 rege Gefechtstätigkeit aus Nordfrankreich gemeldet bekamen:

„Südwestlich Namur", hieß es dort, „erweiterten unsere Divisionen ihre Erfolge auf dem Westufer der Maas und schlugen dabei erneut französische Panzerkräfte. Südlich Sedan wurden französische Gegenangriffe, die unter Einsatz schwerster Panzer geführt wurden, abgewiesen."

Aufgrund der schweren Rückschläge des französischen Heeres begann die französische Führung die Nerven zu verlieren. Am 15. Mai schickte Reynaud einen neuerlichen SOS-Ruf an die britische Regierung, in dem es knapp hieß:

„Gestern Abend haben wir die Schlacht verloren. Der Weg nach Paris liegt offen, schicken sie alle Truppen und Flugzeuge, die sie schicken können."

Statt der Hilfeleistung erwiderte der britische Premierminister:

„Alle Erfahrungen zeigen, dass die Offensive nach einiger Zeit zum Stehen kommen wird. Ich erinnere an den 21. März 1918. Nach fünf oder sechs Tagen müssen sie warten, bis Nachschub kommt, dann ist die Gelegenheit für einen Gegenangriff. Ich habe das aus dem Mund von Marschall Foch selbst erfahren."

Am nächsten Tag bemerkte Churchill jedoch:

„Obwohl man sich kein klares Bild von den Geschehnissen machen konnte, war der Ernst der Krise offenkundig. Ich fühlte die Notwendigkeit, am Nachmittag nach Paris zu kommen."

So flog der britische Premier um 15.00 Uhr in die französische Hauptstadt, um den Franzosen in ihrer Depression beizustehen. Doch davon erfuhren Küblers Gebirgssoldaten nichts. In ihrem begrenzten Wirkungsfeld übersahen sie meist nur den unmittelbaren Gefechtsverlauf im Zug-, Kompanie- oder Bataillonsrahmen.

Nach einem schon fast übungsmäßig durchgeführten Vormarsch erreichten sie Rocroi, das im Ersten Weltkrieg so heiß umkämpft gewesen war. Sie betraten die Vorstadt, drangen dann in die Stadt ein, hissten auf dem Kirchturm die Hakenkreuzfahne und besetzten die stark armierten Festungswerke.

„Auf der großen Straße dorthin und in der Festung selbst sehen wir die ersten Zeichen der französischen Niederlage", erinnerte sich General Lanz. „Überall liegen Ausrüstungsstücke herum, stehen Geschütze und Maschinengewehre. In den Festungsgräben befinden sich Tausende von Gefangenen. Alle Sprachen und Farben des französischen Kolonialreiches sind hier vertreten. Abseits steht eine größere Gruppe französischer Offiziere, die einen niedergeschlagenen und beschämten Eindruck macht. Man kann es ihnen, weiß Gott, nicht verdenken."[92]

Am Morgen des 16. Mai 1940 erhielt General Kübler Meldung, dass der Feind nach Westen und Südwesten zurückwich. Das bedeutete für ihn und seine Gebirgssoldaten: Verfolgung des Feindes mit aller Kraft! Hierzu befahl er: „Vorwärts! Das Ziel ist Hirson!"

Es waren harte Kämpfe, welche die Gebirgsjäger des Gebirgsjägerregiments 99 in den großen Wäldern von Signy-le-Petit und St. Michel zu bestehen hatten. Aber verglichen mit dem, was die deutschen Vorausabteilungen und die Stukas bereits geleistet hatten, um den Gebirgsjägern den Weg in das „Herz Frankreichs" zu ebnen, nahmen sich diese Gefechte vergleichsweise bescheiden aus. Dennoch war der letzte Rest der französischen Maasarmee unter der Mitwirkung von Küblers „Blumenteufeln" zerschlagen worden.

Aber auch nach diesen Gefechten hieß es wie bisher: marschieren, marschieren, marschieren. Der 18. Mai 1940 war für die durch immense Marschleistungen arg strapazierte 1. Gebirgsdivision ein wohlverdienter Ruhetag. Lediglich bei den Stäben der Bataillone, Abteilungen und Regimenter, insbesondere jedoch in dem der Division, herrschte rege Tätigkeit. Denn der 19. Mai 1940 ergab in der großen Lage eine Änderung der Marschrichtung nach Südwesten, dem Oise-Aisne-Kanal entgegen. Hierzu notierte Alfred Jodl in seinem Tagebuch vom 18. Mai 1940:

„Das Oberkommando der Heeres hat der Absicht, mit größter Beschleunigung eine Südflanke aufzubauen, nicht entsprochen. Infanteriedivisionen sind im Marsch nach Westen geblieben, anstatt nach Südwesten einzudrehen. Dadurch liegen noch 10. Panzerdivision und 2. und 29. motorisierte Division im Flankenschutz fest. Ob d. H und Gen. Halder werden sofort bestellt und ihnen in schärfster Weise befohlen, sofort die nötigen Maßnahmen zu ergreifen. – Ich gebe noch einen Nachtragsbefehl zur Weisung, der auch die 1. Gebirgsdivision und die rückwärtigen Staffeln der 4. Armee nach Süden und Südwesten zum Angriff abdreht.“[93]

Was war geschehen? Der unerwartet rasche Durchbruch der deutschen Panzerdivision zwischen Hirson und Sedan in Richtung Amiens hatte die französische Front aufgerissen und eine tiefe Flanke geschaffen. Bereits am 17. Mai hatten die deutschen Truppen die Oise östlich von St. Quentin, am 19. Mai die Aisne bei Rethel und tags darauf die Sommemündung erreicht.

Gamelin, der französische Oberbefehlshaber, hatte die Gefahr, die sich aus der tiefen Keilspitze in das „Herz Frankreichs“ ergab, sofort erkannt und richtete daher einen dringenden Appell an seine Armeen, der in dem Ausspruch gipfelte: „Die Truppen, die nicht vorrücken können, müssen sich eher auf der Stelle töten lassen, an der sie stehen, als einen Fußbreit französischen Bodens aufgeben, dessen Verteidigung ihnen anvertraut ist! In dieser Stunde [...] lautet die Parole: Siegen oder sterben. Wir müssen siegen!“[94]

Aber anscheinend hatte man in Paris noch nicht voll begriffen, was die Stunde wirklich geschlagen hatte. Oder man wollte es nicht erkennen, weil man sich bisher schon so viel Sand in die Augen gestreut hatte. Denn noch am 21. Mai 1940 stand im „Le Journal“ zu lesen:

„Die Deutschen haben die letzte Probe noch nicht bestanden, wir sind noch der alte Gegner von der Marne, der alte Gegner von Verdun. Pétain erscheint uns als ein Symbol, als ein Versprechen. Weygand bringt uns den Genius Foch zurück.“

Doch weder ein Foch noch ein Pétain konnten, wie sich schon ein paar Tage später für die Franzosen bitter herausstellen sollte, die Niederlage ihres Landes verhindern. Was nützen große Worte, wenn die Moral der Truppe angeschlagen, ja gebrochen ist? Denn nur die wenigsten Franzosen sahen einen Sinn in einem Krieg, den nicht Deutschland, sondern Frankreich den Deutschen erklärt hatte.

„Für Polen und Danzig sterben?“ fragte sich der einfache Mann auf der Straße. Die Antwort darauf lautete kurz und bündig: „Non!“

Die 1. Gebirgsdivision hatte auf dem inneren Flügel der 4. und 6. Armee noch am 19. Mai 1940 die Gegend von Vervin und tags darauf das Waldgebiet nördlich des Kanals zu nehmen. Am 20. Mai wurde um 05.15 Uhr der Weitermarsch über Marle bis Crécy-sur-Serre angetreten. Als sie über Coucy-le-Château zum Oise-Aisne- Kanal vordrang, stieß sie am Kanal auf starken Feindwiderstand.

Im dschungelartigen Sumpfwald, in dem verrosteter Drahtverhau und verstreute Ausrüstungsstücke am Rande von überwachsenen Gräben und Unterständen an die erbitterten Kämpfe um den Chemin-de-Dames im Ersten Weltkrieg erinnerten, kam es zu vorübergehender Verteidigung. Am 21. Mai 1940 konnte sich Generalleutnant Kübler aufgrund der Meldung des Wehrmachtsberichtes ein Bild über die Operationen der deutschen Armee machen. Stolz vernahm er die deutschen Waffentaten:

„Die größte Angriffsoperation aller Zeiten im Westen findet nach einer Reihe großer taktischer Einzelerfolge ihre erste operative Auswirkung; unsere Truppen haben die Kanalküste erreicht"

Der „Sichelschnitt" war vollzogen! Nach dem ersten ungestümen Vormarsch durch Nordfrankreich gab es für Küblers 1. Gebirgsdivision überraschend einen Halt am Oise-Aisne-Kanal. Allzu gerne wäre der General mit seinen Gebirgssoldaten über den Kanal hinweg ins Innere Frankreichs gestürmt. Aber die „große operative Lage" sprach dagegen: Seine Division wurde am Kanal angehalten, und zwar mit Front nach Süden, um der Entscheidungsschlacht am Ärmelkanal den Rücken zu decken. Was war geschehen?

Die deutschen Panzer hatten unter Führung von General Guderian beste Arbeit geleistet und bereits am 20. Mai 1940 die Kanalküste erreicht. Die feindlichen Hauptkräfte waren eingekreist. Der französische Oberbefehlshaber Gamelin wurde durch General Weygand ersetzt. Auf ihn, den einstigen Generalstabschef des Marschalls Foch, setzte die französische Nation jetzt ihre letzten Hoffnungen. Aber auch er konnte das Kriegsglück nicht mehr auf seine Seite zwingen.

Während sich in Flandern und an der Kanalküste die erste große Entscheidungsschlacht des Westfeldzuges dem Ende näherte, bildete die 1. Gebirgsdivision mit anderen Verbänden eine Abwehrfront nach Südwesten. Damit begann für Küblers Gebirgsjäger eine harte Zeit der Bewährung: Sie hatten es in ihren jeweiligen Gefechtsabschnitten nämlich nicht nur mit einem sich zäh verteidigenden Gegner zu tun, der nicht länger gewillt war, zurückzuweichen, sondern auch mit einer lebensfeindlichen Landschaft mit einem unentwirrbaren Gemisch von Erhebungen, unwegsamen Wäldern, dichtem Gestrüpp, verseuchten Sümpfen, schlechten Straßen und zerstörten Brücken. Hinzu kam hochsommerlich schwüles Wetter, das der Truppe mehr zu schaffen machte als die täglichen französischen Artillerieeinschläge in ihren ausgehobenen Stellungen.

Sobald der etwa 10 bis 15 Meter breite und bis zu zwei Metern tiefe Oise-Aisne-Kanal, der – wie der Name schon sagt – die Oise mit der Aisne verbindet, erreicht war, hatte sich die 1. Gebirgsdivision dort zur Verteidigung eingerichtet:

Rechts lag das Gebirgsjägerregiment 100 (Utz), links das Gebirgsjägerregiment 99 (Kress). Jedes Regiment wurde durch eine besondere Artilleriegruppe unterstützt. Die lange rechte Flanke an der Aisne sicherte nach dem Abzug der 13. motorisierten Division das Gebirgsjägerregiment 98 (Schörner) mit dem zugeteilten Maschinengewehrbataillon 2 bis la Fère. Küblers Gefechtsstand befand sich zunächst in St. Gobain.

Am meisten Schwierigkeiten bereitete den Gebirgsjägern der Stellungsbau, da sie sich aufgrund des morastigen Geländes und wegen des Grundwassers nicht überall eingraben konnten. Aber auch hier erwiesen sich die Soldaten mit dem Edelweiß als Meister der Improvisation. Man verlegte die Hauptkampflinie überall dort, wo es machbar war, auf trockenes Gelände zurück. Der Stellungsbau, das Vermessen, das Planschießen und was sonst noch aus dem Stellungskrieg von 1914 bis 1918 den alten Gebirgsjägern, den Gebirgsartilleristen und den Infanteristen bekannt war, wurde am Oise-Aisne-Kanal nun auch von den jungen Gebirgssoldaten erstmals angewandt. Viel Arbeit, Plage und Einsatz brachten diese Tage mit sich, aber die „Blumenteufel" sorgten schließlich dafür, dass die deutschen Verteidigungsstellungen am Kanal für die Franzosen zu einem unüberwindlichen Hindernis wurden.

Dieser Stellungskrieg und die Verteidigung des Wasserlaufes währten vom 22. Mai bis zum 4. Juni 1940. In der Zwischenzeit wechselte die 1. Gebirgsdivision am 2. Juni das übergeordnete Generalkommando und kam so vom XVIII. Gebirgsarmeekorps der 12. Armee zum XXXXIV. Armeekorps, womit die Stammdivision der deutschen Gebirgstruppe am linken Flügel der 6. Armee stand.

Mit jedem Tag rückte der Angriffsbeginn über den Oise-Aisne-Kanal näher. Angespannt warteten die Angriffsbataillone auf die entscheidenden Befehle. Am 4. Juni, es war um 14.20 Uhr, traf endlich der „Korpsbefehl für den Angriff" bei der 1. Gebirgsdivision ein. Auf dieser Grundlage erarbeitete Kübler nun mit seinen Generalstabsoffizieren den „Divisionsbefehl Nr. 38 für Bereitstellung und Angriff am 5. Juni", der noch am selben Tage um 18.20 Uhr an Regimenter, Abteilungen und Bataillone verteilt wurde.

In diesem bis dato wichtigsten Divisionsbefehl des Frankreichfeldzuges wurde unter anderem festgelegt, dass die „Erste" als linke Division des XXXXIV. Armeekorps nach einer halbstündigen Feuervorbereitung auf die gegnerischen Stellungen am Morgen des 5. Juni 1940, um 05.30 Uhr, anzugreifen und den Übergang über den strategisch bedeutenden Oise-Aisne-Kanal zu erzwingen habe.

Langsam, fast schleppend, ging der 4. Juni 1940 zur Neige. Melder eilten nach vorne und übermittelten den Angriffskompanien den Befehl: „Bereitstellung zum Angriff über den Oise-Aisne-Kanal!"

Endlich wurde es Nacht. Im Schutze der Dunkelheit konnten die letzten Angriffsvorbereitungen vollzogen werden. Im gesamten sumpfigen Kanalgebiet krochen die Gebirgsjäger in der Nacht vom 4. zum 5. Juni in ihre Ausgangsstellungen; schoben sich die Gebirgspioniere mit ihren Floßsäcken an die Uferböschungen des Kanals heran, bereiteten die Gebirgsartilleristen das massierte Feuer auf die feindlichen Stellungen vor. Dann war es in den erwachenden Morgenstunden des schicksalhaften 5. Juni 1940 endlich soweit: Um 05.00 Uhr kam für die Gebirgsartilleristen das Kommando: „150 Schuss Trommelfeuer auf Sperrfeuerraum A!" Hart schlugen die ersten Granaten in die feindlichen Stellungen ein. Eine halbe Stunde später wurde das Feuer der Gebirgsartillerie tiefer in die feindlichen Linien verlegt, um den Gebirgsjägern und den Gebirgspionieren die Möglichkeit zu geben, den Angriff über den Oise-Aisne-Kanal hinweg zu tragen. Schon klatschten die Floßsäcke der Gebirgspioniere ins Wasser und brachten die ersten Stoßtrupps der Gebirgsjäger an das andere Ufer, wo der gegnerische Widerstand nach harten Kämpfen bald zusammenbrach. Dann begannen die Angriffskompanien der verschiedenen Bataillone der Gebirgsjägerregimenter 99 und 100 mit dem Übersetzen ihrer Mannschaften. Noch wogte der Kampf hin und her, drohte sich der geschlossen vorgetragene Angriff der 1. Gebirgsdivision aufgrund des nachhaltigen Widerstandes der Franzosen in Einzelkämpfe aufzulösen. Zwischen 12.00 und 13.00 Uhr sah man beim Divisionsstab die Lage der eigenen Kräfte wie folgt:

„I. Bataillon/Gebirgsregiment 100 war nahezu aufgerieben, hielt sich jedoch noch mit letzter Kraft gegen den rings umklammernden Feind. Zwischen I. und II. Bataillon/100 hatte der Gegner

einen breiten Keil getrieben. Ebenso hielt er noch zäh die Dörfer Pont St. Mard und La Vallée. Bei Regiment 99 saß das I. Bataillon am weitesten vorgedrungen auf der Höhe westlich Crécy-au-Mont. Teile des III. Bataillon/ Gebirgsregiment 99 hatten bereits die La Glorie-Höhe genommen, an deren ostwärtigem Fuß das stark befestigte Béthancourt lag. Hier schien die linke Flanke der Division besonders gefährdet. – Von beiden Angriffsregimentern waren bei bisher schweren Verlusten die Reservebataillone noch intakt und nicht eingesetzt. Von den Nachbarn war bekannt, dass die 72. Infanteriedivision weiter um Guny kämpfte, die 290. Infanteriedivision noch nicht über den Kanal gekommen war."[95]

Da erschien der Oberbefehlshaber der Armee im Gefechtsstand der 1. Gebirgsdivision, wo General Kübler kurz die Lage erläuterte:

„Die ersten Höhenstufen sind erreicht. Bei La Glorie ist die Flanke der Division ungedeckt. [...] Pont St. Mard ist noch feindbesetzt. Feind ist dort im Gegenstoß bis zur Brücke wieder vorgedrungen."

Um 14.15 Uhr erging an den Kommandeur des Gebirgsjägerregiments 99 eine Weisung Küblers, in der es hieß, dass das Regiment den Angriff als „Spitze der Division" noch im Laufe des Tages vorzutragen habe. Damit wurde das Gebirgsjägerregiment 99 zur Speerspitze der „Edelweißdivision", ja der gesamten Armee!

Das Gebirgsjägerregiment 100 erhielt den Auftrag, sich bei passender Gelegenheit an das Schwesterregiment anzuhängen. Einmal von ihrer Aufgabe beseelt, warfen die Gebirgsjäger nun den Gegner, wo sie auf ihn trafen.

Es war abermals Abend und Nacht geworden, als die ersten Truppenteile der Division endlich über die Kriegsbrücken und Stege, welche die Gebirgspioniere eilig über den Kanal geschlagen hatten, marschieren beziehungsweise fahren konnten, um den Gegner zu verfolgen. Die Front des Feindes hielt zwar noch den massiert vorgetragenen Schlägen der „Blumenteufel" stand, aber sie war schon schwer erschüttert worden. Tief drangen die Gebirgsjäger des Gebirgsjägerregiments 99 in die Stellungen des Gegners ein. Der Sturmlauf war derart zügig, dass die Nachbardivisionen bereits zurückhingen und die eigene Artillerie nicht mehr nachkam, so dass sie schließlich das Feuer einstellen musste.

Der schwerste und zugleich der größte Tag der 1. Gebirgsdivision während des Frankreichfeldzuges ging zur Neige. Der Gegner, der blutige Opfer bringen musste, um die Gebirgssoldaten wenigstens vorübergehend am Oise-Aisne-Kanal aufzuhalten, hatte Küblers Elitetruppe den Übergang über den Wasserlauf nicht leicht gemacht. Zwar hatten die Gebirgsjäger rund 600 Gefangene eingebracht, aber auch ihre Verluste waren an jenem 5. Juni 1940 besonders hoch: 139 Offiziere und Mannschaften waren gefallen, 430 verwundet. Das waren rund 16 Prozent der Angriffsstärke der Division.

Besonders hoch waren die Verluste beim III. Bataillon/Gebirgsjägerregiment 99 und beim I. Bataillon/Gebirgsjägerregiment 100: Das III. Bataillon/Gebirgsjägerregiment 99 zählte 21 Tote (1 Offizier), 75 Verwundete (1 Offizier) und einen vermissten Gebirgsjäger; das I. Bataillon/Gebirgsjägerregiment 100 zählte 41 Tote (3 Offiziere) und 115 Verwundete (2 Offiziere).[96] An jenem 5. Juni 1940 erließ Adolf Hitler folgenden Tagesbefehl:

„Soldaten der Westfront! Dünkirchen ist gefallen!
40.000 Franzosen und Engländer sind als letzter Rest einstiger großer Armeen gefangen.
Unübersehbares Material wurde erbeutet.
Damit ist die größte Schlacht der Weltgeschichte beendet. [...]"

Was war geschehen, während Kübler mit seiner Gebirgsdivision in den Niederungen des Oise-Aisne-Kanals auf den Angriff über dieses natürliche Wasserhindernis in das „Herz Frankreichs" wartete? Die Panzergruppe von Kleist hatte nach Norden eingedreht und damit die französische Nordgruppe umfasst. Die britische Armee ging auf einen Brückenkopf um Dünkirchen zurück – und wurde in letzter Minute auf wundersame Weise gerettet, da Hitler den deutschen Panzerangriff aufgrund seines umstrittenen Haltebefehls vom 25. Mai 1940 stoppte, anstatt zehn britische Divisionen in starkem Angriff zu vernichten. Mit der Einnahme von Dünkirchen am 4. Juni 1940 war die militärische Trennung der britischen von den französischen Truppen vollzogen.

Am 5. Juni gab das Oberkommando der Deutschen Wehrmacht einen Gesamtbericht über das Ergebnis der siegreich beendeten Schlacht in Flandern bekannt: 1.200.000 Gefangene, zahllose Waffen und unschätzbares Material von 75 bis 80 Divisionen wurden erbeutet oder zerstört; 3 500 Flugzeuge vernichtet. Was das Oberkommando aber nicht bekanntgab, das war die Rettung des britischen Expeditionskorps durch die Operation „Dynamo", in der es auf 887 Schiffen über den Kanal nach England transportiert wurde: 338.226 Mann (britischer Admiralstab) oder 336.423 Mann (britisches Kriegsministerium).

Damit waren 224.585 Briten und 112.546 Franzosen der deutschen „Sichelschnitt-Falle" entkommen. Somit blieb Großbritannien der wertvolle Stamm seiner qualitativ hochstehenden Berufsarmee erhalten.

Die zweite Phase des Westfeldzuges – „Fall Rot" – begann am 5. Juni 1940 mit der Schlacht um Frankreich. Die Angriffe wurden gestaffelt vorgetragen, und zwar von Heeresgruppe B am 5. Juni gegen die sogenannte „Weygand-Linie", von Heeresgruppe A am 9. Juni gegen die obere Aisne sowie von Heeresgruppe C am 14. Juni mit der 1. Armee von Norden aus dem Raum Saar gegen die Maginot-Linie und mit der 7. Armee von Osten über die Oberrheinlinie.

Was jetzt auf Küblers Gebirgsjäger zukam, das war für sie genauso wichtig wie das Übersetzen über den Oise-Aisne-Kanal, nämlich die Durchbruchsschlacht vom Kanal bis zur und über die Marne und von dort über die Seine zur Loire. Im ersten Teil dieser Verfolgung des zurückweichenden, aber sich immer wieder zäh verteidigenden Gegners waren drei Flussabschnitte zu überwinden: Die Aisne, der Ourcq und die Marne, der Schicksalsfluss der Deutschen im Ersten Weltkrieg.

Dank der klaren Planung des Divisionskommandeurs und seiner Generalstabsoffiziere, aufgrund der sorgfältigen Vorbereitungen durch die Regiments- und Bataillonskommandeure sowie der Tatkraft der verschiedenen Truppenteile, insbesondere der Artillerie mit ihrer wuchtigen Feuerleitung, und aufgrund des ungestümen Angriffsgeistes der Gebirgsjäger und Gebirgspioniere: Dank all dieser kampfentscheidenden Faktoren rollte jeder der drei Angriffe über die Wasserläufe mit der Präzision eines Uhrwerkes ab. Der 5. und 6. Juni 1940 waren wieder Tage der Bewährung für die 1. Gebirgsdivision. Sie forderten von den Gebirgssoldaten die ganze Kraft, einen kühlen Kopf und ein heißes Herz. Denn schon am 6. Juni rollte der

Angriff in Richtung Aisne weiter. Durst und Müdigkeit konnten jedoch den Angriffswillen der „Blumenteufel", die unter drückender Last dem Abend entgegenmarschierten, nicht brechen. Da die „Erste" ihren Nachbardivisionen weit vorausgeeilt war und allein an der Aisne stand, wurde den stark erschöpften Truppen am 7. Juni ein Rasttag gewährt.

Die Vorbereitungen für den Angriff über die Aisne liefen ähnlich ab wie die beim Übergang über den Oise-Aisne-Kanal – jedoch mit dem Unterschied, dass sich die Jahreszeit der Sommersonnenwende immer mehr näherte. In der Nacht vom 7. zum 8. Juni wurden die Vorbereitungen für den Flussübergang getroffen. Die Gebirgsjägerregimenter zogen in ihre Bereitstellungsräume. Die Gebirgspioniere rollten mit ihren Pontonwagen für den Brückenschlag an die vorgesehenen Brückenstellen heran, während eigene und feindliche Artillerie von Stunde zu Stunde mehr Granaten auf die vermuteten gegnerischen Stellungen abschoss. Dann war es endlich soweit. Die Nervenanspannung der Angriffskompanien wich merklich, als sie den Befehl zum Angriff über die Aisne erhielten.

Unter dem Schutzschild der Gebirgsartillerie wurde die Aisne nach wechselvollem Kampf von den Gebirgsjägern und den Gebirgspionieren, den Gebirgspanzerjägern und den Soldaten der Gebirgsnachrichtenabteilung 54, den Tragtierkompanien und dem Gros der Division überschritten. Es sollte für Kübler und seine Männer der Beginn eines unwahrscheinlichen Siegeszuges durch Frankreich werden!

„Seit Tagen herrscht Hochsommerwetter", berichtet Hubert Lanz. „Die Hitze brütet über den hohen Getreidefeldern, durch die bergauf, bergab unsere Jäger stapfen, müde, durstig und staubbedeckt. Schwer lasten die Maschinengewehre und Granatwerfer auf den zerschundenen Schultern, auf den durchschwitzten Rücken. Der Stahlhelm ist kein idealer Sonnenschutz. Mit aufgekrempelten Ärmeln, offenem Rock, den Helm am Koppel, die schussfertige Knarre in der Hand, so gehen sie zum Angriff vor, fast ohne auf den Feind zu achten. Und drunten auf den Straßen, den kerzengeraden Chausseen aus Napoleons Zeiten, folgen die Fahrzeugkolonnen in Staubwolken gehüllt. Welch eine Erlösung, wenn es Abend wird und kühl!"[97]

Nachdem der Gegner auch noch die Hiobsbotschaft vom nordfranzösischen Kriegsschauplatz erhalten hatte, wich er auf der ganzen Linie zurück. Aus diesem Grunde wurde die Verfolgung am 9. Juni 1940 wieder aufgenommen, um den stark angeschlagenen Feind zu stellen. Nun wurden die Franzosen durch abgestellte Trupps entwaffnet und in Gefangenschaft abgeführt.

Ohne Zweifel, der Feind war erschüttert, sein Rückzug glich mehr einer Flucht als einer geordneten Absetzbewegung: Verwirrung auf der ganzen Linie. Für die Deutschen wurde der Feldzug zusehends zu einem Verfolgungsrennen auf den staubigen Straßen Frankreichs.

Am Abend des 9. Juni 1940 erreichten die Gebirgsjäger noch den kleinen Flusslauf des Ourcq und bereiteten ihren Angriff vor. In der Nacht schaffte Utz mit seinem Gebirgsjägerregiment einen Brückenkopf und erleichterte damit der Truppe am anderen Tage den Übergang über den aus dem Ersten Weltkrieg bereits bekannten Wasserlauf.

Am 10. Juni konnte sich der Feind mangels eigener Artillerie kaum noch der „Blumenteufel" erwehren, so dass er sich schließlich ergab. Das veranlasste Kübler, zwei schnelle Vorhuten zu bilden, um den deutschen Schicksalsfluss des Ersten Weltkrieges so schnell wie möglich zu erreichen. Hierzu gab der General den befreienden Befehl: „Die Truppen haben freie Bahn im Wettlauf zur Marne!"

Jetzt waren seine Gebirgsjäger nicht mehr zu halten: „Hin zur Marne!" lautete die Parole.

Hitze und Schweiß, zerschundene Füße und erschöpfte Muskeln wurden nicht mehr registriert. Das magische Wort „Marne" ließ die Qualen des seit Tagen andauernden Wettlaufes mit dem Gegner vergessen; es mobilisierte die letzten Reserven.

„Hin zur Marne!" – so scholl es tausendfach durch die Regimenter und Bataillone, durch die Abteilungen, Batterien und Kompanien der 1. Gebirgsdivision.

Nimmt es da wunder, dass der 11. Juni 1940 von einem wahren Wettlauf der „Edelweißsoldaten" zur Marne gekennzeichnet war? Westlich von Château Thierry steht auf der Höhe 204 das monumentale amerikanische Denkmal für gefallene GIs aus dem Ersten Weltkrieg. Die Höhe war den ganzen Tag über noch feindbesetzt und wurde erst gegen Abend von einer Kompanie des I. Bataillon/Gebirgsjägerregiments 99 und von Teilen des Gebirgsjägerregiments 100 eingenommen.

Währenddessen trieben andere Truppenteile des Gebirgsjägerregiments am Spätnachmittag des 11. Juni 1940 eine bewaffnete Aufklärungskompanie so weit vor, dass diese das Marneufer bei der Eisenbahnbrücke südwestlich von Château Thierry und das Gelände nördlich davon beherrschte. Über die Kriegsbrücke der 81. Infanteriedivision erreichten die 12. und die 13. Kompanie des III. Bataillon/Gebirgsjägerregiments 99 um 03.50 Uhr ohne Feindeinwirkung das Südufer der Marne.

Nach Erstürmung der Höhe 204 befahl General Kübler am 12. Juni 1940 das Übersetzen über den Fluss. Jetzt hatte sich gewissermaßen ein „deutsches Wunder an der Marne" vollzogen. Die Überwindung des Schicksalsflusses war für die deutschen Truppen Voraussetzung für den Panzereinsatz: Sie konnten nun in das Innere Frankreichs vorstoßen. Der erwartete Gegenangriff der Franzosen, die Gegenwehr wie im Ersten Weltkrieg, als sie das Kriegsglück doch noch auf ihre Seite zwingen konnten – dieser hartnäckige Widerstand blieb 1940 erstaunlicherweise aus.

Aber auch das gibt es zu vermelden: Entgegen Hitlers Willen hatte Italien Frankreich, dessen Regierung Paris verlassen hatte, am 10. Juni 1940 den Krieg erklärt, um – nachdem sich der deutsche Sieg bereits überdeutlich abgezeichnet hatte – auch noch daran beteiligt zu sein. „Wir Italiener", sagte der gekränkte Duce schon im Mai, als die deutschen Panzerverbände die Ardennen durchstießen, zu seinem Schwiegersohn und Außenminister Graf Ciano, „sind schon genügend entehrt. Jede Verzögerung ist undenkbar. Wir haben keine Zeit zu verlieren. Innerhalb eines Monats werde ich den Krieg erklären."[98]

Es war Mussolinis erster „Dolchstoß" in den Rücken des Führers!

In den Westalpen kämpften nun italienische Truppen wenig überzeugend, während Paris aufgrund des ungebrochenen deutschen Vormarsches zur „Offenen Stadt" erklärt wurde, um es vor der Zerstörung zu bewahren. Die französischen Truppen zogen sich hinter die Linie von Tours – Dijon zurück. Die Oberrhein- und Maginotfront – vor ein paar Wochen noch für uneinnehmbar gehalten – schloss sich diesen Rückzugsbewegungen an. Für die deutschen Panzertruppen galt es jetzt, die Oberrheinfront vom Rücken her zu Fall zu bringen. Im Rahmen dieser Operation trat auch die 1. Gebirgsdivision am 13. Juni 1940 zur weiteren Verfolgung des hart angeschlagenen Gegners an. Petit Morin, Grand Morin, Seine, Yonne, Quanne, Loire und Cher hießen die Flüsse, die die Gebirgssoldaten im Verlauf der weiteren Verfolgung noch zu überqueren hatten. Doch trotz aller Härte, Hitze und Entbehrungen, die die „Edelweißsoldaten" auszuhalten, ja zu durchleiden hatten, in allzu schwere Kampfhandlungen wurden sie glücklicherweise nicht mehr verwickelt. Die Tage vom 13./14. bis zum 18. Juni 1940 gestalteten sich für die Truppe stattdessen zu einem wahren Siegeslauf nach Süden; wenn sich auch zuweilen der demoralisierte Feind noch einmal wie in letztem Aufbäumen zu einer kurzen, verzweifelten Gegenwehr stellte.

Während am 14. Juni 1940 deutsche Truppen in Paris einmarschierten, setzte die 1. Gebirgsdivision ihren Sturmlauf vom Grand Morin zur Seine fort. 60 Kilometer waren noch bis zur Seine zurückzulegen. Nun eilten die Gebirgsjäger am 15. Juni über Lousan und Provins weiter nach St. Colombe. Kampfspuren der deutschen Panzer und auf Lastkraftwagen verladene französische Gefangene markierten den Weg der „Ersten", die durch Fliegerangriffe zum Stehen gebrachte Beutezüge zu übernehmen hatte. In langen Kolonnen strömten französische Flüchtlinge bei Tag und Nacht in das von den deutschen Truppen besetzte Gebiet. Zur Feier des Sieges der Stammdivision der deutschen Gebirgstruppe in neuntägiger Schlacht ordnete Generalleutnant Kübler als Zeichen des Triumphes für drei Tage das Tragen des grünen Bruches an der Bergmütze seiner „Blumenteufel" an.

Die Zeit arbeitete sichtlich gegen Frankreich. Seine Lage war hoffnungslos geworden, nachdem die 1. Armee die Maginotlinie zwischen St. Avold und Saarbrücken durchbrochen und die 7. Armee den Oberrhein bei Kolmar überschritten hatte. Da die deutschen Panzer am 17. Juni 1940 bereits bei Tours und an der Schweizer Grenze standen, entschloss sich Marschall Pétain – der Sieger von Verdun, der die Regierung Reynaud abgelöst hatte – um einen Waffenstillstand nachzusuchen. Sein Gegenspieler Charles de Gaulle floh nach Großbritannien und etablierte dort eine französische Exilregierung.

Am 19. Juni 1940 wurde bekannt, dass der Feind von der Loire zurückwich. Der deutsche Wehrmachtsbericht meldete: „Deutschland wird an Frankreich die Waffenstillstandsbedingungen bekanntgeben, wenn die Vertreter der Nation benannt sind."

Am 20. Juni kam die 1. Gebirgsdivision in den Bannkreis der Gefechte nördlich von Gien. Neben den Kämpfen am Oise-Aisne-Kanal war der Kampf um Gien für Kübler und seine Gebirgsjäger wohl der bedeutendste Waffengang während des Frankreichfeldzuges. Doch dem Gegner fehlte bereits seit langem jene Zähigkeit, um die „Blumenteufel" wirklich ernsthaft in Bedrängnis zu bringen. Erschütternde Bilder spielten sich auf der Vormarschstraße der „Ersten" ab. Bruno Steinbach hat sie in seinen Aufzeichnungen festgehalten:

„Wer weiß, was Krieg ist? An der Loire fand ich eine Straße von der Länge eines halben Tagesmarsches. Mehrere zurückflutende Militärkolonnen, gemischt mit vielen Flüchtlingen, hatten sich vor der Brücke gestaut In diese Ansammlung stießen Panzer, Sturzkampfflieger – und auf Lastkraftwagen vorgeworfene Jäger. Vom jenseitigen Ufer schoss französische Artillerie in dieses Durcheinander. Zwei Tage später sah ich diese Straße. Ich möchte nicht beschreiben, was dort an totem Material zerstört wurde. Allein das tote Material konnte das Mitleid erregen. Schweigen will ich von den Leichen der Soldaten, der Flüchtlinge, Männer, Frauen und Kinder, von den toten Pferden. Auf dieser Straße sollte jeder Deutsche, gleich ob Mann oder Frau, einen Tag und

eine Nacht verbringen müssen. Dann wäre das Verständnis vielleicht größer für alle Opfer, die mancher und manche Familie bringen muss. Verständnislosigkeit ist etwas, vor dem ich immer bewahrt sein möchte.“[99]

Küblers Gebirgsjäger lagen vor Gien im wahrsten Sinne des Wortes inmitten des Grauens und Schreckens. Die Stadt war ein einziges Flammenmeer. Die am Westrand von Gien über die Loire führende Eisenbahnbrücke war in die Luft geflogen. Zahllose französische Offiziere ergaben sich den anrückenden deutschen Truppen. Trotz aller chaotischen Verhältnisse gelang es der Wehrmacht, eine Kriegsbrücke über die Loire zu schlagen, über die neben anderen Verbänden auch die „Erste“ marschierte. Nachdem Kübler mit seiner Division den Übergang über die Loire bei Gien erzwungen hatte, befahl er die Verfolgung bis zum Cher-Abschnitt für den 20. Juni 1940. Hierüber liegen uns folgende Aufzeichnungen vor:

„Die Vorausabteilung hat am Abend den Cher erreicht. Ein Kompanieführer geht mit zwei Meldern vorab über die ungesprengte Brücke. Kaum ist er drüben, fährt eine riesige Stichflamme hoch, ohrenbetäubendes Donnern ertönt, die Brücke ist nicht mehr. Der Kompaniechef verliert die Ruhe nicht und schreit über den Fluss zurück den Befehl: ‚Sofort selbstständig die nächste Brücke in die Hand nehmen!‘
Die Panzerjäger springen auf ihre Fahrzeuge. Ein Oberfeldwebel übernimmt die Führung. Die nicht abgestellten Motoren kommen sofort in sausende Fahrt. Pfeifend und schleudernd geht es um Kurven, hinein nach Mehun. Ein Blick auf die Karte. Rechts ab muss die nächste Brücke sein. Weiter! Die letzte Kurve kommt. Kommando ertönt! ‚Halt! Absitzen! Beobachter vor! Alles heran an die Brücke! Volle Deckung!‘ Drüben huschen Franzosen. Neue Kommandos ertönen: ‚Eine Panzerabwehrkanone, ein Maschinengewehr und 15 Mann bleiben hier zur Sicherung! Alles andere fertig zum Sturm!‘ Von vorne brüllt der Beobachter: ‚Links der Straße ein versteckt stehender Panzer! Rechts zwei Offiziere, die zur Brücke laufen!‘ Schüsse peitschen über das Wasser. Das Maschinengewehr erwidert sie schlagartig. Das Kommando: ‚Auf! Marsch, marsch!‘ reißt die Jäger hoch. Die Bergschuhe poltern über die Brücke, sie ist ohne Widerstand genommen. Nun hinein in den Ort! Die Panzerwagen bleiben stumm. Zwei französische Offiziere fliehen im Kraftwagen. Schon ist die Ortsmitte erreicht. Der Befehl zur Säuberung der Häuser ertönt. Aus den aufgerissenen Türen kommen Franzosen mit blassen Gesichtern heraus und werfen die Waffen weg. Da brausen Sturzkampfbomber an. Leuchtkugeln schießen sofort hoch. Die Flieger drehen wieder ab. An das Regiment geht die Meldung zurück: ‚Cher-Brücke bei Quincy ohne Beschädigung genommen. Keine eigenen Verluste.‘“[100]

Es war im Cher-Abschnitt bei Bourges, als Kübler den Befehl erhielt, den Kampf einzustellen. Damit waren die wesentlichen Kampfhandlungen abgeschlossen. Daher erließ der General am 20. Juni 1940 bei Presly einen Tagesbefehl, in dem er den „Siegeslauf ohnegleichen“, wie er sich ausdrückte, noch einmal Revue passieren ließ:

Der Bauherr der deutschen Gebirgstruppe war tief bewegt, als er ein paar Tage später den Kommandeuren den Gesamtverlauf der Kämpfe vortrug und abschließend die Leistungen der Truppe würdigte und ihrer Opfer gedachte. Seine Stimme, die einen hellen Klang hatte, wenn er Befehle und Weisungen erteilte, versagte ihm. Da stand er auf und verließ schweigend den Raum.

Der 21. Juni 1940 war für die 1. Gebirgsdivision ein Ruhetag. An diesem denkwürdigen Tage befahl Hitler in seinem Führerhauptquartier:[101]

„1. Der historische Wagen, der Gedenkstein und das Denkmal des gallischen Triumphes sind nach Berlin zu verbringen.
2. Die Stelen und Steine der beiden Züge sind zu vernichten.
3. Das Denkmal des Marschalls Foch ist unversehrt zu erhalten."

An jenem Tage erfolgte die nachfolgende interessante, ja aufschlussreiche Eintragung im Kriegstagebuch der Heeresgruppe A:

„09.00 Uhr Anruf Oberstleutnant Kuebler (Armeeoberkommando 12), dann General Kübler (Kommandeur 1. Gebirgsdivision) an Oberst Blumentritt mit der Bitte, beim Oberkommando des Heeres die Zuführung der ganzen 1. Gebirgsdivision zur 12. Armee zu erbitten.
Der an das Oberkommando des Heeres weitergeleitete Antrag wird um 09.30 Uhr dahin entschieden, dass die ganze 1. Gebirgsdivision zu Heeresgruppe A tritt.
09.40 Uhr Benachrichtigung der 12. Armee.
12. Armee wird die 1. Gebirgsdivision teils mit Lkw, teils im Fußmarsch herüberziehen.
11.30 Uhr trifft Befehl des Oberkommando des Heeres ein,
a) dass 1. Gebirgsdivision unterstellt wird (12. Armee),
b) dass Angriffsgruppe List am 23. Juni antritt und die Linie Schweizer Grenze – Annecy – St. Pierre d. A. – Gebirgsausgänge südlich Grenoble – Pont en R. nach Osten nur auf Befehl der obersten Führung überschreiten darf,
c) dass das Kraftwerk des französischen Großsenders in Éguzon (90 Kilometer südwestlich Bourges) von deutschen Truppen besetzt werden darf, obgleich es vor der Demarkationslinie liegt.
Die entsprechenden Befehle gehen durch Fernschreiben und fernmündlich an 12. und 9. Armee."[102]

Daraufhin wurde die 1. Gebirgsdivision aus dem Cher-Abschnitt herausgezogen und im Kfz-Transport zu einer anderen Verwendung in die Gegend von Lyon verlegt, um die französische Gebirgsfront in den Westalpen, die sich auf den italienischen Angreifer eingerichtet hatte, von rückwärts aufzurollen. Diese Alpenoffensive brachte den Italienern zwar keinen Geländegewinn, jedoch trieben die Ansprüche des Duce auf Korsika, Savoyen, die Riviera, Tunis und Algerien einen weiteren Keil in die Beziehungen zwischen dem Reich und der Vichy-Regierung, die alsbald aufgrund des britischen Widerstandes und der französischen Exilregierung unter de Gaulle des nationalen Verrats bezichtigt wurde. So sah es ganz danach aus, als sollte der militärische Sieg der Deutschen politisch doch noch verspielt werden.

Am 22. Juni 1940 stand die 1. Gebirgsdivision verladebereit auf der Hauptstraße Gien – Argent. Tags darauf verlief die Fahrt reibungslos auf ebener Strecke bis tief in die Nacht hinein mit einer Durchschnittsgeschwindigkeit von 25 bis 30 Kilometern pro Stunde über Nevers bis nach Charolles.

Am 25. Juni 1940 wurde die Fahrt für das Gros der Stammdivision nördlich von Lyon gestoppt, da am 22. Juni der Waffenstillstand zwischen Frankreich und dem Großdeutschen Reich im Wald von Compiègne unterzeichnet worden war – und zwar in demselben Eisen-

Im März 1940 inspiziert General Kübler mit seinem Divisionsintendanten Dr. Bernklau (rechts im Bild) den Schlächtereizug 54 der 1. Gebirgsdivision. Links der Oberveterinär Dr. Mezger und neben der Tür sieht man die gereinigten Schlachterwannen an die Wand gelehnt.

General Kübler beim Rundgang durch die Unterkünfte und Wirtschaftsgebäude des Schlächtereizuges.

Der Gauleiter von Oberbayern, Adolf Wagner, stattet der 1. Gebirgsdivision in Frankreich einen Besuch ab.

Die Ehrenformation der 1. Gebirgsdivision ist angetreten.

General Kübler kurz vor dem Abflug mit einem Fieseler Storch zur Westgrenze, im Mai 1940. Neben ihm geht sein 1. Generalstabsoffizier (Ia) Major im Generalstab Hans Degen.

General Kübler reitet an der Spitze seiner 1. Gebirgsdivision durch Nordfrankreich Mai 1940.

Einheiten der 1. Gebirgsdivision überqueren die belgisch-französische Grenze.

Der Gefechtsstand der 1. Gebirgsdivision während der ersten Phase des Westfeldzuges im Mai 1940.

In endlosen Marschkolonnen ziehen die „Blumenteufel" durch Nordfrankreich.

Von der 1. Gebirgsdivision gefangen genommene französische Kolonialsoldaten.

Ein festgefahrener schwerer französischer Panzer Char B1 wird von Gebirgsjägern besichtigt.

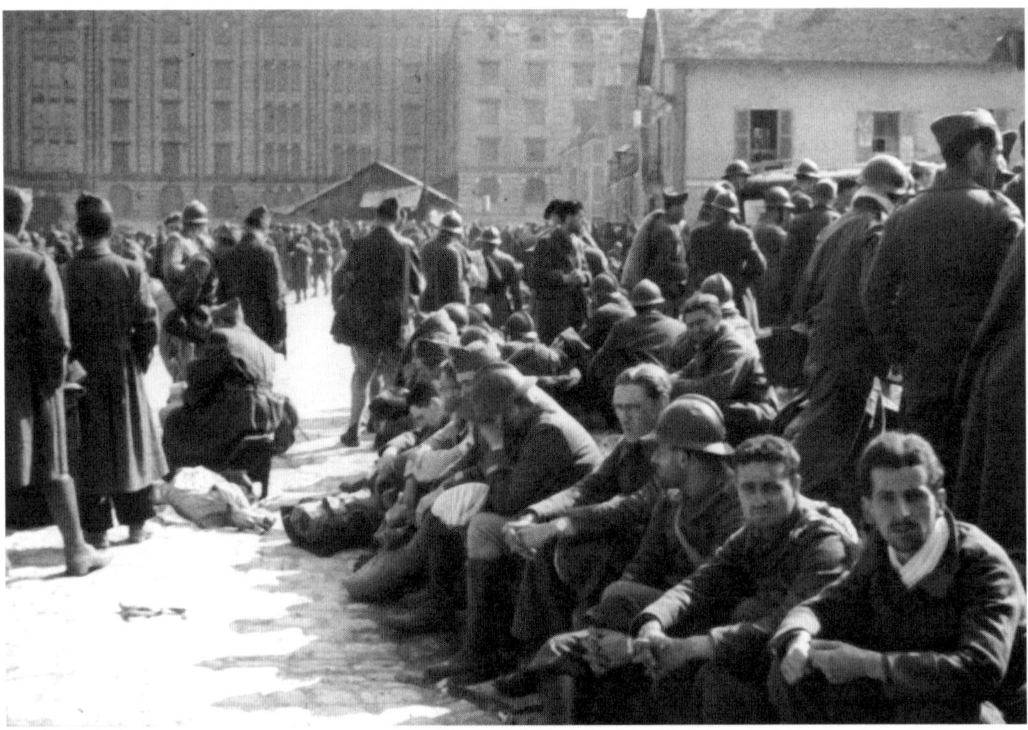

In einer Gefangenensammelstelle in der Nähe eines Fabrikgebäudes sind bereits tausende von französischen Soldaten angekommen.

Lagebesprechung in einer
Wiese in Nordfrankreich.

Eine französische Ortschaft hat unter Artilleriefeuer gelitten.
Tote Pferde liegen am Straßenrand und auf dem Bordstein.

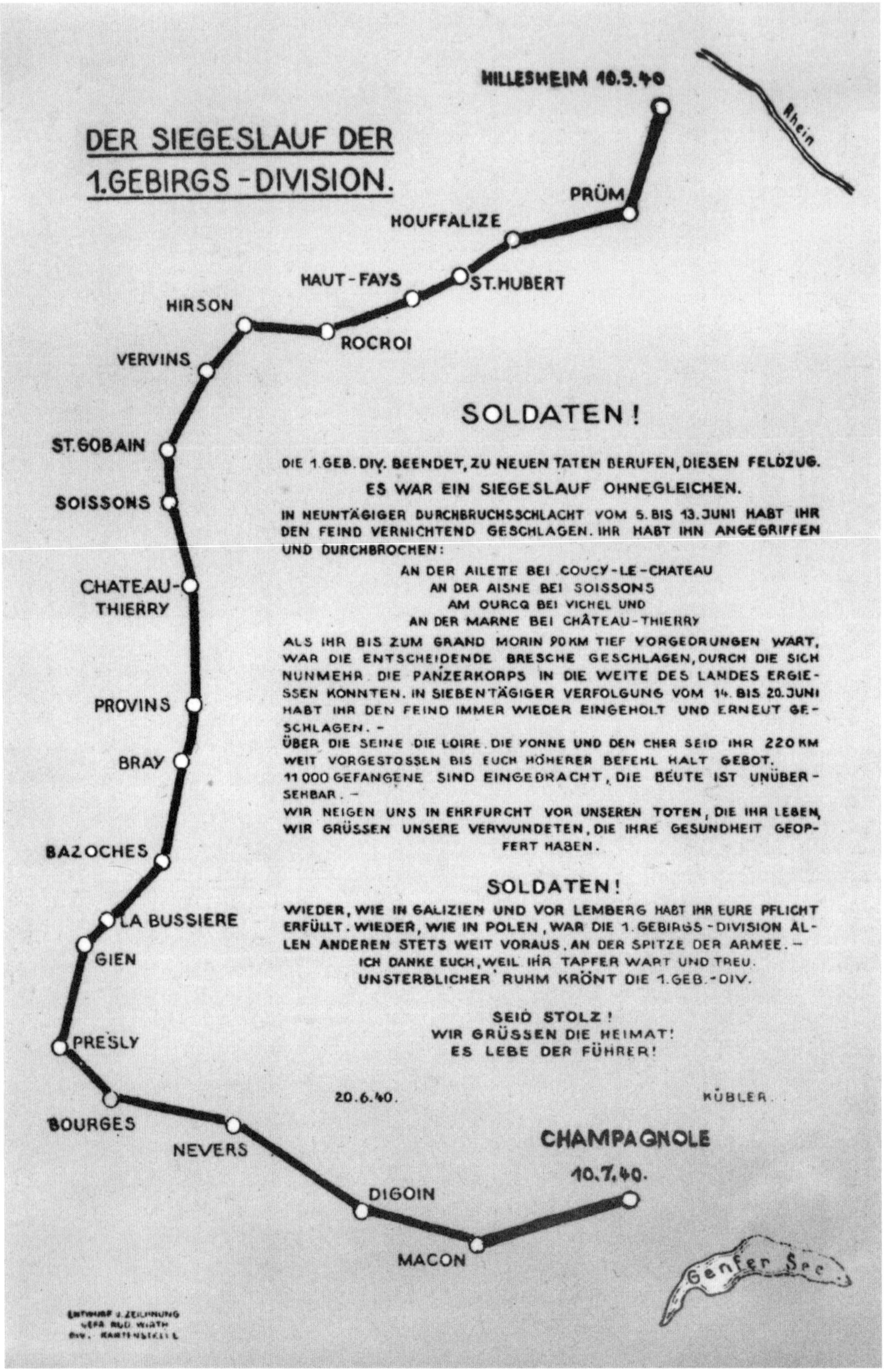

Der Marschweg der 1. Gebirgsdivision
bis zum 10. Juli 1940.

Soldaten gedenken ihrer gefallenen Kameraden von der 3./Gebirgsjägerregiment 100.

Aus Anlass des Sieges lässt General Kübler den „Bruch" anlegen, ein Eichenlaubzweig als Siegessymbol.

Froh den Feldzug unbeschadet überstanden zu haben, haben diese Gebirgsjäger den „Bruch" angelegt.

General Kübler mit seinem Ia Oberstleutnant im Generalstab Degen in ganz ausgelassener Stimmung, kurz nach Abschluss des deutsch-französischen Waffenstillstandes im Juni 1940.

Aus Anlass des Sieges bittet General Kübler zu einem kleinen Umtrunk.

1· Gebirgs-Division
Kommandeur

Bei Presly, 20.6.1940.

SOLDATEN!

Die 1. Gebirgs-Division beendet, zu neuen Taten berufen. diesen Feldzug.

Es war ein Siegeslauf ohnegleichen.

In neuntaegiger Durchbruchsschlacht vom 5. bis 13. Juni habt Ihr den Feind vernichtend geschlagen. Ihr habt ihn angegriffen und durchbrochen

an der Ailette *bei* Coucy-le-Château,
an der Aisne *bei* Soissons,
am Ourcq *bei* Vichel *und*
an der Marne *bei* Château-Thierry.

Als Ihr bis zum Grand Morin 90 km tief vorgedrungen wart, war die entscheidende Bresche geschlagen. durch die sich nunmehr die Panzerkorps in die Weite des Landes ergiessen konnten

In siebentaegiger Verfolgung vom 14. bis 20. Juni habt Ihr den Feind immer wieder eingeholt und erneut geschlagen.

Ueber die Seine, *die* Loire *und*
die Yonne, *den* Cher

seid Ihr 220 km weit vorgestossen bis Euch hoeherer Befehl Halt gebot 11 000 Gefangene sind eingebracht. die Beute ist unübersehbar.

Wir neigen uns in Ehrfurcht vor unseren Toten die ihr Leben, wir grüssen unsere Verwundeten die ihre Gesundheit geopfert haben.

SOLDATEN!

Wieder. wie in Galizien und vor Lemberg. habt Ihr Eure Pflicht erfüllt. Wieder. wie in Polen, war die 1. Gebirgs-Division allen anderen stets weit voraus, an der Spitze der Armee

Ich danke Euch, weil Ihr tapfer wart und treu.
Unsterblicher Ruhm kroent die 1. Gebirgs-Division

Seid stolz !
Wir grüssen die Heimat.
Es lebe der Führer !

Kübler

Der Tagesbefehl von General Kübler,
herausgegeben in Presly am 20. Juni 1940.

Erhöht stehend grüßt General Kübler seine vorbeimarschierenden Gebirgsjäger.

Gebirgsjäger während einer Landungsübung für das Unternehmen „Seelöwe" am Strand eines Badeortes an der Kanalküste.

Von Oktober 1940 bis Ende März 1941 diente die Cité univeritaire von Besancon der 1. Gebirgsdivision und dem neu aufgestellten XXXXIX. Gebirgsarmeekorps als Stabsunterkunft.

Erkundungsfahrt Küblers mit seinem Begleitkommando in geheimer Mission.

Ein Erkundungstrupp in Spanien,
auf dem Weg nach Gibraltar.

Einmarsch von Küblers „Blumenteufeln“ in die Untersteiermark
während des Balkanfeldzuges im April 1941.

Angespannt warten die Soldaten auf den Angriffsbefehl.

Der Stab des XXXXIX. Gebirgsarmeekorps nach Beendigung des Balkanfeldzuges, Ende April 1941 in Velden am Wörthersee.

Hitlers Triumphfahrt in dem dreiachsigen Mercedes G4 durch Klagenfurt nach Beendigung des Balkanfeldzuges.

Der Schlussappell der 1. Gebirgsdivision, im Mai 1941 in Klagenfurt.

bahnwagen, in dem Foch 1918 die deutsche Kapitulation entgegengenommen hatte. Er trat am 25. Juni ab 01.35 Uhr an der gesamten Westfront in Kraft. Oberstleutnant Lang war mit Teilen seiner motorisierten Vorausabteilung unter anderem gar bis nach Bellegarde und dem französischen Fort-l'Ecluse vorgestoßen, das er beanspruchte.[103]

Die Tage zwischen dem 26. Juni und dem 4. Juli 1940 gehörten der wohlverdienten Ruhe und der notwendigen Pflege der Ausrüstung, bis die 1. Gebirgsdivision am 5. Juli an die Schweizer Grenze verlegt wurde, um auf den Höhen des Jura und an der mittlerweile festgelegten Demarkationslinie Wache zu halten.

Am 10. Juli 1940 trafen Küblers Gebirgssoldaten im neuen Bereitstellungsraum ein und verteilten sich dann für die Unterbringung unter anderem auf die Orte Jougne, Les Hopitaux-Neufs und Vaux. Die Bataillone und Abteilungen, die Kompanien und Batterien teilten sich den Wachdienst auf den Höhenzügen selbstständig ein. Im Zuge der Umgliederung wurde die 1. Gebirgsdivision im Juli 1940 als Teil der Heeresgruppe C wiederum dem XVIII. Gebirgsarmeekorps unterstellt.

Der Frankreichfeldzug war für die deutsche Gebirgstruppe beendet. Eine vorläufige Zusammenstellung des französischen Generals Weygand nannte 121.037 gefallene und 250.107 verwundete französische Soldaten. Die Niederländer verzeichneten rund 2 000, die Belgier nahezu 3 000 Tote. An der Westfront wurden darüber hinaus rund 1,9 Millionen Soldaten des Gegners gefangen genommen. Das Oberkommando der Wehrmacht gab die eigenen Verluste mit 27.074 Toten, 111.034 Verwundeten und 18.384 Vermissten an. Die Gesamtverluste der 1. Gebirgsdivision beliefen sich auf 1 826 Mann.

Die Marschleistungen der „Edelweißdivision" waren enorm. Rund 1 810 Kilometer wurden im Schnitt von den einzelnen Gebirgssoldaten zu Fuß zurückgelegt, 445 Kilometer motorisiert und 2 950 Kilometer mit der Bahn.[104] Jetzt, da die Gebirgsjäger und die Gebirgsartilleristen, die Gebirgspioniere und die Soldaten der Gebirgsnachrichtenabteilung 54 sowie alle anderen Angehörigen der „Ersten" vom General bis zum einfachen Landser im Schweizer Jura lagen, waren alle Mühen und Entbehrungen, aller Schweiß und Kampf vergessen. Hier auf den luftigen Höhen fühlten sie sich alle wohl. Sehnsüchtig schauten sie durch die Ferngläser auf die schneebedeckten Gipfel des Mont-Blanc-Massivs, dessen Besteigung sie gar manches Mal geistig vollzogen. Wer wusste in jenen erholsamen Tagen schon etwas von der Zähigkeit der Briten?

Doch in Großbritannien hatte sich in der Stunde der Not eine Koalitionsregierung unter dem energiegeladenen Sir Winston S. Churchill, der seit Kriegsbeginn Marineminister gewesen war, gebildet. Er wurde fortan zur Seele und zum Motor des britischen Widerstandswillens – und zwar in einer Zeit, da die Briten allein den Krieg gegen die Achse zu führen hatten. „Er war", so der österreichische General der Gebirgstruppe Valentin Feuerstein, „der unnachgiebige Gegenspieler Hitlers und politisch wie militärisch eine hervorragende Erscheinung."[105]

Das Vabanquespiel lautete jetzt, nachdem Churchill als britischer Premierminister die politische Bühne betreten hatte: Hitler oder Churchill? Wer von beiden hatte die besseren Nerven? Wer die wertvolleren Reserven und die besseren Verbündeten?

Wie nach dem Polenfeldzug, so machte Hitler auch dieses Mal wieder ein „großzügiges Friedensangebot" – und zwar dem einzig noch übriggebliebenen Gegner: Großbritannien, seiner „enttäuschten Liebe", aus der fortan eine Art „Hassliebe" wurde. Und dieses Friedensangebot hatte der Führer in seiner großen Reichstagsrede vom 19. Juli 1940 unterbreitet. Bis dahin hatte er nach dem siegreichen Westfeldzug auf ein Zeichen der Friedensbereitschaft der Briten gewartet! Aber Großbritannien lehnte Hitlers Friedensangebot ab. Churchill zeigte grimmige Kampfentschlossenheit. Seine Antwort klang absolut eindeutig: „Wir werden nicht aufhören zu kämpfen, bis die Freiheit gerettet ist." Der Krieg ging nun zwangsläufig weiter. Für General Kübler und seine Gebirgssoldaten bedeutete das, dass sie ab Ende Juli 1940 statt in ihre oberbayerischen Standorte vom Schweizer Jura in einer Fahrt an die Kanalküste – in den Raum von Arras, Antwerpen und Calais – verlegt wurden, um dort im Rahmen des VII. Armeekorps der 16. Armee als „Gruppe Calais" ein fragwürdiges „Seemanöver" vorzubereiten.

Unternehmen „Seelöwe"

Es war Ende Juli 1940, als sich die ersten Vorboten für das Unternehmen „Seelöwe" abzeichneten. Da zu jener Zeit nur die wenigsten Truppenführer oder Soldaten an eine Invasion Englands dachten, ging man nach einem mehrwöchigen Marsch von Südfrankreich nach Belgien davon aus, zu Sicherungsaufgaben an der Kanalküste herangezogen zu werden. Zwischendurch traf nicht nur Ersatz für die Verluste während des Frankreichfeldzuges ein, sondern bald wurde auch die Waffen- und Geräteausstattung verstärkt. Die Maschinengewehrkompanie erhielt die doppelte Anzahl an schweren Maschinengewehren und schweren Granatwerfern mit den dazugehörigen Fahrzeugen und Pferden. Die Zuweisung an Fahrrädern war ebenfalls hoch. Noch wusste die Truppe diese Maßnahmen nicht recht zu deuten. Allgemein sprach man von einer Um- und Neugliederung der Gebirgseinheiten. Doch der wahre Sachverhalt war anders.[106]

Frankreich und die Beneluxländer waren zwar im Kriegsjahr 1940 von der Wehrmacht rasch besiegt und besetzt worden, aber noch lag – nicht zuletzt durch das Zurückhalten der deutschen Panzerdivisionen durch Hitler und die daraufhin erfolgte Evakuierung von über 330.000 Briten und einer nicht unerheblichen Anzahl von französischen Soldaten aus dem alliierten Brückenkopf bei Dünkirchen – jenseits des Kanals das intakt gebliebene Königreich Großbritannien, das sich, mit eiserner Hand von Winston Churchill regiert, auf keinen Verständigungsfrieden mit dem Großdeutschen Reich einlassen wollte. Aus diesem Grunde wollte Hitler die starrköpfigen Briten angreifen, denn, so seine militärpolitische Analyse, er konnte trotz aller gewonnenen Feldzüge auf dem Kontinent den Endsieg solange nicht verkünden, solange das widerspenstige britische Weltreich nicht niedergerungen war.

Aus diesem Grunde fasste der Führer und Oberste Befehlshaber Mitte Juli 1940 den Entschluss, eine militärische Invasion der britischen Inseln durchzuführen. Die Invasionsflotte sollte den Kanal unter dem Schild der deutschen Luftwaffe überqueren. Allerdings war die völlige Niederringung der Royal Air Force und der Royal Navy unbedingte Voraussetzung, um das Unternehmen „Seelöwe" erfolgreich durchführen zu können. Die Vorbereitung der Operation wurde in der „Weisung Nr. 16" vom 16. Juli 1940 festgelegt, ohne dass allerdings ein fester Termin für die Landung beschlossen wurde. Denn schon bei der Ausarbeitung der operativen und taktischen Pläne, mehr noch bei den Planspielen und Übungen hatte es immer wieder neue, oft unlösbar erscheinende Probleme gegeben: Zum Beispiel die Abhängigkeit vom Wetter, das im Ärmelkanal meist völlig unvorhergesehen umschlägt, die Gezeitenströmung, die Gefährdung der Truppe durch die britische Luftwaffe und die mächtige britische Kriegsflotte, die den Kanal nach wie vor kontrollierte.

Dieses riskante Unternehmen sollte in der ersten Phase von Gebirgsjägern und Infanteristen, die die englischen Steilküsten bezwingen sollten, ausgeführt werden. Im Spätsommer 1940 begannen die Vorbereitungen für die Landung, obwohl das Vorhaben innerhalb der Wehrmacht keine einhellige Zustimmung gefunden hatte. Anfangs war geplant, die Invasion mit 40 Divisionen der Heeresgruppe A und B – unter ihnen die 1. Gebirgsdivision des Generals Ludwig Kübler und die 6. Gebirgsdivision des Generals Ferdinand Schörner – auf einer Breite von 300 Kilometern westlich der Isle of Wight bis zur Themsemündung durchzuführen. Schließlich einigte man sich jedoch darauf, 13 Divisionen auf einer Frontbreite von rund 140 Kilometern zwischen Folkestone und Eastbourne einzusetzen.

Um noch geeignete, das heißt spezielle Wasserfahrzeuge, wie sie vergleichsweise die Alliierten bei ihrer Landung 1944 in der Normandie verwendet hatten, zu konstruieren und zu bauen war die Zeit zwischen Planung und beabsichtigter Landung bereits zu kurz. Als Ersatz wurden daher beschlagnahmte Frachtschiffe, Kohlen- und Rheinkähne umgebaut. Vielfach schweißte man den Schiffen das Heck ab, um Fahrzeuge aller Art an Land absetzen zu können. Die auf diese Weise entstandenen „Landungsfahrzeuge" wurden dann in eigens für das Unternehmen „Seelöwe" festgelegten kontinentalen Kanalhäfen konzentriert, um dort auf den Tag X zu warten. Diese „Invasionsflotte" umfasste etwa 155 Transportschiffe verschiedener Tonnage mit zusammen 700.000 Bruttoregistertonnen, 1 300 Kähne und Prahme, 470 Schlepper und Fischerboote sowie 1 200 Motorboote verschiedener Bauart und rund 100 Küstensegler.[107]

Ronald Wheatley schreibt in seinem Buch „Operation Sea Lion": „Die Truppen waren für den Kampf in der Geländeart auszubilden, die sie antreffen würden. Des Weiteren mussten sie hinsichtlich ihrer besonderen Gliederung und Ausrüstung geschult und an die See gewöhnt werden. Zu diesen Aufgaben gehörten auch Einlade- und Ausladeübungen; aber es ist fraglich, in welchem Ausmaß sie tatsächlich durchgeführt wurden!"[108] Dem muss entgegengehalten werden, dass selten eine Truppe so intensiv geschult wurde, wie die für das Unternehmen „Seelöwe" herangezogenen Divisionen und Regimenter. Das Ausbildungsprogramm brachte völlig neuartige Forderungen, deren Erfüllung die Truppe nicht zur Ruhe kommen ließ. So baute man sogenannte „Wackelbühnen", um von diesen mit Gewehr und Maschinengewehren auf Gefechtsscheiben zu schießen. Infanteriegeschütze und Granatwerfer kamen im scharfen Schuss von kleinen Lastkähnen aus zum kriegsnahen Einsatz.

Immer zahlreicher wurde nun neues Gerät herangeschafft, so vor allem Flammenwerfer und Feldküchen. Vielfach erhielten die Gebirgssoldaten eine weitere Decke, eine zweite (englische) Feldflasche, einen zweiten (belgischen) Brotbeutel und ein zusätzliches Verbandspäckchen. Die Munitionsausstattung und die Eiserne Ration wurden erhöht. Die Zahl der Sturmboote stieg beträchtlich. Die Bedienungen stellten zugeteilte Pioniere. Sturmpioniere unterrichteten den Gebrauch der Flammenwerfer sowie gestreckter und geballter Ladungen. Sprengen von Hindernissen, Entminen von Geländestreifen, Benützen von Minengassen und ähnliches mehr wurden immer und immer wieder exerziert. Gefechtsübungen in den Dünen, bei denen In-Stellung-Bringen schwerer Waffen und Schanzarbeiten im sandigen Boden den Vorrang hatten, Sturmangriffe von See her auf das Ufergelände sowie Wegnahme von Bunkern und Maschinengewehrnestern und Abwehr von Gegenangriffen füllten einen Großteil der Ausbildungszeit aus. Durchschreiten und Durchkämpfen von dichten, künstlich erzeugten Nebelbänken steigerten die Anforderungen an die Truppe. Überwinden und Beseitigen von Unterwasserhindernissen wurde ebenso betrieben wie Schlauch- und Sturmbootausbildung auf hoher See. Hierbei kam es gar manches Mal zu unliebsamen Überraschungen. So wurden unter anderem einige Schlauchboote in Richtung England abgetrieben. Sie konnten nur unter größter Anstrengung das belgische Ufer wiedergewinnen. Erst jetzt wurde den Landratten die Bedeutung von Ebbe und Flut in ihrem ganzen Ausmaß klar. Der Sog der Ebbe war insofern gefährlich, als er feindwärts führte. Die Übungszeiten wurden daher künftig nach dem Gezeitenkalender festgelegt. Zwischenzeitlich waren Prahme eingetroffen. Um deren Seetüchtigkeit zu erhöhen, wurden die Böden mit Zement ausgegossen.

Dann begannen die Verladeübungen. Es war kein erhebendes Gefühl für die Gebirgssoldaten, samt Tragtieren im Rumpf eines solchen Kahnes verstaut zu werden, zumal es an der nötigen Luftzufuhr mangelte. Mit belgischen und holländischen Kuttern wurden Landeübungen durchgeführt. In den ersten Tagen war es allgemeine Begleiterscheinung, dass die Sturmtruppen nur sehr mühsam an Land kamen und seekrank am Strand liegen blieben. Erst längere Gewöhnungsübungen schufen hier Abhilfe.[109]

Mittlerweile war die Witterung immer kühler geworden. Es kostete dann viel Überwindung, bei Landeübungen fast bis zur Brust durch das kalte Wasser zu waten, in den nassen Uniformen den Angriff durchzuführen und sich anschließend noch zur Abwehr zu gliedern. Währenddessen wurden Küblers Offiziere und Unterführer laufend zu Lehrgängen abkommandiert. Der britischen Aufklärung waren die massiven deutschen Schiffskonzentrationen natürlich nicht verborgen geblieben, und so fügte die Royal Air Force – da es der deutschen Luftwaffe trotz gewaltiger Anstrengungen nie gelang, über dem Kanal die Luftherrschaft zu erringen – durch gezielte Angriffe dem Landungsunternehmen bereits in den Häfen Verluste zu, die die an diesem Abenteuer beteiligten Offiziere, Unteroffiziere und Mannschaften immer nachdenklicher stimmten.

„Um den Feind zu täuschen und zur Vorbereitung auf die Anlandung übten unsere Jäger in breiter Front das Ersteigen der steilen Kreideküsten zwischen Cap Blanc Nez und Gris Nez mit Kletterseil und Haken, wie sie es in den Wänden der Alpen gelernt hatten. Und dann folgten die Übungen zum raschen Ein- und Auslaufen der Kähne und Prahme, Fahrten auf offener See und schließlich das Anlanden und Inbesitznehmen eines Steilküstenstreifens. Große Freude hatten die Jäger dabei nicht, zumal schon zu Beginn ein Prahm mit Wasser vollschlug und mitsamt den verladenen Waffen absoff. Dabei herrschte höchstens Windstärke 2 und mäßiger Wellengang. Die Leute, welche vorsorglicherweise Schwimmwesten trugen, konnten nach und nach herausgefischt werden. So wurde [den Gebirgsjägern] das Wagnis des Unternehmens frühzeitig bewusst und jeder wünschte sich lieber gewachsenen Fels unter den Sohlen als schwankenden Schiffsboden.“[110]

Am 18. September 1940 fand in Lille in Anwesenheit von Generaloberst Franz Halder eine große Planübung statt, bei der unter Leitung von General der Panzertruppe von Vittinghof der

Einsatz der 16. Armee durchgespielt wurde. Dabei ergab sich für die Vorausabteilung insofern eine neue Lage, als diese im Brückenkopf das Abspringen eines Fallschirmjägerbataillons der „Brandenburger" abzuwarten hatte. Erst dann sollte ein Bataillon Richtung Canterbury weiterstoßen. Die „Brandenburger", die britische Uniformen trugen, hatten als britische Soldaten gegen Dover vorzugehen, sich als eine geschlagene britische Einheit auszugeben, die von den Deutschen hart verfolgt wurde, um dadurch innerhalb der von Dover aus anrückenden britischen Verbände Panikstimmung zu erzeugen, um sie so zum Rückzug nach Dover zu veranlassen. Die „Brandenburger" dagegen sollten sich unter Ausnützung der Paniksituation nach Dover durchschlagen und den dortigen Hafen in Besitz nehmen.

Man wollte dadurch der Forderung, den Hafen von Dover unbeschädigt in die Hand zu bekommen, Rechnung tragen. Ob diese Art der Kampfführung tatsächlich geplant war oder nur eine neue Variante der Übungsleitung war, ist nicht bekannt.[111]

Als X-Tag für das Unternehmen „Seelöwe" war der 21. September 1940 vorgesehen. Mit der Marinestelle in Ostende wurde Verbindung aufgenommen, um Einzelheiten der Durchführung abzusprechen. Die Besprechungen führten jedoch zu keinem Ergebnis. Die Forderung, wenigstens ein Torpedoboot heranzuführen, um auf ihm Vorrichtungen zum Ausschwingen der Sturmboote zu erproben, sowie Verlade- und Landeübungen durchzuführen, wurde abgelehnt; ebenso der Wunsch nach einer Besprechung mit dem Flottillenchef. Es war auch nicht zu erfahren, wann die Boote eintrafen, wo sie vor Anker gingen und wo und wie die Verladung der Truppe vor sich gehen sollte. Der Verbindungsoffizier der Marine wusste über nichts Bescheid oder hielt seine Kenntnisse zurück. Aus seinem Verhalten musste General Kübler den Schluss ziehen, dass die Marine dem Unternehmen „Seelöwe" negativ gegenüberstand und die vorbereitende Planung für undurchführbar hielt.

Schlimmer noch: Weder die Eintreffzeit der zehn Torpedoboote für die Vorausabteilung war dort bekannt noch der Verladeort und die Verladezeit oder der Termin des Auslaufens. Es konnten auch keinerlei Vorbereitungen für die Verladung der ersten Welle, die von Ostende auslaufen sollte, erkannt werden. Der Eindruck, dass „Seelöwe" am 21. September 1940 unter diesen Umständen nicht durchführbar war, gab zu der Vermutung Anlass, dass das Unternehmen für diesen Tag überhaupt nicht geplant war, und ließ da und dort die Meinung aufkommen, dass hier irgendwie geblufft wurde. Verstärkt wurde diese Meinung durch das Verhalten des maßgeblichen Marineoffiziers, der jede Frage oder Forderung mit einem verbindlichen Lächeln und Achselzucken quittierte. Erst in den Abendstunden des 20. September wurde der Befehl für die nächtliche Verlegung widerrufen. War es Zufall, dass die Anmarschstraßen nach Ostende in dieser Nacht ganz besonders heftigen Luftangriffen ausgesetzt waren?[112] Die Hauptvoraussetzung für eine erfolgversprechende Durchführung des Unternehmens „Seelöwe" war nach Meinung der Oberkommandos der Wehrmacht und des Heeres sowie nach Erfahrung der Truppenführer die Erringung der deutschen Luftherrschaft über dem Ärmelkanal und Südengland. Das kam auch in der „Weisung Nr. 17", die am 1. August 1940 ausgegeben wurde, zum Ausdruck. Sie forderte unmissverständlich, dass die „Führung des Luft- und Seekrieges gegen England" zu verstärken sei.[113] Von Mitte Juli bis Mitte Oktober versuchte die deutsche Luftwaffe zwar immer wieder mit über 2 500 Jagd- und Bombenflugzeugen die süd- und mittelenglischen Flugplätze zu zerstören und die kaum 500 britischen Jäger ganz auszuschalten, aber bereits Mitte Oktober mussten die deutschen

Anstrengungen in dieser Richtung als gescheitert angesehen werden. Die eigenen Verluste bezifferten sich auf 733 Maschinen und waren viel zu hoch. Hierzu hatte nicht zuletzt der für die Deutschen überraschende Einsatz eines modernen Radar-Warnsystems durch die Briten beigetragen.

Von Mitte Oktober 1940 an richtete die deutsche Luftwaffe ihre Angriffe daher nicht mehr in erster Linie auf englische Flugplätze, sondern auf Industriestädte wie Coventry und andere mehr, sowie auf die Hauptstadt des Vereinigten Königreiches, auf London. Ziel der Deutschen war es jetzt, die britische Widerstandskraft zu zermürben; dieses Ziel wurde allerdings nie erreicht. An die Stelle der Invasion trat nun mehr und mehr die „Luftschlacht um England". Vom Sommer 1941 an ließen dann auch diese Angriffe allmählich nach, da die Luftwaffe einerseits vermehrt in Nordafrika und der Sowjetunion eingesetzt werden musste, wo neue Kriegsschauplätze entstanden waren, und andererseits die britische Abwehr immer mehr erstarkte, so dass die deutschen Erfolge letztlich in keinem vertretbaren Verhältnis zu den erheblichen Verlusten standen. Das Unternehmen „Seelöwe" wurde mehrmals verschoben, und zwar vom August auf den September 1940, vom 2l. September auf den 12. Oktober 1940 und dann wiederum auf das Frühjahr 1941 – schließlich aber war zur sichtbaren Erleichterung der dafür vorgesehenen Gebirgsjäger und ihrer Kommandeure ganz darauf verzichtet worden. Die deutsche Führung hatte, nachdem man ohnehin nur halbherzig an die Operation herangetreten war, noch rechtzeitig erkannt, dass ohne absolute Luftherrschaft über dem Kanal die Landung auf den britischen Inseln ein zu großes Wagnis bedeutet hätte: Der „Seelöwe" hatte ausgebrüllt, bevor er richtig Luft geholt hatte. Im Gegenteil – er ermattete zusehends und war schließlich verstorben, nachdem man ihm auf dem Operationstisch des Führerhauptquartiers nicht die Hilfe und Unterstützung gewährt hatte, die zum Überleben, ja zum Aufbäumen und Losschlagen notwendig gewesen wäre. Kurzum: Der „Patient" war tot.

Hitlers Schwanken beschrieb Generaloberst Alfred Jodl, seit August 1939 Chef des Wehrmachtsführungsstabes im Oberkommando der Wehrmacht, später so: „Er teilte den Glauben des Heeres, dass England in Kürze niederzuwerfen sei, sobald man festen Fuß auf der Insel gefasst habe. Aber ob das gelingen würde, das hing von seemännischen Imponderabilien ab, die ihm fremd waren. Vielleicht war dieser strategische Entschluss der einzige des ganzen Krieges, bei dem sich Hitler beraten ließ. Die Warnung des Oberbefehlshabers der Kriegsmarine und eine von mir verfasste Beurteilung der Lage gaben den Ausschlag. Hitler wandte sich dem Mittelmeer zu."[114] Armeekorps und Divisionen, Regimenter und Abteilungen, Bataillone, Kompanien und Batterien, die den „Seelöwen" mit Leben erfüllen sollten, wurden nach und nach abgezogen und anderen Verwendungen zugeführt. Als politisch-strategischen Ersatzplan für die Niederwerfung Großbritanniens wollte Hitler die Briten nun durch Wegnahme ihrer Schlüsselstellungen im Mittelmeer zum Einlenken zwingen. Verbesserte Waffen, ein tollkühner Einsatz und das Einverständnis Spaniens waren dafür allerdings notwendig: für das Unternehmen „Felix", den beabsichtigten Angriff deutscher Gebirgsjäger auf Gibraltar im Kriegsjahr 1941 – der erste Stützpunkt der Briten auf ihrem weiten Seeweg nach Indien.[115] Hitler war sich seiner Sache sicher, nachdem der spanische Diktator Franco noch am 18. Juli 1940 eine „kriegerische Rede" gehalten hatte, „worin er Ansprüche auf Gibraltar anmeldete und erklärte, zwei Millionen Soldaten stünden bereit, Spaniens glorreiche Vergangenheit wiederzubeleben."[116]

ZWEITER TEIL: DER KOMMANDIERENDE GENERAL

„Aus dem Kampfe mit den Naturgewalten der Berge erwachsen dem Soldaten trotzige Härte, kühner Mut und treue Kameradschaft. So ist die Schule am Berge ein Quell deutschen Mannestumes und die beste Vorbereitung auf den Krieg. Im Weltkriege und in diesem Kriege haben deutsche Gebirgstruppen auf allen Kriegsschauplätzen Unvergleichliches geleistet und ewigen Ruhm an ihre Fahnen geheftet. Die Gebirgstruppe trägt daher mit Stolz das Abzeichen, das sie vor allen übrigen Truppen auszeichnet: das Edelweiß.

Ludwig Kübler
General der Infanterie"[1]

Aufstellung des XXXXIX. Gebirgsarmeekorps

Ende September 1940 erhielt Kübler, der am 1. August 1940 zum General der Infanterie – und nicht der Gebirgstruppe, was ihn, den Bauherrn, besonders schmerzte[2] – befördert worden war, von der 16. Armee die Weisung, die Vorbereitungen für das Unternehmen „Seelöwe" einzustellen und die Verlegung seiner 1. Gebirgsdivision für einen neuen Auftrag und Einsatz im südlichen Frankreich vorzubereiten. Auf der Grundlage weiterer Befehle zog der Divisionsstab im Landmarsch von Arras, wo er im Haus des Bauunternehmers Peulabeuf am Boulevard Straßburg gut untergebracht war, über St. Quentin, Reims und Troyes nach Besançon. Gleichzeitig wurden die Truppenverbände meist im Bahntransport in den Raum Pontarlier, Champagnol und St. Claude entlang der Schweizer Westgrenze verlegt und dort einquartiert. Kübler belegte mit seinem Stab in Besançon das Gebäude der Cité universitaire am hohen Doubsufer. Als Personalunterkunft diente das Hôtel des Bains an der zerstörten Doubs-Brücke.[3]

Mit dieser Verlegung hatte es die oberbayerische „Edelweißdivision" in eine geschichtsträchtige Landschaft verschlagen. Denn im Hochmittelalter kam das überwiegend deutschsprachige Burgund 1032 unter dem fränkischen Salierkaiser Konrad II. an das Heilige Römische Reich Deutscher Nation, und mit ihm auch die Stadt Bisanz, das antike, am Doubs gelegene Vesentio, das von 1307 bis 1679 freie deutsche Reichsstadt war. Erst 1679 kam sie mit der zweihundert Meter darüber liegenden Zitadelle unter Ludwig XIV. an Frankreich und erhielt ihren jetzigen Namen Besançon. Hier, in der neuen Unterkunft, setzte Kübler seinen Stab von dem neuen Auftrag für seine Division kurz in Kenntnis: die Einnahme Gibraltars von der spanischen Landseite aus. Hierfür hatte die Artillerie aller Kaliber mit rund 150 Batterien von Algeciras aus die nötigen Voraussetzungen zu schaffen, da die schweren deutschen Schlachtschiffe aufgrund der britischen Seeherrschaft hierfür nicht herangezogen werden konnten. Mit dieser Aufgabe, so der „Latschen-Nurmi", sei der Artilleriestab 132 unter dem wenig dynamischen Oberst Wintergerst und dessen Mitarbeitern Hauptmann im Generalstab Grob, Hauptmann der Reserve Geiger und Hauptmann der Reserve Dr. Meiding zu betrauen. Zunächst gab es in der 1. Gebirgsdivision allerdings einige gravierende Veränderungen.

Am 3. November 1940 schied das Gebirgsjägerregiment 100 (Utz) aus und trat mit der I. Abteilung/Gebirgsartillerieregiment 79 (jetzt I. Abteilung/Gebirgsartillerieregiment 95) zur 5. Gebirgsdivision des Generals Julius Ringel über. Die leichte Artillerieabteilung 745 wurde die III. und die alte III. wurde jetzt die I. Abteilung des Artillerieregiments. Aus der schlagkräftigen dreigliedrigen Stammdivision der deutschen Gebirgstruppe war nunmehr eine zweigliedrige geworden. Die ab jetzt fehlende dritte Säule wurde in den folgenden Feldzügen oft schmerzlich vermisst. Nach dem Ausscheiden der genannten Truppenkörper sah die Regimentsgliederung der 1. Gebirgsdivision folgendermaßen aus: Gebirgsjägerregiment 98 mit I. bis III. Gebirgsjägerbataillon, Gebirgsjägerregiment 99 mit I. bis III. Gebirgsjägerbataillon und Gebirgsartillerieregiment 79 mit I. bis IV. Gebirgsartillerieabteilung.

Da Ludwig Kübler zum Kommandierenden General des neu aufzustellenden XXXXIX. Gebirgsarmeekorps ernannt wurde, hatte er seine bewährte 1. Gebirgsdivision an den von ihm ungeliebten Hubert Lanz, der nicht zuletzt wegen seiner Wendigkeit zum seinerzeit jüngsten Generalmajor der Wehrmacht befördert wurde, abzugeben. Dieser war während des Frankreichfeldzuges zuletzt Stabschef beim XVIII. Gebirgsarmeekorps und zuvor Kommandeur des Bad Reichenhaller Gebirgsjägerregiments 100 gewesen, so dass er aufgrund seines militärischen Werdegangs für die neue Verwendung geradezu prädestiniert erschien.

Lanz, Jahrgang 1896, war ein gebürtiger Schwabe und im Ersten Weltkrieg Kompanieführer im Württembergischen Gebirgsbataillon, in dem auch sein um fünf Jahre älterer Landsmann Erwin Rommel diente. Sein Bataillon kämpfte unter anderem im Verband des Deutschen Alpenkorps an der Karpatenfront und während der 12. Isonzoschlacht.

Bei der Gebirgstruppe war er also kein Neuling, der sich erst mit den Besonderheiten der „Gebirgler", wie er sich selber gerne nannte, vertraut machen musste. „Hörte man die Kommandeure seiner Regimenter und Bataillone über ihn reden, dann fühlten sie sich von ihm am langen Zügel einfühlsam geführt", erinnert sich Küblers langjähriger Intendant Dr. Bernklau. „Sie hatten bei ihm den nötigen taktischen Spielraum und erfuhren Anerkennung, wenn ihre Vorschläge sich als zweckmäßig erwiesen. Er vereinnahmte sie nicht als von ihm erdacht. Lob von oben gab er an alle Beteiligten weiter. War Kritik oder Tadel vonnöten, dann waren sie deutlich, aber nicht verletzend. Er verteilte sie angemessen laut und herb je nach Sachlage. Peinliche Vorkommnisse im Offizierskorps, die zu ahnden waren, bereinigte er ohne Aufhebens. [...] So erfolgreich Lanz aber mit seiner Division war, so vergeblich blieb sein Bemühen um ein spannungsfreies Verhältnis zu seinem vorgesetzten Kommandierenden General Kübler, der seiner Schroffheit allzeit treu blieb."[4]

Zur einer gleichen Beurteilung wie Küblers langjähriger Mitarbeiter Dr. Wolfgang Bernklau kam auch der amerikanische Professor Charles B. Burdick in seiner Lanz-Biographie, in der er feststellte: „Kübler verbarg keineswegs sein Missfallen ihm gegenüber weder mit Worten noch im Ton, ohne doch einen sachlichen Grund anzugeben. So bedeutete der Kommandowechsel den Anfang eines spannungsgeladenen Verhältnisses, das nur durch die strikte Einhaltung des Protokolls überlebte. Sie konnten einfach keine Sympathie für einander entwickeln. [.. .]"[5]

Unter diesen ungünstigen Vorzeichen begann für den forschen und ehrgeizigen Lanz eine lange Durststrecke der Abhängigkeit vom eiskalten „Latschen-Nurmi".

Kübler und Lanz, die beiden Exponenten der Stammdivision der deutschen Gebirgstruppe, waren in der Tat wie Feuer und Wasser. Während der Bauherr von seinem Wesen her mehr das nasse Element verkörperte, konnte sich der Schwabe, wenn es ihm zweckmäßig erschien, sehr schnell in eine Flamme verwandeln.

So ließ er während der Phase der „Blitzkriege“ und „Blitzsiege“ bei jeder sich bietenden Gelegenheit Dank- und Ergebenheitstelegramme an seinen Führer absetzen und diesen als Heros einer neuen Zeit hochleben.[6] Im Sommer 1942 wollte Lanz, dessen Unterschrift wir unter anderem auch unter antisemitischen Anordnungen „zum Ausschluss der jüdischen Mitbürger aus der Volksgemeinschaft“ finden[7], den Führer gar dazu veranlassen, den Elbrus in „Adolf-Hitler-Spitze“ umzubenennen![8]

Als es am 25. Oktober 1940 zur endgültigen Aufstellung des XXXXIX. Gebirgsarmeekorps kam[9], wurde Kübler zunächst die altvertraute 1. Gebirgsdivision unterstellt. Die Führungsabteilung des Korps – Chef des Generalstabes war Oberst im Generalstab Ferdinand Jodl, ein sachlicher, hochqualifizierter, ruhiger Mann – sowie der Ia und der Ic traten neu zusammen, während die Quartiermeisterabteilung und Teile der Korpstruppen vom XVIII. Gebirgsarmeekorps geschlossen zum XXXXIX. Gebirgsarmeekorps wechselten. Sowohl das neue Armeekorps, das sich aus den Korpstruppen Arko 132, Gebirgskorpsnachrichtenabteilung 70 und den Korpsnachschubtruppen 418 zusammensetzte, als auch die 1. Gebirgsdivision waren bis Ende März 1941 in Besançon in denselben Gebäuden und Unterkünften untergebracht.

Unternehmen „Felix“

Nachdem Churchill Hitlers „großzügiges Friedensangebot“ abgelehnt hatte und das Unternehmen „Seelöwe“ im wahrsten Sinne des Wortes ins Wasser gefallen war, ging das Suchen und Erkunden nach politischen und militärischen Möglichkeiten, um den Krieg zugunsten des Dritten Reiches zu beendigen, unvermindert weiter. Erstmals wurde am 13. August 1940 in der Lagebeurteilung des Chefs des Wehrmachtführungsstabes an vierter und letzter Stelle die Wegnahme des Affenfelsens von Gibraltar angesprochen. Dort hatten die Briten in riesigen Felskavernen Vorräte für eineinhalb Jahre angelegt. In jener Zeit wurde nach einer Erkundung des Chefs der Abwehr, Admiral Wilhelm Canaris, der Plan geboren, das Unternehmen „Felix“ in vier Phasen durchzuführen:

„1. Bindende Abmachungen mit General Franco darüber, dass Spanien sogleich unter getarnter deutscher Beteiligung die Abwehr eines englischen Vorstoßes aus Gibraltar oder einer englischen Landung in der Zone von Gibraltar sicherstelle.
2. Überraschender Angriff starker Verbände der deutschen Luftwaffe von Bordeaux aus auf die im Hafen von Gibraltar liegenden englischen Kriegsschiffe und gleichzeitige Überführung deutscher Sturzkampfflugzeuge und Küstenbatterien nach Südspanien.
3. Einsatz dieser beiden Kampfmittel zur Zerstörung des Hafens von Gibraltar und zur endgültigen Vertreibung der dort noch verbliebenen englischen Seestreitkräfte.
4. Wegnahme des Felsens durch Angriff von der Land- und möglichst auch von der Seeseite her, wobei spanischer Oberbefehl uneingeschränkt anzuerkennen wäre, in der Persönlichkeit des deutschen Befehlshabers aber die Gewähr gegeben sein müsse, dass die Führung der Operation tatsächlich in deutscher Hand liege.“[10]

Im September 1940 trug der Kommandierende General des XXXXIX. Gebirgsarmeekorps Hitler befehlsgemäß seinen Angriffsplan und seine Forderung an die mitwirkenden Teile der Luftwaffe vor. Den messerscharfen Gedanken folgte der Oberste Befehlshaber ohne Einspruch bis zum Ende. Er war offensichtlich fasziniert. Die Stärke des Willens, die aus Küblers Worten sprach, die Sicherheit, die er aus allem hörte, hatten ihn tief beeindruckt. Als dann noch andere sprachen, beachtete Hitler sie kaum. Er hatte den Entschluss gefasst, diesen Gebirgsjägergeneral im Auge zu behalten.

Ende Oktober/Anfang November 1940 wurden die zum Angriff auf die Felsenfestung vorgesehenen Truppen im Raum Besançon sowie auf dem in der Nähe gelegenen Truppenübungsplatz Le Valdahon versammelt. Die für diese Sonderaufgabe zusammengestellte „Sturmdivision" hatte schließlich folgende Gliederung:

Divisionsstab: Stab der 1. Gebirgsdivision.
Gebirgsjägerregiment 98 mit
3 Gebirgsjägerbataillonen zu je 5 Kompanien.
Grenadierregiment „Großdeutschland"[11] mit 5 Bataillonen, darunter zwei schwere Bataillone beziehungsweise Abteilungen.
Gebirgsartillerieregiment 79 mit zwei Gebirgskanonen-, einer 10,5 cm-Gebirgshaubitz- und einer motorisierten 15 cm-Haubitzabteilung.
Pionierregiment „Geiger" mit 3 Bataillonen, darunter 1 Gebirgspionierbataillon (Mittenwald).
1-2 Nebelwerferabteilungen zu je 3 Batterien, 15 cm-Werfer für Nebel- und Brisanzgranaten.
1 Gebirgsnachrichtenabteilung mit zwei Fernsprechkompanien und einer Funkkompanie.
Gebirgssanitäts- und Versorgungsverbände.

Diese „Sturmdivision" hatte eine Personalstärke von rund 460 Offizieren und 16.000 Unteroffizieren und Mannschaften. Sie verfügte über eine gute, teilweise höchst moderne Bewaffnung, die der Bedeutung des Unternehmens angepasst wurde. Bei allen Verbänden handelte es sich um ausgesuchte Truppenteile. Hinzu kamen Verbände der schweren Artillerie und der Luftwaffe, die den Erfolg des eigentlichen Angriffs sicherzustellen hatten.

Wie sich Hitler über die Art der Durchführung in einer Besprechung mit dem Oberbefehlshaber und dem Chef des Generalstabes des Heeres am 4. November äußerte, das erfahren wir jetzt von Helmuth Greiner:

„Sobald die politischen Verhandlungen mit Spanien zu befriedigendem Abschluss gebracht seien, sollten unter weitmöglicher Tarnung die Erkundungen gegen Gibraltar in verstärktem Maße fortgesetzt, die erforderlichen Flugplätze auf spanischem Boden angelegt und die zum Angriff bestimmten Verbände in Südfrankreich versammelt werden. Zu einem günstigen Zeitpunkt hätten sodann Kampfgruppen der Luftwaffe die im Hafen von Gibraltar liegenden britischen Seestreitkräfte zu überfallen, gleichzeitig die bereitgestellten Heerestruppen und Sturzkampfverbände die französisch-spanische Grenze zu überschreiten und zu überfliegen, um die Festung selbst anzugreifen. Nach der Wegnahme wolle er Gibraltar den Spaniern übergeben. Zur Sperrung der Meerenge sollten dann spanische und gegebenenfalls auch französische Seestreitkräfte herangezogen, zum Küstenschutz deutsche Küstenbatterien eingesetzt werden. Wichtig sei es, in Erfahrung zu bringen, wieweit die

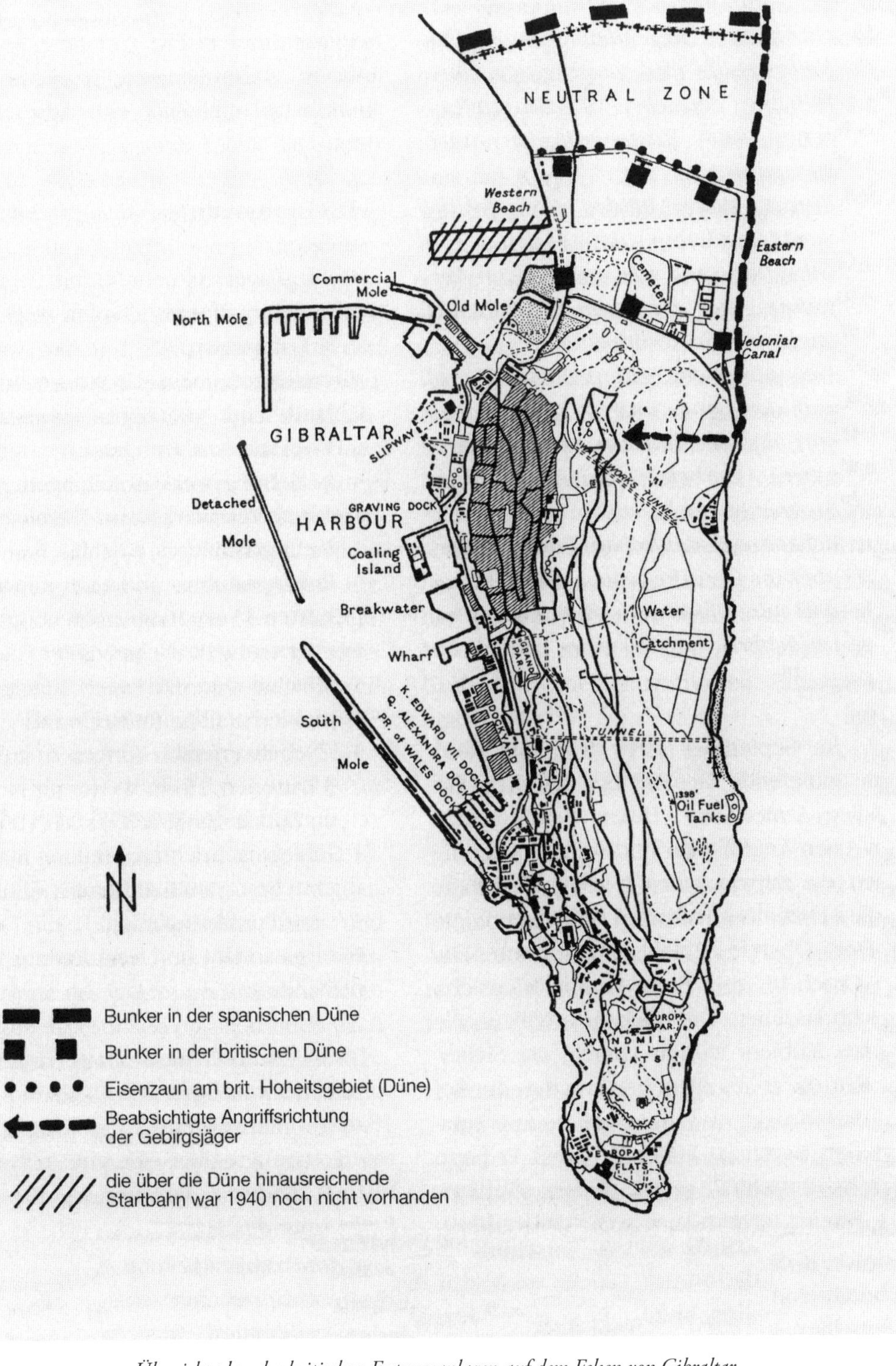

Übersichtsplan der britischen Festungsanlagen auf dem Felsen von Gibraltar mit beabsichtigter Angriffsrichtung der Gebirgsjäger.

spanischen Küstenbatterien in Ceuta und Tanger verwendungsbereit seien. Vielleicht werde es auch nötig sein, deutsche Kräfte nach Spanisch-Marokko zu überführen. Gleichzeitig mit dem Angriff auf Gibraltar sollten die Kanarischen und Kapverdischen Inseln und möglichst auch die Azoren von deutschen Truppen besetzt werden. Der portugiesischen Regierung gegenüber werde man diese Maßnahme damit begründen, dass zuverlässige Nachrichten über englische Absichten auf die Azoren und die Kapverdischen Inseln vorlägen, und man werde ihr hierbei erklären, dass Portugal, wenn es den Engländern irgendwelche Unterstützung gewähre, sofort von deutschen Kräften besetzt werden würde. Um dieser Drohung Nachdruck zu verleihen, sollten hinter den zum Angriff auf Gibraltar bestimmten Verbänden einige motorisierte Divisionen nach Spanien hinein folgen."[12]

Die Leitgedanken Hitlers wurden dann im grundlegenden Befehl des Oberkommandos der Wehrmacht für das Unternehmen „Felix" (Spanien) und „Isabella" (Portugal), nämlich in der „Weisung Nr. 18" vom 12. November 1940 zusammengefasst. „Sie enthüllte höchst weitgespannte Ziele: Die Herbeiführung einer Zusammenarbeit zwischen Deutschland und Frankreich unter Sicherung des französischen Kolonialreiches gegen England wie gegen die freifranzösische Bewegung General de Gaulles in London."[13]

Damit waren die wesentlichen Grundlagen für die Vorbereitung des Unternehmens „Felix" geschaffen. Am 10. Januar 1941 sollte der gewaltige, befestigte und hochmodern bewaffnete und bestens ausgerüstete Felsen von Gibraltar, der bis zu einer Höhe von 425 Metern aufsteigt, 4,6 Kilometer lang und 1,25 Kilometer breit ist, erobert werden. Er fällt nach Norden und Osten sehr schroff ab und ist mit dem spanischen Festland durch einen flachen Isthmus von drei Kilometern Länge und zwei Kilometern Breite verbunden. Seine Inbesitznahme durch die Deutschen hätte die Seeherrschaft der Briten im Mittelmeer entscheidend geschwächt.[14]

Die Schwierigkeit lag für Hitler nun darin, die offizielle Zustimmung und Mitwirkung des spanischen Diktators zu gewinnen. General Franco sollte daher nominell den Oberbefehl erhalten, während der Generalfeldmarschall von Reichenau als tatsächlicher Oberbefehlshaber vorgesehen war. Heer, Luftwaffe und Marine hätten bei dem Unternehmen auf das Engste zusammenwirken müssen. Als Befehlshaber der Luftwaffe wurde Generaloberst Freiherr von Richthofen, als Befehlshaber der Landtruppen General der Infanterie Kübler bestimmt. Die härteste Aufgabe wäre wohl der 1. Gebirgsdivision unter ihrem neuen Kommandeur Lanz zugefallen, denn sie hätte den Angriff über den schmalen, ebenen Landstreifen gegen die steile Wand des Felsens führen müssen, wobei vorausfahrende schwerste Panzer minenfreie Gassen schaffen sollten. Gleichzeitig sollte das Grenadierregiment „Großdeutschland" in Sturmbooten von Westen her über die Bucht von Algeciras die Flanke des Felsens angreifen. Schwere und schwerste Artillerie hatte die britischen Geschützscharten der Festung und die feindlichen Kanonen zum Schweigen zu bringen.

Welche Erfolgsaussichten die Oberste Wehrmachtführung diesem tollkühnen Unternehmen beimaß, das entnehmen wir der Lagebeurteilung, die der Chef des Wehrmachtführungsstabes für eine auf den 14. November 1940 in Innsbruck angesetzte Besprechung zwischen Generalfeldmarschall Keitel und dem Chef des Oberkommandos der italienischen Wehrmacht, Marschall Badoglio, verfasste. Darin hatte General Alfred Jodl formuliert: „Gibraltar werde, wenn Spanien sich zu baldigem Kriegseintritt entschließen sollte, von besonders geschulten deutschen Truppen unschwer [So leicht wäre dies wohl nicht gewesen! A. d. Verf.] genommen werden können. In dieser Besprechung wurde Marschall Badoglio eröffnet, dass die deutsche Wehrmachtführung den Angriff auf Gibraltar ohne Beteiligung italienischer Kräfte durchzuführen gedenke. Marschall Badoglio erhob hiergegen keinen Einspruch."[15]

Die Generale von Richthofen und Kübler trugen Hitler ihre Absichten für den Einsatz der unterstellten Kräfte überzeugend vor. Der Oberste Befehlshaber war von der Genauigkeit und Gründlichkeit der Gedankengänge des Bauherrn der deutschen Gebirgstruppe wieder stark beeindruckt. Im „Kriegstagebuch des Oberkommandos der Wehrmacht" finden wir darüber am 7. Dezember 1940 folgende Eintragung:

„Der Kommandierende General des XXXXIX. Armeekorps, General Kübler, und der Führer der gegen Gibraltar einzusetzenden Luftverbände, General Freiherr von Richthofen, halten dem Führer am Nachmittag in Gegenwart des Oberkommandos des Heeres, des Generalfeldmarschalls von Reichenau, des Chefs des Oberkommandos der Wehrmacht, des Chefs des Wehrmachtsführungsstabes und des Chefs der Luftwaffe Vortrag über die taktische Durchführung des Angriffs gegen Gibraltar. Dieser ist so beabsichtigt, dass die eingesetzten infanteristischen Kräfte sich nach entsprechender Artillerievorbereitung an die Nordecke des Gibraltarfelsens heranarbeiten und dann dessen Nordgipfel ersteigen sollen. Mit der Wegnahme dieses beherrschenden Punktes würde die Hauptarbeit getan sein.
Der Führer ist hiermit einverstanden. Er äußert sich über die Durchführung des Angriffs im gleichen Sinne wie am 5. Dezember (vgl. S. 12/9) und weist noch besonders auf die Notwendigkeit äußerster Sicherung des eigenen Artillerieaufmarsches gegen englische Vorstöße hin, wozu die vor Gibraltar liegenden spanischen Truppen noch vor dem Grenzübertritt der deutschen Heeresverbände durch getarnte Kräfte (Regiment Brandenburg) verstärkt werden müssten."[16]

Nun erhielt Generalmajor Lanz den Auftrag, eine Erkundung von Gibraltar an Ort und Stelle durchzuführen, um sich dementsprechend vorbereiten zu können, denn er sollte ja mit seiner zusammengestellten „Sturmdivision" den entscheidenden Angriff durchführen. Nachdem bereits alle Phasen eines Festungskampfes an den Sperrforts von Belfort und an den Steilfelsen des Louetales durchexerziert und nebenher die Angriffsplanung an einem 50 bis 60 cm hohen, farbigen Gipsmodell der Felsenfestung im Maßstab 1:1 000 in einem verdunkelten Raum im Studentenwohnheim der Cité universitaire durchdacht worden waren, machte man sich über die spanische Hauptstadt Madrid und durch die herbe Landschaft von Andalusien auf den Weg zum Affenfelsen.

Es war kurz vor Weihnachten 1940, als der Erkundungsstab wieder aus Spanien zurückkehrte. Die Auswertung der Eindrücke vor Ort zeigte, dass die Ausbildung teilweise auf die neuen Erkenntnisse ausgerichtet und die Angriffsführung den neuen Ansichten angepasst werden musste. Am 10. Januar 1941 sollte das gewaltige Bollwerk von Küblers Gebirgssoldaten endlich erobert werden.

Aber noch während der getarnt betriebenen Erkundungen versagte General Franco auf Ratschlag des Admirals Canaris[17], der dem Nationalsozialismus ablehnend gegenüberstand[18] und seine undurchsichtige Rolle beim Unternehmen „Felix" so gut spielte, dass man ihm nichts beweisen konnte[19], seine Mitwirkung – und zwar unter anderem mit der Begründung, dass ihm Hitler keine konkreten Zusagen auf die vorgetragenen Gebietsforderungen in den

Pyrenäen und eine Erweiterung des spanischen Kolonialbesitzes durch Abtretung französischer Besitzungen machen könne. Das war Francos Dank für die deutsche Unterstützung durch die Legion Condor im Spanischen Bürgerkrieg, die ihm die Macht sicherte, spotteten die deutschen Offiziere über den „Hanswurst."[20]

Schlimmer noch: „Spanien konzentrierte darauf Truppen an der Pyrenäengrenze, um sich gegen einen etwaigen deutschen Gewaltstreich zu wappnen."[21]

Als Kübler im Februar 1941 zu einer Besprechung nach Paris fuhr, erfuhr er dort von Hitler persönlich, dass „Felix" nicht stattfände. Damit war eine der ganz großen Chancen für die deutsche Kriegsführung vertan. Denn mit einem erfolgreich durchgeführten Unternehmen wäre nicht nur der Affenfelsen den Briten entrissen, sondern auch ihre Seeherrschaft im Mittelmeer entscheidend geschwächt worden. Ja, man kann davon ausgehen, dass bei einer Eroberung von Gibraltar eine Landung auf Kreta oder ein Feldzug in Nordafrika überflüssig geworden wären und der Krieg aller Wahrscheinlichkeit nach eine andere Wendung genommen hätte.

Nicht umsonst schrieb Hitler am 5. Februar 1941 an den Duce: „Wenn General Franco unserer Bitte entsprochen hätte, dann [...] hätte England den Westeingang zum Mittelmeer verloren! Es ist ein Jammer, zu sehen, wie durch Zaghaftigkeit eine große Chance einfach verpasst wird."[22]

In gleicher Hinsicht äußerte sich Generalfeldmarschall Keitel nach dem Kriege, als er voller Wehmut beklagte: „Statt Russland anzugreifen, hätten wir das Britische Reich durch Schließung des Mittelmeeres abdrosseln sollen. Der erste Schritt des Unternehmens wäre die Eroberung Gibraltars gewesen. Dies war eine andere große Gelegenheit, welche wir versäumten."[23] Das Kriegsjahr 1940 neigte sich dem Ende zu. Auf den Hochflächen des französischen Jura und der Franche Comté war es kalt geworden. Der Schnee deckte die Landschaft mit einer weißen Decke zu. Küblers XXXXIX. Gebirgsarmeekorps bereitete sich auf die geplante Operation „Attila" vor, bei der es auf dem linken Flügel der Heeresgruppe D eingesetzt werden sollte, um dann die Zugänge zur französisch-italienischen Demarkationslinie zu sperren. Darauf wurde die Ausbildung der unterstellten Truppen abgestimmt. Doch wie bei „Felix" waren letztlich auch bei „Attila" alle Vorbereitungen vergebens, weil Küblers Gebirgsjäger schließlich für eine andere Aufgabe herangezogen wurden.

Feldzug gegen Jugoslawien

Die Wintermonate waren relativ schnell vergangen, ohne dass sich politisch eine Entspannung in Europa abzeichnete. Als im März 1941 auf den Hochflächen der Schnee zu schmelzen und es in den Tälern von Besançon zu grünen begann, wurde das XXXXIX. Gebirgsarmeekorps mit der 1. Gebirgsdivision statt in die Heimat in den Südosten Europas verlegt. Die Hoffnung, dass mit dem Westfeldzug auch der Krieg beendet sei, war vorerst zerbrochen.

Würde nun wenigstens das Kriegsjahr 1941 den ersehnten Frieden bringen? „Das Jahr 1941 wird die Vollendung des größten Sieges unserer Geschichte bringen!" hatte Hitler in seinem Neujahrsbefehl an die Deutsche Wehrmacht erklärt. Zwölf Monate zuvor hatte er anlässlich des Jahreswechsels noch verkündet: „Möge das Jahr 1940 die Entscheidung bringen!" Es hatte sie aber nicht gebracht. Denn während Hitler im Herbst 1940 noch nach politischen und militärischen Verbündeten Ausschau gehalten hatte, eröffnete Mussolini auf eigene Faust von Albanien aus einen Angriff auf Griechenland, was keineswegs den Wünschen des Führers entsprach. Vielmehr versuchte der gekränkte Duce sein angekratztes Prestige mit einem Feldzug auf dem südosteuropäischen Kriegsschauplatz wieder aufzupolieren. Die blitzartigen deutschen Erfolge in Polen, Skandinavien und Frankreich hatten ihm manch schlaflose Nacht bereitet.

Sein Schwiegersohn Graf Ciano vermerkte in seinem berühmt gewordenen Tagebuch über Mussolini: „Hitler stellt mich immer vor vollendete Tatsachen. Diesmal werde ich ihm mit gleicher Münze heimzahlen; er wird aus den Zeitungen erfahren, dass ich in Griechenland einmarschiert bin. So wird das Gleichgewicht wiederhergestellt.“[24]

Hitlers Heeresadjutant Major Engel hielt in seinen Aufzeichnungen am 28. Oktober 1940 die Empörung seines Führers über Mussolinis Extratour auf dem Balkan mit den Worten fest:

„F. tobt, als er vom Angriff Italiens auf Griechenland hört. Schimpft auf deutsche Verbindungsstäbe und Attachés, die nur ‚frühstückten‘ und keine Spione seien. Bemerkt, diese Tatsache verdürbe ihm manches Rezept, das er vorhabe. Beurteilt die Lage so, dass Duce Angst vor eigenem, d. h. deutschem wirtschaftlichen Einfluss auf dem Balkan habe, und bezweifelt, ob Italiener in der Lage seien, Griechenland niederzuringen, da die Griechen an sich keine schlechten Soldaten seien. Wörtlich sagt F.: ‚Das ist die Rache für Norwegen und Frankreich.‘ Er, F., habe aber nicht anders als geheim handeln können, da jeder zweite Italiener ein Verräter oder Spion sei. Böse Worte, will Mussolini sprechen. Hat große Besorgnis, dass Vorgehen Italiens den ganzen Balkan in Mitleidenschaft ziehen könne und den Engländern willkommener Anlass [sei], auf dem Balkan eine Luftbasis zu errichten.“[25]

Zwischen dem Führer und dem Duce kam es wegen des italienischen Vorgehens auf dem Balkan zwar zu einer heftigen Auseinandersetzung, aber sie konnte den militärpolitischen Verlauf der Ereignisse nicht mehr entscheidend revidieren. Die Achse Berlin – Rom zeigte hinsichtlich gemeinsamer Politik und Kriegführung gefährliche Risse. Mussolini, der das Mittelmeer als „mare nostrum“ betrachtete, strebte nämlich für Italien eine Art Mittelmeerimperium an, wie es zu Zeiten des Römischen Kaiserreiches bestanden hatte. Doch der italienische Angriff auf Griechenland scheiterte. Schlimmer noch: Im Winter 1940/41 drangen nun ihrerseits die Griechen weit in Albanien ein, das Italien 1939 annektiert hatte. Gleichzeitig landeten britische Truppen auf Kreta und dem griechischen Festland.

Die deutsche Position wurde daher sowohl in politischer und wirtschaftlicher als auch in militärischer Hinsicht vom Südosten her plötzlich empfindlich bedroht. Aus diesem Grunde entschloss Hitler sich zu raschem Eingreifen: Mit Bulgarien und Jugoslawien wurde Ende März 1941 ein Vertrag abgeschlossen, der dem Großdeutschen Reich das Recht gab, seine Truppen im Spannungsfall durch das Gebiet dieser beiden Balkanstaaten durchmarschieren zu lassen. Doch am 27. März 1941 wurde die achsenfreundliche Regierung in Jugoslawien durch einen Putsch englandhöriger Offiziere gestürzt, der deutschfreundliche Prinzregent Paul, der für den unmündigen jugoslawischen König Peter II. die Regierung führte, zur Abdankung gezwungen und der Beitritt zum Dreimächtepakt, dem bereits Ungarn, Rumänien, Bulgarien und die

Slowakei beigetreten waren, widerrufen. General Blumentritt, Rundstedts Operationschef 1939 in Polen und 1940 im Westen, schilderte die Situation wie folgt:

„Es hatte den Anschein, als missbilligten gewisse Belgrader Kreise die prodeutsche Politik des Prinzregenten Paul und wollten mit den Westmächten paktieren. Ob die Westmächte oder die UdSSR den Staatsstreich vorher unterstützten, können wir als Soldaten nicht beurteilen. Aber auf jeden Fall hat Hitler ihn nicht inszeniert! Er war im Gegenteil eine höchst unangenehme Überraschung und hätte fast den ganzen Operationsplan der 12. Armee in Bulgarien über den Haufen geworfen.“[26]

Die Dramatik jener Tage kennzeichnet recht anschaulich eine Eintragung im „Kriegstagebuch des Oberkommandos der Wehrmacht“ vom 28. März 1941:

„Militärputsch in Jugoslawien gegen Dreimächtepakt, besonders Deutschland, gerichtet; Träger Narodna Odbrana. Prinz Paul in Sonderzug nach Griechenland. Neue Regierung deutschfeindlich. Mobilmachung in Jugoslawien. Sperrmaßnahmen an den Grenzen; diplomatischer Verkehr nicht abgebrochen. Gestern Unterredung des Gesandten Herren mit dem neuen Außenminister. Versuch, Freundschaftspolitik gegenüber Deutschland fortzusetzen. Im Widerspruch dazu Aufrufe an Wehrmacht und Bevölkerung. In Agram keine Demonstrationen gegen Deutschland, aber in Belgrad. Rede Churchills. Japanischer Außenminister Matusuoka am 26. März eingetroffen und am 27. März nachmittags vom Führer empfangen.“[27]

Nimmt es da Wunder, dass der Umsturz in Jugoslawien bei den Westmächten eine Welle der Begeisterung auslöste? Allgemein betrachtete man den Sturz der deutschfreundlichen Regierung als eine Niederlage der Achsenmächte und als einen Sieg der Alliierten. Rasch bemühten sich Großbritannien und die USA, die Jugoslawen für eine angloamerikanische Balkanfront zu gewinnen und jede Zusammenarbeit mit dem Großdeutschen Reich strikt abzulehnen. Aber Hitler war nicht gewillt, die deutschen Positionen auf dem Balkan ganz zu verspielen. Vor vollendete Tatsachen gestellt, entschloss er sich daher zum gleichzeitigen Angriff auf Griechenland und Jugoslawien. Das militärpolitische Gleichgewicht sollte auf dem Balkan durch die Besetzung Jugoslawiens und die Schaffung eines unabhängigen kroatischen Staates wieder hergestellt werden. Damit waren die deutschen Kriegsziele auf dem Balkan eindeutig festgelegt. Das „Unternehmen 25“ konnte beginnen. Mit von der Partie war auch Küblers XXXXIX. Gebirgsarmeekorps mit der 1. Gebirgsdivision des Generals Lanz.

Das XXXXIX. Gebirgsarmeekorps befand sich mit seinen Verbänden im Aufbruch. Doch der Abtransport der Gebirgsjägerregimenter und -bataillone erfolgte dieses Mal nicht einheitlich, sondern getrennt: Ein Teil auf Kraftfahrzeugen, das Gros im Bahntransport. Während der tage- und nächtelangen Transporte wurden diese und jene Überlegungen angestellt, welchen Kriegsschauplatz sie nun wohl ansteuern würden. Dabei wurden in den Abteilen die Karten gemischt, und es wurde auch kräftig gesungen.

Sie sangen sich ihre Ängste und Sehnsüchte von der aufgewühlten Seele. Die Lieder von der „Schwarzbraunen Haselnuss“ bis zum „Schönen Westerwald“, von den „Blauen Dragonern“ bis zum „Weit ist der Weg zurück ins Heimatland“ hatten sie in ihren Garnisonen während der Friedenszeit schon Hunderte Male gesungen. Meist war ihnen das Singen oft bis zum

Überdruss vom Kompaniechef oder dem Zugführer befohlen worden. Jetzt, da kein Befehl sie dazu aufforderte, sangen sie freiwillig, gewissermaßen zur Ablenkung oder aus Angst vor dem Ungewissen, dem sie entgegenfuhren, denn im gemeinsamen Singen verliert der Einzelne vielfach die Furcht.

An den Abteilfenstern zog die Landschaft eilig vorüber: Einsame Gehöfte und ärmliche Dörfer, dunkle Seen und gewundene Flüsse, liebliches Hügelland und ausgedehnte Wälder, brachliegende Felder und hektische Städte wechselten einander ab. Begleitet wurden sie von den ewiglangen, nie enden wollenden Telegrafenleitungen, die parallel zum Schienenstrang verliefen. Den Doubs abwärts ging die Fahrt über Beaume les Dames zur alten Festung Belfort und von dort nach Mühlhausen (Mulhouse) im Elsass. Bei Breisach wurde der mächtige Rhein, der „deutscheste aller deutschen Ströme", überquert. Von Freiburg im Breisgau sahen Küblers Gebirgssoldaten die verschneiten Höhen des Schwarzwaldes, durchquerten das winterliche Mittelgebirge, um dann bei Tuttlingen über die raue Schwäbische Alb hinüber nach Bayerisch-Schwaben zu fahren. Höher schlug das Herz der Schwaben, als sie Memmingen und Landsberg am Lech durchfuhren. Sie dachten an zu Hause. Die Knie wurden weich. Die Kehlen waren heiser vom Singen, mit dem sie ihren Schmerz über das nicht mehr zustande gekommene Treffen mit den Liebsten unterdrückten.

Schon von weitem grüßten die welschen Türme der Frauenkirche, als man sich München näherte. Manchem gelang es, sich mit den Familienangehörigen kurz zu treffen. Aber schon ging die Fahrt weiter, und zwar über die Autobahn München – Salzburg, den Irschenberg hinauf und hinab und dann am Chiemsee, dem „Bayerischen Meer" entlang, zur Mozartstadt. Nun fuhr die gut geführte Kolonne durch das regenverhangene Salzachtal am Hagen- und Tennengebirge vorbei zur Burg Werfen und von dort nach Bischofshofen, um dann abrupt nach Osten abzubiegen. Die Gebirgsjäger sahen sehnsuchtsvoll auf die schneebedeckten Gipfel des Dachsteinmassivs, der Radstädter und Schladminger Tauern. Erinnerungen an schöne Bergtouren wurden wach. Die Kartenspieler legten die Karten beiseite und stimmten mit den sangesfreudigen Kameraden Berglieder an. Weiter ging die Fahrt die Enns entlang nach Stainach-Irdning, wo Küblers Gebirgssoldaten hundsmüde auf ihr Nachtlager sanken. Doch schon in der Frühe des nächsten Tages fuhren sie über Judenburg nach Klagenfurt weiter. Urlaubserinnerungen wurden wach, als die Kärntner Seen in die Abenddämmerung hineinschlummerten.

Jetzt war es nicht mehr weit zum Bereitstellungsraum der 1. Gebirgsdivision. Hinter Völkermarkt hielt die Kolonne nach 1 200 Kilometern Fahrt auf offener Strecke. Zwischen dem 5. und 8. April 1941 rollten die verschiedenen Truppenteile der Stammdivision meist ohne Tross und Verbindungsmittel in den Bereitstellungsraum beiderseits der Drau zwischen Völkermarkt, Bleiburg und St. Paul, wo sie einen Abschnitt von rund 120 Kilometern zu sichern hatten. Der Stab des XXXXIX. Gebirgsarmeekorps befand sich bis zum Einsatz auf dem jugoslawischen Kriegsschauplatz in Wolfsberg im Schloss Henkel von Donnersmark, vormals fürstbischöflich-bambergischer Ansitz, dann mit seinem Gefechtsstand im slowenischen Cilli (Dobrna ni Celje), und schließlich im kleinen Badeort Neuhaus in der Nähe von Cilli.

In den Versammlungsräumen ging schon bald die Grippe um. Die Stabsärzte und Sanitäter hatten jetzt alle Hände voll zu tun, um die ungebetenen Erreger abzuwehren. Das Wetter war unfreundlich: Regen und Schnee wechselten einander ab – es war das reinste Aprilwetter. Welch ein Gegensatz zum lieblichen Klima in den südfranzösischen Bereitstellungsräumen. Doch was half das Lamentieren. Es war Krieg, und er allein entschied über den Bereitstellungsraum, von dem aus zum nächsten Angriff angetreten werden musste.

Während Küblers XXXXIX. Gebirgsarmeekorps mit der 1. Gebirgsdivision noch in seinen Bereitstellungsräumen auf die Ankunft der weit auseinandergezogenen Truppenteile wartete, begann am 6. April 1941 der deutsche Angriff mit 33 Divisionen (davon sechs Panzerdivisionen), die von Stukas und Bombern unterstützt wurden. Die Jugoslawen verfügten über 28 Divisionen (davon 3 Kavalleriedivisionen) längs ihrer ausgedehnten Grenze in weit gespannter Cordonaufstellung. Der deutsche Angriffsplan sah vor, dass die 12. Armee des Generalfeldmarschalls List von Bulgarien aus nach Skopje und Monastier vorstoßen und damit die Jugoslawen von der griechischen Unterstützung abschneiden sollte. Zwei Tage später sollte die Panzergruppe 1 des Generaloberstent von Kleist nach Nis und Belgrad aufbrechen, und am 12. April schließlich sollte die 2. Armee des Generalobersten Freiherr von Weichs von Österreich und Ungarn aus sowie das XLI. motorisierte Armeekorps von Rumänien aus auf die jugoslawische Hauptstadt Belgrad vorrücken.

Eingeleitet wurde der deutsche Angriff mit einem zwei Tage dauernden schweren Luftangriff auf Belgrad und der Ausschaltung der jugoslawischen Luftwaffe, die aus rund 500 zum Teil veralteten Jagdflugzeugen bestand. Die konzentrisch vorgetragenen Operationen der Wehrmacht sorgten dafür, dass Jugoslawien binnen kurzer Zeit von der Landkarte gestrichen und zwischen Deutschland und seinen Verbündeten aufgeteilt wurde. Doch greifen wir den Ereignissen nicht allzu weit voraus. Das XXXXIX. Gebirgsarmeekorps hatte den Auftrag, die Drau bei Drauburg (Dravograd) zu überschreiten und dann den Raum nach Süden bis Karlovac und Bihac zu gewinnen. Verfolgen wir zunächst den Weg und den Kampf von Küblers ehemaliger 1. Gebirgsdivision im Jugoslawienfeldzug aus der Sicht seines Nachfolgers Hubert Lanz:

„An der jugoslawischen Grenze sichern schon einige Zeit Landesschützen aus Klagenfurt. Mit unserem Eintreffen laufen sofort die Erkundungen an. Während sich unsere Späher hinter die feindlichen Befestigungen schleichen und die ersten Teile des Regiments 99 (Kress) sowie der Vorausabteilung Lang gegen die Grenze aufschließen, rollt die Masse der Division noch auf der Bahn zwischen Salzburg und Wien. Noch ist nicht zu übersehen, ob sie geschlossen zum Einsatz kommt. […]
An der Nordfront zwischen Klagenfurt und Marburg an der Drau macht sich die deutsche 2. Armee in Eile angriffsbereit. Die 1. Gebirgsdivision hat hier den Auftrag, zwischen Bleiburg und Lavamünd die Grenze zu überschreiten, die feindlichen Befestigungen zwischen Pollein und Unterdrauburg zu durchbrechen, um dann in zwei Angriffskeilen auf Cilli vorzustoßen.
Die seit dem 6. April durchgeführten Erkundungen ergeben, dass der Widerstand des Gegners trotz der zahlreichen Bunker beiderseits Gutenstein nicht allzu stark sein wird. Mit umso größerer Ungeduld wartet man auf das Herankommen der notwendigen Kräfte, um endlich anpacken zu können.
Die Klagenfurter Landesschützen überschreiten am 8. April die Grenze nördlich Pollein und besetzen die Waldhöhen diesseits des Misbachgrundes. Tags darauf kommt auch die Division zum Zuge. Das verstärkte Regiment 99 unter Kress greift mit seinen Untergruppen Eschwege und Hörl sowie mit dem unterstellten Grenzschutz die Bunker beiderseits Pollein an, überschreitet den

Misbach, nimmt die dortigen Befestigungen und setzt sich in Besitz der südlichen, beherrschenden Höhen."[28]

Am 8. April 1941, als die vordersten Teile der 1. Gebirgsdivision den reißenden Gebirgsfluss erreichten, führte die Drau starkes Hochwasser. Da die Bahn- und Straßenbrücke bei Unterdrauburg zerstört war, musste ein gewaltsamer Flussübergang erzwungen werden. Noch in der Nacht vom 8. zum 9. April klatschten die ersten Floßsäcke der Gebirgspioniere in die aufgewühlten Wassermassen.

Hart mussten die Pioniere zupacken, um nicht von der wirbelnden Strömung mitgerissen zu werden. Unter dem Schutz der Panzerabwehrkanonen erreichten sie schließlich das andere Ufer und bildeten dort sofort den ersten Brückenkopf.

„Aber wo bleibt der gefürchtete Widerstand der jugoslawischen Armee?" rätselten Kübler und seine Kommandeure.

Denn wie beim Drauübergang, so wurde auch die Bunkerlinie im Misbachtal ohne nennenswerten Feindwiderstand aufgerollt. Ganze Arbeit leisteten dort die Panzerjäger. Schon am Abend des 9. April verstärkte sich beim Korps- und auch beim Divisionsstab die Überzeugung, dass der Gegner unter hinhaltendem Kampf nach Süden ausweicht. In der Tat konnte die 1. Gebirgsdivision in den kommenden Tagen mit ihren Vorausabteilungen und motorisierten Verbänden zügig ins Landesinnere vorstoßen.

„Nach kurzer Nachtruhe bei nasskaltem Wetter geht der Angriff weiter", erfahren wir von General Lanz. „Kress erreicht über Schwarzenbach (Crna) und den vereisten, über 1 000 Meter hohen Pass St. Vid den Talkessel von Schönstein.
Die Gruppe Lang stößt durch das Mislinjatal über Windisch Graz auf Weitenstein vor, wobei die Panzerabwehrgeschütze kilometerweit über Berg und Tal im Handzug mitgeführt werden müssen. Da sich in dem engen, waldreichen Tal, durch das die Straße nach Cilli führt, der feindliche Widerstand versteift, wird für den nächsten Tag ein planmäßiger Angriff erwogen. Diese Absicht verstärkt sich, als in der Nacht ein zur Sicherung vorgeschobener Kradschützenzug überraschend von allen Seiten angegriffen wird und dabei schwere Verluste erleidet. Doch als es am 11. hell wird, ist der Feind verschwunden."[29]

In zügigem Vorgehen nahm das XXXXIX. Gebirgsarmeekorps mit der 1. Gebirgsdivision die Verfolgung des weichenden Gegners auf. An ihrer Spitze die Vorausabteilungen und ihre motorisierten Verbände, die kühn in die Tiefe des gegnerischen Raumes vorstießen und den Feind stellten, wo sie auf ihn stießen.

In den schnellen Vorausabteilungen waren alle Truppengattungen, ohne deren improvisierte Zusammenstellung es keine Blitzoperationen gegeben hätte, vertreten: Da fuhr ohne Rangunterschied der Sturmgeschützführer neben dem Funkoffizier, der Kradschütze neben dem Stabsarzt, der Gebirgspanzerjäger neben dem Flakkanonier, der Gebirgspionier neben dem Gebirgsjäger.

Die Vorausabteilung Lang erreichte bereits am 11. April Hohenegg (Voynik), wo sich eine jugoslawische Kompanie demoralisiert ergab, und marschierte von dort ohne Unterbrechung bis nach Cilli, wo die vordersten Teile der 1. Gebirgsdivision von der überwiegend deutschen

Bevölkerung jubelnd begrüßt wurden. Gar mancher Gebirgssoldat rieb sich verdutzt die Augen. Der unerwartete Jubel machte ihn unsicher. Was war Schein, was Wirklichkeit?

„Währenddessen hat auch die Gruppe Kress unter Sicherung gegen die Waldhöhen bei Schönstein in zwei Kolonnen das Sanntal westlich Cilli gewonnen und ist dort unter Aufklärung nach Süden zur Ruhe übergegangen“, berichtet General Lanz. „Das III. Bataillon/99 kommt nach Cilli, wo Major Hörl Stadtkommandant wird. In harmonischer Zusammenarbeit mit den einheimischen Stellen waltet er hier seines Amtes. [...]
Die motorisierte Gruppe Lang aber setzt mit ihren Kradschützen, den auf Lkws verladenen Jägerkompanien und der zugeteilten Flak schon am Nachmittag des 11. April die Verfolgung auf Agram fort. [...] Durch das romantische Tal der Sann geht es in brausender Fahrt dem reißenden Wasser entlang nach Süden. Ohne Widerstand wird der Ort Tüffer (Lasco) durchfahren, wobei wir zu unserem Erstaunen die Sannbrücke unzerstört finden. [...]
Während die Hauptkräfte der Division noch im Raum von Cilli liegen und unsere 98er immer noch auf der Achse sind, schlägt die Gruppe Lang ihre Zelte vor den Toren Agrams auf. Jetzt erst kommt sie zur Ruhe. Es war ein langer, unvergesslicher Tag, dieser Karfreitag 1941!
Das Korps Kübler ist ob unseres stürmischen Vorgehens überrascht, fast ungehalten. Noch in der Nacht kommt der Befehl, mit der Vorausabteilung Lang am 12. April bei Rudolfswerth, also nordwestlich von Agram, einen Brückenkopf zu bilden, das Gros heranzuziehen und den Angriff auf die Kulpa-Stellung beiderseits Karlstadt vorzubereiten. [...]
Die Abteilung Lang gewinnt ohne wesentliche Feindeinwirkung im Laufe des 12. April den befohlenen Brückenkopf jenseits der Gurk bei Rudolfswerth, während das Gros der Division über Steinbrück im Anmarsch ist [...]
Die jugoslawische Heeresleitung denkt nicht mehr daran, die Kulpa-Stellung zu verteidigen, sondern ihre Kräfte [...] nach dem Süden zu retten. [...]
Am 13. April wird Karlstadt kampflos besetzt und die Spitze sofort auf Bihac, eine Stadt in Bosnien, vorgetrieben. [...]
Schon eilen unsere Gedanken und Wünsche voraus nach der blauen Adria. [...] Aber da trifft uns am 14. April nachmittags der Befehl, die Verfolgung einzustellen, da die Division zu anderweitiger Verwendung herausgezogen werden soll. Schade! Wer weiß, wo es jetzt wieder hingeht!“[30]

In einem wahren Blitzfeldzug nach „klassisch“ gewordenem Muster hatte die Deutsche Wehrmacht Jugoslawien überrannt und den letzten großen „Blitzsieg“ vor ihrem schließlich gescheiterten Russlandfeldzug errungen. Als Teil des XXXXIX. Gebirgsarmeekorps hatte sich die 1. Gebirgsdivision im Kärntner Lavanthtal versammelt und war dort im Rahmen der 2. Armee über die Hochwasser führende Drau gesetzt, hatte Cilli genommen und Agram und Bihac erreicht, wo sie den Haltebefehl erhielt. Doch lesen wir, was das Oberkommando der Wehrmacht unter dem 14. und 15. April 1941 über die militärischen und politischen Ereignisse auf dem Balkan in das Kriegstagebuch eingetragen hat:

„14. April 1941: In Jugoslawien nur noch an einzelnen Stellen Widerstand; Versuch, sich im Berggelände von Sarajevo zusammenzuziehen. Ungarisches Gebiet zwischen Drau und Donau besetzt. Eigene Absicht: Vorstoß auf Sarajevo. Panzergruppe 1 und 2. Armee. 12. Armee in Gefechts-

bereitschaft mit den Engländern. In Albanien rückwärtige Bewegungen der Griechen. Absicht mit Schwerpunkt auf linken Flügel auf Larissa durchzustoßen. Reste jugoslawischer Luftwaffe Sarajevo. Transportlage: Karawankentunnel zerstört, Wiederherstellung ½ Jahr, aber nicht notwendig. Bahn Nis – Sofia ab 19. April benutzbar. Türken haben Orientbahn an 2 Stellen zerstört.
15. April 1941: Engländer in vollem Rückzug auf ihre Einschiffungshäfen. Rückzug der Griechen aus Albanien. Jugoslawen haben um Waffenstillstand gebeten. Starke Angriffe des X. und VIII. Fliegerkorps auf Salamis und Piräus. [...] Waffenstillstand mit Jugoslawien.
Jugoslawische 2. und 5. Armee haben beim Armeeoberkommando 2 um Waffenstillstand gebeten, sind mit der Erklärung abgewiesen, dass nur Gesamtkapitulation in Frage komme.“[31]

Noch am 15. April 1941 trat die 1. Gebirgsdivision auf Befehl Küblers den Rückmarsch auf Cilli an. Hierüber liegt uns der folgende zeitgenössische Bericht vor:

„In den Straßen staut sich das Grau der Uniformen. Die Division schließt auf, übermorgen werden wir weiterziehen, irgendwohin; aber heute wollen wir einmal noch mit all diesen Menschen beisammen sein und uns freuen, dass ein hartes Schicksal uns so glücklich zusammengeführt hat. In einer Stunde weiß es die ganze Stadt, dass wir gehen. Es will ein froher, lachender Abschied werden“, heißt es im Erlebnisbericht der „Edelweißdivision“.
„Bei Einbruch der Nacht stehen die Menschen wie damals in der Stunde des Einmarsches vor dem Rathaus, Fackeln leuchten den breiten Platz herauf, es ist die Stunde zum großen Zapfenstreich. Vom Balkon des Rathauses hängt die Reichskriegsflagge nieder, Blumen ranken auf der Brüstung, wo vor einer Stunde alles noch leer und kahl war. Kommandos hallen durch die nächtliche Stille, und die Klänge des großen Zapfenstreichs werden den Cilliern zum Abschiedsgruß.
Als die Szene im Schein der erlöschenden Fackeln ausklingt mit dem Deutschlandlied und dem Kampflied der Bewegung, grüßt ein langes Heilrufen hinauf zum Divisionskommandeur, der in hartem Grenzkampf seine Jäger hierhergeführt hat, um Deutsche von fremder Herrschaft zu befreien. Ein langsam verklingender Sprechchor der nun ins Reich heimgekehrten Deutschen dankt dem Führer noch, als die Menschenmenge auf dem Rathausplatz schon verrinnt in die Nacht.
Mit den Angehörigen des deutschen Volkstums treffen die Jäger sich noch zu einem letzten Beisammensein im Saal des Deutschen Hauses. Die Jäger sind an diesem Abend Gäste der Cillier, und wenn die Frauen und Männer beglückt sind über den Tag der Heimkehr, wenn sie dieses Erlebnis aus frohem Herzen feiern, so tragen die Jäger gern das ihre bei, um die Stunde noch froher, noch schöner, noch kameradschaftlicher zu gestalten.
Es liegt bei allem ein großer Ernst über dem Beginn des Abends, als der General in seiner Grußrede auf die Ereignisse Rückschau hält und die Menge sich schweigsam erhebt zum Gedenken der Jäger, die um der Befreiung dieses Landes willen ihr Leben gegeben haben, zum Gedenken jener Oper, die in den zweiundzwanzig Jahren der Fremdherrschaft zu beklagen sind unter den Volksdeutschen. Aus dem schweigsamen Gedenken wird ein lauter Ruf, als der General von allen das Gelöbnis steter Treue und aktiver Mitarbeit am Wiederaufbauwerk des Führers fordert.
Aus dem großen Ernst wird die große Fröhlichkeit im weiteren Fortschreiten des Abends. Es jubelt herauf zu den Tribünen. Die Jäger singen und jodeln, sie tragen den Stolz auf ihre Bergheimat und die Sehnsucht danach unter diese Menschen. Die letzte Stunde des Beisammenseins schafft aus dem Nebeneinanderleben erst das rechte herzliche Verstehen, der Ernst wird überkleidet mit dem

Lachen gestandener Männer, die das Harte der Feldzugstage hinter sich haben und die Ernte ihres Einsatzes miterleben. Dann nehmen wir Abschied von Cilli.“[32]

Am 17. April 1941 wurde in Belgrad die bedingungslose Kapitulation der gesamten jugoslawischen Armee unterzeichnet. 344.000 Jugoslawen marschierten in die Gefangenschaft. Im „Kriegstagebuch des Oberkommandos der Wehrmacht“ lesen wir an diesem Tage über die Lage auf dem Balkan:

„Kapitulation 2. jugoslawische Armee. Anhalten II. und IL. Armeekorps. Zusammendrängen der serbischen Reste im Raum um Ragusa. Einrücken der Bulgaren. Nach 36stündigen Kämpfen Panzerdurchbruch bei Kojani, Griechen im Zurückgehen. Am Olymp halten Teile von 3 britischen Divisionen. Dagegen 2 Panzer-, 1. Gebirgsdivision. Einmarsch in Bulgarien in Thrazien vom Führer freigegeben.“[33]

Schon zwölf Tage nach seinem Beginn war der Jugoslawienfeldzug beendet. Weitere zwölf Tage später, am 30. April 1941, waren die letzten griechischen und britischenTruppen auf dem griechischen Festland vertrieben oder gefangen genommen worden. Aber ein Ende des Krieges war damit immer noch nicht in Sicht.

Nach Abschluss des Feldzuges gegen Jugoslawien würdigte der Oberbefehlshaber der 2. Armee, Generaloberst Freiherr von Weichs, die Leistungen seiner Armee und die des ihm unterstellten XXXXIX. Gebirgsarmeekorps in einem Tagesbefehl: „In 12 Tagen“, hieß es dort, „habt ihr ungeachtet aller Schwierigkeiten das jugoslawische Heer vernichtend geschlagen und seine Kapitulation erzwungen.“

Küblers Gebirgssoldaten vernahmen diese Worte mit Stolz. Und stolz waren sie auch, als sie nach ihrer Rückkehr in Cilli, wohin auch der Korpsstab verlegt hatte, ehrlichen Herzens von den Untersteirern umjubelt wurden. Auf denselben Straßen, auf denen sie kämpfend nach Jugoslawien einmarschiert waren, zogen sie jetzt wieder zurück nach Kärnten, um sich am Wörthersee zwischen Pörtschach und Klagenfurt auszuruhen und die einzelnen Verbände aufzufüllen.

Beträchtliche Marschleistungen lagen hinter dem XXXXIX. Gebirgsarmeekorps: rund 2 000 Kilometer mit der Bahn, 1 880 Kilometer motorisiert und 410 zu Fuß.[34] Die Verluste waren im Vergleich zum Polen- und Frankreichfeldzug nicht nennenswert. Sie betrugen bei der 1. Gebirgsdivision 15 Mann, davon ein gefallener Unteroffizier und fünf gefallene Mannschaften sowie drei verwundete Unteroffiziere und sechs verwundete Mannschaften.

Nach dem Jugoslawienfeldzug lag Küblers XXXXIX. Gebirgsarmeekorps wieder im frühlingshaften Kärnten, wobei der Korpsstab in Velden einquartiert wurde. Die 1. Gebirgsdivision, deren Divisionsstab in Krumpendorf untergezogen war, lag zwei Wochen am Wörthersee und genoss die landschaftliche Schönheit mit ihrem milden Klima.

Dienstlich wurde nur das dringend Nötige, wie etwa Waffen- und Bekleidungsappelle, durchgeführt und der eingetroffene Nachersatz in die Feldeinheiten eingegliedert.

Glücklicherweise war Offizieren, Unteroffizieren und Mannschaften zu jener Zeit noch nicht bewusst, dass ihnen der schwerste Einsatz des Zweiten Weltkrieges noch bevorstand, und zwar der sich im Generalstab der Wehrmacht bereits abzeichnende Russlandfeldzug. Zwar erahnten sie sehr wohl, dass ihnen wieder ein Einsatz bevorstand, aber gegen Russland? Wer wollte es denjenigen schon glauben, die stets für Latrinenparolen sorgten? Aber mit einem Schlage zerstoben alle Gedankenspiele, als Hitler überraschend erschien.

„Am 27. April, 10.00 Uhr traf der Führer in Klagenfurt ein", vermerkt das Kriegstagebuch des XXXXIX. Gebirgsarmeekorps.
„Er wurde am Bahnhof vom Gauleiter, dem Landrat, General der Infanterie Kübler, Generalmajor Lanz, Generalleutnant Strecker und Generalleutnant von Nagy empfangen.
Nach einer triumphalen Fahrt durch Klagenfurt fand im Landhaus die Vorstellung von Führern der Partei und Offizieren der Wehrmacht statt. Anschließend besichtigte der Führer das Landhaus mit einer Ausstellung von Bauplanungen für Kärnten. Nach einer Besichtigungsfahrt durch die Stadt und Besichtigung des Heimatmuseums und des Jägerdenkmals fand im ‚Sandwirt' das Mittagessen statt, zu dem die oben genannten Generale geladen waren.
Der Führer nahm dabei Gelegenheit, während der Gespräche seine Anerkennung über die Leistungen der 1. Gebirgsdivision im Feldzug im Westen, besonders am 6. Juni 1940 auszusprechen. Auch über die Haltung der Jäger bei der Absperrung äußerte sich der Führer sehr anerkennend.
Während des Essens traf die Sondermeldung von der Eroberung Athens ein, die einen starken Eindruck auf den Führer und alle Anwesenden machte."[35]

Das war auch kein Wunder, denn der „Sieger von Athen" war kein geringerer als Küblers ehemaliger Regimentskommandeur Ferdinand Schörner, der jetzt mit seiner 6. Gebirgsdivision auf dem griechischen Kriegsschauplatz ein um das andere Mal für Aufsehen sorgte.[36] Damit war Kübler neben Lanz aus den eigenen Reihen ein neuer Rivale um den begehrten Siegeslorbeer erwachsen.

Noch fühlte sich der Bauherr trotz des Schörnerschen Wermutstropfens von Hitlers Besuch geschmeichelt. Doch was der Führer mit ihm und seinen Gebirgssoldaten wirklich vorhatte, das wurde ihm erst so richtig bewusst, als er mit seinen Verbänden Ende April 1941 in Richtung Nordosten befohlen wurde. Im Bahntransport ging es zunächst durch die Slowakei und dann in Marschordnung über die polnische Grenze in das Generalgouvernement. Zwischen den Märschen gab es unter anderem längere Aufenthalte und Schießübungen.

„Besatzungstruppe?" rätselten die einen. „Nein", sagten die anderen, „dazu nimmt man keine Gebirgssoldaten!"

Die Gegend wurde den Gebirgsjägern immer vertrauter. Es ging wie anno 1939 wieder in Richtung Lemberg. Langsam und auf Umwegen näherten sie sich immer mehr der deutsch-sowjetischen Demarkationslinie, wo sie im Raum Rzesow westlich des San die Grenzsicherung zur UdSSR zu übernehmen hatten: Es war schon der Versammlungs- und Bereitstellungsraum für den Russlandfeldzug.

„Geht es etwa wirklich nach Russland?" fragten sich viele ängstlich. „Krieg gegen die große, unendlich weite UdSSR?"

Unternehmen „Barbarossa“

Mit der Weisung Nr. 21 „Fall Barbarossa“ hatte Hitler den schicksalsschweren Russlandfeldzug eröffnet. Denn „der deutsch-sowjetische Krieg war unvermeidlich. Nur noch die Frage war offen, welche der beiden Mächte dem Gegner zuvorkommen vermöchte.“[37] In seinem „unerschütterlichen Glauben“ an die bis dato unbezwungene Schlagkraft der Wehrmacht und an die Unfehlbarkeit seiner Entscheidung befahl der Oberste Befehlshaber am 30. April 1941, dass der Angriff auf die Sowjetunion am 22. Juni 1941, um 03.15 Uhr früh, zu erfolgen habe. Er war, so der ehemalige Wissenschaftliche Direktor Dr. Hoffmann vom Militärgeschichtlichen Forschungsamt der Bundeswehr, „mit der Eröffnung der Kriegshandlungen dem von Stalin vorbereiteten Angriffskrieg nur kurzfristig zuvorgekommen.“[38]

Wie groß war nun vor Beginn dieser größten militärischen Auseinandersetzung der Weltgeschichte, an der Küblers XXXXIX. Gebirgsarmeekorps im Rahmen der Heeresgruppe Süd beteiligt war, das deutsch-sowjetische Kräftepotential?[39]

„Was die Deutschen angeht, so war ihnen das tatsächliche Ausmaß der Stärke der Sowjetunion verborgen geblieben, wenngleich sie offensichtliche Angriffsvorbereitungen an ihrer Ostgrenze durchaus registriert hatten. Die deutschen Kommandobehörden zeigten sich nach dem 22. Juni 1941 aber überrascht von dem gegnerischen Potential, auf das sie östlich der Grenze stießen.“[40]

Wenden wir uns zunächst den Deutschen und ihren Verbündeten zu. Das deutsche Heer verfügte über 145 Divisionen (110 Infanterie- und Gebirgs-, 19 Panzer-, 15 motorisierte Divisionen und 1 Kavalleriedivision) mit zusammen rund 3 Millionen Mann; Rumänien über 12 Infanteriedivisionen und 10 Brigaden (davon 3 Gebirgsbrigaden); Italien über 3 Infanteriedivisionen; Finnland über 11 Infanteriedivisionen und 5 Gebirgsbrigaden (Ski); Ungarn über 2 Infanteriedivisionen und 1 Kavalleriebrigade; die Slowakei über 2 Infanteriedivisionen.

Im Einzelnen vollzog sich der deutsche Aufmarsch im Osten in folgenden Etappen: Bis zum 20. Juli 1940 waren 23 Divisionen vorhanden, am 7. Oktober waren es 30 Divisionen. Am 26. Oktober erfolgte die Neugliederung des Heeres. Am 21. Dezember waren 34 Divisionen einsatzbereit; im Februar/April 1941 in der 1. bis 2. Aufmarschstaffel 103 Divisionen und bis zum 20. Mai 1941 in der 3. Aufmarschstaffel 120 Divisionen. Mitte Mai begann die Verlegung der deutschen Luftstreitkräfte vom Westen nach dem Osten. Bis zum 2. Juni 1941 waren an der Ostfront 129 Divisionen aufmarschiert. Vom 3. bis 23. Juni 1941 erfolgte die Zuführung von 12 Panzer- und 12 motorisierten Divisionen; das entsprach 75 Prozent des Feldheeres.

Die sowjetischen Truppen umfassten 185 Divisionen (davon 133 Schützen-, 10 Panzer-, 24 Kavalleriedivisionen sowie 36 Panzer- und motorisierte Brigaden) mit zusammen rund 4,2 Millionen Mann. Waffen und Material waren reichlich vorhanden, jedoch vielfach veraltet.

Die Rote Armee befand sich am Vorabend des deutsch-sowjetischen Krieges noch in einer Phase der Reorganisation. Sie besaß etwa 24.000 Panzer, viel gute Artillerie und vor allem große Menschenreserven, darunter über 12 Millionen ausgebildete Reservisten. Drei Verteidigungslinien, die von unterschiedlichem militärischem Wert waren, sollten einen deutschen Angriff in Russland aufhalten – die erste entlang der Demarkationslinie, die zweite entlang der alten russisch-polnischen Grenze an der sogenannten Stalin-Linie und die dritte hinter dem Dnjepr und der Düna.

Doch die Sowjetunion stand nicht allzu lange in ihrem gigantischen Kampf gegen das Großdeutsche Reich allein. Bereits am 23. Juni 1941, einen Tag nach dem deutschen Überraschungsangriff auf die UdSSR, hatte die amerikanische Regierung den Sowjets jede mögliche Hilfe zugesagt. So erhielt die Sowjetunion nicht zuletzt aufgrund des amerikanischen Leih- und Pachtgesetzes gewaltige Mengen kriegswichtigen Materials von den USA, aber auch von Großbritannien: unter anderem 21.866 Flugzeuge, 12.218 Panzer, 5 035 Panzerabwehrkanonen, 8 200 Flakgeschütze, 135.000 Maschinengewehre und 343.000 Tonnen Sprengladungen, ferner 2.680.000 Tonnen Stahl, 3.000.000 Tonnen Erdölprodukte, 3.786.000 Autoreifen, 461.780 Motorfahrzeuge, 1 981 Eisenbahnlokomotiven, 11.155 Eisenbahngüterwagen und 90 Frachtschiffe. Dazu kamen 5.000.000 Tonnen Nahrungsmittel, 57.509.000 Meter Wolltuche, 97.841.000 Meter Baumwolltuche, 15.417.000 Paar Schuhe und 49.000 Tonnen Leder.[41] Nicht umsonst bekannte Winston Churchill nach Kriegsende: „Amerika und England verhinderten es allein, dass Hitler nicht Stalin hinter den Ural zurücktrieb."[42] Wie sah nun der Angriffs- und Aufmarschplan der Deutschen und der Sowjets aus? Im Rahmen unserer Abhandlung über Küblers XXXXIX. Gebirgsarmeekorps und seine ihm unterstellten Großverbände, von denen wir insbesondere die 1. und 4. Gebirgsdivision herausstellen wollen, interessiert uns speziell der Aufmarsch der deutschen und sowjetischen Truppen im Südabschnitt der Ostfront, wo die Gebirgsverbände im Jahre 1941 eingesetzt waren. Darüber hinaus werfen wir einen Blick auf das Kräfteverhältnis im Mittel- und Nordabschnitt der Ostfront, um die Operationen der Heeresgruppe Süd in Verbindung mit der mittleren Heeresgruppe besser nachvollziehen zu können. Beginnen wir zunächst mit dem Angriffs- und Aufmarschplan im Südabschnitt. Dieser sah bei den Deutschen und ihren Verbündeten folgendermaßen aus:

Die Heeresgruppe Süd stand unter dem Oberbefehl von Generalfeldmarschall Gerd von Rundstedt – und zwar mit der 11. Armee des Generalobersten Ritter von Schobert, der 17. Armee des Generals der Infanterie von Stülpnagel, der 6. Armee des Generalfeldmarschalls von Reichenau und der Panzergruppe 1 des Generalobersten von Kleist sowie der 2. und 4. rumänischen Armee mit 32 Infanterie-, 5 Panzer- und 4 motorisierten deutschen Divisionen und 16 rumänischen Divisionen. Die Heeresgruppe Süd, die durch die Luftflotte 4 des Generalobersten Löhr unterstützt wurde, hatte den Auftrag, den Schutz der rechten Heeresflanke mit der 11. Armee und rumänischen Truppen sicherzustellen und mit der 17. und 6. Armee den Angriff aus dem Raum Lublin in Richtung Kiew vorzutragen. Dabei sollten Panzerkeile der Panzergruppe 1 vorauseilen, um den Feind abzuschneiden, einzukesseln und entlang des Dnjepr aufzurollen.

Die Heeresgruppe Mitte stand unter dem Oberbefehl von Generalfeldmarschall Fedor von Bock – und zwar mit der erst später unterstellten 2. Armee des Generalobersten Freiherr von Weichs, der 4. Armee des Generalfeldmarschalls von Kluge, der 9. Armee des Generalobersten Strauß sowie der Panzergruppe 2 des Generalobersten Guderian und der Panzergruppe 3 des Generalobersten Hoth mit 31 Infanterie-, 9 Panzer- und 7 motorisierten Divisionen sowie einer Kavalleriedivision. Die Heeresgruppe Mitte, die durch die Luftflotte 2 des Generalfeldmarschalls Kesselring unterstützt wurde, hatte den Auftrag, aus dem Raum

Warschau vorzubrechen, den Feind in Weißrussland zu zersprengen, um anschließend gemeinsam mit der Heeresgruppe Nord gegen Leningrad zu operieren.

Die Heeresgruppe Nord stand unter dem Oberbefehl des Generalfeldmarschalls Wilhelm Ritter von Leeb – und zwar mit der 16. Armee des Generalobersten Busch und der 18. Armee des Generalobersten von Küchler sowie mit der Panzergruppe 4 des Generalobersten Hoepner mit 20 Infanterie-, 3 Panzer- und 3 motorisierten Divisionen. Die finnischen Verbände, die an diesen Kämpfen teilnahmen, unterstanden nicht deutschem Kommando. Die deutsche Heeresreserve umfasste 22 Infanterie-, 2 Panzer-, 2 motorisierte Divisionen und 1 Polizeidivision. Die Heeresgruppe Nord, die durch die Luftflotte 1 des Generalobersten Keller unterstützt wurde, hatte den Auftrag, von Ostpreußen aus vorzustoßen, die Feindkräfte im Baltikum zu vernichten, um dann im Zusammenwirken mit schnellen Truppen der Heeresgruppe Mitte Leningrad und Kronstadt zu nehmen.

Wechseln wir an dieser Stelle kurz die Fronten und begeben wir uns in das Lager des Gegners, um uns über den Aufmarsch der Sowjets zu informieren. Wir beginnen auch hier wieder im Südabschnitt der Ostfront:

Die Heeresgruppe „Südwest" stand unter dem Oberbefehl von Marschall Budjonny mit einer Gruppe von 11 Schützen-, 2 Panzer- und 7 motorisierten Divisionen sowie einer Kavalleriedivision zwischen Pruth und Dnjestr; mit einer zweiten Gruppe von 27 Schützen-, 17 Kavallerie-, 3 Panzer- und 4 motorisierten Divisionen dahinter gruppiert bis zum Slutsch, sowie mit einer dritten Gruppe von 12 Schützen-, 3 Kavallerie-, 3 motorisierten Divisionen und 1 Panzerdivision zwischen Slutsch und Bug. Der Auftrag für die Heeresfront „Südwest" lautete: Zunächst Abwehr. Weitere Maßnahmen waren dann entsprechend den sich ergebenden operativen Lagen zu treffen.

Der deutschen Heeresgruppe Mitte lag die Sowjetische Heeresfront „West" unter Marschall Timoschenko mit 36 Schützen-, 8 Kavallerie-, 2 Panzer- und 9 motorisierten Divisionen gegenüber. Zwei Drittel dieser Verbände lagen im Raum Bialystok, ein Drittel bei Minsk. Der Auftrag für die Heeresfront „West" lautete: Zunächst Abwehr, dann Ausweichen.

Die Heeresfront „Nordwest", auch „Baltikum" genannt, stand unter dem Oberbefehl von Marschall Woroschilow. Sie lag mit 7 Schützendivisionen ostwärts und südlich von Ostpreußen; mit 22 Schützen-, 2 Kavallerie-, 2 Panzer- und 6 motorisierten Divisionen beziehungsweise Brigaden tiefgestaffelt im Raum Wilna – Kowno – Pleskau. Ihr Auftrag lautete: Zunächst Abwehr, dann Ausweichen.

Die Rote Armee sollte sich zunächst defensiv verhalten. Das Prinzip der sowjetischen Verteidigung bestand nämlich darin, Raum aufzugeben, um erstens Zeit zu gewinnen und zweitens die deutschen Truppen immer tiefer in die gewaltige, unbegrenzte russische Landmasse hineinzuziehen.

Dieser weite Raum sollte – wie einst die Franzosen im napoleonischen Russlandfeldzug – die Deutschen zermürben, sie aufsaugen und schließlich verschlingen. Endziel des deutschen Angriffsplanes war es dagegen, „Sowjetrussland in einem schnellen Feldzug niederzuwerfen"[43], um den Krieg noch vor Einbruch des russischen Winters und vor Wirksamwerden der umfangreichen alliierten Pacht- und Leihgesetzlieferungen zugunsten des Großdeutschen Reiches zu beenden. Nach Ansicht des Sowjet-Marschalls A.A. Gretschko musste die UdSSR „einen Schlag von ungeahnter Wucht auffangen. [Denn] Deutschland verfügte zu dieser Zeit über ein militär-ökonomisches Potential, das außer auf die eigene Wirtschaft auch noch auf die Ressourcen der okkupierten Länder Westeuropas zurückgreifen konnte. Deutschland verfügte beispielsweise vor Beginn der Aggression gegen die UdSSR über 2 bis 2½ mal mehr Kapazitäten zur Erzeugung von Metall und Elektroenergie und zur Kohleförderung als die Sowjetunion."[44]

Und der Sowjet-Marschall K. S. Moskalenko bekannte: „1941 war die faschistische Wehrmacht die stärkste der kapitalistischen Welt. Sie hatte große Erfahrungen in der Führung von Gefechtshandlungen und verfügte über ein gut ausgebildetes Generals- und Offizierskorps. Sie hatte gute organisierte Stäbe und war vollständig mobilisiert."[45]

Wir werden im folgenden sehen, ja erleben, welcher Seite es am schnellsten gelang, dem Gegner das Gesetz des Handelns zu diktieren, ihn zum Kampfe zu stellen und – was das Ziel jeder militärischen Operation ist – ihn zu besiegen.

Kampfhandlungen in Galizien

Der Aufmarsch des deutschen Ostheeres vollzog sich mit fast 3 Millionen Soldaten von Ostpreußen über die Slowakei und Galizien bis Rumänien. Bei Beginn des Russlandfeldzuges war Küblers XXXXIX. Gebirgsarmeekorps mit der 1. Gebirgsdivision des Generalmajors Hubert Lanz, der 68. Infanteriedivision des Generalmajors Georg Braun und der 257. Infanteriedivision des Generalleutnants Karl Sachs sowie später mit der 4. Gebirgsdivision des Generalmajors Karl Eglseer, der 100. leichten Infanteriedivision des Generalmajors Werner Sanne, der 97. leichten Infanteriedivision des Generalmajors Maximilian Fretter-Pico und der schnellen slowakischen Panzerbrigade unter Oberst Piliousek im Rahmen der 17. Armee des Generals der Infanterie von Stülpnagel in Richtung Lemberg angesetzt, um dann frühzeitig den Raum um Winniza zu erreichen. Für den Kommandierenden General und seine Gebirgssoldaten bedeutete das, dass sie Lemberg nach dem Polenfeldzug nun ein zweites Mal zu erobern hatten![46]

Bis Anfang Mai 1941 waren alle Teile des XXXXIX. Gebirgsarmeekorps und der 1. Gebirgsdivision nach einem Bahntransport über Wien, Preßburg und Kaschau im Raum Presov – Krynica – Neu-Sandez in der nördlichen Slowakei versammelt. Meist wurde nachts gefahren und marschiert, um den deutschen Aufmarsch so lange wie irgend möglich zu verschleiern. Zwischen den Waldkarpaten und der Hohen Tatra – also unweit der historischen Schlachtfelder des Ersten Weltkriegs – warteten die Gebirgsjäger dann auf die entscheidenden Befehle.

Am 24. Mai 1941 dankte Generaloberst Halder dem Kommandierenden General und seinen Truppen „zum Abschluss für die bisher geleistete mustergültige Vorbereitung und gibt der Erwartung Ausdruck, dass der deutsche Generalstab auch im kommenden Feldzug wieder Vorzügliches leisten werde."[47]

Die Regimenter und Bataillone der 4. Gebirgsdivision, die vorläufig noch für ein paar Tage dem XXXXIV. Armeekorps unterstellt war, waren nach mühevollen Tag- und Nachtmärschen vom Ausladebahnhof Humenne über den Duklapass in die Gegend von Rzeszow verlegt worden. Das geschah teilweise in vier Fuß und drei motorisierten Marschkolonnen, die der

100. leichten Infanteriedivision[48] in Richtung deutsch-sowjetischer Demarkationslinie folgten. Ende Mai 1941, als die ersten Vorbefehle für das Unternehmen „Barbarossa“ bei der Truppe eingingen, war die Luft voll von Gerüchten: Es war eine Zeit, in der das Wort „Latrinenparole“ ganz großgeschrieben wurde.

„Nur Grenzsicherung im Osten“, meinten die unverbesserlichsten Optimisten und spielten weiter Karten, als ginge sie der ganze unheimliche Aufmarsch, der sich da vollzog, nichts an. „Krieg gegen Stalin“, raunten die anderen, die ewigen Pessimisten, hinter vorgehaltener Hand.

„Warum ausgerechnet gegen Russland?“ warfen die politisch interessierten ein. „Großdeutschland und die UdSSR haben doch im August 1939 einen Nichtangriffspakt, den sogenannten Hitler-Stalin-Pakt, abgeschlossen. Wer wird denn wort- und vertragsbrüchig werden?“ „Das Ganze ist als Ablenkungsmanöver für eine bevorstehende Landung auf den Britischen Inseln gedacht“, dozierte ein Oberjäger, der bei den seinerzeitigen Vorbereitungen für das dann doch wieder abgebrochene Unternehmen „Seelöwe“ dabei gewesen war.

„Vielleicht geht es nach Indien“, meldete sich plötzlich jemand zu Wort.

„Wieso nach Indien?“

„Um das britische Weltreich von Russland aus im Nahen Osten oder auf dem indischen Subkontinent zu schlagen“, kam die nicht ganz abwegige Antwort.

Doch allzu lange brauchten Küblers Gebirgssoldaten sich nicht mehr den Kopf zu zerbrechen, wohin sie das Soldatenschicksal nun bringen würde. Die militärischen Aktivitäten steigerten sich so sehr, dass auch der Letzte sah, dass ein neuer Waffengang bevorstand. Karten und Merkblätter, die sich ausschließlich mit Russland befassten, wurden an die Truppe ausgegeben.[49] Dann löste sich endlich die Spannung: Anfang Juni ging es in Richtung Osten. Die Skeptiker, die an kein allzu schnelles Ende des Krieges glauben mochten, sollten wieder Recht behalten.

Der Stab des XXXXIX. Gebirgsarmeekorps hatte sich im märchenhaft anmutenden und gut ausgestatteten Barockschloss des Grafen Potocki in Lancut einquartiert. Der Fürst, der sich freundlich und hilfsbereit gab, und seine Mutter, eine geborene Radziwill – beide sprachen fließend Deutsch –, wohnten in einem Seitenflügel und fuhren täglich mit zwei Lakaien aus. „Es ist offensichtlich eine Art Naturgesetz, dass hohe Stäbe überall in der Welt stets von besonders schön gelegenen Schlössern oder Hotels geradezu magnetisch angezogen werden“, konstatierte der feinsinnige Truppenarzt Dr. Horst Falliner.[50]

Der Dienstbetrieb verlief fast friedlich und ungestört. Er wurde aber zunehmend hektischer, als sich der ungefähre Angriffsbeginn aufgrund von Meldungen erahnen ließ. In dieser Zeit besuchte General Alfred Jodl seinen jüngeren Bruder Ferdinand, Generalstabschef des XXXXIX. Gebirgsarmeekorps. Nun kamen für das Korps und damit auch für die 1. Gebirgsdivision und die anderen Verbände die entscheidenden Anweisungen für den 22. Juni 1941, den Tag des Angriffs auf die Sowjetunion. Die Spannung wurde immer unerträglicher.

„Das wird ein Unternehmen, das weder Deutschland noch die Welt je erlebt haben“, triumphierte Jodl.

„Das wird unser Verhängnis“, antwortete Kübler überaus pessimistisch.[51]
In die gleiche Kerbe schlug der „Latschen-Nurmi“ später, als ein hoher SS-Führer davon sprach, dass die Operation so weit über den Ural hinausgehen werde, dass dieses natürliche

Bollwerk zwischen Europa und Asien dereinst als ein Gebirgszug im Großdeutschen Reich anzusehen sei. Denn, so der SS-Mann auf Küblers skeptische Einwände, unsere Panzer werden schnell zupacken. Darauf gab Kübler zu bedenken, dass die Panzerwaffe ohne begleitende Infanterie nicht viel wert sei. Weil die Infanterie aber langsamer als die motorisierten Teile einer Armee seien, ist der schnelle Vormarsch zum Ural sehr fraglich.[52]

Bis zum 20. Juni 1941 bezogen die Gebirgsjägerregimenter 98 (Picker) und 99 (Kreß) sowie das der 1. Gebirgsdivision zugeteilte Infanterieregiment 188 und die Divisionsartillerie ihre gut getarnten Sturm- und Feuerstellungen in den Bereitstellungsräumen. Jeder Gebirgsjäger und Gebirgspionier, jeder Gebirgsartillerist oder andere Gebirgssoldat des XXXXIX. Gebirgsarmeekorps hatte das beklemmende Gefühl, dass er an der Schwelle eines gewaltigen Ereignisses stünde, das das Schicksal eines jeden entscheidend bestimmen würde. Trotz ihres gesunden Selbstvertrauens wurden die „Blumenteufel" von etwas Unfassbarem, fast Bedrückendem befallen. Denn sie erahnten sehr wohl die unendliche Weite des sowjetrussischen Raumes, die Stärke der Roten Armee, die Leidenschaft und die Opferbereitschaft des russischen Volkes und den Fanatismus der kommunistischen Kommissare.

„Noch lag beklemmende Ruhe über dem Ganzen", erfahren wir von General Lanz. „Hin und wieder erhellte das flackernde Licht einer russischen Leuchtkugel das Vorfeld. Unbarmherzig rückte der Uhrzeiger der ‚X-Zeit' zu. Kurz nach 03.00 Uhr früh lösten sich, wie schemenhafte Gestalten, die ersten Gebirgsjäger vom Waldrand, um im Frühnebel langsam den Wiesenhang zum Grenzzaun hinanzusteigen. Da peitschten die ersten Gewehrschüsse aus den Holztürmen der russischen Grenzwachen. Schlagartig antworteten zwei Gebirgsgeschütze und jagten Türme samt Besatzung in die Luft. Jetzt war der Bann gebrochen. Am Grenzzaun knackten die Drahtscheren. Ringsum lebte Gefechtslärm auf. Die Schlacht hatte begonnen."[53]

Am Nachmittag des 21. Juni 1941 hatte der Ia des XXXXIX. Armeekorps der 4. Gebirgsdivision mitgeteilt, dass der Angriff gegen Russland am kommenden Tag, um 03.30 Uhr, beginnen werde. Damit hatte sich der Schleier des streng gehüteten Geheimnisses endgültig gelüftet. Das Unternehmen „Barbarossa" nahm seinen verhängnisvollen Lauf.

Unter dem 21. Juni 1941 finden wir im „Kriegstagebuch des Oberkommandos der Wehrmacht" folgende Eintragung:

„Oberkommando der Wehrmacht gibt in der Nacht 20./21. Juni das Stichwort ‚Dortmund' durch. Damit ist der Angriffsbeginn endgültig für den 22. Juni befohlen. Der Befehl wird an die Heeresgruppen weitergeleitet. Das Aufschließen in die Bereitstellungsräume verläuft planmäßig."[54]

Mit geröteten Augen starrten die deutschen Soldaten in Richtung Osten, als jener unvergessliche Sonntagmorgen des 22. Juni 1941 blutrot heraufdämmerte. Gegen 03.00 Uhr rollte der letzte Tankwagenzug mit sowjetischen Öllieferungen in Przemysl über die Sanbrücke. Um 03.20 Uhr trat die 17. Armee mit Küblers XXXXIX. Gebirgsarmeekorps zum Angriff an. Da und dort zogen noch Frühnebel über die feuchte Erde und umhüllten Bäume und Sträucher, Menschen und Tiere. Da pfiffen die ersten Geschosse der Gebirgsjäger durch den jungen Tag. Die Gebirgsartilleristen schossen aus allen Rohren. Der Angriff auf die Sowjetunion, der sich von der Ostsee im Norden bis zu den Karpaten im Süden hinzog, hatte begonnen. Als die Deutsche Wehrmacht um 03.15 Uhr ihren Angriff auf die UdSSR begann, hatte sie das Überraschungsmoment auf ihrer Seite. Denn noch am gleichen Morgen des 22. Juni 1941 hatte Stalin in seiner Sommerresidenz am Schwarzen Meer erklärt, dass dieser Angriff „möglicherweise nur eine provokatorische Handlung einiger deutscher Generäle sei."[55] Und der sowjetische Marschall A. J. Jeremenko schrieb in seinen Memoiren:

„Der Überfall auf unsere Grenzbezirke kam völlig überraschend. Wenn mir, dem damaligen Armeebefehlshaber, fast nichts vom Herannahen des Krieges bekannt war, wie überraschend musste dieser Angriff für die jüngeren und mittleren Kommandostellen, für die Soldaten und das ganze sowjetische Volk gekommen sein. Diese Unterlassungen lagen begründet in der Überschätzung unserer Kraft und in der Annahme unserer obersten Führung, die Deutschen würden es nicht wagen, uns anzugreifen. Bei richtiger Führung hätte den Angreifern sofort und wirksam Widerstand geleistet werden können!"[56]

Doch es kam zunächst einmal anders. Lautlos und schemenhaft bewegten sich im ersten Morgengrauen die Angriffsspitzen der Gebirgsjägerregimenter aus ihren Bereitstellungsräumen und drangen gegen den sowjetischen Grenzzaun vor. Das Gebirgsjägerregiment 99 hatte die Höhe 273 und Oleszyce Stary zum Ziel, das Gebirgsjägerregiment 98 die Kuppe 242 und den Ostteil des besagten Ortes.

Plötzlich brach der Sturm für Küblers Gebirgssoldaten los. Der Russlandfeldzug machte seinen ersten hastigen Atemzug. Auf dem rechten Flügel der 1. Gebirgsdivision, wo das Gebirgsjägerregiment 99 (Kreß) am Forsthaus auf Höhe 273 auf eine starke sowjetische Stellung gestoßen war, zerriss gezieltes Feuer das Schweigen der Nacht. Schon lief der Gefechtslärm die gesamte Front entlang. Der Gefreite Hegele berichtet in seinen Aufzeichnungen über die ersten Angriffsaktionen:

„Gerade, als wir uns mit unserem Geschütz durch den Draht zwängen, braust eine Staffel Bomber [...] daher, und das Gedröhn ihrer Motoren gibt erst so richtig den Auftakt zum Kampf Die ersten Granaten unserer Artillerie heulen über uns; sie schießt auf schon längst ausgemachte Ziele. Unser Stoßtrupp kommt sehr zügig vorwärts, Gegenwehr ist überhaupt keine da – es ist ganz unheimlich; irgendetwas stimmt da nicht.
Wir mit unserem 8 cm-Geschütz haben sehr schwere Arbeit, mit den Jägern Tuchfühlung zu halten, es geht ja alles querfeldein. Und dann ist da noch ein Acker, frisch gepflückt von den Russen, zur besseren Kontrolle der Grenze. Wie die Bären schwitzen wir, und die Zunge hängt bald an die Knie runter, als wir endlich wieder die Straße erreichen. Dort können wir, Gott sei Dank, an eine Zugmaschine unserer 2 cm-Flak anhängen. Von unserem Stoßtrupp sehen wir nichts mehr. Die Brücke unseres Auftrages haben die Jäger heil in ihre Hand gebracht und sind dann gleich weiter marschiert. Inzwischen ist auch das Regiment zum Angriff angetreten. An einer Straßenkreuzung in Uszkowca gehen wir mit unserem Geschütz in Stellung und sichern nach Süden.
Ein paar Häuser brennen von den Treffern unserer Artillerie. Weinende Frauen und Kinder laufen sinnlos umher, allerlei Haushaltungsgerät unter dem Arm. Was sie nur wollen; für sie ist der Spuk des Krieges doch schon vorbei, ehe er richtig begann. Von vorne kommen etliche Jäger mit den ersten

gefangenen Russen. Zutiefst erschrocken ist mein Herz – den anderen Kameraden erging es genau so – beim Anblick dieser fremden Menschen. Sind das überhaupt noch Menschen? Nein, bestimmt nicht, so schauen nur gefährliche Tiere aus. Kleine, gedrungene Gestalten sind in Uniformen gezwängt. Auf den nur tierhaft zu nennenden Köpfen sitzen grüne Schirmmützen, ein breitgezogener Mund mit wulstigen Lippen. Die Nase ist plattgedrückt und die Augen, mein Gott, diese Augen, es sind nur ein paar Schlitze, aber aus ihnen blitzt uns unversöhnlicher Hass und Todfeindschaft entgegen. Es sind Mongolen, wie wir sie bisher nur von Bildern her kannten."[57]

Der Krieg hatte in jeder Beziehung begonnen. Generalmajor Lanz führte seine Division von der vordersten Linie aus. Schon hatten sich seine Soldaten in den ersten schweren Grenzkämpfen zu bewähren. Von Uszkowca brausten die Panzerjäger zur Unterstützung der Gebirgsjägerbataillone heran.

„Inzwischen sind ja unsere Autos nachgekommen", notierte der Gefreite Hegele. „Schnell noch ein paar Munitionskästen zugeladen, einen Kasten Sprenggranaten lege ich mir gleich auf das Trittbrett, um ihn sofort zur Hand zu haben, und stelle mich darauf. Stellungswechsel und los geht die brausende Fahrt, hinein nach Oleszyce. Schon zischen die ersten Kugeln um die Köpfe; man hört sie kaum im Summen des Motors. Brennende Häuser, eingestürzte Giebel, herabhängende Drähte und viele tote Jäger und Pioniere; das ist der erste Anblick. Aber man hat wirklich nicht viel Zeit zum Schauen. Die Garbe eines russischen Maschinengewehrs hat uns gefasst, dass der Wagen nur so scheppert. Max, unser Fahrer, gibt Vollgas, und mit Vollgas rasen wir in die Kurve, dass mir die Wucht gleich meinen Munitionskasten unter den Füssen rausreißt und in hohem Bogen in den Straßengraben fliegt – lass ihn liegen, wir haben jetzt keine Zeit dafür. Jochen, unser Melder, führt uns zu einem großen Gebäudekomplex, der von Bäumen und Sträuchern fast ganz verdeckt ist, dem Schloss mit Park von Oleszyce. Wir kommen in den toten Winkel der Schlossmauer und haben so ein paar Minuten zum Verschnaufen und Orientieren. Und da ist ja auch schon der Zugführer und Zugtrupp mit Zugsmaschinengewehr. Und plötzlich ist der Krieg hier wie ausgestorben. Kein Geschieße und Krachen mehr, nur nebenan fällt eine brennende riesige Scheune prasselnd zusammen. Das Geschütz geht gleich in Stellung an der Südpforte der Schlossmauer. Neben uns liegen zwei deutsche Sturmgeschütze halb umgekippt. Sie wollten hier bei diesem Eingang in den Schlosspark; der war aber zu schmal und bei dem folgenden Wendemanöver hatten sie einander gerammt. […] Schnell springen wir wieder in den toten Winkel der Schlossmauer und ducken uns nieder vor dem heiß heranschlagenden Feuer. Hinter jedem Strauch, von jedem der vielen Baumwipfel, aus jeder nur möglichen Lage zischt uns das heiße Blei entgegen. Kaum sind die Verwundeten des ersten Kampfes geborgen, so geht's schon wieder an. ‚Sanitäter – Sanitäter!' Ein großes Durcheinander erzeugt dieser plötzliche russische Überfall. Eben geht ein langes Wirtschaftsgebäude in Flammen auf, und das Feuer prasselt wild in den allgemeinen Kampflärm. Mit unserem Geschütz können wir hier in diesem unübersichtlichen Park nichts anfangen, müssen also mit Nahkampfwaffen diesem Widerstandsnest zu Leibe rücken. 50 Meter weiter oben werfen die Pioniere gerade dutzendweise Handgranaten in den Park. Auch wir schließen uns mit den Handgranaten an. Wie das scheppert und rumst Aber der Russe gibt nicht nach. Flammenwerfer müsste man haben, um den Park auszuräuchern. Also wieder Handgranaten. Und auf einmal ist Stille im Park. Sind die Roten schon erledigt? ‚Wir stürmen jetzt den Park!' befiehlt der Zugführer. Mit ‚Fertig – los' stürmen wir, zehn

Mann stark, zum Tor hinein und schwärmen gleich auseinander. Der Zugtruppführer, Feldwebel Wegscheider, schreit gleich in den ersten Sekunden auf und fällt dem Wachinger, der gleich hinter ihm läuft, in die Arme, dass es ihn fast umreißt Im Nu ist der Nahkampf in seiner unerbittlichen Härte entbrannt, wobei kurzer Spaten, Handgranaten und Pistolen die Hauptrollen spielen. [...] Stille, Grabesstille ist auf einmal – kein lebender erdbrauner Gegner ist mehr zu sehen."[58]

Aber plötzlich flammte die Kampftätigkeit wieder auf. Lanz wurde während eines Gefechtes durch ein Infanteriegeschoß an der rechten Schulter gestreift. Das Schloss Oleszyce wurde nach seiner Eroberung Verbandsplatz der „Blumenteufel". Hegele berichtet uns wieder bereitwillig von den aufflammenden Kämpfen des ersten Angriffstages:

„Am Nachmittag [...] wurde der Park nochmals zu einem heißen Feuerherd. Es schien, als seien die Roten, die wir schon zweimal ins Jenseits geschickt hatten, alle wieder lebendig geworden. Von Baumwipfeln, aus Sträuchern und Hecken, aus allen Kellerlöchern kommt der Feuerüberfall auf die Verwundeten, Sanitäter und Ärzte. [...] Es wird abends, ehe der Kampf hier zu Ende geht, und erst unter Einsatz von Flammenwerfern wurde der letzte Widerstand ausgeräuchert."[59]

Während in Oleszyce der zähe Kampf den ganzen Tag über immer wieder aufflammte, setzte der Korpsstab am frühen Nachmittag über den San und richtete in Krakowiez den neuen Gefechtsstand mit Unterkunft bei den von Wirtembergs ein. Unterdessen stießen die beiden Gebirgsjägerregimenter der 1. Gebirgsdivision in gehobener Stimmung am Ort vorbei weiter nach Osten vor, in Richtung Lemberg, ihrem ersten großen Angriffsziel. Die nächste Zwischenstation der „Edelweißdivision" war zunächst der Lubaczowka-Flussabschnitt, der rund 13 Kilometer von ihrer Sturmausgangsstellung entfernt lag. Zügig griffen die Gebirgsjäger an und erreichten gegen 19.00 Uhr das befohlene Ziel.

„Die Führung hat wieder Oberleutnant von Hirschfeld", berichtet Hegele. „Auftrag des Stoßtrupps ist die Brücke über die Lubaczowka bei Lizczutho im Handstreich zu nehmen. Wir fahren gleich los, müssen durch den Wald. Alles schaut scharf links und rechts, aber kein Russe ist zu sehen. Am jenseitigen Rand des Gehölzes wird gehalten. Geschütz 1 und 3 werden abgeprotzt und wir zwei Bedienungen bleiben hier. Nur Geschütz 2 (Dreßl) und alle unsere Fahrzeuge mit den beiden Jägergruppen fahren los. [...] Unsere Artillerie und Granatwerfer beschießen inzwischen heftig das Dorf. Bange Minuten vergehen; sie werden zu Ewigkeiten. Endlich die rote Leuchtkugel, das Zeichen für unsere Artillerie und Granatwerfer, das Feuer einzustellen. Der Stoßtrupp ist nahe am Ziel. Wir hören Maschinengewehr- und Maschinenpistolenfeuer und das Rumsen der Handgranaten, dann das erlösende Zeichen der weißen Leuchtkugel: Die Brücke ist genommen."[60]

Am Abend des ersten Angriffstages fasste Major Steets, der Ia der 1. Gebirgsdivision, seine Tagesmeldung an Küblers XXXXIX. Gebirgsarmeekorps wie folgt zusammen:

„Der Tag war ungewöhnlich schwer. Die Division verlor allein 18 Offiziere. Die Truppe, in 16-stündigem, heißem, wechselvollem Kampf stark angestrengt, stellte sich schnell auf die ungewohnte und hinterhältige Kampfweise des Feindes ein. Gefangene wurden wenig gemacht. Umso

größer waren die Verluste des Feindes. Gefangenenaussagen ergaben, dass Teile der Grenztruppen und der 97. russischen Schützendivision vernichtet wurden."

Und im Tagebuch der 1. Gebirgsdivision lesen wir: „Der erste Gefechtstag im ersten Operationsabschnitt des Ostfeldzuges war der schwerste und blutigste Kampftag der Division." Der Russlandfeldzug hatte also blutig begonnen. Und die Beteiligten wussten in jenen Tagen des Sommers 1941 noch nicht, wie lange er dauern würde. Aber sie erahnten, dass er alles andere als ein „Blitzfeldzug" werden würde. Darauf deuteten bereits die ersten Kampfhandlungen hin, die die Landser nachdenklich stimmten. Denn die Siege im Feldzug gegen die Sowjetunion mussten von Anfang an unter weit blutigeren Opfern erkämpft werden als die in Polen, Norwegen, Frankreich oder auf dem Balkan, weil die Sowjets sich überraschenderweise verbissen zum Kampf gestellt hatten. In ihrem heftigen Abwehrfeuer konnte die Deutsche Wehrmacht nur langsam an Boden gewinnen. Am Abend des ersten Tages notierte der Gefreite Hegele in seinem Tagebuch:

„Der erste Kampftag im Russlandfeldzug ist vorbei. Er war hart, mehr als hart. Nun wissen wir mehr als gestern Abend. Wird das hier immer so weitergehen? Viele unserer Kameraden sind nun schon zugedeckt vom heißen polnischen Boden. Vom Regiment hat das II. Bataillon am meisten bluten müssen. [...] Lange kann ich nicht einschlafen: zu stark hängen die Gedanken am heutigen Tag, besonders am Grauen vom Schlosspark Oleszyce. Und nun liegt feierliche Stille über dem Schlachtfeld an der Grenze.
Oben am wolkenlosen Nachthimmel die Millionenpracht der Sterne, auf der Erde die weißen Leuchtkugeln der Deutschen und die roten der Russen; sie bilden den ‚Zauber der Nacht'. Und morgen?"[61]

Die nächsten Tage brachten den Großkampf mit den Sowjets und ihren Panzern bei Jazow Stary, einem unscheinbar wirkenden Ort ohne besondere Sehenswürdigkeiten beiderseits der großen Nord-Süd-Straße von Jaworow nach Niemirow. Vorsorglich hatte der Ia der 1. Gebirgsdivision Befehle für die erhöhte Panzerabwehrbereitschaft ausgegeben. Die Panzerabwehrwaffen der Stammdivision bestanden aus vier 5 cm- und 54 kleinen 3,7 cm-Panzerabwehrgeschützen. Unser Chronist Hegele war mitten drin in diesem Kampfgeschehen und beschrieb die Ereignisse des 23. Juni 1941 wie folgt:

„Heftig wurde ich an den Beinen gerüttelt. ‚Was ist?'
‚Alles auf Stellungswechsel!' weckt uns der Posten.
‚Ja, Blumendraht, jetzt mitten in der Nacht? Was ist denn los?' – Befehl vom Zugführer: 3. Zug macht Stellungswechsel 8 Kilometer nach links. Werden dort der P 44 (unsere Panzerjägerabteilung) zugeteilt, um sie zu verstärken, da für deren Bereich starke russische Panzerkräfte gemeldet sind. Es ist 01.00 Uhr nachts. [...] Eine Sau-Fahrerei ist dieser Stellungswechsel durch unbekanntes und größtenteils versumpftes Gelände, so dass immer wieder ein Wagen stecken bleibt und seine Räder im nassen Grund durchschleifen. Doch heil und ohne Verirrung bringt uns der Zugführer Leutnant Hahn, der für seine Spürnase bekannt ist, an das Ziel. Dort wird uns gleich unser neuer Stellungsbereich zugewiesen, und wir beginnen sofort mit dem Einschanzen und Tarnen des

Geschützes. Während dieser Arbeit wird der graue Streifen am östlichen Himmel immer heller, und als wir mit dem Schanzen fertig sind, ist es fast Tag.
Ein Anblick von seltener so deutlicher Dramatik bietet sich bei näherem Umsehen: In dem Wiesengelände, das 2 Kilometer breit sein mag und links und rechts von Wald flankiert ist, sind nicht weniger als 27 Panzerabwehrgeschütze in V-Form in Stellung, 2 Kompanien der P 44 und unser Zug. Da mögen die russischen Panzer nur kommen, hier würde ihnen ein heißer Empfang bereitet werden.“[62]

Am 23. Juni 1941, es war ein Montag, um 06.00 Uhr morgens, als die Gebirgssoldaten den Gegner gestellt hatten, traten sie auf breiter Front erneut zum Angriff an. Äußerst hart waren die Gefechte, was allein daran zu ersehen ist, dass bei den teilweise alles andere als menschenschonenden Kampfhandlungen des Gebirgsjägerbataillons Fleischmann auf der Höhe 235, dicht vor dem russischen Stützpunkt Nabaczow, von fünf Kompaniechefs vier gefallen sind. Trotz massiver Gegenwehr der Sowjets und empfindlicher deutscher Verluste erreichten die Gebirgsjäger bis zum Mittag das befohlene Tagesziel.

„Es wird heute nochmals angegriffen. Um 18.00 Uhr kommt der Befehl zum Stellungswechsel, und unser Zug haut gleich ab“, notierte der Gefreite Hegele. *„Wir verlieren aber bald den Anschluss und auf einmal ist unser Zug allein auf weiter Flur. Nacht wird es, und plötzlich endet unsere Fahrt fast buchstäblich im Wasser. Es ist eine Insel mitten im Sumpf von Drchomysl, gerade groß genug, um unseren sieben Autos mit Geschützen und den paar Krädern Platz zu bieten. Keine ideale Gegend für einen Sommernachtstraum, aber immerhin wissen wir, dass hier kein feindlicher Überfall zu befürchten ist, zumal sehr starker Nebel herrscht.“*[63]

Überall dort, wo sich die sowjetischen Truppen den Gebirgssoldaten stellten, hatten sie sich zäh geschlagen. Geschickt verteidigten sie sich unter Ausnutzung hochstehender Getreidefelder und dichter Wälder. Aber auch die Deutschen bezogen die Bodenbedeckungen in ihren Kampf geschickt ein. Hegele schrieb auch darüber:

„Die […] Fahrzeuge werden […] in Deckung belassen, das Geschütz selber schieben wir noch gute 50 Meter weiter vor und bringen es in einem Maisfeld links der Straße in Stellung. Der Panzerschild wird heruntergeklappt, um die Kanone so klein wie nur möglich zu machen. Dann verkriecht sich die gesamte Bedienung, außer Meese, dem Richtschützen, der als erster Posten am Geschütz bleibt, in den rechten Straßengraben. Den Stahlhelm als Kissen unter den Kopf, und bald hat uns die heiße Mittagssonne in den Schlaf gedrückt. Helle Kommandostimmen wecken unseren ganzen Haufen, jeder blinzelt noch ganz benommen in die Gegend. Was denn nur jetzt schon wieder los ist? – ‚Jawohl, Herr General, zu Befehl, Herr General‘, vernehmen wir ganz nahe. Ist am Ende gar unser Divisionler bis da vorne? Neugierig schauen wir durch das Bindengeflecht des Zaunes. Pfeilgrad! Da steht höchstpersönlich unser General Lanz selber am Scherenfernrohr und lässt sich vom vorgeschobenen Beobachter unserer 15 cm-Artillerie erkannte feindliche Ziele zeigen. […] Wenn so hoher Besuch da ist, dürfen wir uns nicht gerade in den Straßengraben legen und schlafen. […] Tschschsst – flupp, zischt es plötzlich heiß heran. Instinktiv drücken wir uns alle gleich in den Grund des Grabens und warten auf die Explosion der Granate. Da weiter nichts geschieht,

erheben wir ganz vorsichtig unsere Häupter und blinzeln in die Gegend. Totenblass sitzt Kaspar, unser Posten, auf dem Geschützholm und kann nur noch auf das Loch deuten, das hinter ihm entstanden ist. Keine 3 Meter hat diese Granate, die so plötzlich und einschichtig daher gekommen war, hinter dem Geschütz eingeschlagen. Und wäre sie kein Blindgänger gewesen, so würden wohl der Kaspar und auch das Geschütz nicht mehr existiert haben."[64]

Die Jäger des Gebirgsjägerregiments 98 hatten mehr Glück. Sie erreichten ihr Tagesziel ohne besonders schwere Kampfhandlungen. Am Abend des 24. Juni 1941 gruben sie sich längs der Straße Jazow Stary – Niemirow ein. Als sie am Abend müde in ihren Deckungslöchern kauerten, hatte die 1. Gebirgsdivision bereits eine Frontausdehnung von etwa 30 Kilometern erreicht. Endlich fanden die Jäger die verdiente Verschnaufpause.

„Der Krieg kommt schön langsam zur Ruhe", erfahren wir vom Gefreiten Hegele. „Grillen und Frösche beginnen ihr Konzert und die Mücken, in unzählbaren Geschwadern anfliegend, machen uns das Leben giftig. Allenthalben sieht man dunkle Gestalten, mit Kochgeschirren scheppernd, nach hinten in die Schlucht wandeln. Dort geben die Feldküchen den Abendfraß aus. – Der von Hiernig Hans (Geschütz Artmeier, I. Zug) heute abgeschossene Panzer brennt immer noch. Er glüht und gibt so in dunkler Nacht ein schaurig schönes Bild; jeder Teil dieses Stahlkolosses ist weithin sichtbar. Hell und tröstend strahlen die Sterne auf uns herab, Grüße der Heimat. Jetzt, da des Tages Mühen und Gefahren vorbei sind, wandern die Gedanken dorthin zurück, viele Hundert Kilometer zurück, und man merkt gar nicht, dass man eigentlich irgendwo im Schützenloch in einem polnischen Getreidefeld liegt und das müde Haupt nur auf einem Stahlhelm gebettet ist."[65]

Die Nacht vom 24. zum 25. Juni verlief wider Erwarten ruhig. Doch bereits während des 25. Juni, es war Mittwoch, ein heißer Tag, warf der sowjetische Kommandierende General des III. Panzerkorps in Lemberg seine Stahlkolosse in den Kampf gegen Küblers ungestüm vorwärts drängende Gebirgsjäger. Zum ersten Male trafen die Soldaten mit dem Edelweiß auf die gut gepanzerten und aus allen Rohren schießenden T 34, die seinerzeit als die besten Panzer der Welt galten. Es war eine gefährliche und von den Deutschen während des ganzen Ostfeldzuges gefürchtete Panzerwaffe. In Pulks zu zehn, zu zwanzig, ja zu vierzig Panzern brachen die Sowjets ohne begleitende Infanterie gegen die abwehrbereiten Gebirgssoldaten vor und drangen hier und da in die deutschen Linien ein.

„Unsere Panzerjäger sind feuerbereit", schildert General Lanz die Lage. „Als die mit viel Lärm und Qualm anrumpelnden Stahlkästen auf etwa 600 Meter vor uns sind, eröffnen die Panzerabwehrgeschütze schlagartig das Feuer. Bündelweise sausen die Leuchtspuren den Panzern entgegen – und spritzen ab. Wir trauen unseren Augen nicht. Überall Treffer und jedes Mal Abpraller. Natürlich ist unsere Artillerie feuerbereit und eröffnet nun ihrerseits ein sauberes Punktschießen. Bei der unerwarteten Wirkungslosigkeit unserer 3,7 cm-Panzerabwehrgranaten rücken etliche 30 Panzer unaufhaltsam vor und brechen, soweit sie nicht in einem großen Sumpfloch unten an der Straße hängen bleiben, in unsere Stellung ein. Nun greifen die Jäger zur Selbsthilfe. Mit Handgranaten und geballten Ladungen springen sie die Panzer an und setzen im Nahkampf eine Anzahl von ihnen außer Gefecht"[66]

Nur aufgrund der mit spontaner Improvisationskunst zahlreich abgeschossenen Panzer, die infolge des Versagens der viel zu schwachen 3,7 cm-Panzerabwehrkanonen erst im nervenaufreibenden Nahkampf oder durch in Geschützrohre geschobene Handgranaten außer Gefecht gesetzt werden konnten, standen die zunächst wie gelähmt wirkenden Gebirgsjäger nach der ersten großen Panzerschlacht bei Jazow Stary am Abend des 25. Juni 1941 in ihren befohlenen Stellungen, allerdings doch etwas konsterniert. Sowohl die Beute als auch die eigenen Verluste waren hoch.[67]

„Die Säuberung des Schlachtfeldes hat ergeben, dass vor der Front des Korps in der Panzerabwehrschlacht am 24. und 25. Juni mindestens 100 Panzerwagen abgeschossen und über 50 Geschütze erbeutet wurden. An den Kämpfen waren in hervorragender Haltung in gleicher Weise beteiligt 1. Gebirgsdivision, 68. Division, die zuerst im Walde um und ostwärts Krakowiec den feindlichen Angriff auszuhalten hatte, und Teile der 257. Division“,
lautet eine Eintragung vom 26. Juni 1941, 23.00 Uhr, im Kriegstagebuch des XXXXIX. Gebirgsarmeekorps.[68]

„Die anfängliche Hochstimmung der Truppe flachte bei drückender Hitze alsbald ab und der seit Polen und Frankreich gewohnte Frontalltag kehrte wieder ein“, erinnert sich Küblers Korpsintendant Dr. Wolfgang Bernklau.[69]

Da die 4. Gebirgsdivision des Generalmajors Karl Eglseer bis zum Beginn des Russlandfeldzuges als Reserve des Oberkommandos des Heeres relativ weit rückwärts vom eigentlichen Aufmarschraum lag, stand sie am ersten Tag des Unternehmens „Barbarossa“ auch nicht gleich im Brennpunkt der heftigen Auseinandersetzungen. Doch dann lautete die Parole auch für die „Enziandivision“, die am 23. Juni 1941 marschtechnisch und ab 25. Juni endgültig für über eineinhalb Jahre dem Generalkommando des XXXXIX. Gebirgsarmeekorps unterstellt wurde:

„Auf geht‘s packen wir‘s an!“

Von nun an marschierte die „Vierte“ neben ihrer Schwesterdivision, der „Ersten“, über Monate hinweg von Lemberg durch Südrussland bis zum Kaukasus und in den Kuban-Brückenkopf gemeinsam in Richtung Osten.

Es war am 26. Juni 1941, als die Division vom Armeekorps den Befehl erhielt, die bereits stark angeschlagene 68. Infanteriedivision, die in den ersten Angriffstagen die ganze Wucht des Gegners voll zu spüren bekommen hatte, in der vorderen Linie im Raum Jaworow abzulösen. Kübler zog damit die frische 4. Gebirgsdivision in die erste Angriffslinie vor. Sie sollte zusammen mit der 257. Infanteriedivision den Schutz der tiefen Südflanke der 1. Gebirgsdivision übernehmen und dann die Seeenge bei Dobrostany und Kamienbrod durchbrechen. Die Ablösung der beiden Gebirgsgroßverbände vor dem Feind verlief reibungslos. Dieser zog sich nun unter dem Schutze starker Nachhuten ostwärts zurück.

„Dann sahen wir den ersten Russen“, berichtet Werner Schneider von der 7. Kompanie des Gebirgsjägerregiments 91. „Klein und krumm lag er im Straßengraben, bartlos das Gesicht, in guter Uniform und festen Stiefeln. Es folgten mehr und mehr, lauter junge Kerle, kaum 20 Jahre mochten sie

zählen, karmesinrot der Rand ihrer Mützen. Gefallene lagen überall im Getreide. Einzelne waren von unseren Soldaten bereits bestattet, ein in den Boden gestecktes Gewehr und die Mütze darauf zeigten ihre Gräber. Wir marschierten weiter, gleichmäßig trappten die Füße. Jeder war schweigsam geworden und versuchte, mit seinen Gedanken fertigzuwerden. Wieder wurde es Abend. Gegen Mitternacht erreichten wir einen Wald. An seinem Ostrand war unser Bereitstellungsraum. Nun waren wir vorn. Wo stand der Feind?"[70]

Wie die Aufklärung ergeben hatte, stand dieser Feind in der Seeenge von Grodek und Kamienobrod – eine Schlüsselstellung der Russen, da sie als natürliches Hindernis den Zugang in die alte galizische Hauptstadt Lemberg versperrte, dasselbe Lemberg, das die 1. Gebirgsdivision unter General Kübler bereits im Polenfeldzug eingenommen hatte und dann den Sowjets aufgrund der seinerzeitigen deutsch-sowjetischen Vereinbarungen überlassen musste. Jetzt standen die deutschen Gebirgsjäger abermals vor der leidgeprüften Stadt. Rasch wurde eine bewährte Speerspitze der 4. Gebirgsdivision zusammengestellt. Auch hier waren fast ausnahmslos alle Truppengattungen in der Vorausabteilung vertreten – unter anderem neben den Gebirgsjägern die IV. Abteilung/Gebirgsartillerieregiment 94, die 3. (motorisierte)/Gebirgspionierbataillon 94 und die l./Gebirgspanzerjägerabteilung 94.

Jetzt, wo sie sich Lemberg näherten, zeigte der russische Bär den „Blumenteufeln" zum ersten Male seine starken Tatzen. Nachdem sie es gerade noch geschafft hatten, bis in die Seeenge von Kamienobrod vorzudringen, lief sich der Angriff der Vorausabteilung fest. Erst als Generalmajor Eglseer am frühen Morgen seine beiden Gebirgsjägerregimenter 13 und 91 ins Gefecht schickte, konnte der hartnäckige Widerstand der Sowjets gebrochen werden. Aber unter welchen Opfern!

Das XXXXIX. Gebirgsarmeekorps verlor in vier Kampftagen bei einem Geländegewinn von 40 bis 50 Kilometern nicht weniger als 45 Offiziere sowie 827 Oberjäger und Jäger. Auf die 1. Gebirgsdivision entfielen davon 8 Offiziere und 92 Oberjäger und Jäger. Dennoch nahmen die Gebirgssoldaten die Verfolgung des geworfenen Feindes rasch wieder auf. Nun galt es, Lemberg von Norden mit dem benachbarten XXXXIV. Armeekorps und von Süden mit dem XXXXIX. Gebirgsarmeekorps einzuschließen und zur Übergabe zu zwingen.

„Bereits 5 Tage und Nächte dauerte die erbitterte Schlacht in der grenznahen Zone", schrieb der Sowjetmarschall I. Ch. Bagramjan. „Trotz großer Kräfteüberlegenheit und der Vorteile, die der plötzliche Überfall dem Gegner gebracht hatte, konnte er den Widerstand unserer Truppen nicht brechen. Es gelang ihm in der Hauptstoßrichtung nicht, die taktischen Erfolge in operative zu verwandeln; nämlich unsere Front zu durchbrechen und in die Tiefe unseres Territoriums vorzudringen. Doch das faschistische Oberkommando verfügte über mächtige Reserven. Der Gegner versuchte alles, um die Schlacht auf ukrainischem Boden zu gewinnen."[71]

Am 29. Juni 1941 gab General Kübler bedauerlicher Weise einen drakonischen Befehl heraus, der ihm unter anderem später zum Verhängnis wurde und ihn als Kriegsverbrecher brandmarkte. „Die Meldungen, dass Zivilisten in immer größerem Umfange auf den Schlachtfeldern plündern, häufen sich. Der Kommandierende General gibt daher, um dem zu begegnen, Befehl, dass alle erwachsenen zivilen Plünderer auf dem Schlachtfeld zu erschießen sind", heißt es im Kriegstagebuch des XXXXIX. Gebirgsarmeekorps.[72] Es war Ende Juni 1941, als das XXXXIX. Gebirgsarmeekorps mit der 1. Gebirgsdivision auf dem linken Flügel, der 4. Gebirgsdivision, die zunächst noch in Reserve lag, der 68. und der 257. Infanteriedivision sowie der 100. und 101. leichten Infanteriedivision gegen den Frontbogen nördlich von Przemysl vorstoßend, den Raum um Lemberg erreicht hatte. Selbstbewusst verkündete General Lanz: „Jetzt gehört Lemberg uns."[73]

Doch zunächst war Major Schneider, der Kommandeur des I. Bataillon/Gebirgsjägerregiments 91, mit einer Vorausabteilung zum Angriff auf der großen Straße, die von Grodek nach Lemberg führt, angetreten und traf bei Kaltwasser auf einen außerordentlich zähen Widerstand der Sowjets. Besonders zu schaffen machten ihm dabei die gegnerischen Panzer, vor allem die überschweren Kolosse, die seinen Gebirgsjägern auf dem russischen Kriegsschauplatz zum ersten Male in derartiger Zahl begegneten. Aber schließlich wurden auch diese sowjetischen Stahlkolosse von seinen tapferen Gebirgsjägern zerstört.

Die Sowjets gaben sich dennoch nicht geschlagen. Vielfach versuchten sie, die erledigten Panzer im Schutze der Nacht abzuschleppen. Doch die Gebirgssoldaten konnten das meist rechtzeitig vereiteln. Wie mächtige Ungetüme blieben die sowjetischen Panzer – so, wie sie im Gefecht abgeschossen worden waren – auf der Straße oder in den Gräben liegen.

Nachdem das Gebirgsjägerregiment 13 nach harten Kämpfen mit feindlichen Panzern die Verbindung mit der benachbarten 257. Infanteriedivision des Generalleutnants Sachs hergestellt und die Gebirgsartillerie der 4. Gebirgsdivision die West- und Südwestausgänge von Lemberg mit Störfeuer belegt und damit die Sowjets zermürbt hatte, nach alledem war die Stadt praktisch sturmreif geschossen. Für die entscheidende Nacht vom 29. auf den 30. Juni 1941 gab das Gebirgsjägerregiment 13 einen Befehl heraus, der im Wesentlichen folgende Punkte beinhaltete:

„1. Der durch erfolgreichen Angriff der 1. und 4. Gebirgsdivision in Lemberg zusammengeballte Feind versucht durch Gegenangriffe mit schweren und schwersten Panzern, seinen Kräften den Abzug nach Osten zu ermöglichen. Die Angriffe sind von Teilen der russischen 8. Panzerdivision und Restteilen der 37. und 173. Division durchgeführt

2. Regiment stellt Angriff wie befohlen ein und gliedert sich in der erreichten Linie für die Nacht zur Abwehr.

3. Es verbleibt in vorderer Linie eingesetzt: I. Bataillon/13 igelartig gegliedert in dem Raum hart westlich Basiowka, III. Bataillon/13 an den Nordosträndern der Waldstücke nördlich Basiowka, II. Bataillon/13 hält sich zur Verfügung im Raum um Straßengabel südlich Suchowola und sichert in südlicher und südwestlicher Richtung. […]

6. Regiment wird mit Dämmerung in der Frühe des 30. Juni in ostsüdostwärtiger Richtung abgedreht."

Und so geschah es dann auch. Die 4. Gebirgsdivision schwenkte südlich an Lemberg vorbei und verfolgte in anstrengenden Märschen den nach Osten ausweichenden Feind. Der 1. Gebirgsdivision, deren Name mit Lemberg geradezu mythisch verbunden ist, blieb es vorbehalten, am 30. Juni 1941, es war um 04.20 Uhr, die alte galizische Hauptstadt zum zweiten Male zu erobern und, wie das Kriegstagebuch berichtet, „die Reichskriegsflagge auf der alten Zitadelle"[74] zu hissen, nachdem die Sowjets die Stadt unerwartet in der Nacht zum 30. Juni geräumt hatten. Und weiter heißt es im Kriegstagebuch der „Ersten": „Die Regimentskommandeure rücken mit je einem Bataillon an der Spitze ihrer Truppen auf beide Zitadellen vor. [...] Artilleriefeuer auf Lemberg unterbleibt."[75] Küblers Korpsstab bezog sein Hauptquartier im Rathaus der leidgeprüften Stadt.

Obwohl die 4. Gebirgsdivision im Süden von Lemberg harte Kämpfe ausgefochten hatte, war es ihr versagt geblieben, in die alte Universitätsstadt einzuziehen, in der sich bis dato noch der vorwiegend österreichische Einfluss aus der Zeit des Kaisers Franz Josef bemerkbar machte. Das war für manche Gebirgsjäger der „Enziandivision" gewiss eine herbe Enttäuschung. Wenn man im Nachhinein die Dinge aus der nötigen Distanz nüchtern betrachtet, dann kommt man jedoch zu dem Schluss, dass die „Vierte" den entgangenen Einmarsch nach Lemberg nicht zu bereuen brauchte. Denn das, was sich vor dem Einmarsch der Deutschen in der Stadt ereignet hatte, all diese Grausamkeiten minutiös zu schildern, dagegen sträubt sich die Feder des Chronisten. So vermerkte das Kriegstagebuch des XXXXIX. Gebirgsarmeekorps am 30. Juni 1941, um 15.00 Uhr:

„Die in Lemberg einrückenden Truppen der 1. Gebirgsdivision machen eine schaurige Entdeckung. In den Kellern des brennenden Brigitte-Gefängnisses, und wie sich später herausstellt auch in anderen Gefängnissen, liegen viele Hunderte von Leichen erschossener, in bestialischer Weise verstümmelter Ukrainer. Das Generalkommando ordnet sofort die erforderlichen Maßnahmen zur Verhütung von Seuchen, die durch die Massen von halbverwesten Leichen entstehen könnten, an. Ferner befiehlt es Maßnahmen zur möglichen Identifizierung der von der GPU erschossenen Männer, Frauen und Kinder. Unter der Bevölkerung herrscht über die Schandtaten der Bolschewisten rasende Erbitterung, die sich gegenüber den in der Stadt lebenden Juden, die mit den Bolschewisten stets zusammengearbeitet hatten, Luft macht. Im Übrigen sind die Vorgänge durch die Presse bekannt geworden."[76]

Es war ein Bild des Grauens und Schreckens, das General Kübler mit seinem Burschen Hans Daurer zu sehen bekam, als sie am 30. Juni 1941 in die Stadt einmarschierten und ein süßlicher Leichengeruch von vier bis fünf Tage zuvor bestialisch ermordeten Menschen ihre Sinne ekelerregend betäubte. Was war geschehen?

Die deutschfreundliche ukrainische Bevölkerung, die sowohl von den Polen und Russen als auch von den Juden immer wieder unterdrückt worden war, übte an ihnen blutige Vergeltung. Vor ihrem Abzug wurden Tausende von Volksdeutschen und Ukrainern von den Sowjets zusammengetrieben und Hunderte – insbesondere intellektuelle Polen und Ukrainer – in den düsteren Kellern der Gefängnisse auf tierische Art und Weise hingerichtet, erschlagen und ermordet. Ein Schauplatz dieses Massakers war der Hof des GPU-Gefängnisses, in dem die scheußlichsten Verbrechen verübt worden waren und der Verwesungsprozess der grässlich verstümmelten Leichen derart weit fortgeschritten war, dass Türen und Fenster der umliegenden Häuser wegen des penetrant süßlichen Geruchs mit Panier abgedichtet worden waren.

Am 1. Juli 1941 war es in Lemberg zu einem regelrechten Juden- und Russenpogrom gekommen. Juden mussten die ermordeten Ukrainer zum Teil mit bloßen Händen ausgraben oder aus den Kellern, die mit dem Blut unschuldiger Männer, Frauen und Kinder besudelt waren, hervorholen, damit sie von ihren Angehörigen identifiziert werden konnten. An jenem Tage finden wir im Kriegstagebuch der 1. Gebirgsdivision darüber folgende Eintragung:

„Während der Kommandeursbesprechung hörte man das Schießen im GPU-Gefängnis Lemberg, wo Juden die in den letzten Wochen von den Russen auf jüd[ische] Denunziation hier ermordete Ukrainer (mehrere Tausend) begraben mussten. Auf Antreiben der ukrainischen Bevölkerung kam es am 1. Juli zu einem regelrechten Juden- und Russenpogrom in Lemberg."[77]

Unverzüglich traf die internationale Presse aus den neutralen Ländern Schweiz, Schweden und USA zur Besichtigung ein und wurde von den beiden Juristen des Korpsstabes, nämlich dem Oberfeldrichter Dr. jur. Wilcke und dem Korpsintendanten Dr. jur. Bernklau, an Ort und Stelle geführt. Das hatte seinen guten Grund, denn die Morde von Lemberg stellen noch bis auf den heutigen Tag ein Politikum allerersten Ranges dar, da sie einerseits von den eingeflogenen Pressereportern und andererseits von östlicher Seite während des sogenannten „Kalten Krieges" als angeblich deutsche Kriegsverbrechen dargestellt und damit der deutschen Gebirgstruppe – insbesondere aber der 1. Gebirgsdivision, die die galizische Hauptstadt ohne Beteiligung anderer Verbände eingenommen hatte – angelastet wurden.[78]

Als Kommandant von Lemberg erließ der Gebirgsartillerist Karl Wintergerst im Auftrage des Kommandierenden Generals dann folgenden Aufruf:

„Zum Schutze der öffentlichen Ordnung und Sicherheit in der Stadt Lemberg befiehlt die Deutsche Wehrmacht folgendes:

1) Gewalttätigkeiten und Bedrohungen gegen Angehörige der Deutschen Wehrmacht und ihres Gefolges werden mit dem Tode bestraft. Sind die Täter nicht zu ermitteln, so werden an den festgenommenen Geiseln Repressalien verübt.
2) Wer nicht zu seinem Arbeitsplatz zurückkehrt oder wer seine Arbeit niederlegt, wird als Saboteur erschossen.
3) Sämtliche russischen Soldaten und politischen Funktionäre, die sich noch im Stadtgebiet befinden, melden sich innerhalb von 6 Stunden im Zentralen GPU-Gefängnis (Ecke Ul. Kadecka – Ul. Pelczynska). Nach dieser Zeit Aufgegriffene werden strengstens bestraft; Personen, die russischen Soldaten und politischen Funktionären Unterschlupf gewähren, werden erschossen.
4) Sämtliche Schusswaffen, Munition aller Art und Zündmittel sind innerhalb 12 Stunden nach Erscheinen dieses Aufrufs bei der Miliz abzuliefern. Auf Verstößen steht die Todesstrafe.
5) Der gesamten Zivilbevölkerung wird das Betreten der Straßen von 21.00 Uhr bis 07.00 Uhr verboten. Personen, die zur Ausübung ihres Dienstes auch während der Nachtzeit die Straßen betreten müssen (Ärzte, Hebammen, Arbeiter versorgungstechnischer Betriebe), erhalten durch die Ortskommandantur auf Antrag entsprechenden Ausweis.
6) Der Ausschank alkoholischer Getränke jeglicher Art an Zivilpersonen wird verboten.
7) Sämtliche Radio-, Sende- und Empfangsgeräte sind sofort nach Erscheinen dieses Aufrufs bei der Miliz abzuliefern.
8) Ansammlungen, Demonstrationen, Umzüge und Versammlungen werden mit Waffengewalt unterdrückt.

Der Kommandant der Stadt Lemberg"

Von der Stalin-Linie nach Winniza

Küblers XXXXIX. Gebirgsarmeekorps zog mit seinen Divisionen und Regimentern an Lemberg, über dem noch immer Leichengeruch lag, vorbei in Richtung Südosten. Die 4. Gebirgsdivision war dazu ausersehen, mit ihrem linken Nachbarn, der 97. leichten Infanteriedivision des Generalmajors Fretter-Pico, die Verfolgung von etwa zwei Restdivisionen des zurückweichenden Feindes aufzunehmen. Häufig sahen die Landser bei ihrem Vormarsch, dass die ukrainische Bevölkerung, die sich von ungeheurem Druck befreit fühlte, Triumphpforten für die Deutschen errichtet hatte, an denen sogar Hakenkreuzfahnen und Inschriften wie „Heil dem Führer" oder „Wir begrüßen die Befreier" angebracht waren. Das war auch kein Wunder, denn das bolschewistische Terrorregime hatte innerhalb von 15 Jahren „über 60 Millionen Menschen vom Leben zum Tode befördert."[79] Stalins Holocaust in der Ukraine entsprach, nein überstieg Hitlers Holocaust an den Juden.[80]

„Leider", schrieb der berühmte Panzergeneral Heinz Guderian später in seinen Memoiren, „hielt diese günstige Stimmung der Bevölkerung gegenüber den Deutschen nur solange an, wie die wohlwollende Militärverwaltung regierte. Die sogenannten Reichskommissare haben dann in kurzer Zeit verstanden, jede Sympathie für die Deutschen abzutöten und damit dem Partisanenunwesen den Boden zu bereiten."[81] Damit war die große Chance leichtfertig verspielt worden, „[...] durch schnelle und weitreichende politische Entschlüsse die russischen Völker zu unterstützen. [...] Eine vertrauensvolle Zusammenarbeit wäre für beide Teile von größtem Nutzen gewesen."[82] Dass es tragischerweise anders kam, lag an der antibolschewistischen Propaganda der Nationalsozialisten, die die Sowjetrussen zunächst als „Untermenschen" hinstellte. Schlimmer noch: Hitler beschloss nach dem „Weltblitzkrieg"[83] einen „Ausrottungskrieg".[84] Nicht umsonst brandmarkte unter anderen Bruno Brehm 1942 in mutiger Weise öffentlich die verfehlte Politik der Nationalsozialisten in der Ukraine.[85]

„Die Untermenschen-Theorie gegenüber den Ostvölkern, vor allem gegenüber den Russen, ist durch die Praxis widerlegt", schrieb Frau Wiedemann am 26. Mai 1943 an Himmler. „Sie schlagen sich gut, sie opfern alles für ihr Vaterland, sie bauen z[um] T[eil] Waffen, die mindestens so gut sind wie unsere. [...] Für den Einsatz von Millionenmassen von Osttruppen an den Fronten ist also das Verschwinden der Untermenschentheorie aus unserer Propaganda absolut erforderlich." Und am 5. Oktober 1943: „Unsere Untermenschen-Parole hat Stalin zum nationalen Krieg verholfen. Der Hass gegen uns ist furchtbar. [...] Demgegenüber steht absolut fest, dass die ganze russische Bauernschaft, der größte Teil der Intelligenz und das gesamte mittlere, höhere und höchste Führerkorps der Roten Armee Feinde des Bolschewismus und speziell Stalins sind. Aber diese Menschen haben wir durch unsere Politik in die tragische Entscheidung hineingezwungen: entweder für Stalin zu kämpfen oder ihr eigenes Volk und damit sich selbst dem Schicksal eines auszurottenden, auszuplündernden Kolonialbereichs auszuliefern, dessen Einwohner, in Wahrheit eines der begabtesten Völker der weißen Rasse, zu Untermenschen proklamiert und zu generationenlanger Sklavenarbeit deklassiert werden sollen."[86]

Es war in Brzeczany, einer Ortschaft an der Zlota Lipa, wo es der 4. Gebirgsdivision, die zu diesem Zeitpunkt der 1. Gebirgsdivision 50 Kilometer vorausgeeilt war, gelang, die zurückflutenden Feindteile zu stellen. Hören wir nun, was Leutnant Ludwig Kainz vom Gebirgsjägerregiment 13 hierüber zu berichten weiß. Seine interessanten Ausführungen gelten stellvertretend für die Masse der Gebirgstruppen Küblers:

„Am späten Nachmittag des 3. Juli 1941 marschierten Teile des Gebirgsjägerregiments 13 durch den Ort Brzeczany, um ihre Biwakräume zu beziehen. Seit den Kämpfen um Lemberg war das Regiment nicht mehr zur Ruhe gekommen. Immer wieder hieß es, den kämpfend ausweichenden Feind zu stellen und ihm den Rückweg zu verlegen. Auch heute war es dem Regiment gelungen, eine Feindkolonne in der nördlichen Flanke einzuholen und ihr die Rückzugsstraße zu sperren.
Auf einer mit Obstbäumen bestandenen Wiese wurden Nachrichten- und Radfahrzeuge und die dem Regiment unterstellten Teile der Gebirgsnachrichtenabteilung 94 unter Leutnant Ott eingewiesen. Tragtiere, Fahrzeuge, Karetten und Lasten fanden unter den Bäumen gute Deckung gegen Fliegersicht. Dazwischen wurden die Zelte gebaut – ein fast friedensmäßiges Bild wie aus guten Manöverzeiten. Ringsum herrschte weit und breit Ruhe.
Ungefähr einen Kilometer weiter südlich hatten Heerespioniere und Panzerabwehrkanonen die Sicherung übernommen, rechts, an einen Bahndamm angelehnt, lag der Radfahrzug. In ein bis zwei Kilometer Entfernung nach Westen hatte das I. Bataillon seinen Gefechtsstand auf der die Stadt überragenden Höhe. Während ich noch mit der Einteilung der Wachen beschäftigt war, kam der Befehl zur Herstellung einer Nachrichtenverbindung zum I. Bataillon. Da die Möglichkeit dafür geradezu ideal war, wurde eine Blinkverbindung eingerichtet Nachdem die Station mit guter Sichtverbindung zur hochgelegenen Kirche funktionierte, gingen wir zwei Offiziere in unser gemeinsames Quartier, das bei den Fernsprech- und Funktrupps in der erhöht liegenden Häuserzeile entlang der Straße lag. […]"
„Noch waren wir nicht fest eingeschlafen", schreibt Leutnant Kainz weiter, „als ich ein menschliches Rühren verspürte, das mich eilends nach draußen trieb. Aber wenn ich geglaubt hatte, allein und ungestört zu sein, dann irrte ich mich gewaltig. Auf der nahen Straße war es mehr als lebendig. Motorengeräusch wechselte mit dem dumpfen Poltern von Gespannfahrzeugen. Doch, was war das – bewegte sich der Lärm denn nicht in rückwärtiger Richtung? Mit einem Sprung war ich auf der Straße und erhielt von einer langsam vorbeirollenden Pak-Bedienung die Auskunft, dass sie Befehl hätten, sich vor gemeldeten Feindkolonnen und Kavallerie abzusetzen. Dabei lag unsere Stabskompanie in seliger Ruhe! Mit ein paar Sätzen war ich wieder im Quartier, und in wenigen Minuten war die Kompanie alarmiert.
Nicht zu früh, denn in der Ferne war bereits Gefechtslärm zu hören. Es musste beim I. Bataillon sein. Leuchtzeichen stiegen dort hoch. Niemand wusste, ob die eigenen südlichen Sicherungen noch standen. Eine letzte vorbeirollende Heerespanzerabwehrkanone wurde angehalten und unterstellt; sie verstärkte so die Abwehrkraft der Stabskompanie. Die Blinkverbindung klappte vorzüglich und meldete starke Angriffe beim I. Bataillon. Bald kam die Nachricht: „Durchbruch starker pferdebespannter Kolonnen und Reiter auf der Straße in Richtung Regimentsgefechtsstand".
Noch waren sie nicht da, doch ein Brausen und Rasseln auf der Straße ließ die wilde, verwegene Jagd ahnen. Urrä-Geschrei, Maschinengewehrgeknatter, Leuchtspurgeschosse, Räderrollen und Pferdegetrappel im nächtlichen Dunkel – eine schaurige Nacht! Nun waren sie heran, stauten sich einen Augenblick an einer Eisenbahnunterführung – ein Teil brach darunter durch auf unsere Abwehr zu. Sprenggranaten der Panzerabwehrkanonen knallten an die Mauern der Unterführung

und rissen mit ihrer furchtbaren Splitterwirkung Tod und Verderben in die heranbrausende Kolonne. Fahrzeuge und Reiter, die vordersten bis auf fünf Meter herangekommen, blieben im wirren Knäuel liegen und wirkten so als Sperre für die folgenden. Von der aufprallenden Masse sprangen Fahrer und Reiter von den Pferden, gingen in Stellung und erwiderten das Feuer. Bei uns traten die ersten Ausfälle ein und mehrten sich in kurzer Zeit. Verwundete riefen nach dem Sanitäter, der inmitten seiner Hilfeleistung für die Kameraden tot zusammenbrach. Langsam, viel zu langsam wich die Nacht und gab endlich richtiges Schusslicht. Immer wieder versuchten die abgesessenen Reiter mit Urrä-Gebrüll Boden zu gewinnen. Aber die Jäger und Nachrichtenmänner hielten unerschüttert stand. Die ersten Gefangenen wurden eingebracht und zum Regiment weitergeleitet.
In der Stadt selbst schien ein tolles Durcheinander zu herrschen. Fast ununterbrochen detonierten die Handgranaten, mit denen die Häuser gesäubert wurden. Endlich erlosch mit dem Hellwerden der Kampflärm, knallten nur noch ab und zu einige Pistolenschüsse. Schritt für Schritt kämmten die Jägerzüge die Straßen ab, die verstopft waren mit umgeworfenen Fahrzeugen und Panjewagen. In dichten Haufen lagen die Toten, hingen die Pferde noch in Geschirren und Strängen. Wirr ringelten sich die Drähte der Leitungen und vervollständigten das Bild der Verwüstung und Zerstörung.
Vor den offenen Gräbern nahmen die Männer des Regimentsnachrichtenzuges und der Nachrichtenabteilung Abschied von ihren toten Kameraden. Es waren die ersten Lücken, die der Krieg in ihre Reihen gerissen hatte. Dann befand sich das Regiment wieder auf dem Marsch durch die Getreidefelder von Uwsie […]“[87]

Mochten die Lagebeurteilungen der deutschen Führung anfangs noch so optimistisch sein – die Realität, die bittere, sie sah auf dem russischen Kriegsschauplatz für die Frontsoldaten anders aus. Hier rangen sie mit einem Gegner, den man – wie sich bald immer deutlicher herausstellen sollte – im Anfangsstadium des Ostfeldzuges sträflich unterschätzt hatte. Wenigstens waren die Sowjets nicht gewillt, sich bereits in vorderster Linie von den Deutschen kriegsentscheidend schlagen zu lassen.

Ganze zwölf Tage und zwölf Nächte lang hatte Stalin nach Kriegsbeginn geschwiegen. Die aufregendsten Gerüchte verbreiteten sich schon in Windeseile durch den vom Kriege schwer heimgesuchten Alten Kontinent: Der sowjetische Diktator sei nach China, in die Türkei oder den Iran geflüchtet, vermuteten die einen. Der Rote Zar sei erschossen worden, raunten die anderen hinter vorgehaltener Hand. Doch nichts von alledem stimmte. Nach Tagen der Agonie und tiefer Depressionen brach Stalin am 3. Juli 1941, es war um 06.30 Uhr, sein Schweigen. Aus seiner Rundfunkrede sprach eine unerbittliche Kampfentschlossenheit, die die letzten Reserven der UdSSR für den Kampf gegen Hitler-Deutschland mobilisieren sollte.

Die Deutschen waren also gewarnt! Der russische Bär taumelte zwar, aber er lag noch lange nicht auf dem Boden. Der Russe war hart im Nehmen; später, als sich das Kriegsglück auf seine Seite schlug, war er noch härter im Geben. General Maximilian Fretter-Pico – der dem Generalstab zwanzig Jahre angehörte, im April 1941 die 97. leichte Infanteriedivision in Bad Tölz, der Heimat der Spielhahnjäger, übernommen und dann dreieinhalb Jahre lang an der Ostfront als Divisionskommandeur, später als Kommandierender General des XXX. Armeekorps und als Befehlshaber der Armeeabteilung Fretter-Pico und der 6. Armee im Kampf mit den Sowjets gestanden hatte – dieser bewährte General der Artillerie hat seine

Erfahrungen und Erkenntnisse über den russischen Soldaten in seinem Buch „Missbrauchte Infanterie" so interessant und aufschlussreich geschildert, dass sie nachstehend wiedergegeben werden sollen:

„Der Sowjetsoldat ist ein Naturkind, physisch sehr hart, sehr anspruchslos und ausdauernd. Hirse und Sonnenblumenkerne – in Leinenbeuteln mitgeführt – machten ihn tagelang von Verpflegungsnachschub unabhängig. Er kennt sein Land und dessen Tücken genau, ist auf sie eingestellt, um sie zu überwinden. Zum Einzelkämpfer weniger geeignet, ist er besser im Masseneinsatz zu verwenden. Er bedarf ständiger Aufsicht durch Vorgesetzte. Vorzüglich versteht er es, der Jahreszeit entsprechend, das Gelände auszunutzen. Selbst bei Tage sickert er oft unbemerkt in Bereitstellungsräume oder in die bekannten Brückenköpfe. Spähtrupps bewegen sich sehr gewandt. In der Dämmerung und bei Nacht ist er ein besonders gefährlicher Gegner.
Durch lebhafte Spähtrupptätigkeit und zahlreiche Teilangriffe bei Tag und Nacht lässt er dem Gegner keine Ruhe. Er versucht ihn über seine Absichten irrezuführen, um dann im Angriff dort zu kommen, wo er geländemäßig am wenigsten erwartet wird. Erfolge bei nächtlichen Teilangriffen können sehr schnell Massenangriffe auslösen. Mit unmittelbarer Panzerunterstützung und unter Alkohol führt er Angriffe, wenn auch stur und wenig wendig, schwungvoll durch. Bei fehlgeschlagenem Angriff fällt der Sowjetsoldat psychisch leicht ab. Er muss dann immer wieder durch Vorgesetzte und unter dem rücksichtslosen Druck der Kommissare vorangetrieben werden. In der Verteidigung und Durchführung von Absetzbewegungen ist er Meister und ein besonders harter Gegner. Er weicht nicht. Mit einem geradezu naturhaften Instinkt gräbt er sich bei jeder Gefechtslage in kürzester Frist ein und tarnt sich vorzüglich. Unter Heranziehung aller Hilfsmittel, einschließlich der Zivilbevölkerung, baut er in großer Schnelligkeit tiefgestaffelte, weiträumige Feldstellungen zu hartnäckiger Verteidigung aus. Auch in der Anlage von Minenfeldern und Hindernissen ist er äußerst gewandt. Eingeschlossen, wird er führungsmäßig leicht unsicher und entschlusslos. Doch versucht er, vor allem nachts, mit allen Mitteln auszubrechen – lautlos, Mann hinter Mann, sickert er unter Zurücklassung der schweren Waffen durch die meist nur dünne Einschließungsfront durch.
Den hohen Wert der soldatischen Tradition hatte die politische Führung klar erkannt. Im vaterländischen Gedanken wurden die Ruhmestaten des russischen Heeres in der Kriegsgeschichte beschworen und bewusst durch Wiedereinführung der Abzeichen der Zarenarmee die Verbindung zur Tradition neu geknüpft. Das gleiche bezweckte die Wiederanerkennung der Kirche, die gerade im ländlichen Volk verankert ist. Nur so konnten die Sowjets im ‚vaterländischen Kriege' durchstehen. Beispielhaft war die Propaganda – eine Waffe, gefährlicher als Vernichtungswaffen. Wie aus erbeuteten Schulbüchern für die deutsche Sprache festgestellt werden konnte, betrieben die Sowjets schon vor dem Kriege eine intensive Polemik gegen das deutsche Volk. Wenn auch zunächst der deutsche Soldat fast überall als Befreier gefeiert wurde und ihm die Bevölkerung mit Vertrauen entgegenkam, so gab die falsche Behandlung der Kriegsgefangenen in Verwaltungsgebieten und in der Heimat genügend Stoff für eine wirkungsvolle Propaganda, die sich im rücksichtslosen Partisanenkrieg auswirkte. Dazu kam noch die Unterdrückung der Zivilbevölkerung in den besetzten Gebieten durch die braune Zivilverwaltung, so dass die Stimmung gegen die Deutschen bald in Hass umschlug. Andererseits darf nicht übersehen werden, dass vor allem in der ländlichen Bevölkerung der deutsche Soldat in den rückwärtigen Gebieten der Armeen und Heeresgruppen wegen seiner sauberen Haltung in guter Erinnerung geblieben ist.

Die Bewaffnung der Roten Armee war gut, Bekleidung und Ausrüstung vorzüglich, vieles amerikanischen Ursprungs. So auch ihre motorisierten Fahrzeuge, in deren einfacher Normung sie der Deutschen Wehrmacht weit überlegen war. Ihre Panzer waren äußerst geländegängig, wenn auch anfänglich in der Optik nicht ganz auf der Höhe. Das Geschützmaterial war in der Konstruktion einwandfrei und weittragend. Ganz ausgezeichnet waren die höchst einfach konstruierten, sehr weittragenden Granatwerfer, die zum Masseneinsatz kamen. Die „Stalinorgeln" hatten moralische Wirkung. Durch besondere Sommerbekleidung und dickwattierte Winteruniformen mit Filzstiefeln wurde der Sowjetsoldat, jeder Jahreszeit und Wetterlage angepasst, leistungsfähig erhalten.
Besonders hervorgehoben werden muss die Kunst der Sowjets im Improvisieren – gleichgültig, ob es sich dabei um schnelle Umgruppierungen, um Bau von Eis- und Unterwasserbrücken oder um bodengleiches schnelles Verlegen von Eisenbahnen mit Fahren auf Sicht handelt –, alles zeichnet sich durch Einfachheit aus, dem Auffassungsvermögen des Soldaten, den Erfordernissen der Natur seines Landes entsprechend, aber auch der Rücksichtslosigkeit im Einsatz von Menschenleben gemäß.
Erleichtert wurde dem Gegner die Kriegführung nicht nur durch fast unerschöpfliche Menschenreserven, die Großräumigkeit des Landes und die Tücken der Natur sowie die Materialhilfe der Verbündeten, sondern vor allem durch Hitlers Zersplitterung der Kräfte und ‚Festhaltestrategie' mit unzureichenden Kräften! Zu Kriegsbeginn bis etwa 1942 war die taktische und operative Schulung der Sowjets den Deutschen weit unterlegen. Trotz oft erstaunlich guter Vorschriften war das untere und mittlere Offizierskorps noch nicht genügend aufnahmefähig und geistig geschult, um die Vorschriften verarbeiten zu können. Später merkte man, dass der Feind sich die Kampferfahrungen sowohl taktisch wie auch operativ zunutze gemacht hatte. Durch gute Beobachtungsgabe und Einfühlungsvermögen im Erkennen des Wesentlichen hat er spürbare Fortschritte gezeigt. So hat er nach anfänglich sehr systematischem Ansatz von Operationen gelernt, bei operativen Durchbrüchen Ziele mit ausgesprochener Schwerpunktbildung zu geben und Umfassungen in die Tiefe der Flanke anzusetzen. Das wirkte sich besonders bei der Panzerwaffe aus. Seine Artillerie", so General der Artillerie Fretter-Pico abschließend in seiner Analyse über die Russen, „hatte er gelernt, sehr wendig in Feuerzusammenfassungen zu führen."[88]

Mit diesem entschlossenen Gegner, der zu alledem noch von seinen fanatischen Politoffizieren und „unter dem rücksichtslosen Druck der Kommissare" vorwärts gepeitscht wurde, hatten es also die Soldaten von Küblers XXXXIX. Gebirgsarmeekorps in jenen Sommermonaten des Jahres 1941 auf dem östlichen Kriegsschauplatz zu tun. Nachdem die 4. Gebirgsdivision sich in den Kämpfen um Brzeczany bewährt hatte, folgte sie in rastlosen Märschen und teils erbitterten Kämpfen dem Feind: Am 5. Juli 1941 setzte sie, nachdem sie Brückenköpfe gebildet hatte, über den Fluss Seret; am 7. Juli, bereits drei Tagesmärsche von Brzeczany entfernt, wurde die alte polnisch-russische Grenze überschritten: Der Zbrucz bildete seinerzeit den Grenzfluss.

Die Sowjets schienen plötzlich einen Verbündeten bekommen zu haben. Es begann nämlich zu regnen, und zwar mit solcher Regelmäßigkeit meistens zwischen 16.00 und 18.00 Uhr, dass die wenigen befahrbaren Straßen und Wege sich bald im berühmt-berüchtigten russischen Schlamm auflösten und damit für die motorisierten Truppenteile des XXXXIX. Gebirgsarmeekorps unpassierbar wurden. Um das Chaos perfekt zu machen, blockierte die 5. SS-Panzerdivision „Wiking" mit zahllosen Truppenteilen tagelang die Vormarschstraße der Gebirgsjäger. General Kübler unterrichtete über diese besonderen Vorkommnisse seinem Armeeoberbefehlshaber mit den Worten:

„Ich melde, dass durch die Vorkommnisse [...] die Verfolgung meines Korps mindestens um 48 Stunden verzögert worden ist. Durch das Stocken der Verfolgung ist es starken Feindkräften gelungen, nach Osten hinter die Stalin-Linie zu entkommen."[89]

Unter diesen ungünstigen Vorzeichen – dazu teilweise noch in drei Teile gespalten, was die Versorgungslage erschwerte – bewegte sich die 4. Gebirgsdivision in Richtung Stalin-Linie. Angeführt wurde sie von den verstärkten Gebirgsjägerregimentern 13 und 91 mit ihren Tragtieren, denen die bespannten Teile der Division und in weitem Abstand schließlich die durch den Schlamm unbeweglich gewordenen motorisierten Truppenteile folgten. In den Soldbüchern wurden die bisherigen Einsätze als „Grenzschlachten in Galizien" eingetragen – und zwar: 22. bis 30. Juni 1941 Schlacht um Lemberg; 1. bis 11. Juli 1941 Durchstoß auf Proskurow und Verfolgung zur Stalin-Linie.

Nachdem die 1. Gebirgsdivision Lemberg erobert hatte, erbat Lanz vom Kommandierenden General für seine arg strapazierten Gebirgssoldaten eine Ruhepause von drei Tagen. Kübler, der ja seine alte „Erste" bestens kannte, war damit einverstanden. Während das Gros der Stammdivision der deutschen Gebirgstruppe in Lemberg die verdiente Ruhe fand, zerschlug die motorisierte Vorausabteilung des Oberstleutnants Lang vor den Toren der Stadt bei Winniki sowjetische Panzerangriffe. Nach den wohlverdienten Ruhetagen ging es nun in der Nacht zum 4. Juli 1941 als Korpsreserve – die 4. Gebirgsdivision und die 257. Infanteriedivision waren jetzt in vorderster Linie eingesetzt – über Winniki nach Südwesten in Richtung Husiatyn, einer ehemals ostgalizischen Kreisstadt, an deren Westrand eine große Triumphpforte stand, die den Eingang in das sowjetische Paradies darstellen sollte.

Das XXXXIX. Gebirgsarmeekorps hatte im Rahmen der 17. Armee mit dem IV. und LII. Armeekorps in tagelangen Gewaltmärschen den Feind, der sich immer wieder geschickt zu entziehen vermochte, verfolgt.

Rund 250 Kilometer waren die Gebirgsjäger von Lemberg aus in Richtung Osten marschiert. Am Morgen des 12. Juli 1941 standen die Spitzen der 4. Gebirgsdivision nordostwärts von Proskurow im Vorfeld der zweiten sowjetischen Verteidigungslinie (nachdem sie die erste entlang der Demarkationslinie bereits durchbrochen hatten) und erwarteten, dass der Gegner sich zumindest hier zum Kampfe stellen würde, um dem Namen des Mannes, nach dem sie benannt wurde, alle Ehre zu machen: die Stalin-Linie, die vom Dnjestr – westlich Winniza – Nowograd Wolynski – Korosten verlief und besonders stark am Wolk- und Bohabschnitt befestigt war. Denn, so der Sowjet-Marschall G. K. Schukow, „Stalin war für uns alle die höchste Autorität, und niemand von uns hätte auch nur im entferntesten an seinen Überlegungen und Lageeinschätzungen gezweifelt."[90]

Aber weit gefehlt. Auch hier, im Vorfeld der Maginot-Linie der Sowjets, leistete die Rote Armee keinen nennenswerten Widerstand. Sie hatte es vielmehr wieder vorgezogen, sich zurückzuziehen und in ihrem Bollwerk aus Stahl und Beton, aus Stacheldrahtverhauen und Felsstellungen, aus weit verzweigten Grabensystemen und Minensperren zu verbarrikadieren. Da Einzelheiten über den genauen Verlauf der Stalin-Linie, über die Tiefe und Stärke der

Anlagen sowie über die Stärke der Besetzung nicht bekannt waren, mussten in den nächsten Tagen Erkundungen durch Gefechtsaufklärung durchgeführt werden. Sie ergaben folgendes Bild:

„Die Stalin-Linie", fasste Major Hörl seine Erkenntnisse zusammen, „verlief vom Wolk an und vor der 1. und 4. Gebirgsdivision etwa in südostwärtiger Richtung. Sie war eine ausgebaute, befestigte Stellung mit zahlreichen Betonbunkern, mit Hindernissen und ergänzenden Feldstellungen. Eine große Anzahl von Bunkern konnte, obwohl gut getarnt, durch sorgfältige Beobachtung und Erkundung ausgemacht werden. Doch musste damit gerechnet werden, dass die Anzahl noch versteckt in Mulden und Senken lag, die erst im Verlaufe des Angriffs, vor allem durch ihr flankierendes Feuer, in Erscheinung traten. Es musste außerdem damit gerechnet werden, dass die in die Befestigungslinie einbezogenen Ortschaften zu starken Stützpunkten ausgebaut waren. Nach Fliegermeldungen und vorhandenen Stellungskarten hatte die Stalin-Linie eine Tiefe von 3-5 km. Bei der Annäherung ergab das Feindbild, dass der Russe zur nachhaltigen Verteidigung entschlossen war. Bei dem Vorfühlen der Gebirgsdivision verhielt sich der Feind jedoch abwehrmäßig auffallend ruhig, ja fast sorglos."[91]

Die Aufklärung der 4. Gebirgsdivision hatte ergeben, dass ausgerechnet in ihrem Angriffsstreifen zwischen den Ortschaften Karitschinzy und Derashuje ein Schwerpunkt der Stalin-Linie mit besonders vielen und geschickt angelegten Befestigungswerken aus starken Draht- und Eisenpfostensperren mit gut getarnten Betonbunkern lag. Die Gebirgsjäger und Gebirgspioniere, die die Hauptlast der Angriffsbataillone und -regimenter zu tragen hatten, waren also gewarnt. Manch einer dachte dabei an die Kämpfe um die französische Maginot- oder die griechische Metaxas-Linie und suchte nach Parallelen.

Die Vorausabteilung der 1. Gebirgsdivision hatte am 12. Juli 1941 die Stellungssysteme der Stalin-Linie erkundet. An seinen Ia gewandt sagte General Lanz: „Melden sie dem Chef des Korps das erste Erkundungsergebnis und fordern sie weitere Luftbilder unseres Angriffsstreifens an. Morgen werde ich weiter erkunden."[92] Den Erkundungsergebnissen zufolge wollte Lanz auf keinen Fall frontal gegen das seiner Division als Angriffsziel zugedachte Bollwerk Galusinzy vorgehen, denn, so seine Meinung: „Das kostet nur Blut."[93]

Es war am 13. Juli 1941 Punkt 08.00 Uhr morgens, als der Kommandierende General die Kommandeure seiner Divisionen auf dem Gefechtsstand der 4. Gebirgsdivision in Michalpol zu einer Kommandeursbesprechung empfing. Rasch kam Kübler zur Tagesordnung. Sie lautete:

„Mein Korps hat einen Angriffsstreifen gegen eine befestigte Stellung von 60 Kilometern vor sich. Zum Angriff stehen drei Divisionen zur Verfügung. Das sind in vorderster Linie die beiden Gebirgsdivisionen und die 97. leichte Jägerdivision (Richtig: Leichte Infanteriedivision. Am 10. Dezember 1940 als 97. leichte Infanteriedivision aufgestellt und am 6. Juli 1942 in 97. Jägerdivision umbenannt und umgegliedert.). Die 125. Infanteriedivision folgt in zweiter Linie. Sie wird voraussichtlich für den Angriff gegen die Stalin-Linie nicht verfügbar sein. Im Korpsabschnitt sind geländemäßig zwei Abschnitte deutlich erkennbar. In der Mitte des Korpsabschnitts und weiter nach Norden verläuft die Stalin-Linie hinter den natürlichen Hindernissen der Flüsse Wolk und Boh. Beide Flüsse sind als absolute Hindernisse anzusprechen. Ihre Bedeutung wächst da-

durch, dass sie sich in zahlreiche Weiher und Teiche erweitern. Letztere sind seit langem angestaut. Luftbildaufnahmen lassen erkennen, dass nur an ganz wenigen Stellen an einen Angriff gedacht werden kann. Das rechte Drittel des Korpsabschnitts weist kein Hindernis vor der Stalin-Linie auf. Zum Ausgleich ist dieses Drittel – der Angriffsstreifen der beiden Gebirgsdivisionen – besonders mit Betonbunkern und Feldstellungen ausgebaut. Das Dorf Galusinzy scheint das Herzstück zu sein. Ich habe mich daher entschlossen", fuhr der Kommandierende General fort, „die beiden Gebirgsdivisionen zu einem einheitlichen Durchbruch zusammenzufassen.
Der leichten Jägerdivision ist die Aufgabe zugedacht, durch Einzelunternehmungen gemischter Gefechtsgruppen den Feind in der Mitte zu fesseln und Angriffsabsichten vorzutäuschen. Mir kommt es darauf an, dass beide Gebirgsdivisionen dicht südlich und nördlich der Eisenbahnlinie derart nebeneinander angreifen, dass die Korpsartillerie sowohl bei der einen oder anderen Division wirksam eingreifen kann. Sie haben noch Zeit für weitere Erkundungen. Ich setze den Angriff auf den 15. Juli fest."[94]

Der Angriff, fügte Kübler später hinzu, wird für 10.00 Uhr befohlen, und zwar so, dass der Schwerpunkt auf den inneren Flügeln der beiden Gebirgsdivisionen lag. Als Tagesziel wurde die Nord-Süd-Straße, die von Warinka über Wolkowinzy nach Bar führt, anvisiert. Damit standen sich die Auffassungen des Kommandierenden Generals – dessen Befehlsgebung Zeit seines Lebens bis in die Bataillone hineinreichte und damit seinen verantwortlichen Kommandeuren allzu oft die taktische Handlungsfreiheit verwehrte – und des Kommandeurs der 1. Gebirgsdivision über die Ausführung der Erstürmung der Stalin-Linie diametral entgegen. Verärgert erklärte Lanz nach der Besprechung:

„Kübler ist stur! Er verlangt Frontalangriff! Ein Befehl nach der Karte. Na, wir werden sehen. Ich finde ein Loch in der Stalin-Linie! Gute Nacht!"[95]

Und der Kommandeur der „Edelweißdivision" fand tatsächlich die begehrte Bresche in der Stalin-Linie, nachdem sich seine Gebirgssoldaten am 13. und 14. Juli 1941 an die Abwehrstellung der Sowjets herangeschoben hatten. Hören wir jetzt; aus seinem Munde, wie er das „Problem" löste:

„Um nun einen Frontalstoß gegen die – teilweise verdeckt liegenden Bunker zu vermeiden", sagte Lanz, „lasse ich gegen diese Front ein Täuschungsmanöver führen, während die Masse der Division den inzwischen erkundeten feindlichen Südflügel in einem gedeckten Bachgrund umgeht und auf diese Weise beinahe ohne Verluste in den Rücken der sowjetischen Stellung gelangt, um sie beim Ort Galusinzy von rückwärts her aufzurollen."

Generalmajor Eglseer war aufgrund der Ergebnisse der sorgfältig durchgeführten Aufklärung und Beobachtung der Stalin-Linie zu dem Ergebnis gekommen, dass es für seine 4. Gebirgsdivision das beste sei, diese zweite sowjetische Verteidigungslinie mit allen Kräften auf der gesamten Breite seines Angriffsstreifens gleichzeitig anzugreifen und zu erobern. So erfolgte nach Bereitstellung der einzelnen Truppenteile am 13. und 14. Juli 1941 tags darauf, es war ein sonniger, leicht windiger Tag, um 10.00 Uhr der Angriff mittels Stoßtrupps gegen die Stalin-Linie.

Zuvor hatten die Artillerie, den dichten Frühnebel geschickt ausnutzend, in dreistündigem Feuer, das immer wieder korrigiert werden musste, sowie 8,8 cm-Flakgeschütze, die zum Schartenbeschuss eingesetzt wurden, die erkannten sowjetischen Verteidigungsanlagen sturmreif geschossen, während die Gebirgspioniere Sturmgassen für die Gebirgsjäger in die Drahtverhaue geschnitten hatten. Leichter, als allgemein erwartet, gelang dann den Jägern und Sturmpionieren der Einbruch in das feindliche Hauptkampffeld, der relativ rasch zum Durchbruch führte.

„Nacheinander wurden Bunker um Bunker genommen, Draht- und Eisenhökersperren gesprengt, Minengassen durch die dichten Minensperren geschlagen und so die Befestigungslinie aufgerissen. [...] Es wurde schon im ersten Ansturm ein tiefer Einbruch erzielt, in den laufend weitere Kräfte und vor allem auch schwere Waffen übergesetzt wurden.“[96]
Mehr noch: „Durch den selbstständigen Entschluss des Kommandeurs der 97. leichten Division, Generalmajor Fretter-Pico, schon am 13. Juli den Angriff gegen die Stalin-Linie bei Rewucha zu führen, war der Feind über die voraussichtliche Angriffsrichtung des Korps getäuscht worden. Er hat starke Teile seiner Artillerie aus den Abschnitten der 1. und 4. Gebirgsdivision gezogen und gegen 97. Leichte Division eingesetzt. Die Division hat damit, auf sich allein gestellt, wesentlichen Anteil an dem Gelingen des Durchbruchs des XXXXIX. Gebirgsarmeekorps durch die Stalin-Linie am 15. Juli 1941.“[97]

Im rechten Schwerpunktstreifen des Gebirgsjägerregiments 13 wurden 16 Bunker eingenommen, etwa 35 Gefangene gemacht und sieben Geschütze erbeutet. Im weiteren Angriffsverlauf gelang den 13ern gar noch am selben Tage der Vorstoß bis in die Waldstücke kurz vor Wolkowinzy. Damit hatten Gebirgsjäger und Gebirgspioniere die Maginot-Linie der Sowjets in einer Tiefe von etwa 15 Kilometern durchbrochen. Aber nicht nur das Gebirgsjägerregiment 13 hatte die befohlenen Ziele erreicht, auch das Gebirgsjägerregiment 91, das um 21.30 Uhr zum Nachbarregiment aufgeschlossen hatte, konnte der 4. Gebirgsdivision melden, dass es das vom XXXXIX. Gebirgsarmeekorps gesteckte Tagesziel erreicht hatte, nämlich die Straße Wolkowinzy – Warnyka.

Generalmajor Eglseer sah zufrieden auf die Karte, in die sein 1. Generalstabsoffizier die Angriffsbewegungen seiner Division eingetragen hatte. Den Linienführungen seiner Truppenteile und denen des geworfenen Gegners konnte er entnehmen, dass seine Gebirgssoldaten insgesamt rund 15 Kilometer tief durchgestoßen waren und dabei Schützenstellungen, Minensperren, Maschinengewehrnester und nicht weniger als 72 Bunker außer Gefecht gesetzt, genommen und erobert hatten. Groß war die Beute, die dabei eingebracht wurde: Neben 600 Toten und 450 gefangengenommenen Sowjets hatte der Gegner 23 Geschütze und 220 Maschinengewehre im Angriffsstreifen der „Vierten“ verloren. Demgegenüber waren die Verluste der „Enziandivision“ relativ gering: 30 Gebirgssoldaten waren gefallen, 6 wurden vermisst und 125 verwundet.

Auch der Angriffsplan von Generalmajor Lanz gelang. Durch die Bresche in der Stalin-Linie schleuste er seine Gebirgsjägerregimenter 98 und 99. Bereits am Abend des 15. Juli 1941 stand die 1. Gebirgsdivision an dem vom XXXXIX. Gebirgsarmeekorps befohlenen Tagesziel an der Straße Bar – Komorowzy – Wolkowinzy – Warinka. Entscheidenden Anteil am

Durchbruch hatte neben dem verstärkten III. Bataillon/Gebirgsjägerregiment 99, das unter Major Hörl als Sturmbataillon eingesetzt war, die Gebirgsartillerie. Nicht umsonst ist der 15. Juli 1941 in die Geschichte der „Edelweißdivision" als „Tag der Artillerie" eingegangen.

Kübler konnte zwar nicht umhin, Lanz seine Anerkennung für dessen erfolgreiche Taktik auszusprechen, konnte es sich aber auch nicht verkneifen, einen Wermutstropfen in den Freudenbecher des errungenen Sieges zu schütten, indem er sagte: „Sie haben meinen Befehl nicht befolgt."

Lanz antwortete daraufhin: „Ich habe die mir gestellte Aufgabe mit geringsten Verlusten gelöst. Darin sehe ich den Sinn einer verantwortungsbewussten Führung."[98] Als die beiden Generale nach diesem verbalen Schlagaustausch auseinandergingen, war das Klima zwischen ihnen trotz des errungenen Sieges noch frostiger geworden.

Und das war die Bilanz des deutschen Sieges: 40 Bunker wurden geknackt, 8 Geschütze, 100 Maschinengewehre, 1 Panzer und 3 Flugzeuge wurden allein von der 1. Gebirgsdivision erbeutet. 286 Gefangene wurden eingebracht; rund 1 000 tote Rotarmisten lagen in den zerschossenen Bunkern, in den Widerstandsnestern, den Feindstellungen und in den hohen Getreidefeldern. Die eigenen Verluste bezifferten sich zwischen dem 15. und 16. Juli 1941 auf 9 Offiziere, 96 Oberjäger und Jäger; davon waren 5 Offiziere und 26 Oberjäger und Jäger gefallen.

„Der Durchbruch des Gegners in unsere befestigten Räume auf der Linie der alten Staatsgrenze war im Grunde genommen der Abschluss der Grenzschlacht an unserer Front", erfahren wir aus dem Lager des Gegners vom sowjetischen Marschall Bagramjan. „Trotz des heldenhaften Kampfes der Truppen war sie nicht zu unserem Vorteil ausgegangen. Es begann eine neue Etappe des Kampfes"[99]

Obwohl der Durchbruch des XXXXIX. Gebirgsarmeekorps mit den ihm unterstellten Großverbänden durch die sowjetischen Verteidigungsanlagen ein großer Erfolg war, der dazu noch an einem einzigen Tage auf einer Frontbreite von 22 Kilometern erzielt worden war, wollte bei den Kommandeuren keine rechte Freude aufkommen. Das hatte einen handfesten Grund, denn die Masse des Feindes, die von dem sowjetischen Marschall Semjon Budjonny befehligt wurde, hatte sich abermals in Richtung Osten abgesetzt. Dennoch wurde Budjonny aufgrund der sowjetischen Niederlage am 17. September 1941 abgesetzt und durch den Marschall Semjon Konstantinowitsch Timoschenko, einen der prominentesten sowjetischen Heerführer des Zweiten Weltkrieges, ersetzt.

„Wie lange sollte dieses Katz- und Maus-Spiel noch weitergehen?" fragten sich die verantwortlichen Führer und Unterführer.

Die Antwort ließ nicht lange auf sich warten. Denn nach dem Durchbruch durch die Stalin-Linie stand dem Vormarsch auf das nächste wichtige Etappenziel, die Stadt Winniza mit dem dortigen Bugübergang, nichts mehr im Wege. Nun mussten Küblers Gebirgsjäger und mit ihnen die Soldaten von nicht weniger als drei Korps – rechts vom XXXXIX. Gebirgsarmeekorps das LII. Armeekorps und links von ihm das IV. Armeekorps – wieder Kilometer um Kilometer weitermarschieren, um dem weichenden Feind auf den Fersen zu bleiben. Unterwegs wurde als Aufmunterung und Motivation für die Truppe der Tagesbefehl des Oberbefehlshabers der 17. Armee verlesen. Darin verkündete General von Stülpnagel:

BH-MH KH 24-49/17

1 Qu

Generalkommando XXXXIX.(Geb.)A.K. K.Gef.Stand, den 25.7.1941

Der Kommandierende General

An die

Herren Divisions-Kommandeure und die Kommandeure der Korpstruppen.

1.) Bei der Einnahme von WINNIZA habe ich einen Beauftragten entsandt, mit dem Befehl, die Vorgänge in der Stadt zu beobachten.

Sein Bericht liegt an. Er deckt sich mit meinen eigenen Beobachtungen. (vgl. K.T.B. Nr. 45 v.22.7.41).

2.) Die Märsche der Truppe, die Kolonnenbewegungen (Nachschub), jeder Verkehr und schließlich die Gefechtsführung sind entscheidend erschwert, da zur Zeit die elementarsten Gesetze der Verkehrsdisziplin nicht genügend befolgt werden.

Z.B. 20 m Abstand im Halten für Kraftfahrzeuge, zum Halten scharf rechts heranfahren, Verkehrsregelung am Anfang und Ende jeder haltenden Kolonne, Beseitigung von Hindernissen aus eigener Initiative.

3.) Die Schuld an diesen unerträglichen Zuständen trifft nicht so sehr den einfachen Mann, sondern fast ausschließlich die Vorgesetzten, insbesondere uns Truppenkommandeure. Die Truppe tut und läßt, wozu sie erzogen ist und wozu sie der überwachende Vorgesetzte anhält.

- 2 -

Befehl von General Kübler an seine Divisionskommandeure und Kommandeure der Korpstruppen vom 25. Juli 1941 – Blatt 1.

- 2 -

4.) Ich appelliere an das Ehr- und Pflichtgefühl eines jeden meiner Kommandeure.

Jeder weiß, was sich gebührt.

Wer zu pflichtvergessen ist, seine Truppe, besonders das Offizierskorps zu erziehen und zu beaufsichtigen,
zu gleichgültig, gegen Mißstände einzuschreiten,
zu willensschwach, sich durchzusetzen,
zu feige, um strafend einzuschreiten, besonders gegen pflichtvergessene Offiziere, gehört nicht zu uns.

Ich bin entschlossen, darnach zu handeln.

<u>Denn unsere erste und Heiligste Pflicht ist die</u>

<u>Aufrechterhaltung der Disziplin !</u>

5.) Die Herren Div.-Kommandeure und die mit diesem Erlaß unmittelbar von mir beteilten Kommandeure der Korpstruppen ersuche ich, mir alsbald zu melden, daß diese Verfügung allen unterstellten Kommandeuren (diese sind namentlich aufzuführen) gegen schriftlichen Nachweis ausgehändigt wurde.

Kübler

Befehl von General Kübler an seine Divisionskommandeure und Kommandeure der Korpstruppen vom 25. Juli 1941 – Blatt 2.

„Meine Soldaten!
Die Armee hat in achttägigen schweren Kämpfen unter schwierigsten Geländeverhältnissen eine neuzeitlich ausgebaute, tiefgegliederte Bunkerstellung nach Art des Westwalls durchbrochen. Sie hat immer wiederkehrende verzweifelte Angriffe starker feindlicher Panzerkräfte und Infanterieteile abgeschlagen und dem Feind schwerste blutige Geräteverluste zugefügt. Es wurden rund 12.000 Gefangene, 113 Geschütze eingebracht und 269 Kampfwagen vernichtet. Dieser Erfolg beweist die Überlegenheit, die Moral, die Ausbildung und die Hingabe des deutschen Soldaten. In treuer und dankbarer Kameradschaft gedenken wir der Opfer, entschlossen, diesen Kampf mit aller Härte zu einem siegreichen Ende zu führen. Dazu ist rastlose Verfolgung notwendig, um den Feind weiter zum Kampf zu stellen und zu vernichten, wo wir ihn treffen können"

„Marschieren, marschieren, marschieren! Dem Feind auf den Fersen bleiben; ihn nicht zur Ruhe kommen lassen; ihn stellen und schlagen, wo sich die Gelegenheit dazu bietet!" So lautete fortan die Parole für die vorwärts stürmenden Divisionen und Regimenter des XXXXIX. Gebirgsarmeekorps. Nun zogen die Gebirgssoldaten durch die ährenschweren Getreidefelder südostwärts in Richtung Winniza, Hauptstadt des ukrainischen Podolien und bedeutender Verkehrsknotenpunkt, wo etwa 50.000 Soldaten der 6. und 12. Roten Armee vor dem Überqueren des Bug endgültig geschlagen werden sollten. Zahlreiche, von beiden Seiten mit aller Härte geführte Kämpfe auf dem Weg zum Strom deuteten bereits an, was die Deutschen erwartete. Neben der Vormarschstraße lagen zerschossene und teilweise noch rauchende Sowjetpanzer. Noch einmal versuchte die Rote Armee, den Siegeslauf der Wehrmacht zu stoppen. Die Stellungen der Gebirgsjäger wurden mit schwerem Artilleriefeuer belegt, um ihre Kampfkraft zu zermürben.

Drei volle Tage lang dauerten die verlustreichen Kämpfe mit den sowjetischen Nachhuten in den Wäldern bei Ludawka, Jozwin und Lityn. Eine völlig neue Schützendivision sollte den Deutschen den Weg nach Winniza versperren. Doch es half den Sowjets nicht mehr allzu viel. Die Schützendivision wurde nämlich nahezu aufgerieben. Unverzüglich stieß die Vorausabteilung der 1. Gebirgsdivision gegen den Bug vor. Hören wir, wie Generalmajor Hubert Lanz die Ereignisse um Winniza schilderte:

„Durch das Städtchen Bar – in dem die Bevölkerung bereits plündert – schiebt sich die Division durch den Row-Grund gegen den Bahnknotenpunkt Zmerinka vor, nimmt diesen sowjetischen Nachhuten ab, dreht nach Nordwesten ein, um den Row-Abschnitt von Brailow in Richtung Winniza gegen den feindlichen Druck aus Norden abzuriegeln. Während unsere 98er und 99er, treu unterstützt von unserer Artillerie und den Pionieren, wiederholte russische Ausbruchsversuche abwehren, stößt die verstärkte Vorausabteilung Lang unter Missachtung des ringsum stehenden Feindes über Luka an den Südrand von Winniza vor. Als ich dort mit Lang zusammen von einem hohen neuen Schulgebäude aus, das unter unangenehmem Beschuss liegt, die Lage erkunde, bietet sich ein überwältigendes Bild. Vor uns liegt die wie ausgestorben wirkende Stadt. Links davon ein Teil des großen Waldgeländes und dazwischen das schmale Band des Bugs, über den eine Hauptbrücke führt. Um diese geht es jetzt. Dort muss den zurückströmenden russischen Kolonnen der Weg nach Osten verlegt werden. Augenblicklich hält eine unserer schweren Haubitzbatterien diese Brücke unter Beschuss, was jedoch die wild andrängenden roten Massen nicht abzuhalten

vermag. Erst als es einem unserer Stoßtrupps gelingt, sich bis an die Brücke vorzuarbeiten, diese wenigstens teilweise zu sprengen und die Trümmerreste mit MG-Feuer zu sperren, beginnen sich die sowjetischen Kolonnen nach Norden zu verschieben."[100]

Obwohl die Sowjets überall aus dem Umschließungsring herausdrängten, hielt die lange dünne Front der 1. Gebirgsdivision dem wilden Anstürmen des Gegners stand. Doch alle Anstrengungen der Gebirgsjäger wären vergebens, wenn nicht die Aussicht bestünde, den Ring im Norden zu schließen und damit den Gegner ganz zu umfassen, einzukreisen und zu schlagen. In jener kritischen Situation war die „Erste" jedoch auf sich allein gestellt, so dass es den Sowjets gelang, in unglaublich kurzer Zeit mit Behelfsmitteln den Bug zu überqueren. Die „Edelweißdivision" stand mutterseelenallein auf weiter Flur. Lanz nahm zwar Verbindung mit der 4. Gebirgsdivision und der im Norden stehenden 100. leichten Infanteriedivision auf, er konnte aber den Übergang der Rotarmisten nicht mehr verhindern.

„Im letzten Nahkampf bei einbrechender Dunkelheit erreichen sie um 21.00 Uhr am denkwürdigen 18. Juli die beiden Brücken von Winniza", schilderte Lanz die Lage um die Stadt und fuhr dann fort. „Die südliche der beiden Brücken haben die Sowjets in die Luft gesprengt. Die andere wird durch einen Volltreffer unserer Artillerie, der die russischen Sprengladungen trifft, stark beschädigt."

Bei ihrem ersten Kampfeinsatz wurde die slowakische Panzerbrigade Pilfousek dermaßen aufgerieben, dass bei ihr „offenbar eine Krise eingetreten ist. Nach Meldung des Oberst Pilfousek greift der Feind mit starken Kräften von Südosten und Osten auf Lipowiec an. Die in Lipowiec eingedrungenen Teile der slowakischen Brigade haben dem massierten feindlichen Angriff nicht standhalten können. Es fehlt der Brigade vor allem an Infanterie. Die Panzer leiden unter Munitions- und Brennstoffmangel, auch sind sie infolge der Anstrengungen des Tages stark abgekämpft. Teile der Brigade halten sich jedoch noch in Lipowiec. Im Ganzen ist die Lage noch nicht klar zu übersehen", lautete die Meldung am 22. Juli 1941, um 19.30 Uhr.[101]

Um 22.30 Uhr spitzte sich die Lage bei den Slowaken dramatisch zu, denn „bei der Brigade Pilfousek ist in Lipowiec eine Krise eingetreten. Der Grund liegt nicht allein in der Feindeinwirkung, sondern an der Unerfahrenheit dieser neu zusammengestellten Truppe. Die Brigade Pilfousek ist […] zurückgegangen. Eine Stützung durch schwache deutsche Truppen ist erforderlich."[102] Um 23.00 Uhr meldete Oberst Pilfousek abschließend fernmündlich über die Lage bei Lipowiec: „Die Brig[ade] sichert nunmehr den Ostrand Stschastiliwaja."[103] Am 24. Juli 1941 wurde die slowakische Brigade Pilfousek der 295. Infanteriedivision unterstellt.

Währenddessen musste General Lanz ohnmächtig zusehen, wie der feindliche Druck immer stärker wurde; wie die Sowjets sechs Kilometer nördlich von Winniza ungehindert über den rettenden Bug entkommen konnten. Ohne ausreichende Unterstützung durch Küblers XXXXIX. Gebirgsarmeekorps war er zur Untätigkeit verdammt. Der Stachel der Entfremdung zwischen ihm und dem Kommandierenden General drang noch tiefer. Schweren Herzens verzichtete der Kommandeur der 1. Gebirgsdivision angesichts der Lage vor Ort auf den Plan, den Angriff fortzuführen, um den Gegner weiter zu verfolgen. Sein Befehl lautete daher kurz und bündig:

„Abschnitt Nord: Vorausabteilung hält Stadt und Brücken von Winniza. Sie verhindert den Übergang des Feindes über den Bug.
Abschnitt Mitte: Gruppe 98 hält weiterhin ihre Front nach Ost und West.
Abschnitt Süd: Gruppe 99 hält den Row-Abschnitt und sichert die Nachschubstraße!"

Über die Fernsprechleitung meldete Lanz dem Kommandierenden General:

„Die Division hat die Grenze ihrer Leistungsfähigkeit erreicht. Mit äußerster Kraft erwehrt sie sich an einer 45 Kilometer langen Front feindlicher Angriffe von allen Seiten. Die Bugbrücken sind von uns gesperrt. Starke von Westen kommende Feindkolonnen drängen nach Norden. Erste Übergangsversuche bei Petnitschanskaja. Luftwaffeneinsatz dringend erforderlich. Wo bleibt die 24. Infanteriedivision? Wenn diese nicht binnen weniger Stunden eingreift, ist russischer Ausbruch nördlich Winniza unvermeidlich."[104]

Kübler war erregt und eine Zeitlang nicht ansprechbar. Dann, als er sich wieder gefangen hatte, sagte er zwar Hilfe zu, aber sie kam nicht an. Ungehindert überquerten die Sowjettruppen daher in der Nacht vom 19. zum 20. Juli 1941 den Bug nördlich von Winniza.

Man schrieb den 20. Juli 1941, als die 4. Gebirgsdivision, nachdem sie den Schwerpunkt des feindlichen Widerstandes nach harten Kämpfen in den großen Wäldern westlich von Winniza gebrochen hatte, am Vormittag in die umkämpfte Stadt einrückte. Diese befand sich nun zwar in deutscher Hand, aber die Brücken über den Bug waren zerstört. Die Schlacht um Winniza hatte zwar wieder mit einem Sieg der Gebirgstruppen geendet – über 10.000 Gefangene fielen in deutsche Hand! –, aber es war nicht zu verhindern gewesen, dass über 30.000 Mann der bereits eingeschlossenen sowjetischen 6. und 12. Armee aus der Umklammerung ausbrechen und nach Osten abziehen konnten. Schlimmer noch: Die deutschen Verluste waren besorgniserregend hoch. Von Oleszyce bis Winniza hatte allein die 1. Gebirgsdivision 54 Offiziere und 1 066 Unteroffiziere und Mannschaften verloren.

Später sagte Lanz zu den Kämpfen um Winniza: „Was unsere Gebirgsjäger damals geleistet haben, gehört zum Besten ihrer ganzen Existenz."[105]

Und General Kübler bemerkte zu diesen Kämpfen in seinem Kriegstagebuch: „Der Abschluss der Schlacht von Winniza hat nicht den großen operativen Erfolg gebracht, der zum Greifen nahelag. Zwar hat das Gebirgskorps einen Sieg errungen, aber der linke Zangenarm hat sich nicht geschlossen. Der ersehnte Vorstoß der Gruppe von Schwedler von Norden auf Winniza ist ausgeblieben. So war dem Feind ein Ausweg gelassen, den er geschickt zu nutzen verstand. Zwischen der 1. Gebirgsdivision und der Gruppe von Schwedler wurden die Reste der 6. und 12. Armee aus der drohenden Umklammerung nach Nordosten geführt."[106]

Auf den ersten Blick hat es den Anschein – vor allem dann, wenn man das Schlachtgeschehen nur vom Standpunkt der 1. Gebirgsdivision aus betrachtet –, als ob General der Infanterie Ludwig Kübler in seinem Gefechtsstand nicht immer die richtigen Entscheidungen traf und statt dessen Generalmajor Hubert Lanz von beiden der größere Schlachtenlenker war. Dem muss jedoch entgegengehalten werden, dass sich der Kommandierende General nach den operativen Zielvorstellungen der übergeordneten 17. Armee des Generals von Stülpnagel zu richten hatte. Dieser strebte in der Gesamtoperation der Heeresgruppe Süd größere, das heißt weiter gesteckte Ziele an. Dennoch: Zwischen Kübler und Lanz stimmte die Biochemie in keiner Weise. Nicht umsonst blieben sich beide zeitlebens fremd.

Und was war mit dem gebildeten, fachlich hervorragend geschulten Kommandeur der 4. Gebirgsdivision?

„General Eglseer", so charakterisierte ihn sein langjähriger 1. Generalstabsoffizier (Ia) Otto Schaefer, „gab durch seine Gesamtpersönlichkeit seiner Division das Gepräge. Er war ein Mensch von hervorragendem Charakter, erfüllt von hohem sittlichen Verantwortungsbewusstsein und lauterem, edelmütigem Streben. Bei ihm ergänzten sich die ihm eigenen überzeugenden Kräfte des Herzens wie des Kopfes in harmonischer Weise und formten sich zu stiller menschlicher Größe. Mit heiterer Gelassenheit und unerschütterlichem Gleichmut auch in schwierigsten Lagen ging er geradlinig, selbstlos und selbstbeherrscht den Weg vorbildlicher Pflichterfüllung. Er war frei von falschem Ehrgeiz und Geltungsbedürfnis, von Eitelkeit und Ruhmsucht, immer sich selbst und seinem soldatischen Gewissen treu. In ausgeglichener Beständigkeit zeigte er sich immer maßvoll, außer im Fleiß bei der Arbeit und in der Hingabe an die Sache, der er mit seiner ganzen Person gehörte."[107]

Auf einen Nenner gebracht: Eglseer war im Gegensatz zu Lanz ausgesprochen bescheiden und zurückhaltend, nicht so geltungsbedürftig. Nicht zuletzt deshalb stand die „Enziandivision" trotz großer Opfer und hervorragender Waffentaten vielfach im Schatten der „Edelweißdivision" mit ihrem propagandistisch geschickt auftrumpfenden Kommandeur.

Am 23. Juli 1941 überschritt die 4. Gebirgsdivision auf einer von deutschen Pionieren erbauten Kriegsbrücke den träge dahin fließenden Bug zur Verfolgung des Gegners in Richtung Südosten. Die starken sowjetischen Kräfte vor der Front der 6. und 17. Armee sollten nämlich durch ein frontales Zuschlagen gebunden und dann durch ein rückwärtiges Eindrehen der Panzergruppe 1 des Generalobersten von Kleist im Raum von Uman eingekreist und vernichtet werden. (Im nächsten Abschnitt werden wir erfahren, inwieweit diese großangelegte Operation gelang und ob sie den deutschen Truppen endlich den erhofften Erfolg brachte.) An jenem Tage, als die „Vierte" Winniza verließ, sandte Generalmajor Karl Eglseer folgenden Tagesbefehl an seine Truppe:

Div.St.Qu., den 23. Juli 1941

„Kommandeur der 4. Gebirgsdivision

Sondertagesbefehl

Soldaten der 4. Gebirgsdivision!
Der Oberbefehlshaber der Armee, General der Infanterie von Stülpnagel, und vor allem der Kommandierende General des XXXXIX. Gebirgsarmeekorps, General der Infanterie Kübler, haben mich beauftragt, allen Angehörigen der Division und vor allem der Kampftruppe die vollste Anerkennung und das uneingeschränkte Lob für die Taten und Leistungen im bisherigen Feldzug gegen Russland, insbesondere beim Durchbruch durch die Stalin-Linie und in der Schlacht um Winniza, zu übermitteln.
Weder Hitze noch Staub noch Regen und Schlamm oder zähester Widerstand des Feindes haben je

Euren Vorwärtsdrang aufhalten können. Die Division hat nach den Worten des Kommandierenden Generals alles geleistet, was man überhaupt verlangen und erwarten kann. Ich schließe mich aus vollem Herzen dieser Anerkennung unseres Vorgesetzten an und füge meinen Dank bei. Ich bin stolz auf Euch!

gez. Eglseer
Generalmajor u. Divisionskommandeur."

Am 24. Juli 1941 wurde der vom Oberbefehlshaber der Heeresgruppe Süd erlassene Tagesbefehl des 21. Juli vom XXXXIX. Gebirgsarmeekorps an die Divisionen verteilt. Er lautete:[108]

„Trotz erbittertsten Feindwiderstandes, grundloser Wege und schlechten Wetters ist es den tapferen, vorbildlich geführten Truppen der Heeresgruppe Süd in den bisherigen zum Teil sehr harten Kämpfen gelungen, dem grausam und hinterhältig fechtenden Feind schwere Niederlagen zu bereiten. Der Ausdauer der Truppen, dem Erfindungsgeist der Führung gelang es, auch unüberwindlich scheinende Schwierigkeiten auf dem Gebiet der Kraftfahrzeuge- und Pferdelage zu überwinden. Ich spreche Führung und Truppe Dank und Anerkennung für ihre bisherigen Leistungen aus.
Um das gesteckte erste Operationsziel – die Masse des der Heeresgruppe gegenüberstehenden Feindes noch westlich des Dnjepr zu vernichten – zu erreichen und damit die Voraussetzung für die völlige Niederwerfung der Sowjetunion zu schaffen, muss ich auch weiterhin die äußerste Anstrengung von Führung und Truppe in schneidigem Angriff und unermüdlicher Verfolgung verlangen. Nach Erreichen des ersten Operationszieles wird, sofern es die Gesamtlage irgend zulässt, eine Atempause zur Auffrischung der Truppe ermöglicht werden können, bevor sie zu neuen Aufgaben antritt.

gez. von Rundstedt."

Kesselschlacht bei Uman – Podwyssokoje

Schon am 19. Juni 1941, als sich die Kämpfe um Winniza ihrem Ende näherten, hatte die 17. Armee folgenden Befehl herausgegeben:

„XXXXIX. Gebirgsarmeekorps ordnet nach Abschluss der Schlacht von Winniza baldmöglichst seine Verbände zum weiteren Vorgehen mit rechtem Flügel auf Nemirow, mit linkem Flügel auf Ilince."

Dieser Befehl leitete die Verfolgung durch Küblers Gebirgsarmeekorps, das rechts vom LII. und links vom IV Armeekorps eingerahmt war, ein. Ihm unterstanden seinerzeit neben der 1. und 4. Gebirgsdivision auch die 125. Infanteriedivision und die 97. leichte Infanteriedivision, zeitweise aber auch die 295. Infanteriedivision, die 100. leichte Infanteriedivision und die schnelle slowakische Brigade Pilfousek.

Die „Enziandivision", die mit den Slowaken als Korpsreserve im Raum um Winniza rastete, erreichte vor ihrem Aufbruch in Richtung Südosten am 23. Juli 1941, es war genau 15.00 Uhr, der Befehl:

„4. Gebirgsdivision tritt in der Nacht 23./24. Juli den Weitermarsch auf Obodne an.“

Das hatte einen guten Grund, denn die Schlüsselstellen der Verfolgung durch das Gebirgsarmeekorps wurden Gaissin und Granow. Daher hatte die Armee schon am 21. Juli 1941 befohlen:

„XXXXIX. Gebirgsarmeekorps geht vor aus dem Raum Nemirow – Winniza über Raigorod – Ilince. Der Ssod-Übergang ist, falls er vom Feinde verteidigt wird, von Norden her zu öffnen. Daher hier Schwerpunkt.“[109]

Damit waren die Ruhetage für die „Vierte“ endgültig passé. Die Verfolgung des zurückweichenden Gegners zielte unter anderem über Gaissin, Rossoscha, Poporeloje und Maxinowka auf Ropotucha. Während die 1. Gebirgsdivision bei Brazlaw sicherte, marschierte sie, der 97. leichten Infanteriedivision folgend, in den Raum von Wolodowka – Michajlowka, der bereits 20 Kilometer südostwärts von Winniza lag. Der Auftrag des XXXXIX. Gebirgsarmeekorps an die 4. Gebirgsdivision lautete, dass sie weiterhin mit der Schwesterdivision dem Korps zur Verfügung stehe und sich zu neuen Einsätzen bereitzuhalten habe. Dieser Maßnahme lag folgende Weisung Küblers für den 25. Juli 1941 zugrunde:

„XXXXIX. Gebirgsarmeekorps setzt unter Zurückwerfen der feindlichen Nachhuten die Verfolgung Richtung Uman fort.“[110]

So blieb den Gebirgsjägern nichts anderes übrig, als dem angeschlagenen, aber noch nicht restlos bezwungenen Gegner pausenlos immer tiefer in die gewaltige Tiefe des russischen Raumes hinterherzurennen, um ihn zu zwingen, Front zu machen und sich zum Kampf zu stellen. Aus diesem Grunde kam es auch bei der 1. Gebirgsdivision zu fortlaufenden Verfolgungskämpfen – und zwar über das von mongolischen Truppenteilen besetzte Brazlaw, dessen Einnahme wieder bittere Opfer forderte, über Gaissin, das am 26. Juli durch Umgehung zu Fall gebracht wurde, zu der anschließenden überholenden Verfolgung am 27. Juli über Ternowka und Golowanesk, wo es wiederum schwere und krisenvolle Kämpfe gab, bis zum Sinjucha-Abschnitt.

Obwohl Regen und Gewittergüsse die Wege grundlos gemacht und die Bewegungen der deutschen Divisionen schwer gehemmt hatten, erhielten die Gebirgsjäger bald wieder Fühlung mit dem zurückweichenden Feind, der sowohl in der Weite des Landes als auch in den nicht selten von großen Baumplantagen umgebenen Ortschaften der Ukraine einen zähen und hinterhältigen Widerstand leistete.

Am 25. Juli 1941 erging an die 4. Gebirgsdivision ein weiterer Befehl: Er besagte, dass sie am 26. Juli Nemirow zu erreichen habe. An jenem Tage setzte sich die Masse des Feindes weiter in Richtung Uman ab, während seine Nachhuten nur schrittweise und unter hartnäckigem Widerstand nach Osten auswichen. Dennoch erreichte die „Vierte“ als Korpsreserve planmäßig Nemirow. Noch in der Nacht sollte sie aufgrund der allgemeinen Lage Brazlaw erreichen und damit zur 1. Gebirgsdivision aufschließen. Nun galt es, dem Gegner zu folgen. Im Nachtmarsch wurde Eglseers Gebirgsdivision auf Gaissin, später auf Kublitsch angesetzt, während Lanz für seine Division den Auftrag erhielt, Dubowo am Rewucha-Abschnitt, also zwanzig Kilometer südostwärts von Uman, zu erreichen. Mit dieser Stoßrichtung zeichnete sich deutlich eine überholende Verfolgung der Sowjets durch Küblers XXXXIX. Gebirgsarmeekorps ab. Daher gab der Kommandierende General den folgenden Befehl heraus:

„Für das XXXXIX. Gebirgsarmeekorps, an der Spitze des Durchbruchskeils der Armee, handelt es sich am 29. Juli darum, möglichst weit Raum nach Osten zu gewinnen, vor allem am Nordflügel. Trotz der schwierigen Gesamtlage des Feindes ist zu erwarten, dass er den Durchbruch auf Uman weiterhin mit starken Kräften zu verhüten sucht.“[111]

Es war Anfang August 1941 , als sich die Divisionen und Regimenter des XXXXIX. Gebirgsarmeekorps – seit Lanscut hatte es bereits 700 Kilometer Marschstrecke zurückgelegt! – dem Raum von Uman näherten. Die Heeresgruppe Süd hatte den sich dort sammelnden sowjetischen Kräften vor ihrer Front die Einschließung und Vernichtung zugedacht. Höchste Leistungen wurden also von Truppe und Führung gefordert, um das angestrebte Ziel zu erreichen. General der Infanterie Kübler erschien es nunmehr wichtig, jedem Soldaten seines Korps einzuhämmern, um was es ging. In einem Tagesbefehl unterrichtete er seine Kommandeure über die Gesamtlage und deren Auswirkungen auf das Gebirgsarmeekorps. Darin hieß es:

„Vom Kriegsbeginn an mussten Tag für Tag die höchsten Anforderungen an die Truppe gestellt werden. Große Siege sind erfochten: Das XXXXIX. Gebirgsarmeekorps hat die russische Grenzstellung durchstoßen, die Panzerschlacht bei Jaworow siegreich durchfochten, Lemberg erobert, die Stalin-Linie durchbrochen, bei Winniza eine Armee nach Nordosten abgedrängt und den Durchbruch bei Gaissin erzwungen. Und doch heißt es im Korpsbefehl seit langem fast Tag für Tag immer wieder in eintöniger Wiederholung nur: ‚XXXXIX. Gebirgsarmeekorps setzt die Verfolgung fort‘.
Die Truppe, eingesetzt nach den im deutschen Heere für die Verfolgung geltenden Grundsätzen, leistet Unmenschliches. Sie hat große Opfer an Gefallenen und Verwundeten getragen, und nun müssen weiterhin alle Kräfte bis zum Äußersten angespannt bleiben, nachdem das Korps seit Winniza und Gaissin an der Spitze des Durchbruchkeiles weiten Vorsprung gewonnen hat. Da fragt sich jeder bei der Truppe: ‚Wie lange kann und muss das so weitergehen? Wird uns der Endsieg doch noch zufallen, oder werden alle bisherigen Siege und Anstrengungen ohne endgültige Krönung bleiben?‘ Manchen mag in Stunden der Erschöpfung ein stiller Zweifel beschleichen. Dies ist erklärlich, denn der Truppe fehlt naturgemäß der Überblick. Sie entbehrt daher des Ansporns, den die Gunst der Lage gibt. Ich will aber diese Kraftquelle nicht ungenutzt lassen und habe deshalb einen Überblick über die Lage in der Ukraine aufgestellt. Es ist meine feste und unerschütterliche Überzeugung, dass wir bei weiteren ähnlichen Leistungen wie bisher den Feind in der Ukraine in kurzer Zeit noch diesseits des Dnjepr völlig aufreiben werden. Dass diese Überzeugung im ganzen Korps Allgemeingut wird, ist der Zweck dieser Verfügung.“
Und dann fügte er hinzu: „Eine Darstellung der Gesamtlage [...] ist vom Standpunkt der Geheimhaltung der Operation bedenklich. Ich gab sie trotzdem bekannt, um Zuversicht und Kampfgeist des Korps anzuspornen. [...]“[112]

Wie sah nun die Lage in der Ukraine mit Stand vom 28. Juli 1941 aus? Lesen wir im Folgenden, wie der Kommandierende General die Gesamtlage in operativer Hinsicht beurteilte:

„Auf dem rechten Flügel der Heeresgruppe nähert sich die 11. Armee südlich des Bug der Linie Balta – Berschad. Eine Vorausabteilung ist weit nach Osten bis Kriwoje Osero vorgestoßen. Der Feind vor der Front der Armee weicht nach Südosten aus und sucht das Tempo der Verfolgung auch durch Vorstöße auf die Südflanke der Armee zu verzögern.
Weiter nördlich ist der rechte Flügel der 17. Armee im Vordringen gegen die Linie Wojtowka – Teplik. Auch hier ist der Feind unter Nachhutwiderstand im Rückzug.
Die Lage beim XXXXIX. Gebirgsarmeekorps ist bekannt. Besonders bedeutungsvoll ist der kühne Vorstoß der 1. Gebirgsdivision bis Antonowka. Hervorzuheben ist ferner der starke Feindwiderstand vor der 125. Infanteriedivision bei Krassnopolka und das rasche Vordringen der 295. Infanteriedivision auf Granow zur Entlastung der 125. Infanteriedivision.
Links gestaffelt schließt die Gruppe von Kleist mit der Untergruppe Schwedler beiderseits Balabanowka an, Front nach Süden. Ostwärts der Gruppe Schwedler stand das XXXXVIII. Panzerkorps viele Tage lang mit dem rechten Flügel, Front nach Süden, bei Lukaschewka, mit der Mitte, Front nach Westen, bei Zybulew, mit dem linken Flügel zuerst im Anschluss südlich davon bis Uman. Dann musste der linke Flügel unter übermächtigem Feinddruck auf Zybermanowka, nunmehr Front nach Süden, zurückgenommen werden. So verwehrte das Korps unter schweren Kämpfen dem vor der Gruppe Schwedler ausweichenden Feind den Rückzug nach Norden und Osten.
Das XXXXVIII. Panzerkorps ist nunmehr unter Sicherung nach Westen aus dem Raum westlich Buki zum Vorstoß in südostwärtiger Richtung auf Nowo Archangelsk angesetzt.
Etwa 50 km nordostwärts des XXXXVIII. Panzerkorps ist das XIV. Panzerkorps von Bojarka in Richtung Jurkowka im Vorgehen. Nördlich davon greift das III. Panzerkorps über Boguslaw auf Korsun an.
Westlich Kiew stehen starke deutsche Sicherungen vor dem russischen Brückenkopf vor Kiew. Nordwestlich von Kiew ist die 6. Armee über die Linie Teterew (70 Kilometer nordwestlich von Kiew) – Korosten (150 Kilometer nordwestlich von Kiew) in der Verfolgung nach Nordosten.
In dem von der Gruppe Schwedler und der Panzergruppe von Kleist auf drei Seiten umschlossenen und immer mehr verengten Raum waren die Trümmer von mindestens 15 Infanterie-, Panzer- und motorisierten Divisionen des Feindes zusammengedrängt. Dem Gros dieser Kräfte ist es zwar gelungen, unter verzweifelten Nachhutkämpfen durch das noch offene Loch im Süden des Sackes abzufließen, aber die Gefechtskraft dieser Verbände ist zerschlagen.
Von geschlossenen Divisionsverbänden und planmäßiger Führung kann keine Rede mehr sein. Die Regimenter sind nur mehr 300 bis 400 Mann stark und völlig übermüdet. Geregelter Nachschub an Verpflegung, Munition und Betriebsstoff ist ausgeschlossen. Die Disziplin der Truppe wird durch drakonische Maßnahmen der politischen Kommissare, die wieder voll in ihre alten Rechte eingesetzt sind, nur zur Not noch aufrechterhalten. Die derzeitige Hauptrückzugsrichtung des Gegners geht über Uman und nördlich nach Osten auf Kirowograd und weiter auf Krementschug am Dnjepr. Der Ansatz der deutschen Panzerkorps zielt offenbar darauf ab, dem Feind den Rückzug auf Krementschug abzuschneiden. Gelingt dies, und daran ist nicht zu zweifeln, so werden die abgeschnittenen Feindteile von Osten her umfasst oder wenigstens auf den brückenlosen Unterlauf des Dnjepr abgedrängt werden. Je stärker der Feind von 11. Armee, 17. Armee und der Gruppe Schweder in der Front bedrängt wird, desto leichter und rascher werden die Panzerkorps ihre entscheidende Aufgabe erfüllen. Unsere erste Pflicht ist es daher, nicht müde zu werden und nicht nachzulassen an Schwung, Kühnheit und Todesverachtung.“[113]

140

Generalkommando XXXXIX.(Geb.)A.K. K.Gef.Std., den 24.7.1941.
Der Kommandierende General.

Lieber Geitner!

Ich begrüße Sie und Ihre Division aufs herzlichste im Verbande des XXXXIX.(Geb.)A.K.

Eben war ich im Begriff meinen Ic zu Ihnen zur Verbindungsaufnahme zu schicken, als sich Ihr Ic bei mir meldete.

Dieser wird hier gründlich eingewiesen werden, auch vom Quartiermeister.

Die 295.Division kommt gerade im rechten Augenblick und hat alle Aussicht bei raschem Vorstoß einen großen Erfolg zu erzielen.

In den Waldungen südlich ILINCEsteckt noch starker Feind. Dieser wird von der 97.Div.(General Fretter Pico) von KRASNENKIE her (6 km südostw.ZORNISZCZE) nach Osten gegen die SSOD-Übergänge DASZOW - KALNIK gedrängt.

Ihre Aufgabe ist es, auf dem nördl. SSOD-Ufer mit aller Wucht auf DASZOW vorzustoßen. Sie werden so

1.) Feindnachhuten, die etwa zwischen Ihnen und DASZOW mit Front nach Südwest am SSOD stehen, durch Stoß in ihre Flanke fallen,
2.) Aussicht haben, dem Feinde vor 97.Div. den Übergang bei KALNIK und DASZOW abzuschneiden,
3.) der hart bedrängten 16.Pz.Div., die mit Front nach Westen in Linie LUKASZOWKA - MONASTYRYSZCZE steht, die bestmögliche Entlastung bringen.

H e i l !
Ihr
Kübler

Schreiben von General Kübler an Generalmajor Herbert Geitner, den Kommandeur der 295. Infanteriedivision.

Es war, als wollten die Gebirgsjäger die Erwartungen ihres Kommandierenden Generals hinsichtlich der Pflichterfüllung sowie der schwungvoll und kühn vorgetragenen Angriffe nicht enttäuschen. Der Armeefront wieder weit voraus geeilt, zog Küblers XXXXIX. Gebirgsarmeekorps mit deutschen Panzerkräften und anderen Verbänden im Osten und Süden von Uman den Ring um die 6. und 12. sowjetische Armee wie eine tödliche Schlinge immer enger zusammen. Doch hören wir, was General Braun über den Aufmarsch und die Einkreisung der sowjetischen Truppen durch die 4. Gebirgsdivision zu berichten wusste:

„Nur im Süden zwischen Ssinjucha und Jatrany war noch eine Lücke von etwa 15 Kilometern Breite. Diese Lücke durch Angriff zu schließen, war Aufgabe der Division. Die Frontalangriffe der Gebirgsjägerregimenter hatten nur noch geringe Erfolge. Da meldete die Vorausabteilung, die südlich ausholend auf Podwyssokoje angesetzt worden war, dass es ihr gelungen sei, nach Brechung schwachen Feindwiderstandes den Jatrany-Übergang bei Polonistoje in die Hand zu nehmen. Diese Meldung erreichte in kurzen Zeitabständen den Divisionskommandeur im Gelände, den Ia auf dem Divisionsgefechtsstand und den Kommandeur des Gebirgsjägerregiments 91, das am Südflügel eingesetzt war. Alle drei Offiziere fassten den gleichen Entschluss, das ganze Gebirgsjägerregiment 91 nach Süden abzudrehen und der Vorausabteilung nachzuführen. Überraschend erreichte die Vorausabteilung noch am Vormittag das Straßenkreuz 5 Kilometer südwestlich Podwyssokoje.
Um 13.00 Uhr war die Spitze des Gebirgsjägerregiments 91 nach 28 Kilometern Marsch an der Brücke über den Jatrany bei Polonistoje. Nach einer Rast wieder antretend, geriet die Marschkolonne in einen Wolkenbruch. Der Weg wurde grundlos, Muli versanken, Fahrzeuge blieben hoffnungslos stecken. Trotzdem ging das Regiment unaufhaltsam weiter. Nach insgesamt 50 Kilometern Marsch trafen die Anfänge stark erschöpft bei der Vorausabteilung ein. Eine bewundernswerte Leistung!“[114]

Wie reagierten nun die Sowjets auf die drohende Einkreisung durch die Deutschen? Aus jenen Tagen liegt uns die Übersetzung eines Beutebefehls vor, der vom 26. Juli 1941, 22.00 Uhr, datiert ist. Hier sein aufschlussreicher Inhalt:

„An die Kommandeure der 6. und 12. Armee.
1. *Die Besichtigung unserer Armee zeigte die völlig teilnahmslose Aktivität.*
2. *Die Angriffe werden gewöhnlich nur frontal, an der Stirne des feindlichen Feuers gemacht.*
3. *Zu dieser Zeit fehlt jede Initiative, den Feind von der Flanke und von rückwärts anzugreifen.*
4. *Im Angriff wie in der Verteidigung bemühen sich die Kommandanten nicht, den Feind in kleinen Gruppen, wie in Kompanien und Bataillonen, zu vernichten.*
5. *In der Nacht fehlt jede Aktivität.*
6. *Bei feindlichen Angriffen strömen die Truppen zurück, statt sich zu sammeln. Es gibt Fälle, wo man sogar die Artillerie im Stiche lässt.*
7. *Besonders schwach zeigen sich die Minenwerfer; man sieht, dass die Kommandanten mit dieser Waffe nicht vertraut sind.*
8. *Beim Einsatz frischer Truppenteile treffen die Kommandanten und Kommissare nicht die nötigen Schritte, um dieselben entsprechend auszunützen. Ich befehle ihnen, meine Beanstandungen allen Regimentskommandeuren bekanntzugeben und von den Offizieren zu verlangen, dass*

die Truppenteile belehrt werden, den Feind zu vernichten. Über alle Episoden, wo die nötige Findigkeit sich zeigte und gute Resultate brachte, ist mir Meldung zu machen und die sich auszeichnenden Kommandanten und Krieger zu nennen.

gez. Budjenni."

Während der Gluthitze des Tages und im aufgewühlten Staub der Fahrzeugkolonnen drängten die Gebirgsjäger dem abziehenden Gegner, der sich im Raum um Uman zusammenzog, nach. Die Sonnenblumenfelder, die sich rechts und links der Vormarschstraße ausbreiteten, standen in voller, goldgelber Blüte. Die Getreidefelder waren bereits schnittreif. Inmitten dieser üppig reifenden Natur bahnte sich nun schicksalhaft eine der großen Umfassungs- und Vernichtungsschlachten des Russlandfeldzuges an. Der Wettlauf nach Osten hatte sein vorläufiges Ziel gefunden; es lag zwischen Uman und Nowo Archangelsk und grenzte im Süden an ein wie von der Natur geschaffenes offenes Viereck des Jatran- und Ssinjucha-Abschnitts.

Kübler fasste den Entschluss, die 4. Gebirgsdivision zwischen die 1. Gebirgsdivision und die 125. Infanteriedivision einzuschieben: Damit wurde eine gefährliche Lücke in seinem Korpsbereich geschlossen. Schon bekam die „Enziandivision" mit ihren vordersten Truppenteilen Feindberührung, nachdem sie auf die Linie Ossitna – Ssiniza – Wald von Palanka vorgestoßen war. Nach Abwehr eines sowjetischen Gegenstoßes, der am 31. Juli 1941 bei Psiarowka erfolgt war, ging es über Korschewaja und Olschanka zum Angriff auf Dubowo. Er führte am 1. August zum Gewinn des Übergangs über den Jatran. Der Widerstand des Feindes versteifte sich nun zusehends. Die 4. Gebirgsdivision war auf den Südflügel starker sowjetischer Kräfte gestoßen, die um Uman standen und nun durch Eindrehen der Panzergruppe 1 des Generalobersten von Kleist von Kiew aus nach Südosten allmählich im Rücken umfasst wurden. Im Rahmen dieser großartig angelegten Operation sollte die „Vierte" Ende Juli/Anfang August ein Ausbrechen der eingekreisten sowjetischen Divisionen verhindern.

Am 2. August 1941 griff die Vorausabteilung Lang der „Ersten" die aus dem Raum von Uman abfließenden Feindteile an, warf sie nieder und stellte am Ssinjucha, südlich von Ternowka, den Anschluß an die deutschen Panzerkräfte her. Der Ring um den Feind war damit geschlossen. Durch einen Angriff der Gebirgsjägerregimenter 98 und 99 nach Norden gewann die 1. Gebirgsdivision rechts Anschluss an die 9. Panzerdivision und links an die 4. Gebirgsdivision.

Tropische Hitze flimmerte über dem weiten, offenen Gelände mit den großen Sonnenblumen- und Getreidefeldern, durch die Küblers Gebirgsjäger mit ihren nimmermüden Tragtieren zogen. Aber so idyllisch, wie es klingen mag, war die Situation auf dem südrussischen Kriegsschauplatz nicht, denn durch feindliche Artillerie gab es bei den Deutschen immer wieder schwere Verluste zu beklagen.

Am 2. August 1941 gelang der 4. Gebirgsdivision der südlich ausholende Stoß über den Fluss bei Peregonowka, von wo aus am folgenden Tag Angriff und Inbesitznahme der weithin beherrschenden Höhe 193 durch das II. Bataillon/Gebirgsjägerregiment 13 erfolgten. Damit war dem gefährlich wachsenden Feinddruck nach Süden nicht nur ein erster Riegel vorgeschoben worden, sondern den Sowjets war damit der wichtige Einblick in den sich schließenden Ring nach Süden genommen worden. Es war an jenem 2. August, als Teile der 4. Gebirgsdivision bei dem Ort Rochowo auf die Nachhut eines großen sowjetischen Verbandes stießen, während die Vorausabteilung unter Oberst Pribyl die Nordflanke der 1. Gebirgsdivision bei Dubowo sicherte. Trotz heftigsten Artilleriefeuers warfen die Gebirgsjäger den Feind über den Bug und gingen in der Nacht zum 3. August zur Verteidigung in der Flussniederung über. Im Morgengrauen des 4. August lösten sie sich unbemerkt von den Rotarmisten.

Die Entscheidungsschlacht stand nun unmittelbar bevor. „Der Kommandierende General wird sich darüber klar, dass eine einheitliche Befehlsführung für die Schlacht um Podwyssokoje nicht zu erreichen ist.

Eine Mitwirkung von Teilen der Panzergrenadiere 1 [...] ist nicht zu erwarten." Und weiter heißt es dann im Kriegstagebuch des XXXXIX. Gebirgsarmeekorps: Er „muss also allein die Schlacht gegen einen sich verzweifelt wehrenden, starken Feind zu Ende schlagen. Hierzu werden alle Kräfte erforderlich sein."[115]

Zu einem heiß umkämpften Brennpunkt wurde dabei der scheinbar unbedeutende Ort Kopjenkowata, der von vielen als Schicksalsort der 4. Gebirgsdivision bezeichnet wird. Die Gebirgsjäger näherten sich von Westen her der Ortschaft, die, wie sie rasch erkannten, voller Feindkräften steckte. Rechts vom III. Bataillon/Gebirgsjägerregiment 13 bestand noch eine Lücke zum Gebirgsjägerregiment 91. Kein Schuss fiel. Die mondhelle Nacht war ruhig. Tags darauf sollte der Angriff gegen Kopjenkowata, in dem der Gegner massiert eingeschlossen war, stattfinden. Der Angriff auf Kopjenkowata und Podwyssokoje, um nur die beiden bedeutendsten Ortschaften der Umfassungsschlacht bei Uman zu nennen, wurde im „Korpsbefehl Nr. 69" auf den 5. August 1941 festgelegt. Sehen wir uns dieses bedeutende Dokument nun genau an:

„Generalkommando XXXXIX. Gebirgsarmeekorps, den 4. August 1941, 20.20 Uhr
Korpsgefechtsstand, Ia

1. *Der Feind hat auch heute noch an seiner verbissenen Abwehr festgehalten. Gegen Abend wurden konzentrische Rückzugsbewegungen auf Podwyssokoje durch Luftbeobachtung festgestellt. Es ist gelungen, ihm Okssanino und die Höhen ostwärts davon zu entreißen. Der Feind führte in der Nacht und in den frühen Morgenstunden des 4. August verzweifelte Angriffe aus Gegend Podwyssokoje nach Süden und aus Gegend ostwärts Rogowo gegen die Höhe 193. Diese Durchbruchsversuche wurden abgewiesen. In den Nachmittagsstunden führte er Gegenangriffe mit einzelnen Panzern gegen die Flügel der 125. Infanteriedivision aus Richtung Nebelewka und Wald 3 Kilometer nordwestlich Teklijewka. Dem Feinde ist es nirgends gelungen, sich der Umklammerung zu entziehen. Es sind somit nach wie vor starke Feindkräfte im Raume westlich Nowo Archangelsk – Teklijewka – Korschewij Pelypij Kut – Rogowo – Kopjenkowata – Ternowka zusammengedrängt. Der Feind versucht, diese eingeschlossene Gruppe auf dem Luftwege zu versorgen.*
2. *Die Lage des XXXXIX. Gebirgsarmeekorps hat sich gegenüber dem Vortage nur wenig verändert.*
   1. Gebirgsdivision hat sich mit der durch zwei Bataillone verstärkten Kampfgruppe Lang in den Besitz des Höhenrückens westlich Ternowka gesetzt.

Die Masse der Division hat in dem befohlenen Raum die Verbände geordnet.
4. Gebirgsdivision hat mit verstärktem Gebirgsjägerregiment 91 in der Linie Rassochowatjez – Straßengabel, südostwärts Kopjenkowata – Punkt 203, mit verstärktem Gebirgsjägerregiment 13 auf den Höhen dicht ostwärts Peregonowka zahlreiche Durchbruchsversuche, teilweise im erbitterten Nahkampf, abgewehrt.
Verstärkte Aufklärungsabteilung 97, der Division unterstellt, sicherte am Jatranabschnitt Rogowo – Dubowo.
Verstärktes Infanterieregiment 477 (257. Infanteriedivision) wurde in den Vormittagsstunden der 4. Gebirgsdivision unterstellt und von Golowanewsk nach Orlowo zugeführt.
125. Infanteriedivision hat Okssanino und die Höhen 2 Kilometer nordostwärts dieses Ortes im Kampf genommen.
97. leichte Division im Vormarsch mit je einer Regimentsgruppe von Ssuschkowka auf Oljschanka und von Grodsewo auf Babanka.
Die Division beabsichtigt, noch heute auf dem Ostufer des Jatran einen Brückenkopf nordwestlich Punkt 202 (5 Kilometer westlich Nebelewka) zu gewinnen.
Rechts vom XXXXIX. Gebirgsarmeekorps schließt 257. Division (ohne ein verstärktes Infanterieregiment) bei Doroshinka auf.
Links vom XXXXIX. Gebirgsarmeekorps liegt 24. Division in der Linie Wäldchen 1 Kilometer nördlich Okssanino – südlich 213 – Höhen 1 Kilometer südlich Wischnopolj.
9. Panzerdivision ist von Osten nach Südosten in Ternowka eingedrungen.

3. *XXXXIX. Gebirgsarmeekorps gibt am 5. August in einheitlichem und konzentrisch geführtem Angriff aller Divisionen dem eingeschlossenen Feinde den Todesstoß. Die Schlacht des morgigen Tages muss mit der endgültigen Vernichtung des Feindes enden. Zu einem zweiten Großangriff fehlt die Munition und ist nicht zu beschaffen.*
4. *Allgemein gelten für diese Schlacht folgende Grundsätze:*
   a) Die Divisionen regeln den Kräfteansatz so, dass den Feind von Anfang an die volle und zusammengeballte Wucht der gesamten, den Divisionen innewohnenden Gefechtskraft trifft. Ein Ausscheiden und Aufsparen von Reserven ist nur in geringem Umfang am Platz.
   b) Die vorhandene Munition steht in vollem Umfang zur Verfügung. Es darf jedoch auch morgen keine Verschwendung geben. Vorzeitiger Gesamtaufbrauch ist durch planvolles Haushalten zu vermeiden.
5. *Das Korps stellt sich zum Angriff bereit. Die Bereitstellung muss um 09.00 Uhr beendet sein. Um 10.00 Uhr treten die Divisionen zum Angriff an.*
6. *Für den Angriff gelten folgende Grenzen der Gefechtsstreifen:*
   1. Gebirgsdivision. Rechts: Lauf der Ssinjucha. Links: Pokatilowo (Mitte) – Kirche Rassochowatjez – Bachgabel im Ostteil Podwyssokoje – 185 – Bachgabel in Topolja.
   4. Gebirgsdivision. Rechts: siehe oben. Links: Hfe. Michalowskoje – Bachgabel im Nordteil Ostrowjez – Straßenkreuz 4 Kilometer westlich Podwyssokoje – Straße nach Podwyssokoje.
   97. leichte Division. Rechts: siehe oben. Links: Südrand Okssanino – Straßengabel in Podwyssokoje – Bachgabel im Ostteil Podwyssokoje.
   125. Infanteriedivision. Rechts: siehe oben. Links: Okssanino (125.) – Teklijewka (125.) – Torgowizy (24.) – Ljewkowka (24.).
7. *Angriffsziele: 1. Gebirgsdivision: Höhen nördlich des Bondarjowka-Abschnittes. 4. Gebirgsdivision:*

Für die von Süden angreifende Gefechtsgruppe Podwyssokoje. Für die von Westen angreifende Gefechtsgruppe Ostrand des Waldes ostwärts Kopjenkowata. 97. leichte Division: Ostrand des Waldes westlich Podwyssokoje. 125. Infanteriedivision: Ostrand des Waldes ostwärts Nebelewka – Torgowizy-Süd.

8. *Besondere Anordnungen für die Gefechtsführung:*
   a) *1. Gebirgsdivision beteiligt sich mit möglichst starken Kräften am Angriff. Sie verlegt ihren Schwerpunkt an den rechten Flügel. Die Division hält Verbindung mit den deutschen Panzerkräften bei Ternowka.*
   b) *4. Gebirgsdivision bildet den Schwerpunkt bei der von Süden angreifenden Gefechtsgruppe.*
   c) *97. leichte Division und 125. Infanteriedivision bilden den Schwerpunkt auf ihren inneren Flügeln. Der vordere Rand der Bereitstellung ist der von Teklijewka nach Ostrowjez verlaufende Bachgrund. 125. Infanteriedivision sichert sich hinreichend in der linken Flanke, bis 24. Division heran ist*
   d) *Zur Vermeidung gegenseitiger Gefährdung bei der konzentrischen Angriffsführung wird befohlen:*
   aa) *Ziele außerhalb der Gefechtsstreifen dürfen nur mit Beobachtung und nur dann bekämpft werden, wenn dort mit Sicherheit Feind festgestellt ist*
   bb) *Die von Westen angreifende Gefechtsgruppe der 4. Gebirgsdivision und die 97. leichte Division dürfen unter keinen Umständen Feuer irgendwelcher Art in den Raum ostwärts der ihnen in Ziffer 7 gesetzten Angriffsziele verlegen.*
9. *XXXXIV. Armeekorps ist dringend gebeten worden, sich dem Angriff des Korps anzuschließen. […]*
10. *Der Luftwaffe ist bis 5. August, 10.00 Uhr der Raum Torgowizy – Nebelewka – Wald westlich Podwyssokoje – Podwyssokoje zum Bombenabwurf freigegeben.*
11. *Regelung der Unterstellungsverhältnisse: a) Verstärkte Aufklärungsabteilung 97 wieder der 97. leichten Division unterstellt b) Verstärktes Infanterieregiment 477 der 4. Gebirgsdivision unterstellt c) Artillerieabteilung 851 der 4. Gebirgsdivision unterstellt*
12. *Flakeinsatz: III. Bataillon/Flak 37 wird auf Zusammenarbeit mit 97. leichter Division angewiesen. Flakeinsatz im Übrigen unverändert*
13. *Gebirgsnachrichtenabteilung 70 hält Nachrichtenverbindungen zu den Divisionen wie bisher.*
14. *Pionierdienst unverändert*
15. *Korpsgefechtsstand Uman.*

gez.: Kübler."

Nach diesen generalstabsmäßigen Ausführungen des „Korpsbefehls Nr. 69", in dem der risikobereite Kübler für die entscheidenden Kämpfe in der Umfassungsschlacht bei Uman wie ein Glücksspieler seinen ganzen Munitionsbestand zur Verfügung stellte, wenden wir uns zunächst dem Kampfgeschehen der 4. Gebirgsdivision zu. Sie war in den Bereitstellungsräumen zum Angriff aufmarschiert. Tropische Hitze flimmerte über dem weithin offenen Schlachtfeld, das auch hier mit großen Sonnenblumen und Getreidefeldern bedeckt war. Die Artillerie beider Seiten hatte bisher teilweise schwere Verluste verursacht.

Am 5. August 1941 erfolgte der entscheidende Stoß der Deutschen nach Norden. Doch gelang es der 4. Gebirgsdivision nicht, Kopjenkowata im ersten Angriff zu nehmen. Dort hatten sich die Sowjets bis zum Halse eingegraben und wehrten sich erbittert. Mit gewaltigen Menschenmassen – später zählte man etwa 6 000 tote oder gefangengenommene Rotarmisten – rannten die Sowjets, die von Panzern und Panzerspähwagen unterstützt wurden, an einigen Stellen gegen den Ring des Kessels an, von dem sie eingeschlossen wurden, um ihn zu sprengen und aus ihm auszubrechen. Lange konnte es nicht mehr dauern, bis der Druck in diesem Kessel so stark war, dass er ihn sprengen würde. Vorsorglich wurde daher hinter der deutschen Front eine Auffangstellung besetzt und die Artillerie nach Tiefe gestaffelt. Was uns ein Gefechtsbericht über die Einkesselung des Feindes und die schweren Kämpfe der 4. Gebirgsdivision bei Kopjenkowata zu berichten hat, das erfahren wir jetzt:

„Am 5. August gegen 10.00 Uhr trat unsere Kompanie mit Stoßrichtung auf den Südeingang von Kopjenkowata an. Wir waren noch nicht ganz 500 Meter vorgestoßen, als von rechts eine Unzahl Russen, die von unserem Nachbarregiment bei ihrem versuchten Ausbruch zurückgeschlagen wurden, sich wieder in das Dorf zurückziehen wollten. Wir kamen ihnen genau in die Flanke und passten einen großen Teil ab. Zwei Geschütze, die gegen uns in Stellung gehen wollten, wurden noch vor dem Abprotzen daran gehindert. Unser Angriff lief planmäßig und in gehobener Stimmung, unseres Sieges gewiss, setzten wir hinter der Höhe den zurückflutenden Russen nach. Wir umgingen zunächst das links von uns, vor dem Ortseingang liegende Sonnenblumenfeld und kamen auf dem zum Dorf abfallenden Hang bis auf 100 Meter an den Ortseingang heran. Es setzte nun ein heftiges Feuer ein, das uns auf den Boden und in die von den Russen bereits geräumten Panzerdeckungslöcher zwang. Der links der Straße liegende 3. Zug unter Führung des Leutnants Kopfmann erhielt den Befehl, unter dem Feuerschutz der beiden anderen Züge den Ortsrand anzugreifen und zu besetzen. Wenn wir glaubten, eine Steigerung des Infernos sei unmöglich, so stellten wir bald fest, dass dies eine Täuschung war. Artilleriefeuer aus dem hinter dem Dorf sich in 2 Kilometer Breite ausdehnenden Wald, Feuer aus Panzerabwehrkanonen und Flakgeschützen, die am Dorfrand in 100 Meter Entfernung von uns aufgestellt waren, Maschinengewehrfeuer und Scharfschützen, kurzum alles, was zum Abwehren eines Angriffes aufgebaut werden kann, schlug uns entgegen. Die Rufe nach den Sanitätern gingen in dem Krachen und Bersten der Granaten unter. Ein Vorwärtskommen war unmöglich, und so entschloss sich unser bereits leicht verwundeter Kompaniechef, die Kompanie zurückzuziehen. Was noch irgendwie kriechen und gleiten konnte, versuchte das unmöglich Erscheinende. Die meisten Kameraden mussten wegen ihrer bereits erhaltenen Verwundungen in den Löchern liegen bleiben, um dann im Schutze der Nacht zu versuchen, zurückzukommen. Was noch zurückkam, sammelte sich unter Führung des Zugführers vom 2. Zug, Leutnant Karl, hinter der Höhe bei dem dort liegenden schweren Granatwerfer unserer Kompanie. Nach kurzer Gliederung, mittlerweile war es 17.00 Uhr geworden, zogen wir uns an die Höhe zur Sicherung heran, besetzten die Höhe zur Verteidigung. Mit dem Einbruch der Dunkelheit begannen wir, nach den ausgebliebenen Kameraden zu suchen. Wir fanden noch unseren schwerverwundeten Hauptfeldwebel, einen Oberjäger und einige Mannschaften. Nach der ersten Hilfe durch unseren Arzt konnten wir die verwundeten Kameraden auf einem Zugkraftwagen der 16. Kompanie zurücktransportieren. Außer den 28 verwundeten Kameraden, die zurückgebracht werden konnten, fehlten noch 45, darunter unser Kompaniechef und die Zugführer vom 1. und 3. Zug.
Auf Befehl des Bataillons zogen wir von dieser exponierten Stellung in die Verteidigungslinie des Bataillons, ostwärts des Dorfes Kopjenkowata, und richteten uns hier in der Nacht zur Verteidigung ein.“[116]

In der Nacht vom 6. auf den 7. August 1941 brachen etwa 4 000 Sowjets in dicht massierten Haufen, angeführt von Panzern, in denen sich der Stab der eingeschlossenen 6. Armee befand, an der Nahtstelle zwischen der 1. und 4. Gebirgsdivision nach Süden aus. Vor der Front der „Enziandivision“ blieben Hunderte von toten Rotarmisten liegen. Groß waren aber auch die Verluste der Gebirgsjägerregimenter 13 und 91, über die der rote Sturm wütend anrennender Menschenleiber hinweggebraust war. Erheblich waren die Ausfälle und der Munitionsverbrauch bei der dritten Säule der „Vierten“, beim Gebirgsartillerieregiment 94. Allein die vier Geschütze der 9. Batterie hatten während der Umfassungsschlacht in nur vier Tagen nicht weniger als 1 150 Granaten verschossen!

Hören wir nun kurz, wie General Lanz den weiteren Verlauf der Schlacht bei Uman – Podwyssokoje aus der Sicht des Kommandeurs der 1. Gebirgsdivision schildert:

„In der Nacht zum 7. August unternimmt der verzweifelt kämpfende Russe einen erneuten Ausbruchsversuch, diesmal nach Osten, wo er am Ssinjucha unter dem Feuer der Panzer und der SS-Wiking (Richtig: 5. SS-Panzergrenadierdivision „Wiking“) zusammenbricht. In den Morgenstunden des 7. August stürmt das Bat[aillon] Hörl die Widerstandsnester in der Ortsmitte. Fleischmann stößt darüber hinaus mit seinem I. Bataillon/99 an den Westrand von Podwyssokoje vor, den er gegen 08.00 Uhr vormittags erreicht.“[117]

Oberst Wintergerst wurde vom Kommandierenden General zum Platzkommandanten von Podwyssokoje ernannt.[118] Es war ein weiteres Danaergeschenk des „Latschen-Nurmi“ an seinen Statthalter. General Julius Braun berichtet uns jetzt den Fortgang bei Uman aus Sicht der 4. Gebirgsdivision:

„Die Nacht war vorerst totenstill“, versetzt uns Braun in Spannung, „kein Schuss fiel. Der Lautsprecherwagen kam um 01.40 Uhr vom Einsatz bei Kojenkowata zurück. Er hatte die Russen zur Aufgabe des aussichtslosen Widerstandes aufgefordert. Der Führer des Wagens meldete Motorengeräusch in Kopjenkowata. Dasselbe meldete auch das Gebirgsjägerregiment 13. Das war aber nichts Außergewöhnliches. Seit dem Erreichen des Wegekreuzes 5 Kilometer südwestlich Podwyssokoje durch die Vorausabteilung am 2. August war jede Nacht eine Zeit des Wartens und der Nervenanspannung gewesen. War der Feind wirklich so stark? Und wo? Wird die dünne und lange Front der Gebirgsjäger halten? Das waren die Fragen, die sich die Führung allabendlich vorlegte. Und jedes Mal wurden alle Angriffe abgeschlagen und die Stellung von den Bataillonen gehalten, die seit 6 Tagen wieder ununterbrochen marschierten, kämpften und seit 4 Tagen und Nächten, den starken Wolkenbrüchen ausgesetzt, in ihren schlammigen Löchern lagen. Wenn auch diese Nacht gut vorübergeht, sind wir über den Berg. Das ist die feste Ansicht aller.
Da, gegen 02.00 Uhr“, steigert Braun die Spannung, „aufflammendes Gewehr- und Maschinengewehrfeuer, vermischt mit einzelnen Panzerabwehrkanonenschüssen. Leuchtkugeln gehen hoch, der Gefechtslärm wird stärker, die Artillerie greift ein. Die Anfrage bei den Regimentern ergibt noch nichts. ‚Anscheinend die übliche, örtliche Schießerei!‘ Doch das Feuer lässt nicht nach.
Die ganze Front scheint erwacht zu sein. Am Horizont sieht man vom Divisionsgefechtsstand aus die Leuchtspurgeschosse der Panzerabwehrkanonen. Der Gefechtslärm scheint nach Süden zu wandern. Eben ist der Divisionsbefehl fertig, doch erscheint es nicht ratsam, jetzt die Melder nach

vorn zu schicken. Der Fernsprecher klingelt. Es meldet der Adjutant Gebirgsartillerieregiment 94: ‚Geräusch von Gleiskettenfahrzeugen hörbar. Gefechtslärm kommt näher. Stab macht sich abwehrbereit!' ‚Alarmieren sie die Aufklärungsabteilung!' ‚Jawohl! Ich rufe wieder an!' Es ist 02.45 Uhr. Das Gebirgsjägerregiment 13 meldet lediglich: ‚Feindlicher Angriff aus Kopjenkowata gegen III. Bataillon/13 im Gange.' Die Leitung zum Gebirgsartillerieregiment ist gestört. Um 03.00 Uhr kommt noch ein offener Funkspruch von dort: ‚Panzer'. Dann meldet sich das Regiment nicht mehr."[119]

Ein Gefechtsbericht von der Einkesselung des Feindes bei Kopjekowata gibt darüber Auskunft:

„Gegen 03.00 Uhr morgens verstärkte sich das die ganze Nacht anhaltende Motorengeräusch, und wir sahen auf der südlichen Ausfallstraße beim Morgengrauen eine nicht abbrechende Kolonne fahrender Autos, die sich am Horizont gut abhoben", heißt es darin. „Gegen 05.00 Uhr gelang es unserem Nachbarregiment, den Ausbruch abzustoppen und einige Panzerwagen, die die Kolonne begleiteten, abzuschießen. Bald loderten unzählige LKWs, und ein dichter Rauchschleier legte sich über die Höhe südlich von Kopjenkowata, an dem trigonometrischen Punkt. Auf der Ausfallstraße standen die nicht weiter vorkommenden LKWs in Sechser- und Achterreihe nebeneinander. Der Ausfall war vereitelt. Die durchgekommenen Wagen wurden mit den sie begleitenden Panzern in der Ortschaft Teregonorka abgefangen und die Russen gefangengenommen."[120]

Generalmajor Eglseer sah in den frühen Morgenstunden auf seinem Gefechtsstand die eingegangenen Meldungen durch und machte sich daraus ein Bild über die Lage seiner Division. Und diese sah in groben Zügen folgendermaßen aus:

„Infanteristische Angriffe mit Panzern am Wegekreuz 5 Kilometer südwestlich Podwyssokoje sind blutig zusammengebrochen. Motorisierte Teile sind in die Lücke zwischen III. Bataillon/Infanterieregiment 477 und III/Gebirgsjägerregiment 91 eingebrochen. Vor dem Infanterieregiment 477 anscheinend nur geringere Gefechtstätigkeit. Von der Gebirgsaufklärungsabteilung 94 und dem Gebirgsartillerieregiment 94 liegen keine Meldungen vor. Beim Gebirgsjägerregiment 13 Ausbruchsversuche mit Panzern und motorisierter Infanterie unter starken Verlusten für den Feind abgewiesen. Auch bei Peregonowka erfolgreiche Abwehr. Bei Polonistoje noch Kampf. Die Eckpfeiler stehen also noch fest. In der Mitte ist die Lage völlig ungeklärt. Dort scheint dem Feind der Einbruch, vielleicht sogar der Durchbruch, gelungen zu sein."[121]

Um den weiteren Hergang zu erfahren, lassen wir nochmals den unbekannten Verfasser des Gefechtsberichts von der Einkesselung des Feindes bei Kopjenkowata zu Worte kommen. Er führt uns die Kampfhandlungen der Gebirgsjäger mit den Sowjets aus der Perspektive des einfachen Frontsoldaten anschaulich vor Augen. Der so oft zitierte Landser war es letztlich, der es mit seinem ungebrochenen Leistungswillen und mit seiner schier unerschöpflichen Opferbereitschaft ermöglichte, dass die aufsehenerregenden Anfangserfolge der Wehrmacht überhaupt erzielt werden konnten. So steht dieser Bericht stellvertretend für viele hervorragende Kampfhandlungen von Verbänden des XXXXIX. Gebirgsarmeekorps:

„Bisher war es auf der Straße, die von Kopjenkowata nach Osten führte und die wir besetzt hielten,

noch ruhig geblieben. Gegen 07.00 Uhr ging es nun auch bei uns los. Neben dem auf der Höhe liegenden Sonnenblumenfeld tauchten zwei Panzer auf und dahinter, dicht aufgeschlossen, ein LKW hinter dem anderen, so breit die Straße war. Unsere Panzerabwehrkanone hatte bald die Panzer ins Visier genommen und einen 200 Meter und den anderen 20 Meter vor unseren Stellungen außer Gefecht gesetzt. Unsere Maschinengewehre hämmerten auf die LKW ein, nahmen die abspringenden Schützen, Fahrer aufs Korn, so dass es nur ganz wenigen gelang, schützende Deckung zu erreichen. Nach einer halben Stunde war der Ausfall abgeschlagen. Auf der Straße nach dem Ort Kopjenkowata standen nun leer und verlassen brennend und schwelend fünf Panzerkampfwagen und über 200 LKWs. Die Russen, die in Deckung vor unserem Abwehrfeuer lagen, sahen das Aussichtslose ihrer Lage ein und ergaben sich langsam im Laufe des Morgens. Groß war unser Erstaunen, unter den Gefangenen eine Anzahl Frauen zu finden. Allmählich wurde es uns klar, warum die Russen sich so verzweifelt wehrten. Unter dem Einfluss der Kommissare und dieser Flintenweiber kämpften die Russen bis zuletzt, auch dann noch, wenn sie selbst das Unnütze ihres Kampfes einsehen mussten. [...]"[122]

Der 7. August 1941 war für den Kommandierenden General und sein Gebirgsarmeekorps ein denkwürdiger Tag. Er sprach „zu den versammelten Offizieren und Beamten des Generalkommandos und gibt ihnen bekannt, dass die Schlacht von Podwyssokoje erfolgreich beendet und damit der lange angestrebte große Sieg errungen ist. Er spricht ihnen seinen Dank für die unermüdliche, treue Mitarbeit aus."[123] Doch damit nicht genug.

„Dem seit 4. August erkrankten Chef des Generalstabes, Oberst im Generalstab Jodl, hat der Kommandierende General vorher am Krankenbett die Nachricht vom siegreichen Abschluss der Schlacht mitgeteilt und seinen Dank für die treue Mitarbeit ausgesprochen."[124]

Am selben Tage wurde die Fernsprechverbindung zwischen dem Korps und der 1. Gebirgsdivision wiederhergestellt.

„Generalmajor Lanz meldet, dass die Schlacht von Podwyssokoje siegreich beendet ist. Der Ort selbst wurde durch 1. Gebirgsdivision von Osten her bis auf einen kleinen Ortsteil im Nordwesten durch 1. Gebirgsdivision genommen. Er war ein schwerer verlustreicher, aber auch siegreicher Kampf, der schwerste, den die Division bisher geführt hat."[125]

Insgesamt hatte Küblers XXXXIX. Gebirgsarmeekorps in der Kesselschlacht von Uman – Podwyssokoje – Kopjenkowata etwa 60.000 sowjetische Gefangene, darunter die Oberbefehlshaber der 6. und 12. Armee, eingebracht.[126]
Einen entscheidenden Anteil daran hatten die Soldaten der 1. und der 4. Gebirgsdivision sowie die „Spielhahnjäger" der 97. leichten Infanteriedivision, die sich, obwohl im eigentlichen Sinne ein Jäger- und kein Gebirgsverband, aufgrund ihrer zahlreichen gebirgserfahrenen Soldaten und der geographischen Lage ihres Aufstellungsraumes zwischen Murnau und Rosenheim seit eh und je dennoch zu den Gebirgstruppen rechnen. Ihnen allen bot sich auf dem Schlachtfeld ein Bild des Grauens und der Vernichtung. Im Kriegstagebuch des XXXXIX. Gebirgsarmeekorps lesen wir darüber:

„Auf der Straße bis zum Wald liegen unabsehbar Hunderte von gefallenen Russen, die in immer neuen Wellen bis in die Stellung der Jäger hineingestürmt waren. Zerschossene Kampfwagen und Lastkraftwagen stehen ringsum in den Feldern, die Reste des zerschlagenen Ausbruchsversuches in der Nacht vom 5./6. August 1941.
In Kopjenkowata [...] stehen Massen von Geschützen aller Art, Kampfwagen und Fahrzeuge. Die Bevölkerung geht daran, die Gefallenen zu beerdigen. An der Straße südwestlich Kopjenkowata steht eine zusammengeschossene Kolonne von etwa 40 russischen Lkw. Die verbrannten und verstümmelten Leichen der Mannschaften liegen zwischen den Trümmern, ein grausiges Bild völliger Vernichtung. An der Höhe 203 und an vielen anderen Stellen des Schlachtfeldes bieten sich ähnliche Bilder. Auf der Fahrt nach Podwyssokoje begegnet dem Kommandierenden General der Zug der Gefangenen. Es ist ein unabsehbarer Strom der in dem flachwelligen Gelände von Horizont zu Horizont reicht. Sie marschieren zu 6 und 8 nebeneinander in einer Kolonne von etwa 10 Kilometer Länge. Es ist mit das eindrucksvollste Bild zu diesem Schlachtfeld.
Der Ort Podwyssokoje zeigt die Spuren des harten Kampfes, den die Gefechtsgruppe Picker zu führen hatte. Eindrucksvolle Mengen von zerschossenen Lkw, erbeuteten Geschützen und Waffen aller Art stehen im Ort und in seiner Umgebung.
Ein trauriger Anblick bietet das Lazarett, das die Roten mit primitiven Mitteln in Podwyssokoje eingerichtet haben. Deutsche Ärzte haben alle Hände voll zu tun, das schlimmste Elend zu mildern.“[127]

Zum Gefangenenproblem sei hier eine von zahlreichen Begebenheiten angeführt. Ungefähr 50 sowjetische Offiziere, darunter höhere Chargen, wurden von den Gebirgsjägern eingebracht, gezählt und in ein größeres Bauernhaus eingesperrt. Eine Jägergruppe übernahm die Bewachung. Am Abend sollten die Gefangenen nach rückwärts abtransportiert werden. Aber plötzlich fehlten zwei Rotarmisten. Was war geschehen? Bei Nachforschungen stellte sich heraus, dass zwei Frauen mit Wassereimern das Haus verlassen hatten und nicht mehr zurückgekehrt waren! Im Tarnen und Täuschen waren die Russen wahre Meister.

Andererseits soll auch das nicht totgeschwiegen werden: „Die im Gefangenenlager Uman untergebrachten 60.000 Gefangenen stehen dort unter völlig unzureichender Bewachung“, heißt es im Kriegstagebuch des XXXXIX. Gebirgsarmeekorps. „Die Lage wird am 12. August abends außerordentlich bedrohlich, da bekannt wird, dass für die Nacht ein Ausbruchsversuch der Russen geplant ist. Unter Hinzuziehung der in Uman befindlichen Flakeinheiten und 2 Panzerjägerkompanien der 4. Gebirgsdivision wird die Bewachung für die Nacht sichergestellt.“[128] Tags zuvor hatte es geheißen: „Immer noch vereinzelte versprengte Feindteile in den Wäldern um Podwyssokoje und Kopjenkowata. Säuberungsaktionen wurden auch heute unter Einsatz von Flammenwerfern und einzelnen Geschützen fortgesetzt.“[129] Aber damit nicht genug der Grausamkeiten: Nachdem ein mit 19 deutschen Verwundeten besetzter Bus von sowjetischen Soldaten überfallen und die Wehrlosen ermordet worden waren, schlug Kübler dem Oberbefehlshaber der 17. Armee vor, „die Oberbefehlshaber der 6. und 12. sowjetischen Armee [sowie] sämtliche in der Schlacht um Podwyssokoje in unsere Hände gefallenen Kommandierenden Generale, Divisionskommandeure und Stabsoffiziere“ erschießen zu lassen.[130] Diese menschenverachtende Vergeltungsmaßnahme lehnte General der Infanterie von Stülpnagel jedoch in aller Entschiedenheit ab. Der Sieg der Umfassungsschlacht bei Uman, die Generaloberst Franz Halder später als „klassische Korpsschlacht“ bezeichnet hat, musste vom XXXXIX. Gebirgsarmeekorps jedoch teuer bezahlt werden. Vom Beginn der Verfolgung ab Winniza bis zur Bereinigung des Kessels beliefen sich die Verluste auf 157 Offiziere sowie 4 861 Unteroffiziere und Mannschaften. Die 1. Gebirgsdivision verlor allein 28 Offiziere und 731 Unteroffiziere und Mannschaften, davon 22 Offiziere und 514 Unteroffiziere und Mannschaften während der Schlacht um Podwyssokoje.

Den höchsten Blutzoll hatte jedoch die 4. Gebirgsdivision zu entrichten: 52 Offiziere sowie 1 726 Unteroffiziere und Mannschaften, davon 47 Offiziere sowie 1 516 Unteroffiziere und Mannschaften während der Schlacht um Podwyssokoje und Kopenkowata. Angesichts dieser erschreckenden Gefallenenzahlen gedachte der Kommandierende General in seinem Korpsbefehl vom 7. August 1941 auch der zahlreichen Toten und Verwundeten (siehe Korpstagesbefehl Seite 236).

Als äußeres Zeichen des Sieges trugen die Soldaten des XXXXIX. Gebirgsarmeekorps auf Anordnung ihres Kommandierenden Generals drei Tage lang vom 9. bis zum 11. August 1941 den grünen Bruch. (Er besteht aus einem kleinen Eichenzweig, der am metallenen Edelweißabzeichen der Bergmütze nach altem Jägerbrauch getragen wird.)

Voller Stolz vernahmen Küblers Männer aber auch den „Armeetagesbefehl“, den der Oberbefehlshaber der 17. Armee an die ihm unterstellten Armeekorps, Divisionen und Regimenter gesandt hatte:

„Der Oberbefehlshaber der 17. Armee *Armeehauptquartier, den 9. August 1941*

Die Armee hat im Zusammenwirken mit der Panzergruppe 1 den bisher vor ihrer Front befindlichen Feind, die russische 6. und 12. Armee, in den Kämpfen um Uman eingeschlossen und vernichtet.
Die Zahl der Gefangenen beträgt über 100.000 Mann. Hiervon sind über 62.000 Mann bei der 17. Armee eingebracht, darunter der Oberbefehlshaber der 6. russischen Armee. Die blutigen Verluste des Gegners sind überaus hoch.
Über 100 Kampfwagen, 450 Geschütze und unzähliges Kriegsgerät sind in die Hand der Armee gefallen. Die bisherigen Erfolge der Armee haben damit einen für die gesamten Operationen entscheidenden siegreichen Abschluss gefunden. Die Opfer und Anstrengungen sind nicht umsonst gewesen. Im Ganzen hat die 17. Armee seit Kriegsbeginn 90.000 Gefangene eingebracht und 780 Panzerkampfwagen und 950 Geschütze erbeutet.
Voll Stolz dürfen alle Führer und Truppen auf ihre Leistung zurückblicken. Ihnen allen gelten mein wärmster Dank und meine vollste Anerkennung.

gez. von Stülpnagel.“

Doch damit nicht genug der Ehre. Zum Abschluss der Schlacht von Uman gab der Oberbefehlshaber der Heeresgruppe Süd folgenden Tagesbefehl heraus:

„In mehr als zehntägigem Ringen haben 17. Armee und Panzergruppe 1 den Feind in einer gewaltigen Umfassungsschlacht zwischen Uman und Perwomaisk gestellt und zwei seiner Armeen völlig, eine dritte teilweise vernichtet. Im Sonderbericht des Oberkommandos der Wehrmacht hat

der Führer und Oberste Befehlshaber der Wehrmacht dem deutschen Volke diesen stolzen Sieg und seine Bedeutung mitteilen lassen.
Der Erfolg wurde errungen gegen einen zäh kämpfenden und bis zum Letzten Widerstand leistenden Gegner, der immer wieder die ihn umklammernden Fronten unter Masseneinsatz von Artillerie und Panzern zu durchbrechen suchte. An hervorragender Stelle hat im Rahmen der 17. Armee das ungarische schnelle Korps an diesen schweren Kämpfen teilgenommen und in rücksichtsloser Einsatzbereitschaft die stolze Waffenbrüderschaft des Weltkrieges erneut unter Beweis gestellt. Wie in allen Kämpfen dieses Feldzuges, so haben auch hier wieder die Verbände der Luftflotte 4 in hohem Maße zum Erfolg beigetragen und Leistungen höchsten Kampfeinsatzes vollbracht.
Ich spreche allen an der Erringung dieses Sieges beteiligten Dienststellen und Truppen meinen Dank und meine vollste Anerkennung aus. Führung und Truppe haben Hervorragendes geleistet Nicht nur der Feind, sondern auch schwierigste Wetter- und Wegeverhältnisse mussten überwunden werden. Während die 17. Armee in scharfem Nachdrängen dem Gegner an der Klinge blieb und den nach Osten Strebenden zu immer neuen Kämpfen stellte, gelang es der Panzergruppe 1, obwohl sie sich dauernder Angriffe gegen ihre Ostflanke zu erwehren hatte, in unermüdlichen, von heftigen Kämpfen erschwerten Märschen die gewaltige Umfassungsbewegung durchzuführen, dem Feind den Weg über den Ssinjuchaabschnitt zu verlegen und seine erbitterten Durchbruchsversuche abzuweisen. Durch den kühnen und raschen Vorstoß des ungarischen schnellen Korps konnte der Umfassungsring bei Perwomaisk rechtzeitig geschlossen werden.
So wurde dem Feind eine Niederlage beigebracht, von der er sich nicht mehr erholen wird. Ihn völlig zu schlagen und zu vernichten ist die Aufgabe, die es noch zu lösen gilt. Im Vertrauen auf die gute Sache, für die der deutsche Soldat kämpft, und im Bewusstsein seiner Überlegenheit, die in der Schlacht von Uman – Perwomaisk erneut bewiesen wurde, kann die deutsche Wehrmacht des Endsieges sicher sein!

gez. von Rundstedt.“

Voller Bitterkeit ließ Kübler am 9. August 1941 in das Kriegstagebuch des XXXXIX. Gebirgsarmeekorps eintragen:

„Obwohl das XXXXIX. Korps in den Meldungen der Armee, insbesondere in der Tagesmeldung vom 7. August und in den Tagesbefehlen der Armee und der Heeresgruppe mit keinem Wort erwähnt ist, ist das Generalkommando und das ganze Korps erfüllt von dem stolzen Bewusstsein bei Podwyssokoje einen Sieg von geschichtlichem Ausmaß errungen zu haben.“[131]

General Dietl wurde für seinen „ordinären Sieg“ bei Narvik innerhalb kürzester Zeit gleich zweimal mit der höchsten deutschen Tapferkeitsauszeichnung des Zweiten Weltkrieges ausgezeichnet. Zunächst erhielt er noch während der Kampfhandlungen um den nordnorwegischen Erzhafen am 9. Mai 1940 das Ritterkreuz des Eisernen Kreuzes und wenig später am 19. Juli 1940 als erster Soldat der Wehrmacht das neu gestiftete Eichenlaub zum Ritterkreuz des Eisernen Kreuzes. Auch für andere Generale und Offiziere fielen für derartige Waffentaten die Ritterkreuze wie die Sterntaler vom Himmel.[132] So wurde General Schörner nach seiner Sturmfahrt durch Griechenland als „Sieger von Athen“ gefeiert – die Beispiele ließen sich beliebig fortsetzen. Aufgrund seines großen operativen Erfolges während der Einkreisungsschlacht von Uman – Podwyssokoje, die als „weiträumige Heeresgruppenoperation in die Kriegsgeschichte eingegangen ist",[133] lag es daher eigentlich nahe, dass Kübler nun ebenfalls mit dem Eichenlaub ausgezeichnet wurde. Das war jedoch nicht der Fall, denn er war im Gegensatz zu Offizierstypen eines Generals Lanz ein ausgesprochen schlechter PR-Mann – Lanz wusste sehr genau, wie er sich und seine Erfolge am wirkungsvollsten zu vermarkten hatte, um Aufsehen zu erregen und somit die entsprechenden Meriten einzuheimsen. Und so glitt dem Bauherrn der deutschen Gebirgstruppe und Sieger von Podwyssokoje das begehrte und gewiss auch verdiente Eichenlaub aus den Händen, noch ehe er richtig zugepackt hatte. Schlimmer noch: Sowohl der Oberbefehlshaber der Heeresgruppe Süd als auch der Oberbefehlshaber der 17. Armee hatten in ihren Tagesbefehlen den Namen Kübler beharrlich totgeschwiegen.

Als Ersatz für das entgangene Eichenlaub und als Trost für das ehrverletzende Totschweigen durch seine Vorgesetzten nahm sich Kübler daher in einem Anflug von Nostalgie und Melancholie die Glocke von Podwyssokoje, die er fortan als ganz persönliches Mitbringsel aus der klassischen Umfassungsschlacht mitnahm und in einer wahren Odyssee durch den Südabschnitt der Ostfront bis in seine oberbayerische Heimat transportieren ließ. Wie das erfolgte, das erfahren wir nun von einem unbestechlichen Zeit- und Augenzeugen – vom Korpsintendanten Dr. Wolfgang Bernklau, der sich im wahrsten Sinne des Wortes mit Küblers ausgefallenem Souvenir abschleppen musste:

„Wer dereinst im Sommer 1941 als Soldat der 1. oder 4. Gebirgsdivision beim XXXXIX. Gebirgsarmeekorps im Russlandfeldzug den Vormarsch durch die Ukraine bis zur Schlacht von Uman miterlebt hat, der weiß sich auch daran zu erinnern, dass überall auf den Kolchosen und in Arbeiterkaten, in Schulen und Amtsräumen zur Erinnerung an die Einbringung der Jahresernte getrocknete Ährenbüschel und Maiskolben in gerahmten Glaskästen wie Bilder als Wandschmuck aufgehängt waren.
Der Kommandierende General ließ solche kuriose Stücke der einheimischen Bevölkerung als charakteristisches Andenken an den Feldzug in Südrussland beim Gepäcktross sammeln.
Im August 1941 entwickelte sich südostwärts Winniza die fast zehntägige Umfassungsschlacht bei Uman, während der sich der Korpsgefechtsstand etwas außerhalb des Ortes in einem landwirtschaftlichen Schulgebäude, dem vormaligen zaristischen Katharinenschloss, befand. Die entscheidenden Kämpfe fanden um den Ort Podwyssokoje statt, wo inmitten des Kampfgebietes die Kirche, seit 1918 zweckentfremdet als Getreidespeicher, wundersam unbeschädigt geblieben war. Mit ihr auch der Glockenstuhl mit der einzigen Glocke, die früher zum Gottesdienst rief, dann aber für mehr als zwei Jahrzehnte verstummte, bis der örtliche Pope sie als Zeichen der Befreiung durch Küblers Gebirgsjäger nach Abschluss der Kesselschlacht von Uman läuten ließ.
Diese Glocke war es, die der mit seinem Generalstabschef Oberst im Generalstab Ferdinand Jodl erfolgreiche General Kübler als angemessenes Symbol seiner gelungenen Truppenführung und als markantes Erinnerungsstück an den vermutlichen Höhepunkt seiner Laufbahn ansah, was sich im Rückblick als ahnungsvoll und zutreffend erweisen sollte. Also ließ er die Glocke von einer Pioniereinheit abnehmen, zum Tross bringen und dort fortan mitführen. Schon bald aber wurde die über hundert Kilogramm schwere Glocke zu einer Belastung für die Truppe, weil sie bei jedem Stellungswechsel auf- und abgeladen werden musste und das jeweilige Fahrzeug in der Zwischenzeit auch für die Truppenversorgung und den Nachschub benötigt wurde. Die Männer vom Tross

wussten sich aber mit einem eigens gefertigten Gestell, das die schwere Trophäe umgab, das häufige Auf- und Abladen zu erleichtern.
Als Mitte August 1941 die Nächte im Biwak bereits sehr kühl wurden und im Kriegsgeschehen eine entscheidende Wende mit Aussicht auf Heimkehr nicht abzusehen war, musste vorausschauend schon an die kalte Jahreszeit gedacht und mögliche Vorsorge dafür getroffen werden. Der Korpsintendant beantragte daher schon zu diesem frühen Zeitpunkt bei der Armee die Bereitstellung der Winterbekleidung für die Truppenverbände des Gebirgsarmeekorps, zumal die Anlieferungszeit wegen des störanfälligen Nachschubweges München – Dnjepropetrowsk, dem damaligen Ausladebahnhof, nicht vorausberechenbar war.
Im November 1941 kam dann im Gefechtsstreifen des Gebirgsarmeekorps der Vormarsch wegen Erschöpfung der Truppe, Ausfall von Kraftfahrzeugen und Material, hoher Verluste an Pferden und Tragtieren sowie durch häufig unterbrochenen Nachschub zum Stillstand. Der Korpsstab hatte in Tschistjakowo, ostwärts von Stalino, Quartier bezogen und dort den Gefechtsstand eingerichtet. Die Divisionen bauten am westlichen Miushochufer ihre Stellungen für den bevorstehenden Winterkrieg aus, als die lange erwartete Meldung durchkam, dass die im August schon angeforderte Winterbekleidung aus München in dem rückwärtigen Armeegebiet in Nikolajew zur Abholung bereitliege. Die vom Korps dafür eingesetzte Lkw-Kolonne hatte eine Marschleistung von rund 1 200 Kilometer vor sich und dies bei einer eben einsetzenden Schlechtwetter- und Schlammperiode.
Da der in Nikolajew aus München eingetroffene Nachschubzug dorthin mit Verwundeten und Leergut zurückkehren musste, bestand die einmalige und vielleicht letzte Gelegenheit, die seit August auf dem Vormarsch mitgeführte Glocke vor dem einbrechenden Winter loszuwerden, wenn der Kommandierende General damit einverstanden war. Er war es, so dass das schwergewichtige ukrainische Bronzestück zwei Wochen später bei der Münchner Standortkommandantur in der Winzererstraße 54 und später im darüberliegenden Stockwerk ankam, wo die Familie Kübler seit 1935 eine Dienstwohnung inne hatte. […]
Das Schicksal der ukrainischen Glocke von Podwyssokoje lässt sich noch ein kleines Stück weiterverfolgen. Nachdem General Kübler 1944/45 in Istrien eine neue Verwendung bekommen hatte und die Luftangriffe auf München sich häuften, übersiedelte Küblers Familie in den Wohntrakt des Stabsgebäudes der 1. Gebirgsdivision nach Garmisch-Partenkirchen, das bekanntlich als Friedensstandort für den Stab der ‚Ersten' vorgesehen war.
Bei diesem Umzug kam auch die Glocke dorthin. Als die vorrückenden US-Truppen am 29./30. April 1945 kampflos in den Olympiaort einrückten und alle militärischen Anlagen besetzten, fiel auch die Glocke in amerikanische Hände. Sie steht jetzt vielleicht in irgend einem Army-Club oder Museum und wird dort", so Küblers Korpsintendant abschließend, „als Beutestück aus Bavaria vorgezeigt und bestaunt."[134]

Wenden wir uns nach diesem Exkurs wieder dem Kampfeinsatz des XXXXIX. Gebirgsarmeekorps zu.

Küblers Gebirgsjäger, die sich so überaus tapfer geschlagen hatten, wurden zwar nach der Kesselschlacht von Uman – Podwyssokoje mit Lob überschüttet, aber eine Verschnaufpause, die sie nach den zurückliegenden Gewaltmärschen und den harten Kämpfen gegen die sich so zäh schlagenden Sowjets dringend benötigt hätten, wurde ihnen dennoch nicht gewährt.

Kaum hatten sie nämlich das Schlachtfeld um Uman geräumt, da erhielten sie bereits neue Befehle, die sie in Richtung Südosten trieben – immer tiefer in die Weite des südrussischen Raumes. Im „Kriegstagebuch des Oberkommandos der Wehrmacht" finden wir darüber unter dem 9. August 1941 folgende Eintragung:

„Die Heeresgruppe Süd setzt mit der 11. Armee die Verfolgung des in Richtung Nikolajew ausweichenden Gegners fort und säubert mit der 17. Armee das Schlachtfeld um Uman von versprengten Feindresten."[135]

Wie hoch war nun der „große in der Ukraine errungene Erfolg"[136] wirklich gewesen? Was war er wirklich wert gewesen?

„Warum", fragten sich nicht wenige, „musste man immer und immer wieder einem Feind hinterherlaufen, der sich allem Anschein nach wie eine vielköpfige Hydra noch immer unheilvoll vermehrte?"

Waren die bisherigen Siege im Russlandfeldzug nicht schon viel zu teuer erkauft worden – weit teurer als in allen bisherigen „Blitzfeldzügen"? Welche Hiobsbotschaft hatte doch der Chef des Generalstabes des Heeres seinem Kriegstagebuch am 11. August 1941 anvertraut:

„In der gesamten Lage", so Halders Eintragung am 51. Tag des Ostfeldzuges, „hebt sich immer deutlicher ab, dass der Koloss Russland, der sich bewusst auf den Krieg vorbereitet hat, mit der ganzen Hemmungslosigkeit, die totalitären Staaten eigen ist, von uns unterschätzt worden ist. Diese Feststellung bezieht sich ebenso auf die organisatorischen wie auf die wirtschaftlichen Kräfte, auf das Verkehrswesen, vor allem aber auf rein militärische Leistungsfähigkeit.
Wir haben bei Kriegsbeginn mit etwa 200 feindlichen Divisionen gerechnet. Jetzt zählen wir bereits 360. Diese Divisionen sind sicherlich nicht in unserem Sinne bewaffnet und ausgerüstet, sie sind taktisch vielfach ungenügend geführt. Aber sie sind da. Und wenn ein Dutzend davon zerschlagen wird, dann stellt der Russe ein neues Dutzend hin. Die Zeit gewinnt er dadurch, dass er nah an seinen Kraftquellen sitzt, wir immer weiter von ihnen abrücken."[137]

Nach seinem anfänglichen Optimismus hatte der Generaloberst erkennen müssen, dass die Sowjetunion in einem „Blitzkrieg" nicht besiegt werden könne. Die Zeichen standen damit auch für Kübler und seine Gebirgsjäger weiter auf Sturm.

„Die Weite des Raumes und die Hartnäckigkeit des mit allen Mitteln geführten Widerstandes werden uns noch viele Wochen beanspruchen", hatte Halder seinerzeit noch voller Zuversicht am 12. Tag des Unternehmens „Barbarossa" in sein berühmtes Kriegstagebuch geschrieben, nachdem er zuvor noch orakelte: „Es ist also wohl nicht zuviel gesagt, wenn ich behaupte, dass der Feldzug gegen Russland innerhalb 14 Tagen gewonnen wurde. Natürlich ist er damit noch nicht beendet."[138]

Halders Irrtum war gewiss auch eine der Ursachen, die zur Unterschätzung der sowjetischen Widerstandskraft geführt hatten. Küblers Gebirgssoldaten bekamen das jetzt am eigenen Leibe bitter zu spüren. Der Ostfeldzug, so stellte sich bald heraus, sollte noch Monate, ja gar Jahre beanspruchen. Die Übernahme des Oberbefehls über die Rote Armee durch Stalin und die Proklamation des „Großen Vaterländischen Krieges“ spornten die Sowjets zu äußersten Kriegsanstrengungen an. Mehr noch: „Nachdem die deutschen Armeen aus der verhältnismäßig schmalen Enge zwischen Schwarzem Meer und Ostsee herausgetreten waren, wurden sie bald von der Weite der Steppe verschlungen.“[139]

Kampfhandlungen in der Nogaischen Steppe

Unter der Nogaischen Steppe – eine heute nur noch selten gebrauchte Bezeichnung – versteht man, geographisch gesehen, das natürliche Steppenland der Südrussischen Schwelle, das sich südlich des unteren Dnjepr ausbreitet. Dieses ausgedehnte Gebiet stand nun in den Spätsommerwochen des Kriegsjahres 1941 im Brennpunkt zahlreicher Gefechtstätigkeiten des XXXXIX. Gebirgsarmeekorps.

Es war ein vielfacher Kampf, den die deutschen Gebirgsjäger hier in der russischen Weite und Einsamkeit zu bestehen hatten – und zwar einerseits gegen einen immer fanatischer kämpfenden Gegner, andererseits gegen eine Natur, die den Lebensgewohnheiten zivilisierter Menschen feindlich gesinnt war.

„Schon der Wind, der im Herbst den Regen über die Nogaische Steppe peitscht, ist Wind aus Asien. Wind, der über das Meer weht, wühlt Wogen auf, bläht Segel, bricht sich an felsigen Küsten. Wind, der über die Steppe weht, braust dahin ohne Anfang und ohne Ende, tagelang, wochenlang. Er bläst dem Menschen die Seele aus dem Leib.
Niemand, der es nicht mit eigenen Augen gesehen hat, kann sich vorstellen, bis zu welchem Grad von Ausdruckslosigkeit eine Landschaft herabsinken kann. Steppe im Herbst! Nichts auf dieser Steppe würde sich bewegen, jagten nicht die Steppenhexen über das Land. Das Gras, von der Sonne des Sommers verdorrt, ist nur noch kümmerliche braune Narbe. Ein paar armselige Hecken spotten der Schönheit der Welt. Eine in Kugelform wachsende Art reißt der Wind vom Boden los. Die Kugeln aus stacheligem Geäst sind, nach alter Überlieferung, Hexen. Im Zickzack jagt der Wind die Steppenhexen, in gespenstischem Spiele sie vereinend und wieder trennend, über das öde Land, Hunderte von Meilen weit.“[140]

Immer weiter zogen Küblers „Blumenteufel“ in die Nogaische Steppe hinein – allen voran die Vorausabteilung Wolfmeyer der Gebirgsaufklärungsabteilung 94. Die Gliederung der neu zusammengestellten Vorausabteilung, die von dem tatkräftigen Major Wolfmeyer geführt und nach ihm benannt wurde, sah folgendermaßen aus: „Der Stab Aufklärungsabteilung wird zum Stab Vorausabteilung erweitert“, lautete das Ergebnis einer Offiziersbesprechung am Sonntag, dem 17. August 1941, als die ersten Einzelheiten über die neue Vorausabteilung bekanntgegeben wurden.

„Neben den Schwadronen werden dieser an Truppen zugeteilt: jeweils die 12. Kompanie der beiden Jägerregimenter, die 9. Batterie des Artillerieregiments, eine Kompanie Panzerjäger, ein Nachrichtenzug sowie ein Feldgendarmerietrupp. Die Jägerkompanien werden auf Beute-Lkw verlastet. Auch die Batterie soll ihre Gespanne abgeben und durch Anhängen der Geschütze an

Beutefahrzeuge motorisiert-beweglich gemacht werden. An entsprechenden Vorrichtungen wurde noch gearbeitet. Der General rechnete damit, dass auf diese Weise eine durchschnittliche Marschgeschwindigkeit von 12 Stundenkilometern für die Batterie erreicht werden könnte. Da die Gespanne seit dem Ausladen in Rumänien 1 600 km gelaufen waren und Erschöpfungserscheinungen immer häufiger wurden, legte er besonderen Wert auf diese Lösung. Selbst die Radfahrer erhielten für jede Gruppe einen LKW. Nur noch in Feindnähe sollten sie den Krieg per Stahlesel fortsetzen. Das ganze Programm war mit 37-40 Beutefahrzeugen zu bewältigen. Abzuwarten blieb, was die Russen-Ford leisten würden.“[141]

In dieser Formation zog nun die Vorausabteilung Wolfmeyer, der das Gros der 4. Gebirgsdivision folgte, durch die Nogaische Steppe ans Asowsche Meer. Die aus Lehm erbauten Hütten schienen wie von selbst aus der Vegetation der Steppe herausgewachsen zu sein. Die Brennstoffzubereitung war geradezu archaisch: Mist und Stroh wurden von den armseligen Steppenbewohnern geknetet, in Platten gepresst und an der Sonne getrocknet. Wolkenberge türmten sich häufig zu einem Unwetter am Horizont übereinander. Plötzlich kam ein Sturm auf und wirbelte den ausgetrockneten Sand durch die Luft und schüttelte die wenigen Bäume derart heftig, dass Blätter und Zweige meterweit flogen. Dann brach das Gewitter mit Blitz und Donner und einem kurzen, aber um so heftigeren Regenguss über die Marschkolonne der Gebirgssoldaten herein. Doch ebenso schnell, wie das Unwetter heraufgezogen war, verzog es sich auch wieder über der weiten Ebene. Die Sonne brach wieder durch und malte zauberhaft schöne Regenbogen in den Himmel. Das ist das Gesicht der urwüchsigen Steppe, das die „Blumenteufel“ während ihres Vormarsches anno 1941 zu sehen bekamen. Aber nicht nur das, sondern auch den Tagesbefehl des Oberbefehlshabers der Heeresgruppe Süd vom 15. August 1941:

„Der am 22. Juni begonnene Feldzug hat außerordentliche Anforderungen an Führung und Truppe gestellt. Es ist mir bekannt, dass zahlreiche Divisionen seit Beginn des Feldzuges Tag für Tag im Kampf gestanden haben.
Ich weiß auch, dass es oft unlösbar scheinende Aufgaben zu lösen galt, und dass neben den schweren Kämpfen schwierigste Wetter- und Wegeverhältnisse höchste Leistungen von der Truppe forderten.
Ich bin stolz darauf, an der Spitze einer Heeresgruppe zu stehen, deren Truppen alle diese Aufgaben mit äußerster Hingabe und Einsatzbereitschaft gelöst und den Feind Tag für Tag, wo er sich stellte, in erbitterten Kämpfen geschlagen haben. Die der Heeresgruppe unterstellten Teile der Luftwaffe haben mit ihren kühnen Tag- und Nachteinsätzen hieran wesentlichen Anteil. Nachrichten-, Versorgungs- und Bautruppen haben in gleicher Weise wie das Bau- und Betriebspersonal der Eisenbahn in unermüdlichem Einsatz in hohem Maß zum Erfolg beigetragen.
Meinem Dank und meiner uneingeschränkten Anerkennung für alle diese hervorragenden Leistungen habe ich wiederholt Ausdruck gegeben.
Es ist nur natürlich, dass die gewaltigen Anstrengungen Ermüdungserscheinungen zur Folge haben, durch die die Kampfkraft der Truppe geschwächt worden ist, und dass an vielen Stellen der Wunsch nach einer ausreichenden Ruhepause laut wird. Zu meiner Freude habe ich jedoch feststellen können, dass Kampfgeist und Kampfwille die gleichen geblieben sind! An sie wende ich mich, wenn ich die gleiche Hingabe, die gleiche Einsatzbereitschaft, den gleichen Siegeswillen auch für die Zukunft

fordern muss! Große Erfolge sind errungen und starke Teile der roten Kampfkraft sind zerschlagen. Aber der Feldzug ist noch nicht gewonnen.
Wir müssen dem Feind an der Klinge bleiben und dürfen ihn nicht zur Ruhe kommen lassen, deren er in noch viel höherem Maße bedarf als wir. Es gilt zu verhindern, dass die Rote Armee Zeit findet, die in ihre Reihen geschlagenen personellen und materiellen Lücken wieder zu schließen.
Um so mehr muss ich von allen Kommandobehörden verlangen, dass sie Mittel und Wege finden, den erschöpften Verbänden kurze Erholungspausen zu verschaffen, in denen sie aus der Front fallen und für einige Tage die lang entbehrte Nachtruhe finden. Der Charakter der uns in den nächsten 14 Tagen bevorstehenden Kampfhandlungen wird das an allen Fronten der Heeresgruppe ermöglichen.
In diesen Erholungspausen soll die Truppe nicht mit Ausbildungsdienst geplagt werden und Wachdienst nur in dem für ihre Sicherheit unumgänglichen Maße tun. Sie soll „sich ausschlafen", sich der Körperpflege und der Instandsetzung ihrer Bekleidung und Ausrüstung widmen und bei kräftiger, nach Möglichkeit durch Zuschussgewährung zu verbessernder Verpflegung Gelegenheit finden, sich wieder aufzufrischen. Ich ersuche, diesen Befehl bis zu den Bataillons- usw. Kommandeuren bekanntzugeben.

gez. von Rundstedt."

Nach der Umfassungsschlacht bei Uman erhielt Küblers XXXXIX. Gebirgsarmeekorps den Befehl, den Gegner weiter in südöstlicher Richtung zu verfolgen, ihn zu stellen und zu bekämpfen. An diesen Auftrag hatten sich selbstverständlich auch die 1. und die 4. Gebirgsdivision zu halten. Ursprünglich auf Jampol angesetzt, erhielt die „Vierte" schon bald einen Korpsbefehl, der besagte, dass sie am 16. August 1941 in Richtung Nowo-Ukrainka weiterzumarschieren habe. Nicht umsonst empfanden viele Landser die Zusicherung des Generalfeldmarschalls von Rundstedt in Bezug auf die Ruhepausen als Worthülsen.

Marschieren, marschieren, marschieren – das Los der Infanteristen aller Völker und Nationen. Die Gebirgssoldaten waren da nicht ausgenommen. Wie lautete doch Hitlers Devise im Sommer 1941? Alles Bewegliche in Richtung Süden! Das bedeutete: Ukraine, Donezbecken und Rostow. Der Oberste Befehlshaber ließ seine operativen Gedanken für diese Ziele am 21. August 1941 wie folgt formulieren (Auszug):

„Das Wichtigste noch vor Einbruch des Winters zu erreichende Ziel ist nicht die Wegnahme von Moskau, sondern die Wegnahme der Krim! Gleichzeitig die Eroberung des Industrie- und Kohlegebietes am Donez, die Abschnürung der russischen Ölzufuhr aus dem Kaukasus. [...]"

Mit dieser „Führerweisung" waren die Schwerpunkte der Operationen im Russlandfeldzug jetzt eindeutig nach dem Süden und Südosten der Ostfront verlegt worden. Die Rohstofffrage stand dabei im Vordergrund. Küblers XXXXIX. Gebirgsarmeekorps sollte das schon bald zu spüren bekommen. Somit waren die Gebirgssoldaten einmal mehr die Leidtragenden einer Entscheidung, die im Führerhauptquartier getroffen wurde. All das zehrte in erschreckendem Ausmaße an der Substanz der Truppe.

So war die Verpflegungsstärke der 1. Gebirgsdivision nach den zurückliegenden Kampfhandlungen binnen kürzester Zeit rapide zurückgegangen – und zwar von 437 auf 264 Offiziere, von 79 Beamte auf 4, von 2 402 Unteroffiziere auf 1 778, von 14.883 Mannschaften auf 11.590 sowie von 6 847 Pferden und Tragtieren auf 5 945!

Dennoch überschritten die Gebirgssoldaten am 5. September 1941 den Ingulez, nachdem sie in kräftezehrenden Verfolgungsmärschen durch die südliche Ukraine gehetzt waren. Was dann folgte, das war ein Gewaltmarsch durch eine öde, baumlose Ebene, die ihr vorläufiges Ende erst an den Ufern des gewaltigen Dnjepr nehmen sollte.

Wie eine unüberwindliche Wasserbarriere lag der zweitgrößte Strom des europäischen Russlands, der Dnjepr, vor den Deutschen, die ihn überschreiten mussten, wenn sie mit ihren Truppen erfolgreich in den Rücken des Feindes, der bei Kiew eingeschlossen war, stoßen wollten. Voraussetzung hierfür war ein Dnjepr-Brückenschlag zum jenseitigen Ufer. Das XXX. Armeekorps erhielt daher den Auftrag, den Übergang über den Strom zu erzwingen.

Die Vorbereitung und Planung lag jedoch beim Gebirgspionierregimentsstab 620. Pionierführer des XXXXIX. Gebirgsarmeekorps war der erfahrene Oberst Zimmer. Der schwere Brückendienst und der Kampf um die Erhaltung der rund 480 Meter langen Pontonbrücke, die aus 116 Pontons zu 58 Fähren bestand und in einer einzigen Nacht zusammengefahren wurde, oblag den Gebirgspionierbataillonen der 1. und 4. Gebirgsdivision.

Am 2. September wurde nach eingehenden Vorbereitungen vom XXX. Armeekorps der „Befehl für den Brückenschlag über den Dnjepr in der Nacht vom 2./3. September 1941" herausgegeben, um das Risiko, das in solch einem gewaltigen Unternehmen immer liegt, auf ein Minimum zu reduzieren.

Den sowjetischen Luftangriffen ständig ausgesetzt, fielen viele Pioniere im harten Brückeneinsatz. Der einmalige Brückenschlag über den Dnjepr bei Berislaw war während des Zweiten Weltkrieges absolute Spitzenleistung pioniermäßiger Schulung und Ausbildung. Einen entscheidenden Anteil daran hatten insbesondere Küblers Gebirgspioniere. In der Nacht vom 7. auf den 8. September 1941 passierte als erster Truppenteil der Stammdivision der deutschen Gebirgstruppe das Gebirgsjägerregiment 98 die lange schwankende Brücke über den bis zu 17 Meter tiefen Strom im gegnerischen Granatfeuer. Ab 9. September wurde der Dnjepr dann von den übrigen Marschkolonnen der 1. Gebirgsdivision überschritten. Voller Zuversicht überschritten am 14. September dann die fechtenden Truppenteile der 4. Gebirgsdivision die Pontonbrücke über den mächtigen Strom.

Nach dem erzwungenen Stromübergang ergossen sich Küblers Gebirgsjäger im Rahmen der 11. Armee in die unendliche Weite der Nogaischen Steppe. Doch zunächst kam es, nachdem der Brückenkopf von Berislaw – Kachowka auf eine Tiefe von 20 Kilometern nach Süden und um 30 Kilometer nach Osten ausgedehnt worden war, zu ersten Feindberührungen mit dem sich stützpunktartig in Gehöften und Heckenreihen verteidigenden Feind. Der erste Angriffstag jenseits des Dnjepr, bei dem ein feindlicher Angriff auf die Brückenstelle abgewehrt wurde, wird in einem Gefechtsbericht der 1. Gebirgsdivision folgendermaßen geschildert:

„Aus der leicht gewellten Niederung des Dnjepr mit ihren fruchtbaren Gärten treten die Jäger weit entwickelt ihren Angriff in die Steppe hinein an. Als einziger Anhalt für die Orientierung tauchen einsam im Sommerflimmern des Horizonts ein Gehöft, bald das Gerüst eines Brunnengöpels oder ein verdorrter Busch auf. Trügerische Luftspiegelungen verzerren die Wirklichkeit. Sie täuschen uns Nebelbänke und Seenflächen vor. Jede Schätzung ist erschwert. Die Entfernungen trügen,

Im Versammlungsraum in der Slowakei, vor dem Beginn des Unternehmens „Barbarossa" am 22. Juni 1941.

Die Zivilbevölkerung der Ukraine begrüßte die Gebirgsjäger oft als Befreier, manchmal sogar mit einem Ständchen.

Befehlsausgabe und ein letzter Blick in die Karte. Dann geht es weiter.
Der Leutnant der Gebirgsjäger trägt die bekannte Maschinenpistole MPi 40.

Entlang der Vormarschstraße der 1. Gebirgsdivision
liegen viele russische Fahrzeugwracks neben der Rollbahn.

Auch die überschweren russischen KW-II Panzer mit 15,2 cm-Haubitze konnten den Vormarsch der leicht bewaffneten Gebirgsjäger nicht aufhalten.

Ein abgeschossener russischer T 34-Panzer vor der galizischen Hauptstadt Lemberg, die nach 1939 nun im Jahr 1941 zum zweiten Mal von den Gebirgsjägern erobert werden musste.

Das GPU-Gefängnis von Lemberg war nach den schweren Kämpfen teilweise ausgebrannt.
Im Hinterhof machten deutsche Gebirgsjäger eine grausige Entdeckung.

Lkws transportieren die aufgefundenen Leichen zu Massengräbern,
die am Rande von Lemberg errichtet wurden.

Im Hinterhof des GPU-Gefängnisses fanden Gebirgsjäger Berge von Leichen politischer Häftlinge, die von den Sowjets ermordet worden waren.

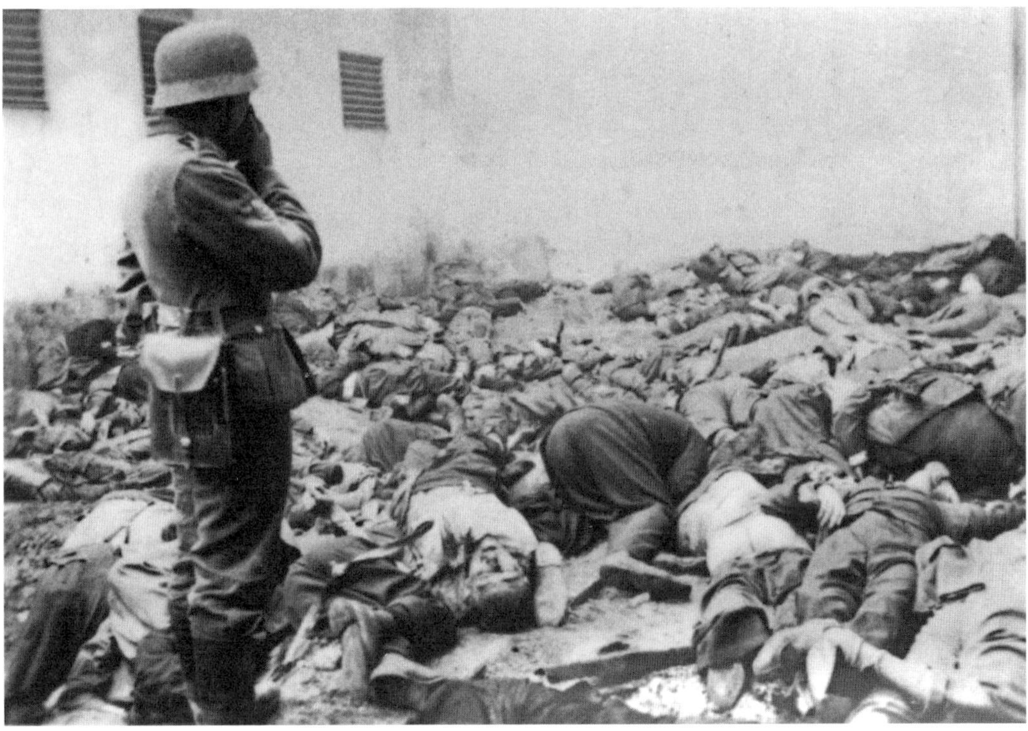

Dieses grausige Bild bot sich den Gebirgsjägern am 30. Juni 1941 nach der Einnahme von Lemberg.

Eine schwere Feldhaubitze in einer Waldstellung vor Lemberg 1941.

Tausende von russischen Gefangenen wurden im Sommer 1941 eingebracht.

Tief gestaffelt gehen Gebirgsjäger über endlose Weiten zum Angriff über.

Dieses eindrucksvolle Bild vermittelt eine Vorstellung über die große Anzahl von russischen Gefangenen, die nach der Schlacht von Uman-Podwyssokoje eingebracht wurden.

Gebirgspioniere inspizieren Bunker der „Stalin-Linie" nach der Eroberung.

Gebirgsjäger in einem vorgeschobenen Beobachtungsloch.

Gerneral Lanz auf einem Gefechtsstand während des Ostfeldzuges im Sommer 1941.

Die Generale Lanz und Kübler beim Kartenstudium.

General Kübler eilt mit Stabsoffizieren zu einer Besprechung.

Der Kommandierende General der XXXXIX. Armeekorps Kübler gratuliert General Lanz, Kommandeur der 1. Gebirgsdivision, zum erfolgreichen Durchbruch durch die Stalin-Linie.

Eine bespannte leichte Feldhaubitze 10,5 cm der Gebirgsjäger auf dem Vormarsch durch die Ukraine.

Gebirgsjäger der 1. Gebirgsdivision beim Aufmarsch zur Umfassungsschlacht von Uman-Podwyssokoje.

Aus Pionier-Pontons wurde eine Fähre gebaut, um schweres Gerät, wie hier eine 8,8 cm-Flak, über den breiten Dnjepr zu bringen.

Gebirgsjäger schieben einen vom Wege abgekommenen Lkw wieder auf die Rollbahn zurück.

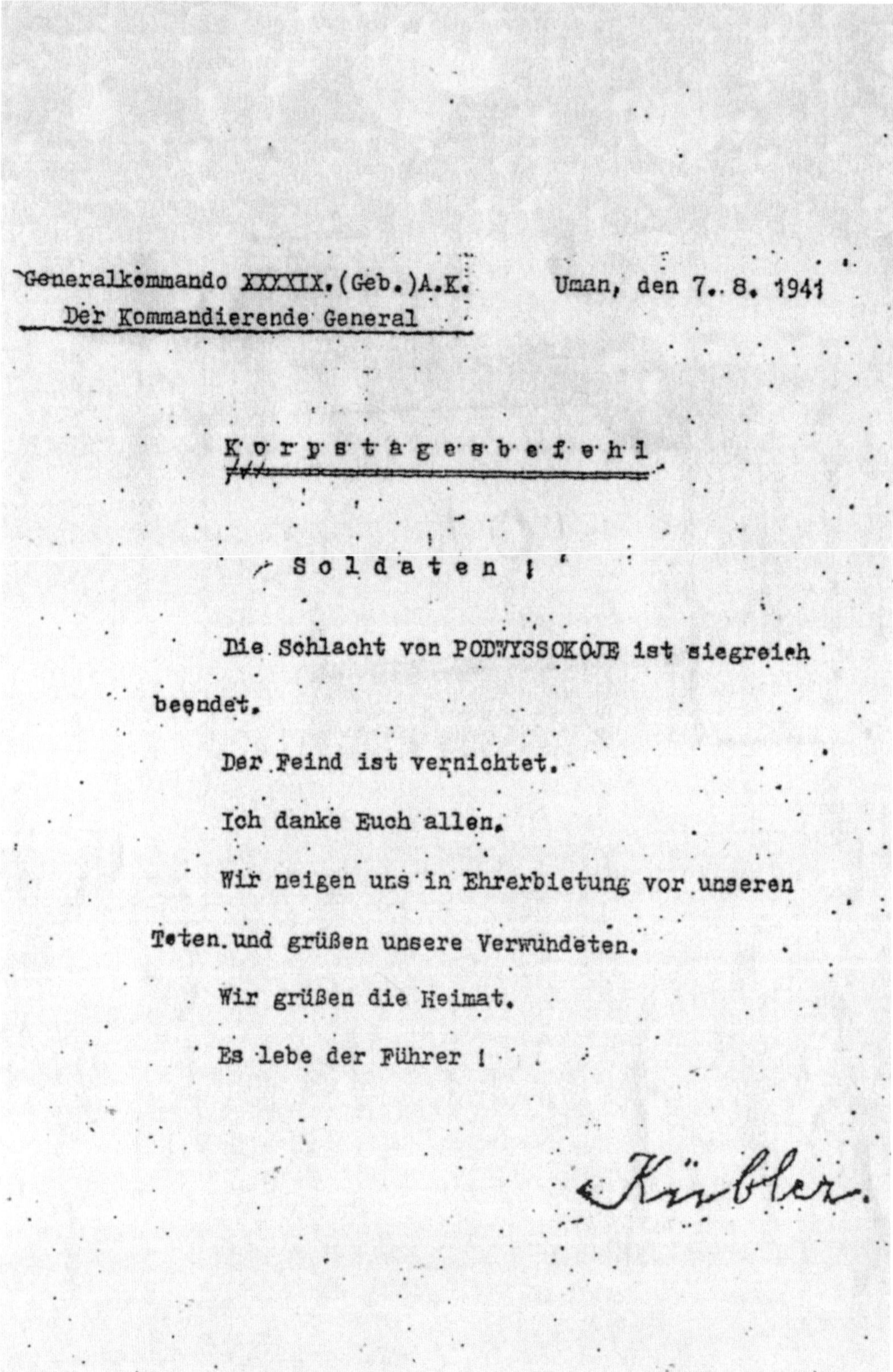

Generalkommando XXXXIX.(Geb.)A.K. Uman, den 7.8.1941

Der Kommandierende General

K o r p s t a g e s b e f e h l

S o l d a t e n !

Die Schlacht von PODWYSSOKOJE ist siegreich beendet.

Der Feind ist vernichtet.

Ich danke Euch allen.

Wir neigen uns in Ehrerbietung vor unseren Toten und grüßen unsere Verwundeten.

Wir grüßen die Heimat.

Es lebe der Führer !

Kübler

Der Korpstagesbefehl von General Kübler vom 7. August 1941.

Generalkommando XXXXIX.(Geb.)A.K. K.Gef.Std., den 7.10.1941
Der Kommandierende General

T A G E S B E F E H L

Meine Soldaten des XXXXIX.(Geb.)A.K. !

Der Ring um den Feind ist geschlossen. 2 deutsche Panzerkorps sind tief in den Rücken und die Flanke des Feindes vorgestoßen. Im Süden gibt es für den Feind über das Asowsche Meer keinen Ausweg, von Westen sitzt ihm die 11. deutsche Armee im Nacken.

Noch einmal muß ich Äußerstes von Euch fordern.

Denkt an P O D W Y S S O K O J E !

Seid unermüdlich in der Verfolgung, unwiderstehlich im Angriff, unüberwindlich in der Abwehr !

In einigen wenigen Tagen wird die rote 9. und 18. Armee vernichtet sein.

Und nun rächt die Greueltaten der roten Bestien an unseren Toten und Verwundeten ! Vernichtet den Feind !

I c h g r ü ß e E u c h.

Euer Kommandierender General

Kübler

General d. Inf.

Der Korpstagesbefehl von General Kübler vom 7. Oktober 1941.

Der frühe Wintereinbruch 1941 machte auch den Gebirgsjägern schwer zu schaffen. Bei eisigen Temperaturen nur in einem dünnen Zelt zu übernachten war kein Vergnügen.

Die Schneeschmelze im Frühjahr 1942 machte die Wege grundlos. Es mussten Stege über die vielen Schmelzwasser-Bäche gebaut werden.

General Kübler im Fieseler Storch vor seinem Abflug zur 4. Armee, die er übernehmen soll.

Ein Beobachter erklimmt einen Baum, um sowjetische Stellungen im Bereich der 4. Armee einzusehen.

Auf dem Gefechtsstand des XXXXIX. Gebirgsarmeekorps in der Miusstellung bei Tschistjakowo: 1 Kübler als Kommandierender General, 2 Oberst i. G. Ferdinand Jodl als Chef des Stabes, 3 Oberstleutnant i. G. Walter König, Quartiermeister, 4 Oberstabsintendant Dr.Wolfgang Bernklau, 5 Oberstabsrichter Dr.Erich Wilcke.

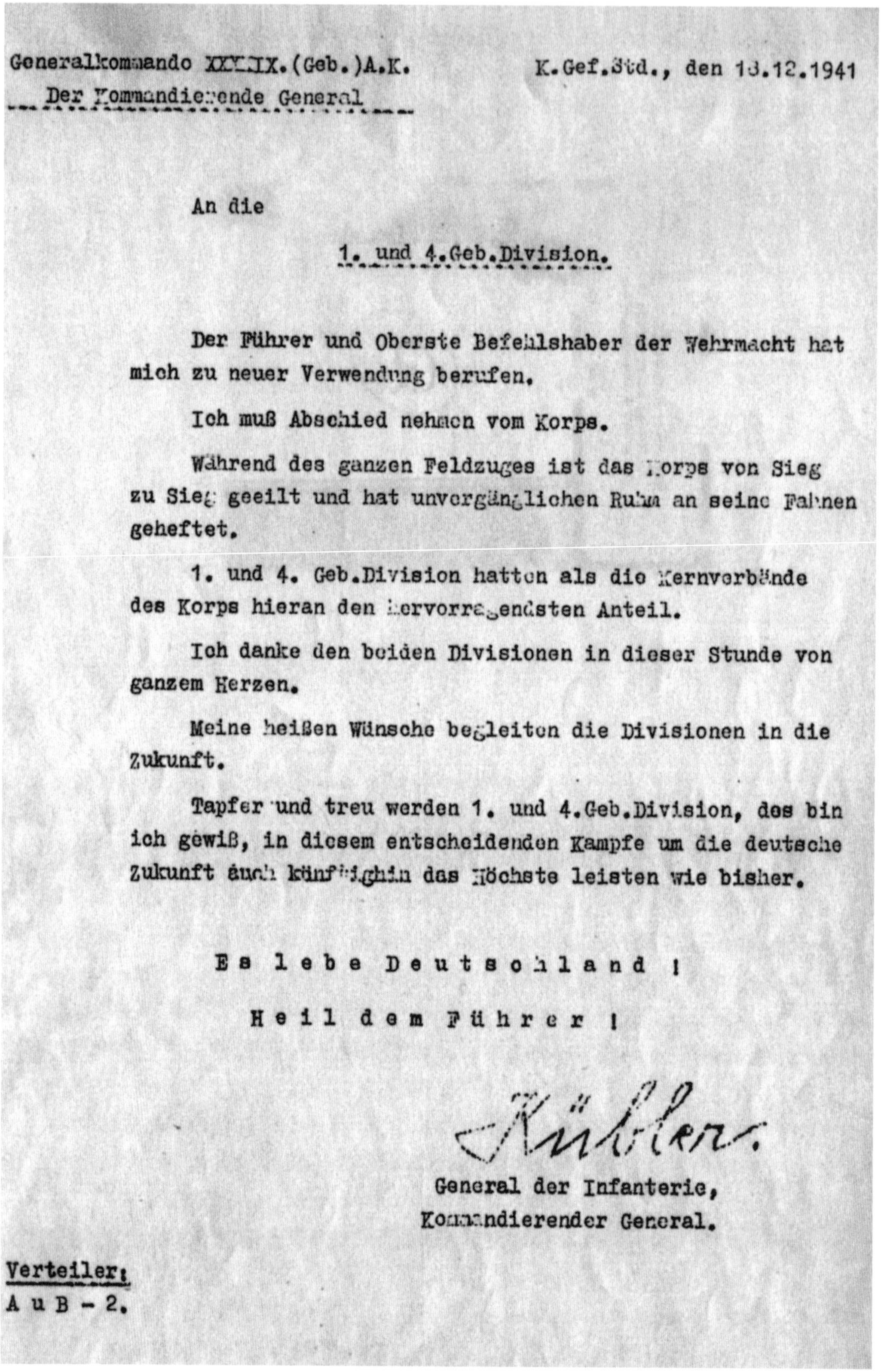

Generalkommando XXXXIX.(Geb.)A.K.

Der Kommandierende General

K.Gef.Std., den 18.12.1941

An die

1. und 4.Geb.Division.

Der Führer und Oberste Befehlshaber der Wehrmacht hat mich zu neuer Verwendung berufen.

Ich muß Abschied nehmen vom Korps.

Während des ganzen Feldzuges ist das Korps von Sieg zu Sieg geeilt und hat unvergänglichen Ruhm an seine Fahnen geheftet.

1. und 4. Geb.Division hatten als die Kernverbände des Korps hieran den hervorragendsten Anteil.

Ich danke den beiden Divisionen in dieser Stunde von ganzem Herzen.

Meine heißen Wünsche begleiten die Divisionen in die Zukunft.

Tapfer und treu werden 1. und 4.Geb.Division, des bin ich gewiß, in diesem entscheidenden Kampfe um die deutsche Zukunft auch künftighin das Höchste leisten wie bisher.

Es lebe Deutschland !

Heil dem Führer !

Kübler

General der Infanterie,
Kommandierender General.

Verteiler:
A u B - 2.

Tagesbefehl vom 18. Dezember 1941,
mit dem Kübler seine Versetzung bekanntgab.

wenngleich weit entfernte Ziele für das Auge greifbar nahe erscheinen. Die Beobachtung unseres Artilleriefeuers stößt in der eintönigen Fläche auf besondere Schwierigkeiten. Auf den Feldwegen wirbeln Mann und Wagen riesige Staubwolken auf. Sie lenken die Aufmerksamkeit des feindlichen Fliegers auf jede Bewegung. Das erste Gefecht zeigt die Unzulänglichkeit des Kartenmaterials. Eingezeichnete Ortschaften sind nicht vorhanden, vorhandene sind nicht eingezeichnet. Ähnlich steht es mit den Wegen. Auch hier ist kein Verlass. So bleibt der Kompass neben dem nächtlichen Sternenhimmel das einzige verlässliche Orientierungsmittel. Der Kilometerzähler bietet dem Kraftfahrer einen weiteren Anhalt."[142]

Immer neue Namen und Gefechtsbezeichnungen tauchten auf. Hierzu zählen auch Einleitung und Abschluss der Korpsschlacht von Antonowka, die als erste Schlacht zu bezeichnen ist, die von den Gebirgsjägern zwar in der Nogaischen Steppe gewonnen wurde, die aber nicht, wie das Kriegstagebuch des XXXXIX. Gebirgsarmeekorps vermerkt, „zur Vernichtung des Feindes geführt hat". In der Zwischenmeldung an die Armee vom 10. September 1941 brachte der Kommandierende General seine Beurteilung der Lage verantwortungsbewusster zum Ausdruck:

„Das bisherige Feindbild vor rechtem Korpsflügel, 170. Infanteriedivision, bestätigt den Eindruck, dass der Russe starke Kräfte um Dmitrijewka und Antonowka bereits herangeführt hat und diese laufend durch motorisierte Kolonnen von Nishnij Serogosy (45 Kilometer nordostwärts von Dmitrijewka) und aus Gegend Genitschesk (95 Kilometer südostwärts Dmitrijewka) verstärkt. Es bildet sich somit vor und in der Flanke der 170. Infanteriedivision eine feindliche Überlegenheit, die sich bereits dadurch ausdrückt, dass der Russe unter dem Schutz seiner Luftwaffe und starker Artillerie zum Angriff übergegangen ist.
Der russische Flügel ist bei und nördlich Antonowka. 1. Gebirgsdivision ist mit Gebirgsjägerregiment 98 im weiteren Angriff von Konstantinowka auf Hf. Tschitintschi.
Hier ist der Gegner ausgesprochen schwach. Nach Meldung des Kommandeurs der 170. Infanteriedivision haben die an sich schon sehr schwachen Regimenter 391 und 399 in den beiden letzten Tagen 250 Mann Verluste, sodass die Gefechtsstärken auf dreißig Mann je Kompanie abgesunken sind. Der Divisionskommandeur hält die Division für nicht mehr angriffsfähig. Ich muss dem zustimmen. Das Korps hat zurzeit folgende Maßnahmen befohlen:

1. *Der Angriff des Infanterieregiments 401 der 170. Infanteriedivision ist weiter fortzusetzen. Das Korps verspricht sich davon eine Entlastung der beiden anderen Regimenter der Division. Die Division hat damit alle Reserven eingesetzt.*
2. *Das Gebirgsjägerregiment 99 wird zur Verfügung des Korps hinter dem Nordflügel der 170. Infanteriedivision bereitgestellt. Die 1. Gebirgsdivision erreicht das für heute vorgesehene Angriffsziel. Das Korps wird im Laufe des Nachmittags aufgrund der weiteren Entwicklung der Lage melden, ob an dem weiteren Angriffsgedanken festgehalten werden kann oder nicht. Es bittet um ausreichenden Jagd- und Flakschutz und um Bekämpfung der feindlichen Artillerie und motorisierten Kolonnen durch die Luftwaffe."*

Für den Angriff am 11. September 1941 erließ der Kommandierende General den Korpsbefehl Nr. 106, der da lautete:

„1. Der Feind ist heute zum Gegenangriff gegen die 170. Infanteriedivision übergegangen und hat die Entscheidung gesucht. Er wurde in schweren Kämpfen abgeschlagen.
2. XXXXIX. Gebirgsarmeekorps greift am 11. September den Feind vor 170. Infanteriedivision mit 1. Gebirgsdivision durch Angriff in seine linke Flanke an und schlägt ihn. Das Ziel dieses Angriffes ist es außerdem, die Operationsfreiheit des XXXXIX. Gebirgsarmeekorps wiederherzustellen.
3. 170. Infanteriedivision verteidigt sich am 11. September zunächst unter Sicherung ihrer rechten Flanke.
4. 1. Gebirgsdivision:
a) Die Division stellt sich in der Nacht vom 10./11. September und am 11. September früh morgens im Raume um Konstantinowka und ostwärts zum Angriff in die Flanke des Gegners vor 170. Infanteriedivision bereit.
b) Der Angriff der 1. Gebirgsdivision ist in südlicher Richtung so anzusetzen, dass er die Feindartillerie vor 170. Infanteriedivision im Rücken fasst. Der Angriff ist so weit nach Süden zu führen, bis der bei Antonowka und bei Dmitrijewka stehende Feind geschlagen ist.
c) Angriffsbeginn (möglichst frühzeitig) bestimmt 1. Gebirgsdivision
d) Mit dem Rücken- und Flankenschutz der 1. Gebirgsdivision ist Gruppe Lang zu beauftragen und heranzuziehen. In der bisherigen Sicherungslinie der Gruppe Lang sind schwache bewegliche Sicherungen zu belassen.
5. 170. Infanteriedivision schließt sich, vom linken Flügel antretend, dem Angriff der 1. Gebirgsdivision an, sobald der Feind vor ihrer Front abzubauen beginnt, spätestens, wenn der Angriff der 1. Gebirgsdivision den Raum südlich der Schafhürde (7 Kilometer nordostwärts Antonowka) erreicht hat.
6. Trennungslinie zwischen 170. und 1. Gebirgsdivision schlägt 1. Gebirgsdivision dem Generalkommando vor.
7. Zur Sicherung des Raumes zwischen XXX. und XXXXIX. Gebirgsarmeekorps wird die 72. Infanteriedivision mit Teilen zur Verfügung des Armeeoberkommandos in den Raum um Mogila Selenjanskaja herangezogen werden.
8. Infanterieregiment 401 wurde der 170. Infanteriedivision wieder unterstellt.
9. Nachrichtenverbindungen:
Gebirgsnachrichtenabteilung 70 hält Drahtverbindung mit Armeeoberkommando 11, 170. Infanteriedivision und 1. Gebirgsdivision Funkverbindungen wie bisher.
10. Korpsgefechtsstand: Schlangendorf

Kübler.“

Welchen Eindruck hinterließ nun diese weite, faszinierende russische Landschaft auf die vorrückenden Gebirgsjäger? Hören wir, wie einer der höheren deutschen Generale den Eindruck, den dieses russische Land auf ihn machte, treffend schilderte:

„Der Raum schien endlos, der Horizont verschwommen. Die Eintönigkeit der Landschaft und die Unermesslichkeit der Wälder, Sümpfe und Steppen drückte uns nieder. Gute Straßen gab es selten, schlechte dafür umso mehr, während der Regen Sand oder Lehm rasch in Morast verwandelte. Die Dörfer sahen erbärmlich und melancholisch aus mit ihren strohgedeckten Holzhütten. Die Natur

war hart, und mittendrin stand der Mensch ebenso hart und gefühllos, gleichgültig gegen Wetter, Hunger und Durst, und beinahe ebenso gleichgültig gegenüber Leben und Verlusten, Krankheit und Hungersnot. Der russische Zivilist war zäh, und der russische Soldat noch zäher. Er schien eine grenzenlose Fähigkeit zum Gehorsam und Aushalten zu haben."[143]

Küblers Gebirgssoldaten hatten es also mit einem Gegner zu tun, dessen Härte, ja Grausamkeit den meisten alpenländischen Mannschaften schon aufgrund ihrer Mentalität und Erziehung fremd war. Nicht nur die physischen Strapazen machten den Deutschen zu schaffen; viel schlimmer noch waren die psychischen Nöte, in die sie durch die grausame Kampfweise der Sowjettruppen gerieten. Nach dem erzwungenen Stromübergang bog die 4. Gebirgsdivision scharf nach Nordosten ab, um den am Dnjepr angeschlagenen Gegner in Richtung der Linie Melitopol – Dnjeprknie zu verfolgen.

Dabei setzte General Eglseer anfangs das Gebirgsjägerregiment 13 entlang des Dnjepr an, während die verstärkte Gruppe des Gebirgsjägerregiments 91 den Angriff in Richtung Werchnij Rogatschik vorzutragen hatte. Ihre Vorausabteilung löste die Gruppe Lang der 1. Gebirgsdivision ab. Sie hatte nun das weiträumige Gebiet der Dnjepr-Niederung von Feindresten zu säubern.

Für den 16. September 1941 ordnete das XXXXIX. Gebirgsarmeekorps die Fortsetzung des Angriffs in nordwestlicher Richtung an. Die 4. Gebirgsdivision hatte dabei nach besten Kräften die feindliche Dnjepr-Verteidigung in Richtung Boljschaja Lepiticha, das dann in der Tat in die Hand des Gebirgsjägerregiments 13 fiel, aufzurollen. Das Gebirgsjägerregiment 91 erreichte währenddessen im Vorgehen die Straße Rubanowka – Boljschaja Lepiticha. Im Großen und Ganzen gesehen hatte die „Vierte" allerdings weiterhin den Auftrag, die Dnjepr-Verteidigung der Sowjets aufzurollen und dabei möglichst weit Raum nach Nordosten zu gewinnen.

In einer Zeit, in der die Rote Armee an der gesamten Front des XXXXIX. Gebirgsarmeekorps mit der 1. und 4. Gebirgsdivision sowie der 170. Infanteriedivision keinen stärkeren Widerstand leistete, übernahm General von Manstein – den der englische Militärschriftsteller Liddell Hart als den „gefährlichsten Gegner der Alliierten", als einen „Mann, der die moderne Auffassung der Beweglichkeit mit einem klassischen Verständnis für die Kunst des Manövrierens" bezeichnete, der „die Meisterung der Details mit großer Führungskraft vereinigte" – den Oberbefehl über zwei Armeen, nämlich über die 11. deutsche und die 3. rumänische Armee.[144]

Der bisherige Oberbefehlshaber der 11. Armee, Generaloberst Eugen Ritter von Schobert, war mit seinem Fieseler Storch trotz Warnungen bei einem Aufklärungsflug über den vordersten Stellungen am 12. September 1941 in grober Fahrlässigkeit in einem sowjetischen Minenfeld auf dem Schlachtfeld von Antonowka gelandet. Das zweisitzige Flugzeug explodierte und brannte aus. Der Oberbefehlshaber starb selbstverschuldet einen fragwürdigen „Heldentod", als er mit seinem Piloten von den Minen zerfetzt wurde. Küblers Korpsintendant Dr. Bernklau erinnerte sich an diesen Unglücksfall:

„Am 12. September war das Wetter spätsommerlich warm, und der Quartiermeisterstab fand sich am Nachmittag im freien Biwak zur fälligen Besprechung des täglichen Korpsbefehls am

Dnjeprhochufer gerade zusammen, als das Motorengeräusch eines Kurierflugzeuges zu hören war. Der Vogel kam näher, kreiste kurz über uns, drehte dann über den Dnjepr nach Süden ab und war nicht mehr zu hören. Uns in der Besprechungsrunde war nicht klar, was der vermeintliche Kurierflieger hier am Stromübergang zu tun haben könnte, als kurz darauf im Süden wenige Kilometer entfernt eine Rauchwolke aufstieg und Sekunden später eine Detonation zu hören war. Von der Truppe im Brückenkopf kam alsbald die Meldung, dass ein Fieseler Storch zur Landung in einem nicht geräumten Minenfeld aufgesetzt habe, auf eine Mine geraten und ausgebrannt sei mit beiden Insassen, davon einer mit Ritterkreuz. Es war der Oberbefehlshaber der 11. Armee, der die Truppe im Brückenkopf inspizieren wollte. Noch während der Nacht kam durch, dass General von Manstein als neuer Oberbefehlshaber die 11. Armee übernehme. Was von Schobert und seinem Piloten übrig blieb wurde geborgen und in Nikolajew am Denkmal für die Gefallenen aus dem Krimkrieg 1853/56 beigesetzt. Für den bayerischen Max-Joseph-Ritter und Generaloberst Eugen von Schobert wurde wenig später in München, seinem letzten Friedensstandort als Kommandierender General des VII. Armeekorps, ein Staats- und Trauerakt vor dem Armeemuseum ausgerichtet, zu dem der Kommandierende General des XXXXIX. Gebirgsarmeekorps kurzfristig vom Oberkommando des Heeres abgeordnet wurde, um dort die Trauerrede zu halten. Kübler wurde dazu von einer geräumigen Maschine im damaligen Gefechtsstand Torgajewka abgeholt und nach drei Tagen wieder zurückgebracht Bei seinem Flug nach München nahm er leider keine Verwundeten mit, auch nicht seine Beuteglocke von Podwyssokoje, die vom Tross schon seit Wochen mitgeführt werden musste und für sie ein hinderlicher Ballast war. Das Flugzeug war nach Wunsch des Korpsgenerals anderweitig beladen worden", stellte Küblers Korpsintendant Dr. Bernklau abschließend mit Bedauern fest und bemängelte Küblers Verletzung der Fürsorgepflicht gegenüber der ihm anvertrauten Soldaten.[145]

Ab 17. September 1941, als General von Manstein, einer der bedeutendsten Strategen des Zweiten Weltkrieges, in seinem Armeehauptquartier in Nikolajew eingetroffen war, stand nun der Feldzug der 11. Armee – und damit auch der des unterstellten XXXXIX. Gebirgsarmeekorps – unter dem unbeugsamen Willen dieser markanten Führerpersönlichkeit. Die ersten harten Kämpfe, die die Gebirgsjäger unter Mansteins Führungskunst zu bestehen hatten, erfolgten vom 19. September bis 3. Oktober am sowjetischen Panzerabwehrgraben von Timoschewka, wo die Sowjets eine starke Abwehrstellung errichtet hatten. Bis zum Abend des 19. September hatte die Aufklärung festgestellt, dass der Panzerabwehrgraben überall besetzt und durch starke Artillerie abgeschirmt war. Nach der üblichen Feuervorbereitung griff Küblers XXXXIX. Gebirgsarmeekorps am 20. September 1941 schwungvoll an und drang nach harten Nahkämpfen schließlich in das Grabensystem ein. Von der Härte der verlustreichen Kämpfe am Panzerabwehrgraben von Timoschewka berichtet unter anderem auch eine Meldung, die General Lanz dem Kommandierenden General übermittelte:

„Der heutige Angriffstag war der bisher schwerste Gefechtstag. Er übertrifft nach den Meldungen der Kommandeure den Kampf um Podwyssokoje. Die Verluste sind hoch. Die feindliche Artillerie wird auf 12 Batterien geschätzt. Der Munitionseinsatz des Feindes ist erheblich. Die feindliche Stellung hat sich als ein tiefausgebautes, ausgezeichnet getarntes Verteidigungssystem erwiesen. Etwa alle 10 Meter ist ein Schützennest, das einzeln im Feuer feindlicher Scharfschützen angegriffen

werden muss. Nach dem bisherigen Feindbild besteht der Eindruck, dass der Gegner mit starken Nachhuten das Absetzen seiner Hauptkräfte decken will.“[146]

So war es in der Tat. General Eglseer entschloss sich erst nach eingehender Erkundung und gründlicher Vorbereitung zum Angriff gegen dieses Bollwerk. Oberst Ritter von Stettner, Kommandeur des Gebirgsjägerregiments 91, hatte hierbei mit seinen Gebirgsjägern Aufklärungsarbeit geleistet. Daher wurde ihm auch die Angriffsführung mit dem verstärkten Regiment anvertraut.

Zunächst wurde die 4. Gebirgsdivision mit der 1. Gebirgsdivision – beide Schwesterdivisionen kämpften hier wieder in treuer Waffenbrüderschaft Schulter an Schulter – auf das rund 18 Kilometer vom Panzerabwehrgraben entfernt gelegene Dorf Michajlowka angesetzt. Dieser Aktion lag ein Befehl Küblers zugrunde, der besagte, dass das XXXXIX. Gebirgsarmeekorps „am 21. September den Angriff über den Panzerabwehrgraben fortsetzt, um in allgemeiner Richtung [auf] Michajlowka durchzustoßen.“ In dieser Zielsetzung sollte der Kommandierende General enttäuscht werden, denn die Angriffskraft der Gebirgsjäger hatte sich nahezu erschöpft. Die 1. Gebirgsdivision griff überhaupt nicht, die 4. Gebirgsdivision nur mit einem verstärkten Bataillon an. Und auch die Sowjets waren nicht bereit, das Kriegsspiel der Deutschen mitzumachen und sich gleich schlagen zu lassen: In der Nacht vom 20. auf den 21. September stürmten sie an manchen Abschnitten nicht weniger als dreimal gegen die Stellungen der Gebirgssoldaten an. Doch wurden schließlich alle Versuche des Gegners, auf den Panzerabwehrgraben vorzustoßen, unter blutigen Verlusten abgeschlagen. Das stärkte das Selbstvertrauen der deutschen Verbände entscheidend.

Das verstärkte Gebirgsjägerregiment 91 stellte sich nun im Ostteil vom Malaja Belosjorka zum Angriff bereit, während das Gebirgsjägerregiment 13 auf breiter Front einen Angriff in Richtung Balki vortäuschen sollte, um dem verstärkten Regiment des Obersten Ritter von Stettner, das die Hauptlast des Angriffs zu tragen hatte, mehr Handlungsfreiheit zu gewähren. Obwohl die Sowjets während des ganzen 22. September ihr Feuer mit allen zur Verfügung stehenden Waffen auf die angreifenden Gebirgsjäger lenkten, um diese zu zermürben, und obwohl die Flanke des verstärkten Gebirgsjägerregiments 91 nördlich von Malaja Belosjorka teilweise in einer Ausdehnung von zehn Kilometern offen lag, endeten die verlustreichen Kämpfe um den Panzerabwehrgraben vorläufig mit einem Sieg der Deutschen. Es war allerdings wieder einer jener Siege, die allzu teuer bezahlt werden mussten. Denn zwischen dem 17. und 23. September 1941 hatte allein das verstärkte Gebirgsjägerregiment 91 nicht weniger als 16 Offiziere sowie 417 Oberjäger und Jäger verloren. Sechs Offiziere sowie 72 Unteroffiziere und Mannschaften waren gefallen.

Der abschließende Gefechtsbericht des Gebirgsjägerregiments 91 beschreibt die verlustreichen Kämpfe wie folgt:

„Das Regiment stand in dieser Zeit einem Feind gegenüber, der mit äußerster Erbitterung kämpfte. Dabei unterstützte ihn eine zahlenmäßig überlegene, sehr bewegliche Artillerie, deren Munitionsmenge unerschöpflich schien. Auch die russische Luftwaffe griff wiederholt in den Erdkampf ein. Benzin- und Munitionsmangel lähmte andererseits in diesen Tagen die Tätigkeit der eigenen Artillerie und der schweren Waffen, so dass die Infanterie die Hauptlast der Kämpfe zu tragen hatte.“[147]

Am Abend des 22. September 1941 meldete General der Infanterie Ludwig Kübler der Armee:

„Das Korps steht auf der ganzen Front vor starkem Gegner in ausgebauter Stellung. Allein im Gefechtsstreifen der 170. Infanteriedivision und der 1. Gebirgsdivision sind 14 Batterien, darunter 6 schwere, festgestellt. Sie schießen mit stärkstem Munitionsaufwand. Der infanteristische Widerstand ist zäh und erbittert. So führte der Feind im Laufe der Nacht und in den Morgenstunden drei Gegenangriffe mit Panzerunterstützung, wobei es jeweils zu verlustreichen Nahkämpfen kam. Zahlreiche bewegliche Reserven scheinen noch hinter der Front zu stehen. Die feindliche Luftwaffe greift mit Bomben und Bordwaffen unaufhörlich die Truppe an. Die Schwere der Kämpfe wird durch die Verluste unterstrichen. Die 1. Gebirgsdivision verlor am 20. September und in der Nacht auf 21. September 17 Offiziere und 600 Mann. Es besteht der Eindruck, dass es sich nicht mehr um Nachhuten handelt. Der Gegner, dessen Stärke der des Korps annähernd gleich sein dürfte, ist entschlossen, die von ihm ausgebaute Stellung zu verteidigen. Bei dieser Lage kann das Korps den Angriff nur unter Zusammenfassung der Kräfte, nach gründlicher Artillerievorbereitung und unter Einschieben des rumänischen Gebirgskorps fortführen. Da das Heranführen der rumänischen Gebirgsbrigaden, ihre Bereitstellung zum Angriff und ihre Munitionierung Zeit erfordert, kann der Angriff auf der ganzen Korpsfront nicht vor dem 24. September geführt werden. Das bedeutet, dass sich der Abmarsch des Gebirgskorps an die Krim-Front erheblich verzögert. Ist das nicht tragbar, so gibt es nur die Möglichkeit, in der jetzt erreichten Linie zur Verteidigung überzugehen, und hier die Ablösung durch das rumänische Gebirgskorps durchzuführen. Die Nachteile und die Gefahren bei dieser Lösung sind dem Korps bekannt. Es wird schließlich darauf hingewiesen, dass ein geschlossener Angriff am 24. September die Zuführung reichlicher Munition (Artillerie) zur Voraussetzung hat. Operativ würde ein Vorstoß von motorisierten Kräften aus der Gegend von Dnjepropetrowsk in Richtung Berdjansk nicht nur den schweren Frontangriff erleichtern, sondern durch Abschneiden der rückwärtigen Verbindungen des Feindes vor XXXXIX. und XXX. Armeekorps bedeutenden Erfolg gewährleisten. Das Korps schlägt vor: Angriff nach Einschieben des rumänischen Gebirgskorps am 24. September unter vorübergehender Verlagerung des Schwerpunktes der Armee (Einsatz der Luftwaffe einschließlich Flak, reichliche Munitionierung) an diesen Frontabschnitt. Ansatz motorisierter Kräfte von Dnjepropetrowsk auf Berdjansk.“[148]

Daraufhin traf von der Armee „die Orientierung ein, dass beabsichtigt sei, das deutsche Gebirgskorps durch das rumänische Gebirgskorps abzulösen.“[149] Es waren rumänische Gebirgstruppen der 3. rumänischen Armee, die in den Abschnitt des XXXXIX. Gebirgsarmeekorps einrückten und die deutschen Stellungen übernehmen sollten.

So schien es wenigstens für kurze Zeit, als sollten Küblers Gebirgssoldaten für ihren vorbildlichen Einsatz in Südrussland mit einem Kampfabschnitt ganz besonderer Art entschädigt werden. Daher erhielt die 4. Gebirgsdivision am 22./23. September 1941 den Befehl, dass sie in ihren Stellungen von der 1., 2. und 4. rumänischen Gebirgsbrigade abgelöst werde und sich für einen Abmarsch auf die sonnenüberflutete Halbinsel Krim bereitzuhalten habe. Doch die Ablösung der deutschen Gebirgsverbände durch die verbündeten rumänischen Gebirgstruppen sollte sich bei der verstärkten Aktivität der Sowjets als ein unkalkulierbares Risiko erweisen.[150] Man trug den 24. September 1941 in die Kriegstagebücher des XXXXIX. Gebirgsarmeekorps und seiner Divisionen ein, als das rumänische Gebirgskorps den Befehl über den bisherigen

Abschnitt der 1. Gebirgsdivision einerseits und den des verstärkten Gebirgsjägerregiments 91 andererseits übernommen hatte. Auch die Ablösung des Gebirgsjägerregiments 13 zwischen Malaja Belosjorka und Balki ging in der Nacht vom 24. auf den 25. September ohne Zwischenfälle vonstatten. Der Stab der 4. Gebirgsdivision mit dem Gebirgsjägerregiment 13 und der I. Abteilung/Gebirgsartillerieregiment 94 blieb allerdings in einer Art dunkler Vorahnung bis auf Weiteres in Boljschaja Belosjorka.

Und in der Tat: Wie aus heiterem Himmel, als hätten sie den rumänischen Braten gerochen, begannen die Sowjets am 25. September 1941 ihre Offensive am Panzerabwehrgraben von Timoschewka. Vor dem Angriff hatte der Gegner den folgenden Aufruf als Leitartikel der Zeitung „Für den Ruhm des Vaterlandes" vom 27. September 1941 erlassen:

„Vorwärts für das Vaterland!
Seit drei Monaten tobt auf den Gefilden unserer Heimat ein harter Krieg auf Leben und Tod mit einem Feind, der uns aus dem Hinterhalt angegriffen hat.
Wir haben diesen ‚ungebetenen Gast' nicht gerufen, er ist selbst gekommen. Er kam wie ein Bandit. Er hat uns wie ein Bandit angegriffen. Und unser blauer Himmel ist vom Rauch der Brände bedeckt, und unsere Erde erzittert von den Seufzern unserer Frauen und Kinder.
Es ist dem Feinde gelungen, an das linke Dnjepr-Ufer bei Kachowka zu gelangen. Diesen Erfolg erreichte er um den Preis ungeheurer Verluste. Die deutschen Leichen haben ihnen als Brücke gedient. Seine Boote schwimmen auf dem Fluss, der vom schmutzigen deutschen Blut über die Ufer getreten ist. Aber der Menschenfresser Hitler denkt nicht an die Verluste an Menschen und seiner Divisionen. Er wirft seine letzten Reserven in den Kampf. Das blutende wilde Tier will zu unseren lebenswichtigen Zentren gelangen. Jetzt hat er seine raubgierigen Pfoten nach der Krim ausgestreckt. Nach unserer sonnigen Krim, Genossen! Nach unserer Festung am Schwarzen Meer!
Nein, nein, wir lassen den Deutschen nicht weiter. Wir werden ihn nicht in die Krim lassen. Wir werden ihn nicht in das Donezbecken lassen. Nein, nein, dies wäre zu fett für die Viecher! Nein! Uns sind das Schwarze Meer, die Wiesen und Weingärten der Krim, die Fabriken und Bergwerke des Donezbeckens zu teuer. Nicht nur, dass wir ihn nicht lassen, wir werden ihn hinauswerfen! So wie unsere Genossen die Deutschen aus Elmi hinausgeworfen haben, so wie unsere Waffenbrüder die Rumänen bei Odessa zerschlagen haben.
Es ist die Zeit gekommen, Genossen, die Deutschen jenseits des Dnjepr zu werfen, die Stunde hat geschlagen.
Unsere Seele ist schon seit langer Zeit voll wilden Hasses auf den Feind. Der Hass verbrennt unser Herz. Unsere Soldaten träumen schon seit langem davon, sich für alles, für Nikolajew und Kriwoi Rog, für die Galgen von Lemberg und die Vergewaltigungen von Winniza zu rächen.
Seit langem brennt in den Seelen unserer Soldaten eine heilige Angriffsflamme. Unsere Hände brennen. Unsere Waffen sind bereit.
Unsere Kräfte sind gewachsen. Unsere Soldaten haben sich im Kampfe gestellt. In die Reihe mit den ruhmbedeckten Einheiten sind andere hinzugekommen, die von militärischem Ruhm träumen. Wir kennen bereits die Taktik des Feindes und seine schwachen Seiten. Der Deutsche ist nur bis zum letzten Schuss unverschämt und hartnäckig. Er wird feige, wenn er das Bajonett des roten Soldaten sieht. Wir werden ihm zeigen, wie unsere Infanterie vorgeht. Er wird die Wut unserer Kavallerie sehen. Er wird seinen Tod unter den Ketten unserer Panzer finden. Was die Luftwaffe

und die Artillerie anbetrifft, so werden sie unsere ungeheure Offensive zu unterstützen wissen und den Deutschen einheizen.
Die ukrainische Steppe ist mit Gräbern deutscher Soldaten bedeckt. Sie wird jetzt zum Friedhof des deutschen Räuberheeres werden. Das Wasser des Dnjepr ist von dem stinkenden Blut der Deutschen aus den Ufern getreten. Jetzt wird der verfluchte deutsche Faschist in ihm ersaufen.
Genossen, wir treten zu einer großen, glorreichen Aufgabe an. Kämpfen wir in der Steppe von Kachowka so, dass wir dem Ruhm unserer Waffen keine Schande machen. Damit unsere Eltern nicht erröten müssen. Damit unsere Frauen nicht über uns lachen. Damit unsere Kinder stolz auf uns sind. Damit in alle Ewigkeit das Wort von den neuen Kämpfen bei Kachowka ertönt. Damit unsere Enkel und Urenkel von uns singen. Damit Stalin uns sagt: Bravo, Burschen!
Kämpfen wir so, Genossen, wie wir für unsere heilige Erde, für unsere Freiheit kämpfen müssen. Für die Freiheit und Ruhe unserer Familien. Für unsere Kinder kämpfen wir, ohne unser Blut und Leben zu schonen. Es ist nicht bitter; in einer glorreichen Schlacht zu sterben. Das ist nicht Tod, sondern Unsterblichkeit. In dem Kampf, in den wir jetzt gehen, muss jeder Soldat ein Held werden.
Dies ist ein glorreicher Kampf. Dies ist eine große Schlacht. Unsere Nachkommen werden von jedem von uns sagen: ‚Er kämpfte im September 1941 am Dnjepr', und das wird wie ein Zeugnis der Freude klingen. Seien wir würdig der großen Ehre, die uns zuteil wird. Im Kampfe um das Vaterland soll es keine Feiglinge geben!
Es soll niemand zittern, niemand zweifeln, niemand zurückgehen. Sollte sich aber ein Judas finden, der verrät, der die Waffen streckt, der aus tierischer Furcht zittert, sollen die Genossen selbst mit ihm so umgehen wie mit einem feigen Verräter; wie mit einem verruchten feigen Hund.

Vorwärts! Nur vorwärts!
Immer nur vorwärts!
Das Vaterland ruft zum Siege!
Das Vaterland blickt auf uns!
Vorwärts also,
Kämpfer ohne Furcht! Einen noch stärkeren Schlag
auf den Feind!

Werft ihn weit von unserem Boden zurück! Ohne Mitleid und ohne Schonung durchstoßt ihn mit unseren Bajonetten, zerquetscht ihn unter den Ketten der Panzer; zerhaut ihn mit den Säbeln! Verfolgt ihn ohne Unterlass! Ersäuft ihn im Dnjepr! Kein Deutscher darf auf dem Ostufer des Dnjepr bleiben.
Für das Vaterland, für Stalin, für unsere Freiheit, für unser Glück! Vorwärts, rote Soldaten! Helden, vorwärts"[151]
Die Rumänen gerieten in Panik. „Einige Kilometer vor dem Panzergraben Saporoshje – Melitopol kamen uns flüchtende Rumänen der 4. rumänischen Gebirgsbrigade entgegen, die von einem Durchbruch der Russen berichteten", erinnerte sich Küblers Korpsintendant Dr. Bernklau, der sich auf einer Erkundungsfahrt befand, um die zu Ende gehenden Mehlbestände der Bäckereikompanien aufzufüllen. „Es waren deutschsprachige Siebenbürger Artilleristen. Mein Erkundungsvorhaben brach ich sofort ab, konnte die Fluchtbewegung bei einem Funktrupp unserer Artillerie melden

und beschleunigt zum Gefechtsstand zurückkehren. Dort gab es eine zweite Hiobsbotschaft. Auch bei unserem linken Nachbarkorps (XXX. Armeekorps) hielten die Rumänen den Angriffen nicht stand."[152]

Währenddessen marschierten die abgelösten Teile der 4. Gebirgsdivision bereits in Richtung Südosten – beseelt von dem Gedanken, dass sie bald auf der sonnigen Krim eingesetzt würden. Umso härter traf sie die Umkehr in den alten, verhassten Kampfabschnitt aufgrund der veränderten Lage, die eindeutig auf ein Zerschlagen der Front durch die Sowjets bei den rumänischen Verbänden abzielte. Um das zu verhindern, traf General Kübler rasch folgende Gegenmaßnahmen:

„Generalkommando XXXXIX. Gebirgsarmeekorps — Korpsgefechtstand, den 28. September 1941
13.30 Uhr

Korpsbefehl Nr. 125 für die Vorbereitung des Angriffs am 29. September

1. *Feind in Stärke etwa einer Division mit einem Tankbataillon hat am 28. September mit Schwerpunkt zwischen Malaja und Boljschaja Belosjorka hindurch nach Südwesten angegriffen. Es ist ihm gelungen, in Richtung Mogila Kuljbatschina Raum zu gewinnen. Nördlich Mogila Kuljbatschina griff er gegen 11.00 Uhr noch an. Die Angriffe gegen die 4. deutsche Gebirgsdivision wurden ostwärts und nordostwärts Boljschaja Belosjorka zum Stehen gebracht. Bei Punkt 78 (10 Kilometer nordwestlich Kirche Boljschaja Belosjorka) wurde der Feind auf Dnjeprowka zurückgeworfen. Lage um Dujeprowka noch ungeklärt.*
2. *2. rumänische Gebirgsbrigade ist mit dem unterstellten Jägerregiment 401 gegen 11.00 Uhr in Malaja Belosjorka wieder eingedrungen. Um Mogila Kuljbatschina hält das ebenfalls der 2. rumänischen Gebirgsbrigade unterstellte rum. Kavallerieregiment 2. 4. deutsche Gebirgsdivision hält mit 4. rumänischen Gebirgsbrigade, verstärktem Gebirgsjägerregiment 13 und der Vorausabteilung die allgemeine Linie Punkt 42,3 (9 Kilometer ostwärts Kirche Boljschaja Belosjorka) – Mogila Iwantschina – Zwetkowo – Punkt 78 (1s0 Kilometer nordwestlich Kirche Boljschaja Belosjorka). 1. deutsche Gebirgsdivision hat den Raum Mentschekur – Gawrilowka – Jelissawetowka erreicht. Verstärktes Gebirgsjägerregiment 91 (zur Verfügung der 4. deutschen Gebirgsdivision) ist seit 13.00 Uhr im Vormarsch von Kolonie Pokrowka auf Bolschaja Belosjorka. Eine SS-Kompanie der Gruppe von Roques ist von Nikopol auf das Südufer des Dnjepr übergegangen und steht in Kamenksa. Rechts neben XXXXIX. Gebirgsarmeekorps hält die 1. rumänische Gebirgsbrigade (der 3. rumänischen Armee unmittelbar unterstellt) die allgemeine Linie des Panzerabwehrgrabens westlich von Timoschewka.*
3. *XXXXIX. Gebirgsarmeekorps bereitet heute am 28. September nachmittags und am 29. September vormittags den Angriff vor. Das Ziel des Angriffs ist Durchbruch in Richtung Balki, um die Lage im Abschnitt zwischen Malaja Belosjorka und Balki wiederherzustellen und die Feindkräfte im Raume nördlich und nordostwärts Boljschaja Belosjorka abzuschneiden und zu vernichten.*
4. *Angriffsplan:*
   a) Unterstellungsverhältnisse für den Angriff: Panzerjägerabteilung 44, IV. Abteilung/

Gebirgsartillerieregiment 79 treten ab Mitternacht 28./29. September unter den Befehl der 1. deutschen Gebirgsdivision zurück. (Artilleriekommandeur 132 rückt beim Generalkommando ein.) Jägerregiment 401 der 170. Infanteriedivision, rumänisches Kavallerieregiment 2 bleiben der 2. rumänischen Gebirgsbrigade unterstellt. 2. rumänische Gebirgsbrigade untersteht weiterhin dem rumänischen Gebirgskorps. 4. rumänische Gebirgsbrigade bleibt weiterhin der 4. deutschen Gebirgsdivision unterstellt 3. Kompanie/ Flakregiment 14 (8,8 cm) wurde der 4. deutschen Gebirgsdivision zugeführt und bleibt weiterhin unterstellt.

b) Den Angriff führen 1. und 4. deutsche Gebirgsdivision.
Grenzen der Gefechtsstreifen: zwischen rumänischem Gebirgskorps und der 1. deutschen Gebirgsdivision: Mogila Orlowy (10 Kilometer südlich Kirche Boljschaja Belosjorka) – Mogila Blisnezy – Hf. Widnoshin, zwischen 1. und 4. deutscher Gebirgsdivision: Südrand Gjunewka – Punkt 42,3 (8 Kilometer ostwärts Kirche Boljschaja Belosjorka) – Westrand Balki. Die Divisionen bilden den Schwerpunkt auf ihren inneren Flügeln entlang der Grenzen der Gefechtsstreifen. Die Divisionen stellen sich ab Tagesanbruch des 29. September bereit:·
4. deutsche Gebirgsdivision in und westlich ihrer derzeitigen vorderen Linie, 1. deutsche Gebirgsdivision unmittelbar rechts im Anschluss an 4. deutsche Gebirgsdivision. Vordere Linie entsprechend der (zurzeit ungenügend geklärten) eigenen und Feindlage in ihrem Angriffsstreifen.
Die Bereitstellung muss bis 29. September, 09.30 Uhr, beendet sein.
Feuervorbereitung des Angriffs durch Artillerie und schwere Waffen von 10.00 bis 11.00 Uhr. Angriffsbeginn 11.00 Uhr.
1. Angriffsziel ist die Wegnahme der feindlichen Artillerie. Dann ist der Angriff in Richtung Balki fortzusetzen.

c) Rumänisches Gebirgskorps übernimmt den Schutz der rechten Flanke der 1. deutschen Gebirgsdivision. Das Korps schließt sich hierzu vom linken Flügel dem Angriff der 1. deutschen Gebirgsdivision entsprechend seinem Fortschreiten so an, dass die unmittelbare Verbindung mit dem rechten Flügel der 1. deutschen Gebirgsdivision aufrechterhalten bleibt.

d) 4. deutsche Gebirgsdivision sichert sich hinreichend gegen eine Umfassung von Norden.

5. 1. deutsche Gebirgsdivision klärt heute nachmittags (28. September) im Benehmen mit 2. rumänischer Gebirgsbrigade und 4. deutscher Gebirgsdivision die Feindlage und die Lage bei den eigenen Truppen in ihrem Bereitstellungsraum und Angriffsstreifen. Die Division ist im Laufe des heutigen Nachmittags so in den Raum südlich Boljschaja Belosjorka vorzuführen, dass am 29. September ab Tagesanbruch die Bereitstellung zum Angriff mit möglichst wenig Zeitaufwand eingenommen werden kann.

6. Nachrichtenverbindungen wie bereits befohlen.

7. Korpsgefechtsstand: Führungsabteilung bleibt zunächst in Hf. Reinefeld.

Kübler.“

Eilig, ja geradezu hastig werteten die Kommandeure der 1. und der 4. Gebirgsdivision mit ihren bewährten Generalstabsoffizieren den „Korpsbefehl Nr. 125 für die Vorbereitung des

Angriffs am 29. September" aus und formulierten nun ihrerseits die entsprechenden Divisionsbefehle, die den Ablauf des Angriffs für den 29. September 1941 beinhalteten. Damit waren die entscheidenden Befehle herausgegeben. Der Gegenangriff des XXXXIX. Gebirgsarmeekorps mit seinen Divisionen konnte beginnen, nachdem es den Gebirgsjägern gelungen war, am 28. September 1941 alle Feindangriffe an der Front und der verwundbaren Flanke abzuwehren. Absicht der wiedervereinigten 4. Gebirgsdivision war es nun, zunächst mit dem Gebirgsjägerregiment 13 in der Abwehr zu verharren und den entlastenden Gegenangriff mit dem Gebirgsjägerregiment 91 über das Schwesterregiment hinweg zu führen.

Obwohl die Sowjets gegen die 4. Gebirgsdivision massiert mit Panzern und starker Artillerie angriffen, gelang den Gebirgsjägern nach harten Kämpfen schließlich doch noch der Erfolg. Aber auch er musste wieder mit hohen Verlusten bezahlt werden. Allein die Regimentsgruppe von Stettner, die einmal mehr im Brennpunkt heftiger Gefechte stand, verlor zwischen dem 29. September und 4. Oktober 7 Offiziere, 293 Oberjäger und Jäger. Drei Offiziere, 55 Unteroffiziere und Mannschaften waren dabei gefallen. Eine wahrhaft erschreckende Zwischenbilanz der Kampfhandlungen der „Enziandivision" um den Panzerabwehrgraben bei Timoschewka.

Man schrieb den 4. Oktober 1941. Die eigene Aufklärung hatte ergeben, dass die Sowjets in der Nacht den Graben und den Ort Timoschewka geräumt hatten. Eine Meldung des Kommandeurs des II. Bataillon/Gebirgsjägerregiment 91 lautete daher: „Panzergraben feindfrei. Stoße nach!"

Und so geschah es dann auch. Die 4. Gebirgsdivision setzte am 5. Oktober 1941, es war genau 07.00 Uhr und ein herbstlich schöner Tag, zusammen mit der 1. Gebirgsdivision die Verfolgung des Gegners fort, der sich immer noch nicht endgültig geschlagen geben wollte. Der Schwerpunkt der beiden Schwesterdivisionen lag dabei entlang der gegenseitigen Trennungslinie – also auf den inneren Flügeln der Gebirgsdivisionen. In dieser Formation bewegten sie sich nun in Richtung Asowsches Meer: Kompanien, die im bisherigen Verlauf des Ostfeldzuges rund einhundert Mann verloren hatten; Züge, die oft nur noch 15 Gewehre besaßen; Tragtierführer, die vielfach – statt ihres altvertrauten vierbeinigen Kameraden, der bereits in einer der zahlreichen zurückliegenden Schlachten getötet worden war – jetzt ein Kamel hinter sich herführten.

Eroberung des Donezgebietes

Küblers XXXXIX. Gebirgsarmeekorps hatte im Rahmen der sich abzeichnenden Vernichtungsschlacht von Mogila Tokmak den Westrand des Donezgebietes erreicht. Dieses Gebiet ist neben der Ukraine und der Krim das Sammelbecken einer außergewöhnlichen Rassenmischung, die sich hier im Laufe der Jahrhunderte vollzogen hat. Unter anderem hatten hier die Goten ein stattliches Reich errichtet, nachdem zuvor schon die Griechen Kolonien angelegt hatten, die allerdings später von den machthungrigen Römern erobert und besetzt wurden. Nordische Völker, die sich teilweise ebenfalls im Donezgebiet niedergelassen hatten, wichen schließlich dem Druck der asiatischen Nomadenhorden, von denen die Tataren bis zum Ende des Zweiten Weltkrieges einen wesentlichen Bestandteil der Bevölkerung bildeten. Lange Zeit hatten sie ein eigenes Fürstentum unterhalten. Ab und zu stießen die Gebirgsjäger bei ihrem Vormarsch auf seltene figürliche Steingebilde, die die Bevölkerung als Kamenaja-Papas oder -Mamas bezeichneten. Es handelte sich hierbei um tatarische Gottheiten.

Manch einer fragte sich insgeheim, ob sie Einfluss auf das Kriegsgeschehen genommen hätten? Es war Herbst geworden, als der Angriff auf das Donezgebiet begann. Er sollte das südrussische Industriegebiet in deutschen Besitz bringen. Vorausgegangen war wieder einmal ein Streit um den Schwerpunkt des weiteren Feldzugverlaufs im Osten. Gegen den Willen und Vorschlag der Heeresleitung – Oberbefehlshaber des Heeres war Generalfeldmarschall von Brauchitsch, Chef des Generalstabes des Heeres bekanntlich Generaloberst Halder –, die zunächst die stärksten Verbände des Gegners vor seiner Hauptstadt Moskau zur Entscheidungsschlacht zwingen wollte, befahl Hitler zuerst den Angriff auf das Industriegebiet des Donez, um seine weiteren strategischen Ziele realisieren zu können: Die Rohstofffrage war der entscheidende Faktor in seinen kriegswirtschaftlichen Vorstellungen.

Gemäß einem „Führerbefehl" hatte die Panzergruppe 1 des Generalobersten von Kleist mit dem III. und dem XIV. Panzerkorps, die später durch das XXXXIX. Gebirgsarmeekorps und die 1. SS-Panzerdivision „Leibstandarte Adolf Hitler" verstärkt wurde, Anfang Oktober 1941 den Befehl erhalten, „das Industriegebiet am Donez", das man zu Recht als das „Ruhrgebiet der Sowjetunion" bezeichnet, „so bald als möglich in Besitz zu nehmen und alsdann auf Rostow weiterzustoßen", um dort eine günstige Ausgangsstellung für einen Vorstoß gegen den Kaukasus „zur Abschnürung der russischen Ölzufuhr" zu schaffen. Die Gebirgsjäger, die bekanntlich für einen Kampf im Gebirge ausgerüstet und ausgebildet und mit ihren Tausenden von Tragtieren weniger motorisiert und damit auch weniger beweglich waren als die Infanteriedivisionen, wurden nun mit den schnellen Panzerverbänden gekoppelt. Es war gewiss „eine etwas sonderbare Mischung", wie Generalmajor Carl Wagener sich ausdrückte.[153]

Um das weitgesteckte Ziel zu erreichen, galt es zunächst, den Widerstand der 9. und der 18. sowjetischen Armeen am Asowschen Meer zu brechen. Im folgenden Kampfgeschehen um den Tschingul und in der Vernichtungsschlacht von Mogila Tokmak zeichneten sich Küblers Gebirgsverbände abermals aus. Zuvor erließ der Kommandierende General einen Tagesbefehl, um die arg strapazierte Truppe nochmals zu motivieren, um sie aufzufordern, den greifbaren Sieg nicht leichtfertig zu verschenken.

Wechseln wir an dieser Stelle für die kurze Zeit die Fronten und sehen wir uns einmal bei den Sowjets um, was sie zu unternehmen gedachten, um der Vollendung der deutschen Einkreisung am Mogila Tokmak – einem markanten Hügel, der in der Mitte des Abschnittes des XXXXIX. Gebirgsarmeekorps aufragte – zu entkommen. Die Übersetzung eines Beutebefehls gewährt uns den Blick in das feindliche Lager:

„Befehl Nr. 0046 Serie „G" — *7. Oktober 1941*
Divisionsstab 164 Streng geheim — *00.30 Uhr Exemplar Nr.*
Westausgang Tschernigowka
Karte 200.000.

1. Tiefe Umfassung der Armee nach Besetzung von Popowka, Andrejewka schreitet fort. Gleichzeitig Angriffe an der Front von Westen.

2. Die 164. Infanteriedivision beginnt am 8.Oktober 1941, 01.00 Uhr, mit dem Rückzug und besetzt den Verteidigungsabschnitt Höhe 307, 2 Kilometer östlich Nowo Poltawka [Anm. d. Ver.: gleichbedeutend mit dem Mogila Tokmak], N. Tokmak, Subowa, Punkt 212 unter wirksamer Sicherung der Straße von Grigorjewka nach Aleksejewka, hält den eingenommenen Abschnitt, verhindert einen Durchbruch des Gegners in südöstlicher und östlicher Richtung. Vordere Verteidigungslinie Punkt 275, westlicher Abhang der Höhe 307, Eisenbahnknie, Westrand N. Tokmak, Subowa, Punkt 212.

3. Infanterieregiment 371 beginnt sofort mit dem Rückzug und konzentriert sich im Gebiet 1 Kilometer östlich des mittleren Ausganges des Dorfes W. Tokma, sichert die Straße W. Tokmak nach Aleksejewka in Bereitschaft zum Gegenangriff in Richtung Sarja, Bahnhof W. Tokmak und in Richtung Punkt 212. Marschweg Wesseloje, Tschernigowka, W. Tokmak und nach dem Versammlungsraum. Gefechtsstand östlicher Rand W. Tokmak, 2. Vorsprung von Süden.

4. Das Infanterieregiment 620 mit dem Artillerieregiment 494 beginnt am 8. Oktober 1941, 01.00 Uhr, mit den Hauptkräften des Regiments den Rückzug unter Hinterlassung einer starken Nachhut in Stärke eines Bataillons und bezieht Stellung im Abschnitt Punkt 275, westlicher Abhang der Höhe 307, längs der Eisenbahn, linker Flügel Eisenbahnschleife. Marschweg: Michailowka, Krissina, Balka Kaikuly, Nowo Poltawka und Verteidigungsgebiet. Auf dem Marsch muss eine starke Vorausabteilung in Bataillonsstärke und Flankensicherung im Norden vorhanden sein. Befehlsstelle Ostrand W. Tokmak, 1. Vorsprung nach Norden.

5. Das Infanterieregiment 531 mit 473. Artillerieregiment (Haubitzen) zieht sich am 8. Oktober 1941, 01.00 Uhr, auf dem Weg Stulnjewka, Tschernigowka, Tokmatschansk, W. Tokmak zurück und bezieht gegen Morgen Verteidigungsstellung im Abschnitt Bahnhof W. Tokmak, Westrand W. Tokmak, Subowa, Punkt 212. Grenze rechts. Gefechtsstand Ostrand W. Tokmak, 1. Vorsprung von Süden.

6. Spezialeinheiten konzentrieren sich im Gebiet Alexejewka, Ziegelei. Marschweg: Tschernigowka, W. Tokmak, Aleksejewka. Beginn des Rückzuges auf besonderen Befehl.

7. Befehlsstelle am 8. Oktober 1941, 05.00 Uhr, Nordwestrand Aleksejewka.

Gez. Wladimiroff
Oberstleutnant und Kommandeur 164. Infanteriedivision.
Gez. Matjewew
Hauptmann und Chef des Stabes.
Gez. Lutschkow
Kommissar 164. Infanteriedivision.
Regimentskommandeur.“

Was ereignete sich nun wirklich am Mogila Tokmak? Am 8. Oktober 1941 drängten die Sowjets bei Ssemenowka gegen die 4. Gebirgsdivision, die ihnen ihre Abmarschwege versperrte. Es war Punkt 09 .10 Uhr, als die Rotarmisten mit zwei Bataillonen, die von massierter Artillerie unterstützt wurden, das Gebirgsjägerregiment 91 in Ssemenowka angriffen. Dabei brachten die Sowjets besonders das II. Gebirgsjägerbataillon in arge Bedrängnis. Doch konnte der eingebrochene Gegner unter letztem Einsatz aller Gebirgsjäger geworfen werden. Nun ergriffen die Deutschen ihrerseits die Initiative. Am Nachmittag traten das I. und das

II. Gebirgsjägerbataillon gegen den Ostteil von Ssemenowka an und säuberten den Ort vom Feind, nachdem sie ihn eingenommen hatten.

Währenddessen schloss das Gebirgsjägerregiment 13 im Raum Nowo Michailowka – Balka – Kaikulka auf. Die Sowjets waren nun auch im Westen umschlossen. Den Gebirgsjägern war die Einkreisung des Gegners am Mogila Tokmak gelungen. Von diesem alles überragenden Hügel blickten die verantwortlichen Kommandeure auf ein einzigartiges Gefechtsfeld, das sich zu ihren Füßen ausbreitete.

„Ohne Ziel ziehen die feindlichen Infanteriegruppen, geführt von Offizieren zu Pferde, auf dem Gefechtsfeld hin und her", erfahren wir vom 1. Generalstabsoffizier Hans Steets. „Sie finden keine Deckung. Auf- und abfahrende Feindbatterien werden von eigenen Panzerabwehrkanonen und Gebirgsgeschützen zusammengeschossen. Herrenlose Pferde galoppieren durcheinander. Fahrkolonnen preschen über das Gefechtsfeld. Der Wirrwarr im Kessel steigert sich. Allenthalben rauchen brennende Fahrzeuge. Den Gebirgsjägern bietet sich das Bild der Vernichtung eines tapfer kämpfenden Gegners."[154]
Die 4. Gebirgsdivision zog von Westen her den Ring um die eingeschlossenen Sowjets enger und enger – und zwar so eng, dass sie schier erdrückt wurden. „Durch unsere Artillerie und den Anblick der vorgehenden Jäger erschüttert, weicht der Gegner zurück", berichtet der Kommandeur der 1. Gebirgsdivision. „Bilder völliger Kopflosigkeit und Verwirrung werden sichtbar. Vom Mogila Tokmak [...] liegt alles wie ein Schlachtenpanorama vor uns. Zwischen brennenden Ortschaften zieht russische Infanterie in geschlossener Ordnung hin und her. [...] Doch lange dauert diese Tragödie nicht. In dieser Lage sind selbst die Kommissare machtlos. Die Truppen ergeben sich."[155]

Als am 10. Oktober 1941 die letzten gegnerischen Einheiten vernichtet und das Schlachtfeld aufgeräumt wurde, war der Sieg der Deutschen vollkommen. Nach der Schlacht am Asowschen Meer, bei der unter anderem bei hohen eigenen Verlusten 212 Panzer und 672 Geschütze erbeutet wurden, erließ General der Infanterie Ludwig Kübler den nachstehenden Tagesbefehl, in dem er die vergangenen Kämpfe nochmals Revue passieren ließ:

„Meine Soldaten!

Der Feldzug am Dnjepr ist siegreich beendet. Die 9. und 18. russische Armee sind vernichtet. In dieser Schlacht der fünf Wochen habt ihr in Angriff, Abwehr und Verfolgung schier Unmenschliches geleistet.
Bei Antonowka habt ihr den Ring des Feindes um den Brückenkopf gesprengt. Bei Timoschewka habt ihr seine Angriffsvorbereitungen im Sturm zerschlagen. Bei Belosjorka habt ihr ungezählte wütende Angriffe abgeschlagen und im Gegenangriff den Feind geworfen, als höchste Gefahr für die Armee drohte und der Feind schon triumphierte.
Bei Mogila Tokmak endlich habt ihr den fliehenden Feind gestellt und endgültig vernichtet. Der 100.000. Gefangene des Korps im Ostfeldzug wurde eingebracht.
Ich danke euch allen von ganzem Herzen. Ihr habt euch selbst übertroffen. Nur mit schweren Opfern konnte der vielfache Sieg errungen werden.
Wir gedenken in Ehrfurcht unserer Gefallenen und grüßen in Treue alle unsere Verwundeten. [...]"

Und diese Opfer waren wieder einmal erschreckend hoch ausgefallen. In der Zeit vom 6. September bis zum 10. Oktober 1941 hatte allein das Gebirgsjägerregiment 91 664 Offiziere, Unteroffiziere und Jäger verloren. Davon waren 12 Offiziere, 148 Unteroffiziere und Mannschaften gefallen! Am 11. Oktober schrieb Udo von Alvensleben in sein „Tagebuch im Kriege“:

„Die wellige riesenräumige Landschaft bis zum Asowschen Meer breitet sich leer und still aus, als sei nichts geschehen. Doch in allen Schluchten liegen, wie von einer Dampfwalze niedergewalzt, zehntausend tote Russen, unheimliche Massen in Amerika hergestellter Geschütze, Panzer, Kraftfahrzeuge, plattgewalzt, zerschmettert, verbrannt. Dieser ganze Vernichtungsapparat war gegen uns gerichtet. […] Der Weg für den Weitermarsch ist frei. Nun irren die Pferde der vernichteten russischen Kavallerie um Leichen und Trümmer. Geschlachtet sind sie die Haupternährung unserer Gefangenen. Hier im Ort stehen, seit Tagen im Freien zusammengetrieben, in zwei Gruppen 13.500 Mann, tagsüber in Staubstürmen, nachts im Regen. Ein dreckiger Bach fließt vorbei, das einzige, was sie zu trinken haben. Was Bauersfrauen anbringen, reicht für ein Dutzend. Mit der Pflege der Verwundeten sieht es trotz aller Bemühungen nicht besser aus. Kein Laut dringt aus dieser Masse gepeinigter Kreatur. Unsere Gedanken bringen noch keine Ordnung in das Chaos. Was Menschen erarbeiten, wird weiter der Vernichtung dienen. An der Größe des Scheiterhaufens, in dem die alte Welt aufbrennt, ist zu erkennen, wie es um sie bestellt war.“[156]

Zwar war von den Deutschen wieder eine Schlacht geschlagen und ein Sieg errungen worden, aber der Russlandfeldzug ging dennoch unerbittlich weiter.

Nach Abschluss der Kesselschlacht am Asowschen Meer wurde Kübler eine neue, ja interessante Aufgabe gestellt.

Sein XXXXIX. Gebirgsarmeekorps, dem die 1. und die 4. Gebirgsdivision sowie die 198. Infanteriedivision unterstellt waren, hatte von der 1. Panzerarmee den Auftrag erhalten, das Industriegebiet von Stalino-Makejewka zu besetzen und die Nordflanke des Panzervorstoßes abzudecken. Der Ablauf dieser Operation, die letztlich auf Rostow zielte, führte dabei zu dramatischen Höhepunkten.

Die Verfolgung des schwer angeschlagenen, aber immer noch nicht restlos ausgeschalteten Gegners wurde im weiteren Verlauf des Ostfeldzuges nicht so sehr durch den Widerstand der Sowjets als vielmehr durch die für mitteleuropäische Verhältnisse ungewohnte, berüchtigte russische „Schlammperiode“ erschwert.

Sie setzte Mitte Oktober ein und resultierte aus der nasskalten, regnerischen Witterung, die den bisherigen trockenen Herbsttagen gefolgt war.

„Ihre Auswirkung überraschte, und sie überbot alle Vorstellungen von dieser Naturkatastrophe. […] Erschreckend war der Schwund an Pferden und motorisiertem Gerät. Zuerst fielen die Kraftfahrzeuge aus. Die Pferde verendeten durch Überanstrengung und Futtermangel in Massen. Geschütze und schwere Gefechtsfahrzeuge waren nicht mehr durchzuziehen. […] Die Bekleidung nützte sich derart ab, dass sie in den schon kalten Nächten keinen ausreichenden Wärmeschutz mehr bot. Das Schuhwerk zerfetzte. […] Demgegenüber war der Feind mit den Unbilden dieser Witterung und den Bedingungen seines Raumes vertraut und dafür ausgerüstet.“[157]

Umso erstaunlicher war es, dass es Küblers Gebirgssoldaten dennoch gelang, weiter in das Industriegebiet des Donez vorzudringen. „Noch waren wir so naiv zu glauben, dass, wenn die Division keine Winterbekleidung bekäme, sie eben zu Beginn des Winters aus Russland herausgezogen würde“, schrieb der Gebirgsjäger Ernst Kern in seinem Kriegstagebuch und fuhr dann fort:

„Unglaubliche Parolen gingen unter uns um, aber dass wir Weihnachten zu Hause sein würden, glaubte wirklich jeder. Hätte einer daran Zweifel geäußert, so wäre er wohl erschlagen worden.“[158]

Der 10. Oktober 1941 war für die 1. und die 4. Gebirgsdivision in zweierlei Hinsicht ein bedeutungsvoller Tag.

Zum einen leitete er eine Operation ein, in deren späterem Verlauf die Gebirgstruppe der Deutschen Wehrmacht für den Einsatz im Kaukasus vorgesehen war, zum anderen wurde das XXXXIX. Gebirgsarmeekorps der 1. Panzerarmee des Generalobersten von Kleist unterstellt. In einem Tagesbefehl begrüßte der neue Oberbefehlshaber die Gebirgsjäger mit den Worten:

„XXXXIX. Gebirgsarmeekorps wird der 1. Panzerarmee unterstellt. Ich begrüße das tapfere Gebirgskorps und freue mich, dass es den nächsten Feldzugsabschnitt mit der Panzerarmee mitmacht.“[159]

Schneller als allgemein erwartet worden war, stellten sich die ersten Schwierigkeiten ein. Das Wetter ließ die Deutschen nun endgültig im Stich. Es verbündete sich stattdessen mit den Sowjets.

Aufgrund der Schlechtwetterlage, die sowohl die Bewegungen der gepanzerten als auch die der ungepanzerten Teile der 1. Panzerarmee entscheidend hemmte, erließ Generaloberst von Kleist unverzüglich folgende Weisung an die verantwortlichen Truppenführer:[160]

„Für die Kampfführung der Panzerarmee stehen voraussichtlich nur noch wenige schöne und brauchbare Wochen vor Winterbeginn zur Verfügung. Die Aufgaben der Panzerarmee sind groß und weiträumig. Das verlangt restlose Ausnutzung der wenigen Tage und Wochen und vorausschauende Arbeit. Ich verstehe darunter folgendes: Bei regenlosem Wetter und guten Wegen doppelte Marschleistung, auch nachts. Die notwendige Ruhe bringen die Regentage zwangsläufig. Keine guten Tage für Organisation und Umgliederung verschenken. Weit vorausschauen und vorausdenken. Erkennt der Führer am Mittag eines Tages, dass der angesetzte Angriff keinen Erfolg verspricht, so muss er schon an demselben Tage Umgruppierungen und Vorbereitungen vornehmen, um am nächsten Tag früh sofort mit allen Mitteln angreifen zu können. Wartet er damit und will er erst am nächsten Tag umgruppieren, so ist der Tag verschenkt. Klart ein Regentag am Nachmittag auf und sind die Wege am Spätnachmittag wieder benutzbar, so noch denselben Tag ausnutzen und nicht bis zum nächsten Morgen warten.
Diese Grundsätze, mögen sie für die Truppe noch so unbequem sein, müssen Allgemeingut aller Führer werden und sind rücksichtslos anzuwenden. Die Aufgabe der Panzer und die wenige zur Verfügung stehende Zeit verlangen dies.“

Der mit aller Macht hereinbrechende Herbst brachte in der Tat starke Regengüsse mit sich, die die Marschwege im Donezgebiet – ein Land mit schwarzer, tiefgründiger Erde – fast grundlos aufweichen, so dass der Kampf mit dem Schlamm fast jedes menschliche Maß überstieg.

Aber trotz der widrigen Wetterbedingungen gelang dem XXXXIX. Gebirgsarmeekorps ein relativ zügiger Vormarsch, der allerdings mehrfach durch sowjetische Gegenangriffe gehemmt wurde, wie zum Beispiel um die Ortschaften Jelisawetowka und Annowka am Suchije Jaly, die an der Substanz der Truppe zehrten. Nachdem sich die Gebirgssoldaten mit den Sowjets geschlagen hatten, konnte man stolz in das Kriegstagebuch eintragen:

„Mit der Brechung des Widerstandes am Suchijejaly-Abschnitt und Ossikowo-Grund ist der Weg in das Industriegebiet von Stalino frei. Der Einmarsch geht nun ungehindert vor sich."[161]

Im Morgennebel des 20. Oktober 1941 lag das große Industriegebiet von Stalino und Makejewka unmittelbar vor den Gebirgsjägern. Schlackenhalden kennzeichneten die Industrielandschaft. Geradezu riesenhaft überragten die Kirowo-Werke in Makejewka, das rund 12 Kilometer ostwärts von Stalino liegt, die Umgebung. Vor der sowjetischen Zerstörung hatten sie eine Belegschaft von 46.000 Mann. Wie einst um Lemberg, so erwarteten die „Blumenteufel" auch um Stalino einen heftigen Kampf: Nicht zuletzt deshalb, weil diese Stadt inmitten großer Kohlevorkommen und Industrieanlagen liegt und noch dazu den Namen Stalins trug. Doch es kam wider Erwarten nicht zum befürchteten großen Kampf. So konnte die Industriestadt, die von der neu formierten 12. sowjetischen Armee des Generalmajors Korotejew verteidigt wurde, von den Gebirgsjägern am 20. Oktober 1941 erobert werden.

Um 18.45 Uhr gab Lanz an Kübler durch:

„Ich melde, dass I. Bataillon/99 um 11.45 Uhr auf einem 105 Meter hohen Fabrikschornstein im Westteil von Stalino, III. Bataillon/99 auf dem Postamt im Stadtkern die Reichskriegsflagge gehisst haben. I. Bataillon/99 nahm eine unversehrte Brücke über den Fluss Kalmiuss im Südteil von Stalino (Jeleno Alexandrowka) in Besitz."

Stolz meldete der Wehrmachtsbericht am 21. Oktober 1941:

„Deutsche und italienische Verbände nahmen gestern das Gebiet von Stalino, eines der wichtigsten Rüstungszentren im Donezgebiet, in Besitz. Stalino selbst wurde durch Gebirgsjäger genommen. Auf einem bedeutenden Industriewerk dieser Stadt weht die Reichskriegsflagge."

Und im „Kriegstagebuch des Oberkommandos der Wehrmacht" finden wir unter dem 21. Oktober 1941 folgende Eintragung:

„Das XXXXIX. Gebirgskorps (Kübler) erobert die von der neu formierten 12. sowjetischen Armee (Korotejew) verteidigte Stadt Stalino."[162]

Damit war eines der größten und bedeutendsten Rüstungszentren der Sowjetunion rasch in die Hände der Deutschen gefallen. Eines der Ziele ihrer Führung war es, im Ostfeldzug des Jahres

1941 die kriegswirtschaftlich wichtigen sowjetischen Kohlevorkommen und Industriegebiete des Donezbeckens noch vor Wintereinbruch 1941/42 zu erobern. Dieses weitgesteckte Ziel wurde zwar unter Aufbietung aller Kräfte erreicht, aber die Industrieanlagen selbst hatten die Sowjets überall gründlich zerstört, so dass sie der deutschen Kriegswirtschaft in naher Zukunft nicht zur Verfügung standen. Die Sowjets hatten hier – wie anderswo auch – durch systematische Zerstörungen die Taktik der „verbrannten Erde“ angewandt. So gesehen erwies sich auch die gewonnene Schlacht um das Donezgebiet für die Deutschen als ein weiterer Pyrrhussieg.

Wie viele derartige Siege mussten noch von der braven Truppe erfochten werden? Diese bange Frage beschäftigte angesichts des rasch näherkommenden Winters Kübler und seine Kommandeure immer mehr.

Auch nach der Eroberung von Stalino war der sowjetische Widerstand noch lange nicht gebrochen. Daher gab es für Küblers Gebirgssoldaten kein Verschnaufen. Bereits am 21. Oktober 1941 befahl die 1. Panzerarmee dem unterstellten XXXXIX. Gebirgsarmeekorps mit Befehl Nr. 14:

„Die Aufgaben der Armee sind seit Beginn der Operationen unverändert die gleichen geblieben: Eroberung Rostows und Bildung eines Brückenkopfes über den Don. XXXXIX. Gebirgsarmeekorps führt die Besetzung des Industriegebietes Stalino – Makejewka durch und macht sich fertig, am 23. Oktober nach Osten auf Dmitrijewka anzutreten. [...]“[163]

Dieses Dmitrijewka liegt etwa 80 Kilometer ostwärts von Stalino am Mius und etwa 100 Kilometer nordwestlich von Rostow. Unter optimalen Wetterverhältnissen bedeutete diese Entfernung einen Tagesmarsch. Nicht jedoch zu dieser fortgeschrittenen Jahreszeit, da das Wetter und die angespannte Betriebsstofflage ein schnelles Vorwärtskommen der deutschen Truppen um viele Tage verzögerte. So gewannen die Sowjets immer wieder wertvolle Zeit, um Verstärkungen heranzuführen.

Das Wetter brachte dagegen die deutschen Operationen förmlich zum Erliegen. Das kam auch in einer Meldung Küblers an die 1. Panzerarmee vom 20. Oktober 1941 zum Ausdruck:

„Wolkenbruchartiger Regen im Korpsbereich. Versorgungslage gespannt Verpflegung einschl[ießlich] eiserne Ration nur noch bis zum 25. Oktober vorhanden. Betriebsstoff nur noch 0,1 bis 0,3 Verbrauchssätze. Kolonnen mit etwa 1,7 Verbrauchssätzen liegen auf dem Wege von Dnjepropetrowsk nach St. Krementschik seit Tagen fest. Betriebsstofflage erlaubt gerade noch notwendigste Versorgungsfahrten. Versorgung nur mit Zugkraftwagen durchführbar. Erhebliche Kraftfahrzeugsunfälle. Keine Aussicht auf Abtrocknen der Wege innerhalb der nächsten drei Tage auch bei Wetterbesserung. Gesamtlage macht zur Zeit jede Vorwärtsbewegung des Korps unmöglich.“[164]

Trotz aller witterungsbedingter und versorgungsmäßiger Schwierigkeiten leistete die Truppe das Menschenmögliche. In ständiger Fühlung mit den Panzerdivisionen der 1. Panzerarmee rückte die 4. Gebirgsdivision Ende Oktober 1941 unter anderem über Makejewka, Grigorjewkoj,

Alexandrowka, Sugres, Remowka, Tschistjakowo und Nowo Pawlowka zum Mius vor. Doch die Sowjets hielten, von einzelnen Batterien unterstützt, Ost- und Westufer des Flusses gegen alle deutschen Angriffe besetzt. Folglich ergingen die entsprechenden Weisungen zur Einnahme der Miusstellungen an die deutschen Verbände:

„Die 1. Gebirgsdivision hat am 2. November den Brückenkopf vom Dmitrijewka so zu erweitern, dass erdbeobachtetes feindliches Feuer der Artillerie auf die Brücken von Dmitrijewka nicht mehr möglich ist. Die 4. Gebirgsdivision hat die feindlichen Sicherungen zwischen dem Abschnitt Gluchaja und dem Mius zurückzuwerfen und für den 3. November den gewaltsamen Übergang über den Mius bei Nowopawlowka vorzubereiten. Die Division hat weiter den Brückenkopf bei Jelissawetowskij zu halten und ihre Nordflanke zu sichern. Die 198. Infanteriedivision hat Krassna-Swesda zu erreichen.“[165]

Die 4. Gebirgsdivision hatte den Auftrag, auf dem Ostufer des Mius Brückenköpfe zu bilden. Das war jedoch leichter befohlen als getan, denn der Fluss war hier tief eingeschnitten und hatte zum Teil sehr beachtliche Uferböschungen. Diese nicht zu unterschätzenden natürlichen Hindernisse waren für die Sowjets die letzte Verteidigungsstellung vor dem Donez. Das alles in Betracht ziehend, stellten sich die Gebirgsjäger auf einen entsprechend schwierigen Uferwechsel ein. In der Tat verteidigte sich der Gegner am Mius mit einer unwahrscheinlichen Verbissenheit; nicht zuletzt auch deshalb, weil das Wetter als sein Verbündeter immer mehr in Erscheinung trat. Die 4. Gebirgsdivision stieß zwar noch in der Nacht vom 31. Oktober auf den 1. November 1941 mit ihren beiden Gebirgsjägerregimentern dem Feinde nach – jedoch ohne nennenswerten Erfolg. Die Sowjets verteidigten sich nicht nur mit äußerster Zähigkeit, sondern sie gingen nun ihrerseits zum Angriff über. Aber diese Vorstöße scheiterten wiederum am energischen Widerstand des Gebirgsjägerregiments 91, das den Brückenkopf von Jelissawetowskij hielt.

Kaum war die eine heikle Situation gemeistert worden, da drohte Küblers Gebirgssoldaten neue Gefahr: Dieses Mal von den Italienern, die in der tiefen Flanke der Miusfront weit zurückhingen. Aufgrund der undurchsichtigen Feindlage befahl der Kommandierende General daher der 4. Gebirgsdivision, den Angriff einzustellen und zur Verteidigung überzugehen. Voller Bitterkeit ist ein Gefechtsbericht des Gebirgsjägerregiments 13, das den Brückenkopf von Kijaginewka unbedingt erweitern wollte:

„So bleibt dem durch Umsicht, Kühnheit und unerschütterlichen Siegeswillen jedes einzelnen Gebirgsjägers errungene Brückenkopf von Kijaginewka über den Mius der große Erfolg versagt“.

Nach Ansicht der Führung der 4. Gebirgsdivision nutzte das XXXXIX. Gebirgsarmeekorps die günstige taktische Lage, die bestanden hatte, nicht effektiv genug aus.

Bei aller Kritik darf jedoch nicht übersehen werden, dass Küblers operatives Denken schon ganz auf den Raum um Djakowo ausgerichtet war.

Die nun folgenden Korpsbefehle Nr. 172 für den 5. November und Nr. 185 für den 18. November 1941 informieren uns über die Lage des XXXXIX. Gebirgsarmeekorps und seiner unterstellten Verbände wie folgt:

„Generalkommando | *Korpsgefechtsstand, den 4. November 1941*
XXXXIX. Gebirgsarmeekorps | *18.00 Uhr*
Ia

Korpsbefehl Nr. 172 für den 5. November

1. *Feind hält vor rechtem Flügel des Korps eine Feldstellung in Gegend ostwärts und nordostwärts Hf. Dubrowskoj besetzt. Ostufer des Mius zwischen Saloboda Dmitrijewka und Einmündung des Fl. Krepinjkaja feindfrei. Vor Mitte des Korps durchlaufende Feindbesetzung auf dem Ostufer des Mius zwischen Balka Dubowaja und Ssloboda Wosnessenskaja Nowopawlowka. Am Westrand dieses Ortes vorgeschobene Feindstellungen. Gegen den nach Osten angreifenden linken Flügel des Korps führte der Feind in Gegend 3 Kilometer nördlich Malopokrowskij einen Gegenangriff, der abgewiesen wurde. In der tiefen linken Flanke des Korps feindliche Kavalleriespähtrupps.*
2. *Lage bei 1. Gebirgsdivision und 4. Gebirgsdivision unverändert. 198. Infanteriedivision hat mit rechtem Flügel Regimentsgruppe 305 im Angriff Gegend nördlich Jelissawetowskij erreicht. Regimentsgruppe 308 hat den Schutz der linken Flanke der Division nördlich und nordwestlich Malopokrowskij übernommen. Bb. 34 ist zur Sicherung der Korpsnachschubstraße zwischen Ssloboda Alexejewo-Leonowo und Hf. Dubowyj eingesetzt. Rechts neben dem XXXXIX. Gebirgsarmeekorps hat sich XIV. Panzerkorps mit 14. Panzerdivision zwischen Lyssogorskoj und Kurgan Kamennoff, mit 16. Panzerdivision um Kurgan Leonoff zum Angriff bereitgestellt. Das XIV. Panzerkorps tritt am 5. November 06.00 Uhr mit Nordflügel über Kurgan Makitrin, Kurgan Welikoj zum Angriff nach Osten an. Links neben XXXXIX. Gebirgsarmeekorps hat Division Torino den Raum Nowomarjewskij – Korssun – Bahnhof Monachowo besetzt und das Gelände bis 15 Kilometer ostwärts dieses Raumes feindfrei gemeldet.*
3. *XXXXIX. Gebirgsarmeekorps übernimmt ab 5. November den Schutz der linken Flanke des XIV. Panzerkorps. Hierzu ist es erforderlich, dass das Korps am 5. Januar mit dem rechten Flügel Raum nach Osten gewinnt und durch Fortsetzung des Angriffs auf dem linken Flügel die Abwehrfront am Mius zum Einsturz bringt.*
4. *1. Gebirgsdivision tritt am 5. November gleichzeitig mit dem XIV. Panzerkorps (16. Panzerdivision) zum Angriff nach Osten an. Die Division umfasst die Feindstellung ostwärts Hf. Dubrowskoj von Süden und nimmt Ssloboda Djakowa.*
5. *198. Infanteriedivision setzt am 5. November vormittags den Angriff nach Osten zur Wegnahme von Krassnij Lutsch (größere Industriestadt, 50.000 Einwohner!) fort. Die Division schafft sich mit Teilkräften durch Angriff aus Gegend nördlich Malopokrowskij nach Norden die erforderliche Bewegungsfreiheit nach Osten.*
6. *4. Gebirgsdivision greift in Übereinstimmung mit 198. Infanteriedivision mit starkem linken Flügel in ostwärtiger Richtung an und setzt sich unter Umfassung von Norden in den Besitz von Ssloboda Wosnessenskaja Nowopawlowka. Weitere Aufgabe der Division wird es sein, Richtung Possjolok Alexejewo – Nagoljtschenskij vorzustoßen.*
7. *Batterie Mörserabteilung 732 ist ab 5. November 12.00 Uhr so bereitzuhalten, dass sie auf Abruf durch das Generalkommando nach Ssloboda Alexejewo-Leonowo vorgezogen werden kann.*
8. *Bb. 34 behält bis auf weiteres die Sicherung der Korpsnachschubstraße auf Strecke Ssloboda Alexejewo-Leonowo, Hf. Dubowyj.*

9. *Gebirgspionierregiment 620 baut die in der Nacht vom 3./4. November durch feindliche Kavallerie gesprengte Brücke 15 Kilometer ostnordostwärts Hf. Dubowyj und bessert die Korpsnachschubstraße bis Possjolok Ssneshinskij aus. Das Regiment übernimmt die Sicherung der Brücken und Durchlässe im Ortsbereich von Ssloboda Alexejewo-Leonowo. Für die Überbrückung des Gluchaja- und Miusabschnittes im Zuge der Straße Possjolok Ssneshinskij – Ssloboda Wosnessenskaja Nowopawlowka sind alle Vorbereitungen zu treffen. Eine Kompanie Pioniere 54 (Fußkompanie) wird Gebirgspionierregimentsstab 620 unterstellt. Sie ist durch 1. Gebirgsdivision am 5. November frühzeitig nach Possjolok Ssneshinskij in Marsch zu setzen. Meldung des Eintreffens über Gefechtsstand 4. Gebirgsdivision (Possjolok Ssneshinskij) an Gebirgspionierregimentsstab 620.*
10. *Die zur Sicherung der Korpsnachschubstraße eingesetzten Kräfte sind gleichzeitig für die Verkehrsregelung an den einbahnigen Brücken verantwortlich, z. B. Bb. 34 am einbahnigen Damm Hf. Dubowyj.*
11. *Korpsgefechtsstand. Führungsabteilung und Quartiermeisterabteilung Ssloboda Alexejewo-Leonowo.*

Kübler"

„Generalkommando | *K.Gef.Stand, den 17. November 1941*
XXXIX. Gebirgsarmeekorps Ia | *17.40 Uhr*

Korpsbefehl Nr. 185 für den 18. November

1. *Feind hat am 17. November auf ganzer Front der 1. Gebirgsdivision in Gruppen bis zu Bataillonsstärke angegriffen. Eigene Gefechtsvorposten wichen aus Gegend Gribowachskij auf die Hauptkampflinie aus. Possjolok Alexejewo-Nagoljtschenskij wurde vor überlegenem Feind aufgegeben. Die Höhen südlich des Ortes werden von Gruppe Eisgruber gehalten. Bereitstellungen des Feindes, teilweise mit Panzern, wurden in Gribowachskij, Nikolajewskij und Possjolok Alexejewo-Nagoljtschenskij erkannt. Vor 4. Gebirgsdivision, 198. Infanteriedivision und in linker Flanke des Korps griff der Feind nicht an. Höhen nördlich Iwanowskij vom Feind besetzt. Vorstoß der 198. Infanteriedivision brachte 38 Gefangene und 6 schwere Maschinengewehre ein. Auch Bb. 34 machte erneut Gefangene.*
2. *Der Angriff des III. und XIV. Panzerkops ist südlich und nördlich des Flusses Tusslow in gutem Fortschreiten. Zahlreiche Gefangene.*
   Linker Flügel des XIV. Korps (SS-Regiment Nordland) in Linie Astachoff – Jssajeff – Kurgan Ploskoj wehrte Feindangriffe bis zu Bataillonsstärke ab. Lage bei italienischem Expeditionskorps unverändert.
   Rechter Flügel der 17. Armee nahm Kaganowitscha (= Ponassnaja, 25 Kilometer ostwärts Artemowsk) und befindet sich in der Verfolgung auf Kalinowskoje.
3. *Bei der jetzigen Lage muss damit gerechnet werden, dass der Feind zur Entlastung seiner Front um Rostow am 18. November seine Angriffe gegen das XXXXIX. Gebirgsarmeekorps, insbesondere gegen den rechten Flügel (1. Gebirgsdivision) fortsetzen und vielleicht auch auf die Mitte und den linken Flügel ausdehnen wird. Demgegenüber bleibt es Aufgabe des*

XXXXIX. Gebirgsarmeekorps, die jetzige Stellung zu halten und damit die Fortsetzung des Angriffs der Panzerkorps zu ermöglichen.
Verteiler: Wie Korpsbefehl Nr. 184.

Kübler"

Früher als sonst, vermerkten die Deutschen voller Bitterkeit, brach der Winter herein und brachte empfindliche Kälte, scharfe Ostwinde und viel Schnee. Über das weite Land brauste der alles erstarrende, eisige „Buran", der sich nicht selten zum wütenden Orkan steigerte. Eine winterliche Hülle überzog die Landschaft.

Oft verwischten sich die Konturen. Die Landschaft uniformierte sich weiß, wurde einheitlicher und klarer. Dürftige Hütten gewährten Küblers Gebirgssoldaten eine bescheidene Unterkunft – und zwar solange, bis sie draußen wieder auf Posten stehen oder Spähtrupp laufen mussten. Währenddessen sicherten die Kameraden von der Flak den Luftraum gegen feindliche Flieger.

Winterkämpfe am Mius 1941

Zwar verzeichneten die Gebirgsjäger hier und da noch kleinere örtliche Erfolge am Mius, aber im Großen und Ganzen war der Angriff der Deutschen zum Stehen gekommen. Wie war es dazu gekommen?

Kaum hatte das XXXXIX. Gebirgsarmeekorps den Sowjets den Mius-Abschnitt in dramatisch verlaufenden und verlustreich geführten Kämpfen entrissen, da bahnte sich eine unvorhergesehene Krise an, in deren Verlauf auch Küblers Divisionen und Regimenter hineingezogen werden sollten. Bereits am 17. Oktober 1941 war das XIV. Panzerkorps mit vier Divisionen zum Stoß auf Rostow angetreten und hatte die Stadt samt der 300 Meter langen Eisenbahnbrücke, die über den Don führte und den deutschen Vormarsch in den Kaukasus beschleunigen sollte, erobert. Rasch bildete das sowjetische Hauptquartier „aus Truppen des Nordkaukasischen Militärbezirks die 56. Selbstständige Armee. Sie erhielt die Aufgabe, Rostow um jeden Preis zu halten und das ‚Tor zum Kaukasus' fest zu schließen."[166] Mehr noch: „Auf Beschluss des staatlichen Verteidigungskomitees wurde am 26. Oktober 1941 in Rostow ein Verteidigungskomitee unter der Leitung des 1. Sekretärs des Gebietskomitees der KPdSU, B. A. Dwinski, gebildet. Im Gebiet Rostow wurden in kurzer Zeit mehr als 70 Jägerbataillone sowie rund 70 Partisanenabteilungen und -gruppen aufgestellt, die insgesamt etwa 5 000 Mann umfassten."[167] Vor diesem Hintergrund entspann sich ein erbittertes Panzergefecht. Mit den frisch herangeführten Truppen gelang es den Sowjets, Rostow zurückzuerobern. Es sollte aber noch schlimmer kommen. Die deutschen Panzerverbände mussten sich aufgrund der massiert vorgetragenen sowjetischen Gegenangriffe vom Don zurückziehen, wenn sie nicht Gefahr laufen wollten, zerschlagen zu werden. Voller Bitterkeit resümierte Generaloberst Eberhard von Mackensen, seinerzeit Kommandierender General des III. Panzerkorps:

„Rostow, das Tor zu den Ölquellen des Kaukasus, das die einzige leistungsfähige, wenn auch inzwischen gründlich zerstörte Verbindung zwischen dem Iran – und damit nun England – und Russland

beherrscht, muss fahren gelassen werden, nachdem es eben in 4tägiger Angriffsschlacht teuer erkauft ist. Aber nennenswerte Reserven stehen der Armee derzeit nicht zur Verfügung, und der Russe führt hier zum ersten Mal, wahrscheinlich in Erkenntnis der Wichtigkeit des Platzes auf Befehl Englands, einheitliche Angriffe zusammengefasster starker Kräfte, noch dazu von drei Seiten."[168]

Was das bedeutete, war Kübler klar: Das sieggewohnte deutsche Ostheer hatte im Südostabschnitt den ersten Rückzug antreten müssen. „Der Gegner verlor die Nerven: Er drehte um!" jubelte der Sowjetmarschall Bagramjan. Der bis dato generalstabsmäßig abgelaufene Bewegungskrieg wurde im Winter 1941/42 plötzlich zum nicht einkalkulierten Stellungskrieg.

Das Kriegstagebuch des XXXXIX. Gebirgsarmeekorps beschönigte den Rückschlag am 17. November 1941 mit den Worten:

„Der erste Tag der Schlacht um Rostow ist zu Ende. Obwohl die 1. Gebirgsdivision mit ihren geschwächten Gefechtsstärken eine Front von 30 Kilometern halten musste, ist es dem Feind an keiner Stelle gelungen, diese Front einzudrücken."[169]

Wie angespannt, ja deprimierend die Lage von Küblers Korpsstab in Wirklichkeit beurteilt wurde, darüber informiert uns das Kriegstagebuch des XXXIX. Gebirgsarmeekorps ebenfalls:

„Die Sorge um die Jäger, die Anteilnahme an ihren außerordentlich harten Kämpfen und ihren Entbehrungen in der Kälte der Nacht lassen keine frohe Stimmung aufkommen. Wohl jeder weilt mit seinen Gedanken vorne an der Front."[170]

Aufgrund des militärischen Rückschlages bei Rostow und der Nichtausführung von Hitlers „Durchhaltetheorie", die besagte, dass jede einmal besetzte Stellung unter allen Umständen zu halten sei, enthob der Führer und Oberste Befehlshaber der Wehrmacht den Generalfeldmarschall von Rundstedt, der allgemein als der operativ fähigste Kopf der hohen Truppenführer galt, als Oberbefehlshaber der Heeresgruppe Süd und ersetzte ihn durch Generalfeldmarschall von Reichenau, der mehr als Außenseiter der hohen Generalität angesehen wurde. Doch auch er konnte an der ins Wanken geratenen Front aufgrund der fortgeschrittenen Jahreszeit nicht mehr viel ändern.

Am 19. Dezember 1941 wurde überdies Generalfeldmarschall von Brauchitsch „aus Gesundheitsgründen" verabschiedet. Hitler übernahm von nun an in Personalunion auch noch den Oberbefehl über das Heer.

Dennoch: „Rückzug in gesicherte Linien und Stellungen!" So lautete fortan die einzig richtige Parole in dieser kritischen Lage. Das war nun die Maxime, an die sich die Fronttruppe zu halten hatte. Denn die bisherigen Kampfhandlungen hatten unbeschreibliche Anforderungen an Küblers XXXXIX. Gebirgsarmeekorps gestellt und zu ernsten Verlusten geführt.

Die Ruhepause, die so dringend erforderlich gewesen wäre, konnte der Truppe allerdings wieder nicht gewährt werden. Küblers Divisionen und Regimenter blieben stattdessen weiterhin im harten Fronteinsatz. Trotz der deutschen Rückschläge bei Rostow, trotz des massiven Vorwärtsdrängens der Sowjets und trotz des sich zusehends verschlechternden Zustandes der

Truppe aufgrund der permanent hohen Anforderungen und Verluste[171] verliefen die Absetzbewegungen in die Stellungen am Mius ohne entscheidende Kampfhandlungen. Für den 3. Dezember 1941 befahl der Kommandierende General:

„XXXXIX. Gebirgsarmeekorps richtet sich auf seinem rechten Flügel zur nachhaltigen Verteidigung am Mius-Abschnitt ein und hält mit Mitte und linkem Flügel die bisherige Stellung."[172]

Dieses vorläufige Halten war auch unbedingt erforderlich, um Zeit zu gewinnen, damit die Mius-Stellung, den Umständen entsprechend, weiter ausgebaut und Brennmaterial, Lebensmittel und andere wichtige Versorgungsgüter für die Winterbevorratung herbeigeschafft werden konnten. Wenn die Truppe schon mitten im russischen Winter und inmitten der weiten, rauen Naturlandschaft die Front halten musste, sollte sie, so die Überlegungen des Korpsintendanten Dr. Bernklau, doch wenigstens das Gefühl haben, dass diese Stellung eine gewisse Sicherheit und einen optimalen Schutz gegen die Unbilden der erbarmungslosen Naturgewalten bietet. Von diesen Gedanken und Vorstellungen war auch der „Befehl für den Ausbau der Mius-Stellung" durchdrungen, den der Kommandierende General an die ihm unterstellten Divisionen herausgegeben hatte. Darin heißt es:

„Generalkommando — *Korpsgefechtsstand, den 24. November 1941*
XXXXIX. Gebirgsarmeekorps — *17.30 Uhr*
Ia

Korpsbefehl Nr. 192 – Befehl für den Ausbau der Mius-Stellung

1. Der planmäßige Ausbau der Mius-Stellung erfordert für den raschen, zweckmäßigen Einsatz der Baukräfte eine eingehende Erkundung des Geländes. Für Erkundung und Ausbau sind die für die Besetzung der Stellung geplanten Divisionsabschnittsgrenzen maßgebend. Die Schwierigkeit bei der augenblicklich gespannten Lage besteht in der Herauslösung geeigneter Erkundungsoffiziere. Diese Maßnahme erscheint bei der Artillerie noch am besten möglich zu sein. Die Durchführung der Arbeiten wird sich daher in folgender Reihenfolge ergeben:
   a) Bau von Beobachtungsstellen für Artillerie.
   b) Gruppenunterschlupfe am Hinterhang für die Besatzung der Hauptkampflinie, aus denen sie in kürzester Zeit ihre Schützenlöcher erreichen kann.
   c) Kampfanlagen (Schützenlöcher, Maschinengewehrstände) und Beobachtungsstellen für schwere Infanteriewaffen.
   d) Verbesserung der Unterkünfte.
2. An Baukräften werden bis 25. November 14.00 Uhr zugeführt und unterstellt 1. Gebirgsdivision: R.A.D. Gruppe (motorisiert) IV. nach Kalinowka, zwei Kompanien Baubataillon 64 nach Ortschaften 2 Kilometer südostwärts Nikiforow. 4. Gebirgsdivision: eine Kompanie Baubataillon 64, bereits in Sneshnoje. 198. Infanteriedivision: eine Kompanie Baubataillon 64 nach Siedlung bei Schacht 19, 21 (3 Kilometer nordwestlich Donbass).
3. Der R.A.D. darf nicht im feindlichen Feuerbereich eingesetzt werden.
4. Beschaffung von Gerät: Die Divisionen sind auf die behelfsmäßige Beschaffung von Gerät

aus den Ortschaften und Bergwerken (Hauergerät) in ihrem Bereich angewiesen, weil der A.-Pionier-Park in Stalino noch nicht ausgabebereit und der Antransport von Saporoshje bei der gespannten Kraftfahrzeug- und Betriebsstofflage zur Zeit nicht möglich ist.

5. *Stab Gebirgsartilleriekommandeur 132 erfasst in Verbindung mit der Ortskommandantur und dem Wirtschaftsführer Abteilung Bergbau geeignetes Gerät in den Industrieanlagen und Bergwerken in Stalino.*
   Bis 18.00 Uhr täglich meldet Gebirgsartilleriekommando 132 fernmündlich die Zahl des beigetriebenen Geräts (Schaufeln, Spaten, Pickel, Brecheisen) an Gebirgspionierregiment 620. Brüko B-2/413 stellt die nötigen Fahrzeuge und Mannschaften zur Verladung. Das Gerät ist nach Tschistjakowo vorzuführen. Über weitere Verteilung und Zuführung an die Divisionen verfügt Gebirgspionierregimentsstab 620.
6. *Pionierbataillon 666 steht unter Aufrechterhaltung seiner Eigenschaft als Korpsreserve zum Ausbau der Stellung der 1. Gebirgsdivision zur Verfügung. Die Einsatzbereitschaft des Bataillons als Korpsreserve muss sichergestellt bleiben.*
7. *Besondere Erfahrungen beim Ausbau der Stellung sind zur Auswertung laufend zu melden.*

Kübler"

Nun begannen Küblers Gebirgssoldaten mit unheimlicher Zähigkeit und Ausdauer den Ausbau der Hauptkampflinie am Mius. Der russische Winter war mit gnadenloser Härte hereingebrochen. Sehr kalte Tage und noch eisigere Nächte machten der Truppe schwer zu schaffen. Tief war der Boden gefroren, in dem die Landser Erdlöcher, Deckungsgräben und Bunker ausheben mussten. Nachdem die Stellungen so ausgebaut worden waren, dass sie der abgekämpften Truppe den bestmöglichen Schutz und eine optimale Sicherheit boten, traf das XXXXIX. Gebirgsarmeekorps die letzten Vorbereitungen, um den Rückzug in die vorbereitete Mius-Stellung so durchzuführen, dass er vom Gegner nicht allzu schnell bemerkt wurde und daher ohne schmerzhafte Verluste vollzogen werden konnte. Hierzu erging der „Korpsbefehl Nr. 196", der unter anderem auch die Durchführung der Rückzugsbewegungen der jeweiligen Verbände regelte:

„Generalkommando — *Korpsgefechtsstand, den 30. November 1941*
XXXXIX. Gebirgsarmeekorps — *19.00 Uhr*
Ia

Korpsbefehl Nr. 196

1. *Der Feind vor dem XXXXIX. Gebirgsarmeekorps führte am 30. November bei geringer Artillerietätigkeit einzelne Erkundungsvorstöße bis zu Kompaniestärke, die abgewiesen wurden. Gegen den Südflügel des XIV. Panzerkorps fühlte der Feind mit starken Kräften vor, ohne jedoch anzugreifen. Gegen das III. Panzerkorps hält der Druck starker Feindmassen an.*
2. *Panzerarmee 1 setzt sich in der Nacht zum 1. Dezember mit dem Südflügel vom Feinde ab und geht unter Belassung von Nachhuten hinter den Mius zurück.*
3. *XIV. Panzerkorps biegt in der Nacht zum 1. Dezember seinen Südflügel in die allgemeine Linie:*

Tuslow südlich Lyssogorskaja – Rjashenoje zurück. Das XIV. Panzerkorps bereitet für die Nacht 1./2. Dezember das Ausweichen des ganzen Korps hinter den Mius vor.

4. *Das XXXXIX. Gebirgsarmeekorps hält am 1. Dezember seine Stellung. In der Nacht vom 1./2. Dezember nimmt das Korps seinen rechten Flügel (1. Gebirgsdivision und rechten Flügel der 4. Gebirgsdivision) hinter den Mius zurück. Alle Vorbereitungen hierzu sind in der Nacht vom 30. November/1. Dezember und im Laufe des 1. Dezember zu treffen.*
5. *Am 1. Dezember dürfen bei Tage nur solche Maßnahmen getroffen werden, aus denen der Feind auf die bevorstehende Zurücknahme nicht schließen kann, z.B.:*
   a) Abschluss der Erkundungen in der Mius-Stellung, insbesondere der Artilleriestellungen,
   b) Wegebezeichnung,
   c) Legen von Drahtverbindungen,
   d) Entsendung von Vorkommandos,
   e) Abschieben aller nicht fahrbereiten und entbehrlichen Fahrzeuge im Einzelverkehr.
6. *Für die Organisation der Verteidigung in der Mius-Stellung gelten die mit Korpsbefehl vom 23. November gegebenen Richtlinien und die daraufhin eingereichten Vorschläge der Divisionen, jedoch nur, soweit sie sich auf den rechten Flügel des Korps beziehen:*
   a) Grenzen: Zwischen XIV. Panzerkorps und 1. Gebirgsdivision: Bol. Mjeschkowo (1.) – Kalinowka (XIV.) – Pjetrowskij (XIV.),
   zwischen 1. Gebirgsdivision und 4. Gebirgsdivision:
   Remowka (1.) – Ort 1 Kilometer südwestlich Peradrijewo (1.) – Zusammenfluss Krepinjkaja und Mius – Nischnij Nagoljtschik (1.) Tazino (1.)
   b) Unterstellungsverhältnisse: Mit dem Überschreiten des Mius treten unter den Befehl der 1. Gebirgsdivision:
   Feldersatzbataillon 54,
   2 Kompanien Gebirgspioniere 54,
   6. und 8./Gebirgsartillerieregiment 79,
   3. Batterie/Mörserabteilung 732 (in Stellung 1 Kilometer nordwestlich Dmitrijewka).

   Bataillon Klemm erreicht zur Verfügung des Generalkommandos bis zum 2. Dezember abends Ssoffino Brodsskaja. Bataillon schließt sich an die Vermittlung der 4. Gebirgsdivision Sneshnoje an.

   III/Gebirgsjägerregiment 13 ist zur Verfügung der 4. Gebirgsdivision nach Nikiforow zurückzuführen.

   In der Zuteilung der Flaktruppen und der Bautruppen (einschließlich Reichsarbeitsdienst) tritt keine Veränderung ein.
7. *Durchführung des Rückzuges.*
   a) Die Durchführung der Rückzugsbewegung am bisherigen rechten Flügel der 4. Gebirgsdivision regelt 4. Gebirgsdivision verantwortlich, auch für die Truppenteile, die mit dem Überschreiten des Mius unter den Befehl der 1. Gebirgsdivision treten.
   b) In der jetzigen Stellung sind Nachhuten (je Bataillonsabschnitt etwa 1 verstärkte Kompanie), dabei einige Gebirgsbatterien zu belassen. Die Nachhuten halten die Stellung bis zum 2. Dezember abends und gehen dann über den Mius zurück. Nur vor überlegenem Feindangriff sind sie bereits im Laufe des 2. Dezember zurückzunehmen.
   c) 1. Gebirgsdivision belässt in der neuen Stellung Gefechtsvorposten auf dem Ostufer des Mius.

d) Um die Verschleierung sicherzustellen, verbiete ich hiermit ausdrücklich, dass der Rückzug am 1. Dezember vor Einbruch der Dunkelheit angetreten wird.
e) Den Verkehr an den beiden Brücken in Dmitrijewka regelt in meinem Auftrag der Kommandeur des Gebirgspionierregiments 620 im Benehmen mit 1. und 4. Gebirgsdivision
8. Korpsgefechtsstand verbleibt in Tschistjakowo.

Kübler"

Wie befohlen, so geschah es dann auch. In der Nacht vom 1. zum 2. Dezember hatte das XXXXIX. Gebirgsarmeekorps bereits seinen gesamten rechten Flügel hinter den Mius zurückgenommen – und zwar die 1. Gebirgsdivision auf den rechten Flügel der 4. Gebirgsdivision. Später, nach einigen wechselvollen Kampfhandlungen, zogen sich die restlichen Truppenteile der „Vierten" hinter den umkämpften Fluss zurück. Welches waren nun die Gründe für den Rückzug der sieggewohnten deutschen Armeen, Korps und Divisionen?

Hierfür werden verschiedene geltend gemacht. Einer der Gründe war sicherlich der früh hereingebrochene Winter 1941/42. In den Augen der Deutschen war es vor allem „General Winter" und nicht so sehr die Rote Armee, der ihre Offensive im Osten gestoppt und ihnen nach Dietls Waterloo am Eismeer die nächste empfindliche Niederlage vor aller Weltöffentlichkeit zugefügt hatte.[173]

Es sollte aber noch schlimmer kommen. Die Temperaturen sanken im ersten Kriegswinter des Russlandfeldzuges teilweise bis unter -40 °C. Bereits im November 1941 war die Quecksilbersäule auf -30 °C und weniger gefallen. Die deutschen Truppen waren weder an diese extrem niedrigen Temperaturen gewöhnt, noch gab es vielfach entsprechende Winterbekleidung, da diesbezüglich nicht allerorten die nötigen Vorbereitungen getroffen worden waren. Denn nur einem Fünftel des Heeres befahl Hitler, Winterbekleidung zu beschaffen. „Die anderen, so versicherte er, würden im Herbst wieder zu Hause sein. Hunderttausende seiner Soldaten haben den Irrtum mit schweren Erfrierungen bezahlen müssen."[174]

Zu den Hauptleidtragenden zählten auch Küblers Gebirgssoldaten. Bewaffnung und Ausrüstung waren für einen Winterfeldzug, in den die Deutschen nun unversehens hineingeschlittert waren, ebenfalls alles andere als optimal. Wie war es zu dieser verhängnisvollen Lage gekommen? Hitler und sein Generalstab – einschließlich Generaloberst Halder – glaubten fest daran, das Unternehmen „Barbarossa" noch vor Einbruch des Winters 1941/42 beenden zu können. Wozu also große Vorbereitungen für den russischen Winter treffen? Doch die raue Wirklichkeit hatte jetzt das Wunschdenken eingeholt. Daher sah Hitler sich gezwungen, in der „Weisung Nr. 39" vom 8. Dezember 1941 auch auf den strengen russischen Winter einzugehen:[175]

„Der überraschend früh eingebrochene strenge Winter im Osten und die dadurch eingetretenen Versorgungsschwierigkeiten zwingen zu sofortiger Einstellung aller größeren Angriffsoperationen und zum Übergang zur Verteidigung. Wie diese Verteidigung zu führen ist, wird bestimmt durch das Ziel, das mit ihr verfolgt wird, nämlich:
a) Räume zu behaupten, die operativ oder wehrwirtschaftlich für den Gegner von großer Bedeutung sind,

b) den im Osten eingesetzten Kräften der Wehrmacht eine möglichst große Erholung und Auffrischung zu ermöglichen und

c) dadurch die Voraussetzungen für die Wiederaufnahme größerer Angriffsoperationen im Jahre 1942 zu schaffen."

An eine wie auch immer geartete offensive Operation war im Winter 1941/42 überhaupt nicht zu denken. Küblers Gebirgsjäger, die für einen Winterkampf nur ungenügend ausgerüstet waren, waren heilfroh, wenn sie die Gegenangriffe der Roten Armee abwehren konnten. Die Stellungskämpfe am Mius während des Winters, als ein eiskalter Ostwind über die Ebene fegte und die große Kälte noch schneidender werden ließ, waren hart. Dennoch kam die Truppenbetreuung – sofern es die Aktivitäten des Feindes zuließen – nicht zu kurz. In den langen Wintermonaten lernten die Gebirgsjäger daher ukrainisches Volksleben und musikalische Darbietungen kennen. Daneben wurden deutsche Filme und die beliebte Wochenschau unter anderem im „Hubertusheim" zu Makajewka vorgeführt. Für die notwendige Lebensfreude und den überlebensnotwendigen Humor sorgte aber auch das „Edelweiß-Varieté" der 1. Gebirgsdivision, dessen „Damen" zum Leidwesen der Landser jedoch „nur" aus verkleideten Gebirgsjägern bestanden.

Was die Truppenbetreuung anbetraf, so sollte diese selbstverständlich auch nationalsozialistisch ausgerichtet sein. Nicht umsonst beteiligten sich daran unter anderem führende Männer der NSDAP. So besuchte im Winter 1941 „Hitlers politischer General" Karl Wahl Küblers Gebirgsjäger im Südabschnitt der Ostfront. Das hatte einen guten Grund. Der Gauleiter des Gaues Schwaben gab seit 1940 die Halbmonatszeitschrift „Front und Heimat" für die schwäbischen Frontsoldaten heraus.[176] „Als Herausgeber", so der SS-Obergruppenführer, „musste ich mich [...] zwischendurch an Ort und Stelle vergewissern, ob unsere kleine Frontzeitung die Soldaten immer noch ansprach oder ob wir an ihnen vorbeischrieben."[177] Das war jedoch keineswegs der Fall. Denn neben heiteren und erbaulichen Beiträgen veröffentlichte Wahl darin auch Artikel mit propagandistischem, teilweise sogar antisemitischem Gedankengut.[178] Das Ziel dieser Mischung aus Soldatenhumor und NS-Propaganda war eindeutig und bedurfte unter Eingeweihten keiner besonderen Erklärung. Auf diese Weise wurde die deutsche Gebirgstruppe, bei der das Gedankengut der Nationalsozialisten auf einen besonders fruchtbaren Boden fiel, noch vor der Einführung des Nationalsozialistischen Führungsoffiziers (NSFO) nationalsozialistisch beeinflusst.

Für gute Stimmung und die notwendige nationalsozialistische Ausrichtung unter den arg strapazierten Gebirgssoldaten zu sorgen, das war die eine Seite, um die sich die verantwortlichen Kommandeure des XXXXIX. Gebirgsarmeekorps redlich bemühten; die andere war, die Kampfkraft der Truppe auch während der strengen Wintermonate zu erhalten und, wenn möglich, sie zu steigern. Aus diesem Grunde erließ der Kommandierende General Richtlinien für die Winterausbildung. Lesen wir an dieser Stelle, wie sich Ludwig Kübler die Ausbildung im Allgemeinen und die der jeweiligen Waffengattungen im Besonderen vorstellte:

„Generalkommando *Korpsgefechtsstand, den 17. Dezember 1941*
XXXXIX. Gebirgsarmeekorps
Ia

Korpsbefehl für die Ausbildung während der Wintermonate 1941/42

I. Allgemeines:

1. Die nächsten und vordringlichsten Aufgaben des Korps sind:
a) Ausbau der Stellung und Erhöhung ihrer Abwehrbereitschaft,
b) Verbesserung der Unterbringungsmöglichkeiten für Mann, Pferd und Gerät,
c) Instandsetzung des Materials, insbesondere der Kraftfahrzeuge, der Waffen und des Gerätes aller Art.

2. Trotz dieser wichtigen und umfangreichen Aufgaben ist es notwendig, zum frühestmöglichen Zeitpunkt mit der Ausbildung zu beginnen. Der Umfang der Ausbildung kann bei der Truppe, die mit ihrer Masse in vorderer Linie eingesetzt ist, nur begrenzt sein.

3. Die nachstehenden Richtlinien für die Ausbildung gehen von der Grundlage des Einsatzes aller Divisionen in vorderer Linie aus. Im Interesse einer regelmäßigen Ablösung und Verbesserung der Ausbildungsmöglichkeiten ist von jeder Division anzustreben, 2 Jägerinfanteriebataillone dauernd in Reserve zu halten.

II. Richtlinien für die Ausbildung:

1. Jede Überbeanspruchung der durch den Einsatz ohnehin angestrengten Truppe muss vermieden werden. Vernünftige Einteilung und Vorbereitung aller Ausbildungsvorhaben ist bei der geringen, zur Verfügung stehenden Zeit eine unerlässliche Forderung. Als oberster Grundsatz gilt, dass nur solche Ausbildungszweige zu betreiben sind, die der Mann im Gefecht beherrschen muss. Lebendige Gestaltung der Ausbildung ohne viel Theorie, Herausgreifen der Aufgaben unmittelbar aus dem Kampferleben sind die Voraussetzungen für den Erfolg.

2. Nach diesen Gesichtspunkten und unter Berücksichtigung der derzeitigen Verhältnisse sind folgende Ausbildungszweige zu betreiben:
a) Schießausbildung,
b) Spezialistenausbildung,
e) Späh- und Stoßtruppausbildung,
d) Nahkampfschule,
e) Unterführerausbildung

III. Die Ausbildung der einzelnen Waffen:

1. Infanterie: Der in Aussicht gestellte Ersatz wird es ermöglichen, alle planmäßigen automatischen und schweren Waffen wieder zu besetzen. Wichtigste Aufgabe ist daher die gründliche Ausbildung von Maschinen-, Maschinengewehr-, Granatwerfer-, Infanteriegeschütz- und Panzerabwehrkanonenschützen. Mit dieser Ausbildung geht die Schießausbildung Hand in Hand. In den zahlreichen Schluchten wird sich die Ausbildung im scharfen Schuss mit Gewehr, Maschinenpistole und Maschinengewehr durchführen lassen. Es kommt darauf an, die Schießausbildung unter kriegsmäßigen Bedingungen und gegen kriegsmäßige Ziele zu betreiben (Wettbewerb!). Die Schießausbildung mit Granatwerfern, Infanteriegeschützen und Panzerabwehrkanonen ist, soweit irgend möglich, in die vordere Linie zu verlegen. Die Ziele stellt der

Feind! Kriegsmäßiges Verhalten ist bei solchen Übungen zum Ausbildungsgegenstand zu machen. Die Nahkampfschule ist den ganzen Winter über zu betreiben. Sie gibt dem einzelnen Mann das Gefühl der Überlegenheit bei Stoßtruppunternehmen aller Art. Die Spähtruppausbildung bedarf besonderer Förderung, da erfahrungsgemäß das Verhalten des einzelnen Mannes im Aufklärungsdienst große Mängel aufweist: Die Anwendung von Schneehemden ist zu üben. (Zuweisung von Schneehemden in beschränktem Umfang ist in Kürze zu erwarten!).

2. *Artillerie: Der Schwerpunkt der Ausbildung der Artillerie muss in der Schießausbildung des Offiziers und des älteren Unteroffiziers liegen. Die Grundlage der Schießausbildung wird im Unterricht und durch Studium der Schießvorschrift (einschließlich Merkblätter der Artillerie) erworben, das Können im scharfen Schuss überprüft. Schießübungen finden grundsätzlich in den kriegsmäßigen Stellungen statt. Die Ziele stellt der Feind. Es ist gerade dorthin zu schießen, wo die zur Schießausbildung ausgeworfene Munition auch tatsächliche Wirkung verspricht (feindliche Beobachtungsstellen, Gräben, Unterstände, besetzte Dörfer, Mulden usw.). Das Schießen mit vorgeschobenem Beobachter ist besonders zu üben. Feuerleitungsübungen unter Leitung der Divisionskommandeure oder Artillerieregimentskommandeure sind mehrmals durchzuführen. Es kommt dabei vor allem darauf an, Schnelligkeit und Wendigkeit der Artillerie immer mehr zu fördern. Daneben steht die Ausbildung der Geschützbedienung, insbesondere der Richtkanoniere, der Richtkreisunteroffiziere, der Funker und Fernsprecher. Sie lässt sich überall durchführen.*
3. *Pioniere: Es ist besonderer Wert zu legen auf:*
   a) In der Einzelausbildung: Spezialistenausbildung (z.B. Kraftfahrer, Flammenwerfer, Kraftsäge. Es ist kaum damit zu rechnen, dass sich unter dem Nachersatz Spezialisten befinden), Stoßtruppausbildung, Verlegen und Aufräumen von Minen aller Art, Bezeichnen von Minenfeldern und Minengassen.
   b) In der Unterführerausbildung: Ausbildung als Stoßtruppführer, Ausbildung als Gruppenführer beim Minenlegen und -räumen, Ausbildung als Gruppenführer beim Behelfsbrückenbau.
   c) In der Offiziersausbildung: Organisieren eines größeren Behelfsbrückenbaues. Besondere Anweisungen für die Ausbildung im Pionierdienst ergehen noch vom Korpspionierführer.
4. *Nachrichtentruppe und Truppennachrichtenverbände: Vordringlich ist die Ausbildung der Truppennachrichtenverbände, insbesondere der Funker, und die Heranziehung und Ausbildung von technischem Personal zur Pflege und Instandsetzung des Geräts besonders dort, wo Funkmeister fehlen.*
   Im Einzelnen sind folgende Ausbildungslehrgänge durchzuführen:
   I. Durch den Korpsnachrichtenführer:
   a) Lehrgänge für Sammlerladewarte der Divisions- und Korpstruppen,
   b) Ausbildung der Fernsprechkompanien der Divisionsnachrichtenabteilungen am Trägerfrequenzgerät,
   c) Ausbildung von Nachrichtengerätemechanikern der Divisionsnachrichtenabteilungen,
   d) Ausbildungslehrgang für Funker der Korpstruppen,
   e) Ausbildung am kleinen Funktrupp c für die Divisionsnachrichtenabteilungen, Divisions- und Korpsartillerie in Zusammenarbeit mit 3. Batterie/(H) 32.
   II. Durch die Divisionsnachrichtenführer:
   a) Ausbildung der Funker der Truppennachrichtenverbände. Ziel dieser Ausbildung muss sein, die Leistungen im Hören und Geben erheblich zu steigern und die Gerätekenntnis so

zu vervollkommnen, dass die erforderlichen Funkverbindungen einwandfrei sichergestellt werden können.

b) Ausbildungslehrgang für Nachrichtenzug- und Staffelführer.

5. Panzerjäger: Vordringlich ist neben der Ausbildung der Richtschützen die Ausbildung der Geschütz- und Zugführer. Richtige Wahl der Stellung, Kenntnis der Leistung des Geschützes insbesondere gegen schwere Panzer, Kenntnis der schwachen Stellen aller Typen feindlicher Panzer ist für die Panzerjäger eine Lebensfrage. Die Schnelligkeit der Bedienung, Kenntnis der feindlichen Panzerarten, Kenntnis der eigenen Munition und ihrer Leistung ist immer wieder zu fördern.

6. Rückwärtige Dienste, Protzen, Staffeln und Trosse aller Truppen: Die Durchführung kleiner taktischer Übungen ist bei diesen Truppen von besonderer Bedeutung. Der Lkw-Fahrer, Fahrer vom Bock oder vom Sattel, der Tragtierführer darf nicht im Pferdeputzen und Wagenwaschen ersticken. Jede Kolonne, jeder Tross kann in diesem Kriege im Marsch und in der Unterkunft in Lagen kommen, die den vollen Einsatz der Mannschaften als Kämpfer mit den Waffen erfordern. Sicherungsdienst und Aufklärung, Abwehr überraschender Angriffe, insbesondere von feindlicher Kavallerie, Verhalten gegen durchgebrochene Panzer, Angriffe mit begrenztem Ziel, Unschädlichmachen von Partisanen, Ausbildung in der Abwehr von Auffliegerangriffen sind die wichtigsten Ausbildungszweige. Durch vernünftig angelegte Übungen dieser Art muss der Fahrer und Tragtierführer lebendig und kriegsbrauchbar erhalten werden.

7. Bei allen Waffen ist zu üben:

a) Pionierdienst (z.B. Ausbessern von schadhaften Brücken, Bau eines Knüppel- oder Faschinenweges, Überwinden von Sprengtrichtern usw.)

b) Pflege von Waffen, Munition und Gerät. Die Waffenoffiziere sind hierzu zu Vorträgen und praktischen Vorführungen weitgehendst heranzuziehen. Die Waffenoffiziere des Korps werden auf Anforderung zu Vorträgen vor Offizieren zur Verfügung gestellt.

8. Weiterbildung der Offiziere und Unteroffiziere:

a) Die Weiterbildung des jungen Offiziers ist in erster Linie Sache der Bataillons- und Abteilungskommandeure. Gelegentliche Zusammenziehung besonders zu fördernder Offiziere mit Vorträgen durch die Kommandeure und älteren Offiziere auf den Wichtigsten Ausbildungsgebieten geben Anregungen und fördern das Können.

b) Die Weiterbildung der jüngeren Unteroffiziere und das Heranbilden geeigneten Unterführernachwuchses ist eine Lebensfrage aller Waffen. Schulung in besonderen Kursen unter geeigneten Offizieren verspricht den größten Erfolg.

Kübler"

Soweit die interessanten Richtlinien des XXXXIX. Gebirgsarmeekorps für die Winterausbildung am Mius. Nahezu 2 000 Kilometer trennten Küblers Gebirgssoldaten von ihrer bayerischen oder schwäbischen Heimat, in der das Winterhilfswerk für die Front Bekleidung sammelte und Skier einzog. In der russischen Erde eingegraben, erlebten sie nun ihre erste Kriegsweihnacht während des Ostfeldzuges: in der Mius-Stellung. Die deutschen Divisionen und Regimenter, die Abteilungen und Bataillone des XXXXIX. Gebirgsarmeekorps lagen zusammen mit der ebenso wenig auf einen Winterkrieg vorbereiteten italienischen Division „Celere" in ihren Alarmquartieren am Mius und an der Ssamara und erhofften sich kampflose Feiertage. Fliegerposten waren aufgestellt, als sich die Kompanien und Batterien um spärlich geschmückte

Kiefern versammelten. Aufgehängte Eisenstücke verschiedener Größe ersetzten hier und da das Glockenspiel. Nach den Ansprachen der Führer und Unterführer gedachte man der gefallenen Kameraden. Weihnachtslieder erschollen bald voller Melancholie aus den Zugunterkünften.

„Keine Entlastung, vielmehr eine Belastung bedeutete das Eintreffen eines italienischen Expeditionskorps mit den drei Kampfgruppen ‚Celere', ‚Pasubio', ‚Torino' (Bersaglieri und Alpini) in einer Gesamtstärke von rund 12.000 Mann unter General Messe", erfahren wir von Küblers Korpsintendanten Dr. Bernklau. „Die Ansprüche dieser verbündeten Streitmacht (amtliche Bezeichnung Corpo Speditionario Italiano) an die deutsche Versorgung standen in keinem angemessenen Verhältnis zu ihrem Kampfwert und ihrer Kampfbereitschaft. Grundhaltung der Italiener: Ohne Versorgung mit gewohnter italienischer Verpflegung (Spaghetti, Tomaten und Käse) keine Angriffsbeteiligung. Waffengebrauch nur zur Abwehr und Verteidigung."[179]

Zum Jahresende wurden die zurückliegenden Kampfhandlungen und Einsätze der Gebirgssoldaten im Ostfeldzug in ihre Soldbücher eingetragen: 12. Juli – 15. Juli 1941 Angriff und Durchbruch durch die Stalin-Linie; 16. Juli – 20. Juli 1941 Angriffs- und Abwehrkämpfe bei Machnowka und Vorstoß auf Winniza; 20. Juli – 25. Juli 1941 Verfolgungskämpfe von Winniza auf Gaissin; 26. Juli – 12. August 1941 Umfassungsschlacht bei Uman, Einkreisung und Vernichtung des Feindes bei Podwyssokoje und Kopjenkowata; 13. August – 2. September 1941 Vormarsch zum Dnjepr; 3. September – 13. September 1941 Vormarsch über den Dnjepr bei Berislaw; 14. September – 24. September 1941 Säuberung des Dnjepr-Bogens bis Nowo Dnjeprowka, Verfolgungskämpfe ostwärts des Dnjepr, Schlacht am Panzerabwehrgraben vor Timoschewka; 25. September – 3. Oktober 1941 Abwehrschlacht bei Malaja Belosjorka; 4. Oktober – 11. Oktober 1941 Vernichtungsschlacht von Mogila Tokmak; 12. Oktober – 22. Oktober 1941 Verfolgungskämpfe in der Ostukraine, Eroberung von Stalino; 23. Oktober – 4. November 1941 Verfolgung über den Mius; 5. November – 31. Dezember 1941 Abwehrkämpfe in den Brückenkopfstellungen am Mius.

General der Infanterie Ludwig Kübler, in den besten Mannesjahren stehend, hatte den Zenit seiner bis dato so beispielhaft verlaufenden Soldatenkarriere erreicht.

DRITTER TEIL: DER BEFEHLSHABER

„Tötet! Tötet alle Deutschen [...]
Es gibt nichts, was an den Deutschen unschuldig ist,
die Lebenden nicht und die Ungeborenen nicht. [...]
Zerstampft für immer das faschistische Tier in seiner Höhle. [...]
Brecht mit aller Gewalt den Rassenhochmut der germanischen Frauen!
Nehmt sie als rechtmäßige Beute!
Tötet, Ihr tapferen, vorwärtsstürmenden Rotarmisten, tötet!“

Ilja Ehrenburg[1]

Oberbefehlshaber der 4. Armee vor Moskau

General Küblers Einstellung Hitler gegenüber unterschied sich völlig von der Haltung vieler Männer des 20. Juli 1944: Während diese mit zunehmender Kriegsdauer mehr und mehr auf Distanz zum Führer und Reichskanzler gingen, stand der legendäre „Latschen-Nurmi“ von Jahr zu Jahr mehr im Banne seines obersten Befehlshabers. Die schnellen Beförderungen waren Hitlers Danaergeschenke für seinen treuen Vasallen.

Im Gegensatz zu Generaloberst Dietl und anderen namhaften Generalen der deutschen Gebirgstruppe gehörte Kübler zwar nicht zu den sogenannten „alten Kämpfern“, die schon vor 1933 mit der „Bewegung“ sympathisierten, aber mit den Jahren und den blitzartigen Anfangserfolgen Hitlers geriet er – nicht zuletzt von der Beförderungswelle mitgetragen – immer offensichtlicher in den Sog der nationalsozialistischen Bewegung.

Seine Befehle waren dann auch dementsprechend abgefasst und formuliert. So benutzte er zum Beispiel sowohl zu Kriegsbeginn im Polenfeldzug als auch zum Kriegsende in der Operationszone „Adriatisches Küstenland“ als Zeichen seiner unverbrüchlichen Treue die Formulierungen „Heil dem Führer!“ oder „Heil Hitler!“ auf militärischen Befehlen und Schreiben, was an und für sich nicht außergewöhnlich war.

Sein Vertrauen zum „Führer“ manifestierte sich aber auch in der Ausschmückung seines spartanisch eingerichteten Feldlagers, in dem weder die „Fahne der Bewegung“ – und nicht etwa die Reichskriegsflagge – noch ein Führerbild als sichtbares Zeichen seiner Treue fehlen durften.

Die uneingeschränkte Ergebenheit des Bauherrn der deutschen Gebirgstruppe zu seinem obersten Befehlshaber und die mit der Zeit immer unverhohlener betriebene nationalsozialistische Ausrichtung seiner Gebirgsjäger war auch Hitler nicht verborgen geblieben. Bei nächster Gelegenheit, so seine Meinung, sollte dieser Gebirgsjägergeneral mit seinen oft unmenschlichen Anforderungen an die arg strapazierte Truppe zum Oberbefehlshaber ernannt werden, zumal sowohl der Oberbefehlshaber der 1. Panzerarmee, Generaloberst von Kleist, als auch der Oberbefehlshaber der 17. Armee, General der Infanterie von Stülpnagel, Küblers Eignung als Oberbefehlshaber einer Armee bestätigt hatten.[2] Und diese Ernennung erfolgte in der Tat am

18. mit Wirkung vom 19. Dezember 1941 schneller, als es ihm selbst recht gewesen war. Nicht umsonst hatte der Oberbefehlshaber der 11. Armee, General der Infanterie von Manstein, in seiner Beurteilung vom 20. Oktober 1941 rechtzeitig darauf hingewiesen: „Eignung zum Armeeführer in der verhältnismäßig kurzen Zeit bei der Armee noch nicht erwiesen.“[3]

Es war in der zweiten Dezemberhälfte, als Kübler von einem Tag auf den anderen zur Übernahme der 4. Armee, die völlig abgekämpft und ausgeblutet vor Moskau lag und nun im bitterkalten Winter ohne schützende Stellungen und Winterbekleidung mit sterbenden Pferden und eiserstarrten Motoren auf dem Schlachtfeld verharrte, befohlen wurde. Hitlers Konzept eines „Weltblitzkrieges“ war offensichtlich gescheitert. Denn „die Kraft der Truppe, hieß es gleichzeitig von den Heeresgruppen Mitte und Nord, sei am Ende.“[4]

Wie war es nun zur Krise vor der sowjetischen Hauptstadt gekommen? Hier ist die Vorgeschichte:

Am 2. Oktober 1941 hatte unter dem Decknamen „Taifun“ die entscheidende Operation gegen Moskau begonnen, die „wie ein gewaltiger Wirbelsturm den letzten Widerstand des Gegners hinwegfegen“[5] und laut Führerweisung vom 18. Dezember 1940 „die Sowjetunion in einem schnellen Feldzug niederwerfen“ sollte. Am 3. Oktober 1941 ließ Hitler im Rundfunk eine gigantische Offensive ankündigen. Der Verlauf dieser Entscheidungsschlacht unterteilte sich in folgende drei Kampfabschnitte:

1. *Die Doppelschlacht von Brjansk und Wjasma bis zum Erreichen der Linie Kaluga – Borodino – Kalinin vom 2. bis 15. Oktober 1941.*
2. *Der weitere deutsche Angriff bis 40 Kilometer vor Moskau vom 16. Oktober bis 4. Dezember 1941.*
3. *Die sowjetische Gegenoffensive vom 5. Dezember 1941 bis April 1942.*

In der sowjetischen Militärgeschichtsschreibung wird die Schlacht vom 30. September bis 5. Dezember 1941 als „Verteidigungsoperation“ bezeichnet.[6] Welches waren nun die drei operativen Grundlagen der Schlacht um Moskau?

1. *Der Raum umfasste von rechts nach links das Gebiet Brjansk – Orel Tula – Golizyno – Dimitrow – Kalinin – Ilmensee. Die Frontausdehnung wechselte zwischen 1 000 und 1 600 Kilometern.*
2. *Die Zeit der Kampfhandlungen begann im Oktober kurz vor der berühmt-berüchtigten „Schlammperiode“, also knapp vier Wochen vor Einbruch des russischen Winters. Die Kämpfe dauerten den ganzen Winter über bis Mitte April 1942 an.*
3. *Die Kräfte bestanden von deutscher Seite aus der Heeresgruppe Mitte des Generalfeldmarschalls von Bock mit 3 Panzer- und 3 Infanteriearmeen (2., 3. und 4. Panzerarmee sowie 2., 4. und 9. Armee) mit zusammen etwa 18 Panzer- und motorisierten Divisionen sowie 31 Infanteriedivisionen. Die Panzer waren zu 30 bis 40 Prozent, die Infanterie zu rund 50 Prozent einsatzfähig; die Frontstärken betrugen bis zu 50 Prozent der Sollstärke. Die Truppe war zwar abgekämpft, aber noch voller Zuversicht. Auf Seite der Sowjets bestanden die Kräfte nach deutscher Beurteilung nur noch aus einer unbekannten Anzahl von angeschlagenen Divisionen, die wahrscheinlich durch improvisierte Neuaufstellungen verstärkt wurden. All diesen Verbänden*

wurde jedoch sowohl von Seiten des Führerhauptquartiers als auch der Heeresgruppe Mitte kein allzu großer Gefechtswert mehr beigemessen, wie die Doppelschlacht von Wjasma und Brjansk gezeigt hatte. Jedenfalls galten die sowjetischen Truppen den deutschen an Zahl und Qualität unterlegen. Es konnte sich deutscherseits also nur noch darum handeln, durchzuhalten![7]

Wenden wir uns nun mit Kübler zunächst der Doppelschlacht von Brjansk und Wjasma zu: Durch eine geschickte operative Zusammenarbeit der umfassend angesetzten Panzerkeile der 2., 3. und 4. Panzerarmee mit den frontal dazwischen angreifenden Infanteriedivisionen der 2., 4. und 9. Armee war es laut Wehrmachtsbericht binnen zwei Wochen gelungen, über 70 sowjetische Divisionen in drei Kesseln einzukreisen und dabei über 600.000 Gefangene sowie 1 200 Panzer und etwa 5 400 Geschütze einzubringen. Das war ein großartiger Erfolg, der die Deutschen zu kühnsten Hoffnungen beflügelte. In der Tat: Unmittelbar im Anschluss an diesen Erfolg gewann die Heeresgruppe Mitte die Linie Kaluga Borodino – Kalinin, obwohl die mittlerweile eingetretene „Schlammperiode" alle Bewegungen stark erschwert und die Truppe vor ungewöhnliche Anforderungen gestellt hatte. Die Kommandeure vor Ort meldeten nun, dass die Kraft ihrer Verbände nicht nur durch die blutigen Verluste, sondern ebenso sehr durch Erschöpfung und Erfrierungen bei mittlerweile eingetretenem Schneefall und Kälte von bis zu 30 Minusgraden rapide zu Ende geht![8] Und so verlief die Operation bei der 4. Armee vor Moskau:

„Am 20. Oktober 1941 nahmen Teile der 98. Infanteriedivision südlich der Straße Juchnow – Podolsk – Moskau die Nara-Brücke bei Tarutino im Handstreich. Wegweiser verkünden: ‚Nach Moskau 69 Kilometer'. Unweit des Ortes steht auf einem kleinen Hügel eine Siegessäule, verziert mit den Zeichen der Zarenregimenter, die im Winter 1812/13 an der vereisten Nara der ‚Grande Armee' Napoleons den Todesstoß versetzten und den Rückzug der Franzosen in eine heillose Flucht umwandelten", berichtet Wilhelm Tieke. „Bis an die Nara boxen sich noch die Regimenter der 98. und 15. Infanteriedivision vor. Vergeblich versuchen sie, von hier nach Nordosten anzugreifen, um der 19. Panzerdivision den weiteren Vorstoß an der Hauptstraße nach Moskau zu ermöglichen. Ausgepumpt und überfordert bleiben die deutschen Verbände an der Nara liegen und wehren mit Mühe die einsetzenden Gegenangriffe der Sowjets ab. Bis Ende Oktober halten die schweren Abwehrkämpfe an, dann kommt nach einer kurzen Schlammperiode der Winter. Am 6. November 1941 setzt strenger Frost ein. Eisiger Wind weht von Osten. Frierend stehen die deutschen Soldaten in notdürftigen Stellungen, in zerschlissenen Sommeruniformen, ohne schützende Winterkleidung."[9]

Aber nicht nur das. Das deutsche Fiasko vor der sowjetischen Hauptstadt wurde vor aller Augen zur „Riesenblamage der ungenügenden Versorgung des Heeres mit Winterkleidung", erinnerte sich Paul Schmidt, der Chefdolmetscher im Auswärtigen Amt. „In Deutschland mussten plötzlich von den Zivilisten Pelze gesammelt werden, und die Skier wurden eingezogen, so dass jeder Unvoreingenommene einen geradezu verheerenden Eindruck von der weisen Voraussicht der deutschen Führung bekam."[10]

Hitlers „Appell zur Wintersachensammlung" für die Ostfront vom 20. Dezember 1941 hatte folgenden Wortlaut:[11]

„Deutsches Volk!

Während – abgesehen von Luftangriffen – die deutsche Heimat vom Feinde unbedroht ist, stehen Millionen unserer Soldaten nach einem Jahr schwerster Kämpfe gegen einen zahlen- und auch materialmäßig weit überlegenen Feind an der Front. Siege, wie sie die Weltgeschichte bisher noch nie erlebte, wurden dank der Führung und Tapferkeit von Offizier und Mann erfochten.
So hält und kämpft nunmehr die größte Front aller Zeiten vom Polargebiet bis zum Schwarzen Meer, von den finnischen Schneefeldern bis in die Berge des Balkans so lange, bis die Stunde der endgültigen Vernichtung des gefährlichsten Gegners wiederkommt.
Wenn nun das deutsche Volk seinen Soldaten anlässlich des Weihnachtsfestes ein Geschenk geben will, dann soll es auf all das verzichten, was an wärmsten Bekleidungsstücken vorhanden ist und während des Krieges entbehrt werden kann, später aber im Frieden jederzeit ohnehin wieder zu ersetzen ist.
Denn was auch die Führung der Wehrmacht und der einzelnen Waffen an Winterausrüstung vorgesehen haben, jeder Soldat würde um vieles mehr verdienen! Hier kann die Heimat helfen! Der Soldat der Ostfront aber wird auch daraus ersehen, dass die Volksgemeinschaft, für die er kämpft, im nationalsozialistischen Deutschland kein leerer Begriff ist.

Adolf Hitler.“

Währenddessen mobilisierten die Sowjets ihre letzten Reserven. „Allein am inneren Verteidigungsgürtel waren im Oktober und November bis zu 250.000 Menschen tätig, davon drei Viertel Frauen und Jugendliche. Sie schufen 72.000 Meter Panzergräben, rund 80.000 Meter Steilhänge und Gegenhänge, 52.000 Meter Balkensperren und zahlreiche andere Hindernisse, hoben fast 128.000 Meter Schützengräben aus. Diese Menschen bewegten mit ihren Händen 3 Millionen Kubikmeter Erde!“[12]

Mehr noch: „Tag und Nacht wurde gebaut, im kalten Herbstregen, bei Schneetreiben, eisigem Wind und Bombenangriffen“,[13] schreibt der sowjetische Generalleutnant Sachar Iwanowitsch Kondratjew. „Über Moskau leuchtete Feuerschein. Gegnerische Flugzeuge flogen die Stadt an, unsere Flak feuerte, was das Zeug hielt.“[14]

Dennoch begünstigte der russische Winter die Rote Armee mehr als die Deutsche Wehrmacht. „Dank der Schneestraßen konnten Munition und Verpflegung mit Kfz-Transportmitteln einigermaßen regelmäßig den Divisionen nachgeführt werden. Von hier zu den Regimentern lösten Schlitten die Lkws ab“, bekannte der sowjetische Generalleutnant N.A. Antipenko.[15]

Gleichwohl vollbrachten die Sowjets eine gigantische Leistung. „Wir mussten neue Kräfte für den vernichtenden Gegenstoß sammeln“, schrieb der Sowjetmarschall K. S. Moskalenko. „Dass wir diese Kräfte hatten und dass sie schon bereitstanden, begriff jeder Soldat, der damals vor Moskau kämpfte.“[16]

Es war am 12. November 1941, als sich sämtliche Armeechefs der Heeresgruppe Mitte im Hauptquartier in Orscha versammelten. Das hatte einen guten Grund, denn der Chef des Generalstabes des Heeres war dort zu einer Art Krisensitzung eingetroffen. Mit versteinertem Gesicht verkündete Generaloberst Halder, dass die Angriffe der Heeresgruppe Nord und Süd eingestellt würden, während die Heeresgruppe Mitte nach Ansicht des Führerhauptquartiers noch die sowjetische Hauptstadt erobern sollte. Der Oberbefehlshaber der Heeresgruppe Mitte schloss sich dieser Meinung an, da der Angriff, so Generalfeldmarschall von Bock, eine bessere Lösung sei, als die Überwinterung in der Einöde. So trat man zum Angriff auf Moskau an, obwohl die Voraussetzungen dafür keineswegs erfüllt waren.

Denn um die Kampfkraft der Heeresgruppe Mitte zu erhalten und sie mit Winterbekleidung zu versorgen, war ein täglicher Zulauf von 32 Versorgungszügen notwendig. Am 24. November trafen als höchste Tagesleistung jedoch nur 24 Züge ein. Der Durchschnitt lag bei 20 Zügen am Tag. Eine Krise auf dem nordafrikanischen Kriegsschauplatz zwang darüber hinaus zum Abzug von zwei deutschen Jagd- und einem Zerstörergeschwader, so dass damit auch die Luftunterstützung auf ein Minimum zurückging.

Ganz anders sah es dagegen bei den Sowjets aus: Nach Angaben ihres Marschalls G. K. Schukow waren am 5. Dezember 1941 acht Armeen angriffsbereit, nachdem Mitte Oktober vier neue Armeen aufgestellt worden waren. Hinzu kamen noch Truppen aus dem Fernen Osten und von den Nachbarfronten, so dass über 40 Prozent der an allen Fronten verfügbaren Kräfte zum Schutz von Moskau zur Verfügung standen. Mehr noch: Stalin hatte in einem Aufruf „unüberwindbaren Widerstand gegen die faschistischen Horden" gefordert und als letzte Hauptkampflinie die Linie Aleksin – Klin (Nowo Sawidowski) befohlen.

Währenddessen vertraten die Deutschen die irrige Annahme, der Feind sei mindestens ebenso angeschlagen wie sie, so dass es sich nur noch darum handeln könne, den Kampf mit letzter Kraftanstrengung durchzustehen, um den endgültigen Sieg zu erringen. Daher wurde in den ersten Dezembertagen ein letzter Angriff befohlen. Wie vor dem Russlandfeldzug, so wurde auch jetzt noch die militärische Stärke der UdSSR permanent unterschätzt.[17]

Tatsächlich gelang es in diesem zweiten Kampfabschnitt am Südflügel mit Guderians Panzergruppe 2 Tula von drei Seiten einzuschließen und mit den Panzern von Reinhardts 3. und Hoepners 4. Panzerarmee auf dem Nordflügel, von Kalinin aus, auf Klin vorzustoßen, mit Spitzen einen Brückenkopf über den Moskwa-Kanal bei Dimitrow zu schaffen und sogar Krasnaja Poljana, nur 34 Kilometer von der Sowjetmetropole entfernt, zu erreichen! Doch da nahte das Unheil. Die 4. Armee des Generalfeldmarschalls von Kluge geriet in der Mitte in einen sowjetischen Großangriff und musste auf ihre Ausgangsstellungen an Nara und Oka zurückgenommen werden.

„Über den Drehpunkt Moskau laufen in zunehmendem Maße sowjetische Truppenverstärkungen an die Front. Die deutsche Luftwaffe ist nicht mehr in der Lage, den Verkehrsknotenpunkt Moskau auszuschalten. Den Oberbefehl über die Moskauer Front hat inzwischen Marschall Schukow übernommen. Bald ist die letzte deutsche Offensive vor Moskau verpufft.
Die Fronten erstarren unter der unerbittlichen Gewalt des Winters. Schukow, einer der besten militärischen Köpfe der Sowjetunion, sieht die Zeit für einen Gegenschlag gekommen. Mit frischen sibirischen Stoßverbänden, wintermäßig ausgerüstet und geschult, wird das große deutsche Drama vor Moskau eingeleitet.
Schukow setzt seine Armeen nach dem Muster deutscher Kesselschlachten an: Mitte binden und auf den Flügeln die Durchbrüche zur großen Zangenoperation, mit dem Ziel, die deutsche Heeresgruppe Mitte im Raum Wjasma zu vernichten."[18]

Mit einem Hilferuf hatte der Oberbefehlshaber der Heeresgruppe Mitte am 1. Dezember 1941 nach oben gemeldet:

„Trotz meines wiederholten Hinweises auf den bedrohlichen Kräftezustand der Truppe wurde entschieden, den Angriff fortzusetzen, auch auf die Gefahr hin, dass die Truppe völlig ausbrennt! Der Angriff wird trotz blutigen Ringens nur geringen Geländegewinn bringen. Eine operative Auswirkung wird er schwerlich haben. Der Gedanke, dass der Feind zusammenbricht, war, wie die Kämpfe der letzten Tage erwiesen haben, ein Traumbild! Stehenbleiben vor den Toren von Moskau ist gleichbedeutend mit schweren Abwehrkämpfen, denen die Kräfte der Heeresgruppe auch für begrenzte Zeit nicht mehr gewachsen sind. Ein weiterer Angriff erscheint ohne Sinn und Ziel, da die Kräfte selbst zur Abschirmung nicht annähernd mehr ausreichen. Die Heeresgruppe steht zurzeit in einer Ausdehnung von nahezu 1 000 Kilometern mit einer einzigen schwachen Division als Reserve hinter ihrer Front!“[19]

Heftig widerstrebend sah sich Hitler gezwungen, dicht vor dem Ziel die Operationen gegen Moskau einzustellen. Damit war der entscheidende Angriff gescheitert. Die Absicht, „die Sowjetunion in einem schnellen Angriff niederzuwerfen“, war misslungen. Was sollte nun geschehen? Zu langen operativen Überlegungen blieb keine Zeit, denn die Sowjets hatten nun das Gesetz des Handelns an sich gerissen.

Schon am 5. Dezember 1941, also nur einen Tag nach Hitlers Entschluss, an Ort und Stelle zur Verteidigung überzugehen, brach die sowjetische Gegenoffensive los. Damit hatte der dritte Kampfabschnitt vor Moskau begonnen.

Anfang Dezember wurde Schukow, seit 10. Oktober 1941 Oberbefehlshaber der „Westfront“, von Stalin gefragt: „Glauben Sie, dass der Feind bereits erschöpft ist?“

Die Antwort seines Marschalls lautete lakonisch: „Er ist erschöpft!“

Aufgrund dieser Aussage ließ der rote Diktator den Operationsplan für die sowjetische Gegenoffensive anlaufen. So standen in aller Frühe des 5. Dezember 1941 die sowjetischen Truppen trotz tiefen Neuschnees angriffsbereit.

„Unverzüglich stießen an der ‚Kalinin-Front‘ unter Konjew 3 Armeen bei Dimitrow und Krasnaja Poijana in die erschöpfte deutsche Truppe hinein und warfen sie hinter den Lama-Abschnitt zurück. Tags darauf schloss sich der Angriff der sowjetischen ‚Westfront‘ unter Schukow mit weiteren 3 Armeen an, der die deutsche 4. Armee traf und Tula ‚befreite‘, wobei Guderians Panzer noch rechtzeitig ausweichen konnten. Als dann noch die russische ‚Südwestfront‘ unter Sacharow gegen die deutsche 2. Armee bei und südlich Orel anstürmte, war die schwache, zersplitterte deutsche Abwehrlinie nicht mehr zu halten.“[20]

Mit stolzgeschwellter Ordensbrust gaben die sowjetischen Marschälle bekannt:

„Vom 6. bis 10. Dezember wurden erobert: 386 Panzer, 4 317 Kraftfahrzeuge, 704 Krafträder, 305 Geschütze, 101 Granatwerfer und 515 Maschinengewehre. Im gleichen Zeitraum wurden – die Erfolge der Luftwaffe nicht eingerechnet – 271 Panzer, 565 Kraftfahrzeuge, 92 Geschütze, 119 Granatwerfer und 131 Maschinengewehre von unseren Truppen vernichtet. Außerdem

wurde eine große Menge anderer Waffen, Kriegsausrüstung, Bekleidung und Material verschiedener Art erobert. Auf dem Schlachtfeld verloren die Deutschen in diesen Tagen mehr als 30.000 [Soldaten]."[21]

Nachdem der Roten Armee auf den Flügeln die großen Durchbrüche gelungen waren, begannen sie ab 12. Dezember 1941 auch Frontalangriffe auf die 4. Armee. Durch meterhohen Schnee und bei klirrender Kälte kämpften sich die deutschen Verbände nach Westen zurück. Nun griff Hitler selbst ein. Er warf nämlich den Oberbefehlshabern und Frontkommandeuren mangelnde Übersicht und Entschlusskraft vor. Am 16. Dezember erließ er den „Haltebefehl" für die im Zusammenbruch befindliche Front. Darin hieß es:

„Unter persönlichem Einsatz der Befehlshaber, Kommandeure und Offiziere ist die Truppe zum fanatischen Widerstand in ihre Stellungen zu zwingen, ohne Rücksicht auf den durchgebrochenen Feind in Flanke und Rücken. Nur durch eine derartige Kampfführung ist der Zeitgewinn zu erzielen, der notwendig ist, um Verstärkung aus der Heimat und dem Westen heranzuführen, die ich befohlen habe. Erst wenn Reserven in rückwärtigen Sehnenstellungen eingetroffen sind, kann daran gedacht werden, sich in diese Stellungen abzusetzen."

Mit diesem Befehl, der an Stalins Direktiven von Anfang Oktober 1941 erinnerte, griff der oberste Befehlshaber direkt in die Führung der Armeen ein. Sein „Machtwort" trug einerseits ohne Zweifel dazu bei, dass die Front im Zentrum der Heeresgruppe Mitte zum Zeitpunkt ihrer schwersten Krise stabilisiert wurde, es nahm den Frontkommandeuren jedoch andererseits jede Möglichkeit zu einer beweglichen Verteidigung.

Und wie üblich nach derart dramatischen Ereignissen suchte Hitler wieder nach Sündenböcken, die zu rasch aufeinanderfolgenden Ablösungen führten. Zunächst wurde der Oberbefehlshaber des Heeres noch auf eigenen Wunsch abgelöst. Denn Generalfeldmarschall von Brauchitsch war an einem akuten Herzleiden erkrankt. Hitler übernahm daraufhin am 19. Dezember 1941 offiziell den Oberbefehl über das Heer, „was der Generalstabschef Halder im ersten Augenblick mit Erleichterung begrüßte."[22] Gehen musste dagegen Generalfeldmarschall von Bock, der „mit Magenkrämpfen darniederlag und trotzdem bis zur Erschöpfung arbeitete."[23] Seine Heeresgruppe Mitte übernahm am 17. Dezember 1941 Generalfeldmarschall von Kluge. An von Kluges Stelle übernahm General der Infanterie Ludwig Kübler die 4. Armee. Auch Generaloberst Guderian (Panzergruppe 2) und Generaloberst Hoepner (4. Panzerarmee) wurden in die Wüste geschickt. Damit zeichnete sich Hitlers zukünftiger Führungsstil augenfällig ab.

Zunächst war jedoch nicht Kübler, sondern General der Panzertruppen Georg Hans Reinhardt zur Übernahme der 4. Armee vorgesehen. Aber der Befehlshaber der Panzergruppe 3 kam „weder mit dem Flugzeug noch mit dem Auto, nicht einmal mit dem Schlitten vorwärts, so dass der nicht aus der Heeresgruppe stammende [...] Kübler die 4. Armee übernehmen musste."[24] Doch was bei jedem selbstbewussten militärischen Führer ein Grund zur Freude gewesen wäre – beim Bauherrn der deutschen Gebirgstruppe überwogen die Bedenken vor diesem Himmelfahrtskommando. Er hatte, um es in der Soldatensprache zu formulieren, die Hose nämlich gestrichen voll. Seine Härte und Entschlusskraft verlor er über Nacht.

Der „Latschen-Nurmi“ spürte nämlich sogleich, dass der Oberbefehl über die 4. Armee für ihn ein Auftrag war, der eine Nummer zu groß war und dem er sich demzufolge nicht gewachsen fühlte. Ihm hatte es regelrecht die Sprache verschlagen, als er davon erfuhr. So waren seine Worte beim Abschied von seinen langjährigen Mitarbeitern auch nicht Feuer und Flamme, sondern in einer gewissen trüben Vorahnung schlicht und zentnerschwer gewesen, als er sagte:

„Als heute die Nachricht von der Ernennung zum Oberbefehlshaber der 4. Armee eintraf, waren es vor allem zwei Gedanken, die mich bewegten. Der eine: Werde ich meinen neuen Aufgaben gerecht werden können? Ich konnte mir auf diese Frage keine Antwort geben. Aber wenn in mich dieses große Vertrauen gesetzt wird, so habe ich das Vertrauen, dass eine höhere Macht, die bisher meinen Weg begleitete, mich auch zu dem neuen Amt befähigen wird. Der zweite Gedanke war der der Trauer und des Schmerzes, dass ich mein Korps, das XXXXIX. Gebirgsarmeekorps, mit dem ich auf das engste verwachsen bin, heute abgeben soll. Gegenüber diesen beiden Gedanken konnte in mir ein Gefühl der Freude über die Ernennung nicht aufkommen.“[25]

So hing Küblers Herz weiterhin bei jener Truppe, die er einst aufgebaut und nach seinem Willen geformt hatte. Wehmutsvoll verabschiedete er sich daher von seinen Gebirgssoldaten am 18. Dezember 1941 in einem letzten Tagesbefehl als Kommandierender General des XXXXIX. Gebirgsarmeekorps. Es war für den gefühlsarmen „Latschen-Nurmi“ ein Abschied, der ihm – und das kam bei diesem kontaktarmen General sehr selten vor – wirklich an die Nieren ging.

Trotz des Ad-hoc-Führungswechsels ging der Rückzug der Deutschen vor Moskau zunächst weiter. Im Großen und Ganzen war der Zusammenhalt der 4. Armee dennoch gewahrt. Das von der Panzergruppe 2 abgespaltene und auf Kaluga zurückgehende XXXXIII. Armeekorps des Generals Heinrici wurde als Verstärkung der 4. Armee zugeführt. Dennoch war das kein Grund zu voreiligem Optimismus, denn auf den Flügeln der rund 780 Kilometer langen Front der Heeresgruppe Mitte klaffte eine große Lücke, und die Zangenarme der Sowjets reichten weit nach Westen. In dieser Phase begannen die großen Schläge der Roten Armee auch gegen die 4. Armee.

„Zwischen der Autobahn Wjasma – Moskau und der Straße Juchnow – Podolsk treten die 5. und 33. Sowjetarmee mit Stoßrichtung Wjasma an. Zwischen der Straße Juchnow – Podolsk und der Oka stürmen mit Stoßrichtung Kaluga die 43., 49. und 50. Sowjetarmee“, berichtet Wilhelm Tieke. „Am 20. Dezember 1941 befiehlt Hitler, dass sämtliche verfügbaren Reserven der Heeresgruppe Mitte zugeführt werden sollen. Am 21. Dezember durchbricht ein starker, von Panzern unterstützter feindlicher Angriffskeil etwa 10 Kilometer nördlich der Straße Juchnow – Podolsk die deutschen Stellungen. Auch südlich der Straße, bei der 34. und 52. Infanteriedivision, brechen die Sowjets ein. Am 23. Dezember beginnt hier der allgemeine Rückzug hinter die Istja, der mit ungeheuren Schwierigkeiten verbunden ist. Hierbei geht bereits viel Material verloren. Bald schälen sich im Rückzugsabschnitt der 4. Armee drei sowjetische Schwerpunkte heraus: Vorstoß auf Smolensk mit Absetzen von Fallschirm- und Luftlandetruppen im Raum südwestlich von Wjasma; Zertrümmerung der deutschen Verteidigung von Juchnow und Kaluga; und Vortreiben eines südlichen Zangenarmes über Suchinitschi in den Raum Smolensk. Die zwischen Wjasma und Smolensk

abgesetzten Luftlandeverbände bilden den Anziehungspunkt für alle sowjetischen Spitzen. Im Zuge dieser Operation soll als Krönung dann Smolensk fallen. Die Stadt ist vollgestopft mit deutschen Nachschublagern aller Art. Das macht Schukow seinen Armeeführern besonders deutlich. Bald marschieren Einheiten der 33. Sowjetarmee am Nordflügel der 98. und 15. Infanteriedivision vorbei nach Westen. Ohnmächtig müssen sie den Russenstrom ziehen lassen und sich auf die Verteidigung entlang der Straße nach Malojaroslawice beschränken."[26]

Mehr sorgenbeladen als euphorisch eilte Ludwig Kübler mit seinem treuen Burschen Hans Daurer am 20. Dezember 1941 im Kraftfahrzeug über schneeverwehte Straßen, im Flugzeug durch wirbelnde Schneestürme und bei klirrender Kälte vom Südabschnitt der Ostfront zu seiner 4. Armee. Am 26. Dezember traf er beim Oberbefehlshaber der Heeresgruppe Mitte ein und meldete sich bei Generalfeldmarschall von Kluge. Ihre erste Aussprache kannte nur ein Thema: Die Truppe hat zu halten, wo sie steht, ohne Furcht um die Flanken, ohne Furcht vor der Kälte. Das ist der Wille des Führers, den er einen Tag nach Weihnachten seinem Generalfeldmarschall im Zustand höchster Erregung mitteilte, als dieser um die Ermächtigung zu selbstständiger Durchführung notwendiger Maßnahmen gebeten hatte. Nimmt es bei diesem Sachverhalt wunder, dass die Aussprache zwischen Kübler und von Kluge nur sehr kurz war?

Noch sorgenvoller fuhr Kübler sofort zu seiner Armee. Die russische Winternacht, mehr als 1 000 Kilometer von seinem altvertrauten XXXXIX. Gebirgsarmeekorps entfernt, erschien ihm mit einem Male noch menschenfeindlicher. Alles war ihm im Mittelabschnitt der Ostfront fremd: Sein Oberbefehlshaber und die Kommandierenden Generäle, die Kommandeure und die Truppe; zu denen er allesamt keinen Zugang fand. Kübler dachte an Lemberg: „Das Herz des Soldaten kann nur bis zu einer gewissen Grenze beansprucht werden; dieses Maß zu erkennen, ist für die Beurteilung der Lage und die Befehlsgebung ausschlaggebend." Der Egozentriker weiß, dass es nun vor allem darauf ankommt, die Sorgen und Nöte der Männer seiner 4. Armee kennenzulernen. Andere Gedanken schossen ihm wie Blitze durch den Kopf:

„Bei 30 Grad Kälte können meine ausgebildeten und entsprechend ausgerüsteten Gebirgsjäger im Freien in einem Iglu übernachten, ohne sich Hände und Füße oder überhaupt zu erfrieren. Aber was vermag eine Truppe ohne Winterkleidung, ohne Unterkunft, ohne Ausbildung für Kälteschutzbauten bei 40 und 50 Grad Kälte? Man soll der Truppe die Winterangst nehmen? Was soll das, wenn es sich um Gewalten handelt, denen niemand ohne besondere Ausrüstung begegnen kann?"[27]

Kübler dachte weiter nach, immer weiter, und suchte verzweifelt nach Lösungen. Gegen Mitternacht erreichte er sein Armeehauptquartier. Es folgte sogleich ein kurzer Vortrag des Chefs des Generalstabes. Dann begab er sich mit dem entsprechenden Kartenmaterial und den letzten Meldungen auf sein Zimmer. Dort sprang ihm der sonderbare Verlauf der Front förmlich ins Auge: durchlöchert, aufgerissen, gewunden, zerplatzt.

Noch lange brannte das fahle Licht in Küblers Zimmer. Sein Bursche umsorgte ihn: Er wusste genau, wie dieser knorrige General betreut werden wollte, ohne seine menschlichen Gefühle allzu sehr offenlegen zu müssen. Als Daurer schon todmüde auf das Feldbett gefallen war, machte sich sein General noch immer mit der Lage seiner 4. Armee vertraut, die ihm im wahrsten Sinne des Wortes aufgezwungen worden war.

„Ab Mitte Dezember drücken 43. und 49. Sowjetarmee auch auf die Frontnase Serpuchow, auf die Naht des XII. und XIII. Armeekorps. Oka und Nara sind zugefroren und bilden kein Hindernis mehr", erfuhr Kübler. „Kämpfend gehen die deutschen Bataillone zurück und klammern sich an jede Ortschaft fest, denn strenger Frost und tiefer Schnee machen eine Verteidigung im freien Gelände unmöglich. Auch die russischen Soldaten wollen in die Dörfer, die Wärme versprechen, und so kommt es zu härtesten Kämpfen. Die 52. Infanteriedivision (Generalleutnant Rendulic) verliert bis zum 22. Dezember 1941 elf Bataillonskommandeure.
Bei der nördlich davon fechtenden 260. Infanteriedivision sieht es nicht besser aus. Das SS-Infanterieregiment 4 wurde nach dem Einsatz von Leningrad in Krakau aufgefrischt und sollte der [2.] SS-[Panzer]division ‚Das Reich' zugeführt werden. Die Entwicklung vor Moskau führt jedoch dazu, dass das Regiment nach Schnellauffrischung im Lufttransport an die Front geworfen werden muss. Vom 20. bis 22. Dezember 1941 trifft das I. Bataillon/SS-Infanterieregiment 4 mit Ju 52 auf dem Flugplatz Malojaroslawice ein. Je zwei Kompanien des Bataillons werden der 52. und 260. Infanteriedivision zugeführt und unterstellt. Sie werden zum Rückgrat der stark angeschlagenen Divisionen. Wysokinitschi, Nikolskoje, Dworiki und Djetschino sind Stationen des Rückzugs in diesem Abschnitt. Überwiegend decken die Kompanien des I. Bataillon/SS-Infanterieregiment 4 den Rückzug der Heeresverbände."[28]

Doch unter welchen Opfern! „Der Rückzug der 4. Armee kostete Blut und Leben. Die Verluste traten weniger durch Verwundungen als vor allem durch Erfrierungen ein. Die Truppe beklagte allein 90 % aller Ausfälle durch Erfrierungen."[29]

Aber noch immer war der bittere Kelch des Leidens und Sterbens an Küblers in Eis und Frost erstarrter Armee nicht vorübergegangen. Daher trat er, völlig im Widerspruch zu den Vorstellungen seines obersten Befehlshabers, immer nachhaltiger für einen rechtzeitigen Rückzug ein. Am 29. Dezember 1941 wurde die 4. Armee, die bereits im Süden den Anschluss an die 2. Panzerarmee verloren hatte, an ihrem Nordflügel beim LVII. Armeekorps von der sowjetischen Armee des Generalmajors Golubew durchbrochen. Mit zehn Armeen, die laufend durch Neuaufstellungen – aber auch durch acht Divisionen aus dem Fernen Osten, die eine besondere Winterkampferfahrung besaßen – verstärkt wurden, war der Gegner bis Anfang Januar 1942 tief nach Westen durchgebrochen. Nicht umsonst meinte Marschall Schukow seinerzeit: Mit weiteren vier Armeen hätten wir die Linie Witebsk – Smolensk – Brjansk erreichen können. Am 5. Januar 1942 äußerte Stalin bei einer Lagebesprechung im Kreml:

„Die Deutschen sind auf den Winter schlecht vorbereitet. Sie befinden sich jetzt in großer Verwirrung. Wir müssen nun zum allgemeinen Angriff übergehen."

Dazu erging folgender Operationsplan vom 7. Januar 1942:

„Rechter Flügel zerschlägt mit 1., 16. und 20. Armee die deutsche Front bei Rshew und stößt dann auf Cholm und Welikije Luki weiter. Die Mitte greift mit 5., 33., 43., 49. und 50. Armee auf

126

Der Oberbefehlshaber
der 4. Armee

A.H.Qu., den 1.1.1942.

Armee - Tagesbefehls Nr. 1

Zur Jahreswende grüsse ich die Armee.

In unerschütterlichem Kampfeswillen werden wir im neuen Jahr zusammenstehen und allen Fährnissen zum Trotz dem Feinde unseren Willen aufzwingen.

Heil dem Führer!

(gez.) K ü b l e r .

F. d. R.

(gez.) v. Below
Obstlt. u. Adjutant.

Armeetagesbefehl Nr. 1 von General Kübler vom 1. Januar 1942.

Wjasma an, mit Ziel Witebsk – Smolensk. An der ‚Südwestfront' ist der Feind in Richtung Brjansk zu werfen, um ihn dann dort mit Hilfe der nach der Schlacht von Mitte Oktober in jener Gegend noch verbliebenen sowjetischen Kräfte zu vernichten."[30]

Jetzt waren es die Sowjets, die den Fehler begingen, den Gegner zu unterschätzen. Denn es zeigte sich sehr bald, dass die Widerstandskraft der sich kämpfend absetzenden deutschen Verbände doch noch erheblich größer war, als vom sowjetischen Oberkommando angenommen worden war. So hatte ein deutscher Gegenangriff bei Wjasma es Küblers 4. Armee im Laufe des Januars trotz heftiger Schneestürme und eisiger Kälte ermöglicht, wieder Anschluss an die 2. Panzerarmee zu gewinnen. Aber unter welchen Opfern!

„Vom 6. Dezember bis zum 15. Januar hatten die deutsch-faschistischen Truppen infolge des Angriffs der Sowjetarmee an der sowjetisch-deutschen Front rund 300.000 Soldaten und Offiziere an Toten verloren", heißt es in Telpuchowskis Standardwerk „Die sowjetische Geschichte des Großen Vaterländischen Krieges". „Im gleichen Zeitraum eroberten die Verbände der Sowjetarmee 4 801 Geschütze, 3 071 Granatwerfer, 8 000 Maschinengewehre, etwa 15.000 Maschinenpistolen, über 90.000 Gewehre, 2 766 Panzer, mehr als 300 Panzerautomobile, 33.640 Kraftfahrzeuge, 102 Funkstationen, rund 6 000 Krafträder, über 2.000.000 Granaten, mehr als 30.000.000 Gewehrpatronen, mehr als 200.000 Minen und vieles andere Kriegsmaterial. Gleichzeitig wurden über 1 100 deutsche Flugzeuge vernichtet."[31]

Schon erfolgte am 8. Januar 1942 der Kampf um Medyn, „der zusammen mit dem Angriff Belovs über Mosal'sk Richtung Rollbahn die 4. Armee einzukesseln drohte."[32] Kübler, der die Lage an der Ostfront und vor Ort von Tag zu Tag pessimistischer beurteilte, „sah in einer ‚großräumigen Rückverlegung' die einzige Möglichkeit, dem zuvorzukommen."[33]

So kam, was kommen musste: „Weiter südlich geht das von der 2. Panzerarmee abgespaltene XXXXIII. Armeekorps kämpfend auf die Stadt Kaluga zurück. Die Stadt am Okaknie ist eine wichtige Nachschubbasis und übervoll mit Versorgungsgütern, die nun in überstürzter Eile geräumt werden. Suchinitschi jedoch wird von der 216. Infanteriedivision (General von Gilsa) gehalten. Gegen Suchinitschi stürmen die Reiterregimenter des I. Gardekavalleriekorps an, aber die 216. Infanteriedivision (von Frankreich herangeführt) hält, wird eingeschlossen und am 24. Januar 1942 wieder entsetzt. Kaluga und Suchinitschi werden zu Wellenbrechern der massierten sowjetischen Angriffe. Der Rammbock Kaluga wird von General Heinricis Divisionen verteidigt. Kaluga wird zum Ruhmesblatt der 31., 131. und 137. Infanteriedivision sowie dem im Lufttransport vom 22. bis 24. Dezember 1941 zugeführten III. Bataillon/SS-Infanterieregiment 4, dem Polizeibataillon 32 (motorisiert) und dem Polizeiregiment Mitte. Bis zum 30. Dezember wird die Stadt gehalten. Im Okaknie verteidigt das III. Bataillon/SS-Infanterieregiment 4 und erleidet schwerste Verluste. Trotz des opferreichen Kampfes des XXXXIII. Armeekorps kann Kaluga nicht mehr gehalten werden. Das Korps wird schließlich von drei Seiten eingeschlossen, und es bleibt nur noch ein Rückzugsweg nach Norden."[34]

Kübler war mit seinen Nerven fix und fertig. Dieser kritischen Lage war der bislang so erfolgreiche General in keiner Weise gewachsen. Die massiven Schläge der Roten Armee hatten nicht nur die 4. Armee, sondern auch ihren Oberbefehlshaber zermürbt. In den vier Wochen, in denen er seine Armee befehligte, wurde ihm überdies immer wieder nur die eine Maxime des Führers eingehämmert:

„Nein, es gibt kein Absetzen, kein Zurückbiegen der Flanken! Die Truppe soll sich in den Boden krallen, die Luftwaffe wird sie versorgen, wenn die Verbindungen zu Land versagen!"

Der Bauherr der deutschen Gebirgstruppe sah es anders – und zwar defätistisch. Seine Schwarzmalerei über die Lage an der Ostfront kannte keine Grenzen, als er im Januar 1942 in einem Anflug von Verzweiflung seiner energischen Frau seine Sorgen und Nöte von der geschundenen Seele schrieb. So erlebte er sein Waterloo letztendlich nicht auf dem Schlachtfeld, auf dem er sich aufgrund seiner angeschlagenen Psyche mehr zögernd als mitreißend bewegt hatte, sondern durch die Geschwätzigkeit seiner resoluten Frau, die seinen Pessimismus zur Gesamtlage an der Ostfront und defätistischen Äußerungen ihres Mannes im Münchner Generalkommando General von Waldenfels mitteilte. Nachdem dieser dies aus dienstlichen Gründen zur Kenntnis nehmen und demzufolge nach oben melden musste, wurde auch Hitler davon in Kenntnis gesetzt.[35]

Nun beging Kübler einen weiteren verhängnisvollen Fehler: Er rief seinen obersten Befehlshaber in seiner grenzenlosen Verzweiflung wiederholt an und bat mit Einverständnis seines Oberbefehlshabers von Kluge um eine persönliche Aussprache, die ihm zunächst nicht gewährt wurde. Erst als Hitler nicht länger gewillt war, die Front der 4. Armee weiter zurücknehmen zu lassen und endgültig zu der Überzeugung gekommen war, „dass Kübler nicht der Mann sei, diese Krise zu meistern",[36] befahl er den ausgebrannten „Latschen-Nurmi" zu sich.

Es war am 20. Januar 1942, als Hitler dem General der Panzertruppen Erwin Rommel als sechstem Soldaten der Deutschen Wehrmacht das Eichenlaub mit Schwertern zum Ritterkreuz des Eisernen Kreuzes verlieh – und zwar mit der Begründung für einen „Abwehrsieg" in Afrika.[37] An jenem sowohl für den „Wüstenfuchs" als auch für den späteren „Adriaschreck" so unvergesslichen Tag wurde Kübler von seinem bestens informierten Führer regelrecht vorgeführt.

Hitler war zwar freundlich, aber dieses Mal war er nicht mehr der aufmerksame Zuhörer wie seinerzeit beim Vortrag Küblers über seinen Plan zur Eroberung des Affenfelsens von Gibraltar. Er ließ den „Latschen-Nurmi" zunächst wie einen Fisch an der Angel zappeln. Und erst als dieser sich fast um Kopf und Kragen geredet hatte, ergriff Hitler selbst das Wort, fest entschlossen, es sich von diesem defätistischem Gebirgsjägergeneral nicht entreißen zu lassen.

Er sprach von Vertrauen, Zuversicht und Glauben, so wie sie ihn gestärkt hätten, als er mit seiner kleinen Partei trotz aller Rückschläge und Widerstände endlich doch das Reich erobert habe. Und er sprach von der Zukunft, von den großen Zielen, die er nach dem Krieg angehen werde. Doch von der Gegenwart, die mit ihren harten Forderungen auf jedem Mann und Führer der Front lastete, sprach Hitler nicht, wollte er auch gar nichts hören.[38]

Kübler setzte an. Er wollte ausführen, dass man den Frontverlauf über Städte, Ortschaften und Häusergruppen legen müsse, die der Truppe so lange eine Existenz und Verteidigungsmöglichkeit gäben, bis die Witterungsverhältnisse wieder die Ausbreitung in die freien Räume erlaubten. In vielen Abschnitten, so sein Gedankengang, ließe sich dieses Verfahren leicht durchführen. Die Nachschubwege zu den Verteidigungsräumen könne man freihalten. Aber Kübler kam nicht recht zu Wort. Seine Ausführungen wurden nicht zuletzt aufgrund seiner pessimistischen Feldpost als Defätismus angesehen. Daher forderte der Führer, dass sich die Armee, in welcher Verfassung sie auch sei, auf Angriff einzustellen habe.[39]

„Ich glaube nicht", erklärte Kübler seinem obersten Befehlshaber unumwunden, „dass die Armee in ihrer gegenwärtigen Verfassung eine solche Aufgabe erfüllen kann." Hitlers Züge verhärteten sich. „Sie müssen den Soldaten die Kälte austreiben", antwortete er energisch.
„Mein Führer", entgegnete der genervte Kübler, „wie soll ich die richtigen Worte finden, wenn ich vor Soldaten spreche, die mit abgefrorenen Händen und Füßen vor mir stehen."[40]
„Also doch", dachte sich Hitler. „Kübler ist ein Pessimist und Defätist. Die Meldung vom Münchner Generalkommando ist nicht von der Hand zu weisen. Mit solchen Generalen ist keine Schlacht zu gewinnen."

Der Führer zeigte dem Bauherrn der deutschen Gebirgstruppe nur mehr die kalte Schulter, entließ ihn auf der Stelle als Oberbefehlshaber der 4. Armee und schickte ihn zur „Wiederherstellung seiner Gesundheit" ab sofort in Genesungsurlaub.[41] Lakonisch hieß es über diesen nicht alltäglichen Vorgang in der um 10.10 Uhr angesetzten Lagebeurteilung des Generalstabschefs des Armeeoberkommandos 4 vom 1. Februar 1942: „Gen[eral] d[er] Inf[anterie] Kübler hatte sich der Aufgabe nicht gewachsen gefühlt und war abgelöst worden."[42] So kam der gedemütigte „Latschen-Nurmi" gar nicht mehr dazu, sich von seinem Generalstab, der fast vollständig seine Planungsarbeiten und den Einsatz der Verbände ausgeführt hatte, zu verabschieden oder gar einen Abschiedsbefehl für die entrissene Armee aufsetzen zu lassen. Nein, sogar dazu reichte seine psychische Kraft nicht mehr aus. Was hätte er auch mitteilen sollen? Die Wahrheit, sein Scheitern, seine Schmach?

Die Aufgabe, den Oberbefehl über eine Armee auszuüben, hatte Kübler hoffnungslos überfordert. Nicht umsonst hielt Generalfeldmarschall Günther von Kluge in seiner Beurteilungsnotiz vom 29. Januar 1942 fest:

„Nicht vertraut mit der Kampfführung und den besonders schwierigen Verhältnissen wurde es ihm schwer, auf seine unterstellten Korpsführer so einzuwirken, wie es der höchste Befehl und die Lage erforderten. Obgleich persönlich ein harter Mann, besonders gegen sich selbst, hatte er Hemmungen, die untere Führung im Sinne der klar ausgesprochenen obersten Willensmeinung so zu beeinflussen, dass sie überzeugend und zwingend wirkte. Er litt unter dieser Tatsache, die letzten Endes damit zusammenhing, dass sein Glaube an das Gelingen seiner Aufgabe nur gering war. Er hat das als ehrlicher Soldat bekannt. Ich halte General Kübler nach wie vor als Kommandierenden General, auch in schwierigen Lagen, für geeignet, am besten wohl als Führer von Gebirgstruppen – sein eigenstes Gebiet."[43]

Bleibt noch nachzutragen, dass der gescheiterte Kübler durch den tatkräftigen bisherigen Kommandierenden General des XXXXIII. Armeekorps, General der Infanterie Gotthard

Heinrici, der die 4. Armee dann vom 20. Januar 1942 bis zum 4. Juni 1944 überaus erfolgreich befehligte, ersetzt wurde. Zunächst konnte aber auch er trotz seines bewundernswerten persönlichen Einsatzes keine Wunder vollbringen. Dennoch schaffte er letztendlich das für unmöglich Gehaltene und stabilisierte die Front.

Verbannung in München – Wiederverwendung im Osten

Kübler hatte zuerst seine altvertraute 1. Gebirgsdivision an seinen ungeliebten Nachfolger Lanz abgegeben, dann das XXXXIX. Gebirgsarmeekorps neu aufstellen und dieses schließlich auf Befehl Hitlers gegen die bedrohte 4. Armee eintauschen müssen. Als er letztere nicht wie erhofft in den Griff bekommen konnte, schlug ihm sein Oberster Befehlshaber dieses operative Kriegswerkzeug gnadenlos aus der zögernden Hand. Somit hatte er innerhalb von nur vier Wochen sowohl ein Armeekorps als auch eine Armee verloren. Damit stand der Bauherr der deutschen Gebirgstruppe vor einem beispiellosen militärischen Scherbenhaufen. Geblieben war ihm einzig und allein sein treuer Bursche Hans Daurer.

Beim Zwischenstopp in Smolensk fielen dem um Jahre gealterten „Latschen-Nurmi" endgültig die Schuppen von den Augen. Erst jetzt schien er aus einem Trancezustand zu erwachen und begriff mehr und mehr seine Schmach.

Und da er niemanden hatte, dem er sein randvolles Soldatenherz ausschütten konnte, griff er zum einzig verbliebenen Strohhalm und klammerte sich wie ein im tiefsten Seelenleid Ertrinkender an seinen Burschen, bei dem er bei 49 Grad Kälte sich seinen ganzen Kummer und Gram von der aufgewühlten Seele redete. So erfuhr Daurer als erster Zeitzeuge von jener Aussprache, zu der Hitler seinen gescheiterten Oberbefehlshaber wie einen durchgefallenen Schüler zitiert hatte.

Für Kübler bedeutete das Scheitern vor Moskau den sichtbaren Wendepunkt, ja den tiefen Fall in seiner bis dato so kometenhaft verlaufenen Soldatenlaufbahn. Hätte er nur nicht die Nerven verloren und stattdessen mit seiner 4. Armee standgehalten, dann hätte sein Name auch weit über den begrenzten Kreis der deutschen Gebirgstruppe hinaus einen stolzen Klang erhalten. So aber hatten die sowjetischen Marschälle und Generale Kübler und die Deutschen rund 200 Kilometer westwärts gedrängt.

„Wlassow [...] gehörte zu den großen Helden, den Rettern Moskaus, die in allen Zeitungen abgebildet wurden. Auch das Ausland wurde auf ihn aufmerksam."[44]

Auf General Kübler fiel jedoch schon sehr schnell der Schatten der Bedeutungslosigkeit, nachdem er nicht imstande gewesen war, einen Zipfel der vorübereilenden Militärgeschichte über längere Zeit hinweg festzuhalten.

„Der Sieg bei Moskau war das entscheidende militärpolitische Ereignis des ersten Jahres des Großen Vaterländischen Krieges", jubelte der sowjetische Marschall I. Ch. Bagramjan. „Man kann die gewaltige Bedeutung seiner Folgen für den späteren Verlauf des Krieges nicht hoch genug einschätzen. Der fanatische ‚Blitzkriegsplan' wurde endgültig zerschlagen, die Legende von der Unbesiegbarkeit

der faschistischen Wehrmacht brach zusammen. Die Völker der Welt gewannen die Zuversicht, dass der Aggressor zu besiegen war."[45]

Wie Spott und Hohn klangen die Schlachtgesänge der sowjetischen Heerführer in Küblers Ohren, als er in die „Hauptstadt der Bewegung" heimkehrte, und zwar nicht als strahlender Sieger wie nach der legendären, verklärten „Sturmfahrt auf Lemberg" anno 1939, wie nach dem kühnen „Stoß in Frankreichs Herz" anno 1940 oder wie nach der „klassischen Korpsschlacht" von Uman – Podwyssokoje anno 1941. Sondern vor aller Welt gedemütigt durch seinen obersten Befehlshaber und bedrückt wegen seiner angeschlagenen Nerven. Nachdem Hitler entschieden hatte, dass der Bauherr der deutschen Gebirgstruppe sich „bis zur Wiederherstellung seiner Gesundheit zur Verfügung" zu halten habe,[46] verkroch er sich im wahrsten Sinne des Wortes wie ein geschlagener Hund in der Schwabinger Winzererstraße 54. Dort hatte die Familie Kübler im repräsentativen Bau der Münchner Standortkommandantur im darüberliegenden Stockwerk seit 1935 eine Dienstwohnung. So blieb ihm in Sichtweite des Vimy-Platzes wenigstens noch ein Hauch von Stallgeruch, die Erinnerung an seine gute alte Soldatenzeit, als für ihn alles so glanzvoll begonnen hatte.

Hier lebte Kübler wie ein Eremit mit seinen Beutestücken, und zwar unter anderem mit der Glocke von Podwyssokoje und den erbeuteten sowjetischen Fahnen neben dem gemütlichen Kachelofen. Nicht selten saß er tage- und nächtelang in seiner Generalsuniform und dem angelegten Ritterkreuz an seinem schweren Schreibtisch und studierte seine mitgenommenen Kriegsaufzeichnungen in einem Anflug von Nostalgie und Melancholie. Währenddessen nächtigte sein Bursche in der gegenüberliegenden „Vimy-Kaserne", wo er für seinen General jederzeit Gewehr bei Fuß stand. Seine Tätigkeiten erstreckten sich vom Posteinordnen (und heimlichen Lesen) über das Zeitungholen bis zu Arbeiten für Frau Kübler und die beiden Töchter Elisabeth, genannt Lilli, eine hochintelligente Persönlichkeit, und die einfältige Marianne, die ihrem Vater zuweilen Kummer bereitete. Nach dem Polenfeldzug war Daurer eines Tages ganz unverhofft als Bursche für General Ludwig Kübler abgestellt worden, obwohl er, wie er ohne Umschweife bekannte, nur Volksschulbildung besaß und sich zu den einfachen Leuten rechnete. Das Verhältnis entwickelte sich bei diesen so unterschiedlichen Charakteren in der Folgezeit derart vertrauensvoll, dass Daurer seinem General bis zu dessen Gefangenschaft als treuer Bursche durch alle Höhen und Tiefen begleitete.[47]

„Ich habe nach meinem Gewissen gehandelt", sprudelte es aus Kübler bei jeder sich bietenden Gelegenheit hervor, um sein Versagen vor Moskau zu rechtfertigen. Doch die psychische Last, die er zu tragen hatte, drückte zentnerschwer auf sein Gewissen, auch wenn er nicht viele Worte darüber verlor. Aber jeder, der ihn kannte, wusste: Der „Latschen-Nurmi" war mehr als verbittert. Er trauerte dem verlorenen Soldatenglück hinterher und haderte mit dem launischen Schicksal, das für ihn nur mehr ein Tal der Tränen parat hatte.

Es war jener Kübler, der einst, wenn es um zum Tode verurteilte Soldaten aus dem subalternen Bereich ging, Gnadengesuche abgeschmettert hatte,[48] während er den späteren General Max Schrank bei dessen zu Unrecht angeeigneten Beutestücken während des Polenfeldzuges deckte, nur weil dieser in Küblers Schwabinger Wohnung ein- und ausging.

Dieser Gebirgsjägergeneral überschätzte nach Aussage seines überaus kritischen Intendanten Bernklau nicht selten seine Kompetenzen, wenn er das Völkerrecht, die Haager Landkriegsordnung und die Genfer Konvention bei Kontributionen, die, wie im Polenfeldzug, nur ein Kommandierender General, aber kein Divisionskommandeur eintreiben konnte, nach eigener Auslegung angewendet wissen wollte,[49] sondern er trat auch angesichts des fanatischen sowjetischen Widerstandes für derart drakonische Vergeltungsmaßnahmen ein, dass General der Infanterie Carl-Heinrich von Stülpnagel am 12. August 1941 als Oberbefehlshaber der 17. Armee einen Antrag Küblers ablehnte, „gefangene sowjetische Generale zu erschießen und dies durch Flugblätter bekanntzugeben",[50] da nach Gefangenenaussagen „die zähe russ[ische] Gegenwehr unter anderem auf Angst vor Erschießungen zurückzuführen" sei.[51]

Nun war Kübler psychisch derart angeschlagen, dass er sich nicht selten in Hauseingängen versteckte, wenn ihm ein alter Kamerad über den Weg zu laufen drohte, wie zum Beispiel sein langjähriger Brigade-, Divisions- und Korpsintendant Dr. Wolfgang Bernklau. Anfang März 1942 erkrankte dieser an Gelbsucht (hepatitis epidemica) und kam über Lemberg, Breslau und Berlin zuletzt ins Standortlazarett München in der Lothstraße. Nach vermeintlicher Abheilung entließen ihn die Ärzte zu seinem Ersatztruppenteil, dem Stellvertretenden Generalkommando VII. Armeekorps in die Münchner Ludwigstraße, bei dem er als Leiter der Nachschubabteilung IVa eingesetzt wurde. Sein damaliger Fachvorgesetzter war der Generalintendant Dr. Oskar Dinkel.

Bald darauf hatte Bernklau ein Gespräch mit dem Kommandierenden General von Waldenfels, dem damaligen Wehrkreisbefehlshaber. Was dieser dabei über den abgelösten und ohne Verwendung in die Heimat verbannten General Kübler erfuhr, gab er noch in frischer Erinnerung an seinen Untergebenen weiter, weil dieser sechs Jahre dem Stab Kübler angehört hatte.[52]

„Kübler sei", so von Waldenfels, „zwar als Oberbefehlshaber der 4. Armee ebenso erfolglos gewesen wie sein Vorgänger von Kluge, doch sei er nicht deswegen abgelöst worden. Grund dafür sei vielmehr seine Schwarzseherei zur Gesamtlage an der Ostfront und sein Defätismus gewesen. Er habe dies in einem Brief an seine Frau dargelegt, die davon bedrückt zu General von Waldenfels ins Generalkommando gekommen sei und ihn die düstere Lagebeurteilung ihres Mannes wissen ließ. Er, von Waldenfels, habe dies dienstlich zur Kenntnis nehmen und nach oben melden müssen, was dann auch die weitere dienstliche Laufbahn von Kübler und seinen Lebensablauf" im negativen Sinne nachhaltig beeinflusste.[53]

Je länger Kübler in der Verbannung saß und Zeit zum Nachdenken hatte, desto mehr wurde ihm seine Erniedrigung bewusst. Überdies entnahm er von Tag zu Tag den Meldungen von den Kriegsschauplätzen, wie sich dort seine einstigen „Kameraden" oder Untergebenen erfolgreich zur Wehr setzten. So erfolgreich, dass viele von ihnen beförderungsmäßig entweder mit ihm gleichgezogen oder ihn gar überholt hatten – und zwar unter anderem Eduard Dietl, der „Held von Narvik", der innerhalb weniger Wochen vom Generalleutnant (1. April 1940) zum General der Infanterie/Gebirgstruppe (19. Juli 1940) und dann trotz seiner verheerenden Niederlage in der Arktis am 1. Juni 1942 gar zum Generaloberst aufgestiegen war; der verhasste Ferdinand Schörner, der am 27. Januar 1942 zum Generalleutnant und am 1. Juni 1942 zum General der Gebirgstruppe befördert wurde; der ungeliebte Hubert Lanz, der am 1. Dezember 1942 zum Generalleutnant und kurz darauf, am 28. Januar 1943, zum General der Gebirgstruppe aufgestiegen war; sowie der unbeliebte Rudolf Konrad, sein Nachfolger als Kommandierender des XXXXIX. Gebirgsarmeekorps, der am 1. Dezember 1940

Generalleutnant und am 1. März 1942 General der Gebirgstruppe wurde. Während die Generalssterne wie die Sterntaler auf die Schulterstücke seiner „Kameraden" fielen, tat sich für Kübler vorerst nichts, aber auch rein gar nichts hinsichtlich einer weiteren Verwendung oder gar Beförderung.

Sogar den von ihm so ungeliebten Dienstgrad eines Generals der Infanterie konnte er erst Ende 1942/Anfang 1943 gegen den elitären Rang eines Generals der Gebirgstruppe,[54] wie ihn die Generale Dietl, Schörner, Lanz, Konrad und weitere längst trugen, eintauschen. Aber damit war für ihn noch immer keine weitere Beförderung – wie etwa bei Schörner, der noch zum Generaloberst und zum einzigen Generalfeldmarschall der Gebirgstruppe aufsteigen sollte – in Sicht.

Der Stachel der Schmach saß tief, derart tief, dass Kübler von Tag zu Tag ungeduldiger wurde. So betätigte er sich immer mehr als Briefeschreiber, ja zum Bittsteller in Richtung Heerespersonalamt, um recht bald wiederverwendet zu werden. Und in der Tat wurde einer seiner Verzweiflungsschreie endlich erhört, so dass General der Infanterie Rudolf Schmundt als Chef des Heerespersonalamtes am 22. Juli 1943 in seinen Tätigkeitsbericht eintrug:

„Auf die mehrfachen Gesuche des Gen[erals] d[er] Geb[irgstruppe] Kübler schlägt Chef Heerespersonalamt dem Führer eine Wiederverwendung vor. Der Führer stimmt einem Wiedereinsatz zu, aber nicht als Armeeführer. General d[er] Geb[irgstruppe] Kübler wird daraufhin mit der Wahrnehmung der Geschäfte des Generals der Sicherungstruppen und Befehlshaber im Heeresgebiet Mitte ernannt."[55]

Mit dieser Verwendung kam Kübler völlig unerwartet in den Genuss einer Amnestie. Zwar wollte Hitler ihn unter keinen Umständen mehr als Oberbefehlshaber einer Armee verwendet sehen, aber beim Bauherrn der deutschen Gebirgstruppe überwog dennoch das Prinzip Hoffnung. Denn, so sagte er sich voller Zuversicht, er wollte es allen zeigen und das Soldatenglück, das Schörner immer höher aufsteigen ließ, mit aller Macht und „auf Teufel komm raus" auf seine Seite zwingen.

Von dem Willen beseelt, fortan jeden Befehl ohne Wenn und Aber bis zur letzten Konsequenz durchzuboxen, um eines Tages vielleicht doch noch den begehrten Dienstgrad eines Generaloberst zu erreichen, trat Kübler ab 22. Juli 1943 seinen Dienst als Befehlshaber des rückwärtigen Heeresgebietes Mitte (102) an und löste damit den glücklosen, am 6. Juli 1943 verstorbenen General der Infanterie Max von Schenckendorff ab. Er war fest entschlossen, die Schmach von Moskau zu tilgen. Hierzu war ihm jedes Mittel recht. Das bedeutete auch, dass er zu manch unmenschlichen Mitteln griff, um das Partisanenproblem mit brachialer Gewalt zu lösen. Über seine Verwendung im sowjetrussischen Partisanenkrieg gibt es kurz folgendes zu berichten:

„Es war im August 1943, als der sowjetische Partisanenverband ‚Polk Grishin' mit Resten im Gebiet zwischen Dnjepr und Sosh wieder verstärkt in Erscheinung trat. Die neu erwachte Aktivität zeigte sich in einer Reihe von Bahnsprengungen an der Strecke Rogatschew – Stary-Byschow – Mogilew und in der zunehmenden Unsicherheit im gesamten Gebiet zwischen Mogilew und Bobruisk. Der wieder sehr starke und gut ausgerüstete Verband wurde von Vertrauensleuten im Sumpfgebiet

nordostwärts Bobruisk festgestellt. Das nunmehr […] von [..] General der Gebirgstruppe Kübler der 286. Sicherungsdivision in Orscha und der 203. Sicherungsdivision in Bobriusk befohlene Bekämpfungsunternehmen sollte den Verband endgültig vernichten. In dem mit Truppen beider Sicherungsdivisionen und vom Befehlshaber der Polizei zur Verfügung gestellten Einheiten in einer Gesamtstärke von 12.000 bis 15.000 Mann geführten Unternehmen konnte das Partisanengebiet eingekreist, aber nicht zerschlagen werden. Die Führung des Partisanenverbandes war über die deutschen Angriffsabsichten bestens unterrichtet und konnte, begünstigt durch das unübersichtliche Gelände, das eine lückenlose Einschließung unmöglich machte, die stärksten Teile des Verbandes aus dem Einschließungsring ziehen und auf das Westufer des Dnjepr führen. Kleine Teile des Polks ‚versickerten' im Lande. Im Sumpfgebiet der Pronja, nördlich von Propoisk, konnte Grishin diese Resttruppen wieder sammeln und den Verband neu aufbauen. Bereits im September wurde das Eintreffen starker Partisanengruppen, die sich der Vernichtung in einem westlich des Dnjepr geführten Bekämpfungsunternehmen entziehen konnten, im Sumpfgebiet der Pronja gemeldet. Der Verband wurde neu geordnet. Durch verschiedene Täuschungsmanöver und die Beachtung strengster Geheimhaltung gelang der 221. Sicherungsdivision mit zwei verstärkten Regimentern die Einschließung. Grishin selbst erkannte seine Lage zu spät; dennoch gelang ihm mit einem Teil seines Verbandes der Ausbruch an der Stelle, an der die stärkste deutsche Feuerkraft konzentriert war. Die dort eingesetzte leichte Flakabteilung war im Partisanenkampf völlig unerfahren und ließ sich im Morgengrauen überrumpeln. Grishin, der Liebling der Zentrale in Moskau, entkam über den Dnjepr; große Teile seines Stabes mussten zurückbleiben, der Verband war endgültig zerschlagen."[56]

Damit hatte Kübler die in ihn gesetzten Erwartungen erfüllt. Seine drakonischen Maßnahmen gegenüber den Partisanen ließen die Führung aufhorchen. Als die Dienststelle des Befehlshabers des rückwärtigen Heeresgebietes Mitte am 1. Oktober 1943 nicht zuletzt wegen ihres Erfolges bei der Bekämpfung der sowjetischen Partisanenverbände aufgelöst wurde, ernannte man den „Latschen-Nurmi" zum Befehlshaber der mit italienischen und jugoslawischen Partisanenverbänden verseuchten Operationszone „Adriatisches Küstenland" mit den Provinzen Udine/Friaul, Görz, Triest, Fiume, Istrien, Quarnaro und Laibach, nachdem er vorübergehend für eine Verwendung an der Alpenfront vorgesehen war.[57]

Befehlshaber der Operationszone „Adriatisches Küstenland"

Ende August 1944 war in Rumänien der deutschfreundliche Marschall Antonescu gestürzt worden. Die neue Regierung Sanatescu schloss ein Bündnis mit der UdSSR ab. Aufgrund der ausweglos gewordenen Gesamtlage wurden die deutschen Verbände auf dem Balkan in erbitterten Kämpfen zurückgedrängt. Nach zersplitterten Einsätzen kamen sie arg dezimiert erst südlich des Plattensees wieder geschlossen zum Einsatz. Während der winterlichen Stellungskämpfe zwischen der Drau und dem größten See Ungarns vollzog sich in den Schlusstagen des Zweiten Weltkrieges in der Hafenstadt Triest, auf der Halbinsel Istrien und im Großraum Fiume die Tragödie des LXXXXVII. Armeekorps des Generals der Gebirgstruppe Ludwig Kübler in der Operationszone „Adriatisches Küstenland". Denn sowohl das Generalkommando als auch die ihm unterstellten Divisionen hatten noch am Vorabend der bedingungslosen Kapitulation von einer starren Führung offensive Kampfaufträge erhalten – und zwar gegen eine vielfache feindliche Übermacht aus regulären Truppen und Partisanenverbänden.

„Ich werde den Eindruck nicht los", resümierte der ehemalige NATO-Generalsekretär Dr. Manfred Wörner, „dass die militärische Führung am Schluss grobe Beurteilungs- und Führungsfehler gemacht hat."[58]

Im Brennpunkt der dramatisch verlaufenden Kampfhandlungen stand neben anderen Verbänden insbesondere die nur unzulänglich bewaffnete und wenig bewegliche 188. Reservegebirgsdivision mit einer zeitweiligen Verpflegungsstärke von rund 40.000 Mann unter General von Hößlin sowie – mit mehr oder weniger großen Abstrichen – die 257. Infanteriedivision unter General Freiherr von Mauchenheim, genannt von Bachtelsheim, die 237. Infanteriedivision unter General von Graevenitz, die 392. deutsch-kroatische Infanteriedivision unter General Mickl, die 278. Infanteriedivision unter General Hoppe, die 162. (Turk.) Infanteriedivision unter General Prof. Dr. Ritter von Niedermayer, ferner Einheiten der Gebirgstruppe der Waffen-SS (24. Waffengebirgsdivision der SS „Karstjäger") und das italienische Regiment Alpini „Tagliamento".[59] Küblers Befehlsgewalt sah folgendermaßen aus:

„In der strittigen Frage, ob er, der Gauleiter Rainer oder der Höchste SS- und Polizeiführer für die Bandenbekämpfung zuständig sei, wurde entschieden, dass in Istrien und in einem 30 Kilometer breiten Küstenstreifen, in dem die Bandenbekämpfung nicht von der Küstenverteidigung zu trennen war, dies die Aufgabe des Generals sei. Der Höchste SS- und Polizeiführer, dem keine Kräfte für Istrien zur Verfügung standen, erklärte sich nicht mit dieser Lösung einverstanden. Für den Fall einer Landung wurde entschieden, dass die Zivilorgane bis zur vordersten Linie in Tätigkeit blieben; nur sollten dann die militärischen Stellen ein Weisungsrecht an die örtlichen Stellen erhalten, falls es nicht mehr möglich war, ihnen über den Reichskommissar Befehle zukommen zu lassen."[60]

In der Praxis hatten die Befehlsverhältnisse in der Operationszone „Adriatisches Küstenland" für Kübler zu einer eigenartigen Lage geführt.

„Von der alten vorgesetzten Stelle (= Heeresgruppe Südwest) war ihm aufgetragen worden, am Isonzo beiderseits von Görz eine Abwehrstellung mit Front nach Westen zu erkunden und zu besetzen. Das Oberkommando der Marine aber verlangte von ihm den Schutz seiner Kriegshäfen, vor allem den Schutz Polas an der Südspitze von Istrien. Der OBSO [Oberbefehlshaber Südost] hatte außerdem um Aufnahme der geschlagenen 392. Legionsdivision und um die Sperrung der Landpforte von Fiume gegen nachdrängenden Gegner in Richtung Laibacher Senke und Triest ersucht."[61]

Schließlich oblag Kübler sowohl der Küstenschutz an der langen Nordküste der Adria, am Golf von Triest, in Istrien und Fiume als auch die Sicherung im Landesinnern. Die Kräfte seiner Operationszone lagen hauptsächlich in Görz (Generalkommando), in Triest, Postumia und Fiume.

Ein leichtes Infanteriegeschütz der Gebirgsjäger in winterlicher Feuerstellung 1941-42. Aus Eisblöcken wurden schützende Wände errichtet.

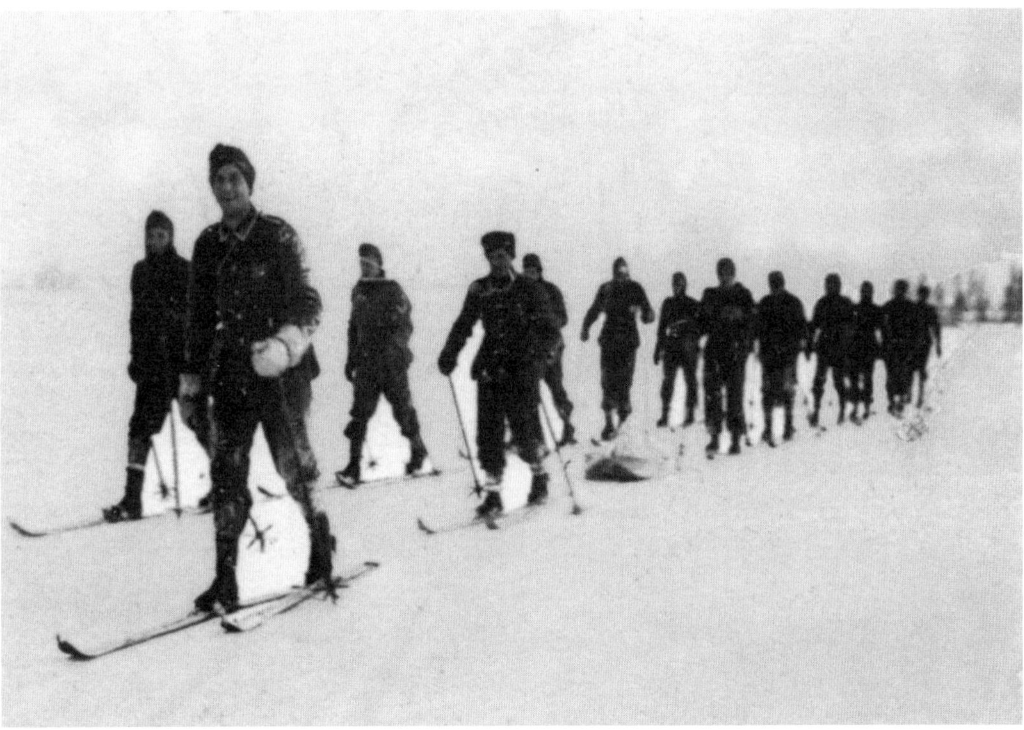

Ein Skizug ohne jegliche Winterausrüstung auf dem Marsch zum Versammlungsraum im russischen Winter 1941-42 vor der sowjetischen Hauptstadt Moskau.

Ein Offizier führt einen Spähtrupp mit Schneeschuhen über ein russisches Schneefeld.

Ein Skijäger in liegender Feuerposition mit seinem Karabiner im Anschlag.

Im Jahre 1942 konnten die Gebirgsjäger bei erfolgreichen Operationen bis zum Kaukasus vorrücken, was Ludwig Kübler versagt geblieben ist. Im Bild links Michael Pössingen und Alois Eisl vom Gebirgsjägerregimet 98.

Der Ritterkreuzträger Wilhelm Spindler im Kaukasus im Spätsommer 1942.

General der Gebirgstruppe Ludwig Kübler auf dem Zenit seiner Laufbahn, zunächst als Kommandierender General des XXXXIX. Gebirgsarmeekorps und dann als Oberbefehlshaber der 4. Armee vor Moskau 1941-42.

Dieses im Original farbige Gemälde Ludwig Küblers schmückte jahrzehntelang das Offizierskasino in der Kaserne in Mittenwald.

Nach seiner Abberufung als Armeeoberbefehlhaber Ende Januar 1942 zog sich Ludwig Kübler in seine Wohnung in München zurück. Im Hintergrund eine erbeutete sowjetische Fahne und am Boden die berühmte Beuteglocke von Podwyssokoje.

Ludwig Küblers Generalswohnung in der Winzererstrassse am Vimyplatz in München. Im Vordergrund das Kriegerdenkmal des Königlich Bayrischen Infanterieregiments Nr. 2.

Die Soldaten mit dem Edelweiß waren es, die General Ludwig Kübler, den Bauherrn der deutschen Gebirgstruppe, durch die harten Jahre des Zweiten Weltkrieges begleitet haben.

Küblers langjähriger Bursche, Hans Daurer, umsorgte ihn und seine Familie auch in der Münchner Wohnung.

Kampfraum Balkan 1943: Hier begrüßt General Rendulic den SS-Obergruppenführer Phleps.

Starke deutsche Truppenkontingente mussten ab Ende 1943 auf dem Balkan und Norditalien eingesetzt werden, um die Partisanentätigkeiten einzudämmen.

Ab Oktober 1943 wurde Ludwig Kübler zum Befehlshaber der Operationszone „Adriatisches Küstenland" ernannt. Weite Teile dieses Gebietes waren inzwischen als Bandengebiete ausgewiesen, wie dieses Schild beweist.

General der Gebirgstruppe Ludwig Kübler beim Kartenstudium auf einer Erkundungsfahrt durch sein neues Operationsgebiet im Jahr 1944.

Soldaten bei einer unbeschwerten Feier,
die auch im rückwärtigen Gebiet ab 1943 immer seltener wurden.

Der Gauleiter von Oberbayern, Adolf Wagner, zu Besuch bei Küblers Stab
und im Bild beim gemeinsamen Mahl in einer Holzbaracke.

Feindpropaganda!! 27. 7. 44 [illegible]

DEUTSCHE OFFIZIERE — UND SOLDATEN! —

IHR WERDET ZUR RECHNUNG GEZOGEN WERDEN!

Der Kommandant der Adriatischen Operationszone Generaloberst von Gangen, Kommandant Kübler, der Kommandant der XVI. SS Division der Panzergrenadiere im Adriatischen Küstenland Simon und der SS Gruppenführer in Gorica Globočnik sind von der Komission zur Feststellung der Verbrecher beim Präsidium des SNOS in die Liste der Kriegsverbrecher eingetragen worden.

Nach der Beendigung des Krieges wird man sie bis ans Ende der Welt verfolgen und dem slowenischen Volksgericht zur Aburteilung ausliefern.

Ihre Namen wurden schon England, Sovjetrussland und den Vereinigten Staaten bekannt gemacht.

Die genannten Kommandanten sind Mitschuldige der Verbrechen, welche von den deutschen Räubern und Mördern in letzter Zeit im slowenischen Adriatischen Küstenland verübt werden. Sie werden für alle das vergossene unschuldige Blut unserer Zivilbevölkerung und für alle niedergebrannten und ausgeplünderten Heime vom slowenischen Volk verurteilt werden. England, Sovjetrussland und Amerika sind Bürgen, dass die genannten Verbrecher tatsächlich in die Hände des slowenischen Volkes ausgeliefert werden, auch wenn sie sich ans Ende der Welt verkriechen würden.

Deutsche Offiziere und Soldaten!

Hitlers Deutschland steht dem Zusammenbruch bevor! Die Tage sind ihm gezählt! Der Hitlerismus wird mit allen Wurzeln ausgerottet werden.

Derjenige, dessen Hände noch nicht vom unschuldigen Blut befleckt sind, soll sich in dieser letzten Minute in Acht nehmen. Wir wissen für alle Verbrecher und kennen alle Verbrechen.

Deutsche Blutsäuger, die Ihr der Verbrechen schuldig seid, sollt aber wissen, dass Euch nichts in der Welt vor dem Urteil bewahren kann.

Das slowenische Volk baut schon den Galgen für Euch!

Deutsche Offiziere und Soldaten!

Seid klug, sabotiert die Befehle Eurer verbrecherischer Führer; damit rettet Ihr Euch das Leben. Das Ende des Krieges steht bevor. Hitlers Deutschland ist bereits in die Knie gezwungen! Falls Ihr die Befehle Eurer verbrecherischen Führer ausführt, stürzt Ihr Euch selbst und Eure Familien ins Verderben!

Die Stunde der Vergeltung hat geschlagen! Alle Verbrecher werden bald die verdiente Strafe ernten!

TOD DEN FASCHISTISCHEN VERBRECHERN UND IHREN KOMPLIZEN!

Dieses Flugblatt der Tito-Partisanen vom Juli 1944 richtet sich an die Truppen unter Küblers Kommando.

Generalleutnant Hans von Hößlin (Bildmitte) mit Offizieren der 188. Gebirgsdivision am 24. Mai 1944 in Pula. Dieser Gebirgsgroßverband hatte zeitweise eine Verpflegungsstärke von über 40.000 Mann und war damit eine der tragenden Säulen in Küblers Operationszone „Adratisches Küstenland".

Pioniere machen sich mit Sprengladungen für den nächsten Einsatz bereit.

Hans Daurer folgte seinem General Ludwig Kübler auch in die grausame jugoslawische Gefangenschaft.

Hauptmann Walter Gödde war einer von Küblers Bataillonsführern in der Operationszone „Adriatisches Küstenland".

Gebirgsjäger beim Sammeln nach einem Einsatz gegen Partisanen in Istrien im Frühjahr 1944.

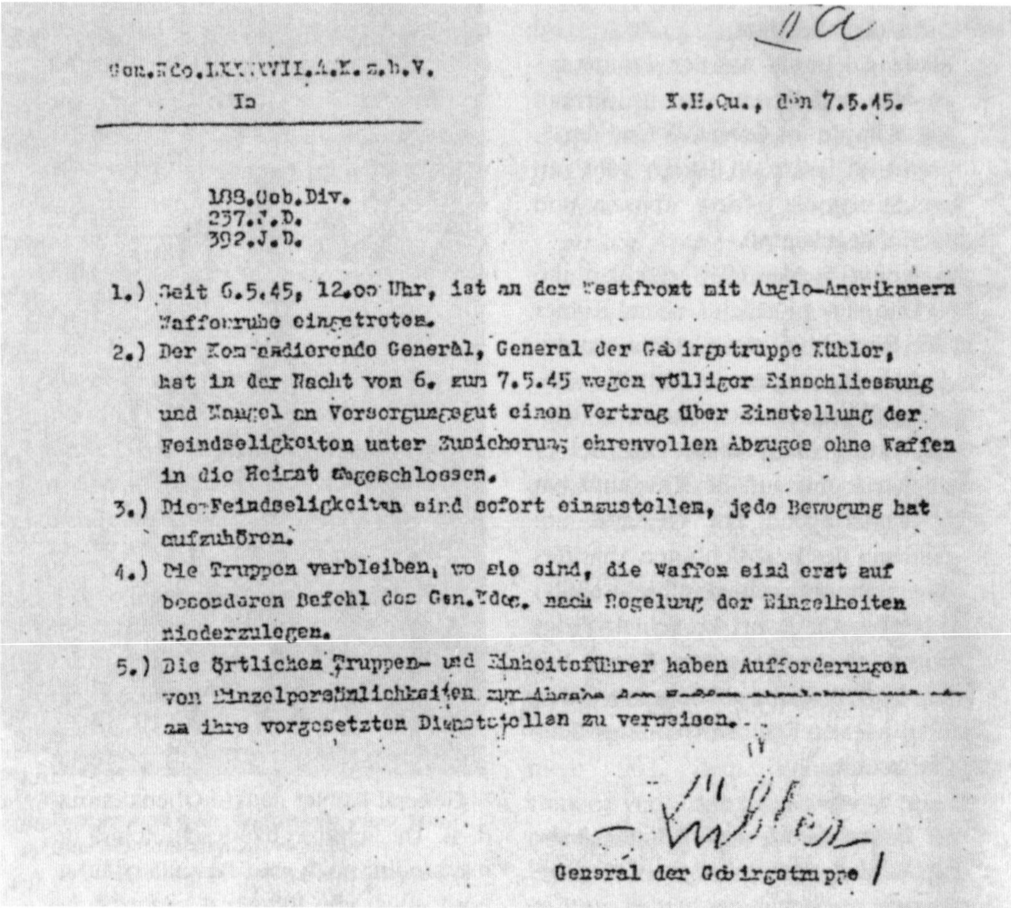

II a

Gen.Kdo.LXXXXVII.A.K.z.b.V.
Ia

K.H.Qu., den 7.5.45.

188.Geb.Div.
237.I.D.
392.I.D.

1.) Seit 6.5.45, 12.oo Uhr, ist an der Westfront mit Anglo-Amerikanern Waffenruhe eingetreten.

2.) Der Kommandierende General, General der Gebirgstruppe Kübler, hat in der Nacht von 6. zum 7.5.45 wegen völliger Einschliessung und Mangel an Versorgungsgut einen Vertrag über Einstellung der Feindseligkeiten unter Zusicherung ehrenvollen Abzuges ohne Waffen in die Heimat abgeschlossen.

3.) Die Feindseligkeiten sind sofort einzustellen, jede Bewegung hat aufzuhören.

4.) Die Truppen verbleiben, wo sie sind, die Waffen sind erst auf besonderen Befehl des Gen.Kdo. nach Regelung der Einzelheiten niederzulegen.

5.) Die örtlichen Truppen- und Einheitsführer haben Aufforderungen von Einzelpersönlichkeiten zur Abgabe der Waffen abzulehnen und sie an ihre vorgesetzten Dienststellen zu verweisen.

Kübler
General der Gebirgstruppe

Küblers Befehl zur Einstellung der Kampfhandlungen vom 7. Mai 1945.

Ein Weg ohne Wiederkehr für viele. Gebirgsjäger, nur im Unterzeug und ohne Schuhe, beim „Sühnemarsch“ oder „Todesmarsch“ in die jugoslawische Gefangenschaft, aus der sehr viele nicht wieder zurückkehrten.

General der Gebirgstruppe Ludwig Kübler, hingerichtet in Jugoslawien im August 1947.

Die Grabstätte der Familie Kübler auf dem Münchner Westfriedhof.

Auch Ludwig Küblers jüngerer Bruder, Generalleutnant Josef Kübler, war Kommandeur der 1. Volksgebirgsdivision. Er wurde im Februar 1947 in Jugoslawien hingerichtet.

Kübler, Garmisch 27.5.48

Riesserkopfstr. 38

Sehr geehrter Herr Stittmann!

Darf ich Sie heute um ein Gutachten über meinen Mann bitten?
Sollten Sie in der Lage sein weitere Unterschriften zu sammeln oder besondere Gutachten von anderen Herren oder von Soldaten zu erhalten so wäre ich Ihnen dankbar.
Von widersprechenden Nachrichten über meinen Mann werde ich hin- u. hergerissen. Ich kann nicht mit Sicherheit annehmen, daß er nicht mehr lebt.
Ich würde bitten, daß die amtlich beglaubigten Gutachten bald in meine Hände gelangen könnten, da die Sitzung der Bischöfe, für die ich sie bräuchte, bereits im Juni stattfinden soll.

Mit herzlichen Grüßen auch an Ihre Gattin und guten Wünschen

Fr. A Kübler

Bittschreiben von Frau Anna Maria Kübler vom 27. Mai 1948.

„Im Bereich des LXXXXVII. Armeekorps waren nicht nur die Küsten befestigt und artilleristisch stark bewaffnet, es ging auch eine Abwehrlinie entlang des Tschitschenbodens zwischen Triest und Fiume. Am Isonzo war eine Stellung, Front nach Osten, im Bau. Die ‚Reichsschutzstellung', aus einer Kette feldmäßig ausgebauter Stützpunkte bestehend, war fertig, die Fortsetzung durch Krain ziemlich fortgeschritten. An der Enge westlich Agram gab es eine ausgedehnte Sperrstellung."[62]

Um klarzustellen, dass General Kübler in der Operationszone als Truppenführer das Sagen hatte, wurde sein Stab zwischen dem 10. und 28. September 1944 in Generalkommando LXXXXVII. Armeekorps umgegliedert, durch den Artilleriekommandeur 497 und die Korpsnachrichtenabteilung 497 verstärkt und von Oktober 1944 bis März 1945 der Heeresgruppe C (Oberbefehlshaber Südwest) sowie im April und Mai 1945 der Heeresgruppe E (Oberbefehlshaber Südost) unterstellt.[63]

Behindert wurde die Kampfführung der Deutschen jedoch nicht nur durch die gegnerischen Attacken, sondern in einem erheblichen Maße durch den Wirrwarr unterschiedlicher Befehlsstränge und Anordnungen.

„Im territorialen Bereich der Operationszonen unterstanden dem Höchsten SS- und Polizeiführer der Höhere SS- und Polizeiführer im Wehrkreis XVIII für die Provinz Laibach, Rösener, – die übrigen fünf Provinzen des ‚Adriatischen Küstenlandes' waren dem Höheren SS- und Polizeiführer in Triest, Globocnik, unterstellt. [...] Diese erhielten jedoch auch Weisungen direkt vom Befehlshaber der Sicherheitspolizei und des SD in Italien mit Sitz in Verona, Harster."[64]

Schneller als allgemein erwartet, wurde Küblers LXXXXVII. Armeekorps mit seinen unterstellten Divisionen und Regimentern in den Sog der militärischen Ereignisse hineingezogen; umso mehr, als das Großdeutsche Reich um die Jahreswende 1943/44 bereits auf allen Kriegsschauplätzen in die strategische Defensive gedrängt worden war.

In den weiten Ebenen Russlands kämpften die ausgezehrten deutschen Verbände gegen die erdrückende Übermacht der Roten Armee, und auf dem Balkan standen keine ausreichenden Kräfte mehr zur Verfügung, um Titos Partisanenarmee nachhaltig ausschalten zu können.

In Jugoslawien, wo die Tradition des Partisanenkampfes bis in die Zeit der Türkenherrschaft zurückreicht, zersplitterten sich die Widerstandskämpfer in verschiedene, sich gegenseitig bekämpfende Gruppen. Mehr noch: Es war in diesem Vielvölkerstaat ein Kampf aller gegen alle, der auch in unserer Zeit wieder unbarmherzig entbrannt ist: Serben mit Kroaten gegen Deutsche, Italiener mit Kroaten gegen Serben, Deutsche und Italiener mit Kroaten und Serben gegen Titos Partisanen, Albaner und Italiener mit Deutschen gegen Tito, Mihailovic-Tschetniks gegen Partisanen, die Veteranen der russischen Zarenarmee gegen Tito, Tschetniks mit Deutschen gegen Partisanen, Mazedonier gegen Slowenen, und die deutsche Führung holte sogar ‚Freie Araber' zu Hilfe, außerdem Christen gegen Mohammedaner, Katholiken gegen Orthodoxe, Griechen gegen Griechen, Kosaken und SS-Verbände gegen Partisanen und nicht zuletzt Engländer gegen Griechen.

Dazu spielten sich hinter den Kulissen erbarmungslose Duelle der Geheimdienste und verwegener englischer, deutscher, amerikanischer und sowjetischer Sonderkommandos ab, die kein Pardon kannten,[65] während Josip Broz Tito sich aus den Interessenkämpfen zwischen

Kroaten, Serben und Muselmanen geschickt heraushielt und schließlich eine stattliche bewegliche Streitmacht, die häufig von britischen Luft- und Seestreitkräften sowie mit Panzern und Artillerie wirkungsvoll unterstützt wurde, unter seinem Kommando vereinigen konnte. Dabei bildete die bereits Ende Dezember 1941 aufgestellte „Erste Proletarische Brigade" den Kern der späteren „Volksbefreiungsarmee Jugoslawiens", die im Herbst 1944 rund eine halbe Million Mann umfasste.

Es war eine Partisanenstreitmacht, die mit schonungsloser Grausamkeit auch den Kampf gegen die Deutschen in der Operationszone „Adriatisches Küstenland" aufnahm. Der Befehlshaber reagierte nicht nur prompt, sondern auch entsprechend hart, wie wir seinen Richtlinien für die Bandenbekämpfung aus dem Korpsbefehl Nr. 9 vom 24. Februar 1944 entnehmen können:[66]

„I. Mit dem Abtransport der 71. Infanteriedivision und dem Einsatz der 162. Infanteriedivision an der Küste haben die Banden Luft bekommen. Sie terrorisieren die Bevölkerung, rauben Vieh und Lebensmittel und rekrutieren in großem Umfang durch Zwangsaushebung. Sie morden deutsche Soldaten aus dem Hinterhalt, überfallen Kraftfahrzeuge und Kolonnen, sprengen Bahnen und Brücken, plündern Lebensmitteltransporte, zerstören Kabel und Drahtverbindungen, schänden die Leichen deutscher Soldaten. Die anderthalb Monate vom 1. Januar bis 15. Februar 1944 haben uns 503 Opfer an Toten, darunter 3 Kommandeure, gekostet. Gezählt wurden:
181 Überfälle auf die Wehrmacht,
125 Attentate gegen die Eisenbahn,
22 Brückensprengungen an Bahnen und Straßen,
25 Großsabotagen an Kabeln und Fernsprechleitungen,
68 zerstörte oder stark beschädigte Kraftfahrzeuge.

II. Das ist Großkampf auf Befehl der Feindmächte. Es steht ferner aus erbeuteten Papieren fest, dass die Bandenführung den allgemeinen Volksaufstand planmäßig vorbereitet für ‚den Tag' an dem die Anglo-Amerikaner an unserer Küste landen wollen. […]

IV. Da gibt es nur Eines: Terror gegen Terror, Auge um Auge, Zahn um Zahn! […]

V/6) Im Kampf ist alles richtig und notwendig, was zum Erfolg führt. Ich werde jede Maßnahme decken, die diesem Grundsatz entspricht.

V/7) […] Gefangene Banditen sind zu erhängen oder zu erschießen. Wer die Banden durch Gewährung von Unterschlupf oder Verpflegung, durch Verheimlichung ihres Aufenthaltes oder sonst durch irgendwelche Maßnahmen freiwillig unterstützt, ist todeswürdig und zu erledigen.

V/10) Kollektivmaßnahmen gegen Dörfer usw. dürfen nur im unmittelbaren örtlichen und zeitlichen Zusammenhang mit Kampfhandlungen und nur von Offizieren vom Hauptmann an aufwärts verhängt werden. Sie sind am Platz, wenn die Einwohnerschaft in ihrer Masse die Banden freiwillig unterstützt hat. Die Kampfanweisung für die Bandenbekämpfung im Osten gilt in ihren Grundsätzen auch für die Operationszone des Armeekorps. […]

Handelt danach!
gez. Kübler,
General der Gebirgstruppen

Dieser Befehl ist bis zu den Kompanien zu verteilen. Seine Grundsätze sind allen Offizieren, Unteroffiziern und Mannschaften immer wieder einzuhämmern."[67]

Nach derartig drakonischen Befehlen eskalierten die Kampfhandlungen aber noch mehr, zumal Kübler darüber hinaus noch gefordert hatte, „dass im Kampf bisweilen auch Unschuldige mit Gut und Blut unter die Räder kommen, ist bedauerlich, aber nicht zu ändern. Sie mögen sich bei den Banden bedanken. Nicht wir haben den Bandenkrieg eröffnet."[68]

Fortan waren die Deutschen in der Operationszone „Adriatisches Küstenland" gezwungen, sich ihren Weg sowohl gegen den Widerstand der italienischen als auch der jugoslawischen Partisanen zu erstreiten.

„Bemerkenswert ist [dabei] der Einfluss, den der Oberste Kommissar auf den die Kollektivmaßnahmen betreffenden Teil des Korpsbefehls nehmen konnte. Rainer war der Meinung, dass Kollektivmaßnahmen an nicht nachweisbar am Bandenkampf Beteiligten nur neuen Zulauf zu Partisanengruppen brächten und außerdem zu deutlichem Prestigeverlust der Deutschen führten. Er bewog daher den Befehlshaber zum Verzicht auf nachträgliche Kollektivmaßnahmen."[69]

Der mäßigende Einfluss des Kärntner Gauleiters ging noch weiter:

„Der entsprechende Abschnitt im Korpsbefehl des Befehlshabers bestimmte daher, dass Kollektivmaßnahmen nur mit Zustimmung des Befehlshabers selbst durchgeführt werden dürfen. Im Übrigen versicherte der Befehlshaber dem Obersten Kommissar, dass er in allen Fällen, in denen Kollektivmaßnahmen vorgesehen wären, diese erst nach vorheriger Zustimmung durch den Obersten Kommissar durchführen ließe."[70]

Das bedeutete im Klartext: Nicht Hitlers „politischer General" Dr. Friedrich Rainer, sondern der Armeebefehlshaber Ludwig Kübler war in der Operationszone „Adriatisches Küstenland" der Härtere von beiden. Küblers Schuldkonto in Bezug auf Völkerrechtsverletzungen wäre noch um einiges überzogen worden, wenn er nicht wiederholt von politischer Seite gebremst worden wäre. So löste das „räumlich und zeitlich nicht begrenzte Amnestieversprechen des Obersten Kommissars [...] bei den militärischen Stellen größere Verärgerung aus."[71]

Nimmt es da wunder, dass die unmenschlichen Maßnahmen sowohl auf Seiten der Aufständischen als auch der Wehrmacht ständig eskalierten? Die Kämpfe wurden härter und härter. Die Partisanen verfolgten jetzt nicht nur die Unterbrechung der deutschen Nachschublinien, sondern sie machten die Bevölkerung regelrecht „partisanenhörig", was ihnen im Raume Fiume – Triest – Görz – Udine auch größtenteils gelang, denn die geologische Beschaffenheit dieses Gebietes bot sich in weiten Teilen für diese hinterhältige Kampfweise geradezu an. Nicht umsonst bekannte der Generalfeldmarschall Albert Kesselring:

„Im Bereich ‚Generalkommando Kübler' (LXXXXVII. Armeekorps) war die bisherige Bandentätigkeit ein starkes Hemmnis für Ausbildung und Stellungsbau. Das Vorrücken der Titokräfte südlich Fiume erforderte Aufmerksamkeit. Mit Truppen wie mit Nachschub war dieser Frontteil stiefmütterlich versorgt."[72]

In dieser Zeit äußerster Anspannung fanden immer und immer wieder deutsche Einsätze gegen die sich krebsartig ausbreitenden Partisanenverbände statt, denn je länger der Zweite Weltkrieg dauerte, desto organisierter und wirkungsvoller wurde der Kampf der Freischärler. In Oberitalien operierte nach dem Sturz des faschistischen Diktators Mussolini die meist kommunistisch orientierte Untergrundbewegung. Daher waren Küblers Gebirgssoldaten der 188. Reservegebirgsdivision fortan gezwungen, sich ihren Weg gegen den fanatischen Widerstand der italienischen als auch der jugoslawischen Partisanen zu ertrotzen. Unter anderem wurde zwischen dem 17. und 24. April 1944 das Unternehmen „Wendelstein I – IV" gegen Partisanenverbände durchgeführt, das allerdings nicht den gewünschten Erfolg brachte, da es dem Gegner immer wieder gelang, sich der tödlichen Umklammerung geschickt zu entziehen. Andererseits hatten derartige Einsätze für die junge Truppe einen enorm hohen Ausbildungswert, denn die Rekruten wurden so von Anfang an sehr realitätsbezogen mit der rauen Wirklichkeit konfrontiert.[73]

Im Mai und im Oktober 1944 wurden aufgrund der sich rasch wandelnden militärischen Lage Umgruppierungen der 188. Reservegebirgsdivision notwendig. Trotz ihres Ausbildungs- und Sicherungsauftrages wurden ihre verschiedenen Regimenter und Bataillone immer wieder zu Unternehmen gegen die Partisanenverbände im Raume Friaul – Görz-Triest herangezogen. Es waren Unternehmen, die Decknamen wie „Prien" (7. bis 10. August 1944), „Isonzo" (19. bis 22. August 1944), „Zugspitz-Höllental" (21. bis 22. August 1944), „Dachstein" (29. bis 30. August 1944) oder „Habicht" (23. bis 25. September 1944) trugen.[74]

Die permanente Überforderung der Truppe, die sich vielfach nur mehr aus jungen Rekruten zusammensetzte, forderte mit der Zeit ihren physischen und psychischen Tribut. Drakonische Maßnahmen, für die kein geringerer als der Befehlshaber der Operationszone „Adriatisches Küstenland" wiederholt eintrat, sollten wankelmütige Landser abschrecken, ins Lager der Alliierten zu wechseln, nachdem die Amerikaner in Millionenauflage Passierscheine gedruckt hatten, die die Unterschrift des Generals Eisenhower trugen.[75]

Je härter der Kampf wurde, umso mehr war Kübler wieder in seinem Element. Er, der wie stets mit seinen unverwechselbaren Wickelgamaschen und einer abgetragenen Windjacke in seinem Befehlsbereich unterwegs war, sprang wie seinerzeit bei den Gebirgsübungen in den Bayerischen Alpen über Stock und Stein, so dass er seinem alten Namen „Latschen-Nurmi" nochmals alle Ehre machte. Jetzt hatte er jedoch einen neuen, entlarvenden Spitznamen erhalten: „Adriaschreck"[76], womit er an die Zeit anknüpfte, als bei ihm „Law and Order" ganz groß geschrieben wurden. Diese Handlungsweise schien die Partisanen jedoch mehr zu motivieren als abzuschrecken. So wogte das Kampfgeschehen weiter hin und her.

Der 10. Februar 1945 war in gewisser Hinsicht ein besonderer Tag. Kübler informierte sich über die Fortschritte im Stellungsbau. Er besichtigte dabei unter anderem die festungsmäßigen Bunker bei Villa Decani, in Ospicio und auf der Landzunge sowie die Stellungen der 5./M.A.A. 626. Der Kommandierende General war des Lobes voll. Dann äußerte er sich auch über den beabsichtigten Ausbau einer Titschenbodenstellung, die im Anschluss an den linken Flügel des Reservegebirgsjägerregiments 137 auf der Karsthöhe oberhalb von S. Sergio erfolgen und im weiteren Verlauf dem Höhenzug bei Madonna delle Neve – Monte Tajano (1 028 Meter) – Porta Piccola/Grande – M. Basusizza (1 082 Meter) – M. Trestenico (836 Meter) folgen sollte. Hinter dieser Linie verlief die von den Italienern gebaute Wasserleitung, die das gesamte Gebiet mit dem kostbaren Nass versorgte. Dieser Frontverlauf war nach dem deutschen Rückzug hinter die Po-Linie als neu zu bauende Zwischenfront vor der eigentlichen Alpenfront gedacht gewesen. Mit dem Hinweis auf strengste Geheimhaltung orientierte Kübler dann seinen alten Reichswehrkameraden Dr. Schulze über die militärpolitische Lage folgendermaßen:[77]

„Wie bekannt", so der Kommandierende General zu seinem Regimentskommandeur, „haben die Alliierten Anfang 1945 ihren Vorstoß am rechten Flügel bis zum Po durchführen können. Wenn im Frühjahr diese Feindkräfte mit ihrer Überlegenheit in der Luft und auf der Erde erneut angreifen, müsste die morsch gewordene deutsche Front im Nordwesten des Apennins zerbrechen."

In der Heeresgruppe C unter Kesselring waren die zwei deutschen Italienarmeen, die ständig Divisionen an andere Kampffronten abgeben mussten, zusammengefasst. Die faschistischen Divisionen, die Mussolini nach seiner Befreiung auf dem Gran Sasso durch deutsche Fallschirmjäger in seiner verbliebenen Sozialistischen Republik hatte aufstellen lassen, seien aber kein Ersatz für diese abgegebenen deutschen Divisionen. Auch funktioniere der Nachschub für sie nicht mehr. Das Partisanenunwesen in den rückwärtigen Gebieten nehme immer mehr überhand. In dieser Lage gäbe es, so Kübler, nur eines: Rückzug hinter den Po, wo angeblich eine neue Linie vorbereitet sei.

Hitler sei generell gegen diesen Rückzug. Wenn er aber notwendig werden sollte, dann sollten in Norditalien alle Industrien, Verkehrswege, Nachrichtenzentralen und Versorgungsbetriebe zerstört werden. Feldmarschall Kesselring und Marschall Graziani, der die neu aufgestellten italienischen Truppen befehligte, seien aber gegen diese Strategie der „verbrannten Erde".

Nicht anders dächten auch der deutsche Botschafter Rahn und der Höchste SS- und Polizeiführer in Italien, der General der SS Wolff, der sogar einen seiner Vertrauten, den SS-Standartenführer Dollmann, bereits Ende 1944 als „Fühler" zu den Alliierten eingesetzt habe. Dieser habe sich aber, so Kübler, der während seiner Ausführungen wiederholt auf strengste Geheimhaltung hinwies, eine Abfuhr geholt. Trotz dieser Lage sei es trotzdem verdammte Pflicht und Schuldigkeit der Deutschen, sich weiter voll für die Verteidigung des Vaterlandes einzusetzen, da auch Hitler noch weitere Geheimwaffen habe und durch diese den Krieg noch gewinnen wolle, wie der „Adriaschreck" abschließend voller Zuversicht betonte.[78]

Währenddessen zeichnete sich an der dalmatinischen Küste ein stärkeres Vorgehen von Verbänden der Partisanen mit Stoßrichtung entlang der Adria auf Fiume und Triest ab. Dieser Stoßkeil diente in erster Linie nicht taktischen, sondern hauptsächlich politisch-strategischen Zielen, und zwar der Abspaltung der Halbinsel Istrien und der Sicherstellung jugoslawischer Ansprüche an bisherige italienische Gebiete unter gleichzeitiger Einverleibung Kroatiens in einen neuen jugoslawischen Staatsverband. Ferner konnte das Gelingen eines derartigen operativen Stoßes durch den Gegner zum einen zum Gewinn des Gebietes um Laibach zum anderen in den Rücken der Heeresgruppe E führen und diese empfindlich treffen. Denn im Norden sicherten fünf Polizeiregimenter und das Serbische Freiwilligenkorps unter dem SS-Obergruppenführer Rösener sowie SS- und Polizeiverbände unter dem Höheren SS- und

Polizeiführer Globocnik den Raum zwischen Monte Nevoso, Postumia und Laibach.[79] Aber auch auf Istrien waren die Deutschen nicht untätig. „Mit genialer Planung und eiserner Faust"[80] hatte Generaloberst Löhr seine in Griechenland stehende Heeresgruppe E in einem Zuge nach Kroatien geführt. Aus der Zvonimir-Stellung heraus drehte er das XXXIV. Armeekorps z. b. V. (zur besonderen Verfügung) nach Ostkärnten und Villach ab, „um alle einströmenden Truppenteile aufzufangen, zu reorganisieren und dann mit ihnen eine Abwehrfront entlang der Karawanken und der Karnischen Alpen aufzubauen"[81], während das LXXXXVII. Armeekorps noch offensive Aufgaben zwischen Fiume und Triest wahrzunehmen hatte.

Mehr noch: In Abstimmung mit den Interessen der Heeresgruppe E und Ostmark wurde die Sicherung Südkärntens „gegen Einwirkungen der Angloamerikaner bzw. Titoverbände" als vordringlichste Aufgabe angesehen, denn Löhr wollte um jeden Preis eine Bolschewisierung Österreichs verhindern.[82]

Obwohl der Zusammenbruch der deutschen Front auf dem italienischen Kriegsschauplatz den Westalliierten endlich den begehrten Weg durch die Laibacher Pforte in den weichen Unterleib Österreichs eröffnet hatte, fiel noch ein ganz bitterer Wermutstropfen in den Freudenbecher des anglo-amerikanischen Vormarsches, der keine rechte Siegesfreude aufkommen ließ. Denn plötzlich zeichnete sich für die Alliierten an ihrem äußersten rechten Flügel, an der Nahtstelle zwischen der Heeresgruppe E (Oberbefehlshaber Südost Generaloberst Löhr) und der Heeresgruppe C (Oberbefehlshaber Südwest zunächst Generalfeldmarschall Kesselring, dann Generaloberst von Vietinghoff), deren Grenzlinie der Isonzo bildete, eine äußerst kritische Lage ab, die nicht einkalkuliert gewesen war. Kaum zu glauben, aber wahr: Die Gefahr drohte ihnen, den Westalliierten, jetzt nicht mehr von den Deutschen, sondern von ihren eigenen Verbündeten, nämlich von Titos Partisanenarmee, die mit schnellen Truppen in Richtung Görz und Triest vorstieß, um ihr begehrtes Kriegsziel zu erreichen.

Nun reagierte das Oberkommando der britischen 8. Armee unter General McCreery rasch und befahl der am weitesten im Osten stehenden 2. neuseeländischen Division, so schnell wie irgend möglich nach Triest vorzustoßen und die Hafenstadt an der Adria einzunehmen. Damit war in den letzten Tagen des Zweiten Weltkrieges auf dem europäischen Kontinent der Startschuss für einen militärischen Wettlauf sondergleichen ausgelöst worden: ein Wettlauf zwischen den deutschen Kriegsgegnern um die zukünftige Einflusssphäre im konfliktreichen jugoslawisch-italienischen Grenzgebiet.[83]

In jenen schicksalhaften Tagen wurde Ludwig Kübler dem Oberbefehlshaber Südost direkt unterstellt, und zwar mit dem Auftrag, Fiume, die bedeutendste jugoslawische Hafenstadt mit ihren großen Schiffswerften, unbedingt zu halten. Löhr konnte sich diesbezüglich hundertprozentig auf den „Adriaschreck" verlassen, denn dieser überaus ehrgeizige General trachtete seit der Schmach von Moskau mehr denn je danach, seinen ramponierten Ruf um jeden Preis aufzupolieren. Mehr noch: Ein kühles Abwägen des Für und Wider eines seiner Meinung nach durch die militärische Lage vor Ort überholten höheren Befehls opferte er jetzt einer knallharten Durchhaltetaktik.

Nur so ist es zu erklären, dass der Kommandierende General des LXXXXVII. Armeekorps viel zu lange widerspruchslos an seiner offensiven Aufgabe in Istrien festhielt und damit Tausende seiner Männer opferte. Denn, so Küblers ehemaliger Truppenoffizier Walter Gödde, (für Offz., ausschl. San.-, Vet.-, Ing. Offz., Offz. (W))

über den

Anzahl der Kinder: – Söhne – – Töchter 2

bei 1. Staffel PA ausgewertet

Gen.d.Geb.Tr. 1.8.40 (9) Ludwig Kuebler
Dienstgrad 1) RDA (Ord. Nr.) Vorname Name

Befh.i.d.Op.Zone Adriat.Kuestenland · 1.Geb.Div. 2.9.89
Mob.-Dienststelle Friedensdienststelle bzw. W.B.K. und Friedenstruppenteil 3) geboren am

akt.Offizier mit Kriegsschulausbildung kv.
Laufbahn bzw. Zivilberuf 4) Tauglichkeitsgrad - Versehrtenstufe

H.M.42, Ziffer 976 und H.M.44, Ziffer 22
Anlass der Vorlage bzw. Abgabe 5)

26.8.39 – 24.10.40 Kdr.1.Geb.Div.; 25.10.40 – 16.12.41 Komm.Gen.XXXXIX, Geb.A.K.; 17.12.41 – 20.1.42 Ob.A.O.K.4; 21.1.42 – 21.7.43 Fhr.Res.OKH; 22.7.43 – 4.9.43 m.d.F.d.G. des Komm.Gen.d.Sich.Tr.u.Befh.H.Geb.Mitte beauftragt; 5.9.43 – 30.9.43 Komm.Gen.d.Sich.Tr.u.Befh.H.Geb.Mitte; 1.10.43 – jetzt Befh.i.d.Op.Zone Adriat.Kuestenland

Verwendungen im jetzigen Kriege mit Daten (vom .... bis ....)

tsche Auszeichnungen des jetzigen Krieges mit Verleihungsdaten und Angabe, ob und zu welchen Auszeichnungen vorgeschlagen: Sp.E.K.2.Kl. am 15.9.39; Sp.E.K.1.Kl. am 20.9.39
Ritterkreuz z.Eis.Kreuz am 27.10.39
Ostmedaille am 23.8.42

1) Nichtzutreffends streichen. — 2) Genaue Angabe bei Erg.Offz., Offz. z. D., d. Res., z. V. — 3) Friedensdienststelle gem. Dienstaltersliste A oder B für akt. Offz. und Offz. z. D.; falls daraus oder aus der Mob.-Dienststelle nicht ersichtlich, auch Waffengattung; WBK. u. Fr.Tr.Teil für Res.Offz., WBK für Offz. z. V. — 4) Laufbahn für akt. Offz. und Offz. z. D.: Angabe, ob Offz. mit Kriegsschulausbildung, ob und wann reakt., v. d. Erg.Offz., a. d. Polizei, v. d. Res.Offz. übernommen, ob ehem. Uffz., ob ehem. Kriegsoffz. (DAL. C I); Zivilberuf für Res.Offz. und Offz. z. V. und Angabe, ob und seit wann Pg. oder in welchen Gliederungen der NSDAP. — 5) Nur bei Beurteilungsnotizen auszufüllen, z. B. Versetzung in den Stab. der 15 I.D. als O I am 1. 12. 42.

Kurze Beurteilung (Persönlichkeitswert, nationalsozialistische Haltung, Bewährung vor dem Feinde, dienstliche Leistungen, geistige und körperliche Anlagen und Eignung):
Ausgesprochene Fuehrerpersoenlichkeit mit operativer Begabung; zielklarer Wille. Starker persoenlicher Einsatz auf jedem Gebiet. Hart gegen sich selbst, von besonderer Ruestigkeit. Voll dienstfaehig.
Sorgt unermuedlich fuer die Truppe, bei der er hohe Leistung erreicht; erzieht zu eiserner Disziplin. – Unermuedlich in der Fuehrung; unbeirrbar bei Durchsetzung seiner Aufgabe. Besonders bewaehrt in der Fuehrung im Bandenkampf im istrischen Raum.
Der Rahmen eines Korps fuellt diesen durch Veranlagung, Koennen und Haerte ausgezeichneten Kommandeur nicht aus.

Starke Seiten:
unermuedlich, zaeh

Schwache Seiten:
nicht festgestellt.

Zusammenfassendes Urteil: ueber Durchschnitt
(überragend, über Durchschnitt, Durchschnitt unter Durchschnitt)

Personalbeurteilungsbogen von General Ludwig Kübler als Befehlshaber in der Operationszone „Adriatisches Küstenland" – Seite 1.

Eignung für welche nächsthöhere Verwendung? [6] für welche besondere oder anderweitige Verwendung? [7] Vorschlag für Verwendung in nächster Zeit [8]:	als Oberbefehlshaber einer Armee, insonderheit im Gebirge
Sprachkenntnisse dabei abgelegte Prüfungen (Jahr):	./.
Eröffnung zu welchen Punkten, wann, wie (mündlich oder schriftlich) und durch wen?	./.
Strafen (Strafgrund, Tag der Verurteilung oder Strafverhängung und Stelle, die die Strafe verhängt hat), Belehrungen, Verwarnungen, Missbilligungen des OKH.:	./.
Dem Beurteilenden bekannt seit / unterstellt seit	21.11.43

Kesselring

Generalfeldmarschall und
Dienstgrad und Dienststellung
Oberbefehlshaber Suedwest

Beitrag des Chefs des Generalstabes der vorgesetzten Kdo.Behörde (nur bei Gen.St.Offz. usw.):

Zusätze vorgesetzter Dienststellen:

6) Gilt für alle Offz.; für Truppenoffz. hinsichtlich Eignung zur Führung des nächsthöheren Verbandes, für Gen.St.Offz. hinsichtlich Eignung zum Armeechef, Korpschef, Armee I a, Armee I c, Korps I a, Div. I a, zur Versetzung in den Gen.St., zur Kommandierung zum Gen.St. — 7) Z. B. als höherer Adjutant, Erzieher, Fähnrichsvater, Lehrer, auf Grund von Sprachkenntnissen, im Auslandsdienst, auf Grund von Hochgebirgserfahrung usw.; für Gen.

Personalbeurteilungsbogen von General Ludwig Kübler als Befehlshaber in der Operationszone „Adriatisches Küstenland" – Seite 2.

er „verspielte die Chance, die Truppe vor der Gefangenschaft zu retten."[84] Damit erwarb er sich zweifellos das Wohlwollen seines Oberbefehlshabers, nicht jedoch das seiner Regiments- und Bataillonskommandeure, die die Lage vor Ort viel kritischer beurteilten und daher stets bestrebt waren, sich eine Hintertür in Richtung Norden, zur nahen Reichsgrenze, offenzuhalten.[85] Nicht umsonst kam es schon im Februar 1945 zu ersten Differenzen zwischen den Generalen und den Frontoffizieren – insbesondere zwischen ihnen und Kübler. Und das kam so. Eines Tages war Generalfeldmarschall Kesselring in Begleitung des Befehlshabers der Operationszone „Adriatisches Küstenland" und des Kommandeurs der 188. Gebirgsdivision über den Monte Maggiore kommend zu einer Besprechung auf der Anhöhe bei Kastav eingetroffen. Der Oberbefehlshaber Südwest ließ den Regimentskommandeur vortragen, welche Aufgaben er habe und wie er sie zu lösen gedenke. Frank und frei erklärte Oberst Brandl, dass es unmöglich sei, jeden einzelnen Stützpunkt von Volosca über Mattuglie – Fiume – Susak bis Porto Re bis zum letzten Mann zu halten, weil einfach nicht so viele Männer zur Verfügung stünden, denn eine Verpflegungsstärke von 25.000 Mann schließe auch alle Bautrupps und dergleichen ein und verwische damit die reale Ist-Stärke an zur Verfügung stehenden Kämpfern. General von Hößlin, Kommandeur der 188. Gebirgsdivision, der hinter Kesselring stand, signalisierte Brandl sogleich seine Missbilligung über dessen „Klartext".[86]

Kurz darauf erschien General Kübler, ihm auf den Fersen der alte General von Hößlin, wieder bei Oberst Brandl, um sich an Ort und Stelle über die Lage zu informieren. Der Kommandierende General wollte einen Angriff ins Rijekatal wagen und dann, so wird vermutet, auf Fiume eindrehen. Als Kübler Brandl um seine Meinung fragte, wies dieser wiederum darauf hin, dass es sich bei den ihm zur Verfügung stehenden Kräften vorwiegend um Kinder ohne Kampferfahrung handele, die man nicht vor „Torschluss" mit Waffen, die die meisten noch gar nicht gesehen hätten, ins Gefecht schicken könne. Dennoch kam es eines Morgens zu einem Angriff, der solange Fortschritte machte, als Nebel herrschte. Als dieser sich jedoch auflöste, schlug den jungen Gebirgsjägern starkes Abwehrfeuer entgegen, so dass jeder froh war, als man die rettenden alten Stellungen wieder erreicht hatte.[87]

Umso mehr schmerzte es den untadeligen Oberst Brandl, dass General Kübler, der dafür bekannt war, nur allzu schnell den Stab über jemanden zu brechen, dessen Meinung ihm nicht gefiel, sowohl an Ort und Stelle als auch nach der Kapitulation versuchte, seinem Regimentskommandeur „eins auszuwischen", wie dieser sich ausdrückte, indem er zum einen die Frage stellte, warum der Angriff nicht vorwärts gekommen sei, und zum anderen in ehrverletzender Form feststellte: „Hm, da war ja nichts los!" – „Ein Nachtarock mit Beigeschmack!", wie Brandl in seinen Aufzeichnungen verbittert festgehalten hat.[88]

„Kübler konnte sich einfach nicht damit abfinden, dass wir keine 1. oder 3. oder 5. Gebirgsdivision darstellten! Womit denn auch? Man male sich mal aus, wenn Kübler Erfolg gehabt hätte, mit unserem Angriff den Kessel des Grobnicker Felds zu erreichen, was uns dann ‚erfreut' hätte? Wäre auf der Gegenseite ein überlegter und überlegener Anführer gewesen, dann hätte er uns eine geradezu ideale Falle stellen können, um im Grobnicker Feld ‚Parademarsch' klopfen zu können zu Ehren der Sieger!"[89]

So standen sich die Lagebeurteilungen der oberen und der unteren Führung fortan vielfach diametral entgegen. Nachdem auch die deutsche Kriegsmarine nach Triest zurückgenommen worden war, hielt der Oberbefehlshaber Südost mehr denn je an seinem Auftrag fest, Fiume bis zur endgültigen Räumung des Kriegshafens Pola zu halten. „Für die Überlegungen des Oberkommandos war jedoch dieser an sich bindende Auftrag nicht maßgeblich“, äußerte sich Generalmajor Schmidt-Richberg zum Durchhaltebefehl. „Das Prinzip der Obersten Führung (= Wehrmachtsführungsstab), das in den Befehlen für die Verteidigung fester Plätze jahrelang nach dem Willen Hitlers mit seltener Starrheit verfolgt worden war, hatte sich schon längst ad absurdum geführt. Soweit es den Südosten anging, hatte eine wirkliche Führung von oben her seit der Ungarn-Offensive auch aufgehört. Irgendwelche Befehle über Verhalten im Katastrophenfall auf militärischem und politischem Gebiet hat die Heeresgruppe E nie erhalten. Bestimmend hinsichtlich des Kampfauftrages an das LXXXXVII. Armeekorps war allein, dass die vorzeitige Aufgabe von Fiume dem Gegner den Weg in den Rücken der Heeresgruppe öffnen musste.“[90]

General der Gebirgstruppe Kübler meldete Generaloberst Löhr zwar, dass seine Stellung nördlich von Fiume von beiden Seiten, also im Norden von Feindkräften am Monte Nevoso und im Süden durch das Übersetzen der Partisanen von Cherson nach Istrien mit Stoßrichtung Fiume, in der Tiefe seiner Flanken gefährdet sei, aber er wagte aus blindem Gehorsam heraus kein selbstständiges Handeln. Stattdessen stellte er die rhetorische Frage, ob er danach noch an seinen ursprünglichen Auftrag, nämlich Fiume zu halten, gebunden sei? Der Oberbefehlshaber Südost wies den „Adriaschreck“ darauf hin, dass eine vorzeitige Aufgabe der umkämpften Hafenstadt eine unerträgliche Gefahr für die in Kroatien stehenden Verbände bedeuten würde, und befahl Kübler, den Raum von Fiume zu halten und sich mit seinen Truppen notfalls dort einzuigeln. Damit waren die Würfel sowohl für das LXXXXVII. Armeekorps als auch für die 188. Gebirgsdivision und ihre Regimenter gefallen.[91]

Für das Gebiet nördlich von Fiume übernahm das in Laibach eingetroffene Generalkommando des XXXIV. Armeekorps des Generals der Flieger Felmy die Verantwortung. Diesem Armeekorps sollte die 7. SS-Freiwilligengebirgsdivision „Prinz Eugen“, die sich auf ihrem Marsch nach Laibach noch bei Nova Gradiska befand, zugeführt werden. Das XXXIV. Armeekorps hätte dann, so die operativen Vorstellungen Löhrs, durch einen zusammengefassten Vorstoß und eine Entlastungsaktion des Höheren SS- und Polizeiführers Rösener aus der Krain das LXXXXVII. Armeekorps freizukämpfen. Aufgrund dieser vagen Zusagen ließ es Kübler zu, dass er und seine Truppen eingekreist wurden, anstatt aufgrund der Hiobsbotschaften seiner Frontkommandeure rechtzeitig den befreienden Schritt nach Norden zu wagen. Damit wurde der legendäre „Latschen-Nurmi“ zum unglückseligen „Paulus“ der Operationszone „Adriatisches Küstenland“, ja zum „Totengräber“ seines Armeekorps!

Am 29. April 1945 erreichten die Panzertruppen des britischen Feldmarschalls Alexander Venedig. Diese Stoßrichtung verdeutlichte dem Oberbefehlshaber Südost, dass eine rechtzeitige Hilfe für Küblers LXXXXVII. Armeekorps aus Verbänden der Heeresgruppe E nicht mehr herangeschafft werden konnte. Daher erhielt der Kommandierende General noch am 1. Mai 1945 den Befehl, mit seinen Truppen nach Norden auszubrechen. Es ist in diesem Zusammenhang interessant zu erfahren, dass Löhrs Heeresgruppe nicht weniger als vier reguläre jugoslawische Armeen gegenüberstanden, die nicht nur an Zahl weit überlegen waren, sondern die auch durch britische Bewaffnung und Munitionsausstattung bestens ausgerüstet und durch Panzer und Luftunterstützung erheblich an Kampfkraft gewonnen hatten. Durch diese starke Übermacht kamen die Jugoslawen noch in den letzten Stunden des Zweiten Weltkrieges zu einem Erfolg über das eingekesselte LXXXXVII. Armeekorps im Großraum von Fiume und Villa del Nevoso. Und das kam so:

Ein Blick auf die Karte genügte Kübler jetzt, um zu erkennen, dass die Einkreisung seines Armeekorps nicht nur begonnen, sondern bereits nahezu vollzogen war. „Da sich der Gegner nun aus der Enge von Fiume ungehindert entfalten konnte, wurde das Korps durch feindliche Panzer und anwachsende Feindkräfte aus allen Himmelsrichtungen angefallen und gleichzeitig unter Hinweis auf das Beispiel Italien mit Übergabeforderungen überschüttet."[92] Der Gegner wusst warum: „Die Kraft des LXXXXVII. Korps war physisch und moralisch erschöpft", erfahren wir vom Chef der Heeresgruppe E. „Der Nachricht vom Tode Hitlers am 1. Mai, die eine natürliche Unsicherheit schuf, war noch das sich ab 2. Mai verdichtende Gerücht der Kapitulation des Oberbefehlshabers Südwest gefolgt; Munition und Verpflegung waren aufgebraucht. Ein Durchbruch nach Laibach aus eigener Kraft war nicht mehr zu erhoffen."[93]

Anfang Mai fand unter Leitung des Kommandierenden Generals im alten Kastell von Kastav (etwa vier Kilometer nordwestlich von Matulij) eine Kommandeursbesprechung statt. Teilnehmer waren neben dem Kommandeur der 188. Gebirgsdivision und seinen Regimentskommandeuren auch der Kommandeur des verstärkten Jägerbataillons 499.

„Nach einer Aussprache", so Oberst Carl Völkl, „in welche Richtung der Rückzug der Division gehen sollte – zur Debatte standen Triest oder Laibach – befahl der Kommandierende General den Rückzug Richtung Laibach mit der Begründung, dass von dort eine SS-Division uns entgegenkommen und aufnehmen würde. Dies war leider ein Irrtum. Zur Durchführung der Operation wurden 3 Kampfgruppen gebildet, die rechte unter der Führung des Kommandeurs Gebirgsjägerregiment 903, die mittlere, die Hauptgruppe unter dem Befehl des Generals von Hößlin und die linke unter meinem Kommando. [...] Die Aktion begann meiner Erinnerung nach am 4. oder 5. Mai nachmittags oder abends. Ich erreichte in den frühen Morgenstunden ohne nennenswerten Widerstand (die Überraschung war offenbar geglückt) das Castello di Primano. Meine Versuche, im Laufe des Tages Verbindung zur mittleren Kampfgruppe zu erreichen, blieben erfolglos. Es war auch kein Gefechtslärm mehr zu hören. [...] Ich sah mich mit meinem isolierten Verband inzwischen von regulären jugoslawischen Truppen eingeschlossen. In der folgenden Nacht gelang mir unter dramatischen Umständen mit einem Großteil der Truppe der Ausbruch. [...] Wir zogen uns im Schutze der Wälder in nordwestlicher Richtung zurück. Völlig isoliert, ohne Nachschub und ständig gejagt von den Jugoslawen entschloss ich mich, die mir noch verbliebenen Reste des Bataillons (ein Teil hatte sich bereits selbstständig gemacht) in Einzelgruppen aufzuteilen und ihnen die weitere Flucht oder die Übergabe an den Feind freizustellen."[94]

Und wie erging es den Angehörigen der 188. Gebirgsdivision? Sie sollte „igeln" und eine Rundum-Abwehrfront bilden. Da meldete Major Neuschitzer, der Kommandeur des II. Bataillon/Gebirgsjägerregiment 903, dem Kommandierenden General verstärkte jugoslawische Marschbewegungen (unter anderem auch Panzerfahrzeuge) aus dem Raume Fiume in Richtung Norden. „Neuschitzers Vorschlag, die 188. Gebirgsdivision sofort in Marsch zu setzen, um in 4 Tagesmärschen die ehemalige Reichsgrenze zu erreichen, lehnt Kübler ab" und verspielte damit wiederum die Chance, „die Truppe vor der Gefangenschaft zu retten."[95]

So nahm das Schicksal für die Deutschen in der Operationszone „Adriatisches Küstenland" seinen verhängnisvollen Lauf. Lassen wir an dieser Stelle kurz die Wehrmachtsberichte vom 4. und 5. Mai 1945 Revue passieren, um uns über die „große Lage" zu informieren:

„In Fiume drang der Feind an einigen Stellen in die Stadt ein", heißt es am 4. Mai. „An der Südspitze von Istrien wird um Pola gekämpft. An der Front zwischen Mur und Donau sind [...] erneut heftige Kämpfe im Gange."[96] Und am 5. Mai steht zu lesen: „In Istrien wird um unsere Stützpunkte Triest, Abbazia und Fiume heftig gekämpft."[97] An jenem 5. Mai 1945 erschien um 11.00 Uhr ganz plötzlich General Kübler auf der Höhenstufe des Gefechtsstandes des Gebirgsjägerregiments 902, über dessen Angriffsverlauf er hocherfreut war. „Nach Vortrag über meine Lage fiel er plötzlich vor mir auf die Knie und bat mich händeringend, fast weinend, um Fortführung des beabsichtigten Angriffes auf das Höhengelände nördl[ich] V[illa] d[el] Nevoso, da davon das Schicksal des gesamten eingeschlossenen Korps mit seinen 22.000 Mann abhängen würde", erfahren wir von Regimentskommandeur Dr. Carl Schulze.

„So hilfesuchend und bittend habe ich Kübler, unsern alten „Latschen-Nurmi", noch nie gesehen; er musste mit seinen Nerven vollkommen fertig gewesen sein!"[98]

Das war er in der Tat, nachdem er sein Armeekorps in eine derart ausweglose Lage hineinmanövriert hatte, dass ihm nur mehr die grausame jugoslawische Gefangenschaft blieb. Wie diese aussah, konnte er sich leicht ausmalen, seitdem er „von der Kommission zur Feststellung der Verbrecher beim Präsidium des SNOS in die Liste der Kriegsverbrecher eingetragen" und sein Name in „England, Sowjetrussland und den Vereinigten Staaten bekannt gemacht" worden war[99] und er jetzt von den Alliierten als Kriegsverbrecher steckbrieflich gesucht wurde. Nun war dieser harte General selbst am Ende seiner Nervenkraft und wie ein weidwundes Tier in die Enge getrieben worden. Und da Schulze das als Mediziner sogleich erkannte, sagte er zu seinem Befehlshaber in fast väterlichem Ton:

„Stehen sie doch auf! Wir kennen uns seit Jahrzehnten, ich bin gewohnt, von ihnen Befehle und keine Bitten zu erhalten. Der Angriff wird in ihrem Sinne fortgeführt. Sie mögen aber dann mit ihren Leuten ohne Fahrzeuge, nur mit Pferden und Tragtieren mit viel Munition und Verpflegung, zu mir auf die Höhen heraufkommen. Dann schlagen wir uns durch!"[100]

General Kübler dankte Oberstleutnant der Reserve Dr. Schulze händeschüttelnd und machte ihn noch ganz besonders auf die nordöstlich von Rifugio d' Annunzio heranführende Straße aufmerksam, da seiner Meinung nach wohl aus dieser Richtung weitere gegnerische Kräfte zu erwarten sein dürften. Er, Schulze, möge auf dem Wege dorthin vorsichtig sein. Dann verabschiedete sich der Kommandierende General des LXXXXVII. Armeekorps mit seinem langjährigen Burschen Hans Daurer und schlug den Weg nach Villa del Nevoso ein.[101] Am 6. Mai 1945 ist im „Kriegstagebuch des Oberkommandos der Wehrmacht" zu lesen:

„In Italien ist nach gegenseitigem Einvernehmen des deutschen und des angloamerikanischen Oberbefehlshabers Waffenruhe eingetreten. Die Kämpfe um einige Stützpunkte in Istrien halten

noch an. Unsere Absetzbewegungen in Kroatien verlaufen unter Nachdrängen starker Tito-Kräfte planmäßig.“[102]

Unheilvoll lastete der 6. Mai 1945 über den Kampftruppen. Durch das Zögern des LXXXXVII. Armeekorps als auch der 188. Gebirgsdivision, nach Norden und Nordwesten auszubrechen, konnte der Gegner sich verstärken und die Einkesselung der deutschen Truppen ohne besondere Schwierigkeiten beschleunigen und vollenden. General von Hößlin war in seiner Befehlsgebung nicht weniger ratlos als sein Befehlshaber. Das blieb sogar den Unterführern und den Frontsoldaten nicht verborgen. Daher setzte zum Beispiel Major Huber alles auf eine Karte: Er bat darum, selbstständig zur Reichsgrenze durchbrechen zu dürfen, was jedoch abgelehnt wurde. So blieb die Truppe liegen und hatte schwerste Kämpfe gegen die zehnfache Übermacht eines erbarmungslosen Gegners zu bestehen. Ein verzweifelter, weil einseitiger Kampf, den die Gebirgsjäger angesichts des bevorstehenden Kriegsendes aufgrund eines aberwitzigen Befehls noch auszutragen hatten. Mann, Ross und Wagen fielen aus. Die letzten fronterfahrenen Unteroffiziere wurden auf dem Schlachtfeld, das im wahrsten Sinne des Wortes zur Schlachtbank wurde, sinnlos geopfert.

Dass sich auch der Oberbefehlshaber Südost schon seit einiger Zeit auf die umwälzenden militärpolitischen Ereignisse eingestellt hatte, mag man daraus ersehen, dass er bereits am 1. Mai 1945 General der Gebirgstruppe Ludwig Kübler befohlen hatte, sich mit seinem LXXXXVII. Armeekorps nach Norden durchzuschlagen. Die feindliche Übermacht war jedoch stärker und stellte sich dem zögernden Befehlshaber der Operationszone „Adriatisches Küstenland“ in den Weg, der nach wie vor unter dem Moskau-Trauma litt, als er nach Meinung Hitlers mit seiner 4. Armee nicht standhaft genug der Roten Armee gegenübergetreten war und somit zum Prügelknaben für die Wende vor der sowjetischen Hauptstadt wurde. Nachdem Löhrs Entsatzversuch aus dem Gebiet südlich von Laibach nach geringen Anfangserfolgen liegengeblieben war, war Küblers Armeekorps im Raum Fiume –Villa del Nevoso nicht nur endgültig eingekreist, sondern auch verloren.[103]

Daher hatte der Oberbefehlshaber Südost noch am 5. Mai 1945 den Kapitulationsverhandlungen des LXXXXVII. Armeekorps zugestimmt, so dass General Kübler den Obersten Reindl am 6. Mai 1945 mit der Führung von entsprechenden Verhandlungen beauftragen konnte. Er erklärte sich bereit, die Waffen unter der Voraussetzung niederzulegen, dass die Jugoslawen mit einem ehrenvollen Geleit über die Reichsgrenze einverstanden wären. Das wurde vom Gegner zugesagt. So genehmigte der „Adriaschreck“ zwar noch in der darauffolgenden Nacht den Kapitulationsvertrag, der jedoch am 7. Mai 1945 nicht mehr von ihm, sondern von General von Hößlin und dem Chef des Generalstabes der jugoslawischen 4. Armee unterzeichnet wurde. Denn nach einer anschließenden schweren Verwundung Küblers war der Kommandeur der 188. Gebirgsdivision mit der Führung des LXXXXVII. Armeekorps beauftragt worden.

Der „Sühnemarsch“ an den Galgen

In viel zu später Erkenntnis der ausweglosen Lage seines LXXXXVII. Armeekorps setzte Kübler, von seinen verantwortungsbewussten Regimentskommandeuren dazu getrieben, im allerletzten Augenblick alles auf eine Karte, um über Laibach doch noch die nahe Reichsgrenze zu gewinnen und sich so der drohenden jugoslawischen Gefangenschaft zu entziehen. In Durchführung dieses Entschlusses kam es am 6. Mai 1945 im schwierigen Berggelände von Villa del Nevoso zu einem Gefecht mit dem Gegner, der sich im vorliegenden Höhengelände eingenistet hatte. Der Befehlshaber eilte nach vorne. Auf dem unwegsamen Gefechtsfeld musste er seinen Wagen verlassen. Daher lief er mit seinem Burschen zu Fuß weiter, um sich einen unmittelbaren Eindruck vom Gefechtsverlauf zu verschaffen. Schon schlug den beiden ein lebhaftes Granatwerferfeuer entgegen.

Plötzlich explodierte zwischen zwei Lastkraftwagen eine Granate. Die Splitter zerrissen Küblers rechte Gesichtshälfte. Das Auge war derart schwer beschädigt, dass er keine Entfernungen mehr einschätzen konnte. Weil kein Sanitäter in der Nähe war, leistete Daurer Erste Hilfe. Daraufhin wurde er von Kübler als Assistenzarzt ausgegeben und mit einer Rot-Kreuz-Binde und dem entsprechenden Sanitätskasten ausgestattet. Als solcher marschierte er mit seinem General in die Kriegsgefangenschaft, nachdem sie von einem deutschsprachigen Slowenen, vor dem man sie vergeblich gewarnt hatte, verraten worden waren.[104]

Wie sich der slowenische Verrat im einzelnen abspielte, das erfuhr der Hauptmann Walter Gödde sogleich in Villa del Nevoso, denn „bei Rückkehr zum I. Bataillon/903 wird mir gemeldet, dass der Oberjäger Hirtner, 5. Kompanie/903, kurz zuvor eine Person in Zivilkleidung beobachtet hat, die auf dem Dachfirst eines einstöckigen Gebäudes an einer Anhöhe abseits des Ortes saß und in jeder Hand eine runde Scheibe hielt. Bei der Festnahme stellt sich heraus, dass es sich um eine etwa zwanzigjährige Frau aus Villa del Nevoso handelt. Sie ist Slowenin und spricht fließend Deutsch. Mit den Scheiben – es sind Topfdeckel – hatte sie Granatwerferfeuer aus Hinterhangstellungen geleitet. Die Örtlichkeiten [...] sowie die Unterkünfte der deutschen Truppe wusste sie von bei der Wehrmacht beschäftigten Familienangehörigen.“[105]

Zunächst wurde der verwundete Kübler in ein Lazarett in Fiume transportiert, wo er in der Pflege eines österreichischen Arztes und sorgender Schwestern einige Tage der Erholung erlebte. Das Kommando über sein LXXXXVII. Armeekorps musste er abgeben. Sein Ausfall wurde bald bekannt und entmutigte die Truppe vollends. Zwei Tage später kapitulierten die Deutschen in der Operationszone „Adriatisches Küstenland“.

Am 12. Mai 1945 erklärten die Jugoslawen den Kapitulationsvertrag, den General der Gebirgstruppe Ludwig Kübler befürwortet und Generalleutnant Hans von Hößlin unterzeichnet hatte, unter Hinweis auf kleinere Zwischenfälle für null und nichtig, obwohl Kübler im Abschnitt A der Kapitulationsurkunden des LXXXXVII. Armeekorps mitteilen ließ: „Ich vertraue auf das mir von ihnen gegebene Soldatenwort.“ Dennoch war vielen Soldaten völlig unverständlich, dass die beiden deutschen Generale so naiv waren und annahmen, dass das Wort eines Partisanenführers das gleiche Gewicht wie das eines Ehrenmannes haben würde. Sie konnten nicht verstehen, dass der „Latschen-Nurmi“ dem Versprechen der Jugoslawen glaubte, man würde die Deutschen, die sich durch Küblers Mitschuld in eine Falle begeben hatten, unbehelligt heimwärts ziehen lassen.[106] Dann wurde auch der glücklose Befehlshaber aufgefordert, mit der Truppe im Fußmarsch die menschenverachtenden, Hunderte von Kilometern langen „Sühnemärsche" Richtung Belgrad mitzumarschieren – und zwar bei Sonnenhitze 30 bis 50 Kilometer am Tage, ohne Verpflegung bei Ausplünderung und Misshandlung. Da er den Partisanen kein Unbekannter war, ließen sie ihm keine ärztliche Versorgung zuteilwerden. So bewahrheitete sich für den „Adriaschreck" in schicksalhafter Weise der nach Rache und Vergeltung schreiende Ausspruch: „Auge um Auge, Zahn um Zahn!"

Sieben lange Tage waren sie nun schon von Fiume ohne ausreichendes Wasser und Brot marschiert. Vornweg die Generale: General der Gebirgstruppe Ludwig Kübler als Befehlshaber der Operationszone „Adriatisches Küstenland", Generalleutnant Hans von Hößlin als Kommandeur der 188. Gebirgsdivision und Generalleutnant Hans von Graevenitz als Kommandeur der 237. Infanteriedivision sowie 40 weitere in einer namentlichen Liste zusammengestellte Generalstabsoffiziere und Küblers Bursche Daurer, der den „Latschen-Nurmi" medizinisch versorgte.

Einige Tage später stieß noch Oberleutnant Satter als Dolmetscher hinzu. Hinter der Kolonne fuhren auf einer Kutsche die kommunistischen Kommissare, die vom Wagen aus jeden erschossen, der nicht mehr gehen konnte. Alle Generale waren gegen Kübler eingestellt und schnitten ihn; ja, er war ihnen regelrecht verhasst, weil sie ihm anlasteten, nicht rechtzeitig auf die warnenden Worte der Frontkommandeure gehört und sie stattdessen in die Gefangenschaft getrieben zu haben.[107] Diesen Frust reagierte der „Adriaschreck" nun seinerseits am subalternen Bereich ab.

„Kübler hat mir noch in Gefangenschaft Vorwürfe gemacht, dass mein Angriff nicht ins Timovatal durchstoßen konnte", beschwerte sich Oberst Josef Brandl bei seinem Kameraden Oberstleutnant Ludwig Denizot. „Er konnte nicht glauben, dass wenig vorher Schulzes Vorgehen Erfolg gehabt habe, dann aber eben die Situation sich doch verändert haben musste. Das hing natürlich damit zusammen, dass man dem Kommandeur der 237. [Infanteriedivision] wenig Vertrauen entgegenbrachte."[108]

Zwischen dem 11. und 25. Juli 1945 erfolgte der „Sühnemarsch" in die Knochenmühle von Werschetz (Vrsac), wo rund eintausend deutsche Offiziere in mit Stacheldraht umzäunten Baracken wie Vieh zusammengetrieben wurden.[109] Wie sich dieser Elendszug vorwärts bewegte, das schildert uns nun kurz Oberstleutnant der Reserve Dr. Carl Schulze:

„Weitermarsch zu Fuß auf der Straße über Sunja nach Dubica in 4er Kolonne; 3 Generale voraus, dazu Daurer, der alte Bursche und ständige Betreuer seines Herrn und Generals L. Kübler, gemeinsam mit ihm an einem Stocke dessen Wäsche und Kleiderbündel und sonstige Habseligkeiten tragend. General von Hößlin ließ seine 2 Köfferchen von 2 jüngeren Stabsoffizieren befördern, er selbst marschierte tapfer ohne alles. [...] Anderntags wieder weiter im Marsche auf holpriger Straße; ich bewunderte General Kübler: trotz seiner Schmerzen und seines verletzten Auges, seiner aufgerissenen Gesichtshälfte, ruhig und ergeben in sein Schicksal, unentwegt unser Marschtempo haltend und meine Fürsorge dankend annehmend. [...] In Neusatz mussten wir uns von den 3 Generalen Kübler, von Hößlin und von Graevenitz trennen, denn sie blieben zurück, und wie wir später erfuhren, waren sie ins Donau-Generalslager in Belgrad überführt worden. Es sollte das letzte

Mal sein", so der Regimentskommandeur abschließend, „dass wir unseren ehemaligen Vorgesetzten (Kübler und von Hößlin) die Hände schütteln und ihnen alles Gute wünschen konnten."[110]

Jetzt wurde auch der Bursche von seinem General getrennt. Daurer kam nach Serbien.[111] Kübler marschierte in der Tat nach Belgrad, wo er interniert wurde.

„Während meiner Kriegsgefangenschaft habe ich im Jahre 1946 in Belgrad im Donau-Lager das letzte Mal Herrn General Kübler unter schwerer Bewachung gesehen", erinnerte sich nach Kriegsende der Privatdozent Professor Dr. med. Gerlach Bargon. „Er war während des Prozesses mit einigen anderen Generalen vorübergehend in unserem Lager unter scharfer Bewachung von uns abgesondert inhaftiert."[112]

Nun kam, was kommen musste. Mit dem Tod durch Erschießen beziehungsweise durch den Strang endete der zehnte Schauprozess gegen 14 Personen, der am 10. Juli 1947 vor der „Militärstrafkammer" in Laibach begonnen hatte. Unter den Getöteten befand sich auch der Befehlshaber der Operationszone „Adriatisches Küstenland" und Kommandierende General des LXXXXVII. Armeekorps, der unter anderem wegen „seiner in Jugoslawien begangenen Kriegsverbrechen und seiner drakonischen Maßnahmen während des Ostfeldzuges" hingerichtet wurde,[113] und viele weitere höhere Stabsoffiziere und Frontkommandeure in Küblers Machtbereich, die – und auch das soll nicht totgeschwiegen werden – vielfach nur deshalb Titos Rachejustiz zum Opfer fielen, weil sie Befehle des Generals der Gebirgstruppe Ludwig Kübler bedingungslos ausgeführt hatten.

Ein Opfer von Titos Partisanenjustiz wurde auch der jüngere Bruder Generalleutnant Josef Kübler, der zuvor von den Amerikanern an die Jugoslawen ausgeliefert worden war. Josef Kübler, am 6. April 1896 in München geboren, begann seine soldatische Laufbahn ebenfalls im 15. Bayerischen Infanterieregiment. Er diente nach dem Ersten Weltkrieg als Offizier in der Reichswehr, wurde während des Zweiten Weltkrieges zunächst am 1. Oktober 1940 zum Oberst, am 1. Januar 1943 zum Generalmajor und am 1. Januar 1944 zum Generalleutnant befördert. Nach verschiedenen Generalstabsverwendungen im VI. Armeekorps, in der 12. Armee und im XXXXIX. Gebirgsarmeekorps war er vom 15. März 1943 bis zum 19. Juli 1944 Kommandeur der 118. Jägerdivision und vom 27. Dezember 1944 bis zum März 1945 Kommandeur der 1. (Volks-)Gebirgsdivision, deren erster Kommandeur zuvor sein Bruder Ludwig gewesen war.

EPILOG

*„Am Ende hangen wir
doch ab von Kreaturen,
die wir machten.“*

Johann Wolfgang von Goethe: Faust

Mittenwalder Kasernenpatron

Während der „Sühnemärsche“, Gefangenschaft und Prozesse wurde die Familie Kübler im Ungewissen gelassen. Sie erhielt weder eine Mitteilung über die Strafverfahren noch einen Vollstreckungsbescheid oder einen letzten Brief der zum Tode verurteilten Brüder. In ihrer seelischen Not und tiefen Verzweiflung wandte die Frau des Bauherrn der deutschen Gebirgstruppe sich im Frühjahr 1948 an eine Anzahl von Generalen und Stabsoffizieren und bat um ein „amtlich beglaubigtes Gutachten“ über die soldatischen Tugenden ihres Mannes.

Diese Bittbriefe brachten jedoch fast ausnahmslos nicht den erhofften Erfolg. Das hatte zweierlei Gründe. Zum einen waren viele Generalskameraden aus den Reihen der deutschen Gebirgstruppe wegen Kriegsverbrechen und Verbrechen gegen die Menschlichkeit selbst schwer belastet und saßen infolgedessen in den alliierten Gefängnissen und sahen ihren Kriegsverbrecherprozessen entgegen. Zum anderen waren viele Stabsoffiziere aus niederen Beweggründen nicht willens oder sahen sich aus moralischen Gründen, da sie die Vorgänge kannten, außerstande, dem „meist griesgrämigen und übelgelaunten“[1] „Adriaschreck“ einen „Persilschein“ auszustellen. Zu ihnen zählte auch Küblers langjähriger Intendant Dr. Wolfgang Bernklau, der den legendären „Latschen-Nurmi“, zum Missfallen der Gebirgsjägerkameradschaft, abschließend wie folgt charakterisierte:

„Sein äußeres Erscheinungsbild:
Hagere Gestalt, mittlere Größe (175 cm) mit rascher Gangart und kurzen Schritten. Sein Blick unruhig ausweichend. Die Sprache bestimmt, schneidend, apodiktisch, unmelodisch.
Wahrnehmbare innere Verfassung:
Einseitig geprägt und auch abhängig von berufsbedingtem Klischeedenken und Vorurteilen. Hohe Selbsteinschätzung ohne Selbstkritik war ihm selbstverständlich. Er zeigte sich in allen Lagen wagemutig, war aber auch unzugänglich, verschlossen, nachtragend und nicht gesellig.
Verhältnis zu Mitarbeitern im Stab und unterstellten Kommandeuren:
Er war ein eisenharter Berufssoldat, dem seine Laufbahn und der Dienst über alles ging. Darüber hinausgehenden Einsichten war er abgeneigt. Auf autoritären Abstand stets bedacht. Spürbare menschliche Wärme, nachsichtiges, verzeihendes Vergessen waren ihm fremd. Als Vorgesetzter und auch als Gerichtsherr mit gnadenentscheidender Zuständigkeit zog er unnachsichtige Strenge vor.
Kurzum:
Er war sicher nicht so recht nach dem Herzen seiner Gebirgsjäger. Echte Zuneigung schlug ihm nir-

gends entgegen. Er war eher gefürchtet wegen seiner nicht berechenbaren Spontanität, weshalb man ihm lieber aus dem Wege ging. Sorgen und Nöte fanden bei ihm nur Gehör, soweit sie den Dienst betrafen. Mit Anerkennung oder gar Lob war er sehr sparsam. Wenn er schon sichtbar erfolgreiche Leistungen nicht bekrittelte oder schmälerte, war es bereits ein Glückstag für den Betreffenden. Seine äußere Rastlosigkeit war vielleicht Ausdruck einer inneren Unruhe, die er aber nicht als hinderlich auf seinem Lebensweg empfand und auch nicht lassen mochte.

Bemerkenswert an Kübler war auch, dass er kaum an Gesprächen teilnahm, bei denen es nicht um Soldatenberuf und Krieg ging. In solchen Fällen zog er sich alsbald zurück. Auch in weniger bewegten Zeiten und Stunden zwischen den Feldzügen zeigte er sich nicht als geselliger, auf Harmonie und Kameradschaft bedachter Vorgesetzter. Kam er unerwartet in eine muntere Runde, wo vielleicht eine Beförderung, Ordensverleihung oder gute Nachricht aus der Heimat bescheiden gefeiert wurde, legte sich die gehobene Stimmung unversehens, so als würde Eis in kochendes Wasser gegeben. Schon bei der 1. Gebirgsdivision wie später beim XXXXIX. Gebirgsarmeekorps war man sich darüber einig, dass Kübler wenigstens zeitweise auftauen und umgänglicher würde, wenn ihm nochmals ein Berufserfolg und Soldatenglück wie 1939 vor Lemberg oder im August 1941 bei Uman in der Ukraine beschieden wäre. Er hätte dabei wohl über seinen eigenen Schatten springen müssen.

Wie wir wissen, kam alles anders, als Kübler sich dachte. Er stand sich dabei selbst im Wege. Sein kurzzeitiger Einsatz als Oberbefehlshaber der 4. Armee vor Moskau 1941/42 und dann der in Istrien an der Adria 1944/45 beendete seine ereignisreiche Soldatenlaufbahn und auch sein Leben, als er in die Fänge des erbarmungslos rachsüchtigen Siegers von Belgrad geriet. Bei rechtzeitigem Rückzug ins Reichsgebiet wäre das absehbare Schicksal ihm und seiner Truppe wohl erspart geblieben.“[2]

Aufgrund derartiger Beurteilungen und anderer Fakten antworteten nur ganz wenige Generale und Stabsoffiziere Küblers verbitterter Frau. Wenn einige trotz innerer Vorbehalte dennoch zur Feder griffen, dann nur in unverbindlichen, das heißt gerichtlich nicht verwertbaren Aussagen, wie sie der spätere Generalleutnant August Wittmann formuliert hat, der dem Bauherrn der deutschen Gebirgstruppe während der Friedenszeit von 1935 bis 1939 unterstellt gewesen war und dann zur Neuaufstellung der 5. Gebirgsdivision unter dem populären General Julius Ringel herangezogen wurde. Schließlich gab es noch jene Pseudo-Kameraden sowie Generale, die tatenlos abwarteten, um eine offene Rechnung mit jenem Vorgesetzten zu begleichen, der Zeit seines Lebens rein gefühlsmäßig aus seiner rauen Schale nicht herausschlüpfen konnte und daher trotz hervorragender militärischer Qualifikationen allzu vielen zeitlebens als eiskalter General im Gedächtnis haften geblieben ist. Zu ihnen zählte unter anderem auch der spätere SPD-Staatssekretär und langjährige VdK-Präsident Karl Weishäupl, der trotz seiner hinlänglich bekannten Abneigung gegen den „Bluthund von Lemberg“[3] für seine „großen Verdienste um unsere Vereinigung“ mit der „Goldenen Ehrennadel“ des Kameradenkreises der Gebirgstruppe ausgezeichnet wurde.[4]

Dennoch wurde zur Erinnerung an den Bauherrn und Erzieher der deutschen Gebirgstruppe nach dem Kriege die Mittenwalder „Ludendorff-Kaserne“, vormals „Pionier-“ beziehungsweise „Prinz-Eugen-Kaserne“, durch das Bonner Ministerium der Verteidigung in „General-Kübler-Kaserne“ umbenannt, denn auch er handelte unter den Bedingungen seiner Zeit. Wie es dazu gekommen ist, das erfahren wir nun von unserem Zeitzeugen Bernklau:

Würdigung d. Prs. u. des Problems
Gen. d. G. Tr. Ludwig Kübler.

Abschrift.

Gen. L. Kü. ist mir seit vielen Jahren bekannt. Von 1935–1938 war er mein höchster Vorgesetzter bei der ehemaligen Gebirgstruppe, deren Schöpfer u. Organisator er war.
Während des 2. Weltkrg. selbst war ich ihm nicht unterstellt so daß ich über seine Tätigkeit u. Haltung während des Krieges keine pers. Eindrücke habe. Es ist mir daher leider nicht möglich gegen ihn erhobene Beschuldigungen durch Tatsachen zu entkräften. Doch glaube ich mit gutem Gewissen sagen zu können, daß das ganze Leben Gen. L. K. im Widerspruch zu dem gegen ihn erhobenen Urteil steht. Dies zu beweisen soll der Zweck dieser Zeilen sein.
Der Name „Gen. L. K." war bereits im Frieden allen deutschen Soldaten „Inbegriff besten deutschen Soldatentums. Sein leuchtendes Vorbild wirkte weit über seinen militärischen Wirkungskreis hinaus. Seine Gerechtigkeit Sachlichkeit die Unbestechlichkeit seines Urteils, seine Geradheit u. Offenheit war nicht minder sprichwörtlich, wie das hohe Pflichtbewußtsein, die Rastlosigkeit, die Hingabe u. Einsatzbereitschaft die ihn erfüllten. Nur wahrhaft Tüchtiges, Gutes, Sauberes hatte vor seinem unerbittlichen Urteil bestand. Er konnte ein Fehlgreifen in der Wahl der Mittel u. Dummheiten verzeihen nie aber Faulheit, Indolenz u. Charakterlosigkeit. Blender durchschaute er sehr bald u. entblätterte die Schaumschläger bis auf deren wahren Wert. Seinem obersten Erziehungsgrundsatz: „Mehr sein, als scheinen" blieb er selbst am meisten treu.

Generalleutnant August Wittmann: „Würdigung der Person und des Problems General der Gebirgstruppe Ludwig Kübler" – Seite 1.

2.

klug, bestens geschult, erfahren, nüchtern-kritisch im Urteil, kühn u. kraftvoll im Handeln meisterte er im Frieden u. Krieg alle Aufgaben. Sein verdienstvollstes Werk bleibt der Aufbau der dtsch. Gebirgstruppe, der er ganz seinen Geist zu übertragen verstand u. dadurch zur Elitetruppe ds. Heeres machte. In den ersten Jahren ds. Krieges war Gen. L.K. einer der markantesten Führerpersönlichkeiten der dtsch. Wehrmacht.

Dieser Soldat dachte u. handelte stets nur soldatisch im besten Sinne des heute in Deutschland so übel beleumdeten Wortes. Der militärisch notwendige Zweck bestimmte die Mittel. Wo es geboten schien, vor allem wo das Lebensinteresse der ihm anvertrauten Truppen u. Zivilbevölkerung erforderte, konnte er wohl streng u. hart durchgreifen, niemals aber unmenschlich, ungerecht, willkürlich u. hassend. Niemals wird er sich bewußt zu Handlungen hergegeben haben, die gegen die Ehre, den guten Ruf u. die guten Sitten besten Soldatentums, wie es auch in diesem Kriege trotz derzeitigen gegenteiligen Geschrei von der Masse ds. dtsch. Heeres nicht minder ehrenvoll verkörpert wurde, wie durch andere Armeen, verstoßen haben.

Vielleicht erfreute sich Gen. L.K. nicht dieser volkstümlichen Beliebtheit wie manch anderer General. Dazu war er bequemen Naturen zu fordernd u. hart-ds. Darum suchte u. buhlte er niemals um die Gunst der Masse. Niemand konnte ihm aber höchste Achtung, Verehrung u. Bewunderung versagen. Jedermann wußte, daß Gen. L.K. von keinem verlangte, was er nicht von sich selbst forderte u. daß er sich

Generalleutnant August Wittmann: „Würdigung der Person und des Problems General der Gebirgstruppe Ludwig Kübler“ – Seite 2.

- III -

selbst am wenigsten schonte vor allem im Felde. Er besaß daher stets das uneingeschränkte Vertrauen seiner Truppe.

Gen. L. K. empfand als alter Frontkämpfer u. guter Deutscher selbstverständlich national u. sozial etwa wie sich Bevin nach seinem eigenen Ausspruch für den treuesten Engländer u. den besten Sozialisten seines Landes hält. In diesem Sinne hatte er für manche Gedankengänge u. Ziele ds. Nationalsoz.-mus volles Verständnis. Doch erkannte er von Anfang an das Unreife, Unausgegorene vieler an sich guter Gedanken u. hatte ernste Bedenken gegenüber einem Großteil der Führerschaft der Bewegung der er innerlich die notwendige sittliche u. geistige Reife zur Bewältigung der heraufbeschworenen Aufgaben absprach. Jeder politischen Betätigung abgeneigt u. als Soldat nicht berechtigt u. berufen zu irgendwelcher Einflußnahme fügte er sich in die polit. Entwicklung, da er damals auch des berechtigten Glaubens sein konnte, daß die Mehrheit ds. Volkes die politische Neuerung wünsche u. vermied auch jede Beeinflussung seiner Untergebenen. Durch vorbildliche positive Aufbauarbeit wollte er sich in seinem Arbeitsbereich bestmögliche Voraussetzungen zu einem tragfähigen Fundament für den Staatsneubau zu schaffen. Dabei kam es Gen. L.K. vor allem auf die Erziehung seiner Truppe zu Bescheidenheit, Einfachheit, Anspruchslosigkeit, sowie Gediegenheit u. Sauberkeit im Denken u. Handeln an. Er haßte diese sogenannte „partei[illegible]herrschende „Großzügigkeit"

Generalleutnant August Wittmann: „Würdigung der Person und des Problems General der Gebirgstruppe Ludwig Kübler" – Seite 3.

: Unfähigkeit, Unwahrhaftigkeit, Großspurigkeit u. Größenwahn selbstbetrügerisch dort zu halten pflegte.
Die Verbindung Gen. L.K. zur Partei waren im Frieden zwar korrekt, jedoch auf das unumgänglich notwendige dienstliche Maß beschränkt. Im Kriege mußte Gen. L.K. durch seine Führungsleistungen die Aufmerksamkeit der obersten Wehrmachtsführung auf sich ziehen. Trotzdem erfuhr er keinerlei auffallende Förderung hinsichtlich Beförderung u. Auszeichnungen. Er dachte nicht daran, die Trommel für sich zu rühren, da jeder Byzantinismus seiner Seele zuwider war. Auf Grund eines offenen Urteils, zu dem er in einer operativ entscheidender Lage aufgefordert war, entzog ihm der Wehrmachtsoberbefehlshaber im Winter 1941/42 das Vertrauen. Erst Ende 1943 fand Gen. L.K. wieder eine Verwendung – allerdings nur zweitrangig, wie sie seinem Können u. seinen Verdiensten keineswegs entsprach. Gewiß hat Gen. L.K. unter dieser Zurücksetzung u. Kaltstellung seelisch schwer gelitten. Er hat jedoch diesen Schmerz mit vornehmer Zurückhaltung getragen u. auch hierin seinen Untergebenen bestes Beispiel gegeben.
Gen. L.K. ist ein warmherziger Mensch, wenn auch in einer rauhen, harten, fast frostig wirkenden Schale – in dieser Hinsicht ein typischer Bayer. Stets suchte er sein Herz, seine Sorge für seine Truppe u. seine Kameraden hinter einem schweigsamen, unnahbaren Wesen zu verbergen. Ängstlich vermied er in seinem dienstlichen Leben jede offene Freundschaftsbekundung.

Generalleutnant August Wittmann: „Würdigung der Person und des Problems General der Gebirgstruppe Ludwig Kübler" – Seite 4.

V.

Liebe, ~~Freund~~ Kameradschaft, Treue waren f. Gen. L.K. Begriffe, über die unter Männern kein Wort fallen durfte, wenn sie nicht an Wert verlieren sollten. Die Tat mußte für das Empfinden zeugen nach dem Grundsatz: „Einer für alle, alle für einen.“

So achteten u. verehrten ihn seine Gebg.-Jäger – den Vorgesetzten u. Soldaten, den Kameraden u. den Menschen mit seinem schönen, wahrhaft männlich-menschlichen Empfinden, das seine Wurzeln in einer tiefreligiösen Gesinnung hat, das sein ganzes Tun u. Handeln bestimmte. Tief fühlte er sich Gott, seinem Gewissen u. ihm Anvertrauten verpflichtet.

Diese starke Persönlichkeit konnte unmöglich in diesen Zeiten höchster Bewährung ihren Lebensgrundsätzen untreu werden. Auch ein „höchster Befehl“ vermochte diese nicht zu erschüttern. Gen. L.K. kannte keinen Kadavergehorsam. Für ihn galt zeitlebens nur der sittlich berechtigte Befehl. Es erscheint daher völlig undenkbar, daß ein Gen. L. K. zu Handlungen hinreißen ließ, wie sie ihm nun zur Last gelegt worden sind. Mag er auch da u. dort streng durchgegriffen haben, sicher hatte er dann das Recht der Notwehr bzw. des Notstandes auf seiner Seite, das auch die gesamte Menschheit für sich in Anspruch nimmt, wenn sie den, der gegen die bestehende Ordnung u. das Gesetz verstößt, züchtigt u. zertritt. Gen. L.K. war im Südosten Repräsentant der Besatzungsmacht, die de facto u. dort im kroatischen Raume wohl auch de jure – zusammen mit den dortigen verbündeten Regierungen – die Staatsgewalt ausübte. Die dortige Widerstandsbewegung – gleichgültig ob moralisch

Generalleutnant August Wittmann: „Würdigung der Person und des Problems General der Gebirgstruppe Ludwig Kübler“ – Seite 5.

berechtigt od. nicht-bekämpfte die augenblicklich die Staatshoheit repräsentierende Macht fast ausschließlich mit verbrecherischen Methoden die in gröbster Weise gegen die nach dem Völkerrecht anerkannten Kampfregeln verstießen. Ihr sogen. Kampf od. Widerstand, war eine ununterbrochene Kette feiger Morde – meist aus dem Hinterhalt, von Terrorakten gegen Leben u. Gut der Besatzungsmacht wie der friedlichen Bevölkerung, von sadistischen Grausamkeiten gegen Gefangene Andersstämmige Andersgläubige Andersgesinnte. Es war der durch die Kurzsichtigkeit der Westmächte erfolgreiche Versuch des Bolschewismus mit illegalen Vortruppen im südöstlichen Vorfeld Mitteleuropas Fuß zu fassen. Dieser Kampf, war von uns nicht gewollt, wurde uns aufgezwungen, die Art der Kampfführung diktierte ausschließlich der Partisanenfeind.

Es bleibt das historische Verdienst der dort führenden deutschen Offiziere gegen diese Gefahr bis zu letzt mit den möglichen, sittlich berechtigten Mitteln angekämpft zu haben. Gen. L. K. zählt zu ihnen. Es ist nicht ihre Schuld wenn sie vergeblich kämpften. Das sog. Abendland hat sie verraten, damals, als es in selbstmörderischer Weise dieses feige Morden legalisierte u. unterstützte – heute da es trotz klarer Erkenntnis der tödlichen Gefahr noch nicht den Mut findet für diese Männer, die jahrelang diesen Raum für Europa zu retten versuchten, einzustehen ja sie in Nürnberg gegen jedes gesunde Rechtsempfinden, ohne Berücksichtigung von Ursache u. Wirkung in völliger

Einseitiger

Generalleutnant August Wittmann: „Würdigung der Person und des Problems General der Gebirgstruppe Ludwig Kübler" – Seite 6.

Würdigung nur gestützt auf formelrechtliche Tatbestände zu schweren Freiheitsstrafen verurteilte. Solange aus politischen Erwägungen derartige Sünden u. Verbrechen wider den eigenen Geist möglich sind, solange die Erforschung von Wahrheit u. Recht eine reine Zweckmäßigkeitsfrage bildet, solange muß man um die Existenzfähigkeit d. Abendlandes ernstlich besorgt sein.

Gen. L. K. war einer dieser deutschen u. europäischen Verteidiger u. Vorkämpfer in diesem heiß umkämpften, nun verlorenen Raum. Daher richtete sich gegen ihn u. seine Kameraden der Haß u. die Vernichtungswut der heutigen dortigen Machthaber, die sie in formeljuristisch frisierten Schauprozessen meist zum Tode verurteilten.

Für jeden rechtlich denkenden sind diese Männer zu Unrecht verurteilt. Niemand erschüttern heute diese Justizmorde. Im Blickfeld der jüngst abgelaufenen Kriegstragödie wiegen Einzelschicksale immer noch zu leicht, um in der Heimat die breite Masse aus Stumpfheit u. Kleinmut, im übrigen Europa aus satter Zufriedenheit u. Interesselosigkeit heraus zu reißen. Um so mehr ist es Pflicht aller Gutgesinnten u. um Wahrheit u. Recht Ringenden für diese Männer, darunter Gen. L. K., sich einzusetzen, solange sie atmen, um von ihnen ein hartes, unverschuldetes Schicksal abzuwenden. Der Kampf um sie ist zugleich eine Phase d. Kampfes um die Behauptung d. Abendlandes.

München Juni 1948

A. W.
Genlt. a. d. [illegible]

Generalleutnant August Wittmann: „Würdigung der Person und des Problems General der Gebirgstruppe Ludwig Kübler“ – Seite 7.

„Die ‚Pionier-Kaserne' des ehemaligen Gebirgspionierbataillons 54 in Mittenwald wurde nach Abzug der amerikanischen Besatzer instand gesetzt und 1956 von der Bundeswehr belegt. Dem Leiter der Standortverwaltung Mittenwald legte ich damals nahe, für die Kaserne den alten Namen, den sie 1936/45 hatte, im Dienstverkehr wieder zu verwenden. Am Eingang wurde dazu auch wieder ein kunstgeschmiedeter Namenszug ‚Ludendorff-Kaserne' angebracht. Einige Wochen später hatte ich den damaligen Verteidigungsminister Strauß durch den Standort zu führen. Als er den Namen an der Kasernenmauer wahrnahm, verlangte er die alsbaldige Beseitigung, weil dieser in der Bundeswehr ‚störe'.
Es geschah nach seinem Willen. Danach war die Kaserne einige Zeit namenlos. Erst als General Gartmayr die 1. Gebirgsdivision (BW) übernommen hatte, schlug dieser im Einvernehmen mit der Gemeinde Mittenwald dem Bundesministerium der Verteidigung vor, die Kaserne nach dem ersten Kommandeur der alten 1. Gebirgsdivision zu benennen. [...] Gartmayr war Oktober 1939 – Mai 1940 als Ib im Divisionsstab Kübler. Dann wurde der damalige Hauptmann im Generalstab von Oberst Schörner abgeworben, als dieser die 6. Gebirgsdivision aufzustellen hatte. General Kübler war darüber sehr verärgert und sein Ia, Major im Generalstab Degen, hatte viel Mühe, ihn wieder zu beruhigen."[5]
In der „General-Kübler-Kaserne" waren neben der Gebirgs- und Winterkampfschule auch Truppenteile der 1. Gebirgsdivision der Bundeswehr stationiert, die dort mit ihren Kommandeuren jahrzehntelang eine Tradition gepflegt haben,[6] *die wie maßgeschneidert auf den Namenspatron zugeschnitten war, denn „auf seinen Erfahrungen und Leistungen hat die Gebirgstruppe der Bundeswehr aufgebaut."*[7]

Nicht umsonst bekannte der ehemalige 1. Vorsitzende des Münchner Kameradenkreises der Gebirgstruppe und Küblers Nachfolger als Kommandierender General des XXXXIX. Gebirgsarmeekorps: „Wir aber tragen", so General der Gebirgstruppe a. D. Rudolf Konrad, „Dein und Deines Bruders Gedächtnis und der gemordeten Kameraden Namen in unseren Herzen."[8]

Doch wie lange noch? So fragten sich viele alte und junge Gebirgssoldaten von Reichswehr, Wehrmacht, Waffen-SS und Bundeswehr, die sich in den 50er Jahren in der „Konrad-Kameradschaft" zusammengeschlossen hatten, verbittert, nachdem neben der „Generaloberst-Dietl-Kaserne" in Füssen auch die „General-Kübler-Kaserne" in Mittenwald seit Jahr und Tag in zunehmendem Maße im Kreuzfeuer der öffentlichen Meinung und Kritik stand.

Streit um die „General-Kübler-Kaserne"

Fast prophetisch schrieb der ehemalige Kommandierende General des III. Korps und spätere Befehlshaber des Heeresführungskommandos der Bundeswehr nach der Herausgabe des Buches über die „Operationszone Adriatisches Küstenland", dass dieses, so der Vier-Sterne-General Dr. Klaus Reinhardt, „mit Sicherheit auch die Diskussion über Kübler und die Mittenwalder Kübler-Kaserne in Gang bringen wird."[9]

So war es in der Tat. Nun geriet mit ungeschickten Äußerungen auch der Befehlshaber im Wehrbereich VI und Kommandeur der im Jahre 2001 aufgelösten 1. Gebirgsdivision der Bundeswehr in die Schusslinie, als er bekundete:

„Persönlich bin ich grundsätzlich der Meinung, dass nur dort Kasernen umbenannt werden sollten, wo durch Namensträger nachweisbar Unrecht geschehen ist." „Denn", so Generalmajor Rainer Jung, „nach den ihm vorliegenden Informationen gelte dies für die General-Kübler-Kaserne in Mittenwald. Ludwig Kübler habe im Zweiten Weltkrieg auf dem Balkan unrechtmäßige Befehle unterschrieben."[10]

Daraufhin schrieb unter anderem Oberstabsfeldwebel a. D. Klaus Höhn:

„Bei uns in Mittenwald geht die Diskussion über den General Kübler jetzt erst richtig los." Denn „die Diskussion über Kübler wird zunehmend unsachlicher und emotionsgeladener geführt, nicht nur wegen dem Temperament der Beteiligten, sondern meines Erachtens wegen fehlender Informationen über Kübler, die über die allgemeinen Lebensdaten hinausgehen."[11]

Der Streit um die Umbenennung der „Generaloberst-Dietl-Kaserne" in Füssen und der „General-Kübler-Kaserne" in Mittenwald eskalierte im Laufe des Jahres 1995 derart, dass noch im Sommer der Ingolstädter SPD-Abgeordnete Hans Büttner einen entsprechenden Antrag im Deutschen Bundestag einbrachte. Er betonte im Namen von 85 Kollegen, dass Kasernen nicht die Namen von „fanatischen Nazi-Generalen" tragen dürften und warf dem Bundesverteidigungsminister in der Traditionsfrage einen „Eiertanz" vor.[12]

Im Meinungsstreit um die Umbenennung der beiden oberbayerischen Kasernenanlagen wollte Volker Rühe zunächst die Soldaten und Bürger von Füssen und Mittenwald zu Wort kommen lassen. Der Bonner Koalitionspartner FDP und die oppositionelle SPD forderten dagegen mit Hinweis auf die NS-Vergangenheit der beiden Gebirgsjägergenerale einen sofortigen Namenswechsel.

So kam es Mitte Oktober 1995 zu mitternächtlicher Stunde im Deutschen Bundestag zu einer, wie das Plenarprotokoll vermerkt, „erregten Debatte" über die beiden umstrittenen Kasernenpatrone.[13]

Die Redner der Opposition forderten eine sofortige Umbenennung. Der SPD-Abgeordnete Büttner erklärte, Dietl sei ein Hitler-Anhänger der ersten Stunde gewesen, Kübler sei als „Bluthund von Lemberg" bezeichnet worden. Dem CDU-Verteidigungsminister warf er „Feigheit vor der Demokratie" vor, wenn dieser sich vor der ausschließlich in seiner Kompetenz liegenden Aufgabe drücke. Bereits vor der Bundestagsdebatte hatte der verteidigungspolitische Sprecher der SPD-Bundestagsfraktion, Walter Kolbow, erklärt, die Beibehaltung der beiden Namen sei eine Beleidigung für alle Widerstandskämpfer.

Rühe räumte ein, dass die Namensgebungen problematisch seien. Deshalb habe er beim Militärgeschichtlichen Forschungsamt ein Gutachten in Auftrag gegeben. Darin werde Kübler als „menschenverachtender Hasardeur" dargestellt, der zu Kriegsverbrechen unter anderem in Russland aufgerufen habe.[14]

„Ein Meinungsaustausch mit dem MGFA ist nicht möglich, weil das Ministerium dort in Sachen Kübler eine Maulkorbverfügung erlassen hat," beschwerte sich der 1. Vorsitzende des Münchner Kameradenkreises der Gebirgstruppe und stellte dann die Frage:

„Wo bleibt die Streitkultur?"[15] Denn die Bundeswehr wollte in Sachen Kübler weder Soldatenverbände noch Ehemalige mehr anhören.

„Im vorliegenden Fall ist festzustellen, dass in der General-Kübler-Kaserne weder eine Befragung noch eine offene Diskussion in größerem Rahmen stattgefunden hat", konstatierte der Mittenwalder Kasernenkommandant Oberstleutnant Joachim Geist „Der Verteidigungsminister hat eine Entscheidung getroffen, welche von der Truppe erwartet wurde und selbstverständlich respektiert wird. Es bleibt aber festzuhalten, dass nach wie vor sehr unterschiedliche Meinungen zur Beurteilung der Person Kübler vorhanden sind, wie übrigens in anderen Gesellschaftsteilen auch. Persönlich hoffe ich, dass mit der Entscheidung des Ministers die Diskussion um den General Kübler beendet ist und der Name nicht weiter Schaden leidet."[16]

Dass der ungediente Verteidigungsminister sowohl die „Generaloberst-Dietl-Kaserne" als auch die „General-Kübler-Kaserne" kurzerhand in „Allgäu-" beziehungsweise „Karwendel-Kaserne" umbenannte, empfanden die Gebirgsjäger als schallende Ohrfeige: Denn das geschah ausgerechnet kurz nach den pompösen Feierlichkeiten „80 Jahre deutsche Gebirgstruppe" und „40 Jahre Bundeswehr", die das Wehrbereichskommando VI/1. Gebirgsdivision gemeinsam mit dem Kameradenkreis der Gebirgstruppe im Herbst 1995 unter der Schirmherrschaft von Generalmajor Jung in der Münchner „Bayern-Kaserne" veranstalteten. Zudem distanzierte er sich dabei unerwartet deutlich von der Deutschen Wehrmacht, die, so seine Aussage, als Institution des Dritten Reiches keine Tradition für die Bundeswehr begründen könne.

Nur zehn Jahre zuvor hatte der damalige Bayerische Ministerpräsident Franz Josef Strauß anlässlich des 30-jährigen Bestehens der 1. Gebirgsdivision der Bundeswehr mit der Übergabe der Fahnenbänder an alle Truppenteile der „Edelweißdivision" Küblers Tochter Marianne am 17. Februar 1986 unter anderem geschrieben: „Als ehemaliger Verteidigungsminister und Vater der 1. Gebirgsdivision fühle ich mich der deutschen Gebirgstruppe eng verbunden. Für die deutsche Gebirgstruppe war General Ludwig Kübler als Mensch und als Soldat ein Vorbild. Ihm hat die Truppe bis auf den heutigen Tag viel zu verdanken."[17]

Nachdem Rühe entschieden hatte, die umstrittenen Kasernennamen zu ändern, begründete er seinen Schritt damit, dass die Namen Dietl und Kübler nicht mehr den Maßstäben für die traditionsbildende Namensgebung von Kasernen entsprächen. Er betonte dabei, die Benennung von Kasernen sei nicht zu trennen von der historisch-politischen und wertebezogenen Einordnung der Wehrmacht. Die preußischen Reformen und der deutsche Widerstand gegen Hitler stehen laut Minister deshalb im Zentrum der Traditionspflege der Bundeswehr.

Die kompromisslose Vorgehensweise des CDU-Ministers stieß jedoch nicht nur bei Soldatenverbänden, sondern auch innerhalb der CSU-Landesgruppe auf massive Kritik. Auf einer Klausur der CSU Bundestagsabgeordneten im oberbayerischen Wildbad Kreuth erklärte der Vorsitzende des Verteidigungsausschusses im Januar 1996, Rühe hätte „das nicht machen dürfen". Die CSU, so forderte Klaus Rose, müsse aufpassen, dass nicht „durch eine Scheibchenpolitik" weitere Namensgeber der Wehrmacht eliminiert würden, wie zum Beispiel der Generalfeldmarschall Erwin Rommel, nach dem sogar drei Kasernen der Bundeswehr benannt sind. Mit Beifall bedacht wurden auch mehrere CSU-Abgeordnete, die sich über Rühes Äußerungen im Bundestag empörten, wonach die Wehrmacht, die als Organisation des Dritten Reiches in ihrer Spitze und mit Truppenteilen an „Nazi-Verbrechen" beteiligt gewesen sei, keine Tradition begründen dürfe. Rose verteidigte die Wehrmacht mit dem Argument, „Verbrechen seien auch von Truppen demokratischer Staaten begangen worden".[18]

Deutscher Bundestag
13. Wahlperiode

Drucksache 13/1628
02. 06. 95

Antrag

der Abgeordneten Hans Büttner (Ingolstadt), Gerd Andres, Klaus Barthel, Hans-Werner Bertl, Friedhelm Julius Beucher, Dr. Ulrich Böhme (Unna), Dr. Eberhard Brecht, Peter Conradi, Peter Dreßen, Freimut Duve, Gernot Erler, Petra Ernstberger, Elke Ferner, Lothar Fischer (Homburg), Gabriele Fograscher, Katrin Fuchs (Verl), Arne Fuhrmann, Monika Ganseforth, Norbert Gansel, Günter Gloser, Angelika Graf (Rosenheim), Achim Großmann, Hans-Joachim Hacker, Manfred Hampel, Alfred Hartenbach, Dieter Heistermann, Dr. Barbara Hendricks, Monika Heubaum, Uwe Hiksch, Reinhold Hiller (Lübeck), Gerd Höfer, Frank Hofmann (Volkach), Ingrid Holzhüter, Brunhilde Irber, Klaus Kirschner, Dr. Hans-Hinrich Knaape, Walter Kolbow, Thomas Krüger, Horst Kubatschka, Konrad Kunick, Brigitte Lange, Robert Leidinger, Erika Lotz, Ulrike Mascher, Ingrid Matthäus-Maier, Heide Mattischeck, Christian Müller (Zittau), Jutta Müller (Völklingen), Michael Müller (Düsseldorf), Doris Odendahl, Leyla Onur, Manfred Opel, Adolf Ostertag, Kurt Palis, Georg Pfannenstein, Joachim Poß, Karin Rehbock-Zureich, Margot von Renesse, Renate Rennebach, Berd Reuter, Reinhold Robbe, Siegfried Scheffler, Otto Schily, Dieter Schloten, Ursula Schmidt (Aachen), Wilhelm Schmidt (Salzgitter), Heinz Schmitt (Berg), Walter Schöler, Ottmar Schreiner, Ilse Schumann, Dr. R. Werner Schuster, Dr. Angelica Schwall-Düren, Bodo Seidenthal, Lisa Seuster, Horst Sielaff, Erika Simm, Dr. Sigrid Skarpelis-Sperk, Ludwig Stiegler, Jörg Tauss, Margitta Terborg, Uta Titze-Stecher, Adelheid Tröscher, Siegfried Vergin, Günter Verheugen, Karsten D. Voigt (Frankfurt), Reinhard Weis (Stendal), Jochen Welt, Hildegard Wester, Dr. Norbert Wieczorek, Berthold Wittich, Verena Wohlleben, Hanna Wolf

Umbenennung der Generaloberst-Dietl-Kaserne in Füssen und der General-Kübler-Kaserne in Mittenwald

Der Bundestag wolle beschließen:

Der Bundesminister der Verteidigung wird aufgefordert, die Generaloberst-Dietl-Kaserne in Füssen sowie die General-Kübler-Kaserne in Mittenwald unverzüglich umzubenennen.

Bonn, den 2. Juni 1995

Antrag der 85 Bundestagsabgeordneten vom 2. Juni 1995 „... die Generaloberst-Dietl-Kaserne in Füssen sowie die General-Kübler-Kaserne in Mittenwald unverzüglich umzubenennen“.

„Nach der Schlacht binde den Helm fester!" Mit diesem alten Soldatensprichwort schwor der Münchner Kameradenkreis der Gebirgstruppe seine alten und jungen Soldaten ein. Denn für ihn „besteht kein Zweifel: Das Ringen um den Erhalt der Kasernennamen haben wir verloren. Angesichts der atmosphärischen Verhältnisse in Bonn hat man damit rechnen müssen. Diese rein opportunistisch-politische Entscheidung ist von uns Soldaten nicht nachzuvollziehen, geht sie doch an den Realitäten vorbei. Vorgeschobene moralische Gründe und falsch gewichtete militärische Fakten sind halt keine überzeugenden Argumente. Der traditionsunwillige Zeitgeist verlangte jedoch sein Opfer. Dem Bundesverteidigungsminister ging es darum, die Ruhe an der Front der Kasernennamen wiederherzustellen. Ob er da nicht Geister rief, derer er nicht mehr Herr wird?"[19]

NACHWORT

Wie nicht anders zu erwarten, meldete sich nach dem Erscheinen dieser Biographie, als einer der ersten, der langjährige Intendant des Baumeisters der deutschen Gebirgstruppe mit einem umfangreichen Schreiben zu Wort, nachdem er mir jahrelang Skripten, Bilder und andere zeitgeschichtlichen Dokumente zur Verfügung gestellt hatte, da er bis dato in keiner Buchveröffentlichung genannt bzw. abgebildet worden war, was ihn besonders schmerzte. In einem zweiseitigen Beiblatt schrieb er unter anderem: „Für den Fall einer weiteren Auflage der Küblerbiographie [Roland Kaltenegger Ludwig Kübler – General der Gebirgstruppe. Stuttgart, Motorbuch Verlag, 1. Auflage 1998] halte ich einige Textstellen für ergänzungs- oder änderungsbedürftig. Es sind dies: Die faksimilierte Wiedergabe (S. 46) aus der zitierten Quelle (S. 316). [...] Die Seite 46 halte ich für unbrauchbar, weil unvollständig, irreführend und desinformativ, denn [...] der Divisionsintendant wird auf Seite 46 als entbehrlich ausgegrenzt und totgeschwiegen [...]“[1]

Bernklaus Änderungswünsche, die einzig und allein seine seiner Meinung nach besonders herausragende Stellung unter dem General der Gebirgstruppe Ludwig Kübler unterstreichen sollten, liefen jedoch ins Leere, denn die von ihm kritisierte Stellenbesetzung erschien bereits 1939, ohne dass er als karriereorientierter Generalstabsoffizier dagegen in irgend einer Form Einspruch erhoben hätte. Auch ein unveränderter Nachdruck nach Kriegsende erfolgte ohne seinen Widerspruch. Als der General der Gebirgstruppe Hubert Lanz diese Stellenbesetzung in seinem Buch „Gebirgsjäger“ 1954 übernommen hat, blieb Bernklau abermals wortlos. Lanz verzichtete in seinem Buch sogar auf seine Mitarbeit. Diese Schmach wollte Bernklau nun unter allen Umständen getilgt sehen. Doch seine unberechtigten Forderungen zur nachträglichen Glorifizierung mussten auf Grund der militärhistorischen Quellenlage ad acta gelegt werden.

Überdies zeigten sich zahlreiche alte Gebirgsjägerkameraden über Bernklaus negative Äußerungen gegenüber seinem einstigen Divisionskommandeur und Kommandierenden General, dem er seine atemberaubende militärische Karriere zu verdanken hatte, mehr als verwundert. Als ein Wehrmachtsoffizier vom Scheitel bis zur Sohle wurde er mit 27 Jahren 1936 Brigadeintendant, 1938 Divisionsintendant, 1941 Korpsintendant und 1942 mit 33 Jahren sogar Armeeintendant! Diese Beförderungswelle setzte neben dem fachlichen Können selbstverständlich auch eine angepasste Haltung ohne Widerspruch gegenüber seinem kritischen General voraus.

Nachdem das Bundesarchiv-Militärarchiv in Freiburg im Breisgau auf den umfangreichen Fundus des Militär- und Gebirgstruppenarchivs Kaltenegger, das „ja bereits einen legendären Ruf hat“[2], aufmerksam wurde, teilte die Bundesbehörde nach Herausgabe der General-Kübler-Biographie dem Verfasser mit: „Als Bundesarchiv-Militärarchiv sind wir natürlich daran interessiert, möglichst vollständig solche komplexen Sammlungen bzw. Nachlässe zu übernehmen, um die Originale für die Nachwelt zu erhalten und der Forschung zur Verfügung zu stellen.“[3]

Da zu befürchten ist, dass sich zu allererst die sogenannten „roten Zellen“ des Militärgeschichtlichen Forschungsamtes[4] mit ihren teils tendenziösen Veröffentlichungen über das

Dritte Reich und die Wehrmacht auf die Brisanz der umfangreichen unveröffentlichten Archivalien stürzen werden, um einer linkslastigen „Schickeria" angebliches Beweismaterial für die einseitigen „Vergangenheitsbewältiger" und „Erinnerungsarbeiter" in die Hände zu spielen, wird der unschätzbare Fundus vorerst weiterhin in der Tiroler Festungsstadt unter Verschluss gehalten und erst nach und nach publiziert.

Roland Kaltenegger
Kufstein/Tirol
im Herbst 2011

ANMERKUNGEN

1) Über ein Jahrzehnt lang hatte ich im bodenständigen Oberammergau die Bibliothek der Bundeswehrverwaltungsschule IV aufgebaut und geleitet. Darüber hinaus entstanden in dieser Zeit – nicht zuletzt aufgrund der Nähe des Stabes der 1. Gebirgsdivision in Garmisch-Partenkirchen – eine Anzahl von wichtigen Büchern über die deutsche Gebirgstruppe sowie das Jubiläumsbuch „Oberammergau und die Passionsspiele 1634-1984".
2) Bernklau: General der Gebirgstruppe Ludwig Kübler. S. 2 f.
3) Bernklau-Brief vom 27. März 1992 an den Verfasser
4) Lanz-Brief vom 3. April 1980 an den Verfasser
5) Lanz-Brief vom 24. Mai 1981 an den Verfasser
6) „Es ist mir eine besondere Freude", schrieb Lanz am 21. Juni 1940 an den Vater von Moll, „ihnen heute mitteilen zu können, dass sich ihr Sohn Franz in den vergangenen 6 Kampfwochen ausgezeichnet gehalten hat. Er ist ständig in meiner nächsten Umgebung und war mit mir zusammen häufig an den Erkundungen des Kommandierenden Generals in vorderster Linie beteiligt. Anfang Juni bekam er dafür das Eiserne Kreuz II. Klasse."
7) Burdick: Hubert Lanz. S. 84
8) Weishäupls zahlreiche mündliche und schriftliche Äußerungen über führende Persönlichkeiten der deutschen Gebirgstruppe fanden teilweise auch ihren Niederschlag in einem umfangreichen Buchmanuskript, das ich in seinem Auftrag im Jahre 1989 unter Auswertung seiner geheimen VdK-Präsidial-Akten mit ihrem hochbrisanten Schriftgut als „Karl-Weishäupl-Biographie" erstellt hatte. Weishäupls plötzlicher Tod verhinderte die Veröffentlichung dieses Buches, dessen Material 1999 im Sachbuch „Macht- contra Sozialpolitik. Von der Ära Schmidt zur Ära Kohl" mitveröffentlicht wurde.
9) Vgl. Kaltenegger: Schörner. Über diese Biographie schrieb Generaloberst Chiang dem Verfasser am 16. Juni 1995 u. a.: „[...] in dem sie als nüchterner Historiker nach wie vor nicht nur der geschichtlichen Wirklichkeit für Feldmarschall Schörner nicht ausweichen, sondern auch besonders mit einem Abschnitt auf Seite 136 ff. für mich mein schönes Leben im damaligen Gebirgsjägerregiment 98 so ausführlich darstellen, dass es mir diese Zeit in angenehme Erinnerung bringt, und dafür bin ich ihnen sehr dankbar."
10) Am 16. November 1995 hatte Gödde in schriftlicher Form den 1. Vorsitzenden gebeten, „im Interesse der Klarheit und Wahrheit sowie der Gerechtigkeit gegenüber dem General Kübler einen [...] Betrag von 10.000,00 Mark [...] für die Bestellung eines Gutachtens in der Angelegenheit des Generals Ludwig Kübler zu verwenden." (Gödde-Brief vom 18. März 1996 an Klamert). Es kam jedoch anders, denn, so der 1. Vorsitzende des Kameradenkreises der Gebirgstruppe, „die klare Aussage des Ministers, kein weiteres Gutachten zu Rate zu ziehen (Aussage [Staatssekretärin, jetzt Bundestagsvizepräsidentin] M. Geiger: „Sparen sie sich das Geld!"), ließ uns von dem Vorhaben Abstand nehmen. Die anstehende Entscheidung des Ministers war nicht mehr zu beeinflussen." (Griesinger-Brief vom 4. April 1996 an Gödde)

Prolog

1) Der Festtag wurde im Zweiten Deutschen Kaiserreich alljährlich am 2. September begangen.
2) Bayerisches Kriegsarchiv: Personalakte Ludwig Kübler. OP 55 139
3) Ebenda. Dienstzeugnis für den Unteroffizier Ludwig Kübler vom 19. Dezember 1908
4) Ebenda, a. a. O.
5) Ebenda. Bayerisches Kriegsministerium No 21040 vom 4. Oktober 1910
6) Ebenda, a. a. O.
7) Die Bayern im Großen Kriege 1914-1918. S. 110 f.
8) Ebenda, S. 111
9) Bayerisches Kriegsarchiv: Personalakte Ludwig Kübler. OP 55 139. Bayerisches Kriegsministerium No 33 763 vom 13. April 1915
10) Ebenda. 15. bayerisches Infanterieregiment No 1243 vom 13. Juni 1915
11) Die Bayern im Großen Kriege 1914-1918. S. 257
12) Ebenda. S. 259
13) Ebenda. S. 261
14) Ebenda. S. 384
15) Bayerisches Kriegsarchiv: Personalakte Ludwig Kübler. OP 55 139. 15. bayerisches Infanterieregiment: Beurteilung über den Oberleutnant Ludwig Kübler vom 10. Dezember 1917
16) Die Bayern im Großen Kriege 1914-1918. S. 479 f.
17) Bayerisches Kriegsarchiv: Personalakte Ludwig Kübler. OP 55 139
18) Spengler: Briefe. S. 29
19) Vgl. hierzu: Das Deutsche Reich und der Zweite Weltkrieg. Bd. 1, S. 704
20) Die Niederwerfung der Räteherrschaft in Bayern 1919. S. 1 ff.

Erster Teil: Der Brigade- und Divisionskommandeur

1) Unsere bayerische Gebirgsdivision in Polen. Sonderdruck der „Münchener Zeitung". Dezember 1939. S. 1
2) Kaltenegger: Die Geschichte der deutschen Gebirgstruppe 1915 bis heute. S. 16 ff.
3) Das III. Gebirgsjägerbataillon 19. (bayerisches) Infanterieregiment im 100.000 Mannheer. S. 4
4) Bundesarchiv/Militärarchiv: Wehrkreiskommando (Bayerisch) VII, 7. Bayerische Division (RH 26-7/295,377,754)
5) Heute beherbergt der Bau das Bayerische Hauptstaatsarchiv, das größte Urkundenarchiv der Welt, sowie das Institut für Bayerische Geschichte der Universität München.
6) Bernklau: Deutsche Gebirgstruppe 1922-1945. S. 1
7) Heute Standort der neuen Bayerischen Staatskanzlei, die wegen ihres pompösen Ausmaßes im Volksmund als „Palazzo Protzi" oder „Amigodrom" bezeichnet wird.
8) Absolon: Die Wehrmacht im Dritten Reich. Bd. 3, S. 18 f.
9) Bainville: Frankreichs Kriegsziel, S. 47
10) Ebenda. S. 47

11) Vertrags-Plötz: Konferenzen und Verträge. Teil II, Bd. 4A, S. 48 f.
12) Die sogenannten „Kapitulanten" der zwölfjährigen Dienstzeit konnten sich in den letzten vier Dienstjahren an den Heeresfachschulen auf einen Zivilberuf vorbereiten und mit zwei Prüfungen die Mittlere Reife erlangen.
13) Schwere Artillerie war als Festungsartillerie nur in Ulm und Königsberg zugelassen.
14) Kaltenegger: Die Geschichte der deutschen Gebirgstruppe 1915 bis heute. S. 25 ff.
15) Der „Volkstrauertag" zum Gedenken an die Toten des Ersten Weltkrieges wurde alljährlich am Sonntag „Reminiscere" begangen. Hitler benannte ihn 1934 in „Heldengedenktag" um.
16) Reichsgesetzblatt I, 1935, S. 375
17) Untersuchungen zur Geschichte des Offizierkorps. S. 203
18) Die Gebirgstruppe. 1986. H. 3, S. 65
19) Aus dieser paramilitärischen Organisation gingen unter anderem die Gebirgsjägergenerale von Hengl, Schlemmer, Winkler und Wittmann hervor.
20) Völkischer Beobachter. 1936. Nr. 1/2
21) Kaltenegger: Generaloberst Dietl. S. 259
22) Kaltenegger: Die deutsche Gebirgstruppe 1935-1945. S. 99
23) Müller-Hillebrand: Das Heer 1933-1945. Bd. 1, S. 24
24) Kriegstagebuch der 1. Gebirgsdivision: Einsatz Österreich vom 10. März - 2. April 1938.
25) Lanz: Gebirgsjäger. S. 17
26) Ebenda. S. 18
27) Bernhardt: Die deutsche Aufrüstung 1934-1939. S. 125
28) Kaltenegger: Waffen und Ausrüstung der deutschen Gebirgstruppe im Zweiten Weltkrieg. S. 3
29) Das deutsche Heer 1939. S. 132 ff.
30) Ruef: Gebirgsjäger zwischen Kreta und Murmansk. S. 14
31) Speer: Erinnerungen. S. 101
32) Hoffmann: Die Sicherheit des Diktators. S. 194
33) Bestehend aus den späteren Bundesländern Wien, Ober- und Niederösterreich, Salzburg, Tirol, Vorarlberg, Kärnten, Steiermark (ohne die Untersteiermark) und das Burgenland, das damals noch zu Westungarn (ausgenommen Ödenburg) gehörte.
34) In Teil III, Artikel 36-61 des Vertrages werden die politischen Bestimmungen Deutsch-Österreichs geregelt.
35) Am 5. September 1931 sprach der Haager Gerichtshof sich mit 8 gegen 7 Stimmen gegen die Zulässigkeit des Zollunionsvertrages mit Österreich aus.
36) 1933 Austritt Deutschlands aus dem Völkerbund;
1934 Freundschaftsvertrag zwischen Deutschland und Polen;
1935 Rückgabe des Saargebietes an Deutschland, Wiedereinführung der allgemeinen Wehrpflicht und deutsch-britisches Flottenabkommen;
1936 Einmarsch deutscher Truppen in die entmilitarisierte Zone des Rheinlandes und Abschluss des Antikomintern-Paktes zwischen Deutschland und Japan, dem Italien 1937 beitrat.
37) Begründung der „Achse Rom – Berlin" durch den deutsch-italienischen Vertrag.
38) Schuschnigg: Ein Requiem in Rot-Weiß-Rot. S. 7

39) Vgl. hierzu die Memoiren des österreichischen Bundeskanzlers Kurt Schuschnigg „Ein Requiem in Rot-Weiß-Rot", in denen er darüber sehr ausführlich berichtet. Der ehemalige deutsche Reichskanzler Franz von Papen schreibt dazu in seinen Lebenserinnerungen „Der Wahrheit eine Gasse" auf S. 469: „Wenn ich auch die Wiedergabe für etwas Übertrieben halte, so zweifle ich nicht, dass Hitler grobes Geschütz auffuhr, um seinen Gast zu beeindrucken."
40) Rendulic: Soldat in stürzenden Reichen. S. 202
41) Kaltenegger: Generaloberst Dietl. S. 266 ff.
42) Die monarchistische Bewegung hatte etwa eine Million Mitglieder. Otto von Habsburg war in über 1 000 österreichischen Städten und Gemeinden Ehrenbürger.
43) Kaltenegger: Generaloberst Dietl. S. 268
44) Kaltenegger: Schörner. S. 144
45) Kaltenegger: Generaloberst Dietl. S. 270
46) Kaltenegger: Schörner. S. 142 ff.
47) Schmidl: März 38. S. 192
48) Kaltenegger: Generaloberst Dietl. S. 272 f.
49) Churchill. Der Zweite Weltkrieg. S. 136 ff.
50) Fritz: Der deutsche Einmarsch in Österreich 1938. S. 30
Guderian: Erinnerungen eines Soldaten. S. 47 ff.
51) Neue Freie Presse, Wien 1938
52) Schuschnigg: Im Kampf gegen Hitler. S. 310
53) Nach anderen Angaben: 99,75% JA!
54) Nach anderen Angaben: 99,08% JA!
55) Das Heil Hitler des Kardinals. In: Süddeutsche Zeitung. 1988. Nr. 65, S. 12
56) Kaltenegger: Generaloberst Dietl. S. 274
57) Ebenda, S. 274 f.
58) Dieser Vorgang war Kübler mehr als peinlich, weil er für alle Gebirgssoldaten seines Großverbandes ein striktes Besuchsverbot ausgesprochen hatte!
59) Winkler: Gebirgsartillerie. In: Die Gebirgstruppe. 1954. H. 5, S. 24
60) Kaltenegger: Schörner. S. 161 ff.
61) Speer: Erinnerungen. S. 123
62) Rendulic: Soldat in stürzenden Reichen. S. 209
63) Der Nationalsozialismus. S. 205
64) Mann des Jahres 1953: Konrad Adenauer – Neues Mitglied im Kreis der Großmächte; Mann des Jahres 1970: Willy Brandt – Auf dem Weg zu einer neuen Wirklichkeit
65) Deutsches Nachrichtenbüro, 15. März 1939
66) 1992/93 wurde die total zerrüttete Zwangsehe zwischen Tschechen und Slowaken nach dem Zerfall des Ostblocks endlich auf dem friedlichen Wege geschieden. Damit war das Ende einer Fehlkonstruktion der Versailler Siegermächte endgültig besiegelt.
67) Kordt: Wahn und Wirklichkeit. S. 146
68) Bernklau: General der Gebirgstruppe Ludwig Kübler. A. a. O.
69) Foertsch: Schuld und Verhängnis. S. 178
70) Der großdeutsche Freiheitskampf. Bd. 1, S. 29

71) Weltkrieg 1939-1945. S. XXVII. Hierzu liegen jedoch auch andere Stärkemeldungen vor.
72) Tessin: Verbände und Truppen der deutschen Wehrmacht und Waffen-SS im Zweiten Weltkrieg. Bd. 2, S. 23
73) Die polnische Luftwaffe bildete keinen selbstständigen Wehrmachtsteil, sondern sie war dem Heer angegliedert.
74) Hierzu liegen ebenfalls andere Stärkemeldungen vor. Vgl. u. a. Hillgruber/Hümmelchen: Chronik des Zweiten Weltkrieges. S. 1
75) Kräutler/Springenschmid: Es war ein Edelweiß. S. 9
76) Manstein: Verlorene Siege. S. 34
77) Liddell Hart: Geschichte des Zweiten Weltkrieges. S. 46
78) Kreppel: Gebirgsartillerie im Kampf. S. 14
79) Lanz: Gebirgsjäger. S. 51
80) Bundesarchiv/Militärarchiv: Divisionsbericht über den Feldzug in Polen 1939. S. 11 (RH 28-1/256, Bl. 12)
81) Lanz: Gebirgsjäger. S. 52
82) Winston Churchill war nicht nur Urheber des Gallipoli-Unternehmens im Ersten Weltkrieg, das zu einem schweren Fehlschlag wurde, sondern es wurde ihm auch die britische Intervention im Russischen Bürgerkrieg, die mit unzureichenden Mitteln durchgeführt wurde, zur Last gelegt, so dass er in den Ruf eines verantwortungslosen Abenteurers geriet!
83) Unsere bayerische Gebirgsdivision in Polen, S. 6
84) Lanz: Gebirgsjäger. S. 55 f.
85) Domarus: Hitler. Bd. 2, S. 1403
86) La guerre et la montagne. Bd. 2, S. 309
87) Es war halt viel schneidiger, die Bergmütze als den ungeliebten Stahlhelm zu tragen, allerdings waren dadurch extrem viele tödliche Kopfschüsse zu beklagen!
88) Im November 1914 waren während der Schlacht in Flandern junge deutsche freiwillige Studenten unter dem Gesang des Deutschlandliedes unter großen Verlusten in die feindlichen Stellungen eingedrungen.
89) Hierzu liegen auch andere Angaben vor
90) Gehring: Der Stoß in Frankreichs Herz. S. 11
91) Alvensleben: Lauter Abschiede. S. 62
92) Lanz: Gebirgsjäger. S. 76
93) Hitlers Weisungen für die Kriegsführung 1939-1945. S. 52
94) Kaltenegger: Die Stammdivision der deutschen Gebirgstruppe. S. 126
95) Buchner: Ein schwerer Tag der 1. Gebirgsdivision. In: Die Gebirgstruppe. 1965. H. 3, S. 17
96) Kaltenegger: Die Stammdivision der deutschen Gebirgstruppe. S. 132 f.
97) Lanz: Gebirgsjäger. S. 82
98) Crozier: Franco. S. 296
99) Steinbach: Briefe und Aufzeichnungen. In: Die Gebirgstruppe. 1957. H. 2-4, S. 287
100) Gehring: Der Stoß in Frankreichs Herz. S. 104

101) Der großdeutsche Freiheitskampf. Bd. 2, S. 43
102) Dokumente zum Westfeldzug 1940. S. 236
103) Ecuvillon: La reddition sur ordre de Fort-l'Ecluse après l'armistice de 1940
104) Der Bahntransport vom polnischen zum französischen Kriegsschauplatz wurde mitgerechnet.
105) Feurstein. Irrwege der Pflicht. S. 81
106) Schuler: Divisions-Vorausabteilung „Seelöwe". A. a. O.
107) Andere Angaben nennen 168 Transportschiffe, 1 910 Kähne und Prähme sowie 419 Schlepper und 1 600 Motorboote.
108) Wheatley, Ronald: Operation Sea Lion. A. a. O.
109) Schuler: Divisions-Vorausabteilung „Seelöwe". A. a. O.
110) Remold: Tagebuch eines Bataillonskommandeurs. S. 111 f.
111) Schuler: Divisions-Vorausabteilung „Seelöwe". A. a. O.
112) Ebenda, a. a. O.
113) Hitlers Weisungen für die Kriegsführung 1939-1945. S. 65 ff.
114) Jodl: Jenseits des Endes. S. 46
115) Aden an der Meerenge von Bad-el-Mandeb war der zweite Vorposten der Briten auf ihrem Seeweg nach Indien.
116) Crozier: Franco. S. 297

Zweiter Teil: Der Kommandierende General

1) Seidel: Wir tragen stolz das Edelweiß. S. 5
2) 1941 wurde für Dietl die Dienstgradbezeichnung „General der Gebirgstruppe" eingeführt, denn bis dahin war die Gebirgstruppe keine eigene Waffengattung.
3) Bernklau: Aufstellung des XXXXIX. Gebirgsarmeekorps. A. a. O.
4) Bernklau: General Lanz. A. a. O.
5) Burdick. Hubert Lanz. S. 89
6) So u. a. vor dem Unternehmen „Felix" und zur Kriegsweihnacht 1941. Vgl. Kaltenegger: Gebirgsjäger im Kaukasus. S. 8 und 21
7) Deutsche Jüdische Soldaten 1914-1945. S. 75
8) Kaltenegger: Gebirgsjäger im Kaukasus. S. 7 ff.
9) Tessin: Verbände und Truppen der deutschen Wehrmacht und Waffen-SS im Zweiten Weltkrieg 1939-1945. Bd. 5, S. 155
10) Lanz: Gebirgstruppen im Kampf um Festungen. In: Allgemeine Schweizerische Militärzeitschrift. Jg. 1960. S. 485 f.
11) Zu jener Zeit befand sich in diesem zugeteilten Regiment als Oberleutnant der damalige Reichsjugendführer Baldur von Schirach.
12) Greiner: Die Oberste Wehrmachtführung 1939-1945. S. 159 f.
13) Görlitz: Der deutsche Generalstab. S. 544
14) Heutzutage spielen die britischen Soldaten auf Gibraltar kaum mehr als eine Statistenrolle.
15) Greiner: Die Oberste Wehrmachtführung 1939-1945. S. 160

16) Kriegstagebuch des Oberkommandos der Wehrmacht. Bd. 1, S. 217

17) Vgl. hierzu auch Ernst von Weizsäckers „Erinnerungen", in denen der deutsche Staatssekretär im Auswärtigen Amt freimütig auf Seite 297 bekannte: „Hitler suchte schließlich den mit den Spaniern auf dem besten Fuß stehenden Admiral Canaris in sein Liebeswerben um Franco einzuschalten. Canaris ließ sich aber nach Rücksprache mit mir zu einem betrügerischen Geschäft mit seinen spanischen Freunden nicht missbrauchen. Er riet ihnen ab, und das hatte triftige Gründe."

18) Gehlen: Der Dienst. S. 46

19) Vgl. hierzu die Niederschrift von Generaloberst Alfred Jodl in Nürnberg über das Unternehmen „Felix" im II. Teilbd. des Kriegstagebuchs des Oberkommandos der Wehrmacht, wo es auf S. 1719 u . a. heißt: „Politische Überlegungen standen in der zweiten Hälfte 1940 im Vordergrund. [...] Spanien zeigte die kalte Schulter. Wieweit dabei die Einwirkung von Admiral Canaris auf den spanischen Generalissimus eine Rolle gespielt hat, will ich dahingestellt sein lassen. Bitter war für Hitler vor allen Dingen, dass damit sein Plan, mit spanischer Hilfe oder Billigung Gibraltar zu nehmen, aufgegeben werden musste."

20) Bernklau: Anmerkungen zum Unternehmen „Felix" vom 20. Juli 1987

21) Görlitz: Der deutsche Generalstab. S. 544

22) Akten zur deutschen auswärtigen Politik. Bd. 9, S. 26

23) Fuller: Der Zweite Weltkrieg 1939-1945. S. 95

24) Ciano: Tagebücher. S. 278 f.

25) Heeresadjutant bei Hitler. S. 88

26) Liddell Hart: Geschichte des Zweiten Weltkrieges. S. 175

27) Kriegstagebuch des Oberkommandos der Wehrmacht. Bd. 1, S. 369

28) Lanz: Gebirgsjäger. S. 118 f.

29) Ebenda, S. 121

30) Ebenda, S. 121

31) Kriegstagebuch des Oberkommandos der Wehrmacht. Bd. 1, S. 380 f.

32) Unterm Edelweiß in Jugoslawien. S. 45 f.

33) Kriegstagebuch des Oberkommandos der Wehrmacht. Bd. 1, S. 381

34) Bahn- und motorisierte Transporte vom französischen zum jugoslawischen Kriegsschauplatz sind bei den Zahlenangaben mit angeführt.

35) Kriegstagebuch des XXXXIX. Gebirgsarmeekorps aus dem Russlandfeldzug 1941. I. Teil, S. 3

36) Kaltenegger: Schörner. S. 168 ff.

37) Hoffmann: Stalins Vernichtungskrieg 1941-1945. S. 298

38) Ebenda. S. 15

39) Vgl. Becker: Im Kampf um Europa. S. 241 ff.

40) Hoffmann. Stalins Vernichtungskrieg 1941-1945. S. 298

41) Kleist: Aufbruch und Sturz des Dritten Reiches. S. 268

42) Grimm: Warum – Woher – Aber Wohin. S. 385

43) Kriegstagebuch des Oberkommandos der Wehrmacht. Bd. 1, S. 87 E.

44) Gretschko: Die Streitkräfte des Sowjetstaates. S. 62

45) Moskalenko: In der Südwestrichtung. S. 13

46) Kriegstagebuch des XXXXIX. Gebirgsarmeekorps aus dem Russlandfeldzug 1941. Beilage A, B und C
47) Ebenda, I. Teil, S. 63
48) Am 6. Juli 1942 wurde die 100. leichte Infanteriedivision in 100. Jägerdivision umbenannt
49) Kriegstagebuch des XXXXIX. Gebirgsarmeekorps aus dem Russlandfeldzug 1941. Beilage A, B und C
50) Falliner: „Servus, Leonidas!" S. 27
51) Daurer: Aktenvermerke über General Kübler. A. a. O.
52) Ebenda, a. a. O.
53) Lanz: Wie es zum Russlandfeldzug kam – und warum wir ihn verloren habe. S. 35 f.
54) Kriegstagebuch des Oberkommandos der Wehrmacht. Bd. 1, S. 417
55) Kriegsgeschichtliches Journal. Jg. 1961. H. 4, a. a. O.
56) Kaltenegger: Die Stammdivision der deutschen Gebirgstruppe. S. 207
57) Hegele: So begann's. In: Die Gebirgstruppe. 1961. H. 6, S. 36 f.
58) Ebenda, S. 37 ff.
59) Ebenda, S. 39 f.
60) Ebenda, S. 40 f.
61) Ebenda, S. 41 f.
62) Ebenda, S. 13 f.
63) Ebenda, S. 14
64) Ebenda, S. 15 f.
65) Ebenda, S. 19
66) Steets: Weg und Kampf der 1. Gebirgsdivision im Sommer 1941. In: Deutsches Soldatenjahrbuch. 1972. S. 89 f.
67) „Die eigenen Verluste in diesen Kämpfen waren vor allem bei der 1. Gebirgsdivision und 68. Infanteriedivision besonders hoch", vermerkt das Kriegstagebuch des XXXXIX. Gebirgsarmeekorps aus dem Russlandfeldzug 1941 am 26. Juni 1941
68) Kriegstagebuch des XXXXIX. Gebirgsarmeekorps aus dem Russlandfeldzug 1941. II. Teil, S. 106
69) Bernklau: Erlebtes Kriegsgeschehen 1941/45, S. 2
70) Braun: Enzian und Edelweiß. S. 184
71) Bagramjan: So begann der Krieg. S. 137
72) Kriegstagebuch des XXXXIX. Gebirgsarmeekorps aus dem Russlandfeldzug 1941. II. Teil, S. 152
73) Burdick: Hubert Lanz. S. 107
74) Kaltenegger: Die Stammdivision der deutschen Gebirgstruppe. S. 216
75) Ebenda. S. 216
76) Kriegstagebuch des XXXXIX. Gebirgsarmeekorps aus dem Russlandfeldzug 1941. II. Teil, S. 176 ff.
77) Kaltenegger: Die Stammdivision der deutschen Gebirgstruppe. S. 216 f.
78) Vgl. Kaltenegger: Die deutsche Gebirgstruppe 1935-1945. S. 263 ff.
79) Becker: Im Kampf um Europa. S. 97

80) Vgl. Conquest: Ernte des Todes
81) Guderian: Erinnerungen eines Soldaten. A. a . O.
82) Krause: Die Schuld am deutschen Schicksal. S. 391
83) Hillgruber: Der 2.Weltkrieg. S. 44
84) Fuller: Die entartete Kunst, Krieg zu führen. S. 289
85) Dass der Ostfeldzug 1941 anders hätte verlaufen können, das bewies genau 50 Jahre später der plötzliche Zusammenbruch der UdSSR, aus der dann u . a. die drei slawischen Republiken Russland (Moskau), Weißrussland (Minsk) und die Ukraine (Kiew) hervorgingen.
86) Höhne: Der Orden unter dem Totenkopf. S. 469
87) Kaltenegger: Gebirgssoldaten unter dem Zeichen des „Enzian". S. 84 ff.
88) Fretter-Pico: Missbrauchte Infanterie. A. a. O.
89) „Generalmajor Lanz erstattet fernmündlich Bericht über die Lage bei Husiatyn", heißt es auf Seite 259 im Kriegstagebuch des XXXXIX. Gebirgsarmeekorps aus dem Russlandfeldzug 1941. Und weiter: „Nach seiner Ansicht befindet sich die SS in einer Krise, dadurch hervorgerufen, dass ein Regimentskommandeur gefallen ist und die junge Truppe sich in ihrem ersten größeren Gefecht befindet. Dadurch wurde der Hilferuf etwas verfrüht abgegeben."
90) Schukow: Erinnerungen und Gedanken. Bd. 1, S. 257
91) Hörl: Stoß der 1. Gebirgsdivision durch die Stalinlinie. In: Die Gebirgstruppe. 1969. H. 4, S. 20 f.
92) Furchtlos und treu. S. 30
93) Ebenda, S. 30
94) Deutsches Soldatenjahrbuch. Jg. 1975, S. 249
95) Furchtlos und treu. S. 31
96) Ott: Jäger am Feind. S. 58
97) Kriegstagebuch des XXXXIX. Gebirgsarmeekorps aus dem Russlandfeldzug 1941. II. Teil, S. 379
98) Furchtlos und treu. S. 37
99) Bagramjan: So begann der Krieg. S. 179
100) Lanz: Der große Marsch nach Osten. In: Die Gebirgstruppe. 1964. H. 3, S. 11 f.
101) Kriegstagebuch des XXXXIX. Gebirgsarmeekorps aus dem Russlandfeldzug 1941. II. Teil, S. 520 ff.
102) Ebenda, S. 526
103) Ebenda, S. 528
104) Furchtlos und treu. S. 42 f.
105) Ebenda, S. 43
106) Ebenda, S. 43
107) Schaefer: Karl Eglseer. In: Die Gebirgstruppe. 1957. H. 2-4, S. 40
108) Kriegstagebuch des XXXXIX. Gebirgsarmeekorps aus dem Russlandfeldzug 1941. II. Teil, S. 556 ff.
109) Steets: Gebirgsjäger bei Uman. S. 17
110) Ebenda, S. 33

111) Ebenda, S. 49.
112) Ebenda, S. 50 f.
113) Ebenda, S. 52 ff.
114) Braun: Enzian und Edelweiß. S. 18.
115) Kriegstagebuch des XXXXIX. Gebirgsarmeekorps aus dem Russlandfeldzug 1941. II. Teil, S. 694
116) Einkesselung des Feindes bei Kopjenkowata. In: 13er-Post. 1959. Nr. 2, S. 10 f.
117) Lanz: Gebirgsjäger. S. 144 f.
118) Kriegstagebuch des XXXXIX. Gebirgsarmeekorps aus dem Russlandfeldzug 1941. II. Teil, S. 796
119) Braun: Enzian und Edelweiß. S. 19
120) Einkesselung des Feindes bei Kopjenkowata. In: 13er-Post. 1959. Nr. 2, S. 11
121) Braun: Enzian und Edelweiß. S. 20
122) Einkesselung des Feindes bei Kopjenkowata. II. Teil. In: 13er-Post. 1959. Nr. 3, S. 11 f.
123) Kriegstagebuch des XXXXIX. Gebirgsarmeekorps aus dem Russlandfeldzug 1941. II. Teil, S. 776
124) Ebenda, S. 776
125) Ebenda, S. 776
126) „Von den 62.000 Gefangenen der 17. Armee sind 55.995 beim XXXXIX. Gebirgsarmeekorps eingebracht", heißt es auf Seite 820 des Kriegstagebuchs des XXXXIX. Gebirgsarmeekorps aus dem Russlandfeldzug 1941.
127) Kriegstagebuch des XXXXIX. Gebirgsarmeekorps aus dem Russlandfeldzug 1941. II. Teil, S. 804 ff.
128) Ebenda, S. 834
129) Ebenda, S. 832
130) Bundesarchiv/Militärarchiv: Generalkommando XXXXIX. Gebirgsarmeekorps, Tätigkeitsbericht Abt. Ic mit Anlagen vom 19. Mai bis 12. August 1941, Anl. 43 (RH 24-49/ 161)
131) Kriegstagebuch des XXXXIX. Gebirgsarmeekorps aus dem Russlandfeldzug 1941. II. Teil, S. 820
132) Kaltenegger: Generaloberst Dietl. S. 319
133) Steets: Gebirgsjäger bei Uman. S. 7
134) Bernklau: Die Glocke von Podwyssokoje. S. 1 f.
135) Kriegstagebuch des Oberkommandos der Wehrmacht. Bd. 1, S. 459
136) Ebenda, S. 459
137) Vgl. hierzu auch: Der Zweite Weltkrieg in Bildern und Dokumenten. Bd. 2, S. 404
138) Vgl. Halder: Kriegstagebuch. A. a. O.
139) Wilmot: Der Kampf um Europa. S. 85
140) Bamm: Die unsichtbare Flagge. S. 80 f.
141) Hatzfeld: Vormarsch Anno 41. H. 3, S. 97
142) Steets: Gebirgsjäger in der Nogaischen Steppe. S. 29 f.
143) Liddell Hart: Geschichte des Zweiten Weltkrieges. S. 209

144) Die rumänische Armee gliederte sich in ein Gebirgskorps mit der 1., 2. und 4. Gebirgsbrigade sowie in ein Kavalleriekorps mit der 5., 6. und 8. Kavalleriebrigade.
145) Bernklau: Erlebtes Kriegsgeschehen 1941/45. S. 3 f.
146) Steets: Gebirgsjäger in der Nogaischen Steppe. S. 53
147) Ebenda, S. 59
148) Ebenda, S. 59 f.
149) Ebenda, S. 60
150) Vgl. Manstein:Verlorene Siege. S. 215 ff.
151) Steets: Gebirgsjäger in der Nogaischen Steppe. S. 71 ff.
152) Bernklau: Erlebtes Kriegsgeschehen 1941/45. S. 4
153) Wagener: Heeresgruppe Süd. S. 92
154) Steets: Gebirgsjäger in der Nogaischen Steppe. S. 103
155) Lanz: Gebirgsjäger. S. 149
156) Alvensleben: Lauter Abschiede. S. 203
157) Philippi/Heim: Der Feldzug gegen Sowjetrussland. S. 90 f.
158) Kern: Kriegstagebuch 1941-1945. S. 25
159) Steets: Gebirgsjäger zwischen Dnjepr und Don. S. 10
160) Ebenda, S. 12
161) Kaltenegger: Gebirgssoldaten unter dem Zeichen des „Enzian". S. 142
162) Kriegstagebuch des Oberkommandos der Wehrmacht. Bd. 1, S. 1233
163) Steets: Gebirgsjäger zwischen Dnjepr und Don. S. 37
164) Ebenda, S. 37
165) Ebenda, S. 53 f.
166) Bagramjan: So begann der Krieg. S. 374
167) Gretschko: Die Schlacht um den Kaukasus. S. 51
168) Mackensen: Vom Bug zum Kaukasus. S. 46 f.
169) Steets: Gebirgsjäger zwischen Dnjepr und Don. S. 80
170) Ebenda, S. 81
171) Die Verluste des deutschen Ostheeres betrugen vom 22. Juni bis zum 1. Dezember 1941 sage und schreibe 162.314 Tote, 33.334 Vermisste und 571.767 Verwundete!
172) Steets: Gebirgsjäger zwischen Dnjepr und Don. S. 109
173) Noch vor der Wende vor Moskau, die allgemein als der erste große Rückschlag des Ostheeres und neben Stalingrad als einer der Wendepunkte des Zweiten Weltkrieges zuungunsten des Großdeutschen Reiches angesehen wird, hatte jedoch das Versagen des Generals der Gebirgstruppe Eduard Dietl mit seinem Gebirgsarmeekorps Norwegen im Jahre 1941 in der Arktis den allerersten Rückschlag der sieggewohnten Wehrmacht herbeigeführt. Vgl. Kaltenegger, Roland: Krieg in der Arktis. Die Operationen der Lappland-Armee 1942-1945. Graz, Stuttgart 2003.
174) Sethe: Das machte Geschichte. S. 256
175) Hitlers Weisungen für die Kriegsführung 1939-1945. S. 171 ff.
176) Von 1958 bis 1968 leitete der ehemalige Gauleiter die Bibliothek des Rüstungskonzerns MBB in München-Ottobrunn.
177) Wahl: „- es ist das deutsche Herz." S. 290

178) 1987 erschien eine recht umstrittene Auswahl aus der Soldatenzeitung „Front und Heimat" mit einem Vorwort des Kommandeurs der 1. Gebirgsdivision der Bundeswehr unter dem Titel „Da lachte der Jager".
179) Bernklau: Erlebtes Kriegsgeschehen 1941/45. S. 3

Dritter Teil: Der Befehlshaber

1) Von 1941 bis 1945 verfasste Ehrenburg in der sowjetischen Presse 3 000 Mordaufrufe gegen alle Deutschen, und zwar ohne Unterschied von Alter und Geschlecht. Damit seine einzigartigen Hassgesänge der Nachwelt uneingeschränkt für alle Zeiten erhalten bleiben, gab er eine dreibändige Sammlung seiner Artikel unter dem Titel „Krieg" in der 1. Musterdruckerei des Trustes Poligrafniga in Moskau in einer Auflage von 25.000 heraus. (Zensurzeichen A 486, Redakteur A. Mjasnikow)
2) Bundesarchiv/Militärarchiv: Panzerarmeeoberkommando 1, Beurteilung über den General der Infanterie Ludwig Kübler. Armeeoberkommando 17, Beurteilung über den General der Infanterie Ludwig Kübler vom 6. Oktober 1941. Pers 6/243, Bl. 7 u. 8
3) Ebenda. Armeeoberkommando 11, Beurteilung über den General der Infanterie Ludwig Kübler vom 20. Oktober 1941. Pers 6/243, Bl. 9
4) Warlimont: Im Hauptquartier der deutschen Wehrmacht 1939 bis 1945. Bd. 1, S. 219
5) Görlitz: Der deutsche Generalstab. S. 571.
Görlitz: Kleine Geschichte des deutschen Generalstabes. S. 397
6) Geschichte der Kriegskunst. S. 189 ff.
7) Lanz: Wie es zum Russlandfeldzug kam – und warum wir ihn verloren haben. S. 59
8) Ebenda, S. 59 f.
9) Tieke: Die deutsche 4. Armee vor Moskau. In: Deutsches Soldatenjahrbuch. 1971. S. 280
10) Schmidt: Statist auf diplomatischer Bühne. S. 551
11) Domarus: Hitler. Bd. 2/2, S. 1815
12) Schukow: Erinnerungen und Gedanken. S. 22
13) Kondratjew: Straßen des Krieges. S. 46
14) Ebenda, S. 63
15) Antipenko: In der Hauptrichtung. S. 86
16) Moskalenko: In der Südwestrichtung. S. 145
17) Vgl. Reinhardt: Die Wende vor Moskau. S. 18-26 u. 96-101
18) Tieke: Die deutsche 4. Armee vor Moskau. In: Deutsches Soldatenjahrbuch. 1971. S. 281
19) Lanz: Wie es zum Russlandfeldzug kam – und warum wir ihn verloren haben. S. 60
20) Ebenda, S. 61
21) Telpuchowski: Die sowjetische Geschichte des Großen Vaterländischen Krieges 1941-1945. S. 95
22) Görlitz: Model. S. 106
23) Macksey: Guderian der Panzergeneral. S. 245
24) Reinhardt: Die Wende vor Moskau. S. 230
25) Steets: Gebirgsjäger zwischen Dnjepr und Don. S. 123

26) Tieke: Die deutsche 4. Armee vor Moskau. In: Deutsches Soldatenjahrbuch. 1971. S. 283
27) Konrad: In Memoriam Ludwig Kübler. In: Die Gebirgstruppe. Ostermitteilungen. 1953. S. 21
28) Tieke: Die deutsche 4. Armee vor Moskau. In: Deutsches Soldatenjahrbuch. 1971. S. 283
29) Haupt: Heeresgruppe Mitte. S. 115
30) Lanz: Wie es zum Russlandfeldzug kam – und warum wir ihn verloren haben. S. 61
31) Telpuchowski: Die sowjetische Geschichte des Großen Vaterländischen Krieges 1941-1945. S. 95 f.
32) Reinhardt: Die Wende vor Moskau. S. 246
33) Ebenda, S. 246
34) Tieke: Die deutsche 4. Armee vor Moskau. In: Deutsches Soldatenjahrbuch. 1971. S. 283
35) Bernklau: Das XXXXIX. Gebirgsarmeekorps unter dem General Ludwig Kübler. A. a. O.
36) Reinhardt: Die Wende vor Moskau. S. 251
37) Domarus: Hitler. Bd. 2/2, S. 1825
38) Konrad: In Memoriam Ludwig Kübler. In: Die Gebirgstruppe. Ostermitteilungen. 1953. S. 21
39) Ebenda, S. 21 f.
40) Daurer: Aktenvermerk über General Kübler. A. a. O.
41) Die Bemerkung des Panzergenerals Heinz Guderian auf Seite 247 seiner „Erinnerungen eines Soldaten“, dass „Feldmarschall Ritter von Leeb und General Kübler auf eigenen Wunsch gingen“ trifft nur auf den Generalfeldmarschall zu. Kübler dagegen wurde von Hitler als Oberbefehlshaber auf der Stelle entlassen.
42) Das Deutsche Reich und der Zweite Weltkrieg. Bd. 4, S. 626
43) Bundesarchiv/Militärarchiv: Oberbefehlshaber der Heeresgruppe Mitte, Beurteilungsnotiz über General der Gebirgstruppe Kübler vom 29. Januar 1942. Pers 6/243, Bl. 10
44) Fröhlich: General Wlassow. S. 39
45) Bagramjan: So begann der Krieg. S. 505
46) Reinhardt: Die Wende vor Moskau. S. 251
47) Daurer war zuvor Angehöriger des Feldersatzbataillons der 1. Gebirgsdivision, dessen Kommandeur Hauptmann Dollinger aus Berchtesgaden war.
48) Weishäupl-Brief vom 19. August 1987 an den Verfasser
49) Bernklau: General der Gebirgstruppe Ludwig Kübler. A. a. O.
50) Streit: Keine Kameraden. S. 347
51) Ebenda, S. 347
52) Bernklau: Das XXXXIX. Gebirgsarmeekorps unter dem General Ludwig Kübler. A. a. O.
53) Ebenda, a. a. O.
54) Da die Gebirgsjäger, die Jäger und die Skijäger zur Infanterie gezählt wurden, erhielten die Generale der Gebirgstruppe in den Anfangsjahren, als die Gebirgstruppe der Wehrmacht noch im Aufbau begriffen war, den Zusatz General der Infanterie – und zwar entsprechend dem General der Artillerie, dem General der Nachrichtentruppe etc. Diese Generale standen rangmäßig zwischen dem Generalleutnant und dem Generaloberst.

55) Schmundt: Tätigkeitsbericht des Chefs des Heerespersonalamtes, S. 85
56) Hesse: Der sowjetrussische Partisanenkrieg 1941 bis 1944. S. 216 f.
57) Kriegstagebuch des Oberkommandos der Wehrmacht. Bd. 6/1, S. 563
58) Wörner-Brief vom 21. Februar 1994 an den Verfasser
59) Kaltenegger: Operationszone „Adriatisches Küstenland". S. 155
60) Kriegstagebuch des Oberkommandos der Wehrmacht. Bd. 4/1, S. 563
61) Hnilicka: Das Ende auf dem Balkan 1944/45. S. 137
62) Schmidt-Richberg: Der Endkampf auf dem Balkan. S. 117
63) Stellenbesetzung vgl. Kaltenegger: Operationszone „Adriatisches Küstenland". S. 157
64) Stuhlpfarrer: Die Operationszonen „Alpenvorland" und „Adriatisches Küstenland" 1943-1945. S. 81
65) Piekalkiewicz: Krieg auf dem Balkan, Vorwort
66) Kaltenegger: Operationszone „Adriatisches Küstenland". S. 66
67) Kuby: Verrat auf deutsch. S. 482 ff.
68) Stuhlpfarrer: Die Operationszonen „Alpenvorland" und „Adriatisches Küstenland" 1943-1945. S. 95
69) Ebenda, S. 95
70) Ebenda, S. 95
71) Ebenda, S. 95
72) Kesselring: Soldat bis zum letzten Tag. S. 318
73) Kaltenegger: Operationszone „Adriatisches Küstenland". S. 76 ff.
74) Ebenda, S. 132 ff.
75) Ebenda, S. 152
76) Schulze: Kriegstagebuch. Bd. VI/3, a. a. O.
77) Kaltenegger: Operationszone „Adriatisches Küstenland". S. 175
78) Schulze: Kriegstagebuch. Bd. VI/3, a. a. O.
79) Kaltenegger: Operationszone „Adriatisches Küstenland". S. 189
80) Weltkrieg 1939-1945. S. 105
81) Rauchensteiner: Der Krieg in Österreich 1945. S. 359
82) Ebenda, S. 359
83) Kaltenegger: Operationszone „Adriatisches Küstenland". S. 119 f.
84) Gödde: Einsatz in der Operationszone „Adriatisches Küstenland" März bis Mai 1945. S. 1
85) Kaltenegger: Operationszone „Adriatisches Küstenland". Ebenda, S. 225
86) Ebenda, S. 257 f.
87) Ebenda, S. 259
88) Brandl: Aufzeichnungen über die Operationszone „Adriatisches Küstenland". S. 8
89) Brandl-Brief vom 22. Mai 1975 an Denizot
90) Hnilicka: Das Ende auf dem Balkan 1944/45. S. 138
91) Kaltenegger: Operationszone „Adriatisches Küstenland". S. 231 f.
92) Hnilicka: Das Ende auf dem Balkan 1944/45. S. 139
93) Schmidt-Richberg: Der Endkampf auf dem Balkan. S. 137
94) Völkl-Brief vom 25. November 1995 an Gödde
95) Gödde: Einsatz in der Operationszone „Adriatisches Küstenland" März bis Mai 1945. S. 1

96) Kriegstagebuch des Oberkommandos der Wehrmacht. Bd. 4/2, S. 1277
97) Ebenda, S. 1278
98) Schulze: Kriegstagebuch. Bd. VI/4, a. a. O.
99) Kaltenegger: Operationszone „Adriatisches Küstenland". S. 129
100) Schulze: Kriegstagebuch. Bd. VI/4, a. a. O.
101) Kaltenegger: Operationszone „Adriatisches Küstenland". S. 275
102) Kriegstagebuch des Oberkommandos der Wehrmacht. Bd. 4/2, S. 1279
103) Kaltenegger: Operationszone „Adriatisches Küstenland". S. 287
104) Daurer: Aktenvermerk über General Kübler. A. a. O.
105) Gödde: Einsatz in der Operationszone „Adriatisches Küstenland" März bis Mai 1945, S. 1 f.
106) Kaltenegger: Operationszone „Adriatisches Küstenland". S. 298
107) Daurer: Aktenvermerk über General Kübler. A. a. O.
108) Brandl-Brief vom 22. Mai 1975 an Denizot. S. 3
109) Kaltenegger: Operationszone „Adriatisches Küstenland". S. 305
110) Schulze: Tagebuch aus jugoslawischer Kriegsgefangenschaft. A. a. O.
111) Daurers Kriegsgefangenschaft dauerte bis 1949
112) Bargon-Brief vom 18. Februar 1968 an Brandl
113) Schwer belastet wurde Kübler im Verlauf der jugoslawischen Kriegsverbrecherprozesse immer wieder durch die Aussagen seiner Kommandeure und Stabsoffiziere, die seinen berühmt-berüchtigten Korpsbefehl Nr. 9 auszuführen hatten.

Epilog

1) Bernklau-Brief vom 27. März 1992 an den Verfasser
2) Bernklau: Anmerkungen zu Kaltenegger: Die Stammdivision der deutschen Gebirgstruppe. S. 14 ff.
3) Kaltenegger: Schörner. S. 334 f.
4) Die Gebirgstruppe. 1986. H. 4, S. 51
5) Bernklau-Brief vom 19. Dezember 1994 an den Verfasser. S. 1 f.
6) Vgl. hierzu u. a.: Traditionspflege in der General-Kübler-Kaserne in Mittenwald. In: Die Gebirgstruppe. 1987. H. 3, S. 65 f.
7) Die Gebirgstruppe. 1995. H. 6, S. 61
8) Konrad: In Memoriam Ludwig Kübler. In: Die Gebirgstruppe. Ostermitteilungen. 1953. S. 22
9) Reinhardt-Schreiben vom 1. Januar 1994 an den Verfasser
10) Der Generalmajor erhält Schützenhilfe. In: Süddeutsche Zeitung. 6. Juni 1995
11) Höhn-Brief vom 20. September 1995 an den Verfasser
12) Deutscher Bundestag. 13. Wahlperiode. Drucksache 13/1628 vom 2. Juni 1995
13) Deutscher Bundestag. Plenarprotokoll 13/61 vom 12. Oktober 1995
14) Nürnberger Nachrichten. 14./15. Oktober 1995. S. 23
15) Die Gebirgstruppe. 1995. H. 6, S. 61

16) Geist: Keine Befragung. In: Münchner Merkur. 16. November 1995
17) Die Gebirgstruppe. 1996. H. 1, S. 3
18) Der Spiegel. 1996. H. 4, S. 16
19) Prior: Verteidigungsminister Rühe benennt Kasernen in den Standorten Füssen und Mittenwald um. In: Die Gebirgstruppe. 1995. H. 6, S. 62

Nachwort

1) Bernklau-Brief vom 5. März 1999, Beiblatt S. 1
2) Meyer-Brief vom 30. August 2002 an den Verfasser
3) Bundesarchiv/Militärarchiv-Brief vom 7. September 1998 an den Verfasser
4) Proske, Rüdiger: Wider den Missbrauch der Geschichte deutscher Soldaten zu politischen Zwecken. Eine Streitschrift. Mainz 1996. S. 9

BIBLIOGRAPHIE

1. Monographien und Sammelwerke

- Absolon, Rudolf: Die Wehrmacht im Dritten Reich, Bd. 1-6. Boppard a. Rhein 1969-1995 (= Schriften des Bundesarchivs. Bd. 16/I-VI)
- Akten zur deutschen auswärtigen Politik, 1918-1945. Aus dem Archiv des deutschen Auswärtigen Amtes, Bd. 1-12, Baden-Baden 1950-1969
- Albertz, Otto: Das offene Problem – Ein Rückblick auf zwei Jahrzehnte deutscher Frankreichpolitik, Köln 1951
- Allard, Sven: Stalin und Hitler – Die sowjetrussische Außenpolitik 1930-1941, Bern, München 1974
- Alpenkorps in Polen – Im Auftrage des Generalkommandos XVIII. Armeekorps, Hrsg. von Manz, Innsbruck 1940
- Alvensleben, Udo von: Lauter Abschiede – Tagebuch im Kriege, Hrsg. von Koenigswald, Frankfurt/Main, Berlin 1971
- Antipenko, N. A.: In der Hauptrichtung, Berlin 1973
- Assmann, Kurt: Deutsche Schicksalsjahre – Historische Bilder aus dem Zweiten Weltkrieg und seiner Vorgeschichte, 2. Auflage, Wiesbaden 1951
- Bagramjan, Iwan Christoforowitsch: So begann der Krieg, Berlin 1972
- Bagramjan, Iwan Christoforowitsch: So schritten wir zum Sieg, Berlin 1984
- Bainville, Jacques: Frankreichs Kriegsziel, Hamburg 1939
- Balck, Hermann: Ordnung im Chaos – Erinnerungen 1893-1948, 2. durchgesehene und vermehrte Auflage, Osnabrück 1981 (= Soldatenschicksale des 20. Jahrhunderts als Geschichtsquelle. Bd. 1)
- Bamm, Peter [d. i. Curt Emmrich]: Die unsichtbare Flagge, 41.-50. Tsd., München 1952
- Bartov, Omer: Hitlers Wehrmacht – Soldaten, Fanatismus und die Brutalisierung des Krieges. Reinbek bei Hamburg 1995
- Bathe, Ralf: Der Feldzug der 18 Tage – Chronik des polnischen Dramas, 131.-160. Tsd., Oldenburg i. O., Berlin 1940
- Batteriegeschichte. Tagebuch der 5. Batterie des ehem. Gebirgsartillerieregiments 79, Hrsg. Arbeitskreis des ehem. 5. Gebirgsartillerieregiments 79 unter Vorsitz von Alois Steffel, Pfullingen/Wttbg. 1981
- Bauer, Josef Martin: Die Kraniche der Nogaia. Tagebuchblätter aus dem Feldzug im Osten. München 1942
- Bauer, Josef Martin: Unterm Edelweiß in die Ukraine – Eine Gebirgsdivision im Kampf gegen Sowjetrussland, München 1943
- Baur, Hans: Mit Mächtigen zwischen Himmel und Erde, 8. Auflage, Preußisch Oldendorf 1987
- Die Bayern im Großen Kriege 1914-1918. Aufgrund der Kriegsakten dargestellt, Hrsg. vom Bayerischen Kriegsarchiv, München 1923

- Das Bayernbuch vom Weltkriege. 1914-1918 –Ein Volksbuch, Bearb. von Krafft von Dellmensingen und Friedrich Franz Feeser unter amtlicher Mitwirkung des Bayerischen Kriegsarchivs, Bd. 1-2, Stuttgart 1930
- Becker, Fritz: Im Kampf um Europa – Stalins Schachzüge gegen Deutschland und den Westen, Graz, Stuttgart 1991
- Beer, Albert: Der Fall Barbarossa – Untersuchungen zur Geschichte der Vorbereitungen des deutschen Feldzuges gegen die Union der Sozialistischen Sowjetrepubliken im Jahre 1941, [...] Münster (Westf.) 1978
- Benoist-Méchin, Jacques: Am Rande des Krieges, 1938. Die Sudetenkrise, Oldenburg, Hamburg 1967 (= Geschichte der deutschen Militärmacht. Bd. 6)
- Benoist-Méchin, Jacques: Griff über die Grenzen, 1938. Der Anschluss Österreichs und seine Vorgeschichte, Oldenburg, Hamburg 1966 (= Geschichte der deutschen Militärmacht. Bd. 5)
- Benz, Wigbert: Der Russlandfeldzug des Dritten Reiches: Ursachen, Ziele, Wirkungen. Zur Bewältigung eines Völkermords unter Berücksichtigung des Geschichtsunterrichts, Frankfurt/Main 1986
- Die Berichte des Oberkommandos der Wehrmacht, 1939-1945, Bd. 1-5, München 1982 ff.
- Bernhardt, Walter: Die deutsche Aufrüstung 1934-1939 – Militärische und politische Konzeptionen und ihre Einschätzung durch die Alliierten, Frankfurt/Main 1969
- Besymenski, Lew: Sonderakte „Barbarossa" – Dokumente, Darstellung, Deutung, Stuttgart 1968
- Bilanz des Zweiten Weltkrieges. Erkenntnisse und Verpflichtungen für die Zukunft, Oldenburg (Oldb.), Hamburg 1953
- Binder, Gerhart: Epoche der Entscheidungen – Deutsche Geschichte des 20. Jahrhunderts mit Dokumenten im Text und Bild, 15. Auflage, Stuttgart-Degerloch 1972
- Böhme, Kurt W.: Die deutschen Kriegsgefangenen in Jugoslawien – 1941-1953, Bd. 1-2, München 1963-1964 (= Wissenschaftliche Kommission für deutsche Kriegsgefangenengeschichte. Bd. I/1 u. I/2)
- Bor, Peter: Gespräche mit Halder, Wiesbaden 1950
- Braun, Julius: Enzian und Edelweiß – Die 4. Gebirgsdivision 1940-1945, Bad Nauheim o. J.
- Burdick, Charles B.: Hubert Lanz. General der Gebirgstruppe, 1896-1982, Osnabrück 1988 (= Soldatenschicksale des 20. Jahrhunderts als Geschichtsquelle. Bd. 9)
- Carell, Paul [d. i. Paul Karl Schmidt]: Unternehmen Barbarossa – Der Marsch nach Russland, Frankfurt/Main, Berlin 1975
- Carell, Paul [d. i. Paul Carl Schmidt]: Verbrannte Erde – Schlacht zwischen Wolga und Weichsel, Frankfurt/Main, Berlin 1975
- Carell, Paul/Günter Böddeker: Die Gefangenen – Leben und Überleben deutscher Soldaten hinter Stacheldraht, 6. Auflage, Frankfurt/Main, Berlin, Wien 1981
- Cartier, Jean-Pierre: Der Erste Weltkrieg 1914-1918, München, Zürich 1984
- Cartier, Raymond: Vom Ersten zum Zweiten Weltkrieg 1918-1939, München, Zürich 1982
- Cartier, Raymond: Der Zweite Weltkrieg – In zwei Bänden, München, Zürich 1977
- Charmley, John: Churchill – Das Ende einer Legende, Berlin, Frankfurt/Main 1995

- Churchill, Winston S.: Der Zweite Weltkrieg – Mit einem Epilog über die Nachkriegsjahre, Bern, Stuttgart 1954
- Ciano, Galeazo: Tagebücher 1939-1943, Bd. 1-3, Bern 1947
- Conquest, Robert: Ernte des Todes – Stalins Holocaust in der Ukraine 1929-1933, München 1988
- Corzier, Brian: Franco – Eine Biographie, München, Esslingen 1967
- Da lachte der Jager. Humor – trotzdem. Eine Auswahl von Zeichnungen aus der Soldatenzeitung „Front und Heimat" des Gaues Schwaben 1940/45, Hrsg. von Rudolf Kolb, Thaddäus Endres u. a., München 1987
- Dahms, Hellmuth Günther: Die Geschichte des Zweiten Weltkriegs, München, Berlin 1983
- Detwiler, Donald S.: Hitler, Franco und Gibraltar – Die Frage des spanischen Eintritts in den Zweiten Weltkrieg, Wiesbaden 1962
- Das deutsche Heer 1939 – Gliederung, Standorte, Stellenbesetzung und Verzeichnis sämtlicher Offiziere am 3. Januar 1939, Hrsg. von Hans-Henning Podzun, Bad Nauheim 1953
- Deutsche jüdische Soldaten 1914-1945. Im Auftrage des Bundesministeriums der Verteidigung zur Wanderausstellung, Hrsg. vom Militärgeschichtlichen Forschungsamt, Freiburg i. Br. 1982
- Das Deutsche Reich und der Zweite Weltkrieg, Hrsg. vom Militärgeschichtlichen Forschungsamt, Bd. 1 ff. Stuttgart 1979 ff.
- Die Deutsche Wehrmacht 1914-1939 – Rückblick und Ausblick, unter Mitwirkung zahlreicher Offiziere hrsg. von Wetzell, Berlin 1939
- Deutsches Rotes Kreuz. Suchdienst – Divisionsschicksale, Bd. 1-2, München 1958-1960
- Deutschlands Rüstung im Zweiten Weltkrieg: Hitlers Konferenzen mit Albert Speer 1942-1945. Hrsg. und eingeleitet von Willi A. Boelcke, Frankfurt/Main 1969
- Dietrich, Otto: Auf den Straßen des Sieges – Erlebnisse mit dem Führer in Polen [...], 7. Auflage, München 1940
- Djilas, Milovan: Der Krieg der Partisanen –Memoiren 1941-1945, Wien, München, Zürich, Innsbruck 1977
- Dokumente zum Westfeldzug 1940, Hrsg. von Hans-Adolf Jacobsen, Göttingen, Berlin, Frankfurt/Main 1960 (= Studien und Dokumente zur Geschichte des Zweiten Weltkrieges, Bd. 2b)
- Domarus, Max: Hitler – Reden und Proklamationen 1932-1945, kommentiert von einem deutschen Zeitgenossen, Bd. 1-2, Wiesbaden 1973
- Das [dritte] III. Gebirgsjägerbataillon 19. (bayerisches) Infanterieregiment im 100.000-Mann-Heer (Reichswehr). Standort Kempten – Lindau, München 1962
- Das Dritte Reich. Seine Geschichte in Texten, Bildern und Dokumenten, Hrsg. von Heinz Huber und Artur Müller, Bd. 1-6, München, Wien, Basel 1969
- Ecuvillon, Charles: La reddition sur ordre de Fort-l'Ecluse après l'armistice de 1940 – Extrait de la revue „La Bugey", No 70, 1983
- Fabian, Ferdinand: „Er hat gestanden" – Erinnerungen an Jugoslawien 1945-1951. Aus den Aufzeichnungen des Autors zusammengestellt von Hans Schermer, München, Berlin 1991

- Fabry, Philipp W: Die Sowjetunion und das Dritte Reich – Eine dokumentierte Geschichte der deutsch-sowjetischen Beziehungen von 1933 bis 1941, Stuttgart 1971
- Falliner, Horst: „Servus Leonidas!" – Wie ich als junger Arzt den Zweiten Weltkrieg erlebte, Frankfurt/Main 1991
- Feurstein, Valentin: Irrwege der Pflicht, 1938-1945, München, Wels 1963
- Fischer, Hans: Jahre die wir nie vergessen – Das Buch der Gebirgsjäger, München, Wels 1958
- Folttmann, Josef/Hanns Möller-Witten: Opfergang der Generale – Die Verluste der Generale und Admirale und der im gleichen Dienstrang stehenden sonstigen Offiziere und Beamten im Zweiten Weltkrieg, Berlin 1952
- Fretter-Pico, Maximilian: Missbrauchte Infanterie – Deutsche Infanteriedivisionen im osteuropäischen Großraum 1941-1944 – Erlebnisskizzen, Erfahrungen und Erkenntnisse, Frankfurt/Main 1957
- Friedmann, Fritz: Die Sturmfahrt unserer Gebirgsjäger durch Polen – Gefechts- und Erlebnisbericht des II. Bataillon/Gebirgsjägerregiment 100, Berchtesgaden 1939
- Frießner, Hans: Verratene Schlachten – Die Tragödie der deutschen Wehrmacht in Rumänien und Ungarn, 5.-7.Tsd., Hamburg 1956
- Fritz, Friedrich: Der deutsche Einmarsch in Österreich 1938, 3. Auflage, Wien 1982 (= Militärhistorische Schriftenreihe. H. 8)
- Fröhlich, Sergej: General Wlassow – Russen und Deutsche zwischen Hitler und Stalin, bearb. und hrsg. von Edel von Freier, Köln 1987
- Fuller, James-Frederik Charles: Die entartete Kunst, Krieg zu führen – 1789-1961, Köln 1964
- Fuller, James-Frederik Charles: Der Zweite Weltkrieg 1939-1945 – Eine Darstellung seiner Strategie und Taktik, Wien, Stuttgart 1950
- Furchtlos und treu. Zum fünfundsiebzigsten Geburtstag von General der Gebirgstruppe a. D. Hubert Lanz, Hrsg. von Charles B. Burdick, Köln 1971
- Gebirgsartillerie in Frankreich. Das Erinnerungsbuch eines Gebirgsartillerieregiments vom Frankreichfeldzug 1940, Hrsg. Max Winkler, München 1940
- Gebirgsjäger erleben Serbien und die Ukraine, hrsg. vom Ic der Enziandivision, München 1942
- Gebirgsjägerregiment 98 im polnischen Feldzug. Sonderdruck für die Angehörigen und die Angehörigen der Gefallenen des Regimentes; Neuwied/Rhein 1939
- Das Gebirgsjägerregiment 99 im polnischen Feldzug, Bonn 1939
- Die geheimen Tagesberichte der Deutschen Wehrmachtführung im Zweiten Weltkrieg 1939-1945, Hrsg. von Kurt Mehner, Bd. 1 ff., Osnabrück 1982 ff.
- Gehlen, Reinhard: Der Dienst – Erinnerungen 1942-1971, Mainz, Wiesbaden 1971
- Gehring, Egid: Der Stoß in Frankreichs Herz – Der Feldzug einer Gebirgsdivision in Frankreich, hrsg. im Auftrag des Generalkommandos VII. Armeekorps, München 1941
- Gehring, Egid: Unterm Edelweiß in Jugoslawien – Aus den Erlebnissen einer Gebirgsdivision, hrsg. im Auftrag des Generalkommandos VII. Armeekorps, München 1941
- Die Generale des Heeres 1921-1945. Die militärischen Werdegänge der Generale [...] T. IV/Bd. 1 ff., Osnabrück 1993 ff.

- Der Generalquartiermeister: Briefe und Tagebuchaufzeichnungen des Generalquartiermeisters des Heeres General der Artillerie Eduard Wagner, hrsg. von Elisabeth Wagner, München, Wien 1963
- Geschichte der Kriegskunst, Berlin 1973
- Geschichte des Zweiten Weltkrieges, 2. erweiterte Auflage, Würzburg 1960
- Geyer, Hermann: Das IX. Armeekorps im Ostfeldzug 1941, hrsg. von Wilhelm Meyer-Detring, Neckargemünd 1969 (= Die Wehrmacht im Kampf, Bd. 46)
- Görlitz, Walter: Der deutsche Generalstab – Geschichte und Gestalt 1657-1945; Frankfurt/Main 1950
- Görlitz, Walter: Kleine Geschichte des deutschen Generalstabes, 2. Auflage Berlin 1977
- Görlitz, Walter: Model – Der Feldmarschall und sein Endkampf an der Ruhr, 4. Auflage, München 1989
- Görlitz, Walter: Der Zweite Weltkrieg 1939-1945, Frankfurt/Main 1957
- Gosztony, Peter: Deutschlands Waffengefährten an der Ostfront 1941 bis 1945, Stuttgart 1981
- Gosztony, Peter: Die Rote Armee – Geschichte und Aufbau der sowjetischen Streitkräfte seit 1917, Wien, München, Zürich, New York 1980
- Greiner, Helmuth: Die Oberste Wehrmachtsführung 1939-1945, Wiesbaden 1958
- Gretschko, A. A.: Die Schlacht um den Kaukasus, Berlin 1971
- Gretschko, A. A.: Die Streitkräfte des Sowjetstaates, Berlin 1975
- Grimm, Hans: Warum – Woher – Aber Wohin? Vor, unter und nach der geschichtlichen Erscheinung Hitler, 3. Auflage, Lippoldsberg 1954
- Der großdeutsche Freiheitskampf – Reden Adolf Hitlers, hrsg. von Philipp Bouhler, 2. u. 5. Auflage Bd. 1-2, München 1941-1942
- Guderian, Heinz: Erinnerungen eines Soldaten, 15. Auflage, Stuttgart 1996
- Härtle, Heinrich: Amerikas Krieg gegen Deutschland. Wilson gegen Wilhelm II. – Roosevelt gegen Hitler, Göttingen 1968
- Halder, Franz: Hitler als Feldherr, München 1949
- Halder, Franz: Kriegstagebuch – Tägliche Aufzeichnungen des Chefs des Generalstabes des Heeres 1939-1942, hrsg. vom Arbeitskreis für Wehrforschung, bearb. von Hans-Adolf Jacobsen in Verbindung mit Alfred Philippi, Bd. 1-2, Stuttgart 1962-1963
- Hatzfeld, Lutz: Vormarsch Anno 41, H. 1-4, Düsseldorf 1974-1978
- Haupt, Werner: Heeresgruppe Mitte – 1941-1945, Dornheim 1968
- Haupt, Werner: Sturm auf Moskau 1941 – Der Angriff, die Schlacht, der Rückschlag, Friedberg 1986
- Hecht, Günther: General Wlassow – Millionen Russen vertrauten ihm, Limburg/Lahn, Kreuzweingarten/Rhld. 1961
- Heeresadjutant bei Hitler –1938-1943, Aufzeichnungen des Majors Engel, hrsg. und kommentiert von Hildegard von Kotze, Stuttgart 1974 (= Schriftenreihe der Vierteljahreshefte für Zeitgeschichte. Nr. 29)
- Heil Beil! Flugblattpropaganda im Zweiten Weltkrieg – Dokumentation und Analyse, hrsg. von Ortwin Buchbender und Horst Schuh, Stuttgart 1974
- Hermann, Carl Hans: Deutsche Militärgeschichte – Eine Einführung, 2. durchgesehene Auflage, Frankfurt/Main 1968

- Hesse, Erich: Der sowjetrussische Partisanenkrieg 1941 bis 1944 im Spiegel deutscher Kampfanweisungen und Befehle, Göttingen, Zürich, Frankfurt/Main 1969 (= Studien und Dokumente zur Geschichte des Zweiten Weltkrieges. Bd. 9)
- Heuer, Gerd F.: Die Generalobersten des Heeres – Inhaber höchster deutscher Kommandostellen 1933-1945, Rastatt 1988 (= Dokumentationen zur Geschichte der Kriege, 1910-1945)
- Heusinger, Adolf: Befehl im Widerstreit – Schicksalsstunden der deutschen Armee 1923-1945, Tübingen, Stuttgart 1950
- Hillgruber, Andreas: Hitlers Strategie, Politik und Kriegführung 1940-1941, 2. erweiterte Auflage, Frankfurt/Main 1982
- Hillgruber, Andreas: Der Zweite Weltkrieg 1939-1945 – Kriegsziele und Strategien der großen Mächte, 3. Auflage, Stuttgart 1983
- Hillgruber, Andreas und Gerhard Hümmelchen: Chronik des Zweiten Weltkrieges, hrsg. vom Arbeitskreis für Wehrforschung, Frankfurt/Main 1966
- Hitler, Adolf: Monologe im Führerhauptquartier 1941-1944 – Die Aufzeichnungen Heinrich Heims, hrsg. von Werner Jochmann, Hamburg 1980
- Hitlers Weisungen für die Kriegsführung 1939-1945 – Dokumente des Oberkommandos der Wehrmacht, hrsg. von Walther Hubatsch, Frankfurt/Main 1962
- Hnilicka, Karl: Das Ende auf dem Balkan 1944/45 – Die militärische Räumung Jugoslawiens durch die deutsche Wehrmacht, Göttingen 1970 (= Studien und Dokumente zur Geschichte des Zweiten Weltkrieges, Bd. 13)
- Hoare, Samuel: Gesandter in besonderer Mission, Hamburg 1949
- Höhne, Heinz: Canaris – Patriot im Zwielicht, Gütersloh 1984
- Höhne, Heinz: Der Orden unter dem Totenkopf – Die Geschichte der SS, Gütersloh o. J.
- Hoffmann, Heinrich: Der große deutsche Feldzug gegen Polen – Eine Chronik des Krieges in Wort und Bild, Wien 1939
- Hoffmann, Joachim: Stalins Vernichtungskrieg 1941-1945, 3. durchgesehene Auflage, München 1996
- Hoffmann, Peter: Die Sicherheit des Diktators – Hitlers Leibwachen, Schutzmaßnahmen, Residenzen, Hauptquartiere, München, Zürich 1975
- Horne, Alistair: Der Frankreichfeldzug 1940, Wien, München 1976
- Irving, David: Hitler und seine Feldherrn, Frankfurt/Main, Berlin 1975
- Irving, David: Hitlers Weg zum Krieg, München, Berlin 1978
- Jacobsen, Hans-Adolf: Der Zweite Weltkrieg in Chroniken und Dokumenten 1939/1945, Darmstadt 1961
- Jodl, Luise: Jenseits des Endes – Der Weg des Generaloberst Alfred Jodl, Erweiterte u. überarbeitete Neuauflage, München, Wien 1987
- Kaltenegger, Roland: Das Deutsche Alpenkorps im Ersten Weltkrieg – Von den Dolomiten nach Verdun, von den Karpaten zum Isonzo, Graz, Stuttgart 1995
- Kaltenegger, Roland: Deutsche Gebirgsjäger im Zweiten Weltkrieg, Stuttgart 1977 (3. Auflage 1998)
- Kaltenegger, Roland: Edelweiß und Enzian – Die Kriegschronik der 4. Gebirgsdivsion 1940-1945, Salzburg 2006

- Kaltenegger, Roland: Die deutsche Gebirgstruppe 1935-1945, 2. Neuausgabe 1999, München 1989
- Kaltenegger, Roland: Gebirgsartillerie auf allen Kriegsschauplätzen – Der Kampf der deutschen und österreichischen Gebirgsartillerieregimenter im Zweiten Weltkrieg, München 1998
- Kaltenegger, Roland: Gebirgsjäger im Kaukasus – Die Operation „Edelweiß" 1942/43, Graz, Stuttgart 1997
- Kaltenegger, Roland: Gebirgsjäger 1939-1945 – Die große Bildchronik, Stuttgart 2002
- Kaltenegger, Roland: Gebirgssoldaten unter dem Zeichen des „Enzian" – Schicksalsweg und Kampf der 4. Gebirgsdivision 1940-1945, Graz, Stuttgart 1983
- Kaltenegger, Roland: Die Gebirgstruppe der Waffen-SS 1941-1945, Wölfersheim-Berstadt 1994 (Nachauflage 1997)
- Kaltenegger, Roland: Gefangen im russischen Winter – Unternehmen Barbarossa in Dokumenten und Zeitzeugenberichten 1941/42, Rosenheim 2007
- Kaltenegger, Roland: Generaloberst Dietl, Der Held von Narvik – Eine Biographie, München 1990
- Kaltenegger, Roland: Die Geschichte der deutschen Gebirgstruppe 1915 bis heute – Vom Deutschen Alpenkorps des Ersten Weltkrieges zur 1. Gebirgsdivision der Bundeswehr, Stuttgart 1980
- Kaltenegger, Roland: Ludwig Kübler – General der Gebirgstruppe, Stuttgart 1998
- Kaltenegger, Roland: Operation „Alpenfestung" – Das letzte Geheimnis des „Dritten Reiches", völlig überarb. u. stark erw. Neuaufl., München 2005
- Kaltenegger, Roland: Operationszone „Adriatisches Küstenland" – Der Kampf um Triest, Istrien und Fiume 1944/45, Graz, Stuttgart 1993
- Kaltenegger, Roland: Schicksalsweg und Kampf der „Bergschuhdivision" – Die Kriegschronik der 7. Gebirgsdivision, vormals 99. leichte Infanteriedivision, Graz, Stuttgart 1985
- Kaltenegger, Roland: Schörner – Feldmarschall der letzten Stunde, München, Berlin 1994 (4. Aufl. 2002)
- Kaltenegger, Roland: Spezialverbände der Gebirgstruppe 1939-1945; Stuttgart 2004
- Kaltenegger, Roland: Die Stammdivision der deutschen Gebirgstruppe – Weg und Kampf der 1. Gebirgsdivision 1935-1945, Graz, Stuttgart 1981
- Kaltenegger, Roland: Waffen und Ausrüstung der deutschen Gebirgstruppe im Zweiten Weltkrieg, Friedberg/H. (Dorheim) 1993 (= Waffen-Arsenal, Sonderband S. 31)
- Kamerad Dietl. Ernstes und Heiteres um den Jägergeneral, aufgezeichnet von Andreas Weinberger, München 1942
- Kampferlebnisse aus dem Feldzuge in Polen 1939. Nach Schilderungen von Frontkämpfern hrsg. vom Generalstab des Heeres (Kriegswissenschaftliche Abteilung), Berlin 1940
- Keilig, Wolf: Das deutsche Heer 1939-1945 – Gliederung, Einsatz, Stellenbesetzung, Bd. 1-3, Bad Nauheim 1956
- Keilig, Wolf: Die Generale des Heeres – Truppenoffiziere, Sanitätsoffiziere im Generalsrang, Waffenoffiziere im Generalsrang [...], Friedberg (Dorheim) 1983

- Kesselring, Albert: Gedanken zum Zweiten Weltkrieg, Bonn 1955
- Kesselring, Albert: Soldat bis zum letzten Tag, Bonn 1953
- Kieser, Egbert: „Unternehmen Seelöwe" – Die geplante Invasion in England 1940, München 1987
- Klatt, Paul: Die 3. Gebirgsdivision 1939-1945 – Bad Nauheim 1958
- Kleist, Peter: Aufbruch und Sturz des 3. Reiches – Auch Du warst dabei, Göttingen 1968
- Kohl, Paul: Der Krieg der deutschen Wehrmacht und der Polizei 1941-1944 – Sowjetische Überlebende berichten, 5.-6. Tsd., Frankfurt/Main 1995 (= Die Zeit des Nationalsozialismus)
- Kollatz, Karl: Nächte am Mius, Rastatt 1959
- Kondratjew, Sachar Iwanowitsch: Straßen des Krieges, Berlin 1981
- Konferenzen und Verträge. Vertrags-Ploetz – Ein Handbuch geschichtlich bedeutsamer Zusammenkünfte und Vereinbarungen, T. 11, Bd. 4 A, 2. erweiterte u. veränderte Auflage, bearb. von Helmuth K. G. Rönnefarth u. a., Würzburg 1959
- Konrad, Rudolf: Kampf um den Kaukasus, München o. J.
- Kordt, Erich: Wahn und Wirklichkeit – Die Außenpolitik des Dritten Reiches – Versuch einer Darstellung, hrsg. unter Mitwirkung von Karl Heinz Abshagen, 26.-50. Tsd., Stuttgart 1948
- Kräutler, Mathias u. Karl Springenschmid: Es war ein Edelweiß – Schicksal und Weg der zweiten Gebirgsdivision – Ein Gedenkbuch, 4. Auflage, Graz, Stuttgart 1962
- Krause, Gerhard: Die Schuld am deutschen Schicksal – Wahrheit als Waffe gegen Lüge und Verleumdung, Pr. Oldendorf 1973
- Kreppel, Hans: Gebirgsartillerie im Kampf – Geschichte des Gebirgsartillerieregiments 112. 1938-1945, Neugermering b. München 1960
- Kriegstagebuch des Oberkommandos der Wehrmacht (Wehrmachtführungsstab) 1940-1945. Geführt von Helmuth Greiner und Percy Ernst Schramm, im Auftrage des Arbeitskreises für Wehrforschung hrsg. von Percy Ernst Schramm, Bd. 1-4, Frankfurt/Main 1963-1969
- Kuby, Erich: Verrat auf deutsch – Wie das Dritte Reich Italien ruinierte, Hamburg 1982
- Kühnrich, Heinz: Der Partisanenkrieg in Europa 1939-1945, Ostberlin 1968
- Lanz, Hubert: Gebirgsjäger: Die 1. Gebirgsdivision 1935-1945, Bad Nauheim 1954
- Lanz, Hubert: Gebirgsjägerregiment 100 – Kurzgeschichte, München 1963
- Lanz, Hubert: Wie es zum Russlandfeldzug kam – und warum wir ihn verloren haben, München 1971
- Liddell Hart, Basil Henry: Deutsche Generale des Zweiten Weltkrieges –Aussagen, Aufzeichnungen und Gespräche, München 1965
- Liddell Hart, Basil Henry: Geschichte des Zweiten Weltkrieges, Wiesbaden 1970
- Loßberg, Bernhard von: Im Wehrmachtsführungsstab – Bericht eines Generalstabsoffiziers, 2. Auflage, Hamburg 1950
- Mackensen, Eberhard von: Vom Bug zum Kaukasus – Das III. Panzerkorps im Feldzug gegen Sowjetrussland 1941/42, Neckargemünd 1967 (= Die Wehrmacht im Kampf, Bd. 42)

- Macksey, Kenneth: Guderian der Panzergeneral, Düsseldorf, Wien 1976
- Magenheimer, Heinz: Die Militärstrategie Deutschlands 1940-1945 – Führungsentschlüsse, Hintergründe, Alternativen, 3., erw. u. überarb. Aufl., München 2002
- Manstein, Erich von: Verlorene Siege, Bonn 1955
- Marschbefehl: Mähren – Mit dem VIII. Armeekorps ins Protektorat, hrsg. vom Generalkommando VIII. Armeekorps, Breslau, Berlin 1939
- Martin, Claude: Franco – Eine Biographie, Graz, Stuttgart 1995
- Maser, Werner: Adolf Hitler – Biographie, 7. ergänzte Auflage, München, Berlin 1978
- Masson, Philippe: Die deutsche Armee – Geschichte der Wehrmacht 1935-1945, München 1996
- Mayer, Arno J.: Der Krieg als Kreuzzug –Das Deutsche Reich, Hitlers Wehrmacht und die „Endlösung", Reinbeck bei Hamburg 1989
- Meier-Welcker, Hans: Seeckt, Frankfurt/Main 1967
- Messerschmidt, Manfred: Die Wehrmacht im NS-Staat – Zeit der Indoktrination, Hamburg 1969 (=Truppe und Verwaltung, Bd. 16)
- Die Militärelite des Dritten Reiches. 27 biographische Skizzen, hrsg. von Ronald Smelser / Enrico Syring, Berlin, Frankfurt/Main 1995
- Moskalenko, K. S.: In der Südwestrichtung, Berlin 1975
- Müller, Klaus-Jürgen: Armee und Drittes Reich 1933-1939 – Darstellung und Dokumentation unter Mitarbeit von Ernst Willi Hansen, Paderborn 1987
- Müller, Klaus-Jürgen: Das Heer und Hitler – Armee und nationalsozialistisches Regime 1933-1940, Stuttgart 1969 (= Beiträge zur Militär- und Kriegsgeschichte, Bd. 10)
- Mueller-Hillebrand, Burkhart: Das Heer 1933-1945 – Entwicklung des organisatorischen Aufbaues, Bd. 1-3, Frankfurt/Main 1954-1969
- Münch, W.: Der Anschluss Österreichs und das Echo im Reich (1918-1922), Bad Kreuznach 1968
- Murawski, Erich: Der deutsche Wehrmachtsbericht 1939-1945, Boppard/Rhein 1962
- Der Nationalsozialismus. Dokumente 1933-1945, hrsg. von Walther Hofer, 549.-568. Tsd., Frankfurt/Main, Hamburg 1971
- Neidhardt, Hanns: Mit Tanne und Eichenlaub – Kriegschronik der 100. Jägerdivision, vormals 100. leichte Infanteriedivision, Graz, Stuttgart 1981
- Nerbuch, Volker: Parole Lemberg – Die Sturmfahrt der 1. Gebirgsdivision im Polenfeldzug 1939, München o. J.
- Neubacher, Hermann: Sonderauftrag Südost 1940-1945 – Bericht eines fliegenden Diplomaten, 3. Auflage, Seeheim (Bergstraße) 1966
- Das Oberkommando der Wehrmacht gibt bekannt. Der deutsche Wehrmachtbericht, vollständige Ausgabe der 1939-1945 durch Presse und Rundfunk veröffentlichten Texte, Bd. 1-3, Osnabrück 1982
- Olshausen, Klaus: Zwischenspiel auf dem Balkan – Die deutsche Politik gegenüber Jugoslawien und Griechenland von März bis Juli 1941, Stuttgart 1973 (= Beiträge zur Militär- und Kriegsgeschichte, Bd. 14)
- Ott, Ernst: Jäger am Feind – Geschichte und Opfergang der 97. Jägerdivision 1940-1945, München 1966

- Papen, Franz von: Der Wahrheit eine Gasse, München 1952
- Paul, Wolfgang: Erfrorener Sieg – Die Schlacht um Moskau 1941/42, Esslingen am Neckar
- Pfeuffer, Hans: Kameraden vom Edelweiß – Drei Jahre Kampf für Großdeutschland 1938-1940, 2. Auflage, Gütersloh 1942
- Philippi, Alfred und Heim, Ferdinand: Der Feldzug gegen Sowjetrussland 1941 bis 1943 – Ein operativer Überblick, hrsg. vom Arbeitskreis für Wehrforschung, Stuttgart 1962
- Picker, Henry: Hitlers Tischgespräche im Führerhauptquartier, vollständig überarbeitete u. erweiterte Neuausgabe [...], 3. Auflage, Stuttgart 1976
- Piekalkiewicz, Janusz: Krieg auf dem Balkan 1940-1945, München 1984
- Piekalkiewicz, Janusz: Polenfeldzug – Hitler und Stalin zerschlagen die polnische Republik, Bergisch Gladbach o. J.
- Piekalkiewicz, Janusz: Die Schlacht um Moskau 1941, Bergisch Gladbach 1981
- Piekalkiewicz, Janusz: Ziel Paris – Der Westfeldzug 1940, Herrsching 1988
- Piekalkiewicz, Janusz: Der Zweite Weltkrieg, unter Mitarbeit von Heinz Höhne, Düsseldorf 1985
- Ploetz, Karl: Auszug aus der Geschichte, 25. Auflage, Bd. 1-2, Würzburg 1956
- Randa, Alexander von: Der Balkan-Schüsselraum der Weltgeschichte, Graz, Stuttgart, Wien 1949
- Rauchensteiner, Manfried: Der Krieg in Österreich 1945, 2. neu bearbeitete und erweiterte Auflage, Wien 1984 (= Schriften des Heeresgeschichtlichen Museums in Wien/ Militärwissenschaftliches Institut, Bd. 5)
- Reinhardt, Klaus: Die Wende vor Moskau – Das Scheitern der Strategie Hitlers im Winter 1941/42, Stuttgart 1972 (= Beiträge zur Militär- und Kriegsgeschichte, Bd. 13)
- Remold, Josef: Tagebuch eines Bataillonskommandeurs – Das III. Bataillon/Gebirgsjägerregiment 99 im Frankreichfeldzug, München 1967
- Rendulic, Lothar: Soldat in stürzenden Reichen, München 1965
- Ruef, Karl: Gebirgsjäger zwischen Kreta und Murmansk – Die Schicksale der 6. Gebirgsdivision, 3. Auflage, Graz, Stuttgart o. J.
- Ruef, Karl: Odyssee einer Gebirgsdivision – Die 3. Gebirgsdivision im Einsatz, Graz, Stuttgart 1976
- Schall-Riaucour, Heidemarie: Aufstand und Gehorsam – Offizierstum und Generalstab im Umbruch – Leben und Wirken von Generaloberst Franz Halder, Generalstabschef 1938-1942, Wiesbaden 1972
- Schausberger, Norbert: Der Griff nach Österreich – Das Jahr 1938, Wien, München 1978
- Scheurig, Bodo: Alfred Jodl – Gehorsam und Verhängnis, Berlin, Frankfurt/Main 1991
- Schickel, Alfred: 1938 – Sudetendeutsches Schicksalsjahr –Vorgeschichte – Bestandsaufnahme – Folgen, Asendorf 1988
- Schlauch, Wolfgang: Rüstungshilfe der USA 1939-1945 – Von der „wohlwollenden Neutralität" zum Leih- und Pachtgesetz und zur entscheidenden Hilfe für Großbritannien und die Sowjetunion, 2. Auflage, Koblenz 1985
- Schmidl, Erwin A.: März 38 – Der deutsche Einmarsch in Österreich, Wien 1987

- Schmidt, Paul: Statist auf diplomatischer Bühne 1923-45 – Erlebnisse des Chefdolmetschers im Auswärtigen Amt mit den Staatsmännern Europas, 2. Auflage, Bonn 1950
- Schmidt-Richberg, Erich: Der Endkampf auf dem Balkan – Die Operationen der Heeresgruppe E von Griechenland bis zu den Alpen, Heidelberg 1955 (= Die Wehrmacht im Kampf, Bd. 5)
- Schmundt, Rudolf: Tätigkeitsbericht des Chefs des Heerespersonalamtes General der Infanterie Rudolf Schmundt, fortgeführt von General der Infanterie Wilhelm Burgdorf, 1. Oktober 1942 bis 29. Oktober 1944, hrsg. von Dermot Bradley und Richard Schulze-Kossens, Osnabrück 1984
- Schtemenko, Sergej Matwejeitsch: Im Generalstab, 3. Auflage, Berlin 1973
- Schukow, Georgi K.: Erinnerungen und Gedanken, 5. überarbeitete und erweiterte Auflage, Bd. 1-2, Berlin, Stuttgart 1969-1976
- Schuschnigg, Kurt: Ein Requiem in Rot-Weiß-Rot, Wien 1978
- Schuschnigg, Kurt: Im Kampf gegen Hitler – Die Überwindung der Anschlussidee, Wien, München, Zürich 1969
- Seaton, Albert: Der russisch-deutsche Krieg 1941-1945, hrsg. von Andreas Hillgruber, Frankfurt/Main 1973
- Seidel, Max: Wir tragen stolz das Edelweiß – Eine Bildfolge vom Dienst unserer Gebirgstruppen, 11.-20. Tsd., Stuttgart 1941
- Seidel, Max: Wir tragen stolz das Edelweiß – Gebirgsartillerie in Frankreich, Stuttgart 1941
- Sethe, Paul: Das machte Geschichte – Panoramen aus einem Jahrhundert, Frankfurt/Main 1969
- Shirer, William L.: Der Zusammenbruch Frankreichs – Aufstieg und Fall der Dritten Republik, München, Zürich 1970
- Snyder, Louis L.: So sahen sie den Krieg – Augenzeugen aus sieben Nationen berichten über den Zweiten Weltkrieg, München 1969
- Die Soldaten der Wehrmacht. Hrsg. Von Hans Poeppel, Willhelm-Karl Prinz von Preußen u. a. im Verein zur Aufarbeitung der jüngeren Geschichte e. V., 2. Auflage, München 1998
- Speer, Albert: Erinnerungen, 6. Auflage, Frankfurt/Main, Berlin 1970
- Speer, Albert: Spandauer Tagebücher, 3. Auflage, Frankfurt/Main, Berlin 1975
- Spengler, Oswald: Briefe – 1913-1936, in Zusammenarbeit mit Manfred Schröter hrsg. von Anton M. Koktanek, München 1963
- Steenberg, Sven: General Wlassow – Der Führer der russischen Befreiungsarmee – Verräter oder Patriot, Rastatt 1986
- Steets, Hans: Gebirgsjäger bei Uman – Die Korpsschlacht des XXXXIX. Gebirgsarmeekorps bei Podwyssokoje 1941, Heidelberg 1955 (= Die Wehrmacht im Kampf, Bd. 4)
- Steets, Hans: Gebirgsjäger in der Nogaischen Steppe – Vom Dnepr zum Asowschen Meer, August – Oktober 1941, Heidelberg 1956 (= Die Wehrmacht im Kampf, Bd. 8)
- Steets, Hans: Gebirgsjäger zwischen Dnjepr und Don – Von Tschernigowka zum Mius, Oktober – Dezember 1941, Heidelberg 1957 (= Die Wehrmacht im Kampf, Bd. 15)
- Streit, Christian: Keine Kameraden – Die Wehrmacht und die sowjetischen Kriegsgefangenen 1941-1945, Stuttgart 1978 (= Studien zur Zeitgeschichte, Bd. 13)

- Stuhlpfarrer, Karl: Die Operationszonen „Alpenvorland“ und „Adriatisches Küstenland“ 1943-1945, Wien 1969 (= Publikationen des österreichischen Instituts für Zeitgeschichte und des Instituts für Zeitgeschichte der Universität Wien, Bd. 7)
- Stumpf, Reinhard: Die Wehrmachtelite – Rang- und Herkunftsstruktur der deutschen Generale und Admirale 1933-1945, Boppard am Rhein 1982 (= Militärgeschichtliche Studien, Bd. 29)
- Suworow, Viktor [= Pseud.]: Der Eisbrecher – Hitler in Stalins Kalkül, Stuttgart 1989
- Telpuchowski, Boris Semenowitsch: Die sowjetische Geschichte des Großen Vaterländischen Krieges 1941-1945, im Auftrag des Arbeitskreises für Wehrforschung hrsg. und erläutert von Andreas Hillgruber und Hans-Adolf Jacobsen, Frankfurt/Main 1961
- Tessin, Georg: Formationsgeschichte der Wehrmacht 1933-1939 – Stäbe und Truppenteile des Heeres und der Luftwaffe, Boppard am Rhein 1959 (= Schriften des Bundesarchivs, Bd. 7)
- Tessin, Georg: Verbände und Truppen der deutschen Wehrmacht und Waffen-SS im Zweiten Weltkrieg 1939-1945, Bd. 1-13, Frankfurt/Main, Osnabrück 1966-1977
- Tippelskirch, Kurt von: Geschichte des Zweiten Weltkriegs, Bonn 1969
- Unser Kampf in Polen. Die Vorgeschichte – Strategische Einführung – Politische und kriegerische Dokumente, 5. Auflage, München 1940
- Unterm Edelweiß in Jugoslawien. Aus den Erlebnissen einer Gebirgsdivision, München 1941
- „Unternehmen Barbarossa“. Der deutsche Überfall auf die Sowjetunion 1941 – Berichte, Analysen, Dokumente, Hrsg. Gerd R. Ueberschär, Wolfram Wette, Paderborn 1984
- Untersuchungen zur Geschichte des Offizierskorps. Anciennität und Beförderung nach Leistung, Stuttgart 1962 (= Beiträge zur Militär- und Kriegsgeschichte, Bd. 4)
- Verbrechen der Sieger. Das Schicksal der deutschen Kriegsgefangenen in Osteuropa, Auswahl und Bearbeitung von Wilhelm Anders, Leoni am Starnberger See 1975
- Wagener, Carl: Heeresgruppe Süd – Der Kampf im Süden der Ostfront 1941-1945, Bad Nauheim, Dorheim o. J.
- Wahl, Karl: „- es ist das deutsche Herz“ – Erlebnisse und Erkenntnisse eines ehemaligen Gauleiters, Augsburg 1954
- Warlimont, Walter: Im Hauptquartier der deutschen Wehrmacht 1939-1945 – Grundlagen, Formen, Gestalten, 3. Auflage, München 1978
- Die Wehrmachtsberichte 1939-1945, Bd. 1-3, München 1985
- Weizsäcker, Ernst von: Erinnerungen, hrsg. von Richard von Weizsäcker, 11.-15. Tsd., München, Leipzig, Freiburg i. Br. 1950
- Weltkrieg 1939-1945. Ehrenbuch der Deutschen Wehrmacht, Stuttgart 1954
- Westphal, Siegfried: Erinnerungen, Mainz 1975
- Wilmot, Chester: Der Kampf um Europa, Frankfurt/Main, Berlin 1954
- Wiltschegg, Walter: Österreich – Der „Zweite deutsche Staat“? Der nationale Gedanke in der Ersten Republik, Graz, Stuttgart 1992
- Wir zogen gegen Polen. Kriegserinnerungswerk des VII. Armeekorps, hrsg. vom Generalkommando VII. Armeekorps, 3. Auflage, München 1940
- Wüscht, Johann: Jugoslawien und das Dritte Reich – Eine dokumentierte Geschichte der deutsch-jugoslawischen Beziehungen von 1939 bis 1945, Stuttgart 1969

- Zayas, Alfred M. de: Die Wehrmachtuntersuchungsstelle – Deutsche Ermittlungen über alliierte Völkerrechtsverletzungen im Zweiten Weltkrieg, unter Mitarbeit von Walter Rabus, 3. ergänzte u. durch Bilder erweiterte Auflage, München 1980
- Zentner, Kurt: Illustrierte Geschichte des Widerstandes in Deutschland und Europa 1933-1945, München 1966
- Zentner, Kurt: Illustrierte Geschichte des Zweiten Weltkrieges, 8. Auflage, München 1973
- Der Zweite Weltkrieg. Analysen, Grundzüge, Forschungsbilanz, im Auftrag des Militärgeschichtlichen Forschungsamtes hrsg. von Wolfgang Michalka, München, Zürich 1989
- Der Zweite Weltkrieg. Bilder, Daten, Dokumente, Gütersloh 1968
- Der Zweite Weltkrieg in Bildern und Dokumenten, hrsg. von Hans-Adolf Jacobsen und Hans Dollinger, Bd. 1-3, Wiesbaden 1963
- Der Zweite Weltkrieg in Wort und Bild, Bd. 1-10, München 1977

2. Archivalien

Bayerisches Hauptstaatsarchiv/Kriegsarchiv: Neben der Personalakte Ludwig Kübler des Kriegsministeriums lagert hier noch eine des Militär-Max-Joseph-Ordens, um den Kübler nach Aussage des Archivdirektors Dr. Fuchs vergeblich eingegeben hat.
Im Einzelnen werden hier verwahrt:

- Personalakte Ludwig Kübler (OP 55.139)
- Personalakte des Militär-Max-Joseph-Ordens (MMMJVII K 11)
- Akten 15. Bayerisches Infanterieregiment (Bd. 1-6, 23,26,27, 31)
- Akten Reichswehr-Gruppenkommando 4 (Bd. 316, 536, 690,699)
- Akten Schützenregiment 42 (RW - IR 42, Bd. 213 (6), Akt G 7)
- Akten Jäger-Bataillon 42 (RW - Bd. 1, 2, 325)

Bundesarchiv/Militärarchiv:
Hier werden u . a. die Kriegstagebücher (KTB) der Heeresgruppen, Armeen, Armeekorps und Divisionen verwahrt, und zwar:

- Personalakte General Ludwig Kübler (Pers 6/243)
- Oberkommando der Wehrmacht (Wehrmachtführungsstab) (RW 4)
- Heeresgruppe Mitte (RH 19 II/163)
- Rückwärtige Heeresgebiete (RH 22/240, 297)
- Armeeoberkommando 4 (RH 20-4/211 ff.)
- KTB Generalkommando XVIII. Gebirgsarmeekorps (RH 24-18/1 ff.)
- KTB Generalkommando XXXXIX. Gebirgsarmeekorps (RH 24-49/1 ff.)
- KTB Generalkommando LXXXXVII. Armeekorps (RH 24-97/1 ff.)
- KTB 7. Division, Generalkommando VII. Armeekorps, Wehrkreis VII (RH 26-7/294 ff.)
- KTB 1. Gebirgsdivision (RH 28-1/1 ff.)
- KTB 4. Gebirgsdivision (RH 28-4/1 ff.)
- KTB 188. Gebirgsdivision (RH 28-188/1 ff.)
- KTB 97. Jägerdivision (RH-97)
- Archivalien Dr. Carl Schulze (N 520/1 ff.)

3. Periodika

- Allgemeine Schweizerische Militärzeitschrift. Organ der Schweizerischen Offiziersgesellschaft, Jg. 125 ff., Frauenfeld 1959 ff.
- Deutsche Adriazeitung, Triest 1944 f.
- Die Deutsche Wehrmacht, hrsg. vom Oberkommando der Wehrmacht, Bd. 1 ff. 1939 ff.
- Deutscher Soldatenkalender, Hrsg. Helmut Damerau, Jg. 1-10, München-Lochhausen 1953-1962
- Deutsches Soldatenjahrbuch, Hrsg. Helmut Damerau, Jg. 11 ff., München 1963 ff.
- Deutschland im Kampf, hrsg. vom Oberkommando der Wehrmacht, Berlin 1939-1944
- Front und Heimat – Soldatenzeitung des Gaues Schwaben, 1940-1945
- Die Gebirgstruppe. Mitteilungsblatt des Kameradenkreises der ehem. Gebirgstruppe, Jg. 1 ff., München 1952 ff.
- Historische Zeitschrift, hrsg. von Theodor Schieder u. a., Bd. 208 ff., München 1969 ff.
- Jahrbuch des deutschen Heeres, hrsg. von Walter Jost, Jg. 1938 ff., Leipzig 1937 ff.
- Militärgeschichtliche Beiträge, hrsg. vom Militärgeschichtlichen Forschungsamt, Herford, Bonn 1990 ff.
- Militärgeschichtliche Mitteilungen, hrsg. vom Militärgeschichtlichen Forschungsamt, Nr. 1 ff., Freiburg i. Br. 1967 ff.
- Mitteilungen für das Offizierskorps. Oberkommando der Wehrmacht, Berlin 1942 ff.
- Mitteilungen für die Truppe. Oberkommando der Wehrmacht, Berlin 1942 ff.
- Österreichische Militärische Zeitschrift, Jg.1 ff. Wien 1962 ff.
- Österreichischer Kameradschaftsbund. Kalender 1992 ff., Wien 1991 ff.
- Pallasch. Zeitschrift für Militärgeschichte. Organ der österreichischen Gesellschaft für Heereskunde, H. 1 ff., Salzburg 1997 ff.
- Der Spielhahnjäger. Mitteilungsblatt der Kameradschaft der Spielhahnjäger (ehem. 97. Jägerdivision), Jg. 1 ff., München 1953 ff.
- Viereljahreshefte für Zeitgeschichte. Im Auftrag des Instituts für Zeitgeschichte hrsg. von Hans Rothfels u. a., Jg. 17 ff., Stuttgart 1969 ff.
- Wehrwissenschaftliche Rundschau. Zeitschrift für Europäische Sicherheit, hrsg. vom Arbeitskreis für Wehrforschung, Jg. 1 ff. München 1950 ff.
- 13er-Post. Hrsg. Ludwig Kainz, Nr. 1 ff., Ludwigsburg 1952 ff.

4. Militär- und Gebirgstruppenarchiv Kaltenegger

- Bataillonsgeschichte des II. Gebirgsjägerersatzbataillons 98 Garmisch. [i. Ms.] mit Fotoalbum.
- Bernklau, Wolfgang: Anmerkungen zu Kaltenegger: Die Stammdivision der deutschen Gebirgstruppe. [i. Ms.]
- Bernklau, Wolfgang: Deutsche Gebirgstruppe 1922-1945. [i. Ms.]
- Bernklau, Wolfgang: Erlebtes Kriegsgeschehen 1941/45. [i. Ms.]
- Bernklau, Wolfgang: Die Glocke von Podwissokoje und ihre Irrfahrt. [i. Ms.]

- Bernklau, Wolfgang: Kriegserinnerungen aus 1941/42 [i. Ms.]
- Bernklau, Wolfgang: Ludwig Kübler, General der Gebirgstruppe. [i. Ms.]
- Bernklau, Wolfgang: Die Standortverwaltung – Deutsche Wehrmacht 1935-1945 –Verwaltungsorgane an einem Truppenstandort des Heeres. [i. Ms.]
- Bernklau, Wolfgang: Unternehmen „Felix“ und General Lanz. [i. Ms.]
- Bernklau, Wolfgang: Das XXXXIX. Gebirgsarmeekorps unter dem General Ludwig Kübler. [i. Ms.]
- Brandl, Josef: Aufzeichnungen über die Operationszone „Adriatisches Küstenland“. [i. Ms.]
- Briefwechsel aus der Nachkriegszeit zwischen den Generalen August Wittmann, Hans Frießner, Julius Ringel, Kurt Student, Kurt Versock, Max Winkler, Walter Weiß, Hans Degen, Georg Ritter von Hengl, Paul Klatt, Hans Kreysing, Christian Philipp, Ernst Schlemmer, Paul Schricker, Franz Halder, Rudolf Konrad, Hans Kreppel, Anton Leeb, Max-Josef Pemsel und Hubert Lanz sowie den Generalfeldmarschällen Wilhelm List und Ferdinand Schömer. Briefwechsel und Auskunftserteilungen mit den in der Danksagung angeführten Persönlichkeiten.
- Daurer, Hans: Aktenvermerke über General Kübler. [i. Ms.]
- Denizot, Ludwig: Die 188. Gebirgsdivision. Nach Aufzeichnungen von OTL. a. D. Dr. Carl Schulze, ehemals Kommandeur des Gebirgsjägerregiments 902 und anderen Kameraden. [i. Ms.]
- Einsatz Jugoslawien. Gebirgsartillerieregiment 79. [i. Ms.]
- Die Feuertaufe eines Infanterieregiments. Nach den Aufzeichnungen des Chefs der 4. (Maschinengewehr-)Kompanie im Polenfeldzug 1939. [i. Ms.]
- Gefechtsbericht der II. Abteilung Gebirgsartillerieregiment 79 zum Feldzug im Westen vom 9. Mai – 4. Juli 1940. [i. Ms.] mit Fotoalbum.
- Gefechtsbericht der III. Abteilung/Gebirgsartillerieregiment 79 vom 15./16. September 1939. [i. Ms.]
- Gefechtsbericht des III. Abteilung/Gebirgsartillerieregiment 79 über den Einsatz West vom 9. Mai – 4. Juli 1940. [i. Ms.]
- Gefechtsbericht des Gebirgsjägerregiments 98 (Feldzug in Polen und Vorgeschichte), „Gruppe Schörner“. [i. Ms.]
- Gefechtsberichte der 1. und 4. Gebirgsdivision. [i. Ms.]
- Geschichte des Grenzpionierbataillons 74, Heerespionierbataillons 74, Heeresgebirgspionierbataillons 74, Sachbearb. Klaus Weiter u. a., hrsg. vom Kameradenkreis der 74er Pioniere unter Mitarbeit von Kurt Schroeder u. a., Bd. 1-2, Dillingen, Saarlouis 1981-1988
- Gödde, Walter: Einsatz in Istrien („Himmelfahrtskommando“) im März/April1945. [i. Ms.]
  Gödde, Walter: Einsatz in der Operationszone „Adriatisches Küstenland“ März bis Mai 1945. [i. Ms.]
- Gödde, Walter: Operationszone „Adriatisches Küstenland“ – Einsatz des SS-Sturmbannführers Wirth, Sicherheitsdienst (SD) Triest i. J. 1944. [i. Ms.]
- Heeresbergführer der ehem. Gebirgstruppe, Hrsg. Fritz Hengstler, Sepp Tinter u. a., 2. Auflage, Murnau 1980
- Hüttenbuch der Alpe Höllritzen. 10. Gebirgsjägerkompanie, I. R. 19. [Kopie]

- Kaltenegger, Roland: Anschluss 1938. In: Pallasch, H. 26 f.
- Kaltenegger, Roland: Elitetruppe im Zeichen des Edelweiß – Die Geschichte der deutschen Gebirgstruppe 1915 -1945. In: Deutsche Militärzeitschrift, Nr. 30 (=DMZ-Spezial)
- Kaltenegger, Roland: Der Endkampf um Triest und Istrien – Schicksalsweg und Kampf der 188. Gebirgsdivision. In: Die Kameradschaft, 1990, Nr. 3
- Kaltenegger, Roland: Ein Abriss der Geschichte der deutschen Gebirgstruppe 1915-1990. In: Deutsches Soldatenjahrbuch 1990
- Kaltenegger, Roland: Geschichte und Einsatz der deutschen Gebirgstruppe 1915-1945, Vortrag gehalten am 4. November 1987 anlässlich einer Brigadeplanübung vor den Führern und Unterführern der Gebirgsjägerbrigade 23 in Bad Reichenhall. [i. Ms.]
- Kaltenegger, Roland: Vom Kampftruppenschneeschuhbataillon zur 1. Gebirgsdivision der Bundeswehr. In: Kampftruppen, Kampfunterstützungstruppen, 31. Jg., November/ Dezember 1989, H. 6
- Kaltenegger, Roland: Weg und Kampf der 188. Gebirgsdivision im Rahmen der Operationszone „Adriatisches Küstenland", Vortrag gehalten am 22. April 1989 und 20. April 1991 in Seekirchen am Wallersee/Salzburg. [i. Ms.]
- Kaltenegger, Roland: 75 Jahre deutsche Gebirgstruppe – 1915 bis heute, Vortrag gehalten am 10. April 1990 vor der Gesellschaft für Wehrkunde/Sektion München-Starnberg. [i. Ms.]
- Kaltenegger, Roland: 75 Jahre deutsche Gebirgstruppe – Großtreffen der Wehrmacht, Waffen-SS und Bundeswehr in Mittenwald. In: Die Kameradschaft, 37. Jg. Juni 1990, Nr. 6
- Kern, Ernst: Kriegstagebuch 1941-1945 – Ein Bericht, Würzburg 1991
- Kolar, Kurt: Kriegsgefangen in Jugoslawien, Sonderdruck aus: CARINTHIA, Klagenfurt 1990 und 1992, S. 781 ff. (= Zeitschrift für geschichtliche Landeskunde von Kärnten)
- Kriegstagebuch des II. Abteilung/Gebirgsartillerieregiment 79 aus dem Frankreichfeldzug 1940 mit Lagekarten und Fotoalbum
- Kriegstagebuch des II. Abteilung/Gebirgsartillerieregiment 79 aus dem Russlandfeldzug 1941 mit Fotoalbum
- Kriegstagebuch des I. Bataillon/leichtes Infanterieregiment 206 vom 10. Dezember 1940 bis 14. Dezember 1941. [i. Ms.]
- Kriegstagebuch des XXXXIX. Gebirgsarmeekorps vom 18. April bis 15. August 1941, Teil I und II mit Lagekarten. [i.Ms.]
- Kunstmappe des XVIII. Alpenkorps vom Frankreichfeldzug 1940, München 1940
- Müller, Wilhelm: 22. Juni 1941, 40 Jahre danach – Persönliche Erlebnisse eines Infanterieoffiziers an der Russlandfront von 1941-1944 [...], Garmisch-Partenkirchen o. J.
- Müller-Hahl, Bernhard: Das Feldersatzbataillon 94 und sein Einsatz an der Miusfront. [i. Ms.]
- Der Nachrichtenzug III/79 im polnischen Feldzug 1939,Weihnachten 1939
- Remd, Hellmuth: Persönliche Aufzeichnungen aus dem Zweiten Weltkrieg. [i. Ms.]
- Rohr, Hans: Tagebuch eines Gebirgsjägers im Zweiten Weltkrieg, vom 28. August 1939 bis 2. Oktober 1945. [i. Ms.]
- Schönherr, Klaus: General der Gebirgstruppe Ludwig Kübler, wissenschaftliche Studie, Hrsg. Militärgeschichtliches Forschungsamt Potsdam. [i. Ms.]
- Schuler, Emil: Divisionsvorausabteilung „Seelöwe". [i. Ms.]

- Schulze, Carl: Einsatz der bayerischen Gebirgstruppen in Polen, Vortrag vor einer Massenveranstaltung der NSDAP in Bad Tölz am 3. November 1939. [i. Ms.]
- Schulze, Carl: Nachlass aus dem Zweiten Weltkrieg mit Fotoalben und Bildern aus der Friedens- und Kriegszeit
- Schulze, Carl: Persönliches Kriegstagebuch aus der Zeit der Reichswehr, Wehrmacht, Zweiter Weltkrieg und Nachkriegszeit. [i. Ms.]
- Schulze, Carl: Tagebuch aus jugoslawischer Kriegsgefangenschaft, Mai 1945 – Januar 1948. [i. Ms.]
- Unsere bayerische Gebirgsdivision in Polen, Sonderdruck der „Münchener Zeitung“, Dezember 1939
- Weindl, Otto: Es ist Krieg in Polen! [i. Ms.]
- Weishäupl, Karl: Aufzeichnungen sowie Aussagen über General der Gebirgstruppe Ludwig Kübler. [i. Ms.]
- Wittmann, August: Nachlass des Generals mit Militärbibliothek, Fotoalben sowie Niederschriften und Briefwechsel über die deutsche Gebirgstruppe und ihre Generalität
- 2. Kompanie/Gebirgsnachrichtenabteilung 54. Geschichte einer Gebirgsfernsprechkompanie, hrsg. von Heinrich Haag, Grainau 1993